John J. Winkler
Der gefesselte Eros

John J. Winkler

# Der gefesselte Eros

Sexualität und Geschlechterverhältnis
im antiken Griechenland

Aus dem Amerikanischen von
Sebastian Wohlfeil

Magnus Verlag

Schutzumschlag: *Zwei Paare bei zärtlichem Liebeswerben* (Ausschnitt) 510/500 v. u. Z.; Musées Royaux d'Art et d'Histoire, Brüssel, Inv. Nr. R 351
Umschlaggestaltung und Satz: Grafik-Design Müller

ISBN 3-88400-012-8

# Inhalt

# Vorwort

Dieses Buch ist den beiden Menschen gewidmet, denen es seine Entstehung verdankt: Cathy Winkler, meiner Schwester, und David M. Halperin. Cathy Winklers Fragen und Erkenntnisse aus ihrer Arbeit als feministische Anthropologin waren es, denen das hier vorgelegte Untersuchungsprojekt viel von seiner Gestalt verdankt, und unermüdlich stand sie mir mit Rat und Tat zur Seite. Besonders ihre umfassenden Kenntnisse der einschlägigen Literatur zu Frauenfragen waren mir von unschätzbarem Wert, und ihr kämpferisches Engagement auf akademischem Sektor gibt ein Vorbild, dessen ich mich gern würdig erweisen würde. David Halperin wies mich zuerst darauf hin, daß verschiedene Aufsätze zu Gesellschaft und Literatur, die ich im Laufe der Zeit geschrieben hatte, durch Gemeinsamkeiten in Methodologie, Stil und den in ihnen verfolgten Interessen eng verbunden waren – eng genug verbunden, um zu einem Buch zu werden. Dieser Hinweis hat, wie auch seine eigenen außerordentlich anregenden Arbeiten auf verwandtem Gebiet, Zuschnitt und Qualität des vorliegenden Projekts tief beeinflußt. Er hat nahezu jede Seite mit Vorschlägen für prägnantere und elegantere Formulierungen versehen und die Substanz jedes Gedankengangs genauer Prüfung unterzogen, um ihn zu vertiefen. Die Zuneigung, Unterstützung und Großzügigkeit beider setzt mich Cathy und David gegenüber in eine Schuld, die ich niemals begleichen können werde.

Viele andere haben sich diese Arbeiten in der einen oder anderen Fassung angehört oder sie gelesen, als erste Helene P. Foley, was schon daran deutlich wird, wie sehr ich mich in einzelnen Essays auf ihre Arbeiten stütze. Ich weiß genau, daß ich mich nach Ratschlägen verschiedener Personen gerichtet habe, die ich jetzt nicht mehr beim Namen nennen kann; sie sollen eingeschlossen sein in die Liste derer, an die ich mich erinnere und denen ich hier für Rat und Kritik Dank abstatten möchte: Marilyn P. Arthur, Kenneth J. Dover, Page duBois, N. Gregson Davis, Mark W. Edwards, Christopher A. Faraone, Mark Golden, Michael Herzfeld, Michael Jameson, Ludwig Koenen, Sheila Murnaghan, Dirk Obbink, Josiah Ober, Amy Richlin, Nancy Felson-Rubin, Daniel Selden, Eva Stehle, Susan Stephens, Barry Strauss und Froma I. Zeitlin.

Eine frühere Fassung des Kapitels 6 über Sappho wurde in *Reflections of Women in Antiquity* veröffentlicht, herausgegeben von Helene P. Foley (New York, 1981). Gekürzte Fassungen dreier weiterer Kapitel werden demnächst in anderen Publikationen erscheinen: Kapitel 2 in *Before Sexuality*, herausgegeben von David M. Halperin, John J. Winkler und Froma I. Zeitlin (Princeton 1989), Kapitel 3 in *Magika Hiera*, herausgegeben von Christopher A. Faraone und Dirk Obbink (New York, in Vorbereitung) und Kapitel 4 in *Rape and Representation*, herausgegeben von Brenda Silver und Lynn Higgins (New York, in Vorbereitung) [alle mittlerweile erschienen, s. Bibliographie].

Quellenhinweise werden nach einer abgewandelten Version des Standards für die Gesellschaftswissenschaften gegeben. Neuzeitliche Autoren werden allein mit dem Nachnamen zitiert, die vollständige Quellenangabe findet sich im Literaturverzeichnis. Abgekürzte Vornamen oder Publikationsdaten werden hinzugefügt, wenn zwischen Autoren mit gleichem Nachnamen oder verschiedenen Publikationen desselben Autors unterschieden werden mußte. Inhaltliche Nebenbemerkungen oder erläuternde Beispiele stehen in Anmerkungen am Fuß der Seite, die eher technischen oder bibliographischen Anmerkungen stehen am Ende. Ich möchte Tasha C. Spencer für die Zusammenstellung der Register danken.[*]

Diese Arbeit ist durch Stipendien und Zuwendungen der folgenden Einrichtungen und Institutionen gefördert worden: der *National Endowment for the Humanities*, der *Guggenheim-Foundation*, dem *American Council of Learned Societies*, dem *Humanities Center* in Stanford und dem *Marilyn Yalom Research Fund* am *Institute for Research on Women and Gender* an der Universität Stanford.

Die Hälfte des Autorenhonorars aus dem Verkauf dieses Buches wird der San Francisco *AIDS Foundation* gestiftet.

*John J. Winkler, 1990*

---

[*]  John J. Winkler hat die deutsche Ausgabe seines Buches nicht mehr betreuen können. Sein Vorwort zur Originalausgabe ist daher unverändert geblieben. Abweichend gilt für die vorliegende Ausgabe: Zitiert wird immer mit Namen *und* Jahreszahl, um die Einordnung der Quellen zu erleichtern. Die Register wurden neu erstellt und aufgeteilt; wer sich vorab genauer informieren möchte, sei auf das Nachwort (S. 373) verwiesen, in dem auch auf die Behandlung des Fachvokabulars und der antiken Quellen eingegangen wird. – In die Danksagungen des Autors schließt der deutsche Verlag Herrn Dr. Achim Heinrichs ein: Er hat die Ausgabe fachlich betreut und alle Übersetzungen aus dem Griechischen überprüft.

# Verwendete Abkürzungen und Zitierweise

## Werke und Reihen, die abgekürzt zitiert werden

CIL      *Corpus Inscriptionum Latinarum*
DT      A. Audollent, *Defixionum Tabellae* (Paris 1904)
FGrHist   *Die Fragmente der griechischen Historiker*, hrsg. v. Felix Jacoby (Berlin, Leiden 1932–1958)
FVS      *Fragmente der Vorsokratiker* (Diels / Kranz)
IG      *Inscriptiones Graecae*
LP      *Poetarum Lesbiorum Fragmenta*, ed. Edgar Lobel et Denys Page (Oxford 1955)
PCG      *Poetae Comici Graeci*, ed. Colin Austin et R. Kassel (Berlin 1983ff.)
PGM      *Papyri Graecae Magicae. Die Griechischen Zauberpapyri*, hrsg. v. Karl Preisendanz, 2. verb. Aufl. hrsg. v. Albert Henrichs, 2 Bde (Stuttgart 1973, 1974)
RE      *Paulys Real-Encyclopaedie der classischen Altertumswissenschaft*, hrsg. v. Georg Wissowa, 24 Bde (Stuttgart 1894–1963)

## Periodika, die abgekürzt zitiert werden

AC      *L'Antiquité Classique*
AE      *American Ethnologist*
AJP      *American Journal of Philology*
AM      *Mitteilungen des Archaeologischen Instituts, Athenische Abteilung*
BCH      *Bulletin de Correspondance Hellénique*
CA      *Classical Antiquity*
CI      *Critical Inquiry*
CP      *Classical Philology*
CQ      *Classical Quarterly*
CR      *Classical Review*
CSCA      *California Studies in Classical Antiquity*

| | |
|---|---|
| G&R | *Greece and Rome* |
| GRBS | *Greek Roman and Byzantine Studies* |
| HSCP | *Harvard Studies in Classical Philology* |
| HTR | *Harvard Theological Review* |
| JEA | *Journal of Egyptian Archaeology* |
| JHS | *Journal of Hellenic Studies* |
| PCPS | *Proceedings of the Cambridge Philological Society* |
| QUCC | *Quaderni Urbinati di Cultura Classica* |
| RGVV | *Religionsgeschichtliche Versuche und Vorarbeiten* |
| RhM | *Rheinisches Museum* |
| RM | *Mitteilungen des deutschen archaeologischen Instituts, Römische Abteilung* |
| SEG | *Supplementum Epigraphicum Graecum* |
| TAPA | *Transactions of the American Philological Association* |
| ZPE | *Zeitschrift für Papyrologie und Epigraphik* |

## Allgemeine Abkürzungen

| | |
|---|---|
| ap. | apud (bei); Verweis auf (antike) Autoren, die nach einem anderen (antiken) Autor zitiert werden. |
| A.d.Ü.: | Anmerkung des Übersetzers. |
| Anm. | (in Querverweisen und im Register:)Verweis auf Anmerkungen, die sich im Anhang finden. |
| Fn. | (in Querverweisen und im Register:)Verweis auf Fußnoten, die sich auf der betreffenden Seite befinden. |
| frag. | Fragment(e). |
| s.v. | *sub voce;* (bei Lexikoneinträgen:) unter dem Stichwort… |
| [ ] | (eckige Klammern:) schließen in Zitaten alle Hinzufügungen oder Auslassungen des Autors, im Text alle Zusätze zur deutschen Ausgabe ein. |
| . . . | Auslassungspunkte oder -striche ohne Klammern in antiken |
| – – – | Zitaten bedeuten fehlenden Text im Original. |

# Einleitung

Was mich – und sicher auch viele andere – ursprünglich am Studium der griechischen Antike reizte, war die glanzvolle Verbindung von aufregenden Mythen und körperlicher Schönheit. Aber bei näherem Hinsehen zeigt sich, daß jenes Griechenland, das ich in der Schule kennengelernt hatte, zur einen Hälfte ein neuzeitliches kulturelles Phantasiegebilde war, das vom 18. Jahrhundert an seine Gestalt vorwiegend von deutschen Gelehrten wie Winckelmann bekommen hatte, und zur anderen Hälfte eine Fiktion, die die alten Griechen selbst in die Welt gesetzt hatten. Es hätte mir gleich auffallen müssen, daß es niemals in der Wirklichkeit einen Ort hätte geben können, an dem die Männer samt und sonders die Körper junger Athleten hatten und an dem die Geschichte samt und sonders so gnadenlos edel, tragisch und aufregend verlief, aber erst, als ich Griechenland 1982 zum erstenmal besuchte, dämmerte es mir, wie künstlich diese Mythenbildung war. Sicher, es gab jugendliche Schönheit im Überfluß; ich beobachtete sogar zahlreiche Beispiele für Verhalten, das mich an Szenen der antiken Literatur erinnerte.

Die erste Kundgebung der Schwulenbewegung in Athen zum Beispiel, die im Zappeion Park am 26. Juni veranstaltet wurde, war eine überraschend geräuschlose Versammlung, die sich nach kurzer Zeit spontan in einzelne Gruppen auflöste, in denen Demonstranten mit den zahlreichen Passanten diskutierten, die ihren Abendspaziergang machten. Die Unterhaltungen erinnerten mich in ihrer Form an die platonischen Dialoge: eine Person übernahm es, eine bestimmte Aussage zu verteidigen, und stand einem Hauptherausforderer Rede und Antwort, während ein Kreis von Zuhörern den Wortwechsel verfolgte und ihn hin und wieder kommentierte. Abgesehen von dieser Diskursform begann ich andere Qualitäten am Verhalten der Diskutanten wahrzunehmen, besonders eine Art kontrollierter Aggressivität. Das läßt sich nur schwer beschreiben, aber ganz impressionistisch könnte man es so ausdrücken, daß alle Sprecher unumwunden, ironisch, auf der Hut und drohend in einer Form zu sein schienen, die ich zwischen Fremden normalerweise nicht erwarten würde.

In den folgenden Monaten machte ich noch viele ähnliche Erfahrungen mit den verschiedenen kulturellen Regeln, denen die Selbstdarstellung in Athen und auf dem Peloponnes unterliegt. Wie viele Anthropologen hatte ich glücklicherweise einen besonderen Informanten, Michael, den ich auf der besagten »Gay Pride«-Demonstration traf und mit dessen Familie ich mich ebenfalls befreundete. Aber ich lege Wert auf die Tatsache, daß es nicht eine einzelne Person oder ein einziges Ereignis war, das für mich wie ein Schlüssel die klassische griechische Vergangenheit aufschloß; eher ist es so, daß ich eine Vielzahl von Begebenheiten der Gegenwart aufnahm, die dann im Lauf der Jahre meine Auffassung beeinflußt haben, wie man an antike Texte herangehen sollte – wie man zu einer Bewertung ihrer Absichten, Irreführungen und unausgesprochenen Prämissen kommt. Ich bin wenig geneigt, mich für eine Kontinuität zwischen antikem und modernem Griechenland einzusetzen (darin folge ich Herzfeld 1982), aber meine Erfahrungen im modernen Griechenland haben es sich neben meiner Lektüre antiker Texte gemütlich gemacht, sich ihr angeschmiegt und sie mit einem Bezugsrahmen versehen, der meinen Sinn für mögliche Bedeutungen der antiken Literatur und Lebensweise verändert hat.

Da Sexualität und das Verhalten der Geschlechter im Mittelpunkt der folgenden Essays stehen, möchte ich eine weitere Geschichte erzählen. Eines Nachmittags tauchte eine Kusine von Michael, eine hübsche Frau Anfang zwanzig, in seiner Wohnung auf. Sie rief ihren Vater an, um ihm zu sagen, sie werde den Nachmittag über mit Michael etwas unternehmen, und brach dann unvermittelt auf. Als die Tür ins Schloß fiel, machte Michael eine bösartige Geste: er legte die Fingerspitzen zu einem V zusammen und führte damit eine aufschlitzende Bewegung auf seinen Unterleib hin aus. Er erklärte mir, daß sie mit einem verheirateten Mann schlafe und daß ihr Vater äußerst streng sei, daher das Täuschungsmanöver. Was mir daran schlagend auffiel, war die unaufgelöste Überschneidung verschiedener vertrauter Themen: der Vater, der über die Keuschheit seiner Tochter wachte, die Frau, die ihr Verhältnis erfolgreich geheimhielt, die offensichtliche Verachtung, die Michael ihrer Promiskuität entgegenbrachte, und seine Widerwilligkeit, die Verantwortung für den Akt familiärer Gewaltausübung zu übernehmen, der eintreten würde, wenn er ihrem Vater die Wahrheit sagte. Die Frau selbst stand im Schnittpunkt verschiedener Kraftfelder von männlicher Gewalt und Leidenschaft: pflichtbewußte Tochter ihres Vaters, willfährige Mätresse ihres Liebhabers und manipulierender Einfluß auf einen Cousin, der sie verachtete. Daß sie ein solch gefährliches Spiel spielte, mag nicht typisch gewesen sein, aber ihr Fall zeigt gleichzeitig, wie schwerwiegend die Zwänge sind, gegen die Frauen zu kämpfen haben, und wie es im Einzelfall gelingen kann, erfolgreich mit Dynamit zu spielen.

12

Was das antike Griechenland betrifft, so sind die Formen erotischer Erfahrung dort seit langem ein umstrittenes Gebiet in der Interpretation unserer kulturellen Traditionen. Ein Strang des modernen Denkens hat sich auf die Vasendarstellungen und die Literatur des verfeinerten Müßiggangs in der griechischen Antike gestützt und ein Bild hedonistischer Freizügigkeit entworfen – Satyrn, die auf grünen Matten nach Nymphen haschen –, oftmals unterfüttert mit einer nietzscheanischen Attacke auf den erstickenden Einfluß der christlichen Morallehre.[1] In neuerer Zeit haben feministisch ausgerichtete Forschungsansätze die Unschuld dieses Bildes in Frage gestellt, indem sie das Ganze einmal versuchsweise vom Blickpunkt der Nymphe aus interpretierten. Als ein System von Regeln und Gebräuchen, mit denen Männer die sexuelle Kontrolle über Frauen ins Werk setzten, wurden die alten griechischen Normen als politisch repressiv angegriffen – als ein weiteres Kapitel in der Geschichte des Krieges, den das Patriarchat gegen Frauen führt (Harrison 1912, Keuls 1983, Lerner 1986, Cantarella 1987). Diese Kontroverse über den Charakter der Sexualität im Griechenland der Antike ähnelt einer anderen seit langer Zeit geführten Debatte über das Geschlechterverhältnis: standen die Frauen der griechischen Antike (was meist bedeutet, des klassischen Athen) auf einer kaum höheren Stufe als das bewegliche Haushaltsvermögen, oder nahmen sie einen ehrenvollen, angesehenen und geschützten Platz in der Gesellschaft ein?

Die Argumente in beiden Fragen – Geschlechtsleben in der Antike und Geschlechterverhältnis in der Antike[*] – leiden an selektivem Gebrauch von Belegmaterial, an allzu verengten Fragestellungen und stärker noch

---

[*] *A.d.Ü.:* Oder, wie die Zusammenführung beider Aspekte in eine begriffliche Formel lautet, »sex and gender«. Diese Formel hat sich in der angelsächsischen anthropologischen und feministischen Diskussion durchgesetzt. »Sex and gender studies«, ein Zweig, der als selbständige Studienrichtung an vielen Universitäten belegt werden kann, bedeutet die Untersuchung des Geschlechtsverhaltens (unter Einschluß von Sex) wie auch der Implikationen der Geschlechtszugehörigkeit (Rollenverhalten, Identität und Beziehungen der Geschlechter im gesellschaftlichen Machtgefüge). »Sex« ist sozusagen das, was die Geschlechter unter hormonellem, »gender« das, was sie unter gesellschaftlichem Einfluß tun, sobald sie – in jeweiliger historischer Prägung – als Geschlecht festgelegt sind. Eine vergleichbar griffige Formel existiert im Deutschen nicht; »Verhalten und Verhältnis der Geschlechter« wäre ein Vorschlag, aber manchmal ist es sinnvoller, die in diesem Begriffspaar angesprochenen (sich stets überschneidenden) Aspekte, wie im folgenden geschehen, je nach Kontext unterschiedlich wiederzugeben.

an dem methodologischen Defizit, heutige Probleme und politische Belange in Texte und Artefakte hineinzulesen, die aus ihrem sozialen Kontext herausgelöst werden. Auf aktuelle Anliegen können wir natürlich nicht verzichten: sie bringen unsere Fragestellungen hervor und sind treibende Kraft unserer Arbeit. Allerdings nähern sich feministische und schwule Forschungsansätze heute dem Punkt, an dem vergangene Gesellschaften nicht mehr aufgrund ihrer politischen Relevanz für die Gegenwart, sondern ganz allein wegen ihrer verblüffenden Andersartigkeit studiert werden können. Und in gleichem Maße, wie die heutige Anthropologie eine historische Dimension in ihre Untersuchungen einbezieht, werden neue Techniken entwickelt, die die entfernte Vergangenheit als »tatsächliche« Gesellschaft behandeln und nicht als eine Art exotische Traumwelt.

Im Unterschied zu modernen Anthropologen, die als teilnehmende Beobachter arbeiten, können wir antike Griechen oder Griechinnen nicht befragen, um Aufschluß über ihre Denkkategorien und Probleme zu erlangen. Aber die Techniken der Sozial- und der Kulturanthropologie, besonders, wie sie von der feministischen Forschung eingesetzt werden, vermögen aus jenen Texten und Bildwerken ein reichhaltigeres und komplexeres Verständnis vom Verhalten und Verhältnis der Geschlechter herauszulesen. »Neuere Arbeiten auf dem Gebiet der Anthropologie der Frau leisten das, worin die Stärke der Kulturanthropologie überhaupt liegt – nämlich, sie stürzen sich geradewegs auf kulturabhängige Annahmen unseres eigenen Denkens. Seit den Gründerjahren ihrer Disziplin haben Anthropologinnen und Anthropologen mit Erfolg einen ganzen Katalog von vorgefaßten Meinungen über die menschliche Natur und menschliche Institutionen auf den Prüfstand gestellt. Sie richteten sich gegen Mystifikationen unter anderem der Rasse, der Religion und des Nationalismus. Ein Grund dafür, daß der Feminismus und die Anthropologie Sympathie füreinander entwickelt haben, ist vielleicht darin zu sehen, daß feministische Anthropolog(inn)en diese Tradition fortgesetzt haben, indem sie bislang unstrittige Annahmen über das Verhalten und Verhältnis der Geschlechter problematisierten« (Atkinson 1982, 238).

Die Erfolge dieses im Gange befindlichen Vorhabens sind eher in der Analyse der kulturellen Ausformungen des Geschlechterverhältnisses als denen der Sexualität zu verzeichnen. Nach der bahnbrechenden Arbeit von Pomeroy und den substantiellen Sammlungen von Lefkowitz und Fant haben mehrere wichtige Essaysammlungen die Frauenforschung als einen der faszinierendsten Wachstumstrends auf dem Gebiet der Altertumswisssenschaften und der Altphilologie ausgewiesen (Foley 1981b,

Cameron und Kuhrt 1983, Peradotto und Sullivan 1984, Skinner 1987a), aber erst in allerjüngster Vergangenheit hat das Geschlechtsleben selbst ernsthaft Beachtung gefunden. Explizite Sexualität wird in den Gesellschaftswissenschaften in aller Regel als ein nicht analysierbares Gegebenes betrachtet, als etwas, für das die Biologie oder allenfalls die Psychologie zuständig ist, nicht aber als Gegenstand der Kulturforschung. Mit den Worten von Rosalind Coward: »Warum wird die Untersuchung der Sexualität, wenn sie in den Gesellschaftswissenschaften auftaucht, so häufig der Untersuchung von institutionalisierten Formen der gesellschaftlichen Regelung von Sexualität zugeschlagen, wie etwa der Ehe? Warum gibt es keine Theorie der Formen von Herrschaft und Ungleichheit in der Dynamik sexueller Beziehungen? Warum gibt es keinen Begriff vom Aufbau sexueller Identität oder Überlegungen zur Verteilung von Macht und Status als Folge dieser Identität?« (1983, 4).

Im Hinblick auf das antike Griechenland wurden die Fragen zur Sexualität in überaus aufregender Form von Michel Foucault aufgeworfen, einem der großen Denker dieses Jahrhunderts, der 1984 an Aids verstarb. Der Sammeltitel seiner Werkreihe, *Histoire de la sexualité* [dt. *Sexualität und Wahrheit*], macht zunächst einen reichlich imposanten und definitiven Eindruck, aber das täuscht. Ich habe einmal gehört, wie er sich weigerte, ein Exemplar eines seiner Bücher zu signieren, mit der Begründung, nur Kunstwerke sollten signiert werden, seine Bücher aber müßten als Arbeitsskripten betrachtet werden. In diesem Sinne als Arbeitsvorlagen sind Foucaults Argumente von verschiedenen Altphilologen aufgenommen worden, deren Aufsätze gesammelt vorliegen (Halperin, Winkler und Zeitlin). Die Schlüsselthese Foucaults besagt, daß »Sexualität« eine dezidiert moderne Begriffskonstruktion sei, eine neue Redeform des neunzehnten und zwanzigsten Jahrhunderts, die es erlaubt, über das Selbst als etwas zu sprechen, das um wohldefinierte (und also katalogisierbare) Sexualcharaktere und Begehrensweisen herum organisiert sei. Daher ist es unmöglich, eine Geschichte, sagen wir, der Homosexualität zu schreiben, da weder sie, noch die Heterosexualität, noch die Sexualität überhaupt zeitlose Fakten der menschlichen Natur sind (Halperin 1989). Da »Sexualität« in diesem Sinne eine junge Erfindung ist, enthielt Foucaults erster Band, der diese These anhand der obsessiven Gewohnheit des neunzehnten Jahrhunderts entfaltete, über Sex zu reden, keinen Bezug auf die Welt der Antike. Die Folgebände zeigen jedoch seine wachsende Neugier und sein Interesse daran, wie Individuen überhaupt darauf kamen, ihre Befindlichkeit hinsichtlich ihrer Wünsche und ihres Verlangens so zu betrachten, als wäre ihr Begehren das zentrale Problem dabei, und damit auch an dem griechisch-römischen Kontext, in dem Probleme des Begehrens noch nicht als Probleme des *Selbst* angesehen wurden. In der Einleitung zu Halperin, Winkler und Zeitlin 1989 werden viele der kritischen Themen dargestellt, die von dieser neuen Untersuchung des antiken Sexualverhaltens aufgeworfen werden, an erster Stelle die Notwendigkeit, unsere eigenen sexuellen Kategorien (auch die der zentralen Bedeutung des Sex) auszusetzen, wenn wir eine andere Gesellschaft untersuchen, und ganz besonders eine vormoderne.

Die Aufsätze des vorliegenden Bandes, die während der letzten acht Jahre geschrieben wurden, nehmen eine Reihe dieser Themen und Probleme auf, wobei sie auf Methoden und Bemerkungen zurückgreifen, die sich von meiner formlosen Beobachtung modernen griechischen Verhaltens, aber auch meiner Lektüre heutiger Sozial- und Kulturanthropologie, besonders des Mittelmeerraumes, inspirieren ließen. Es ist klar, daß es unzureichend ist, nach dem »Status« von Frauen zu fragen, und daß unser Wissen von weiblicher Lebensweise weitgehend durch die sentenziösen Äußerungen von Männern gebrochen ist. Erste Priorität kommt deshalb der Rekonstruktion der gewöhnlich unausgesprochenen Prämissen – der gesellschaftlichen Protokollarien[*] – zu, die über die Geltung öffentlicher Äußerungen entscheiden, und es sieht ganz so aus, als wäre ein Großteil männlicher Äußerungen über Frauen *und über sich selbst* absichtliches Blendwerk gewesen. Die Forschung über die Frau in der antiken Welt kann nicht sehr weit vom Fleck kommen, wenn sie nicht flankiert wird von einer ebenso tiefschürfenden Untersuchung des Mannes und der Art und Weise, in der er seine sexuellen Praktiken und seine geschlechtliche Identität bestimmte. Also beginnt diese Folge von Essays mit drei Studien über Männer (*Andres*), bevor sie sich dem Leben und der Repräsentation von Frauen zuwendet (*Gynaikes*).

Indem ich die grundlegenden Konventionen als »Protokolle« bezeichne, möchte ich zwei falsche Akzentsetzungen vermeiden. Einerseits würde man grundlegende Konventionen, wie etwa den Androzentrismus im alten Griechenland – ganz wie die grundsätzlichen Definitionen und Übereinstimmungen, innerhalb deren die Bedingungen eines spezifischen Vertragswerks ausgehandelt werden –, in aller Regel selbst nicht als verhandelbar angesehen haben. Eine Öffentlichkeit, die nicht männerzentriert gewesen wäre, etwa wie die, die sich Aristophanes in seinem Stück *Ekklēsiazousai* (»Die Weibervolksversammlung«) ausdenkt, in dem die Frauen das öffentliche Geschick in die Hand nehmen, war schon

---

[*]    *A.d.Ü.:* Zum Begriff des »Protokollarischen« vgl. S. 173.

allein durch ihre Konstellation als eine Phantasie-, nicht eine wirkliche Öffentlichkeit gekennzeichnet.

Andererseits ist Androzentrismus ein durch und durch konventionales Arrangement, nicht etwa eine natürliche Ordnung – eine Übereinkunft, die in vielfacher Hinsicht auf die öffentliche Sphäre der Geschäftsbeziehungen zwischen konkurrierenden Haushalten beschränkt bleibt. In mancher Hinsicht funktionierte der Androzentrismus wie die Zeichensprache der amerikanischen Ureinwohner: sie fungierte als öffentliches Verständigungsmittel zwischen konkurrierenden Haushalten oder potentiellen Feinden und erlaubte ihnen, unter beidseitig anerkannten Bedingungen und unter beständigem Verweis auf mögliche Aggression oder Verteidigung zu verhandeln. So verstanden ist die Konvention des Androzentrismus eine begrenzte Sprache von Männern unter bestimmten Bedingungen; sie ergibt kein zuverlässiges Bild der gesamten gesellschaftlichen Welt, wie wir sie gerne beschreiben möchten, sondern dient eher dazu, ein eingeschränktes und besonders bedeutsames Areal auszuzeichnen und abzugrenzen (nämlich dasjenige öffentlicher Transaktionen) und von ihm in absoluten Begriffen zu sprechen, ganz so, als wäre der Teil schon das Ganze.

Ein gesellschaftliches Protokoll wie der Androzentrismus ist also einigermaßen paradox: seine Bedeutung wird weder jemals ernsthaft in Frage gestellt, noch wird sie jemals ganz wörtlich genommen. Der mediterrane Androzentrismus ist zugleich eine unbestrittene Wahrheit und eine universelle Flunkerei: jeder Mann räumt seine Geltung ein, wobei er bedeutungsschwer, weise und wortlos mit dem Kopf nickt und hinter dem Rücken die Finger gekreuzt hält. Wir müssen lernen, unsere Texte aus verschiedenen Blickwinkeln zu lesen, in ihnen ehrliche Ansprüche und Schutzbehauptungen gleichermaßen zu finden, ganz so, wie moderne Anthropologen die Auskünfte ihrer Informanten, die sich bemühen, sich in bestem Lichte darzustellen. Anstatt Meinungsäußerungen wie etwa die berühmte Bemerkung in *Gegen Neaira*[*] aus ihrem Kontext herauszulösen und sie als Dogma des Objektiven anzusehen, sollten wir lernen, die verschiedenen Arten der Verdrehung und Irreführung zu erkennen, die den Bedeutungswert solcher Verlautbarungen in ihrem umfassenden gesellschaftlichen Kontext verändern, die stillschweigenden Regieanweisungen also, die vom gesellschaftlichen Schauspieler verstanden, aber

---

[*] »Wir haben Hetären für unsere Lust, Konkubinen für den täglichen Dienst an unseren Körpern, und Ehefrauen, damit sie uns legitime Kinder gebären und treue Wacht über die Güter unseres Hauses halten« – [Dem.] 59.122.

nicht ausgesprochen werden. Nicht selten können wir in ihnen die gleichzeitige Leugnung und Anerkennung von ideologisch unbequemen gesellschaftlichen Wahrheiten finden.

Wenn man die Grenzen von präskriptiven Aussagen über Geschlecht und Sexualität untersucht, kommt der Frau eine zentrale und entscheidende Rolle zu. Die meisten uns erhaltenen Dokumente können ganz einfach nicht beim Wort genommen werden, wenn von Frauen die Rede ist. Soweit es um *gynaikes*, also Ehefrauen mit Bürgerrecht geht, wird die Mitteilung von Information durch den männlichen Sprecher erheblich durch seinen Sinn für das gesellschaftlich Gehörige gestört: Allein den Namen einer solchen verheirateten Frau unter Männern zu nennen, war eine Schande und eine Beleidigung, da es einen Eingriff in die symbolische Privatsphäre eines anderen Mannes bedeutete (Schaps 1977; Sommerstein 1980; Gould 1980, 45; Bremmer 1981; Skinner 1987b). Der Sprecher von Demosthenes 57 ist angegriffen worden, weil seine Mutter eine Amme war. Er antwortet: »Ihr werdet heute viele Bürgerfrauen finden, die Ammen sind, und wenn Ihr wollt, dann werde ich sogar [*kai*] ihre Namen nennen« (Dem. 57.35).

Das Tun und Lassen metökischer (zugezogener, nicht voll bürgerrechtsbefähigter) Frauen dagegen läßt sich zur Sprache bringen, ohne daß man Gefahr liefe, irgend jemanden zu beleidigen außer der betroffenen Frau: So versteckte eine gewisse Zobia den Aristogeiton vor der Polizei, schenkte ihm Geld, handelte sich eine Tracht Prügel ein und ging dann, »typisch für eine Frau, die sich in alles einmischen muß, in ihrer gesamten Bekanntschaft herum, um sich über sein Verhalten zu beschweren«.[2] Außerhalb eines forensischen Kontextes stehen die Chancen ein wenig besser, daß die Verantwortlichkeiten und Aktivitäten von Frauen zumindest eingeräumt werden. Aristoteles scheint die de facto gegebene Unabhängigkeit athenischer Ehefrauen in der Führung ihrer Haushalte zur Kenntnis zu nehmen, wenn er sagt: »Der Ehemann bestimmt, was die Dinge betrifft, die ein Ehemann bestimmen sollte; was für eine Ehefrau ziemlich ist, weist er ihr zu« (*Eth. Nikom.* 1160^b33–34).[3] (Mehr über Aristoteles weiter unten.)

Die heutige Erforschung der Rolle, die Frauen in männlichen Ideologien spielen, und der Perspektiven, die sie zu diesen Ideologien einnehmen, hat einen außerordentlich heilsamen Einfluß auf unser Verständnis antiker Gesellschaften ausgeübt. Je mehr wir über vergleichbare vorindustrielle Gesellschaften mit Geschlechtertrennung, besonders im Mittelmeerraum, erfahren, desto stärker wird der Eindruck, daß den meisten Bemerkungen und moralischen Urteilen von Männern über Frauen, Geschlechtsleben und so fort nur minimale deskriptive Validität zukommt und daß man sie am besten als Stammtischpalaver versteht, das von Männern mit Männern geführt wird.[4] Frauen, das sollte hier betont werden, können sich in ihren jeweiligen Gruppierungen nach Alter, Umgebung oder Klasse erheblich voneinander und von Gemeinwesen zu Gemeinwesen unterscheiden in Hinblick darauf, inwieweit sie derartigem Palaver, dem Männer in ihren Gruppenritualen frönen, mit Unterwerfung oder Widerstand begegnen oder es überhaupt nur zur Kenntnis nehmen.[*] Es ist dermaßen schwierig, herauszufinden, wann irgendeine männliche gesetzgebende Autorität – auf dem Gebiet der Medizin, der Moral, der Ehe, ob gescheit oder dumm – ganz einfach blufft (um es unverblümt zu sagen) oder irgendwelchen Phantasien nachhängt oder irgendein »wenn's-nach-mir-ginge« rechtfertigt, daß die meisten Ideengeschichtler – Foucault, so exzeptionell er sonst ist, macht hier keine Ausnahme[**] – es gar nicht erst versuchen.

Ein Beispiel soll genügen, um die aufschlußreiche Kluft zwischen den Vorgaben des Diskurses und der gesellschaftlichen Wirklichkeit zu erhellen. In seinen *Politica* (1.12) entwirft Aristoteles einen dreifachen Vergleich zwischen Autoritätsbeziehungen im einzelnen Haushalt und Formen der politischen Autorität. Die Beziehung des patriarchischen Herren zu seinen Sklaven ist wie eine politische Tyrannei: der Herr gibt Befehle im eigenen Interesse, und die Sklaven müssen gehorchen (Clark 1982, 184; Smith 1983). Die Beziehung des Vaters zu seinen Kindern ähnelt der eines Königs zu seinen Untertanen: der König herrscht einseitig im Interesse aller. Natürlich müssen die Kinder seinen Anordnungen gehorchen, aber diese Anordnungen werden in ihrem Interesse gegeben. Die Beziehung zwischen Ehemann und Ehefrau, sagt Aristoteles, ist wie eine

---

[*] Einige der relevanten Variablen – Ökonomie, Niederlassung und Wohnort, Erbe, Ritus, Gemeinschaftsleben – untersucht Rogers (1985) in einer Studie über zwei französische Städte – in der einen von ihnen ist die männliche Dominanz eine Art sozialer Mythos, in der anderen Realität. In Athen dürfte der religiöse Ritus am ehesten als derjenige Teilbereich in Frage kommen, in dem Frauen eine Sphäre der Unabhängigkeit und der psychischen Distanz zugestanden worden sein könnte. »Während der Demos unter engeren politischen Aspekten ein rein männliches Ressort blieb, unterlag die Sphäre der Religion und des Kultus einem anderen, älteren Bestand an Klauseln und Vorschriften, und ›bei den geistlichen und rituellen Tätigkeiten der Gemeinschaft [war] die aktive Teilnahme von Frauen am öffentlichen Leben nicht nur toleriert, sondern notwendig‹« – Whitehead 1986, 79, mit einem Zitat von Gould. Vgl. auch Dubisch 1983, Cole 1984b und s. u. Kapitel 7.

[**] Wie er selbst zugibt: Foucault 1985, 12.

Demokratie. In einer Demokratie haben alle Bürger gleiche Rechte und sind gleichermaßen wählbar für öffentliche Ämter. Wer in ein Amt gewählt wird, erhält Insignien als Zeichen seiner zeitweiligen und allein von Übereinkunft abhängigen Unterschiedenheit von den übrigen Bürgern. Sobald die Amtszeit vorüber ist, gibt er diese Insignien zurück und kehrt in den Zustand der Gleichheit mit den anderen zurück. Der einzige Unterschied zu den Ehegatten, sagt Aristoteles, liegt darin, daß in diesem Fall die Auszeichnung eine dauerhafte ist. Dies ist völlig irrwitzig. Vor dem Hintergrund von Aristoteles' sonstiger Auffassung des Weiblichen als definitionsgemäß und inhärent Minderwertigem[5] gab es für ihn überhaupt keinen Grund, die Beziehung zwischen den Ehegatten mit demokratischer Gleichheit zu vergleichen, keinen Grund, den Gedanken nahezulegen, Ehefrauen könnten, falls sie gewählt würden, den Hausstand abwechselnd mit ihren Männern regieren, und keinen Grund, das paradoxe Bild eines demokratischen Systems heraufzubeschwören, in dem ein und dieselben Bürger ununterbrochen im Amt sind.

Was hier geschieht können wir vielleicht so verstehen, daß wir Aristoteles dabei ertappen, wie er gerade beschreibende Daten für sein legislatives System frisiert. Die Arbeit, die Frauen in Hinblick auf Kinder, Ernährung und Bekleidung innerhalb des *oikos* leisten, ihr gesamter Beitrag zur Verwaltung und zum Wohlstand des Haushaltes sind ein Sachverhalt, den Aristoteles fast vollständig ignoriert und dort, wo er ihn zur Kenntnis nimmt, verzerrt darstellt. Ich möchte annehmen, daß wir in diesem Text einen Aristoteles finden, der einen Augenblick lang nicht ganz auf der Hut ist, so daß wir ihn bei einem indirekten Hinweis auf die Fähigkeit der Frauen zu verwalterischer Selbständigkeit ertappen, ohne daß er diesen Sachverhalt schon völlig seinem Modell einer gesellschaftlichen Gesetzgebung einverleibt hätte. Zumindest sollten wir eine Möglichkeit in Betracht ziehen, wie sie in Untersuchungen einiger vergleichbarer Gesellschaften belegt ist, nämlich daß athenische Ehefrauen eine beträchtliche praktische Unabhängigkeit in der Führung des Hausstandes hatten. Wenn wir uns der Auffassung anschließen, daß athenische Bürgerinnen immerhin über gewisse Formen informeller Macht verfügten, müssen wir uns auch klarmachen, daß es für Männer gesellschaftlich notwendig war, dies nicht zuzugeben[*] – sich also höchstenfalls indirekt

---

[*]    Xenophon (*Oec.* 7.31) beschreibt es als die ehrenvolle Rolle der Frau, im Hause zu bleiben, und als schmachvoll für den Mann, zu Haus zu sitzen, statt sich um die Dinge außerhalb zu kümmern: alles andere wäre widernatürlich, wörtlich »gegen das, was der Gott als natürlich schuf« (*par' ha ho theos ephyse*).

(über Amazonenmythen oder ihre kulturellen Phantasiebilder aufsässiger Ehefrauen in der Tragödie oder der Komödie) damit zu beschäftigen.[6]

Wenn aber die Stärke und Unabhängigkeit athenischer Frauen so etwas wie einen totgeschwiegenen dunklen Punkt darstellte, dann wäre es auch möglich, daß man mit der Lust am Verbotenen in einer indiskreten Laune darauf anspielte. Ich denke dabei an einen Wortwechsel in der *Lysistrata* des Aristophanes (885–8), als Myrrhinē ihren Ehemann Kinesias auszankt, weil er sich nicht ordentlich um das Baby kümmert. Während sie ihren Platz in der Festung verläßt, um selbst nach dem Baby zu sehen, bemerkt er, unpassenderweise, daß sie ihm viel jugendlicher und süßer vorkommt, als er sie in Erinnerung hat, und fügt hinzu: »Und ihre hochmütigen Launen, und der trotzige Ton, den sie gegen mich anschlägt – das macht mich doch erst recht verliebt in sie!«[7] Natürlich wird Kinesias als ein Mann dargestellt, der gehörig unter Druck ist, und seine Lage als erheiternd, aber dennoch kann der Sozialgeschichtler seiner Bedrängnis etwas Nützliches ablesen: wären die athenischen Ehefrauen *genauso und auf die gleiche Weise* machtlos und beherrscht gewesen wie etwa ihre Sklaven, dann hätte das Publikum keinen Grund gehabt, Kinesias' Bemerkung amüsant zu finden.

Geheimes Schuldbewußtsein oder schuldbewußte Lust – in dieser Form mag die in bestimmten Bereichen praktisch gegebene Autonomie der Frauen durchaus ein Faktum der Art gewesen sein, wie es in Männergesellschaft bekannt war, aber niemals zugegeben oder zur Diskussion gestellt wurde, weil dies in solcher Gesellschaft Schande mit sich gebracht hätte.[*] Aristoteles sollte hier also als jemand verstanden werden, der die völlig natürlichen (das heißt, völlig konventionalen) Ausflüchte im männlichen Diskurs über die Rolle der Frau zu seiner Zeit benutzt, Ausflüchte, die wir in ihrer Gesamtheit als das androzentrische Protokoll bezeichnen können. Im System des Geschlechtsverhaltens und des Geschlechterverhältnisses, wie es von männlichen Vollbürgern errichtet und erfahren wurde, gilt als erstes die ungeschriebene Regel, daß Männer die wichtigen Handlungsträger sind, während die Frauen ebenso

---

[*] Du Boulay (1983) analysiert ausgezeichnet das verschwiegene Korrelat zu den Wehklagen über die Geburt einer Tochter: Mädchen werden die Familie, aus der sie stammen, gerade dann verlassen und einen Teil des Familienvermögens mitnehmen, wenn sie am wertvollsten geworden sind, während [Mädchen aus anderer Familie als] Bräute hoch geschätzt und der Bewunderung ihres Charakters, ihrer Fertigkeiten und ihrer Mitgift sicher sind.

regelgemäß abhängig statt selbständig handeln. Männer zählen, Frauen zählen nicht.* Wenn Frauen aktiv werden, steht Ärger ins Haus. Da es ein Mann auf Ärger tunlichst nicht anlegt, ist er – wie andere Männer – gut beraten, wenn er solange, bis er das Gegenteil nicht mehr vermeiden kann, an der Annahme festhält, daß die Frauen seines Hausstandes unsichtbar, gehorsam und fleißig sind.

## Anthropologie und Altphilologie

Während die klassische Altphilologie ziemlich konservativ ist und das Image der eigenen Kontinuität fast zweihundert Jahre lang gepflegt hat, zieht die Anthropologie eher unternehmungslustigere Charaktere an, und folgerichtig ist während der halb so langen Geschichte dieser Disziplin schon etliche Male der Wind umgeschlagen. Wenn also frühere Generationen Altphilologie und Anthropologie hin und wieder verbunden haben, so handelt es sich hierbei um eine Anthropologie, die sich erheblich von allem unterscheidet, was heute diesen Namen trägt. Um die Jahrhundertwende untersuchten Sir James Frazer, Jane Ellen Harrison (vgl. Peacock 1988), Francis M. Cornford und Gilbert Murray die griechische Religion und Literatur unter Aspekten der damaligen Anthropologie, die im wesentlichen mit dem Studium so bezeichneter primitiver Stämme gleichzusetzen war. Der Versuch, das Primitive als Wurzel in den Formen der griechischen Literatur (für die Tragödie und die Komödie: Murray, in Harrison 1912; Cornford 1934), in gesellschaftlichen Praktiken (für die Olympischen Spiele: Cornford, in Harrison 1912), und in religiösen Vorstellungen und Riten (Harrison 1903, 1912; Murray 1912) aufzusuchen, wurde von zahlreichen Zeitgenossen mit großem Abscheu aufgenommen. In seiner Jane-Ellen-Harrison-Gedächtnisvorlesung beschreibt Finley (1975) den offenen Ekel von Altphilologen, von denen einer über Harrisons Arbeiten äußerte, sie seien »ins Schleimige abgerutscht« (103). (Diese Reaktion sagt mindestens ebensoviel über das getünchte, romantische und rassistische Griechenlandbild aus, das sich bei den nordatlantischen Verbündeten als pädagogisch so fruchtbar erwies, wie über die Anthropologie selbst – vgl. die bahnbrechenden Arbeiten von Bernal.)

---

\*    So kommt geschlechtlichen Beziehungen zwischen Frauen praktisch keine Bedeutung in der Klassifizierung des Artemidoros zu; sie können überhaupt nur angesprochen werden, wenn Begriffe männlicher Initiative verwendet werden; siehe unten Kapitel 1 und besonders S. 65 f.

Dann wandelte sich die Anthropologie, unter dem Einfluß von Malinowski und Boas, von einer Schreibtischforschung zum Thema Rückständigkeit und Fortschritt zunehmend zu einer Forschung aus erster Hand, die sich auf teilnehmende Beobachtung an einer existierenden Kultur stützte, und dies ist bis heute gängige Praxis geblieben, geradezu ein Initiationsritus für dieses Forschungsgebiet. In den vergangenen Jahrzehnten des 20. Jahrhunderts gab es bedeutende Innovationen bei den Untersuchungsmethoden, im wesentlichen den Funktionalismus und den Strukturalismus sowie ihre bisweilen fruchtbare Vereinigung, außerdem in jüngerer Zeit die Semiotik und die feministischen Ansätze. Vor allem hat die Anthropologie aufgehört, sich ausschließlich auf »primitive«, nicht alphabetisierte Stammeskulturen zu konzentrieren, und untersucht heute zeitgenössische gesellschaftliche und kulturelle Gruppen aller Art. Wenn sie ihr Bestes geben, betrachten Anthropologen ihre Informanten nicht länger von oben herab als rückständig, sondern entwickeln ein Verständnis für den ganz eigenen Zuschnitt von Bedeutung und Handeln in einer anderen Kultur.

Anthropologen haben, angefangen bei Friedl und Campbell, ausgezeichnete Untersuchungen über die Regionen des modernen Griechenland vorgelegt[*]. Die Arbeiten von Michael Herzfeld, provozierend und voller Einsichten, haben in jüngerer Vergangenheit Griechenland zu einem Herzstück der Erforschung des Mittelmeerraums gemacht[8] – wenn er selbst auch einer der ersten wäre, der diesen Begriff (»Mittelmeerraum«) als Untersuchungskategorie kritisch in Frage stellen würde (Herzfeld 1984, 1987b). Die Beziehung zwischen Anthropologen des Nordatlantikraums (und anderen) und den Kulturen des Mittelmeerraums ist seit jeher geprägt von vielen Vorurteilen auf beiden Seiten. Griechenland, die Türkei, Spanien, Ägypten, Algerien können, besonders in ihren ländlichen Gebieten, allesamt als Repräsentanten einer technologisch rückständigen oder aber exotisch orientalischen Kultur aufgefaßt werden. Diese Stereotypen können nun umgekehrt wieder gegen den nordatlantischen Touristen, Anthropologen, Kolonialisten als eine verfügbare Maske eingesetzt werden (Herzfeld 1982, Alloula 1986). Herzfeld

---

[*]  Es gibt selbstverständlich große Unterschiede zwischen den Regionen, beispielsweise zwischen den Hütern von Herden und den Ackerbauern (Denich 1974), und zwischen den Beobachtungen, die verschiedene Beobachter machen. Handman (1983) ist so frappiert von Gewaltsamkeit und bewußter Täuschung im griechischen gesellschaftlichen Umgang, daß sie sich fragt, warum es überhaupt Griechen gibt, die sich die Mühe machen, miteinander zu leben (194).

hat dabei sehr klug auf den Unterschied zwischen einem öffentlichen (»hellenischen«) Gesicht und einer privaten (»römischen«) Wirklichkeit hingewiesen (Herzfeld 1986), in der die Geschlechtsrollen als rhetorisch veränderbar angesehen werden, und nicht etwa als starr und statisch.

Aber ich möchte mit aller Klarheit sagen, daß die Frage der Kontinuität zwischen der antiken und der modernen griechischen Kultur auf Abwege führt. Keineswegs sind kulturelle Muster so intakt geblieben, daß man sie als Belegmaterial für antikes Leben heranziehen könnte. Meine eigenen Beobachtungen in Griechenland waren mir Ansporn zum Nachdenken, nicht aber Grundstein zur Interpretation. Es ist ganz einfach so, daß gewisse verankerte Prämissen des gesellschaftlichen Lebens (Protokolle), wie sie um das gesamte Mittelmeerbecken herum mit allerdings bedeutsamen Abweichungen weitgehend geteilt werden, sich dazu benutzen lassen, antike Texte mit einem Rahmen zu versehen und zu erhellen, indem sie ihre stillschweigenden Voraussetzungen an den Tag bringen. Sogar dies geht als Beschreibung meiner Methoden noch zu weit, denn ich versuche, an keiner Stelle tatsächliches Gewicht auf zeitgenössische Parallelen zu legen. Eher ist es so, daß meine Aneignung ethnographischer Studien aus verschiedenen Weltteilen, besonders dem Mittelmeerraum, mir Denkzugänge zu den komplexeren und reichhaltigeren Bedeutungen der antiken griechischen Redekunst, Vasenmalerei, Politik, Zauberei, Dichtung und Kulthandlungen eröffnet hat. Meine Studien waren nicht systematisch, sondern folgten eher dem, was Apuleius im *Goldenen Esel* eine »flüchtige« oder »sprunghafte Wissenschaft« nennt (*desultoria scientia*, 1.1) und was sich vielleicht besser als »akademische Equestrik« übersetzen ließe, eine Metapher, die sich den Sprüngen der Zirkusakrobaten von einem Pferderücken auf den anderen verdankt. Anthropologische Methoden haben mich mit besonderen Techniken des Lesens und des Herauslesens von impliziten Bedeutungen und mit spezifischen interpretativen Grundhaltungen versehen. Von Zeit zu Zeit habe ich aufschlußreiche Parallelen herangezogen, wie etwa am Ende von Kapitel 7, aber größtenteils habe ich mein anthropologisches Verständnis so benutzt wie ein Maler seine Hilfslinien, die unter dem fertigen Bild verschwinden.

Eine wirklich anthropologische Beschreibung eines antiken griechischen Gemeinwesens ist selbstverständlich gar nicht möglich. Die materiellen Befunde und literarischen Texte der Antike stammen nicht aus ein und demselben Gemeinwesen und nicht aus ein und derselben Zeit. Zu den Minimalforderungen an eine aussagekräftige Ethnographie gehört aber nicht nur ein in Raum und Zeit wohldefinierter gesellschaftlicher Untersuchungsgegenstand, sondern auch die Möglichkeit zu Befragungen, Beobachtungen und Zählungen, die unser Quellenbestand nicht zuläßt. Meine Methodik, meine Fragen und mein Beobachtungsansatz sind also von heutiger Gesellschaftswissenschaft beeinflußt, und manchmal sind sich die Daten ähnlich genug, um entsprechende Verweise zu rechtfertigen, aber die Analyse antiken Materials gehorcht ihren eigenen Bedingungen und sollte für sich selbst stehen.

## Zur Anlage dieses Buches

Anstatt diese Essays künstlich in eine gemeinsame Tonlage zu zwingen, habe ich jedem von ihnen seine eigene Logik gelassen, so daß sie in ihrer Gesamtheit die Vielfalt von Perspektiven und Erfahrungen erkennen lassen, die von einem einheitlichen Ansatz tendenziell vereinfacht und eingeebnet werden. Dies entspricht ganz der Einsicht, daß sowohl ein traditioneller ideengeschichtlicher als auch ein strukturalistischer Ansatz ihrem Gegenstand in bestimmter Hinsicht nicht gerecht werden können. Der erstere vermag es nicht, die Praktiken realer Menschen, Intellektuelle nicht ausgenommen, zu erfassen, während der letztere, der Gewicht auf System und Regelhaftigkeit legt, an Wettbewerb und Widerstreit in einer Gesellschaft vorbeizielt, die über vielfache Autoritätszentren und einen ausgeprägten Sinn für den Bluff und das Unausgesprochene verfügt.

Dennoch gibt es einen kumulativen Argumentationsgang, nach dem sich die Anordnung dieser Essays richten mußte und der sich wie folgt skizzieren läßt. Unter allen Bedeutungen und Facetten sexuellen Verhaltens, denen man besonderes Augenmerk schenken könnte, rückten die Griechen mit großem Nachdruck Dominanz und Unterwerfung, die sich aus der phallischen Penetration ergeben, in den Brennpunkt. Unser bester Zeuge dafür ist Artemidor, ein Traumdeuter, der Jahre damit verbrachte, den gesellschaftlichen Bedeutungen nachzugehen, die durchschnittliche Leute ihren Träumen beimaßen. Seine Theorie und Praxis der Interpretation machen ihn zu einem einzigartig kompetenten Zeugen für allgemein verbreitete Anschauungen, weil er seine Aufgabe darin sieht, die gesellschaftlichen Bedeutungen, wie seine Klienten sie auffassen, für sich selbst sprechen zu lassen. Diese Bedeutungen erweisen sich als strukturiert durch die Vorschriften dreier Protokolle – des Androzentrismus, des Phallozentrismus und des Invasiven (Kapitel 1). Als Anhänge dazu habe ich eine Übersetzung von Artemidors Text über erotische Träume und eine kurze Untersuchung über eine unterschätzte Nebenbedeutung von *physis* (»Natur«) als »Genitalien« beigefügt.

So verstanden, war Sex im Grunde genommen eine Möglichkeit für Männer, ihre gesellschaftliche Identität innerhalb des intensiv konkurrenzorientierten Nullsummenzuschnitts der öffentlichen Kultur auszuprägen. Die strikten Maßstäbe dieses sexuellen Ethos wurden an Individuen angelegt, wenn Bürger sich anschickten, in Athen ein politisches Amt zu bekleiden: jeder wurde einer öffentlichen Untersuchung seiner persönlichen Lebensführung unterzogen, inklusive der sexuellen. Aus den Aufzeichnungen von Vorwurf und Verteidigung wird allerdings klar, daß der Standard größter Strenge praktisch gar nichts damit zu tun hatte, das sexuelle Verhalten der Männer tatsächlich zu regeln, sondern ein Mittel war, um ein bestimmtes Image öffentlicher Autorität abzusichern und der Elite zu erlauben, sich untereinander anzugreifen, aus Motiven, die ihrem Wesen nach eher politisch als moralisch waren (Kapitel 2).

Wenn also die Verfahren der männlichen Selbstregulation eine Art Fassade waren, die eine Laissez-faire-Attitüde gegenüber tatsächlichen Praktiken verbarg, steht zu vermuten, daß auch die Frauen, allen strikten Einengungen durch die Männer zum Trotz, einen gewissen Grad von Autonomie genutzt haben könnten, insofern, als sie außerhalb des Lichts öffentlicher Untersuchungen standen. Aber das Verständnis der gesellschaftlichen Bedeutung des Sexus im Sinne eines Dominanzverhältnisses erfordert es, daß wir das Thema der Gewaltausübung gegenüber Frauen genauer betrachten. Die erotischen Bannsprüche, die sich in großer Zahl in den Zauberpapyri der Griechen finden, sind voll von einer Bildersprache des Gewaltsamen, in der der Liebhaber eine Zeremonie vornimmt, die darauf zielt, die begehrte Frau brennen und leiden zu lassen, bis sie sich ihm hingibt. Und doch läßt das zugrundeliegende Szenario dieser Zeremonien vermuten, daß der Liebhaber selbst in seiner nächtlichen Einsamkeit und im Gefühl, Opfer seiner hilflosen Leidenschaft zu sein, hier sein eigenes Leiden symbolisch auf sein vermeintliches Opfer projiziert (Kapitel 3).

Der Schritt von gesellschaftlicher Praxis zu ihrer literarischen Repräsentation wird im nächsten Kapitel vollzogen, in dem ich Longos' Roman *Daphnis und Chloë* als eine Studie der gesellschaftlichen Gewaltausübung untersuche, wie sie von zwei verliebten Teenagern ungleich erfahren wird. Auch dies ist noch ein männlicher Text, aber einer, der verstörende Perspektiven in seine Behandlung erotischer Sozialisation – besonders der Heldin – einführt (Kapitel 4). Die Behandlung der Gewalt durch den Autor scheint bewußt zweideutig angelegt zu sein, was uns eine »Lektüre gegen den Strich« abverlangt, in der das unbestimmt Gelassene und das Verschwiegene bei Longos in Beziehung zu den ausgesprochenen Normen seiner Kultur gesetzt wird. Dieses Kapitel ist eine Art

Drehpunkt zwischen dem Ersten und dem Zweiten Teil und läßt das Problem der Gewaltausübung gleichermaßen als ernst wie auch als konventional erscheinen, das heißt, als ganz willkürlich ausgeformte gesellschaftliche Verfahrensweisen, die man auch anders hätte arrangieren können. Die Gewalt, die sich gebündelt auf Frauen richtet, erweist sich gleichzeitig als eine unvermeidliche Lebenswirklichkeit und als ein unnatürlicher und widerlicher Schraubstock, der sich langsam um die heranreifende Chloë schließt.

Nachdem die besonderen Eigenschaften und Eigenarten männlicher Ansprüche und Anmaßungen in Hinblick auf das Verhalten und Verhältnis der Geschlechter analysiert wurden, ist die zweite Phase der Untersuchung dem Versuch gewidmet, die eng umgrenzte Würde und Autonomie griechischer Frauen wiederherzustellen, die sowohl von den Männern der griechischen Antike in ihren öffentlichen Äußerungen als auch von Theoretikern und Theoretikerinnen der Opferrolle in heutiger Zeit unterschätzt wurde. Dieser Teil meines Vorhabens, *Gynaikes*, ist sehr viel schwieriger, weil das Beweismaterial blasser, gestreuter und gewöhnlich auch durch maskuline Linsen gebrochen erscheint. Hier steht eine sehr viel schmalere Basis von möglichen Angriffspunkten zur Verfügung, die einen ebenso erhellenden Zugang zum Leben der Frauen erlauben würden, wie es die Themen im Ersten Teil für das Leben der Männer gestatteten. Aber Homers Penelope, die Dichtungen der Sappho und die Riten von Frauen zu Ehren von Demeter und Aphrodite lassen sich vorschlagsweise so interpretieren, daß sie einige leise, kaum vernehmbare Alternativen zum Stammtischpalaver der Männer hergeben, das die antike Überlieferung so stark prägt.

Leser haben immer schon etwas ausgesprochen Weibliches an Homers *Odyssee* mit ihrer Detailfreudigkeit in der Beschreibung eines funktionierenden Hauswesens und ihrer Darstellung starker Frauengestalten empfunden. Besonders die Gestalt der Penelope scheint eine zentrale Rolle für die ineinandergreifenden Strategeme der rivalisierenden Akteure zu spielen, aber es bleibt unklar, inwieweit sie Opfer der gesellschaftlichen Zwänge ist, die sie binden, und inwieweit Handelnde, die fähig ist, den vorgegebenen Spielraum zu nutzen. Meine Auffassung ist es, daß Homer beide Aspekte ihrer Lage zeigt, daß aber sein eigenes narratives Geschick als Geschichtenerzähler ihn dazu bringt, Penelopes zentrales Komplott zu verwischen und zu verunklären, um eine Steigerung bis zu dem dramatisch effektvollen Punkt hin zu erzielen, an dem Penelope Odysseus eine Falle stellt, um sich seiner Identität zu versichern. Nach dieser Lesart zollt Homer hier den gewöhnlich verborgenen, aber wirkungsvollen Maßnahmen einer griechischen Ehefrau seinen Tribut, die einen Besitz gemeinsam mit dem Ehemann verwaltet (Kapitel 5).

Aber wir würden natürlich gern einen besseren Zugang dazu finden, wie sich griechischen Frauen ihre eigene Erfahrungswelt darstellte, und dafür gibt es zwei Möglichkeiten, nämlich eine individuelle über eine weibliche Autorin und eine kollektive auf dem Weg über die religiösen Kulthandlungen, die ausschließlich von Frauen vorgenommen wurden. Die Fragmente der Lyrik Sapphos enthalten signifikante Spuren einer alternativen Perspektive auf das kulturelle Gefüge von Geschlechtsverhalten und Geschlechterverhältnis. In bewußter Kontrastierung von männlichen und weiblichen Werten reproduziert Sappho zum Teil die geltende Übereinkunft von der Getrenntheit der Geschlechter, aber sie tut es auf ganz besondere Weise. Indem sie den Blickwinkel der Frauen von dem der Männer unterscheidet, zeigt sie notwendigerweise, daß sie sich beider Systeme bewußt ist, und damit auch ihres mutmaßlichen Verhältnisses zueinander als dominant gegenüber unterwürfig. Allerdings versteht Sappho – wie sprachliche Minoritäten, die zur Zweisprachigkeit gezwungen werden – mehr von den »dominanten« Praktiken von Männern, als diese von der »Unterwürfigkeit« von Frauen (Kapitel 6).

Nun gehörte Sappho allerdings zur Elite und lebte zu einer Zeit (um 600 v. u. Z.), für die die Einzelheiten des gesellschaftlichen Lebens fast gänzlich undokumentiert sind. Ihr Blickwinkel könnte derjenige eines Ausnahmeindividuums sein, nicht repräsentativ für Frauen mit Bürgerstatus im allgemeinen. Das abschließende Kapitel ist ein Versuch, eine alternative Sicht auf den jeweiligen Anteil von Männern und Frauen an der Reproduktion im Symbolismus zweier Feste aufzufinden, den Thesmophoria, die von Bürgerfrauen, und den Adonia, die von Frauen allgemein gefeiert wurden. In *Les Jardins d' Adonis* (»Die Gärten des Adonis«, frz. orig. 1972) interpretiert Marcel Detienne die Bedeutung dieser Feste auf androzentrische Weise, indem er Männer mit produktiver Arbeit und Frauen mit flüchtiger Lust gleichsetzt. Der Vergleich eines mythischen Musters, das bei Sappho mehrfach bezeugt ist, mit dem rituellen Muster der Festhandlungen spricht allerdings für das Gegenteil – daß nämlich Frauen ihre Arbeit als tragende und erhaltende ansahen, die global auch die Arbeit der Männer umfaßte, deren Beitrag zur Erzeugung von Kindern wie von Feldfrüchten, wenn auch unverzichtbar, so doch recht episodisch und kurzlebig ist (Kapitel 7).

Ich hoffe, daß die Interpretationen, wie sie hier geboten werden, auf eigenen Füßen stehen können, wobei ich mir bewußt bin, daß einige recht kontrovers sind. Noch mehr aber hoffe ich, daß diese Methoden einer anthropologisch geleiteten Lektüre dazu beitragen werden, die ethnozentrischen Interpretationen zu diskreditieren, die die englische und die deutsche altphilologische Tradition die letzten zweihundert Jahre lang beherrscht haben. Die reichlich kühle Kultur der Altphilologen im Nordatlantischen Bündnis ist stets eine dürftige Voraussetzung für die Interpretation der emotionellen und politischen Verhaltensprotokolle mediterraner Völker gewesen. Ich hoffe, daß diese Essays zeigen werden, wieviel interessanter die Griechen in Wirklichkeit waren.

# Erster Teil: *Andres*

# 1
## Widernatürliches Verhalten: Erotische Protokolle in der *Traumdeutung* des Artemidor

### Statt »Natur« lies: »Kultur«

Wäre Sex ganz einfach eine natürliche Gegebenheit, könnten wir nie seine Geschichte schreiben. Wir müßten dann etwas aufgeben, was sich zu einem wissenschaftlichen Lieblingsprojekt der Moderne ausgewachsen hat – die Beschreibung der Systeme, nach denen sich in den verschiedenen Gesellschaften, die wir kennen, die geschlechtlichen Beziehungen wie auch die Beziehungen zwischen den Geschlechtern richten, ihre Entwicklung und zeitliche Einteilung und die dialektischen Wechselwirkungen in ihnen.[1] Aber Sex ist, außer in einem ganz banalen und uninteressanten Sinne, nichts Naturgegebenes. Anthropologen, Historiker und andere, die die Kultur studieren (und eben nicht die Natur), wissen sehr genau, daß praktisch jede vorstellbare Konstellation der Lust als Konvention institutionalisiert und von ihren Teilnehmern als natürlich angesehen werden kann.[*] Tatsächlich bedeutet »natürlich« in diesem Zusammenhang vielfach eben genau »konventional« und »wie es sich gehört«. Das Wort »unnatürlich« (oder »widernatürlich«), bezogen auf menschliches Verhalten, bedeutet dann in aller Regel »auf gravierende Weise gegen alle Übereinkunft« und wird wie ein Warnschild vor dünnem Eis eingesetzt, um Gebiete abzugrenzen, in denen man sich nur unter Gefahr bewegen kann. Solche Warnsignale mögen in absolute Begriffe gekleidet sein, aber dergleichen Ansprüche sind von der Zeit ausgewaschen worden: Wie bei den geologischen Veränderungen im

---

[*]  »Eine Manchu-Mutter beispielsweise würde wie selbstverständlich in der Öffentlichkeit am Penis ihres kleinen Sohnes saugen, aber ihn niemals auf die Wange küssen. Denn bei den Manchus ist die Fellatio eine Form sexuellen Verhaltens, ausgenommen die zwischen Mutter und männlichem Kind, während Küsse jeglicher Art ausnahmslos sexuell sind. Das verblüfft uns, denn in unserer Kultur ist Fellatio stets sexuell, der Wangenkuß unter Verwandten dagegen nie« – Henderson 1988, 1251.

Antlitz der Erde im Lauf von Jahrtausenden, so läßt sich auch zeigen, daß die moralischen Landmassen und »natürlichen« Grenzen radikale Verschiebungen hinnehmen mußten.

Sicherlich gab es eine Zeit, in der man keinen Gebrauch von der Opposition zwischen Natur und Konvention, *physis* und *nomos* machte, soweit sie die Sexualität und jedes andere Verhalten betraf, eine Zeit, bevor dieser besondere Gegensatz sich zu einer sprachlichen und ideologischen Wendung entwickelte. Nach den uns verfügbaren Quellen scheint der Gegensatz Natur contra Kultur ein Ergebnis der Sophistik des fünften Jahrhunderts v. u. Z. zu sein.[2] Auch vor dieser Zeit gab es sicherlich Möglichkeiten, sexuelles Verhalten zu dulden oder zu verdammen,* der Verweis auf »die Natur« scheint aber nicht darunter gewesen zu sein. Es ist wichtig zu unterstreichen, daß die Abgrenzung zwischen *physis* und *nomos*, zwischen Natur und Kultur – wenn man so will –, selbst eine kulturelle Errungenschaft ist, eine Denkfigur, die einmal neu erfunden wurde, die sich dann ausbreitete, und die später zur Waffe in einer historisch spezifischen kulturellen Auseinandersetzung wurde (die wir heute als Zeitalter der Aufklärung bezeichnen). Im Laufe der Zeit ist sie zu einem Klischee, einem Automatismus geworden, zu einer tief verwurzelten Gewohnheit jener Art, von der wir sagen, daß sie uns fast zur »zweiten Natur« geworden ist, so daß wir uns kaum vorstellen können, nicht in diesen Begriffen zu denken.[3] Anders ausgedrückt: Auch wenn es uns ganz natürlich vorkommt, in der Auseinandersetzung mit Sexualität in die Begrifflichkeit von Natur und »Unnatur« zu verfallen, so ist doch die »Naturgegebenheit« dieser Kategorien schon selbst eine Art kultureller Illusion. Wie die Sexualität, so hat auch »die Natur« (in ihrer Anwendung auf das Geschlechtliche) eine Geschichte.

---

\* Peisistratos hatte Geschlechtsverkehr mit der Tochter der Megakles *ou kata nomon*, »nicht auf konventionale Weise« (Herodot 1.61.1), Pindar nennt Ixions Verkehr mit einer Wolke, mit der er nicht verheiratet war, »ein nicht dem Brauch entsprechendes Beilager« (*eunai paratropōi*, *Pyth.* 2.35) und gibt den Rat, sich eigener Lust oder der eines anderen »zur rechten Zeit« (*kata kairon*) hinzugeben (frag. 112 Bowra = Athenaios 13.601C).

34

# Ideengeschichte/Praxisgeschichte

Aber wie wäre eine solche Geschichte zu schreiben? Sicherlich ist es unzureichend (obwohl es oft getan wird), sich auf einzelne moralisierende Textbrocken zu stürzen, sie aus der Seite herauszuschnipseln und an eine Pinwand zu heften, so daß sich eine »systematische« narrative Folge ergibt – von Platon zu Philon zu Paulus zu Plotin.[4] Vor allem ist es ein methodologischer Fehler, solchen Ausschnitten eine kulturelle Autorität zuzumessen, die allein aus ihrer *zukünftigen* Bedeutung abgeleitet ist.

Ein Beispiel sind die verschiedenen kulturellen Bewertungen der Päderastie und die Implikationen eines berühmten Textes, der eine Verurteilung dieser Praxis einzuführen scheint. In den *Gesetzen* (*Nomoi*) spielt Platons Sprecher mit dem Gedanken, eine gesellschaftliche Ordnung zu erfinden (835B–842A), die in Einklang mit der »Natur« wäre, so, wie man sie sich in der griechischen Gesellschaft vorstellte, bevor Laios, der Vater des Ödipus, die Päderastie erfand. Ein solches Unterfangen würde einen massiven Eingriff in allgemein geteilte Auffassungen und allgemein geübte Praxis erfordern, wobei die Päderastie auf eine Stufe mit dem Inzest gestellt werden müßte, um zu einem Schreckensbild für jedermann zu werden.[*] Platons Gesetzgeber räumt ein, daß sein Gedanke ein Hirngespinst, eine Träumerei ist. Aber selbst wenn dieser Traum, oder eher Albtraum, Wirklichkeit würde – wie er es ja tat, und zwar genau in den Begriffen der *Nomoi*, als die Päderastie das Stigma des »Widernatürlichen« aufgedrückt bekam –, so bleibt doch bemerkenswert an Platons Text die Verzweiflung, die dort über die Unmöglichkeit, ja fast die Undenkbarkeit dieses Vorhabens ausgedrückt wird. Ganz eindeutig handelte es sich um ein Gedankenexperiment gleicher Art wie das über eine Zensur der überlieferten Dichtung in der *Politeia*, eines, das den Werten, Debatten und der Praxis der Gesellschaft, in der Platon lebte, ausgesprochen zuwiderlief. Diese Spekulationen Platons sind nicht repräsentativ – keineswegs die Eröffnungszüge in einer neuen Partie der Moraldiskussion über den Sexus – und daher nur indirekt hilfreich, wenn es darum geht, die Geschichte der sexuellen Sitten und Praktiken einer Gesellschaft zu schreiben.

Aber unsere Kritik muß noch tiefer greifen. Ganz abgesehen von der Fragwürdigkeit, philosophische oder theoretische Texte so zu behandeln,

---

[*]   Als Beispiel für hochgradige Ignoranz hinsichtlich der Sexualgeschichte läßt sich die Entscheidung des Obersten Gerichtshofes der USA im Fall Bowers gegen Hardwick (das Gesetz über den Analverkehr im Bundesstaat Georgia) zitieren: 478 U.S. 186 (1986). Vgl. Sedgwick 1988, 102–4.

als käme ihnen prophetisches Gewicht zu, gehen wir ganz allgemein fehl, wenn wir die Kulturgeschichte einfach oder vorrangig als Ideengeschichte rekonstruieren, von wem diese Ideen auch stammen mögen, statt im Sinne einer konkurrierenden Vielfalt gesellschaftlicher Praktiken. Philosophen und Moralisten sind für eine Ideengeschichte Primärquellen, geben aber nur eher unabsichtlich Aufschluß für eine Praxisgeschichte. Dies trifft auf das klassische Griechenland in besonderem Maße zu. Wir können heute sagen, welcher Art die Personen waren, denen in einer typischen Versammlung Athener Bürger zu Platons Zeiten kulturelle Autorität zugeschrieben wurde, weil wir wissen, auf wen Redner in der Politik und vor Gericht sich immer wieder berufen: Homer, Hesiod, Tyrtaios, Solon, Sophokles und Euripides haben diese Autorität, gemeinsam mit verschiedenen geschichtlichen Kulturheroen.[5] Sokrates, Platon, Aristoteles und andere ihres Schlages zählen nicht – in diesem Zusammenhang. Athen war ein Gesellschaftssystem, in dem Philosophen vielfach mißachtet wurden und, wenn doch beachtet, leicht als Narren und Spinner dargestellt wurden.[*] Wenn wir unsere Aufmerksamkeit nicht auf diese exzentrische Clique lenken, sondern auf die Bürgerschaft (die in der Bevölkerung Athens ja selbst bereits eine Elite eigener Art darstellte), ergibt sich ein ganz anderes Bild, nämlich eines, in dem die Debatten der Philosophen keinen spürbaren Eindruck hinterlassen.[**]

Wenn wir schon die Philosophen der privilegierten Stellung berauben, die sie bei der Rekonstruktion eines Bildes der antiken Gesellschaft oftmals zugeschrieben bekommen, dann dürfen wir an dieser Stelle nicht haltmachen und müssen andere Texte einer ähnlichen Kritik unterziehen. Es kann gar nicht deutlich und häufig genug gesagt werden, daß die Auswahl an Buchtexten, die uns zur Verfügung steht, nicht die griechische Gesellschaft in ihrer Gesamtheit repräsentiert. Die gesellschaftlichen und

---

[*]   Aristophanes hielt sich für einen besonders geistreichen und intelligenten Athener, aber er sieht Philosophen nicht als Rivalen auf diesem Gebiet an. Beispiele für Philosophen als Hanswürste: Aristophanes' *Wolken*; Epikrates, frag. 10 *PCG* (frag. 11 Kock); in *Konnos* von Ameipsias gab es einen Chor von »Kopfzerbrechern« (*phrontistai*); die *Schmeichler* von Eupolis porträtierten den reichen Kallias und seinen Haushalt voller Philosophen. Siehe Carrière 1979, 62–66; Gailly 1946; Frischer 1982, 55–60.

[**]  »Aber wenn wir [die *Wolken* des Aristophanes] richtig verstehen wollen, müssen wir die geistige Anstrengung unternehmen, uns in eine völlig andere Position zu versetzen, die Position eines Menschen, für den jegliche wissenschaftliche Spekulation, jegliche interesselose intellektuelle Wißbegier langweilig und albern ist« – Dover 1968, lii.

Äußerungskonventionen, innerhalb deren öffentliches Reden und veröffentlichtes Schreiben weitgehend stattfanden, verhalfen tendenziell den Stimmen einer ausgesuchten Gruppe erwachsener männlicher Bürger zum Ausdruck und ließen die der anderen verstummen – diejenigen der Frauen, der Heranwachsenden, der demotischen (arbeitenden Menschen mit sehr wenig Muße) und metökischen (nicht voll bürgerrechtsbefähigten) Einwohner. Mehr noch, die öffentlichen Regeln des Anstands konnten sogar – wie wir in Kapitel 2 sehen werden – die Interessen und Gefühle sogar der erwachsenen männlichen Bürger verfälscht darstellen, die diese Regeln unterhielten. Diese Konventionen männlichen Vorrangs und der Konkurrenz zwischen Haushalten sind wohlbekannt und entsprechen im großen und ganzen Anstandsregeln, die sich heute noch in der Kulturfamilie rund um das Mittelmeerbecken verbreitet beobachten lassen. Aber insofern unser gegenwärtiges intellektuelles Interesse nicht darauf gerichtet ist, unsere Loyalität gegenüber den Werten und Ansprüchen dieser hegemonialen Gruppe unter Beweis zu stellen (und so indirekt ihrem Äquivalent in unserer eigenen Gesellschaft Schützenhilfe zu leisten), dürfen wir diesen Konventionen nicht einräumen, repräsentativ für alle und jeden zu sein.

Mehr noch: wir versuchen nicht einfach, eine Kultur exakt zu »kartieren« und hinter ihr System oder den« Komplex ihrer konkurrierenden Systeme zu kommen. Wie Bourdieu im Fall der im Widerstreit liegenden Genealogien, Kalender und anderer Ordnungssysteme der algerischen Kabyle gezeigt hat, falsifiziert bereits die Erstellung einer solchen Landkarte – insofern, als sie eine gesicherte und unbestreitbare Regelmäßigkeit und Systemhaftigkeit voraussetzt – wesentliche Ungewißheiten, glättet die Falten und läßt als geregelt erscheinen, was zwischen den Akteuren im gesellschaftlichen Konglomerat erst noch zu verhandeln wäre (Bourdieu 1977, 2, 37, 105). Statt dessen möchten wir eine Reihe von Aussagen über dieses gesellschaftliche Konglomerat machen, die es vermögen, die grundlegenden Konventionen oder Verhaltensprotokolle sowohl zu charakterisieren als auch die Grenzen ihrer Anwendung auf die Lebenspraxis aufzuzeigen. Der erste Teil dieses Ziels wird im vorliegenden Kapitel verfolgt, in dem anhand der *Traumdeutung* des Artemidoros die grundlegenden Prinzipien der Bedeutungszuweisung aufgedeckt werden, mit deren Hilfe griechisch sprechende Männer im Mittelmeerraum in früher Zeit sexuelle Handlungen interpretierten. Der zweite Teil, die Einschätzung des mehr oder weniger großen Gewichts, das diese Prinzipien im individuellen Leben ausübten, ist Gegenstand des nächsten Kapitels. Dieser Ansatz, oder dieses Erkenntnisinteresse, das sich als anthropologisch kennzeichnen läßt, ist *eine* Möglichkeit, antike

Texte zu lesen, und schließt selbstverständlich andere Möglichkeiten, sich die gleichen Texte zunutze zu machen, keineswegs aus. Sicherlich kann man sich immer noch für eine Ideengeschichte entscheiden – was man nicht tun sollte, ist, diesen Ideen ein Gewicht, eine Macht, eine Dominanz zu unterstellen, die sie nicht besaßen.[6]

## Was war »widernatürlich«?

Wenn es zutrifft, daß der Gegensatz Natur/Kultur in Hinblick auf das Geschlechtliche nicht früher angewendet wurde als im fünften Jahrhundert v. u. Z. mit der sophistischen Bewegung, dann trifft es auch zu, daß er, *als* er dann angewendet wurde, nicht die gleiche Wertigkeit besaß wie heute. Mit anderen Worten: die Begriffe »natürlich« und »unnatürlich« bzw. »widernatürlich« funktionierten noch nicht (wie sie es seit der Aufklärung tun) als Äquivalente von »normal« und »anomal«, »gesund« und »krankhaft«, »gewöhnlich« und »monströs«. Ein Blick auf einige der Zusammenhänge, in denen der Gegensatz zwischen Natur und Kultur auf das Geschlechtliche angewandt wurde, zeigt deutlich, daß die Inhalte, die man mit »natürlichem« Verhalten in der Antike verband, sich überraschend von den heutigen unterscheiden, und weiter, daß die Bandbreite und Art ihrer Anwendung (das heißt, auf wen ihre Restriktionen zutreffen) keineswegs universell ist. So unterstützen die Ehefrauen in Thukydides' Beschreibung der offenen Klassenkämpfe in Korkyra (Corfu) den Kampf ihrer Männer, indem sie von den Dächern aus Ziegel auf die Köpfe der Oligarchen herabwerfen; ihre Erduldung des Schlachtenlärms ist »unnatürlich«, *para physin* (3.74). In diesem Fall bedeutet »unnatürlich« ein Lob, da die Frauen ihre anerzogene Zurückhaltung aufgeben und in Verteidigung der Interessen ihrer Familien zu offener Gewalt greifen. Was *wir* die »anerzogene Zurückhaltung« der griechischen Frauen nennen, nennt Thukydides ihre »Natur«, will sagen, eine konventionelle oder erwartete Begrenzung, über die sie sich heroisch erheben können. Er meint nicht, daß die korkyrischen demokratischen Frauen pervers sind und etwa allgemein gültige Gesetze verletzen, die von der Wissenschaft oder der Theologie entdeckt worden sind.

Wenn wir die oben zitierte Passage aus den *Nomoi*, die spätere Verdammungen von widernatürlichem Geschlechtsverkehr vorwegzunehmen scheint, einigen Passagen aus anderen Texten (die sich nicht der gleichen Wertschätzung durch Ideengeschichtler erfreuen) gegenüberstellen, beginnt sich ein neues Bild abzuzeichnen. Seneca beispielsweise, in seiner Schmähung des Luxus in *Epistel* 122.7–8, erklärt die folgenden Dinge zu Dingen *contra naturam*: heiße Bäder, Topfpflanzen und Bankette nach Sonnenuntergang (die erfordern, daß man nachts wachbleibt und in den Tag hinein schläft, beides widernatürliches Verhalten). Als er dann in der gleichen Passage den Sex unter Männern behandelt, macht er deutlich, daß, was er verdammt, entweder Männer sind, die Kleidung tragen, wie sie für Frauen angemessen wäre, oder Männer, die sich künstlich jugendlich erscheinen lassen – beide Verhaltensweisen drücken für Seneca den Wunsch aus, zum Sexualobjekt anderer Männer zu werden.[*] »Wider die Natur« heißt für Seneca nicht »außerhalb der kosmischen Ordnung«, sondern »nicht gewillt, sich der Schlichtheit des einfachen Lebens zu unterwerfen« und, in sexueller Hinsicht, »unerlaubte Entfernung aus dem Verband der gesellschaftlichen Hierarchie«. Diese stoische Ansicht, mag sie sich auch als allgemeingültig artikulieren, ist offensichtlich auf eine sehr kleine und wohlhabende Elite gezielt – eben diejenigen, die sich solchen Luxus leisten können, wie ihn Seneca »der Menschheit« abgewöhnen will.

Die Weltsicht, der Senecas Invektiven gegen den Luxus ihre Gestalt verdanken, wird von dem griechischen Redner Dion Chrysostomos in seiner idealisierten Schilderung euböischer Hinterwäldler liebevoll gezeichnet (*Rede* 7), zweier Familien, die unmittelbar von eigener Landwirtschaft und Jagd leben, keine Steuern zahlen, keine Waren kaufen und mit den Annehmlichkeiten des Stadtlebens nicht vertraut sind. Man sollte Friseurläden und Fassadenanstrich am besten ganz verbieten, meint Dion (117–8), damit die Leute gar nicht erst auf dumme Gedanken gebracht werden, die sie von einem schlichten Leben im Einklang mit der Natur ablenken (103). Dieses einfache Leben in der Bergwildnis setzt Dion vom Leben in der Stadt ab, wo Bordelle blühende Geschäfte machen, der Ehebruch toleriert wird, die Reichen ihr Privatleben dazu nutzen, sich gegenseitig zu verführen, und Männer, die der allzuleichten Eroberung von Frauen müde werden, Jungen korrumpieren und auf den Pfad wider die Natur führen (134–6, 149). Der Inhalt, der sich in diesem Gebrauch von »Natur« niederschlägt, hat mehr mit dem Generalthema von Aufwand und Verlust, von haushälterischem und umsichtigem Verhalten in einer Mangelgesellschaft als mit modernen Vorstellungen einer allgemeingültigen Gesetzmäßigkeit auf der Grundlage naturwissenschaftli-

---

[*]  Das war es nicht, was Platon in den *Nomoi* als widernatürlich bezeichnete. Was an jener Passage außergewöhnlich, ja, ganz ohne Parallele ist, ist die Verdammung des Begehrens des typischen erwachsenen *erastēs* oder »aktiven Liebhabers« als widernatürlich.

cher Paradigmen zu tun. Dion spricht zugunsten der Einfachheit und gegen das Verschwenderische: Das Leben der Armen kann, ob ihr's glaubt oder nicht, »würdevoll und natürlich« sein (81). Ihre Armut zwingt Bauern, Jäger und Hirten zu einem Leben, das »besser, nützlicher und natürlicher« (*mallon kata physin*) ist als das Leben begüterter Städter.

Dions »Natur« hat auch moralische Regeln über den Geschlechtsverkehr aufgestellt: was nicht der Fortpflanzung dient, ist unnatürlich (134–36, 149). Aber wieder stellen wir bei genauer Betrachtung dieses Gedankens fest, daß sich »unnatürlich« nicht so sehr auf ein Verhalten bezieht, das gegen die notwendige Ordnung der Welt verstieße, sondern auf einen Lebensstil, der maßlos, luxuriös und ungemein verlockend ist. Seine Hauptzielscheibe ist die städtische Prostitution, da sie einen Luxusmarkt käuflicher Jungen und Frauen erzeugt und das sexuelle Begehren männlicher Kunden bis zur liederlichsten Wollust anstachelt, die nach immer erleseneren und verfeinerteren Formen der Befriedigung sucht. Wird der menschliche Appetit auf die Grundbedürfnisse beschränkt, wie es bei den einfachen Bergbewohnern ist, bleibt das Leben stabil – und so stellt sich Dion menschliches Wohlergehen vor. Aber wenn Märkte entstehen, die das Begehren anregen, ohne es je zu befriedigen, wird der Konsument rastlos, raffgierig, ohne jemals seinen inneren Frieden zu finden. Indem er mit der »schiefen Bahn« argumentiert, schildert Dion, wie »der Mann, der nie genug von solcher Lust bekommen kann« (151), damit beginnt, die Dienste von Prostituierten in Anspruch zu nehmen, dann ehrbare Frauen mit Geld besticht, um sie zu verführen, und, wenn er dort keine Herausforderung, »keine Knappheit des Angebots, keinen Widerstand« mehr findet, auf noch scheueres Wild ausgeht, nämlich die jungen Männer aus guter Familie, die bald öffentliche Ämter in der Stadt einnehmen werden. Die Natur hat, nach dieser Weltsicht, der männlichen Lust eine »ausreichende und klare Grenze« gezogen, indem sie Männer für tabu erklärte. Aber diese »Natur« ist kein kosmisches Prinzip der physischen und generativen Ordnung, sie ist die Stimme des Rufers in der Wüste – besser gesagt, im Dickicht der Städte –, die Philippika eines Predigers gegen Befriedigungssucht, die aus Überfluß und Reichtum kommt. Das allerschlimmste Verbrechen gegen die Natur ist es, diesem Gedankengang zufolge, die künftigen Führungspersönlichkeiten der Stadt zu behandeln, als wären sie Sklaven, verfügbar wie in einem gemeinen Bordell. In Wirklichkeit ist das ein Verstoß gegen die Klasse, ein umstürzlerischer Akt wider das hierarchische Gesellschaftsgefüge. »Natur« bedeutet am Ende »Kultur«.

Im ersten und zweiten Jahrhundert u. Z. gab es viele moralische Autoritäten wie Seneca und Dion, die dieses oder jenes Programm vertraten, und keines davon ist besonders hilfreich, wenn man ein abgerundetes Bild des Geschlechtslebens der antiken Welt rekonstruieren möchte. Dazu nur noch ein weiteres Beispiel, bevor ich zu den so besonders wertvollen Aufschlüssen komme, die uns Artemidor zur Verfügung stellt. Bei der Schilderung ihrer Vision des einfachen, »natürlichen« Lebens greifen Moralisten dieser Art oft auf Beispiele aus der Tierwelt zurück.[*] Claudius Aelianus (ca. 170–230 u. Z.) schrieb siebzehn Bücher eines *Tierlebens* in attisch-griechischer Sprache. Der Elephant, so teilt er mit, sei extrem sensibel für die Heiligkeit des Ehestandes. Einmal, während der Regierungszeit des Kaisers Titus, bemerkte ein Elephant, daß die Frau seines Dompteurs ein Verhältnis mit einem anderen Mann hatte, also spießte er das Paar auf, als es miteinander im Bett lag, einen Körper auf jeden Stoßzahn, und breitete anschließend einen Mantel über sie. Dieses Märchen sagt uns, daß Männer ihre Ängste vor der Untreue ihrer Frauen auf eine höhere und unangreifbare Autorität zurückführen konnten, den einfachen und unverdorbenen Instinkt der Natur. Es sagt uns nichts über die entgegenwirkenden Haltungen, die Versuchung, Ehebruch zu begehen und zu bewundern – wie es der Kommentar von Apollo und Hermes tut, als sie Ares und Aphrodite *in flagrante delicto* im Netz des Hephaistos gefangen sehen, nämlich daß das Vergnügen, mit Aphrodite zu schlafen, die Peinlichkeit des Erwischtwerdens allemal wert sei (*Odyssee* 8.335–43).

Die bündigste und erschreckendste mir bekannte Vorlage, die für diese Moralitätenbühne geschrieben wurde, stammt von Philon, einem alexandrischen Juden des ersten Jahrhunderts unserer Zeit:

> Nicht nur unter Tieren, die wir domestiziert haben und selbst aufziehen, sondern auch unter den anderen Arten finden wir jene, die Selbstbeherrschung üben. Wenn das Nilkrokodil [...] die Neigung verspürt, mit seinem Weibchen zu kopulieren, lockt es das Weibchen ans Ufer und dreht es auf den Rücken, da es nach seiner Natur ist, sich ihm zu nähern, wenn es auf dem Rücken liegt. Nach der Paarung benutzt das Männchen die Vorderbeine, um das Weibchen wieder herumzudrehen. Wenn das Weibchen aber den Akt der Kopulation und der Befruchtung spürt, entwickelt es Verschlagenheit und gibt

---

[*] Aristoteles untersucht den natürlichen Charakter von Tieren in *Hist. Anim.* 9 in der ganzen Breite vom »ausgesprochen Märchenhaften bis zum akkurat Beobachteten« (Lloyd 1983, 20). Augenscheinlich ist die Berufung auf die Tierwelt eine sehr alte Trope des volkstümlichen Moralisierens.

vor, eine erneute Paarung zu wünschen, wobei es hurenhafte Zuneigung bezeugt und sich selbst in die übliche Begattungsposition begibt. Unverzüglich kommt das Männchen heran, um sich durch Geruch oder andere Mittel zu überzeugen, daß die Einladung echt und nicht etwa bloße Vorspiegelung ist. Von Natur aus achtet es auf Verborgenes. Wenn die eigentliche Absicht des Verhaltens festgestellt ist, indem sich beide in die Augen geschaut haben, reißt das Männchen dem Weibchen die Eingeweide heraus und verzehrt sie, denn sie sind zart. Und dann, ungehindert durch die Wappnung der Haut oder harte und spitze Stacheln, reißt es das Fleisch in Stücke. Aber damit sei genug über die Selbstbeherrschung gesprochen. (*De animalibus*, ed. Terian 1981, 89–90)

Es steckt eine *Menge* Kultur in diesem Exemplum aus dem Lehrbuch der Natur: männliche Initiative (»wenn das Männchen die Neigung zur Kopulation verspürt«) und aktive Kontrolle (»er« dreht »sie« auf den Rücken), eine natürliche Position für den Geschlechtsverkehr (hat das Krokodil sie den Missionaren abgeschaut oder umgekehrt?), lüsterne weibliche Begierde auf wiederholten Verkehr, selbst nachdem eine Empfängnis stattgefunden hat (was ja wohl, soweit es ihr legitimes Anliegen war, Ziel und Zweck der gesamten Operation war), Verführungskünste (»bezeugt hurenhafte Zuneigung«) im Dienste einer wesenhaften Passivität (»begibt sich in die übliche Begattungsposition«), patriarchales Mißtrauen und die verdiente Strafe, die auf der Stelle zugemessen wird. Das männliche Krokodil duldet keine weibische Genußsucht bei seinem eigenen Weibchen, geschweige denn bei sich selbst, und daran können sich alle Männer ein Beispiel nehmen. Philon geht nicht so weit zu behaupten, daß menschlicher Ehebruch oder das Verlangen einer Ehefrau nach Geschlechtsverkehr widernatürlich sei, aber seine Projektion eines patriarchalischen Bildes auf die Leinwand der Tierwelt ist ein Beispiel für den gleichen moralischen Schachzug wie Senecas oder Dions Gebrauch von »Natur« zu dem Zweck, eine einzelne Facette der Kultur mit Autorität auszustatten.

# Artemidor, teilnehmender Beobachter

Es gibt allerdings *einen* antiken Text, der sich breit mit den Grundfragen der Geschlechter und der Sexualität auseinandersetzt und dabei doch weitgehend die begrenzte Sicht eines Platon, Dion oder Philon vermeidet: die *Oneirokritika* (*Traumdeutung*) des Artemidor.* Artemidoros von Daldis[7] war ein gewissenhafter und praktizierender Traumdeuter, der im zweiten Jahrhundert u. Z. die größeren griechischen Städte des Römischen Reiches bereiste: »[…] in Griechenland, sowohl in den Städten als auch bei den großen festlichen Versammlungen, in Kleinasien und Italien und auf den größten und am dichtesten bevölkerten Inseln habe ich mir geduldig überlieferte Träume angehört und was aus ihnen wurde« (1. Prooem./2.17–2).[8] Artemidors *Traumdeutung* stellt dauernd allgemeine gesellschaftliche Annahmen vor Augen, zeigt das Funktionieren des androzentrischen und anderer auf Verhalten und Verhältnis der Geschlechter bezogenen Protokolle und steht doch selbst außerhalb von ihnen.

Um den Anspruch zu rechtfertigen, daß Artemidor den üblichen Vorurteilen moralistischer oder elitenbezogener Texte entgeht und für die

---

\* Die Belegnachweise richten sich nach der Edition von Roger A. Pack, *Artemidori Daldiani Onirocriticon Libri V*, Leipzig 1963, und werden nach Buch (1–5) und, durch Punkt davon getrennt, Ziffer des Absatzes angegeben. Bei längeren Passagen wird, auf einen Schrägstrich folgend, Seite und Zeile der Packschen Edition angeführt, sofern das Zitat nicht ganz am Anfang des entsprechenden Absatzes steht. Die Übersetzungen in diesem Kapitel stammen von mir. Es gibt eine englische Übersetzung von White, eine deutsche von Kaiser [*A.d.Ü.*: Gemeint ist die vorzüglich erläuterte Bearbeitung der alten Übersetzung von Krauss, die auch anderen neueren Bearbeitungen zugrunde liegt; s. Bibliographie], eine französische von Festugière und eine italienische von Corno. Die drei Kapitel über sexuelle Träume wurden von Paul Brandt [Hans Licht] für *Anthropopytheia*[9] übersetzt (1912, 316–28), um ihre Auslassung in der Fassung von Krauss von 1881 auszugleichen. – *A.d.Ü.*: Die Übersetzungen des Autors aus dem Griechischen ins Englische wurden für die deutsche Ausgabe aus dem Englischen übernommen, da die in ihnen ausgedrückten Interpretationen grundlegend für die Behandlung des Textes in diesem Kapitel sind. Fehler, die sich diesem Übersetzungsumweg verdanken könnten, wurden nach Möglichkeit durch genauen Vergleich mit dem Original ausgeschlossen, wobei John J. Winklers Lesart soweit wie möglich gewahrt blieb. So wurde auch mit anderen in diesem Buch behandelten Texten verfahren, s. auch das »Nachwort des Übersetzers«. – In Anhang 1 ist der Text der drei Kapitel über sexuelle Träume vollständig und im Zusammenhang abgedruckt.

Rekonstruktion der Parameter der antiken sexuellen Praxis von enormem Wert ist, möchte ich zunächst zeigen, wie ihn seine Deutungsmethoden in eine einzigartige Position bei der Aufzeichnung der Verhaltensregeln anderer – sowohl in allgemeiner als auch individueller Hinsicht – brachten, ohne daß er diese Regeln selbst teilen mußte (vgl. Foucault 1986, 9, 16). Nachdem damit das Fundament sorgfältig gelegt ist, werde ich in der Lage sein, mit einiger Sicherheit zu behaupten, daß Artemidors Kategorisierung sexueller Akte weitverbreiteten und relativ dauerhaften gesellschaftlichen Normen entspricht – das heißt, der öffentlichen Wahrnehmung der Bedeutung sexuellen Verhaltens.

Eine genaue Überprüfung der fünf Bücher von Artemidors Text erweist, daß er, in der Theorie wie in seiner Praxis, bemerkenswert – man kann sogar sagen einzigartig – frei von jenen Vorurteilen und Scheuklappen ist, die sich normalerweise bei jedem antiken Autor finden, der gesellschaftliche Informationen wiedergibt oder wertet. Die Einmaligkeit seiner Perspektive ist die rigorose Konsequenz seiner Theorie darüber, was Träume sind und wie sie Bedeutung erlangen. Im Griechischen gibt es zwei Wörter für den »Traum« – *enhypnion* (wörtlich »etwas im Schlafe«) und *oneiros*. Obwohl sie im alltäglichen Sprachgebrauch austauschbar sind, benutzt Artemidoros sie, um zwei verschiedene Typen von Schlafereignissen zu unterscheiden. Viele Dinge, die man während des Schlafes erblickt, sind lediglich Ausdruck gegenwärtiger physischer Zustände (wie Sättigung oder Nahrungsmangel) oder Emotionen (besonders Begehren oder Furcht) und geben daher keinen Aufschluß über die Zukunft. Solche Träume nennt er *enhypnia*: »So wird ein Verliebter im Traum sehen, daß er mit seinem Liebling zusammen ist, und ein angstvoller Mann sieht das, wovor er sich fürchtet; der Hungrige ißt, und der Durstige trinkt« (1.1). Solche Träume sind bedeutungsvoll, aber nur in einem sehr eingeschränkten Sinne: sie deuten auf den jeweiligen Zustand von Seele und Körper hin.[*]

Eine kleine Klasse von Träumen jedoch enthält in der Tat wirkliche Informationen über die Zukunft des Träumers, und sie werden als

---

[*] Die Interpretation von Träumen ist stets eine Frage nicht so sehr der Botschaft des Traumes gewesen, sondern zuallererst der Unterscheidung, ob es sich überhaupt um einen Traum mit Aussagewert handelt oder um einen Wunsch/eine Illusion. So unterscheidet Penelope Träume, die sich erfüllen, von solchen, die das nicht tun (*Odyssee* 19.560–9), in der deutlichen Hoffnung, daß sich in ihrem Traum von der Abschlachtung der Freier mehr als ihr eigener Wunsch ausdrückt (zu diesem Traum mehr in Kapitel Fünf, S. 222–4).

*oneiroi* bezeichnet. Die Information, die solche prophetischen Träume[*] enthalten, ist nicht etwa jeder beliebige künftige Sachverhalt, sondern etwas, das Gesundheit, Wohlstand, Status oder Lebensunterhalt des Träumers mehr oder weniger ernst betrifft. So träumte jemand, daß er »seinen Penis mit Brot und Käse fütterte, als handele es sich um ein Tier; er ging erbärmlich zugrunde, denn die Nahrung, die für seinen Mund bestimmt war, ließ er seinem Penis zugute kommen, womit er gleichsam andeutete, er habe weder Gesicht noch Mund« (5.62). »Ein Mann träumte, er höre jemand anderen sagen, sein Wanderstab habe einen Riß bekommen; er wurde krank und erlitt Lähmungen: die Stütze seines Körpers, d. h. dessen gute Verfassung und Kraft, wurde durch den Stab bezeichnet. Derselbe Mann, verzweifelt und niedergeschlagen, wie er aufgrund seiner langdauernden Lähmung war, träumte, sein Stab sei zerbrochen; er wurde unverzüglich gesund, denn er brauchte keine Stütze mehr« (5.51). »Ein Mann träumte, er habe drei Penisse; er war Sklave und wurde freigelassen und erhielt [daher] zwei weitere Namen von seinem früheren Herrn, so daß er drei Namen anstelle eines einzigen hatte« (5.91). »Die ganze Nacht durchzuwachen und nächtliche Feste sowie freudige Anlässe, bei denen man lange aufbleibt, sind Traumbilder, die vorteilhaft für eine Heirat oder Partnerschaft sind: sie bedeuten Reichtum und Zunahme des Vermögens für Arme« (3.61).

Der antike Glaube an die Aussagekraft von Träumen war nicht nur nahezu universell – Traumdeutung war bereits bei Homer (*Ilias* 1.62 f., 5.149 f.) eine Kunst, wenn nicht ein Beruf –, sondern auch sehr vielfältig (Dodds 1951, 102–34; Kessels 1969), und bis zur Zeit des Artemidoros war schon eine überaus breite Literatur zum Thema entstanden, die fast zur Gänze wieder verloren gegangen ist (vgl. Corno 1969). Das medizinische Schrifttum nahm einige Träume sehr ernst und verstand sie als Intuitionen dessen, was die Seele von einer Diät oder Behandlungsmethode an Nutzen für ihren kranken Körper erwartete.[**] Artemidors eigene Verweise auf die Scharen von Wahrsagern auf den Märkten (1. Prooem., vgl. Cicero,

---

[*]  *A.d.Ü.:* Die deutsche Übersetzung von Krauss setzt für *enhypnion* »Traum« und für *oneiros* »Traumgesicht«. Da Artemidor in den hier behandelten Texten stets von prophetischen Träumen spricht, brauchte die Unterscheidung im Englischen und damit auch in der Übersetzung nicht beibehalten zu werden.

[**]  Vgl. Kessels 1969, 414–24. Ärzte bemühten sich, zwei Arten von Träumen auszugrenzen, die für ihre Belange bedeutungslos waren – die bloßen Widerspiegelungen körperlicher oder mentaler Zustände (die *enhypnia* Artemidors) und Träume, die von den Göttern oder der vorauswissenden Natur der Seele selbst eingegeben waren.

*De div.* 1.132) und die Kritik, die an seinem eigenen Buch geübt wurde (vgl. 4. Prooem.), machen deutlich, daß es sich um ein heiß umstrittenes Thema handelte – bis zum Zerreißen strapaziert durch berufliche Rivalitäten und den Kampf unterschiedlicher prognostischer Systeme (Sterndeuten, Handlesen,Inkubationsorakel [Schlafen an heiligen Orten, um Götterträume zu empfangen; s. z. B. Strabon 14.1.44], Leberschau, Vogelmantik, Physiognomie, Nekromantie, Sieb-, Käse- oder Würfelorakel: 2.69) und herausgefordert durch Skeptiker, die dem ganzen Unternehmen mißtrauten oder es verachteten.[9]

In diesem Tumult widerstreitender Ansprüche und Anrufungen der Autorität verschiedener Götter und Systeme erscheint Artemidors Traumtheorie ausgesprochen empirisch und naturalistisch. Wiederholt besteht er darauf, daß bedeutsame Verbindungen erst im nachhinein erkannt werden können, durch Beobachtung (*tērēsis*) oder Erfahrung (*peira*), wenn auch ein geübter Deuter einen Fundus beobachteter Fälle angesammelt haben wird, der ihn in die Lage versetzt, geschickte Diagnosen der wahrscheinlichen Bedeutung von Träumen zu erstellen.[*]

Aber diese Theorie ist nicht nur empirisch, sie ist auch naturalistisch. Die Instanz, die den Traum konstruiert und ihn als eine sinnvolle Botschaft aussendet, ist die Seele des Träumers selbst, seine *psychē* (1.2). Artemidors Sprachgebrauch schwankt zwischen »der Traum sagt« und »die Seele sagt«: »Dieser Traum mahnt einen Sklaven, seinem Herrn gehorsam zu sein« (2.33); »die Seele lenkt immer dann unsere Aufmerksamkeit auf eine Geschichte, wenn sie im voraus ankündigen möchte, daß sich bald etwas ereignen wird, das seinem Gehalt gemäß der Geschichte ähneln wird« (2.66).[**] Ohne daß er näher auf die Natur der Seele oder des Geistes und ihre Arten des bewußten oder unbewußten Wissens einginge[10], setzt Artemidor voraus, daß die *psychē* von sich aus prophetisch sei: sie hat unmittelbaren Zugang zu wichtigen künftigen

---

[*] Häufig kontrastiert Artemidor die gängige Auffassung (ob in Büchern verbreitet oder von Berufskollegen geäußert) mit seinen eigenen Beobachtungen (*ego de etērēsa*): 1.32; 2.12, 18, 58, 65, 66. Nachdem er Übereinstimmungen zwischen Waffen der Gladiatoren und der Art der Frau beschrieben hat, die ein Mann heiraten wird, stellt er fest: »Hier handelt es sich nicht um Mutmaßungen oder bloße Wahrscheinlichkeiten; ich habe die entsprechenden Traumausgänge tatsächlich in meiner Erfahrung (*peira*) oftmals beobachtet (*etērēsa*)« (2.32).

[**] Freud (1972 [1899, dat. 1900], 378 [Zus. 1909]) fand heraus, warum ein junger Mann träumte, er besuche eine Aufführung von *Fidelio*: Gewisse Zeilen des Librettos ließen sich als Hinweis auf die unterdrückte Liebe zu seiner Begleiterin bei der Opernaufführung verstehen.

Ereignissen, die den Träumer betreffen. Absicht der Kommunikation ist es, den Träumer zu erregen (*orinein*, 1.1, ein Wortspiel mit der Wurzel *oneir-*) und seine Wachsamkeit für bevorstehende günstige oder gefährdende Ereignisse zu steigern.[*]

Diese Elemente seiner Theorie lassen sich in eine interessante spiegelbildliche Beziehung zu derjenigen Freuds setzen (Price 1986). Beide unterscheiden zwischen einem wachen oder bewußten Teil der Geistestätigkeit und einem unbewußten Bestandteil, der sehr viel mehr enthält, als das Bewußtsein zur Kenntnis nimmt. Für beide ist das Träumen eine natürliche Tätigkeit der Psyche und besteht aus der Verschlüsselung wesentlicher Ereignisse oder Gefühle mittels Verdichtung (1.4) und Verschiebung in eine Symbolsprache, deren Elemente aus den unwillkürlichen Assoziationen des Träumers genommen sind. Der Unterschied besteht darin, daß die Seele bei Artemidor in die unmittelbare Zukunft schaut, bei Freud in die ferne Vergangenheit.[**] Aber abgesehen von der zeitlichen Ausrichtung sind die beteiligten geistigen Vorgänge mehr oder weniger die gleichen in beiden Systemen. Was sie unterscheidet ist weniger ihre Theorie über die Struktur oder Arbeitsweise des Seelischen, noch ihre Praxis der Befragung von Klienten, als vielmehr der kulturell bestimmte Wert, der der Sexualität zugemessen wird.

Die bedeutungsvollen Botschaften der Artemidorischen Seele betreffen äußere Tatsachen, nicht innere Gefühle, während die Freudsche Seele versucht, unterdrückte Wünsche auszusprechen. Freud konzen-

---

[*]   »Ein Mann träumte, er ritte auf dem Rücken eines Widders und fiele nach vorn von ihm hinunter; er war verlobt und stand kurz vor der Hochzeit. Der Deuter ließ ihn wissen, der Traum sage voraus, daß seine Frau ihm untreu (*porneusei*) werden und ihm die sprichwörtlichen Hörner aufsetzen werde. Und also geschah es: aufgrund der Traumwarnung löste er sein Verlöbnis, aber seine Freunde brachten ihn schließlich dazu, die Frau doch zu heiraten; aus Furcht vor dem Traum hütete er seine Frau gut, und sie blieb ganz und gar in Sicherheit; ein Jahr später starb sie unbescholten; daraufhin heiratete er eine andere Frau, im Glauben, er habe die ausgesprochene Bedeutung des Traumes hinter sich gelassen, und erlitt das vorhergesagte Unglück, denn sie erwies sich als das Äußerste an Lüsternheit« – 2.12/120.11–25. – A.d.Ü.: Diese Textstelle wurde möglicherweise später von einem anderen Autor eingefügt.

[**]  Man mag sich manchmal fragen, welches die seltsamere Mutmaßung ist – daß das Unbewußte Zugang zu folgenschweren Veränderungen in naher Zukunft hat, oder daß es besessen ist von entlegenen Begebenheiten der eigenen Kindheit; Plutarch leitet aus den merkwürdigen Eigenschaften unseres Erinnerungsvermögens die Vernünftigkeit von Vorahnungen ab (*Defect. orac.*, 432B).

triert sich auf die Verdrängung und die Zensur intimer Gefühle; für Artemidor macht die Entdeckung, daß der wahre Gehalt eines bestimmten Traumes in den Wünschen oder Ängsten des Klienten besteht, diesen Traum untauglich als Träger einer verborgenen Bedeutung. Manchmal, so sagt Artemidor (in einer Bemerkung, die uns an Zigarren erinnern wird), bedeutet eine Erektion im Traum zu haben einfach, eine Erektion zu haben, und manchmal bedeutet es etwas anderes (4.1/241.17). Wie sich der Träumer während des Traumes fühlte, kann für die Bestimmung seiner Bedeutung sehr wesentlich sein (1.12), wie es das auch für Freud war, aber Sinn und Zweck der ganzen Übung ist es nicht, den Charakter zu ergründen oder Kindheitstraumata aufzudecken oder hysterische Ängste zu zerstreuen, sondern zu bestimmen, ob der Traum beachtenswerte Informationen über die bevorstehende Änderungen in der sozialen oder physischen Befindlichkeit des Träumers enthält oder eben nicht.

Das bedeutet, daß sexuelle Akte für Artemidor nicht wirklich von Belang sind, weder im manifesten noch im latenten Trauminhalt. Er nimmt an, daß die Leute allen möglichen sexuellen Aktivitäten nachgehen, wie sie eben auch essen und sich körperlich ertüchtigen und einmal täglich baden. Der Sex, wie Speise und Kleidung, stellt Rohmaterial zur Verfügung, mit dessen Hilfe die Seele zu uns über die wirklich wichtigen Dinge des Lebens sprechen kann, etwa, ob wir zu Geld kommen werden, ob mein Sohn von einer Krankheit genesen wird, ob meine Ehefrau treu und arbeitsam sein wird, ob ich einen Prozeß gewinnen oder verlieren werde. Das sind die Themen, auf die es ankommt.* Es mag uns einige Vorstellungskraft kosten, uns in diese Weltsicht hineinzudenken, und ich habe festgestellt, daß man einen guten Anfang findet, wenn man die Ethnographien zeitgenössischer ländlicher Gesellschaften des Mittelmeerraumes nachliest. Die Fragen höchster Priorität entstehen innerhalb eines Rahmens des Mangels, des Wettbewerbs und der intensiven gegenseitigen Kontrolle. Dies ist eine Hauptbedeutung des Wortes »Fesseln«

---

\* Ein Maß dafür, wie angstbesetzt solcherlei Angelegenheiten waren, kommt in dem folgenden Vergleich mit der Kreuzigung zum Ausdruck: »Der Philosoph Alexander träumte, er sei zum Tode verurteilt und nur durch flehentliches Bitten ganz knapp der Kreuzigung entronnen. Aber er führte ein asketisches Leben und hatte mit keinerlei Dingen etwas zu tun, auf die die Kreuzigung hindeutet – Heirat, Geschäftsbeziehungen, Reichtum. Am folgenden Tag geriet er in Streit mit einem Kyniker, der ihn mit einem hölzernen Knüppel über den Kopf schlug. Dies war es, was seine Seele ihm voraussagen wollte – daß er durch ein Stück Holz fast ums Leben kommen würde« (4.33).

im Titel dieses Buches. Tatsächlich wird das Sexualverhalten dabei außergewöhnlich wichtig, weil es etwas aussagt (so, wie es als aussagekräftig verstanden wird) über die Stabilität und Integrität von Haushalten. Anstatt sexuelles Wissen zu verdrängen, neigen mediterrane Kulturen dazu, häufigen und sogar zentralen Gebrauch davon zu machen als einer Möglichkeit, Beziehungen im Gemeinwesen zu strukturieren. Aber der Sex selbst wird nicht als schwer faßbarer Schlüssel zur Persönlichkeit angesehen oder als Feld persönlicher Verstörung oder außerordentlicher Spannungen. Eben weil der Sex eine so öffentliche Angelegenheit ist (und war), wird er nicht mit der gleichen Aura des Geheimnisvollen und Problematischen umgeben, mit der wir ihn gerne ausstatten.

Auf dieses Thema werden wir später zurückkommen. Zunächst müssen einige weitere Grundzüge des Artemidorischen Systems dargestellt sein. Wenn das geweissagte Ereignis unmittelbar bevorsteht, teilt die Seele ihre Warnung direkt und im Klartext mit. Da keine Zeit zu verlieren ist, schreit uns die Seele geradezu eine unmißverständliche Botschaft zu und führt uns vor Augen, was geschehen wird (1.2).[11] Ein Mann, der sich auf einer Seereise befand, träumte, er befände sich auf einem Schiffswrack; als er aufwachte, sank das Schiff tatsächlich (1.2). Aber wenn genug Zeit für das Wachbewußtsein zur Verfügung steht, über den Traum nachzudenken, und die Traumerfüllung keine Dringlichkeit hat, betrachtet es die Seele als eine nützliche Übung für uns, wenn wir über den Traum nachdenken und seine möglichen Bedeutungen selbst herausbekommen.* Solche Träume erreichen uns in symbolisch chiffrierter Form,[12] und der größte Teil der *Traumdeutung* gilt der Erklärung, wie diese Symbole, als einzelne oder kombiniert, bei unterschiedlichen Träumern und unter unterschiedlichen Bedingungen funktionieren.

Die wichtigste Eigenart am Deutungssystem des Artemidor liegt in seinem Grundprinzip, daß die Seele die Symbole und Assoziationen eines verschlüsselten Traumes aus der kulturellen Erfahrungswelt des individuellen Träumers selbst bezieht, nicht aus einem allgemeingültigen Buch

---

* »Es ist ein beliebtes Vorgehen der überirdischen Mächte, uns zuzuraunen, was die Zukunft bringt – nicht, damit wir überlegen, wie wir uns dagegen wappnen, um es zu verhindern (denn niemand vermag sich über das Schicksal zu erheben), sondern damit wir es leichter tragen, wenn es eintritt. Das geschwinde Hereinbrechen unvorhergesehener Ereignisse, das sich ganz unvermittelt und plötzlich auf uns herabsenkt, regt die Seele auf und überwältigt sie; aber wenn die Katastrophe erwartet wird, dann mildert gerade diese Erwartung, durch sich in kleinen Schritten steigernde Sorge, die Schärfe des Leidens« – Achilles Tatius 1.3.

der Deutungen oder aus der Sprache der Götter.* Daß die gewöhnliche Erfahrung etwas Gemeinschaftliches ist, führt natürlich dazu, daß sich vielen Menschen die gleichen Gedankenverbindungen aufdrängen, ein Sachverhalt, der für Artemidors Text (wie auch für die *Traumdeutung* Freuds) über weite Strecken den irreführenden Eindruck erweckt, daß er ein kosmisches, überindividuelles Dechiffrierhandbuch benutzt.** Wie in vielen ähnlichen Fragen finden sich die detaillierteren theoretischen Ausführungen und Beispiele dazu in Buch 4. So berichtete jede einzelne von sieben schwangeren Frauen, sie habe geträumt, eine Schlange zu gebären; die beobachtete Erfüllung des Traumes war in jedem Einzelfall eine andere, in Abhängigkeit von den unterschiedlichen Gedankenverbindungen, die jede Frau mit einer Schlange verband (4.67). Ein Mann hatte dreimal im Leben den gleichen Traum – daß er seine Nase verlöre: als er als Parfümhändler arbeitete, bedeutete der Traum geschäftlichen Mißerfolg; als er in seiner Verzweiflung eine Unterschrift fälschte, wurde er entehrt und ins Exil geschickt,»denn alles, was an einem Gesicht fehlt, entstellt und erniedrigt es«; als er krank wurde und den gleichen Traum hatte, verstarb er binnen kurzem,»denn Totenschädel besitzen keine Nase« (4.27).

Die wesentliche Erörterung dieses Axioms der Deutung findet sich im ersten Buch 1.8–9 (vgl. 4.4), wo Artemidor zwischen allgemeingültigen Konventionen (*ethē*) unterscheidet und solchen, die spezifisch für eine lokale Kultur sind. Thraker, die vom Tätowieren träumen, teilen sich selbst etwas anderes mit als Geten, die vom Tätowieren träumen, denn bei den Thrakern ist die Tätowierung ein Zeichen edler Geburt, bei den Geten aber eines der Sklaverei. Der qualifizierte Traumdeuter muß daher die Gebräuche verschiedener Regionen kennen, wenn er reist oder wenn seine Klientel nicht nur aus einer einzigen Stadt kommt (was für die

---

\* Die Tatsache, daß philologisch raffinierte Träume nur bei gebildeten Personen vorkommen, ist nur ein weiterer Beleg dafür, daß »*oneiroi* Werke der Seele sind und nicht irgendwoher von außen kommen« (4.59/ 284.6 f.).

\** Eine Art Traumhandbuch oder »Traumführer«, wie er aus vielen Zeiten bekannt ist, wobei der älteste aus dem frühen zweiten Jahrtausend in Ägypten stammt (Gardiner 1935, 9–23). Er hat die Form einer Auflistung von geträumten Akten, die mit einer Bewertung als »gut« oder »schlecht« sowie einer knappen Begründung versehen werden; zum Beispiel: »wenn ein Mann träumt, er fessele seine eigenen Beine – gut; es bedeutet, daß er sich im Kreis seiner Mitbürger und Landsleute niederläßt« (4.14), und »wenn ein Mann im Traum mit einem Schwein Verkehr hat – schlecht; wird seinen Besitz verlieren« (9.16).

meisten großen Städte des östlichen Mittelmeerraumes und bei Festen wie den Olympischen Spielen als der Normalfall anzusehen wäre).

Er muß auch das Spezifische an der Identität jedes einzelnen Träumers kennen – Vermögen, gesellschaftlichen Status, Familienstand, Tätigkeit, Gesundheit, Alter und so weiter. So wie Epheser in der Sprache des Kultus von Ephesus träumen, so träumen Fischer in der Sprache von Angelzeug und Köder. »Sumpfland bedeutet Gutes nur im Traum eines Schäfers, für alle anderen verheißt es Untätigkeit, und für Reisende bedeutet es Erschwernisse« (2.28). »Einer träumte, er sei zu einer Brücke geworden: er wurde ein Fährmann, der der gleichen Aufgabe dient wie eine Brücke. [...] Andererseits träumte ein vermögender Mann, er werde zur Brücke: er wurde von vielen verachtet, und so wurde er gleichsam mit Füßen getreten. Wenn je eine Frau oder ein schmucker Jüngling dieses Traumgesicht hat, so werden sie sich prostituieren und viele über sich lassen. Ein Mann, der einen Prozeß führt und dies träumt, wird sich über seine Gegner und sogar den Richter erheben, denn der Fluß gleicht einem Richter insofern, als er ungestraft tun und lassen kann, was er will, eine Brücke aber erhebt sich über den Fluß« (4.66). Hanf ist ein ungünstiges Traumbild für die meisten, nicht aber für Seiler (2.59), und Cunnilingus und Fellatio zwischen Ehegatten sind ganz schrecklich ominöse Akte im Traum – nicht aber für zwei bestimmte Männer aus Artemidors Bekanntenkreis, denen so etwas einfach Spaß machte. »Sie erblickten eben, was sie erregte« (4.59/283.8–17).

Dieses letzte Beispiel illustriert in aller Deutlichkeit das Axiom, daß Traumbilder prinzipiell von den eigenen kontingenten Erfahrungen und Assoziationen des Individuums bestimmt werden und nicht etwa durch allgemeingültige oder göttliche Verbindungen, die seit Urzeiten festgelegt sind, und es zeigt auch die nichtbevormundende, nicht auf Urteile angelegte Vorgehensweise Artemidors. Um genaue Ausdeutungen von Traumbedeutungen geben zu können, muß er die relevanten Fakten und Praktiken des Klienten kennen, auch wenn sie intimer Art, peinlich oder eigenartig sind. So unterscheidet er in 4.2 (243.4–12) zwischen allgemein geteilter Übereinkunft und privater Vorliebe, gemäß der »jeder einzelne für sich selbst entscheidet, welche Lebensweise [*enstasis*] er annimmt, und genauso, welche Art Kleidung und Schuhwerks und Nahrung und Haartracht und weiteren Körperschmucks und welche Praktiken und persönlichen Entscheidungen [*prohairesis*] – was immer ein Individuum besonders billigt: ›verschiedene Menschen haben verschiedene Sitten‹, sagt Pindar, ›und jeder hält die eigene Art für die richtige‹.«[13]

Freud unterschätzt die Methode Artemidors in diesem wesentlichen Punkt, wenn er sie lediglich als (zugegeben interessante und deren »rein mechanische Übertragung« korrigierende) Variante der »Chiffriermethode« gemäß den erwähnten populären Traumbüchern behandelt, die jeden Traum »wie eine Art von Geheimschrift behandelt, in der jedes Zeichen nach einem feststehenden Schlüssel in ein anderes Zeichen von bekannter Bedeutung übersetzt wird.«[14*] Der Status des individuellen Träumers ist bereits in den frühesten Texten relevant, die Artemidor kannte,[15] aber er führt dieses Prinzip noch weiter und begründet es durch eine Theorie des Traumursprungs aus der Sprache und Erfahrung der individuellen Seele.

Sicherlich erwartet Artemidor nicht, daß solche individuellen Charakteristika allzuoft mit dem Deutungsprozeß in Konflikt geraten, und noch viel weniger, daß sie selbst zum Gegenstand der Untersuchung würden. Das Ziel der Entschlüsselung warnender Botschaften der Seele richtet sich weitgehend auf äußere Veränderungen von Wohlstand, Gesundheit und sozialem Status, nicht darauf, innere emotionale Zustände zu verstehen oder anzusprechen. Für den Erfolg seines Vorhabens, wie Artemidor es versteht, ist es allerdings entscheidend, daß er zum passenden Werkzeug greift, einem Ensemble von Bedeutungen, das ganz individuell sein kann, und daß er eigene Wertungen oder Assoziationen nicht auf diejenigen des Klienten überträgt.

Es gibt Träume, die praktisch undeutbar sind, weil ihr Symbolismus so einzig ist, daß er unter keinerlei im voraus festlegbares allgemeines Theorem fällt. So träumte ein Heerführer, die Buchstaben Iota, Kappa

---

\* Freud (1972 [1899, dat. 1900], S. 119): »Das Wesentliche an diesem Verfahren [des Dechiffrierens] ist nun, daß die Deutungsarbeit nicht auf das Ganze des Traumes gerichtet wird, sondern auf jedes Stück des Trauminhalts für sich, als ob der Traum ein Konglomerat wäre, in dem jeder Brocken Gestein eine gesonderte Bestimmung verlangt.« Dieses Verdikt greift bei Artemidor nicht und verdankt sich vielleicht oberflächlicher oder voreingenommener Lektüre; in Buch 4.28 der *Oneirokritika* heißt es in ausdrücklichem Widerspruch dazu: »Ich habe diesen Traum für dich aufgeschrieben, damit du siehst, daß du deine Aufmerksamkeit nie ausschließlich auf die ersten Bilder beschränken darfst, die in einem Traum auftauchen, sondern daß du stets die systemhafte Gesamtheit der Traumbilder berücksichtigen mußt.« In einem Zusatz [zur 4. Auflage] von 1914, der an dieser Stelle als Fußnote erscheint, geht Freud in seiner Kritik an diesem Verfahren, unter das er auch Artemidor fälschlich subsumiert, noch weiter (*ibid.*, Fn. 1): »Ein Traumding bedeutet das, woran es erinnert. Wohlverstanden, woran es den Traumdeuter erinnert! [...] Die Technik, die ich im folgenden auseinandersetze, weicht von der antiken in dem einen wesentlichen Punkte ab, daß sie dem Träumer selbst die Deutungsarbeit auferlegt.«

und Theta seien in sein Schwert eingraviert (4.24). Der Traum erfüllte sich dergestalt, daß er sich im Krieg zur Niederschlagung des jüdischen Aufstandes in Kyrene auszeichnete. Die Buchstaben standen für »Tod [*thanatos*] den Juden [ioudaioi] in Kyrene«. Artemidor gibt dieses Beispiel mit verhaltenem Eigenlob, weil es ihm gelungen war, dieses Ergebnis zu erraten, aber er räumt ein, daß solche Treffer auf dem Konto des schieren Glücks (*epitychēs*, 259.16) verbucht werden müssen, was auch für eine ähnliche Geschichte gilt, die von dem berühmten Wahrsager Aristander überliefert ist, der einen Traum Alexanders des Großen von einem Satyr, der auf einem Schild tanzte, als verschlüsselten Satz deutete: *sa tyros*, »Tyros wird Dein«, 4.24). Auch dies war eine glückliche Auslegung (260.6). Der praktische Ratschlag angesichts solcher ganz speziellen Träume, die zu keiner Regel der Traumdeutung zu passen scheinen: »Laß den Mut nicht sinken!« (259.15).

Artemidors Geschäft ist es also, die Botschaften zu übersetzen, die Menschen an sich selbst richten, nicht aber, den Inhalt dieser Botschaften zu verändern, geschweige denn zu »verbessern«. In den meisten Fällen, die Einzelstücke und ganz individuellen Träume ausgenommen, hat er es natürlich mit dem gesamten Spektrum der gemeinsamen öffentlichen Assoziationen oder Bewertungen zu tun, was ihn zu einem ausgezeichneten Informanten über das Alltagsleben in der antiken Welt macht (Riess 1894, Laukamm 1928). Aber er behält dabei stets ein gutes Auge für Unterschiede in Status, Moral und Verhalten (*ethē*), wie sie Individuen charakterisieren mögen. Methodologisch ist es bei Artemidor undenkbar, dem Traum eine Bedeutung *überzustülpen* und gleichzeitig an den realistischen und objektiven Prämissen seines Arbeitens festzuhalten.

Unter dem Strich heißt all dies, daß Artemidor im Verhältnis zur griechischen Gesellschaft die Rolle eines teilnehmenden Beobachters einnimmt. Wie ein Anthropologe teilt er das Leben der Menschen, die er studiert, und versucht gleichermaßen, in ihre Gefühle und Verhaltensweisen einzudringen und einen Standpunkt außerhalb ihrer zu bewahren. Obwohl Artemidor keine Ethnographie zu schreiben versuchte, konnte doch praktisch jedes Material oder gesellschaftliche Faktum in der Welt seiner Klienten sich als relevante Information erweisen, und er mußte, schon aus Gründen des beruflichen Erfolgs, über umfangreiche Kenntnisse kultureller Sachverhalte und ein waches Gespür für individuelle und regionale Eigenheiten verfügen.

Aber dürfen wir uns auf seine bloßen Beteuerungen hin schon auf seine theoretische Objektivität verlassen, oder sollten wir nicht doch den Verdacht haben, daß es auch hier die übliche Kluft zwischen Theorie und Praxis gegeben haben muß? Zufälligerweise sind uns seine wahren Gedanken zu seiner eigenen Praxis für eine Kontrolle zugänglich, und zwar im vierten Buch. Die Bücher 1–3, die dem Cassius Maximus gewidmet sind,[16] waren zur allgemeinen Veröffentlichung bestimmt; Buch 4 und die Sammlung von prophetischen Träumen und ihren Erfüllungen in Buch 5 aber waren für Artemidors Sohn geschrieben, der ebenfalls Artemidor hieß, um ihm dazu zu verhelfen, ein unumstrittener Meister seines Fachs zu werden, und das Vorwort zu Buch 4 enthielt den mahnenden Ratschlag an ihn, es sei ihm gewidmet, »damit du es zum eigenen Gebrauch nutzt und nicht aber in Abschriften an viele andere weitergibst« (4. Prooem./ 238.1). In diesem vierten Buch verrät Artemidor viele Berufsgeheimnisse, wobei sozusagen praxisintern über die Schwierigkeiten berichtet wird, denen ein praktizierender Traumdeuter begegnen kann.

Zu den Realitäten des Geschäfts gehört es, daß der Traumdeuter, ein ganz gewöhnlicher Mensch ohne visionäre Kräfte wie wir alle, es mit Klienten zu tun hat, bei denen sich Leichtgläubigkeit und Argwohn mischen.[*] In ein und demselben Atemzuge sind sie auf irgendein übernatürliches Wirken gefaßt und mißtrauen ihm, wenn es eintritt. Ohne je die grundsätzliche Validität seiner Fachkenntnisse in Zweifel zu ziehen, räumt Artemidor ein, daß (vorgetäuschter) falscher Zauber in gewissen Formen manchmal durchaus am Platze ist. Der Kunde liebt die Zurschaustellung von Wissenschaftlichkeit und Fachkompetenz – wenn man aus empirischen Gründen der Bedeutung eines Traumes sicher ist, darf man dem Wunsch des Klienten, sich beeindrucken zu lassen, Rechnung tragen, indem man ihm irgendeinen vordergründigen Begründungszusammenhang dazuliefert:

> Versuche in jedem Fall eine Begründung [*aitiologein*] zu geben [dessen, warum der Traumgehalt auf eine bestimmte Erfüllung hindeutet] und gib zu jeder Deutung ein glaubwürdiges Konzept und einige nachvollziehbare Argumente an. Denn selbst, wenn es ganz und gar richtig ist, was du [über die Bedeutung des Traumes] sagst, wird man dich eher für unerfahren halten, wenn du nur die nackte, unausgeschmückte Schlußfolgerung mitteilst. Gib dich selbst aber niemals der Täuschung hin, die Begründung, die du gibst, habe einen tatsächlichen Einfluß auf die Verwirklichung des Traumes (4.20).

---

[*]  Das Leichtgläubige wird bei Theophrast betont, der den Typus des Mannes beschreibt, der, »wenn er etwas geträumt hat, zu den Traumdeutern, zu den Wahrsagern, zu den Vogelschauern läuft und von ihnen wissen will, zu welchem Gott oder welcher Göttin er jetzt beten soll« (*Charaktere* 16.11).

Es gab verschiedene Hokuspokus-Verfahren, auf die man zurückgreifen konnte, um den Deutungsergebnissen eine Aura der Autorität zu verleihen, wie etwa den Anagrammatismus* oder Isopsephismus**.

Auch in Buch 4 bleibt Artemidor einer empirischen und objektiven Theorie der Traumentschlüsselung standhaft und unzweideutig verpflichtet. Korrespondenzen zwischen Träumen und ihrer Verwirklichung sind für ihn empirisches Faktum; die Gründe anzugeben, warum individuelle Seelen zu den Gedankenverbindungen gelangen, die sie haben, ist eine anspruchsvollere Aufgabe, die ständiger Revision bedarf und sich ihrer selbst niemals sicher sein kann. »Viele Träume erfüllen sich nach einem klaren Muster, und wir erkennen an dieser Regelmäßigkeit der immer gleichartigen Erfüllung, daß sie sich gemäß einer Regel [*logos*] verwirklichen; die kausale Herleitung [*aitia*] dieses Musters aber zu finden übersteigt unsere Möglichkeiten. Deshalb meine ich, daß wir die Traumerfüllungen durch die Erfahrung herausfinden, daß die Begründungszusammenhänge aber von uns selbst kommen und von den Fähigkeiten des jeweiligen Traumdeuters abhängen« (4.20). Auch dieses Eingeständnis der eigenen Grenzen, das als Rechtfertigung für improvisierte Begrün-

---

\*     Der Anagrammatismus bezeichnet die Umstellung oder das Ersetzen von Buchstaben im Namen eines geträumten Objekts; dieses Verfahren wird in 1.11 als üblich bezeichnet, in 4.23 – in der privaten Mitteilungsform des vierten Buches also – aber kritisiert: »Ich habe den Anagrammatismus am Beginn meiner Abhandlung erwähnt und empfehle dir jetzt, darauf zurückzugreifen, wenn dir daran liegt, den Eindruck zu erwecken, daß du einem anderen Deuter an Weisheit überlegen bist; mach aber selbst bei deiner eigenen Deutung keinesfalls Gebrauch davon, da dies nur in die Irre führt.«

\*\*   Isopsephismus ist die Ersetzung eines Wortes durch ein anderes, wenn die Zahlenwerte der Buchstaben beider Worte die gleiche Summe ergeben. [*A.d.Ü.*: Die Buchstabenzeichen hatten fest zugeordnete Zahlenwerte, so daß einerseits verstümmelte oder unverständliche Worte als Zahlen gelesen werden, andererseits Wörter mit gleicher Summe als austauschbar betrachtet werden konnten.] »Verwende Isopsephismus nur dann, wenn dir die Bedeutung des Traumes selbst, unabhängig von einer Zahlengleichheit, schon das gleiche sagt wie das Ergebnis des Isopsephismus. Wenn Kranke beispielsweise von einer alten Frau träumen, so ist das ein Hinweis auf den Tod. Die Wörter *graus* [»alte Frau«] und *hē ekphora* [»die Bestattung«] haben beide den Wert 704. Aber auch von dieser Zahlengleichwertigkeit einmal abgesehen: Eine alte Frau weist auf ein Begräbnis hin, weil sie dem Tode nicht fern ist« (4.24). – Zum Isopsephismus vgl. ferner Dornseiff 1925, 98–104 und 181 f., Skeat 1936.

dungskonstrukte gegenüber dem Klienten dient, stärkt unser Vertrauen in die Fairneß und Genauigkeit der Praxis Artemidors.

Seine Bemerkung, nicht alle Klienten hätten prophetische Träume, tut dies ebenfalls. Die allermeisten Träumer, so schätzt er es ein, kommen mit *enhypnia*, bloßen Traumbildern zu ihm, nicht mit *oneiroi*, prophetischen Träumen (4. Prooem./240.25), wobei auch hier die Kunst, Assoziationen zu entschlüsseln, von Nutzen sein kann, denn die Seele eines Menschen, der etwas von Traumdeutung versteht, benutzt allegorische Verbindungen in den *enhypnia* wie den *oneiroi* gleichermaßen. »Ein Mann, dem solche Verbindungen bekannt sind, ob er nun darüber in Traumdeutungsschriften gelesen oder von ihnen im Verkehr mit einem Traumdeuter erfahren hat oder sie einfach kennt, weil er ein Talent für solche Verschlüsselungen besitzt – ein solcher Mann wird, wenn er in eine Frau verliebt ist, im Traum nicht die Geliebte sehen, sondern eine Stute, einen Spiegel, ein Schiff, die See, das Weibchen irgendeiner Tierart, Frauenkleidung oder irgend etwas anderes, das eine Frau bedeutet« (4. Prooem./239.20).

Vermutlich gehörten viele der Klienten, mit denen Artemidor regelmäßig zu tun hatte, in diese Kategorie, und der Löwenanteil der allegorischen Träume, die sie ihm zutrugen, hatte keinerlei Aussagewert für die Zukunft, sondern bestand lediglich in einer symbolischen Ausformung der aktuellen Sorgen der Träumer. Am anderen Ende der gesellschaftlichen Skala wird von wenigen, vielleicht idealtypischen, Personen von makelloser Tugend gesagt, sie hätten ausschließlich oder vorwiegend Träume prophetischer Qualität. Da *enhypnia* das Produkt gefühlsmäßigen oder körperlichen Durcheinanders sind, haben Menschen, die mit ihren Gefühlen wie ihrer Ernährung ganz und gar im reinen sind, tendenziell nur noch *oneiroi*: »denn ihre Seele ist nicht von Furcht oder Hoffnung umschattet, und die Freuden ihres Körpers haben sie unter Kontrolle.«[*] Man beachte, daß in beiden genannten Fällen die individuelle Seele verantwortlich für Art und Qualität des Traumes ist: Menschen, die Analogien in Träumen erkennen können, haben Träume, die auf solche Analogien zurückgreifen; Menschen, die nicht mit Symbolbildung vertraut sind, haben keine symbolischen Träume; Menschen, deren Seelen

---

[*]    4. Prooem./239.17–19. Platon rät zu kargen Mahlzeiten und gemäßigtem Verhalten, um das rationalere Träumen der höchsten Stufe, der die Seele fähig ist, zu befördern (*Politeia* 571D). Auch er teilt die Auffassung, daß eine kleine Klasse von Menschen in der Lage ist, die kapriziösen Wünsche, die sich im Traum manifestieren, nahezu oder tatsächlich vollständig daraus zu verbannen (571B).

nicht verdunkelt sind von unbefriedigten Wünschen, träumen keine Wunscherfüllungen.

Abseits der öffentlichen Bühne gibt Artemidor also sehr wohl acht auf die verschiedenen Klassen, zu denen Träumer gehören, und auf die verschiedenen Stufen von Psychologie, die sich in den Träumen wahrscheinlich manifestieren werden. Wie der teilnehmende Beobachter dringt er so tief wie möglich in die Vorstellungswelt und das Verhalten seines Informanten ein und interpretiert doch gleichzeitig dessen Worte und Taten auf eine Weise, die von diesem nicht notwendigerweise geteilt wird oder ihm überhaupt zugänglich ist. Unter dem Strich paßt Artemidors Interpretation den Informanten in ein umfassenderes Verhaltensmuster ein.

Die ausführliche Darstellung der Methoden und Grundsätze, nach denen Artemidor sich richtet, wurde notwendig, um das Fundament für meine Interpretation seiner Äußerungen über sexuelle Manifestationen in Träumen zu legen. Die Aussagekraft seines Textes für uns hängt davon ab, daß wir die sichere Überzeugung gewinnen, daß es sich hier nicht um die Meinung eines einzelnen zu sexuellen Protokollen antiker Gesellschaften handelt, sondern um eine nicht hoch genug zu bewertende Sammlung von Belegmaterial – eine Art antiken Kinsey-Reports –, die sich auf die Befragung von tausenden von Interviewpartnern stützt.

## Die gesellschaftliche Bedeutung erotischer Träume

Wenn wir uns erotischen Träumen zuwenden, mag es zunächst ganz hilfreich sein, sich zu verdeutlichen, wie häufig eigentlich die Menschen in der gesamten antiken Welt tatsächlich von ihren sexuellen Wünschen träumten. Bei Herophilos gibt es eine Kategorie der instinktiven Träume, »immer, wenn wir sehen, was wir wünschen, wie das etwa bei denen vorkommt, die ihre Freundinnen [erōmenas] im Schlaf erblicken« (Aetios, *Placita* 5.2.3). Viele Träume reproduzieren offensichtlich das, worüber man sich tagsüber Gedanken macht, wozu auch sexuelle Sorgen gehören: »Die Prostituierte schreibt ihrem Liebhaber eine Nachricht, die Ehebrecherin gibt sich hin.«[17] Platons Sokrates macht die Bemerkung, daß jede Seele sowohl ehrbare wie auch schockierend unkonventionelle (*paranomoi*) Wünsche hat, die wie satyrhafte Verkörperungen des Selbst herumtanzen, wenn die regelgebende Instanz der Seele schläft.[18] Zu solchen phantastischen Eskapaden gehört es, wenn ein Mann Verkehr mit seiner

Mutter hat, oder mit jedem x-beliebigen Menschen, Gott oder Tier; Mord; und das Essen geächteter Früchte.

Allerdings führt die Aufdeckung sexueller Wünsche, weit davon entfernt, für irgendeinen antiken Traumtheoretiker selbst zum Gegenstand des Interesses zu werden, dazu, dem Traum seine Bedeutungshaltigkeit abzusprechen. »Wenn ein Mann träumt, daß er Verkehr mit einer Frau hat, die er persönlich kennt, und er sexuell eingestimmt ist und sich zu der Frau hingezogen fühlt, so sagt der Traum nichts voraus: die Spannung seines eigenen Begehrens erschöpft bereits seine Bedeutung«, sagt Artemidor (1.78/88.12). In der Umgangssprache wurde der Begriff »Natur« in der Tat als Bezeichnung der Genitalien verwandt, ein Hinweis darauf, daß ihre Bedürfnisse und Aktivitäten in gewissem Ausmaß eben als etwas ganz Unproblematisches angesehen wurden (vgl. Anhang 2).

Einige Träume, deren Erfüllung von Artemidor beobachtet wurde, beziehen sich auf verborgene sexuelle Ereignisse. »Ein Mann träumte, er habe in einen Scheffel geschissen. Er wurde beim Verkehr mit seiner eigenen Schwester ertappt. Der Scheffel ist ein Maß, das Maß aber gleicht Gesetz und Regel [*nomos*], also setzte er sich in einem gewissen Sinne über Regeln hinweg« (5.24). Aber die enthüllten Ereignisse befinden sich in der nahen Zukunft, nicht der fernen Vergangenheit, und sie sind kontingente Sachverhalte, nicht tief in die Persönlichkeit eingebettete Formationen. So bezog sich der Traum einer Frau von Weizenhalmen, die aus ihrer Brust herauswuchsen und sich in ihre Scheide hineinbogen, auf die Tatsache, daß sie unwissentlich, »wie die Umstände es ergaben« (*kata peristasin*), Verkehr mit ihrem Sohn haben würde (5.63), und der Traum eines Mannes von Wanzen in seiner Kleidung erfüllte sich am nächsten Tag, als er erfuhr, daß seine Frau ihn betrog (5.64).

Obgleich sowohl die Geschlechtsorgane als auch soziosexuelles Verhalten auf beiden Seiten der Artemidorischen Gleichung vorkommen, als Signifikant und als Signifikat, als Traum[*] und als Erfüllung[**] (oder

---

[*]  Ein eiserner Penis bedeutete Vatermord (5.15); Geschlechtsverkehr mit sich selbst bedeutete eine verzweifelte Notlage (5.31); ein Kind zu gebären und zu säugen hieß für einen Athleten, daß er den Wettstreit mit anderen Männern aufgeben würde (5.45); weitere Beispiele in 5.62, 65, 68, 86, 87, 91, 94, 95.

[**]  Ein Mann, der träumte, er habe seine Frau geschlachtet und verkauft, trieb sie später in die Prostitution (5.2); ein Pferd, das jemandem von einem Freund direkt ins Schlafgemach geschickt wurde, bedeutete, daß dieser Mann den Zugang zur Tochter des Freundes, die seine Geliebte war, verlieren würde (4.46); vielerlei Dinge können eine Frau, eine Prostituierte oder eine Geliebte bedeuten: Bälle (1.55), Pferde (1.56),

beides*), hat die wirkliche Bedeutung von Träumen für die Zukunft wenig mit der Psychologie des oder der Träumenden zu tun, mit persönlichen Lebensumständen oder ihrem Geschlechtsleben. In allen gerade angeführten Fällen geht es den Träumenden um die Schande, die auf ihre Familien kommt, und die negativen Folgen für ihr künftiges Geschick, wenn sexuelles Fehlverhalten öffentlich bekannt wird.

Zur Interpretation der wahrscheinlichen Bedeutung prophetischer Träume stützt sich Artemidor auf sechs Grundelemente (*stoicheia*) oder Untersuchungskategorien – Natur, Regel (Gesetz und Konvention), Brauch, Beruf, Name und Zeit (1.3, 4.2) – und zwei modale Vorzeichen für alle sechs Kategorien –»in Einklang mit« (*kata*) oder »gegen« (*para*). Diese Einteilung, stellt er stolz fest, reicht aus, um alle Typen von Bedeutung, wie sie in Träumen erzeugt werden, restlos zu erfassen – in Gegensatz zu gewissen anderen Traumdeutern, die Dutzende oder gar Hunderte solcher Kategorien aufführten (1.3).

Die beiden Hauptelemente sind dabei Natur und Konvention, *physis* und *nomos* : »von allen existierenden Dingen sind die einen natürlich, die anderen konventionell [*nenomistai*]; dies sind die ersten und leitenden Kategorien« (4.2/242.19–21). Bei Dingen, die der Konvention gehorchen, wird die weitere Unterscheidung zwischen ungeschriebenen gesellschaftlichen Regeln (*ethos*) und schriftlich niedergelegten Gesetzen (*nomos*) getroffen: »unter den Dingen, die durch Übereinkunft geregelt sind, gibt es solche, die auf allgemeines Einverständnis unter den Menschen gegründet sind und die sie sich selbst als Regeln auferlegt haben; hier sprechen wir von *ethos*, und das ist – wie Phemonoe sagt – ein ungeschriebener *nomos*. Die Regeln aber, die von den Menschen schriftlich niedergelegt wurden, aus Furcht, sie könnten gebrochen werden, nennen sie *nomoi*« (4.2/242.22–243.3). Die *ungeschriebenen* gesellschaftlichen Prinzipien (im Gegensatz sowohl zu schriftlich fixierten Gesetzen wie auch zu Naturgesetzen) werden zweimal erläutert: »Die Menschen haben

---

Äpfel (1.73), Schlafzimmer (2.10), Möwen (2.17), Bäume (2.25) usw.; für Heirat stehen Gladiatorenkämpfe (2.32); für Ehebruch stehen das Herunterfallen von einem Widder (2.12/120.15), eine Schlange am Busen (2.13), ein Fluß, der aus dem Haus herausfließt (2.27/149.7) usw.

* Ein Mann, der träumte, sein Penis werde bis zur Eichel mit Haaren bewachsen, wurde ein offener *kinaidos* (vgl. meine Ausführungen zu diesem Begriff weiter unten, S. 73–86), »der sich jeder Zügellosigkeit hingab und dabei seinen Penis nur nicht nach der Weise gebrauchte, wie es für Männer der Regel entspricht; dieser Körperteil war so außer Gebrauch, da er nicht an anderen Körpern gerieben wurde, daß Haar auf ihm wachsen konnte« (5.65); vgl. auch 1.79/95.11.

Übereinkunft erzielt über Mysterien und Initiationen und Festhandlungen die Nacht hindurch und Wettkämpfe und Kriegsgeschäft und Landbau und die Ansiedlung von Städten und Heirat und die Erziehung der Kinder und alles andere dieser Art« (4.2/243.4–7). »Die allgemeinen *ethē* sind die folgenden: die Götter zu respektieren und zu ehren [...], Kinder großzuziehen, hingezogen zu sein zu Frauen [wörtlich: »Frauen zu erliegen«] und dem Verkehr mit ihnen, tagsüber wach zu sein, nachts zu schlafen, zu essen, bei Müdigkeit sich auszuruhen, unter einem Dach zu wohnen statt unter freiem Himmel« (1.8/17.2–10).

Wenn auch Dinge, die fehl am Platze, unkonventionell (ob explizit oder implizit) oder unnatürlich sind, im großen und ganzen eher etwas Schlimmes für den Träumer bedeuten,[*] gibt es doch zahlreiche Ausnahmen. Ein Mann, der im Traum seine Mutter schlug – was als ein äußerst schwerwiegender Verstoß gegen die Regel (*para nomon*) gelten mußte –, machte bessere Geschäfte, da er ein Töpfer war und seinen Lebensunterhalt damit verdiente, Lehm (Mutter Erde) zu schlagen (4.2/245.9). Ein Mann träumte, Vergnügen an penetrierendem Geschlechtsverkehr mit seinem kranken Sohn zu empfinden, auch dies ein äußerst schwerwiegender Verstoß gegen die Konvention, aber der Traum bedeutete die Genesung des Sohnes, da der Mann Lust empfand, ihn »zu besitzen«. Artemidor setzt die Erfüllung dieses Traumes in Gegensatz zu einer anderen: auch hier träumte ein Mann von Geschlechtsverkehr mit seinem kranken Sohn, es gefiel ihm aber nicht; der Sohn starb, denn zum Objekt des Sexualaktes zu werden (*perainesthai*, wörtlich »penetriert werden«) heißt, wie auch der Tod, »verdorben werden« (4.4/248.5–15).[**] Die Unterscheidung zwischen diesen beiden Beispielen zeigt deutlich, wie viel Aufmerksamkeit Artemidor der gesamten Textur eines Traumerlebnisses schenkt und wie wertfrei er dessen Inhalt behandelt.

---

[*]  »Schnee und Frost bedeuten gar nichts, wenn man zur richtigen Jahreszeit von ihnen träumt, denn die Seele ist sich der Kälte der Tage wohl bewußt, auch wenn der Körper schläft; wenn man außerhalb der angemessenen Jahreszeit davon träumt, verheißt das Gutes nur für Ackerbauern; für alle anderen bedeutet es, daß ihre Vorhaben und unmittelbaren Projekte abkühlen werden, und es bedeutet ein Hindernis für die Reise« (2.8/109.7–13).

[**]  Über die Gefühle, die ein Traumereignis bei einem Klienten begleiten, sind sorgfältige Erkundigungen einzuziehen (1.12). So träumte ein Mann, der Gott Ares sei geschlechtlich in ihn eingedrungen, und es habe ihm Spaß gemacht. Er unterzog sich später einer erfolgreichen rektalen Operation. »Die Lust an diesem Geschlechtsverkehr zeigte, daß die Operation nicht unglücklich verlaufen werde« (5.87).

Die Bücher 1 und 2 folgen im Aufbau der Anlage des menschlichen Lebens von der Geburt bis zum Tod, mit dem Geschlechtsverkehr (*synousia*) in der Mitte (1.78–80).* »Bei der Deutung des Geschlechtsverkehrs [*synousia*] ist man am besten beraten, wenn man einteilt in, erstens, Geschlechtsverkehr in Einklang mit Natur [*kata physin*], Gesetz und Regel [*nomos*] sowie herrschendem Gebrauch [*ethos*], sodann, Geschlechtsverkehr wider Gesetz und Regel [*para nomon*], und drittens, Geschlechtsverkehr wider die Natur [*para physin*]« (1.78). Es ist ein hübsches Fragespiel für Parties, die Leute raten zu lassen, welche Formen des Geschlechtsaktes Artemidor ihrer Meinung nach wohl den einzelnen Kategorien zugeordnet haben mag, unter der Voraussetzung, daß er keine Maßregeln in dieser Angelegenheit ausspricht, sondern allgemeine Auffassungen der mediterranen Welt im zweiten Jahrhundert unserer Zeit aufzeichnet.

»*Natürliche und Gesetz und Konvention entsprechende*« Akte sind all jene, bei denen ein Mann die Penetration ausübt bei jemandem, die oder der sozial tiefer steht als er (Ehefrau, Geliebte, Prostituierte in Bordellen, Straßenmädchen, Marktfrauen, weibliche oder männliche Sklaven, Ehefrauen anderer Männer), bei denen er selbst von einem anderen Mann penetriert wird, oder bei denen er masturbiert. Obwohl diese Akte natürlich und konventionsgemäß sind, bedeutet der Traum manchmal etwas Gutes, manchmal etwas Schlechtes. An einem dieser Geschlechtsakte mit Vergnügen teilzunehmen, zeigt gewöhnlich einen zukünftigen Gewinn an, denn, wie Artemidor es charmant ausdrückt, »die Menschen haben Spaß am Sex und Spaß daran, einen Gewinn zu machen.«[19] Penetration heißt gewöhnlich, daß der Penetrierende ein künftiges Gut (oder Übel) empfangen wird, da er (oder da er nicht) Lust empfängt, während die Penetration aus der Sicht des oder der Penetrierten bedeutet, etwas Gutes (oder Schlechtes) durch den Penetrierenden zu bekommen.**

Für einige Verwunderung dürfte die Feststellung sorgen, daß Gleichheit oder Unterschied des anatomischen Geschlechts der am Geschlechtsakt

---

*  Diese Kapitel 1.78–80 sind in Anhang 1 in Übersetzung abgedruckt.
** »Von einem Bekannten [*A.d.Ü.*: ›bekannt‹ hat im Griechischen die gleiche Doppeldeutigkeit wie im Deutschen – persönlich bekannt oder allgemein bekannt = berühmt –, so daß die gängigen Übersetzungen hier schwanken], wer immer das auch sei, genommen zu werden, ist nützlich für eine Frau. Für einen Mann ist es gut, von einem reicheren, älteren Mann penetriert zu werden, denn gewöhnlich bekommt man etwas von solchen Männern. Von einem jüngeren, armen Mann beschlafen zu werden, ist schlecht, denn gewöhnlich gibt man solchen etwas ab. Dies gilt auch, wenn der Beschläfer älter ist, aber arm.« – 1.78/88.25.

beteiligten Personen für die Deutung des Traums keine Rolle spielt. »Die eigene Sklavin oder den eigenen Sklaven zu beschlafen, verheißt Gutes, denn Sklaven sind ein Besitz des Träumers; seine Lust an ihnen zu haben, bedeutet also, daß der Träumer Vergnügen an seinen eigenen Besitztümern haben wird, und zwar wahrscheinlich deshalb, weil sie an Zahl oder Wert zunehmen« (1.78/88.5). Die Übereinstimmung von gesellschaftlichem Status und Position in der sexuellen Hierarchie ist ein gutes Zeichen; das Geschlecht hat keinen Einfluß auf die Gleichung, außer insofern, daß Frauen samt und sonders den Männern gesellschaftlich untergeordnet sind. Sich selbst im Traum von einem anderen Mann penetriert vorzustellen, kann gut oder schlecht für den Träumer sein, je nachdem, ob der Penetrierende älter und wohlhabender ist als der Träumer (was bedeutet, daß dem Träumer etwas Gutes zukommen wird) oder ärmer. Sich der Penetration durch den eigenen Haussklaven hinzugeben, ist unheilverkündend – nicht wegen des Geschlechts des Sklaven oder wegen des Geschlechtsaktes selbst, sondern weil ein gesellschaftlich Tieferstehender als ein sexuell Überlegener repräsentiert wird, und daher sieht die Seele des Träumers einen solchen sexuellen Kontakt mit Widerwillen.

Die Beziehungen in Hinblick auf die Lust werden niemals als gegenseitige aufgefaßt – oder, besser gesagt, die *Aussagekraft* dieser Beziehungen wird stets *asymmetrisch* im Sinne einer Gewinnberechnung interpretiert – wer gibt Lust/Geld, und wer nimmt sie von anderen? Die Aussagekraft geträumter geschlechtlicher Akte ruht auf ihrer Auffassung oder Interpretation als Formen der Verletzung, des Erwirtschaftens von Gewinn, der Überlegenheit und der Kontrolle.[*] Diese Herrschaftsverhältnisse werden

---

[*]  Verletzung: »Wer einen Freund beschläft, wird sich mit ihm verfeinden, nachdem er ihm vorher eine Verletzung zugefügt hat« (1.78/91.3).
Vorteilsnahme: »Und wenn ein armer Mann, dem es an allem Wesentlichen mangelt, eine reiche Mutter hat [und im Traum mit ihr verkehrt], so wird er von ihr bekommen, was er wünscht, oder wird es von ihr erben, wenn sie binnen kurzem verstorben sein wird, und auf diese Weise wird er Lust gewinnen an seiner Mutter« (1.79/92.9).
Überlegenheit: »Mit seinem Bruder, ob älter oder jünger, aktiven Verkehr zu haben, bedeutet Gutes für den Träumer; denn er wird sich über seinen Bruder erheben und auf ihn herabsehen« (1.78/90.29).
Kontrolle: »Sex mit seiner eigenen Ehefrau zu haben, wenn sie es wünscht, begehrt und ihm nicht widerstrebt [im Traum], ist gleich gut für alle. Denn die Frau bedeutet entweder das Handwerk des Träumers oder das Geschäft, aus dem er Vergnügen zieht, oder etwas, dem er vorsteht und das er lenkt, wie es mit seiner Ehefrau der Fall ist« (1.78/86.21). – »[Der Traum, Verkehr mit seiner Mutter zu haben, ist günstig] für alle

als »natürlich und konventionsgemäß« angesehen, was heißt, daß die darin Agierenden, wenn man sie paarweise betrachtet, gleichzeitig auf gesellschaftlichem und sexuellem Gebiet eingestuft werden können. Die bloße Tatsache, daß gesellschaftliche und sexuelle Verhältnisse gemeinsam betrachtet werden, provoziert schon die Frage »Wer ist obenauf?«.

*»Unkonventionale (regelwidrige)«* Akte fallen grob in zwei Klassen – Inzest und oral-genitale Kontakte. Für beide werden recht ausführlich Varianten angeführt, wieder entsprechend einer Gewinnberechnung, die im wesentlichen durch den Status der beteiligten Parteien und den Anteil der Lust bestimmt ist, der ihnen zufällt. »Es ist gut für einen armen Mann mit einer wohlhabenden Tochter, Verkehr mit ihr zu haben; denn er wird zu seinem Vergnügen kommen, indem er vielfältige Wohltaten von ihr empfängt« (1.78/90.22). Wie in der vorherigen Kategorie ist das biologische Geschlecht nicht bedeutungstragend (wenn auch sexuelle Beziehungen in einem anderen Sinne überaus geschlechtsabhängig sind, insofern als sie für den und um den Körper des Mannes herum angelegt sind, nicht den der Frau – Halperin 1989, 35). Entsprechend hat Inzest mit Sohn oder Tochter die gleiche allgemeine Bedeutung. Alter und Wohlstand des Kindes beeinflussen die Deutung, nicht sein anatomisches Geschlecht. »Verkehr mit einem bereits erwachsenen Sohn zu haben, verheißt Gutes für einen Mann, der außer Landes lebt, denn der Traum bedeutet, wie das Wort »Vereinigung« [*synousia*] sagt, daß man zueinander zurückkehrt und zusammen lebt [*syneithein*]. Aber für jemanden, der zu Hause lebt und schon mit seinem Sohn zusammen ist, bedeutet der Traum Schlechtes, denn es wird notwendigerweise eine Trennung voneinander stattfinden, da der Verkehr zwischen Männern meist so stattfindet, daß der eine dem anderen den Rücken zuwendet« (1.78/89.29).

Träume, in denen ein Mann Sex mit seiner Mutter hat, werden in aller Ausführlichkeit behandelt, wobei nach der eingenommenen Position und anderen Variablen differenziert wird. Dies spricht vielleicht für die zentrale symbolische Rolle der Mutter im Haushalt und die Ambiguitäten, die sich daraus ergeben, daß ein erwachsener Sohn die Gewalt über sie hat (mehr darüber weiter unten).

Ein Nebeneffekt des Sachverhalts, daß Artemidors Vorgehensweise als die eines nicht wertenden Protokollanten gängiger Auffassungen erwie-

---

Volksführer und Politiker […], denn die Mutter bedeutet das Heimatland. So wie derjenige, der Geschlechtsverkehr nach dem Gesetz der Aphrodite hat [*kata nomon Aphroditēs*], den Körper der Frau, die sich gehorsam und willig zeigt, völlig beherrscht, so wird auch der Träumer allen Geschäften der Stadt vorstehen« (1.79/91.21).

sen werden konnte, ist es, daß wir jetzt auf der Grundlage seines Zeugnisses feststellen können, daß es in seiner Welt offensichtlich eine überaus tiefe Beklommenheit gegenüber Fellatio und Cunnilingus gab, die gewissermaßen auf einer Stufe mit Inzest als etwas Verbotenes, Schockierendes und Unaussprechliches behandelt wurden. »Das Unaussprechliche tun« (*arrhētopoiein*) ist genau das Wort für oral-genitale Aktivitäten. Natürlich gibt es in der klassischen Literatur zahlreiche verstreute Erwähnungen von Fellatio und Cunnilingus, und sie sind in erdrückender Mehrzahl pejorativ.[20] Aber wir könnten das Gewicht oder die Repräsentativität solcher Kommentare nicht richtig einschätzen ohne den Bezugsrahmen, den uns Artemidor zur Verfügung stellt. So behauptet zum Beispiel Kyrillos von Jerusalem, die Manichäer äßen aus zeremoniellem Anlaß eine Feige, die in Samen getunkt werde, und ruft aus: »Wer würde von solchen Lippen die Lehre annehmen? Wer würde, unter welchen Umständen auch immer, so jemanden zur Begrüßung küssen? Ganz abgesehen von der Sünde wider die Religion, die das mit sich brächte, würdet Ihr nicht um solch entweihende Befleckung und solche Männer einen Bogen machen, die schlimmer sind als bloße Wüstlinge und abscheulicher als jede Hure?« (*Katechesis* 6.33). Das Belegmaterial bei Artemidor legt nahe, daß Kyrillos an eine weit verbreitete Abscheu mit dem Zweck appellierte, seine religiösen Gegner zu diffamieren.

In der Kategorie »*widernatürliche*« Akte findet sich eine augenscheinlich heterogene Mischung: Nekrophilie, Sex mit einer Gottheit, Sex mit einem Tier, Selbstpenetration und Selbstfellatio sowie »eine Frau, die eine andere Frau penetriert«. Einige davon sind Vorzeichen von etwas Positivem: »Verkehr mit Selene [dem Mond] ist ein überaus günstiges Zeichen für Schiffsführer und Steuermänner und Handeltreibende und Astronomen und Männer, die gern ins Ausland reisen, und Landstreicher; für alle anderen bedeutet es Wassersucht« (1.80/97.25). Aber wie gewöhnlich hängt alles davon ab, wer was mit wem tut: »Bei Geschlechtsverkehr mit einem beliebigen Tier wird der Träumer, sofern er das Tier besteigt, Nutzen erlangen durch etwas, das diesem Tier entspricht, zu welcher Art es auch gehört. [...] Wird er selbst bestiegen, kommt eine gewaltsame und schlimme Erfahrung auf ihn zu« (1.80/98.12).

Welche Vorstellung oder Vorstellungen von »Natur« bringen diese heterogene Liste von Dingen *para physin* hervor? Nicht die Möglichkeit zur Fortpflanzung, denn sowohl in der natürlich-konventionalen als auch der Sparte wider die Konvention finden sich Akte, die nicht der Fortpflanzung dienen (Analverkehr ist konventional, Fellatio gegen die Konvention). Der grundlegende Gedanke scheint der zu sein, daß widernatürliche Akte keinerlei Widerspiegelung von menschlicher gesellschaftlicher Hierarchie enthalten. Beziehungen zu Schafen und Göttern, wenn sie auch (wie alle anderen) in Hinblick auf die Position interpretiert werden, die sich der Träumer in einer anthropomorphen Hierarchie zuweist, sind keine Beziehungen zwischen zwei menschlichen Wesen, sondern überschreiten die Grenze der Spezies. Sodomie ist nicht »widernatürlich« etwa im Sinne dessen, was die moderne Psychologie eine Perversion nennt; sie liegt vielmehr außerhalb des konventionsgeregelten Feldes gesellschaftlicher Bedeutungszuweisungen. Wenn ein Mann die Oberhand über ein Schaf hat – was soll's? Genausowenig passen transitive Handlungen ohne einen Partner (Analverkehr mit sich selbst – der »eine schwere Krankheit oder fürchterliche Qualen« bedeutet, »denn ein Mann könnte nie Geschlechtsverkehr mit sich selbst ohne große Qualen haben« [1.80] – oder Selbstfellatio) oder mit einer Leiche (Nekrophilie) in ein System hierarchisch abgestufter gesellschaftlicher Bedeutungen. Die Seele mag Gebrauch von den Bildern solcher Akte machen, um etwas mitzuteilen, aber die Akte selbst sind keine, die von sich aus gesellschaftlichen Aussagewert tragen.

Der verräterischste Eintrag der Liste ist »wenn eine Frau eine Frau penetriert«. Der Ausdruck darf hier nicht entschärft werden, indem er quasi mit Weichzeichner übersetzt wird, etwa als »lesbische Liebe«, denn damit würde genau der Punkt wegretuschiert, an dem antike gesellschaftliche Bedeutungszuweisungen von den unseren abweichen, also der Punkt, an dem sie am aufschlußreichsten sind. Sex unter Frauen wird hier als etwas gesehen, das nicht intrinsisch geeignet ist, das hierarchische Verhältnis unter den Teilnehmern abzubilden. Der Akt sollte, genau wie die anderen in dieser Rubrik, als einer interpretiert werden, der ein gesellschaftlich anomales Bild enthält. Um genauer zu formulieren, was das heißt, sollten wir zwei weitere Protokollarien benennen, die in diesen Kapiteln wirksam sind.

Die sexuelle Bedeutungszuweisung ist, neben ihrer androzentrischen Ausrichtung[*], ihrer Orientierung an männlichem Handeln und männli-

---

[*] Artemidor teilt auch Träume von Frauen mit, wie im übrigen auch von Sklaven, und die Veränderungen an sozialem Status und Gesundheit, nach denen er in ihnen sucht, sind dieselben wie in den Träumen von Männern. Die Fundstellen für Träume von Frauen: 1.16, 26, 28, 30, 41, 44, 56, 58, 76, 77; 2.3, 5, 6, 7, 18, 20, 30, 65; 3.16, 23, 32, 65; 4.59; 5.63, 80, 86. Man sollte die Möglichkeit offenlassen, daß eine Deuterin die Dinge anders sehen würde, wie etwa die Isisjüngerin aus Athen, die sowohl Lampendienerin als auch *oneirokritis* war (IG III.162, datiert auf 127/8 oder 128/9 u. Z.).

chen Belangen, sowohl phallozentrisch als auch invasiv. Die Begriffe, mit denen in den *Oneirokritika* vorzugsweise sexuelle Handlungen bezeichnet werden, heißen *perainein* und *perainesthai*, penetrieren und penetriert werden, beschlafen und beschlafen werden. »Ist ihr die Frau, die sie *beschläft*, unbekannt, wird sie sich nutzlosen Vorhaben widmen. Wenn eine Frau von einer anderen Frau *beschlafen wird*, wird sie von ihrem Gatten getrennt oder Witwe werden; aber dennoch wird sie die Geheimnisse der anderen erfahren« (1.80/97.9). Sexuelle Beziehungen zwischen Frauen können hier nur in den signifikanten Begriffen des Systems artikuliert werden, Penetrierende versus Penetrierte, nicht als etwas, was wir als lesbische Liebe bezeichnen würden. Sexuelle Beziehungen zwischen Frauen werden hier als »widernatürlich« klassifiziert, weil »Natürlichkeit« voraussetzt, daß drei Dinge an sexuellen Handlungen signifikant sind, nämlich erstens Männer, zweitens Penisse, die penetrieren, und drittens der dadurch ausgedrückte relative Status auf der Grundlage von Dominanzverhältnissen. Diese drei Protokollarien bestimmen das Feld relevanter Bedeutung. Frau-Frau-Verkehr[*] ist »widernatürlich« nur und genau insofern, als er außerhalb dieses Bestimmungsfeldes der Bedeutung angesiedelt ist[**]. Das »Widernatürliche« ist das Bedeutungslose: wieder einmal zeigt sich, daß »Natur« für »Kultur« steht.

Die dritte protokollarische Vorschrift verdient besondere Aufmerksamkeit, da sie die beiden anderen umfaßt und ihnen eine ausgesprochen antiromantische Wendung gibt. Viele von uns mögen die Vorstellung angenehm finden, daß sexuelle Handlungen, an denen zwei Menschen beteiligt sind, gegenseitig lustvoll sind, aber in den Städten Artemidors bevorzugte Eros häufiger die Einbahnstraßen.[***] In seinen programmatischen Eröffnungskapiteln stellt Artemidor eine Liste von Aktivitäten auf, die nur den Handelnden betreffen und seinen Nachbarn unbeeinflußt lassen, und er schließt die sexuelle Penetration darin ein: sprechen, singen, tanzen, Faustkampf, Wettkampf (*agōnizesthai*), sich

---

[*]   Dieser schwerfällige und unnatürliche Ausdruck soll die Unübersetzbarkeit der Artemidorischen Kategorie bewußt halten.

[**]  …und manchmal in diesen Bereich, in dem Bedeutungen unterscheidbar sind, wieder überführt wird, und zwar durch den medizinischen Diskurs, der von vergrößerter, penisartiger Klitorisbildung bei manchen Frauen spricht (Philumenos, *ap.* Aetios 16.103, Paulus von Aigina 6.70), oder durch fiktionale Darstellungen wie das fünfte von Lukians *Hetärengesprächen*, wo es eine kahlköpfige Prostituierte gibt, die sich einen Dildo umschnallt, um eine andere Frau zu beschlafen.

[***] Zu der grundsätzlichen Tendenz vgl. Halperin 1989, 29–36.

66

erhängen, sterben, gekreuzigt werden, tauchen, einen Schatz finden, sexuelle Betätigung (*aphrodisiazein*), erbrechen, ausscheiden, schlafen, lachen, weinen, freundlich mit den Göttern reden. Es ist nicht so, daß bei einigen dieser Begebenheiten keine zweite Partei anwesend wäre (sprechen, Faustkampf, Wettkampf, Geschlechtsverkehr haben, gekreuzigt werden, seiner Lieblingsgottheit schmeicheln), aber so, daß ihr erfolgreicher Abschluß keineswegs von der Kooperation, geschweige denn dem Vorteil einer zweiten Partei abhängt. Das invasive Protokoll formuliert erneut das Prinzip, daß Sex (wie Wettkampf) sich auf das Selbst hauptsächlich als Ausdrucksform einer hierarchisch geordneten Bewegung beziehen läßt, als ein Aufwärts oder Abwärts auf der Leiter, deren Sprossen durch verschiedene Ebenen von Reichtum und Prestige gekennzeichnet sind. Penetration ist nicht alles am Sex, aber sie ist jener Aspekt sexueller Aktivität, der besonders geeignet war, gesellschaftliche Bezüge von Ehre und Schande, Beförderung und Verlust, Machtausübung und Gehorsam auszudrücken,[*] und dementsprechend ist es dieser Aspekt, der in antiken Schemata von sexueller Klassifizierung und moralischem Urteil am deutlichsten in den Vordergrund tritt.

Es wäre sicherlich falsch, dieses interpretative System als eine Phänomenologie tatsächlichen Begehrens und Verhaltens zu verstehen. Sogar bei Artemidor gibt es Hinweise, daß Gegenseitigkeit gelegentlich als Bestandteil des Geschlechtsverkehrs wahrgenommen wurde, wenn auch als stummer Bestandteil. »Verkehr mit einem bereits erwachsenen Sohn zu haben, verheißt Gutes für einen Mann, der außer Landes lebt, denn der Traum bedeutet, wie das Wort »Vereinigung« [*synousia*] sagt, daß

---

[*]  Der Wettbewerb war ein so tief verwurzelter kultureller Reflex, daß Galen ein Programm der Selbstbeherrschung wie folgt empfiehlt: Wenn wir Mäßigung bei Essen, Trinken und Sex praktizieren, sollten wir uns »nicht mit den Disziplinlosen vergleichen; es genügt nicht, diese an Selbstbeherrschung und Mäßigung zu übertreffen; statt dessen sollten wir uns vor allem bemühen, im Wettstreit solche Menschen zu übertreffen, die sich der gleichen Mäßigung verpflichtet fühlen – denn eine solche Konkurrenz ist etwas sehr gutes –, und danach sollten wir danach streben, uns selbst zu übertreffen« (*De propriorum animi cuiusque affectuum dignotione et curatione*, 5.32 f. Kühn). Ebenfalls aufschlußreich für die Verbindung zwischen Lust und Dominanz ist Aristoteles' Bemerkung: »Zu siegen [*nikān*] ist süß – für jedermann, nicht nur für diejenigen, die Ehrgeiz für den Sieg [*philonikois*] entwickeln; es erzeugt ein Gefühl der Überlegenheit, zu dem alle Menschen einen Drang [*epithymian*] haben, schwach oder stärker ausgeprägt« (*Rhet.* 1.11: 1370$^{b}$32, vgl. 1371$^{b}$28 über das Vergnügen daran, seine Nachbarn zu kritisieren).

man zueinander zurückkehrt und zusammen lebt« (1.78/89.29). Die Grenzen des Bedeutungssystems, das uns Artemidor zeigt, liegen darin, daß es uns nicht sehr weit in die häusliche Sphäre einläßt, in der Ehemänner und Ehefrauen und Liebende ihre Beziehungen aushandelten (wie die beiden Männer, die Vergnügen an Fellatio bzw. Cunnilingus hatten), noch in die Sphäre des Luxuslebens, in der passive und manchmal gegenseitige Sinnlichkeit kulturellen Ausdruck fand (lyrische Dichtung, romantische Romane). Aber es ist eine ausgezeichnete Beschreibung der *Bedeutungen, die in der Öffentlichkeit sexuellen Beziehungen zugeschrieben wurden.* Dadurch trägt das Zeugnis des Artemidor zur Erklärung der Schande des Ehebruchs[*] und entsprechend des Stolzes darauf bei, eine umfangreiche Familie zu führen und nach außen als ein mächtiger Mann zu erscheinen. Und als solches stellt es einen Grundriß für das Verhalten der meisten Männer (und vermutlich vieler Frauen) in den Fällen zur Verfügung, *in denen dieses Verhalten als etwas betrachtet wurde, das möglicherweise der Prüfung durch die Öffentlichkeit ausgesetzt war.*

Wir könnten diese Protokolle auch unter dem Schlagwort »Was werden die Nachbarn dazu sagen?« zusammenfassen. Sie sind keine moralischen Regeln, nach denen sich das eigene Betragen zu richten hätte, außer insofern, als dieses Betragen der Gemeinschaft zugänglich sein und von ihr bewertet werden wird. Sie zu kennen, gibt uns eine feste Vorstellung von gemeinschaftlichen Werten, sagt uns aber nicht notwendigerweise etwas über individuelles oder privates Verhalten.

## Artemidor, Bauchredner

Ein Passus am Ende dieser Kapitel, in dem Artemidor sich überraschender- und seltsamerweise wie ein fundamentalistischer Prediger anhört, erfordert genaueres Hinsehen, damit wir einige Lehren aus Artemidors systematischem Gebrauch des Begriffs *physis* ziehen können. Sein Text entwickelt oft bauchrednerische Qualitäten, wenn er der träumenden Seele selbst seine Stimme leiht und sie erklären läßt, warum sie *x* durch *y* symbolisiert hat. »Hunde weisen oft auf Fieber hin, wegen des Sterns

---

[*]  Ein bedeutender Wahrsager in Rom hatte Reichtum und Prestige angesammelt, hatte aber nichts davon, denn einer seiner Träume erfüllte sich so, daß seine Frau aufhörte, ihn zu lieben, und ihn mit einem anderen betrog, so daß er die Stadt in Schande verließ (5.69).

Seirios, der eine Ursache für Fieber ist und von manchen der Hundsstern genannt wird« (Ende von 2.11). »Bettwanzen symbolisieren Niedergeschlagenheit und Ängste, denn wie Ängste halten sie uns wach; sie weisen auch auf Mißvergnügen und Verstimmung bei einigen Haushaltsmitgliedern hin, gewöhnlich bei den Frauen« (3.8). »Über die See zu laufen ist ein guter Traum für einen Mann, der ins Ausland reisen will, besonders, wenn es eine Seereise sein soll: der Traum sagt ein hohes Maß an Sicherheit voraus; es ist auch ein guter Traum für einen Sklaven und für einen Mann, der sich zur Heirat entschlossen hat: der Sklave wird seinen Herrn beherrschen und der Mann seine Ehefrau, denn die See ist wie ein Herr wegen ihrer Gewalt und wie eine Frau wegen ihrer Nässe« (3.16).

Derlei angebotene Verbindungen gehören ins Reich der *aitiologia*, die, wie wir gesehen haben, stets eine schwierige und relativ unsichere Prozedur darstellt. Ohne notwendigerweise die Assoziationen und Wertungen, die hinter der Verbindung stehen, zu teilen, führt Artemidor häufig irgendeine allgemeine Anschauung an, die der *psychē* als Spielmaterial zur Verfügung steht. Diese Eigenschaft Artemidors ist es, die uns ein so unschätzbares Fenster auf volkstümliche Überlieferung und Anschauung eröffnet. Die vielfältigen Assoziationen, die es zum Penis gibt, belegen das beispielhaft, eine Passage, die es verdient, vollständig zitiert zu werden:

Der Penis gleicht den Eltern eines Mannes, da er das Gesetz der Fortpflanzung [*spermatikos logos*][21] enthält, aber ebenso seinen Kindern, da er deren Ursache ist. Er ist auch wie seine Frau und seine Freundin, da er dem Sex nützlich ist. Er ist wie seine Brüder und alle Blutsverwandten, da das System [*logos*] des gesamten Hausstandes vom Penis abhängt. Er bedeutet Kraft und die Männlichkeit des Körpers, da er diese im eigentlichen Sinne hervorbringt: Aus diesem Grunde nennen ihn einige Menschen »ihre Männlichkeit« [*andreia*]. Er ähnelt dem Verstand und der Erziehung, denn er ist, wie der Verstand [*logos*] dasjenige, das am allerfruchtbarsten ist. [...] Weiter steht er für Überfluß und Besitz, denn er steigt und fällt im Wechsel, und er kann hervorbringen und abgeben. Er ist wie verborgene Pläne, denn sowohl Pläne wie der Penis werden *mēdea* genannt, und er entspricht Armut, Sklaverei und Gefangenschaft, da er »das Notwendige« [*anankaion*] genannt wird und ein Symbol von Not und Zwang ist. Er ist auch wie ehrenvolles Ansehen, denn der Respekt vor angesehener Stellung und die Scham werden mit dem gleichen Wort benannt [*aidōs*].« (1.45)

In seiner ausführlichen Untersuchung des Inzests zwischen Mutter und Sohn unterscheidet er die verschiedenen Positionen und Arten der Kopulation – von Angesicht zu Angesicht, von hinten, im Stehen, mit der knieenden Mutter, mit der Mutter in »Reiterposition«, die Abfolge vieler verschiedener Positionen, unter Einschluß von Fellatio. Bei der entsprechenden Auswertung bemerkt er, daß »einige sagen, die frontale Position sei in Einklang mit der Natur [*kata physin*]« (1.79/91.12).

Diese aus dem Hintergrund vernehmliche Stimme des Gesetzes, die man hier richtiges sexuelles Verhalten diktieren hört, spricht noch einmal in größerer Ausführlichkeit bei der Behandlung der »vielen und unterschiedlichen Stellungen«, was im wesentlichen nichts anderes bedeutet, als seine Mutter wie eine Hure zu behandeln.[22] »Daß es sich bei den anderen Stellungen um menschliche Erfindungen handelt, die sich der Anmaßung, der Zerstreuung und der Ausschweifung verdanken, und daß allein die einander zugewandte Position der Leiber es ist, die uns die Natur lehrt, wird an den anderen Lebewesen deutlich. Denn alle Arten nehmen stets eine bestimmte Position ein, ohne sie zu ändern, weil sie der Lehre [*logos*] der Natur folgen«, etc. (1.79/94.13). Hier kommt nicht Artemidor in eigener Person zu Wort, sondern vielmehr seine Lesart einiger allgemein geteilter Werte und Haltungen, die er mitteilen muß, um seine empirische Beobachtung zu stützen, daß nichts Gutes ins Haus steht, wenn Söhne davon träumen, mit ihren Müttern herumzuhuren. Wenn er die Anwendung einer beliebigen Koitusposition außer der von Angesicht zu Angesicht als unnatürlich bezeichnet, so macht er Gebrauch von einem Gedanken»fundstück«, einer Prägung, die im Diskurs seiner Zeit zirkulierte. Möglicherweise mag er selbst so gedacht haben, wenn er seine eigenen Praktiken überdachte, aber dies bleibt unserem Wissen unzugänglich, und der signifikante Sachverhalt ist der, daß sein interpretatives System nicht etwa auf diesen Gebrauch des Begriffs »Natürlichkeit« gebaut ist, sondern vielmehr auf ein Verständnis von »Natur« als einem konventional abgegrenzten Feld menschlicher Hierarchiebildung. Wieder einmal steht »Natur« für »Kultur«.

Drei Schlüsse sind es, die sich in Hinblick auf alles Erotische im zweiten Jahrhundert u. Z. aus dem Studium der *Oneirokritika* des Artemidor ziehen lassen. Erstens, sie gewährt einzigartigen Aufschluß über die Bedeutungen sexuellen Verhaltens, so, wie sie öffentlich wahrgenommen wurden. Der empirische Ansatz Artemidors erlaubt es uns, eine allgemeine Semantik des Sex in der antiken Welt zu erfassen, die gewöhnlich durch die tendenziöse Behandlung durch die Moralisten verschleiert ist. Gemäß den Protokollarien wird sexueller Kontakt in öffentlichen Kontexten als vom Mann initiiert, als phalluszentriert und als um den Akt der

Penetration herum strukturiert verstanden; alle Akte, die diesen Vorschriften gehorchen, sind relativ unproblematisch (*kata nomon*); die einzigen Akte, bei denen ein genereller Abscheu unterstellt werden konnte, sind Inzest und oral-genitaler Kontakt; und es gibt schließlich die implizite Annahme, daß sexuelle Identität für die Person keine strukturierende Funktion hat, sondern peripher ist für die zentralen Ziele und Sorgen, die sich auf das Überleben, den Status in der Öffentlichkeit, das Gerangel um den Platz in der gesellschaftlichen Hierarchie auf Kosten der Mitbewerber und auf die Stabilität und Prosperität patriarchalischer Familien in einer feindlichen Umgebung richten.

Zweitens: Artemidor benutzt das Wort »Natur« nicht als Werturteil, sondern als eine Kategorie zur Kennzeichnung einer wichtigen Grenze auf diesem Feld gesellschaftlicher Signifikation. Mit »widernatürlich« meint er einfach, daß gewisse Akte entweder unmöglich oder irrelevant sind, das heißt, bedeutungslos nach Maßgabe der gesellschaftlichen Bedeutung des Sex. Damit liefert Artemidor auf seine eigene Art und Weise eine Illustration zum Thema der »Natur« als Kultur, aber mit der interessanten Wendung, daß Kultur (seine »Natur«) sowohl das Konventionale (*kata nomon*) als auch das Unkonventionale (*para nomon*) umfaßt, denn beide Kategorien fallen unter das »Natürliche« (*kata physin*). Aber während Artemidors »Natur« dazu dient, grundlegende positive und negative soziale Werte im öffentlichen Bereich zu ordnen, gemahnt uns gleichzeitig seine Anführung einer Predigt über das Gesetz der Natur betreffend die einzig natürliche Position für den menschlichen Geschlechtsverkehr daran, daß seine Zeitgenossen die Schlinge mehr oder weniger fest zuziehen konnten. Moralisten mit dem Hang, Regeln für gehöriges Betragen aufzustellen, berufen sich regelmäßig und mit Leichtigkeit auf »das Natürliche«, wenn es darum geht, eine ihrer Empfehlungen als grundlegend und unbestreitbar auszuzeichnen.

Drittens und letztens läßt sich vertreten, daß Artemidors Überblick nicht nur den Vorwürfen entgeht, die wir gewöhnlich gegen moralistische Autoren vorbringen, sondern auch den elitären und intellektualistischen Vorurteilen, die so viel antikes Schrifttum kennzeichnen. Artemidors *Traumdeutung* »zeigt uns bestimmte allgemein geteilte Bewertungsschemata. Und von diesen läßt sich feststellen, daß sie sehr dicht an den allgemeinen Grundsätzen liegen, von denen bereits in der klassischen Zeit die moralische Erfahrung der *aphrodisia* organisiert ist. Damit wird das Buch des Artemidor zu einem Markstein. Es bezeugt ein Denkschema, das dauerhaft war und zu seiner Zeit geläufig« (Foucault 1986, 15). Auf den Koordinaten dieser überdauernden Wertungen können wir die verschiedenen Grade der Abweichung abtragen, die sich in den Argu-

menten, Kritiken und Utopien verschiedener Philosophen und Moralge-
schichtler findet.

Ganz auf gleicher Linie liegt ein Eindruck, der es wert ist, hier festgehalten zu werden, nämlich der, daß unser moderner Drang, Veränderungen dingfest zu machen, alle möglichen Geschichten in der Form einer
Erzählung von Entwicklung und Übergang zu schreiben, wahrscheinlich
zu tiefgreifenden Verfälschungen zumindest in der Erforschung mediterraner Kulturmuster geführt hat. Das vierte Jahrhundert v. u. Z. und das
zweite Jahrhundert u. Z. sind zwei Zeitperioden, aus denen zahlreiche
Schriftzeugnisse überlebt haben, und diese kontingente Tatsache stellt für
Gelehrte, die diese Perioden erforschen, eine fast unwiderstehliche Versuchung dar, Geschichten über gesellschaftliche Veränderungen zu ver-
fertigen, die angeblich von den Sophisten bzw. den Christen herbeige-
führt worden seien. Wir sollten die Möglichkeit zumindest im Hinterkopf
behalten, daß die Debatten von Philosophen und die Volksreden von
Moralisten, mögen sie uns auch viel über die Entstehung und Entwicklung einer Klasse von Intellektuellen und über den Kampf um ideologi-
sche Hegemonie sagen, von wenig Belang sind für die Beschreibung der
Anschauungen und Praktiken der Bevölkerung im allgemeinen.

# 2
# Vorschriften machen:
# Die Beaufsichtigung des männlichen
# Sexualverhaltens im klassischen Athen

Wer lediglich die Protokollarien kennt, weiß noch nicht, wie sich die Menschen verhielten. Wir müssen den Versuch machen, gesellschaftliche Vorschriften zu durchschauen und über sie hinauszublicken – so weitverbreitet und in der Öffentlichkeit fraglos anerkannt sie auch sein mögen – zu jenem gewöhnlich unausgesprochenen Fundus von Wissen darüber, wie sie angewendet, wie sie »gedehnt«, in welcher Weise sie befolgt werden, selbst indem sie gebrochen werden, und welche heimlichen Handlungsanweisungen sie von Fall zu Fall verborgen haben mögen.

Die Überlieferung literarischer und gesellschaftlicher Daten ist für die Athener Polis der Jahre 430 bis 330 v. u. Z. verhältnismäßig lückenlos, und ihre sexuellen Vorschriften sind mit Erfolg vor dem Hintergrund des auf Ehre/Schande-Polarität gegründeten Moralsystems einer Mangelgesellschaft interpretiert worden, so von Alvin Gouldner, der allerdings Schwächen hat, wenn er über Sexuelles schreibt, von K. J. Dover in seinem *Greek Popular Morality* und von Michel Foucault in *Der Gebrauch der Lüste*. Ich möchte hier die gesellschaftlichen Operationen genauer unter die Lupe nehmen, die man in dieser Gemeinschaft während der Periode, in der der Gegensatz *nomos/physis* dem Vernehmen nach fest verankert war, benutzte, um Devianz, also normabweichendes Verhalten, zu artikulieren, zu kontrollieren und praktisch damit umzugehen, wobei ich meine Aufmerksamkeit nicht den Äußerungen ihrer Intellektuellen, sondern der Alltagspraxis dieser Gemeinschaft zuwende und besonders ihren Praktiken der »Selbstkontrolle« (oder der Kontrolle des Selbsts von vielen).

Die Darstellung hat drei Teile. Ich beginne mit den kulturellen Bildern richtiger und falscher Männlichkeit und versuche zu zeigen, daß es sich hier manches Mal um recht locker sitzende Traditionshülsen handelt, die die wahre Gestalt des individuellen Verhaltens nicht erkennen lassen. Die zugrunde liegenden Protokolle sind, positiv, in der Figur des Hopliten personifiziert (des waffentragenden Bürgers, der reich genug war, um sich eine Kriegsrüstung zu leisten), und negativ in der des *kinaidos*. Letzteres ist – im ernstgemeinten Vorwurf oder im Spott – das wirkungsvolle Bild eines sozial und sexuell abweichenden Mannes. Die Bedeutung dieses Begriffs wird weiter unten ausgelotet werden. Es ist aber wichtig, hier sofort festzuhalten, daß die Bedeutung von *kinaidos* nicht der von »homosexuell« im modernen Sprachgebrauch entspricht. Autoren neuerer geschlechtshistorischer Studien haben darauf verwiesen, daß in vormodernen Systemen nicht Personen, sondern Akte klassifiziert wurden und daß »der« Homosexuelle als personenbezogene Kategorie eine junge Erfindung sei.[1] Sicherlich ist der *kinaidos* kein »Homosexueller«, aber ebensowenig ist er ein ganz normaler Bursche, der sich ab und an zu einem kinaidischen Akt entschließt. Die Konzeption des *kinaidos* war die eines Mannes, der von seinem gesamten Wesen her deviant war, was sich im wesentlichen an einem Verhalten ablesen ließ, das die herrschende gesellschaftliche Definition des Maskulinen flagrant verletzte oder ihr zuwider lief. Insofern bezog sich *kinaidos* als Kategorie auf Personen und nicht allein auf Akte. (Natürlich ist es eine ganz andere Frage, ob es außerhalb der Diskursarenen des Amüsanten und des Gehässigen, in denen wir das Bild des *kinaidos* finden, tatsächlich *kinaidoi* von Fleisch und Blut gegeben hat.)

Von keinem dieser beiden Idealtypen – Hoplit und Kinaidos – wird in der Prosa des vierten Jahrhunderts allzu häufig oder obsessiv gesprochen, aber dennoch sind sie, wie die Stützräder beim Erlernen des Radfahrens, immer zur Stelle, sobald ein Mann beginnt, das Gleichgewicht zu verlieren. Während der kriegerische Hoplit das Selbstbild ist, auf das jeder begüterte Bürger als Ideal blickt, ist der *kinaidos*, von dem man nur mit Spott oder Entrüstung spricht, der unwirkliche, aber gefürchtete Antityp von Männlichkeit hinter dem Rücken jedes Mannes.

Im zweiten Teil wende ich mich der Frage zu, wie dieses Bild auf Individuen angewendet wurde. Sowohl in öffentlicher Prüfung durch den Staat als auch in einem privat angestrengten Verfahren konnte ein Mann grundsätzlicher Versäumnisse gegenüber seiner sozialen Verantwortung angeklagt werden. Die Gesetze, die mit Sexualmoral etwas zu tun hatten, waren selbstverständlich nicht in Begriffen sexueller Abweichung gefaßt, die vor Gericht niemals als solche verhandelbar war, sondern in Begriffen der Prostitution. Der Verstoß bestand darin, unvereinbare Kategorien vermischt zu haben – die des männlichen Bürgers und die des männlichen Prostituierten (Halperin 1989, 94–8). Der *kinaidos* steht als Schreckbild hinter den konkreteren Vorwürfen, man habe seine Integrität als männlicher Bürger geschändet, indem man seinen Körper gegen Gebühr dem Gebrauch durch einen anderen Mann überlassen habe. Die Anklage besteht in den drei Punkten Promiskuität, Bezahlung, und passive Hinnahme der Penetration eines anderen.

Die Indizien lassen allerdings den Schluß zu, daß eine solche Überwachung und Strafverfolgung nur in den Händen einer eng begrenzten Eliteklasse von Teilnehmern an dem mit hohen Einsätzen gespielten Spiel um das politische Management der Stadt Anwendung fanden, wo sie dazu dienten, Opponenten aus dem Spiel zu werfen. Das heißt, daß die Regeln und die Mittel ihrer Durchsetzung gegen gesellschaftliche Abweichler eine Fiktion des öffentlichen Lebens waren, deren Wirksamkeit für gewöhnlich ruhte und lediglich als politische Strategie innnerhalb einer relativ kleinen, wenn auch auffälligen Fraktion des Sozialkörpers in Kraft gesetzt wurde.

Im abschließenden Teil wende ich mich den populären Sprachformen der moralischen Bewertung zu, denjenigen der Komödie und der öffentlichen Rede, nicht etwa der Philosophie. In diesen Bereichen gab es eine breite Anerkennung individueller Charakteristika – persönlicher Eigenart, Vorlieben und Neigungen –, und hier weist *physis* nicht auf eine universelle Norm, sondern auf das von Person zu Person Unterschiedliche. Sogar in einem Text aus dem spezialisiert wissenschaftlichen Diskurs, in dem *kinaidoi* als Menschen mit einer »unnatürlichen« Konstitution analysiert werden, findet sich parallel die widersprechende Analyse, die feststellt, daß *kinaidoi* nicht sind, wie sie sind, weil sie eine unnatürliche Natur haben, sondern weil Gewohnheit und die begleitenden Lusterlebnisse stärker sind als die Natur – ja, sogar eine Art zweiter Natur sind.

## Hopliten gegen Kinaidoi

Es erstaunt mich, Demosthenes, daß du es wagst, den Philon zu kritisieren – im Beisein der höchstgeachteten Bürger Athens, die hier versammelt sind, um über die Politik der Stadt zu befinden und jetzt viel eher unseren Lebenswandel sehen und ihn wägen als unsere Redekunst. Was meinst du wohl, um was sie eher beten würden – um 10.000 Hopliten wie Philon, ihm gleich an Wohlgestalt des Körpers und Zucht der Seele, oder 30.000 *kinaidoi* grad' wie du einer bist?

Aischines 2.150–1

Aischines Alternativen – Hopliten, gesund an Geist und Körper, oder *kinaidoi* wie du, Demosthenes – sind nicht gerade geläufige Ausdrücke der öffentlichen Rede in Athen, aber sie fixieren die Grenzbedingungen, innerhalb deren gewöhnliche öffentliche Diskurs- und Verhaltensformen stets angesiedelt waren. Von der Struktur her ist das jene typische Polarisierung zwischen extremen Gegensätzen (Lloyd 1966), die im antiken Athen ihr gesellschaftliches Korrelat in der Nullsummenkonkurrenz fand. Das kulturelle Verständnis von Konkurrenz bestand nicht einfach darin, daß Gewinner Belohnungen und Ehre erwarben, sondern daß Verlierer durch Schande und Strafen in entsprechendem Ausmaß stigmatisiert wurden. Um es anders auszudrücken: Gewinner gewannen unmittelbar auf Kosten der Verlierer.* Die Logik eines Nullsummenkalküls liegt vielen der charakteristischsten Prädikate und Formeln zugrunde, die bei Fragen von Geschlecht und Sex Anwendung fanden. Keine Tapferkeit (*andreia*, wörtlich: Mannhaftigkeit) zu zeigen, setzt einen Mann etwa der symbolischen Degradierung vom Rang der Tapferen/Männlichen in die entgegengesetzte Klasse der Frauen aus.**

Gewicht und Tragweite eines problematischen Begriffs wie *kinaidos* lassen sich nicht losgelöst bewerten, sondern müssen innerhalb des Systems der kulturellen Bildlichkeit gemessen werden, die in öffentlichen Auseinandersetzungen über das angemessene Verhalten von Bürgersoldaten verwendet wurde. Jedesmal, wenn sich die Männer, die in Athen das Bürgerrecht besaßen, offiziell zusammenfanden, sei es in der Vollversammlung der gesamten Bürgerschaft (die viermal im Monat abgehalten wurde, darunter einmal als Hauptversammlung) oder in kleineren repräsentativen Gruppen wie etwa Richtergremien, trat das Selbstverständnis der Gemeinschaft als einer tatkräftig-resoluten Elite dicht an die Oberfläche (Dover 1974, 41, 160–7).

Wenn ich diese Gruppe als »Elite« bezeichne, so möchte ich damit betonen, daß die große Mehrheit der tatsächlichen *Bevölkerung* Attikas nicht über das Recht verfügte, an der Volksversammlung teilzunehmen, zu Gericht zu sitzen oder in Ämter gewählt zu werden.[2] Eine »tatkräftigresolute« Elite war es, da sich der anständige Bürgersoldat als Haushalts-

---

* Gouldner 1965, 45–55; eine explizite Formulierung der »Nullsummen«-Regel findet sich in dem unter dem Namen *Anonymus Iamblichi* bekannten sophistischen Auszug in FVS 89.2 (Bd. 2, 400): »Die Menschen finden es nicht angenehm, einem anderen Ehre [*timān*] zu erweisen, denn sie nehmen an, daß ihnen selbst damit etwas weggenommen wird.« Platon kommt dem nahe (in den *Nomoi*, 1.626B): »Alle Güter des Besiegten fallen dem Sieger zu.« Impliziert wird dieses Prinzip auch in Hesiods *Werke und Tage*, 341 (Millett 1984, 95).

** Der alternative Titel der Komödie *Astrateutoi* von Eupolis, die sich mit denjenigen beschäftigte, die dem Militärdienst auswichen, lautete *Androgynoi* (Männer, die teilweise Frauen sind). Siehe auch Platons *Timaios*, 90E, wo feige Männer als Frauen reinkarniert werden. Dover 1974, 95–102.

vorstand betrachtete, der die Interessen der von seinem *oikos* (Hausstand) Abhängigen verteidigte und bereit war, sich in eine Phalanx einzugliedern und unter persönlicher Gefahr dem äußeren Feind in ehrenvollem, streng geregeltem Kampf, einer Art körperschaftlichen Duells zwischen Städten, auf den griechischen Ebenen gegenüberzutreten (Pritchett 1974, Kap. 7–9; Connor 1988). Alle Bürger waren Soldaten und unterlagen vom achtzehnten bis zum sechzigsten Lebensjahr Sommer für Sommer einer turnusmäßig geregelten Wehrpflicht, wobei allerdings die Zwanzig- bis Vierzigjährigen vor den Jüngeren und den Älteren einberufen wurden (Andrewes 1981). Wenn die militärische Wirklichkeit auch sehr viel komplexer war, in hohem Grade abhängig von den Seestreitkräften und dem strategischen Einsatz von Söldnern, so war doch das gemeinschaftsprägende Bild, das in der öffentlichen Rede konsequent beschworen wurde, dasjenige des Bürgers als Hopliten.* Die gesamte private Disziplin, die der Verwalter des Hausstandes über seinen Körper, seinen Luxus und die von ihm Abhängigen ausübte, wie sie von Foucault (1985) so gut gezeichnet worden ist, wurde geformt und gerechtfertigt durch diesen öffentlichen Diskurs über die unabdingbare Mannhaftigkeit jedes verantwortungsvollen, seinen Teil der Pflichten tragenden Bürgers.

Die Bürger in Waffen müssen einander unterstützen, wenn sie den gemeinsamen Feind bekämpfen, aber innerhalb der Polis ist der Konkurrenzkampf zwischen den Bürgern – gerade den besonders unternehmenden, den herausgehobenen, den jungen – gnadenlos genug, um eine Regelgebung bezüglich der physischen Person zu erfordern. Der Sprecher in Demosthenes 22 macht deutlich, daß dem Gesetz nach der Körper eines Bürgers sakrosankt ist: Unter gewissen Bedingungen kann sein Besitz konfisziert werden, in keinem Fall aber darf seine Person physisch angerührt werden (Dem. 22.53–55, vgl. Dem. 21.178, 180). Personale Unverletzlichkeit ist ein Kriterium, das Sklaven von freien Bürgern unterscheidet: Mit Sklaven kann man auf alle erdenkliche Weise grob umspringen, Bürger sind im Sinne des Wortes unberührbar.

---

* Ridley 1979. Thuk. 8.97.1–2 betrachtet die Herrschaft einer Klasse von nicht entlohnten Hopliten als Ideal, ähnlich [Arist.], *Ath. Pol.* 33.2. Der Militärdienst in der Flotte, als gemeinschaftlicher und nicht vom Kampf Mann gegen Mann geprägter, war weniger ruhmbringend; vgl. den verächtlichen Befund bei [Xen.], *Ath. Pol.* 1.2: Bootsmänner und Decksgehilfen haben größere politische Macht in Athen als »die Hopliten, die Edlen und die Guten«. Der General Philokles befürwortete ein Gesetz, nach dem Kriegsgefangenen der rechte Daumen abgeschlagen werden sollte, »damit sie den Speer nicht schleudern, wenn auch noch das Ruder führen konnten« (Plutarch, *Lys.* 9.5).

Hand an den Körper eines Bürgers zu legen heißt, ihn schwer zu beleidigen, denn es macht ihn implizit zu einem gesellschaftlich Tieferstehenden.[*] Zur Körpersprache der gesellschaftlichen Position gehört auch sexuelle Dominanz; physischer Kontakt mit einem Bürger, der eine »herrschaftliche« Berührung ausdrückte, war eine tödlich ernste Geste. Die Versklavung frei geborener Frauen und Jugendlicher, die mit dem Tode bestraft werden konnte, schloß die Möglichkeit sexueller Aggression als einer Komponente sozialer Dominanz mit ein.[3]

Einer redaktionell aufbereiteten Beobachtung ([Xenophon], *Ath. Pol.* 1.10) können wir entnehmen, daß in Athen Freie, Sklaven und Metöken[**] so ähnlich gekleidet waren, daß man sie in einer Menschenmenge unter Umständen nicht voneinander unterscheiden konnte, was es für Bürger schwer machte, Sklaven ordentlich zu züchtigen, wenn sie es auf der Straße am schuldigen Respekt fehlen ließen.[***] Der Sachverhalt, daß der Status als Sklave/Freier oder Bürger/Metöke in Athen weniger sichtbar war als in anderen griechischen Poleis, bedeutete, daß solche Standesunterschiede um so mehr von unsichtbaren Markierungen abhängig sein mußten: als Gruppe war die privilegierte Bürgerklasse definiert durch die Unantastbarkeit von Personen, die ihr ganzes Gewicht einsetzen konnten, um Metöken und Sklaven einzuschüchtern.[4]

Natürlich gab es nur allzureichlich beleidigendes Benehmen unter Bürgern, besonders was die herausgehobenen Rangstufen der Ehrgeizigen und Wohlhabenden betrifft. Unverletzlichkeit der Person mochte die

---

* Es ist nicht die Geste selbst, sondern die soziale Implikation der Geste, auf die es ankommt: »Wenn ein Mann jemanden geschlagen hat, so heißt das noch nicht unbedingt, daß er ihn beleidigt [*hybrisen*] hat, sondern nur wenn er es mit einem Motiv getan hat wie etwa, den Mann zu entehren [*atimasai*] oder sich selbst Genugtuung zu verschaffen« – Aristoteles, *Rhet.* 1.13:1374ᵃ13–5. Zur physischen Beleidigung als Statusmarkierung s. Golden 1985, 101 ff. (Prof. Golden weist mich darauf hin, daß ein Bürger sehr wohl auch der *hybris* gegenüber einem Sklaven schuldig werden kann: Aischines 1.17.)

** *A.d.Ü.:* Metöken (*metoikoi*) sind im Unterschied zu den Demoten (Einheimischen) niedergelassene Zuzügler, die keine vollen Bürgerrechte besaßen, im Gegensatz zu den Fremden (*xenoi*) aber gerichts- und handelsfähig, steuerpflichtig und wehrfähig waren.

*** In der gänzlich demokratisierten Stadt, so beschreibt es eine platonische Phantasievorstellung, benehmen sich nicht nur Sklaven und Frauen so aufsässig, als wären sie freien Männern ebenbürtig, sondern auch »die Pferde und Esel spazieren nach Belieben und stolz durch die Straßen und rempeln die Leute an, die ihnen nicht aus dem Weg gehen« – *Politeia* 8.563B–C.

Regel sein, Verletzung war nicht selten die Praxis. In Lysias 3 sind zwei Schlägereien zwischen rivalisierenden Liebhabern eines Knaben aus Platää* festgehalten, wobei Steine geworfen und Schädel aufgeschlagen wurden.[5] Die Satzungen von Vereinsgesellschaften (*eranoi*) beschäftigen sich lang und breit mit Kämpfen, Körperverletzung und Unruhestiftung.[6] Vielleicht die erhellendste Begebenheit dieser Art, die in den Zeugnissen erhalten ist, ist ein wütender Kampf eines Abends auf der Agora, in dessen Verlauf Konon und seine Söhne ihren Gegner nicht nur zu Boden schlugen, sondern ihn auch kopfunter in eine Schlammpfütze hielten, während sich Konon die Hände unter die Achseln klemmte, mit den Ellbogen schlug wie der siegreiche Hahn in einem Hahnenkampf mit den Flügeln und krähte (Dem. 54.7–9).** Es wäre falsch, die Spannungen zwischen Bürgern überzubewerten. Für den Durchschnittsbürger war der Alltag in Athen gewiß keine ununterbrochene Folge von Zänkereien an der Schwelle zur Gewalt. Aber von den auffällig Reichen (die Sprecher in Lysias 3 und Demosthenes 54 gehören dem leiturgischen Stand an[7]) und von jungen Männern (Konons Söhne waren die Hauptagierenden) – das heißt von denjenigen, für die Ehre ein Hauptanliegen war – ließ sich das Leben sicherlich auch nach den auf Haaresbreite angelegten Regeln der Streitlust leben.

Der Feind stand aber auch innen. Platon eröffnet die *Nomoi* mit einer allgemeinen Charakterisierung des gesellschaftlichen Lebens im Sinne

---

\* Der Junge kommt aus Platää und ist vermutlich ein Freier (Bushala 1968, 33), besitzt aber nicht die Athenische Bürgerschaft, da man ihn foltern kann, um seine Aussage zu bekommen. Rivalität um Knaben war ein so verbreiteter Anlaß für das Ausbrechen von gewaltsamen Auseinandersetzungen (z. B. Xen., *Anab.* 5.8.4), daß eine traditionelle Überlieferung behaupten konnte, Ödipus habe Laios getötet, weil beide in den gleichen Knaben, Chrysippos, verliebt gewesen seien (Scholion zu Euripides, *Phoinissai* 66). – Zu *hybris* (unverschämtes Verhalten, das einen anderen entehrt) siehe MacDowell 1976; Fisher 1976, 1979.

\*\* Hahnenkämpfe fanden in Tavernen und auf Wettplätzen statt (Aischines 1.53) und sind auch auf beiden Seiten des zentralen Thrones im Dionysostheater abgebildet, ein Zeichen, daß Theateraufführungen als Wettbewerbe entsprechend dem gleichen Kanon von Mannhaftigkeit angelegt waren, wie er sich in der öffentlichen Rede findet (Winkler 1985b, Zeitlin 1985). Der Hahnenkampf war eine überaus klare Repräsentation der Nullsummenkonkurrenz:»Einen Hahn, der ein *kinaidos* ist, wirst du nicht finden«, sagt ein nicht identifizierter Komödiendichter (Com. Adesp. 1213 bei Kock); Aristophanes, *Vögel* 70–1; Platon, *Nomoi* 7.789B–C; Aelian, *Var. Hist* 2.28; Lukian, *Anacharsis* 37. – K. Schneider 1910; Hoffmann 1974.

einer Nullsummenkonkurrenz:»naturgemäß« (*kata physin*) gibt es einen ununterbochenen Kampf zwischen gleichrangigen Einheiten auf allen Ebenen – Stadt gegen Stadt, Dorf gegen Dorf, Haushalt gegen Haushalt, Mann gegen Mann, und der Person gegen das Selbst (625E-626E). Letzteres ist nicht etwa eine Eigenheit Platons, sondern die getreue Widerspiegelung der gängigen moralischen Sprache, die als einen guten Mann den lobte, der »stärker als er selbst« (*kreittōn heautou*) war, das heißt fähig, mit seinen verschiedenartigen Gelüsten umzugehen[8] und sie in Schach zu halten, und einen schlechten Mann als »schwächer als er selbst« (*hēttōn heautou*) bezeichnete (vgl. Foucault 1985, 63–77). Die angesprochenen Versuchungen sind Essen, Trinken, Sex und Schlaf. Auf allen Ebenen der angewandten Moral und des Ratgebens stellen wir fest, daß die undisziplinierte Person als jemand beschrieben wird, der von etwas besiegt oder beherrscht wird, das er in seiner Gewalt haben sollte und das gewöhnlich als Teil seiner selbst zu denken ist. Ob man nun einen General wählt, um die Stadt zu retten (Xen., *Mem.* 1.5.1), oder einen Gutsverwalter, der sich um das Anwesen kümmern soll (Xen., *Oec.* 12.13), man wünscht sich einen Mann, der ehrenvoll Herr über seine Gelüste ist, nicht – nach der Logik der Nullsummenkonkurrenz – ihr schändlicher Sklave (*tais hēdonais douleuōn aischrōs*, Xen., *Mem.* 1.5.5). Die polarisierte Ausdrucksform kommt uns ein wenig merkwürdig vor, besonders wenn behauptet wird, daß der Wechsel von Selbstbeherrschung zu Lustsklaverei plötzlich vor sich gehe:»›Elender‹, sagte Sokrates, ›bedenkst du, was mit dir geschehen wird, wenn du einen schönen Jüngling küßt: auf der Stelle [*autika mala*] ein Sklave zu werden statt eines freien Menschen […]?‹« (Xen., *Mem.* 1.3.11).

Eine solche mahnende Aufmerksamkeit für das Verhalten gründet sich auf den Glauben, daß das männliche Leben Krieg, die Männlichkeit eine Pflicht und eine hart erkämpfte Leistung und die Versuchung, fahnenflüchtig zu werden, erheblich sei. Dieser merkwürdige Glaube an die Umkehrbarkeit der männlichen Person, die stets in Gefahr ist, ins Servile oder Feminine abzugleiten, wurde von Steven Greenblatt festgehalten, der bemerkt, daß für die Antike die beiden Geschlechter nicht einfach entgegengesetzt, sondern an den Polen eines Kontinuums angesiedelt sind, das durchquert werden kann (1986). So ist »die Frau« nicht nur das Gegenteil des Mannes, sie ist auch eine potentiell bedrohliche »innere Emigrantin« der männlichen Identität. Der Gegensatz zwischen Hoplit und *kinaidos* ist ein Gegensatz zwischen männlichem Mann und weiblichem Mann und beruht daher auf einer grundsätzlicheren Polarität zwischen Männern und Frauen. Die kulturelle Polarität zwischen den Geschlechtern wird als innere in ein Geschlecht verlagert und erzeugt dort ein Ensemble von inframaskulinen Polaritäten zwischen dem Hopliten und dem *kinaidos*.

Es lassen sich seltene Beispiele auffinden, in denen die Klasse der Frauen ähnlich in das Feminine und das Maskuline aufgespalten wird. Aristoteles spricht von dunkelhäutigen Frauen als maskulin und hellhäutigen als feminin (*Gen. anim.* 728ª3–5). Der Autor der hippokratischen Abhandlung über *Frauenkrankheiten* stellt fest, daß unter den Frauen die gesündesten maskulin und weniger von Mutterschaft und Empfängnis abhängig sind (1.6). Das überwältigende Übergewicht an fürsorglicher Aufmerksamkeit und Nachdenken in den uns erhaltenen Texten war jedoch auf Männer gerichtet. Eine Skala, an der Maskulinität sich messen ließ, war die zwischen Härte und Weichheit. ›Sag mir, Charmides, wenn ein Mann fähig ist, die Krone im Wettkampf zu erringen und so in eigener Person geehrt zu werden wie auch seine Heimat berühmter in Griechenland zu machen, aber am Wettkampf nicht teilnehmen will – für was für eine Person würdest du ihn wohl halten?‹ ›Offenbar für eine weiche [*malakos*] und feige.‹ (Xen., *Mem.* 3.7.1).[9]

Im täglichen Leben wurde der Gegensatz zwischen harten Männern und weichen Frauen öfter unterstellt als tatsächlich ausgedrückt, daher finden wir die meisten unserer Belegtexte in den spekulativeren, durchkomponierteren Gestaltungsformen unter Einschluß der Komödie.[*] So werden die angemessenen gesellschaftlichen Beziehungen zwischen dem Harten und dem Weichen zum Beispiel in einer einzigartigen rotfigurigen Oinochoë von 465–460 illustriert, die einen jungen kurzbärtigen griechischen Mann zeigt, der lediglich einen Umhang trägt, seinen erigierten Penis in der rechten Hand hält und sich einem persischen Soldaten in voller Uniform nähert, der sich von ihm abgewandt vornüberbückt und mit schreckensvoll erhobenen Händen den Betrachter anschaut. Die Inschrift identifiziert den Soldaten, der da erwartet, was ärschlings auf ihn zukommt, als einen Vertreter der unterlegenen Seite bei dem atheni-

---

[*] Der *agōn* in Aristophanes' *Wolken* kontrastiert die mannhafte körperliche Disziplin eines durchtrainierten Soldaten mit der physischen Laxheit von Sophisten. In den *Wolken* (529) verweist Aristophanes auf seine *Daitalēs* (aufgeführt 427 v. u. Z.), in denen zwei junge Männer in ähnlicher Opposition auftraten und als *ho sōphrōn* (verantwortlich, reif und selbstbeherrscht) und *ho katapygōn* (körperlich schwach, vergnügungssüchtig und anal rezeptiv) gekennzeichnet werden. – Aus der Komödie oder vielleicht irgendeinem Nebenstrang der Heldenerzählung kommt die Geschichte, daß Philoktetes an der »weiblichen Krankheit« litt, nachdem er Paris getötet hatte: er ging aus Scham fort und gründete eine Stadt mit dem Namen Malakia (»Weichheit«) – Schol. Thuk. 1.12.

schen Sieg über die Perser in der Schlacht von Eurymedon (465 v. u. Z.):
»Ich bin Eurymedon, ich bin gebückt stationiert.«[10] Abgesehen von
solchen Karikaturen taucht die Polarität von harter-männlicher-Ho-
plit/weicher-weiblicher-*kinaidos* in den erhaltenen Dokumenten selten
auf, aber der Druck, den sie auf die Realität ausüben konnte, wurde
sicherlich empfunden, als Peisistratos' Sohn Thessalos den Harmodios,
um dessen besondere Freundschaft er sich vergebens bemüht hatte, als
*malakos* beleidigte (*Ath. Pol.* 18.2; Lavelle 1986).

Indem wir dieses weithin geteilte Selbstbild des aufrechten Bürgers als
Hoplit im Gegensatz zum *kinaidos* beschrieben haben, haben wir jedoch
lediglich präskriptive Äußerungen zusammengetragen, Äußerungen, die
keine Gesetzeskraft besaßen. Wie läßt sich ihre Kraft spezifisch beschreiben? Wenn Foucault (1985, 12) ankündigt, daß er sich mit präskriptiven
Texten beschäftigen werde, so meint er damit »im Gegensatz zu theoretischen«, aber wir müssen einen Schritt darüber hinaus gehen, um die
Grenzen zu verstehen, die solche präskriptiven Texte als öffentliche
Fiktionen haben. Wir müssen nicht nur solche Bilder und Empfehlungen
selbst kennen, sondern auch wissen, ob sie etwa so befolgt wurden wie
Gesetze gegen Mord (praktisch uneingeschränkt), wie Verkehrsregeln
(wenn die Polizei gerade hinsieht) oder wie Verlautbarungen des Vati-
kans (in Italien: überhaupt nicht). So sollten wir jetzt einige Möglichkeiten festhalten, wie diese Regeln von Männern für Männer vielleicht
umgangen, ignoriert oder veralbert werden konnten.

Zuerst einige Momentaufnahmen aus Platons *Politeia*. Die Eröffnung
zeigt uns Sokrates auf dem Heimweg von Piräus. Eine Gruppe von
Freunden taucht hinter ihm auf und bittet ihn, die Nacht in ihrem Haus
zu verbringen. Ein scharfer Blick auf den Stil und Ton, in dem die
Einladung ausgesprochen wird, zeigt, daß wir es hier nicht mit simpler
Gastfreundschaft zu tun haben, sondern mit einer Entführungscharade.
Zunächst holt ein Sklave den Sokrates ein und hält ihn an, damit er auf
Polemarchos und seine Freunde wartet, die hinterhertraben. Als Polemarchos ankommt, sagt er:»Siehst du, wie viele Männer ich bei mir habe?
Du mußt entweder beweisen, daß du stärker bist als wir [*toutōn kreittous*],
oder aber hierbleiben.« Sokrates macht das Spielchen mit und entgegnet
lammfromm:»Aber gibt es nicht noch eine Möglichkeit? Ich könnte euch
überzeugen, uns ziehen zu lassen.« »Wie könntet ihr uns überzeugen,
wenn wir dir einfach nicht zuhören [wollen]?«

In einer Kultur, in der es bei Fragen der Stärke immer wieder um
hohen Einsatz geht, liegt die Androhung von Gewalt nicht sehr tief unter
der Oberfläche. Interessant aber ist, daß Polemarchos hier eine Drohung
*spielt*, nicht aber »wirklich« droht. Zumindest unter engen Bekannten ist

es nicht nur möglich, sondern sogar wahrscheinlich, daß man dünnes Eis betritt, denn das ist eine Möglichkeit, den Druck der Zwänge zu verteilen. So war es sogar möglich, daß Sokrates unter Freunden auf etwas anspielte, was für jeden Mann unaussprechlich war, nämlich Weichheit (*malthakia*). Angesichts einer schwierigen Auseinandersetzung (458B) bittet Sokrates, sich entspannen zu dürfen, ein wenig über seine Wünsche zu phantasieren, wie Männer es tun, wenn sie im Urlaub sind oder einfach spazieren gehen. Es ist tadelnswert, selbstverständlich, aber Sokrates sagt *malthakizomai*: »dieser Weichheit gebe ich nach«. Auch dies ist wieder nur eine spielerische Note im Verlauf der Argumentation, aber trotz alledem signifikant.

Wie das Zusammentreffen unter Freunden oder das private Symposium Gelegenheiten waren, bei denen Männer mit den Regeln des Gehörigen herumspielen und sich damit necken konnten, so waren die Städtischen Dionysien in mancher Hinsicht eine Art Symposium für die gesamte Polis. Wenn wir auch in den Komödien dieser Festspiele manche Grantelei über die zeitgenössische Jugend und ihre verweichlichten Kunstformen als degeneriert gegenüber der militärischen Zucht und Ordnung der Guten alten Zeit finden, so sind solche Äußerungen doch eher amüsant als ernsthafte Verlautbarungen. Zumindest sind sie nicht ernsthafter als ein vergleichbar typischer Gag, bei dem das jeweilige Publikum scharf ins Auge gefaßt wird und dann nach eingehender Prüfung als samt und sonders *euryprōktoi* (»klaffärschig«) erklärt wird (Aristophanes, *Wolken* 1083–1104).[*] Wenn wir das Bild der persönlichen Disziplin bewerten wollen, das sich die athenischen Bürger selbst vorhielten, sollten wir niemals die Binsenwahrheit unterschätzen, daß »die meisten Männer [...] mehr als es sich gehört Vergnügen dabei [finden], zu scherzen und einander zu ärgern.«[**] Die Städtischen Dionysien waren

---

[*]   Um die Implikationen ausdrücklich zu machen: Gemäß den Protokollen mit ihrem polaren Gegensatz zwischen Penetratoren und Penetrierten wurde von *kinaidoi* automatisch angenommen, daß ihr Begehren auf den Akt der Penetration durch einen anderen Mann gerichtet war, was ihnen eine Affinität zur weiblichen Rolle gibt.

[**]  Aristoteles, *Eth. Nikom.* 4.8:1128$^a$13–4. In einer wissenschaftlichen Untersuchung über gehöriges Verhalten sollten wir niemals die offensichtliche Tatsache vergessen, daß, wie Aristoteles uns erinnert, ernsthafte Dinge nicht angenehm sind, es sei denn, man sei daran gewöhnt, während Scherze und unbekümmertes Verhalten angenehm sind (*Rhet.* 1.11: 1370$^a$12–6). Einer, der das eine tat, ohne das andere zu lassen, war Autolykos, ein würdiges Mitglied des Aeropag, der zur Versammlung sprach und dabei einige haarsträubende Doppelbedeutungen verwende-

sicherlich nicht die einzige Gelegenheit, bei der Soldaten darüber murrten, ins Feld ziehen zu müssen (*Frieden* 1127–90) oder tagträumten, für den eigenen *oikos* gäbe es Frieden, während die Generäle Patrouille gingen und übel zugerichtet zurückkehrten (*Acharner* 1071–234).

Da ich gesagt habe, daß Männer eine unbekümmerte Haltung gegenüber der Ideologie der Selbstbeherrschung einnehmen konnten, will ich auch das wirkliche Entsetzen unterstreichen, das, besonders in Konkurrenzsituationen, vor der Möglichkeit empfunden werden konnte, in die Nähe der *kinaidoi* gerückt zu werden. Die Szene findet sich in Platons *Gorgias* (494C–E). Kallikles hat vehement die Meinung vertreten, daß das gute Leben eines sei, bei dem ein Mann seinen Wünschen und Begehrlichkeiten größte Wichtigkeit zumesse und nicht versuche, sie zu zügeln. Sokrates widerlegt ihn mit einer Beweisführung über den Juckreiz.

»Gut, mein Bester! Fahr denn so fort, wie du angefangen hast, und sieh zu, daß du mir nicht aus Scham abspringst. Wie es aussieht, werde auch ich meine Scham überwinden müssen. Und sage mir nun zuerst: wenn einer, der die Krätze und Juckreiz hat, sich uneingeschränkt kratzen kann und so, unter beständigem Kratzen, sein Leben zubringt – bedeutet dies nun, glücklich zu leben?«

»Wie geschmacklos du bist, Sokrates. Das ist schlichtweg billige Rhetorik!«

»Darum eben, Kallikles, habe ich Polos und Gorgias verschreckt und dazu gebracht, sich zu schämen. Du aber laß dich nicht schrecken und schäme dich nicht – du bist doch Manns genug –, sondern antworte mir!«

»So sag' ich denn, auch einer, der sich kratzt, wird angenehm leben.«

»Also, wenn angenehm, dann auch glücklich?«

»Ja.«

»Wenn es ihn nun aber nur am Kopf juckte... – oder wonach soll ich dich noch fragen? Schau, was du antworten wirst, Kallikles, wenn dich einer in diesem Zusammenhang alles der Reihe nach abfragt. Und da sich diese Dinge derart verhalten: Der springende Punkt, das Leben der *kinaidoi* – ist das nicht etwas Schreckliches, voller Scham und Schande, etwas Entsetzliches? Oder wirst du wagen zu behaup-

---

te, aber in ungerührtem Ernst vorgab, seine eigenen Scherze nicht zu bemerken (oder aber so tugendhaft war, daß sie ihm unfreiwillig unterliefen und er, wie Margaret Dumont in den Filmen der Marx Brothers, gar nicht kapierte, was da so witzig sein sollte) – Aischines 1.81–3.

ten, diese Leute seien glücklich, wenn sie uneingeschränkt bekommen, was sie wünschen?«

»Schämst du dich nicht, Sokrates, daß du das Gespräch in solche Bahnen lenkst?«

»Solche Menschen«, »das Leben der *kinaidoi*« – die Bezugspunkte scheinen im Bewußtsein der Sprecher recht genau definiert zu sein, und dies noch mehr, wenn wir Kallikles' Entsetzen innerhalb des athenischen Bezugsrahmens der rigorosen Körperbesessenheit verstehen, den ich umrissen habe. Sokrates und Kallikles wissen, wovon sie sprechen, und sie wollen darüber nicht sprechen.*

Wir befinden uns ganz offensichtlich in einer anderen Welt als derjenigen des romantischen Trachtens von jungen Männern in den Zwanzigern nach jungen Männern unter zwanzig, das als Päderastie bekannt ist, eine Aktivität, die auf athenischen Vasen des späten sechsten und frühen fünften Jahrhunderts bildlich gut belegt und in den Dialogen Platons als eine manchmal herzzerreißende**, manchmal süße Erfahrung, stets aber als Sache von allgemeinem Interesse und allgemeiner Billigung dargestellt ist. Bei der Päderastie wirkte – wie Dover (1978), Golden (1985) und Foucault (1985) mit Sorgfalt nachgewiesen haben – eine Reihe von Konventionen zusammen, um den jüngeren Partner vor dem Stigma der Verweiblichung, also des *kinaidos*, zu schützen. Das *ho tōn kinaidōn bios* (»das Leben eines *kinaidos*«) des Kallikles ist für ihn nicht nur ein Scherz oder eine Möglichkeit ohne Realitätsbezug; es ist ein Leben, von dem er und Sokrates sich vorstellen können, daß es im Athen des vierten Jahrhunderts geführt werden kann, und bei dieser Vorstellung sträuben sich ihnen die Haare.

Die Protokolle erklären, wieso. Da Sexualität eine symbolische Repräsentation der Nullsummenkonkurrenz und der gnadenlosen Koppelung des Gewinners mit dem Verlierer ist (oder eben nach diesem Muster konfiguriert ist), ist der *kinaidos* ein Mann, der es wünscht, zu

---

\* »Ich habe gehört, daß dieser Mann dem Körper des Timarchos Untaten und Ungehörigkeiten einer solchen Art antat, daß ich – beim olympischen Zeus – nicht wagen würde, sie vor euch zu nennen. Die Taten, die dieser Mann sich nicht schämte, ganz tatsächlich auszuführen – ich könnte es nicht ertragen, am Leben zu bleiben, wenn ich sie klar vor euch aussspräche« – Aischines 1.55.

\*\* Aristoteles beschreibt das bittersüße Gefühl, sich zu verlieben und an einen abwesenden jungen Geliebten zu denken: *Rhet.* 1.11:1370$^b$15–29; *Eth. Nikom.* 8.3:1156$^a$31–$^b$6.

verlieren. Allen gesellschaftlichen Verfügungen zuwider, die Männern die Notwendigkeit verordnen, ihren Begierden auf eine Weise zu folgen, die zeigt, daß sie Herr über sich selbst und andere sind, verlangt es den *kinaidos* einfach und geradewegs danach, beherrscht zu werden. Auch Frauen lassen sich, dieser Ideologie zufolge, vom Verlieren erregen, eine Sichtweise, die den Kern der griechischen Misogynie trifft (Halperin 1989, 133). Frauen besetzen nach diesem gesellschaftlichen Regiebuch die notwendigen Nebenrollen. Der ganz andere Sachverhalt des *männlichen* Verlangens nach Penetration ließ sich einfach nicht als legitimes Rollenfach in den öffentlichen sexuellen Kategorien unterbringen.[*] Man beachte, daß die Argumentation des Sokrates gegenüber Kallikles impliziert, daß auch ein Mann es angenehm finden könnte, ein *kinaidos* zu sein, falls er allein die Lust suchte, ohne anderen Erwägungen Gewicht zu geben. Mit anderen Worten, als Mann lustvoll penetriert zu werden ist eine soziale, nicht aber eine sexuelle Unmöglichkeit. Gegen die Ehre, nicht gegen *erōs* wird verstoßen.

Anekdoten dieser Art verleihen unserem Verständnis dafür, wie einige Athener mit der Grenzmarkierung *kinaidia* lebten, eine schwer faßliche holographische Textur. Aber so lange wir im Reich der kulturellen *Bilder* bleiben, das heißt im Reich der Verunglimpfung und des Scherzes, können wir noch immer nicht sehr viel über die tatsächliche Verbreitung des Abscheus oder des Amüsements sagen, wie sie hier belegt wurden. Wir müssen uns statt dessen den sozialen Durchsetzungsverfahren zuwenden. Welche Beziehung bestand zwischen diesem Bild der Selbstzucht und dem tatsächlichen Verhalten von Bürgern auf den öffentlichen Foren? Wann wurde diese gemeinschaftliche Fiktion gegenüber Individuen zur Anwendung gebracht, sei es durch den Staat, sei es durch andere Individuen oder durch sie selbst?

---

[*]   Auf halber Strecke zwischen Abscheu und Amüsement wäre der Gebrauch des ausgestreckten Mittelfingers anzusiedeln, der als *katapygōn* (= *kinaidos*) bekannt ist: Diog. Laert. 6.34 und *Priapea* 56.6 stellen die Geste dar, Pollux 2.184, 6.126 hält den Namen fest – Sittl 1890, 101 f.; Courtney 1980, 459.

# Überwachung des Anus

*Kleon:* Denen, die Unzucht mit sich treiben lassen, hab ich den Riegel vorgeschoben: den Gryttos streicht man aus den Listen.
*Wurstverkäufer:* Na, wenn das keine faustdicke Überraschung ist! Den Arschbespitzler machen und denen einen Riegel vorschieben, die Unzucht mit sich treiben lassen! In Wahrheit warst du neidisch und hättest vor gar nichts haltgemacht, um zu verhindern, daß sie Rhetoren werden könnten.

Aristophanes, *Ritter* 877–80

Das Verfahren, mit dem Kleon »Gryttos« und andere erfolgreich aus der Bürgerschaft hinausbeförderte, war vermutlich das, was wir als *dokimasia* (»Erprobung« oder »Überprüfung«) kennen.* Es gab zweierlei wiederkehrende Anlässe, bei denen die Körperschaft der athenischen Männer ihr gemeinschaftliches Selbstverständnis klärte, indem sie diese Prüfung auf einzelne anwandte: der Eintritt in die Gruppe (Neubürger, Epheben) und der Aufstieg ins Rampenlicht der öffentlichen Verwaltung (Männer, die für die jährlichen Magistratsversammlungen und für den Rat bestimmt wurden).[11] Die Befragung wurde offiziell von zwei Gruppen durchgeführt, die die Bürgerschaft repräsentierten, zunächst dem Rat und dann einem Geschworenengericht, aber als symbolische Foren, auf denen die Gemeinschaftsidentität geformt und bestätigt wurde, waren sie auch öffentlich und wurden von Bürgern allgemein besucht.**

---

\* Es könnte auch eine *graphē hetairēseōs* (»Anklage wegen Prostitution«) gewesen sein, die nicht eine Anklageerhebung gegen Prostitution als solche, sondern gegen den Versuch gerichtet war, die Bürgerrechte auszuüben, nachdem man den Lebenswandel der Prostitution eingeschlagen hatte. Die Strafe darauf war theoretisch der Tod (Lipsius 1908, 436 f.), und Gryttos wurde lediglich aus der Liste gestrichen, womit *graphē hetairēseōs* nicht in Betracht zu kommen scheint. Allerdings sprach man manchmal vom Verlust der Bürgerrechte als dem bürgerlichen Tod. Timarchos wurden die Bürgerrechte entzogen (*ētimōsetai,* Dem. 19.284), Aischines »tötete« ihn (285); Timarchos »starb und wurde geschmäht« (287). Vollständige *atimia* schloß das Verbot ein, die Agora zu betreten (Hansen 1976, 62). Ganz allgemein hingen Strafen stark von dem in Gang gesetzten rechtlichen Verfahren ab und weniger von dem jeweiligen Verstoß selbst (Hansen 1976, 120).
\*\* Rhodes 1981, 619. Philokleon geht gern zur Dokimasie von Epheben, weil er ihre Genitalien zu sehen bekommt (*Wespen* 578); er nimmt vielleicht als Teil der allgemeinen Öffentlichkeit oder, was wahrscheinlicher ist, als Mitglied des Gerichtes teil.

Die Zahlen, um die es jährlich ging – 500 in Frage kommende Ratsmitglieder, mehrere hundert mit öffentlichen Aufgaben betraute Amtsinhaber und wahrscheinlich ebensoviele Epheben (A. Jones 1957, 150, Anm. 28) –, müssen jede genauere Überprüfung des Privatlebens verhindert haben, aber der Apparat dafür stand jedenfalls zur Verfügung und scheint den meisten Beobachtern nach schon aus archaischer Vorzeit zu stammen.[12] Der Eindruck des Althergebrachten gründet sich auf die gestellten Fragen zu Abstammung, Familienkultus (Apollo Patroos und Zeus Herkeios), Familiengräber und Fürsorge für die Eltern. Die Kandidaten wurden auch gefragt, ob sie durch Steuern und Militärdienst ihren angemessenen Beitrag zu Verteidigung und Wohlstand der Polis geleistet hätten.[13] Bei der »Dokimasie«, so flüchtig und der Form halber sie auch oft genug durchgeführt worden sein muß, konnte jeder Kandidat von einem anderen Bürger angefochten werden; die Formel lautete, »Wünscht jemand diesen Mann zu beschuldigen?« ([Arist.] *Ath. pol.* 55.4). Da Rivalität und Feindschaft der Kraftstoff dieser gesellschaftlichen Maschinerie waren, besonders auf höchster Ebene, kam es tatsächlich zu Anfechtungen,[14] und diese konnten sich leicht, wie bei jedem athenischen Gerichtsverfahren, von einer einzelnen Fragestellung auf eine Durchleuchtung des gesamten Lebens des Opponenten ausweiten.

Generäle und Redner (*rhētores*) mußten sich nach Deinarchos (1.71, vgl. 2.26) an noch höheren Maßstäben messen lassen: sie mußten Landbesitz in Attika und legitime Kinder haben.[15] Dies sind die Männer, die die Körperschaft der Bürger »managen«[16] und daher auf deutlicher sichtbare und repräsentativere Weise als die übrigen zeigen müssen, daß sie sich selbst »gemanagt« haben, daß sie die Rolle des weisen Patriarchen und bereiten Kriegers ausgefüllt haben – der Symbolismus, der im vorangehenden Abschnitt beschrieben wurde. Obwohl die Rolle des Redners kein Wahl- oder überhaupt formales Amt war, waren die Männer, die häufig in der Bürgerversammlung sprachen (und daher so bezeichnet wurden) erkennbar herausgehoben[*] durch ihren auffälligen Einsatz für die Belange der Stadt, wobei sie Gesetzesvorhaben einbrachten[**] und Grundsatzreden in der Versammlung hielten. Rhetoren bilden als solche keine öffentliche Kategorie; sie sind einfach diejenigen Männer mit politischen Interessen und Erfahrungen, die regelmäßig das Wort an die Versammlung richten (Hansen 1974, 22 f.). In ihrem Fall war es

---

[*] »Die üblichen und etablierten Sprecher«, Dem. 22.37.

[**] Hypereides 4 (*Für Euxenippos*), 9: »der erste Teil des Gesetzes betrifft alle Bürger, […] der letztere Teil nur die Rhetoren, denn es ist deren Aufgabe, Dekrete zu formulieren.«

einzelnen Bürgern möglich, eine besondere Anfechtung einzuleiten, die als *dokimasia rhētorōn* bekannt war und bei der die Eignung eines jeden Bürgers in Frage gestellt werden konnte, der sich entschieden hatte, diese Rolle einzunehmen.

Das einzige erhaltene Beispiel für eine *dokimasia rhētorōn* ist die Rede des Aischines *Gegen Timarchos* (1.28, 32), ein Fall, der unter dem Archontat von Archias 346/5 vermutlich zu Beginn des Frühjahrs 345 zur Verhandlung kam, nicht lange nach den Ländlichen Dionysien, bei denen ein Scherz über »große timarchische Schlampen« gemacht worden war (157, siehe Wankel 1988). Dies ist der Text, den K. J. Dover als Grundlage für seine ausgezeichnete Studie *Greek Homosexuality* (1974) benutzte. Wie wir aus dieser Rede schließen können, enthielt das Gesetz zur Überprüfung von Rhetoren vier Anforderungen an jeden, der vor dem Volk reden wollte: (1) er durfte seine Eltern nicht beleidigt oder vernachlässigt haben; (2) er durfte den Militärdienst nicht verweigert haben oder in der Feldschlacht desertiert sein (»den Schild weggeworfen haben«); (3) er durfte sich nicht zum sexuellen Vergnügen eines anderen Mannes verkauft haben, weder in einer festen Beziehung (*hētairēkōs*) noch an verschiedene Partner (*peporneumenos*); und (4) er durfte sein Patrimonium oder jegliches anderes Erbe nicht »verzehrt« haben (Pollux 8.44 f.).

Jeder dieser Vorwürfe nimmt eine einzelne Lichtwelle eines Strahls auf, der durch ein und dasselbe Prisma gebrochen ist – das Bild des beherzten Bürgers, bei dem Verlaß darauf ist, daß er seine militärischen Pflichten erfüllt und den Druck im Griff hat, dem er sich von denjenigen, die von ihm abhängen, von seinen Lebensumständen und seinen eigenen Bedürfnissen ausgesetzt sehen mag. Der Mann, der den schönen Sohn des Alkibiades küßt, wird auf der Stelle zum Sklaven werden, statt ein freier Mann zu sein, und wird große Geldsummen auf schädliche Lustbarkeiten verschwenden (Xen. *Mem.* 1.3.11).[*] Nach Aischines verfügte Timarchos ursprünglich über so großen Besitz, daß er zur leiturgischen Klasse gehörte, also sozusagen unter den Spitzensteuersatz fiel (1.97), aber in seiner Manie für erotische Vergnügungen (mit den teuersten Flötenmädchen und *hetairai*, 75) und für alle Arten der Genußsucht kam er dazu, den väterlichen Landbesitz zu verbrauchen (95–

---

[*] Die hyperbolischen Züge dieses kulturellen Bildes machen es uns einfacher, seine Unwirklichkeit festzustellen und seinen Gebrauch als eine Waffe zur Selbstdisziplinierung zu erkennen. In der heutigen amerikanischen Kultur ist der sexbesessene Psychopath eine vergleichbare Abschreckungsfigur (Freedman 1987).

105).* Das Schlüsselelement dieser Anklage ist nicht etwa, daß Timarchos' sexuelle Begierde selbst abwegig oder unmäßig war, sondern daß sein Gieren nach Luxus zu einer Sucht wurde, die seinen Sinn für buchhalterische Sorgfalt untergrub: »Er verkaufte seine Besitzstücke nicht einmal zu ihrem angemessenen Marktwert: er war unfähig, auf das bessere Angebot oder den günstigeren Abschluß zu warten, sondern verkaufte jedes zu dem Preis, den er im gegebenen Augenblick erzielen konnte – so drängend wurde er zur Befriedigung seiner Lüste getrieben« (1.96). Kann man einem solchen Mann die Aufgabe anvertrauen, mit Rat und Tat die öffentlichen Angelegenheiten zu regeln? Land und Besitz stabil zu halten entsprang einer tief verwurzelten Vorsicht: Jeder Bürger schwor bei dem archaischen Eid der Epheben, »das Vaterland [der nächsten Generation] nicht geschmälert, sondern vergrößert und verbessert [zu] übergeben« (Tod, Nr. 204) – ein Gemeinschaftsideal, das sich in dem etwas verzwickteren, aber nicht weniger grundlegenden Ziel widerspiegelte, das eigene Erbe intakt zu halten.

Die übermäßige Sucht nach wildem Leben[17] bringt einen offensichtlich auf andere grundsätzliche Verbrechen der schwersten Art, wie etwa seine Eltern zu kränken oder den Staat zu betrügen, da Süchtige und Wahnsinnige *jede* Grundregel verletzen werden, an die wir vernünftigen Leute uns halten: »ihre impulsiven körperlichen Gelüste und ihre Unersättlichkeit – sie sind es, die Menschen zum Rauben, zur Piraterie auf hoher See treiben, sie sind die Furie, die sie dazu treibt, ihren Mitbürgern die Kehle durchzuschneiden, sich von Tyrannen versklaven zu lassen, die demokratische Verfassung zu unterwandern« (1.191).

Das Argument, Leute wie Timarchos seien potentielle Verräter, wird von Aischines in seiner Anmerkung zu dem Gesetz vorgetragen, das es Bürgern, die sich prostituieren, verbietet, Rhetoren zu werden: Jemand, der sich selbst verkauft hat, wird auch bereit sein, das Gemeinwohl der Stadt zu verkaufen.** Es könnte so erscheinen, als ob der Sexsüchtige, der

---

* Davies 1981, 84. Die Bedeutung dieses Herunterkommens wird nur dann sichtbar, wenn man sich vor Augen hält, daß der Kriegsetat Athens im fünften und vierten Jahrhundert jährlich von einer recht eingeschränkten Kaste aufgebracht wurde. Rhodes (1982) schätzt, daß 1200 für die Trierarchie herangezogen wurden, ein wenig mehr für die *eisphora* [außerordentliche Vermögenssteuer] (mit Ausnahme der Jahre 357–340, die wir als ihre »Reagan-Jahre« bezeichnen könnten, als den Wohlhabendsten ein Gutteil dieser Bürde abgenommen wurde – so argumentiert Davies (1981, 19), s. auch Thomsen 1977, 140–3.

** Wenn bewiesen werden kann, daß ein Athener Bezahlung für Sex angenommen hat, lösen sich alle üblichen Zweideutigkeiten auf, und die

seinen Besitz billig verschleudert, um an Bargeld zu kommen, sehr verschieden von dem berechnenden Politiker sei, der ein Vermögen anhäuft, indem er Beraterhonorare von ausländischen Mandanten annimmt.[18] Ersteres ist ein Bild des Verrats aufgrund fiskalischer Unverantwortlichkeit, letzteres von Verrat durch berechnendes Profitieren. Worauf es aber ankommt, ist, daß die athenische Ideologie nicht unseren sorgfältigeren Unterschied zwischen Geschlechtsleben und Politik machte; statt dessen ging sie davon aus, daß gute Menschen solche waren, die unter dem Banner der gesellschaftlichen Solidarität ihre unterschiedlichen persönlichen Impulse zur Bereicherung unter Kontrolle hatten.

Der Angeklagte, um den es in Deinarchos 2 geht, steht vor Gericht, weil er sich bestechen ließ, aber die Anklage schafft es, alles aus seiner Vergangenheit anzusprechen, das sich gegen ihn vorbringen ließe, einschließlich seiner Weigerung, für das Begräbnis seines Vaters zu zahlen, und seiner vorübergehenden *atimia* (Verlust der Bürgerrechte), weil er die Staatsschulden seines Vaters ererbt hat. Auf ganz ähnliche Weise werden Männer in den erhaltenen Dokimasien zur Ratsmitgliedschaft und zum Magistrat wegen eines Spektrums grundsätzlicher Fehler angegriffen, die oft nur auf Gerüchte oder Anspielungen gestützt sind: Philon mißhandelt seine Mutter und war ein feiger Soldat (Lysias 31 – Feraboli 1980; Weissenberger 1987); Mantitheos versucht seinen Kriegsdienst und die Führung seines Besitzes zu verteidigen und distanziert sich von den jungen Männern, die spielen und trinken, woraus wir ableiten können, daß er der gleichen Flegelhaftigkeit bezichtigt wurde, die als allgemein bekannt dem Timarchos vorgehalten wurde (Lysia 16). Diese Veranstaltungen sind weniger Gerichtsverfahren im heutigen Sinne als vielmehr Paradestücke der Kritik und Verteidigung einer gesamten Laufbahn unter Einschluß sämtlicher Gerüchte und allen Klatsches, der in solch einer Gemeinschaft kursiert. Sie sind Sondervorführungen der Taktik des Durchblicken-Lassens, die in allen Fällen eingesetzt werden kann, in denen die öffentliche Meinung gegen einen politischen Gegner aufgeboten werden soll.[19]

Aischines spricht ganz deutlich über die Rolle des Gerüchts oder des allseits Bekannten (*phēmē*, 129). Er versucht aus der Not eine Tugend zu machen, indem er behauptet, Timarchos sei so weithin bekannt und

---

Aberkennung seiner Bürgerrechte ist sicher. »Aber welchen Bürger habe ich für Sex *gemietet*, wie du es getan hast, Phormio? Zeig ihn mir. Wem habe ich die Stadt verwehrt [...] und die Redefreiheit geraubt, die man in ihr genießt, wie du es diesem Mann angetan hast, den du entehrt hast?« – Dem. 45.79.

habe so ausgesprochen den Ruf, leicht zu haben zu sein, daß das von allen Gewußte nun ihn selbst schon von der Notwendigkeit entlaste, Zeugen oder Beweise beizubringen (44).[*] Die traurige Berühmtheit der Kumpane des Timarchos und ihre offene Zurschaustellung verschwenderischer Gelage können nur eine einzige Bedeutung haben (73–6). Die *de facto* gegebene Gewißheit ist ebenso groß, als sähe man einen männlichen Prostituierten vor seinem Bordell einen Freier hineinführen und die Tür hinter sich schließen: »Wenn euch nun jemand fragen würde, an Ort und Stelle dort auf der Straße, was dieser Prostituierte gerade täte, ohne daß ihr es geschehen sähet und ohne daß ihr wüßtet, wer der Freier wäre, sondern nur in Kenntnis des gewählten Berufes des Prostituierten, so würdet ihr als Tatsache wissen, was er gerade täte« (74).

Klatsch, Gerücht und das sattsam Bekannte sind in einer Gemeinschaft wie der des alten Athen sehr intensiv, auch wenn es sich um eine vergleichsweise große Polis handelte. Aber Timarchos war dem Publikum aus anderen Gründen wohlbekannt. Er gehörte zu jenem kleinen Kreis öffentlicher Redner, der sich an Zahl, an Prominenz und oft an Reichtum deutlich von den »privaten Bürgern« (*idiōtai*) abhob.[20] Demosthenes setzt »die Sprecher« (*hoi legontes*) von »der Mehrheit« (*hoi polloi*) ab, die aus *idiōtai* besteht (Dem. 22.37). Hypereides gibt einem Ankläger zur Antwort: »Du behandelst Euxenippos, der ein *idiōtēs* ist, als käme ihm der Rang eines *rhētōr* zu« (4.30).[21] Diejenigen, die als Rhetoren in die politische Arena steigen wie in einen Hahnenkampf-Ring, spielen mit hohem Einsatz: »Das Leben privater Bürger (*idiōtai*) ist sicher und frei von Sorge und Gefahr, während das der politisch Tätigen [*politeuomenoi*] zensiert wird, und riskant ist, und täglich voller Konfrontationen und Probleme« (Dem. 10.70).[**]

Obwohl Rhetoren Ehre und Gewinn aus ihrer Betätigung ziehen, sind sie doch auch stets einem Risiko ausgesetzt (Hyp. 4.9) – nicht zuletzt

---

[*]  Da sexuelles *Begehren* als Motiv ausgeschlossen ist, bedeutet »leicht zu haben zu sein«, bereit zu sein, sich zu verkaufen, was auf alle möglichen Motive neben dem Begehren zurückgehen kann.

[**]  Die kleine Klasse, die danach strebte, Teil der Angelegenheiten der Stadt zu sein, sah sich selbst als Vertreter der höchsten Standards an Männlichkeit: »Das Streben nach Ehre [*philotimia*] ist kein natürlicher Bestandteil [*emphyetai*], der den verstandeslosen Tieren oder auch allen Menschen angehörte; jene, die ein natürliches Begehren nach Lob und Ehre in sich haben, sind am weitesten vom Vieh entfernt – sie werden als Männer angesehen, und nicht mehr lediglich als Menschen« – Xen., *Hiero.* 7.3.

durch den wachsamen Blick ihrer Feinde, die sie verhöhnen und jeden kleinsten ihrer Fehler bloßstellen werden:»Herr X. – ich möchte seinen Namen nicht nennen, da ich ihn mir nicht zum Feind machen will – [...] war kein privater Bürger, sondern jemand, der die Geschäfte der Stadt versah und [daher] Gegenstand beleidigender Äußerungen [*loidoriai*]« (Aischines, 1.165). Persönliche Feinde, das heißt, konkurrierende Redner, sind stets in der Nähe und beobachten jeden Zug, den der politische Spieler tut (*echthrōn ephestēkotōn*; Aischines 1.108). Dies ließ sich als Tugend des Systems verkaufen:»Was man allgemein über öffentliche Verfahren redet, ist nicht gelogen – viele öffentliche Angelegenheiten werden durch persönliche Feindschaften in Ordnung gebracht.«[22] Die Rolle, die Klatsch und allgemein Bekanntes bei der *dokimasia rhētorōn* spielen, ist so groß, weil Rhetoren nicht einfach Bürger sind, sondern namentlich besetzte Rollen im öffentlichen Scheinwerferlicht – Starakteure auf der politischen Bühne.[*]

Hier haben wir ein interessantes Paradox. Auf der einen Seite waren die regulären Dokimasien ein Apparat der öffentlichen Überprüfung, der für alle Bürger galt und der die Gelegenheit bot, die moralische Eignung von Bürgern und Beamten anzufechten. Die Hoplit-versus-*kinaidos* - Ideologie hätte sich jedem beliebigen Individuum gegenüber in Anschlag bringen lassen – der Apparat dafür stand zur Verfügung. Auf der anderen Seite scheint es aber, daß keine signifikante Anwendung jenes kulturellen Bildes auf die Bürgerschaft insgesamt stattgefunden hat, sondern nur auf ihre auffälligen Repräsentanten, die die öffentlichen Angelegenheiten in die Hand nahmen.[**]

Aischines verwendet zu Beginn seiner Rede gegen Timarchos eine Finte, wenn er verspricht, er werde Regeln des Anstandes zitieren, die »nicht allein für Privatbürger, sondern auch für Rhetoren« Gültigkeit hätten (7, 8). Aber als es Zeit wird, dieses Versprechen einzulösen, kann er lediglich Gesetze zitieren, die sich auf die *eukosmia* beziehen, »ordentliches Verhalten« in der Versammlung, wie etwa die Redeabfolge nach

---

[*]   Im Fall von Familien von altem und nicht neu erworbenem Reichtum kann ihre herausgehobene Stellung als »natürlich« wahrgenommen werden: Aristoteles, *Rhet.* 2.9:1387[a]17.

[**]  »[...] wenn ein Bürger Athens kein Geheimnis aus seiner Prostitution machte, sich dem Losverfahren zur Bestimmung von Ämtern nicht stellte, seine Uneignung erklärte, falls er durch die Unachtsamkeit von jemand anders in ein Amt gewählt wurde, und davon absah, sich auf irgendein Verfahren einzulassen, das ihm per Gesetz verboten war, so war er sicher vor Verfolgung und Bestrafung« – Dover 1978, 29.

dem Senioritätsprinzip (22–4). Dies tut er, um sich einen Anlaß zu verschaffen, auf Timarchos' extravaganten und würdelosen Redestil einzugehen (26). Aischines selbst ist unser bester Zeuge für die Kluft zwischen gewöhnlicher Dokimasie und der politischen Waffe *dokimasia rhētorōn*: »Das Gesetz überprüft nicht jene, die sich um ihre eigenen privaten Geschäfte kümmern [*idiōteuontes*], sondern die politisch Tätigen [*politeuomenoi*]« (195).

Der gleiche Unterschied wird in einer Rede gegen einen anderen Rhetor gemacht, der unter anderem wegen *hetairēsis* angeklagt ist:

> [Solons Gesetz] verbot es bürgerlichen Prostituierten, vor der Versammlung zu sprechen oder Vorlagen einzubringen. Denn er erkannte, daß die meisten von euch, obwohl ihr das Rederecht habt, nicht sprecht – so daß dieses Gesetz, wie er annahm, nicht belastend wäre. Wenn er die Bestrafung solcher Leute gewünscht hätte, hätte er sehr viel strengeres Recht verfügen können. Aber er betonte das nicht [d.h., daß es Bürger gab, die sich prostituierten], sondern er verbot ihnen, in eurem Interesse und in dem eurer politischen Ordnung, speziell, Rhetoren zu sein, da er wußte, ja, er wußte, daß Männer, die ein Leben der Schande führen, nicht in einer politischen Ordnung gedeihen können, in der jedermann öffentlich ihre Laster kritisieren darf. Welche politische Ordnung ist das? Eine Demokratie! (Dem. 22.30–1)

Dies ist eine bemerkenswerte Passage, denn sie ist gleichzeitig eine Rechtfertigung dafür, das Sexualverhalten der politisch Aktiven einer rigorosen Prüfung zu unterziehen, nebst einer impliziten Unterstützung des Mechanismus, dies durch wachsame Gegner besorgen zu lassen, und eine Aussage dahingehend, daß eine Laissez-faire-Haltung gegenüber dem Privatleben »privater Bürger« eine alte (Solonische) Tradition war.[*] Der wesentliche Punkt scheint nicht das Sexualverhalten als solches zu

---

[*]    Dionysios von Halikarnassos kontrastiert griechische Toleranz gegenüber privatem Verhalten mit römischer Zensur der privaten Moral: die Athener bestraften zwar diejenigen, die öffentlich faul waren, und die Spartaner beauftragten ihre Ältesten, jede undisziplinierte Person mit einem Stock zu schlagen, »aber sie verwandten keine Sorge oder Wachsamkeit auf Dinge, die im Haus stattfanden, weil sie das Hoftor für die Grenze der Freiheit im Leben jedes einzelnen hielten, während die Römer den Vorhang vor jedem Haushalt hoben bis hin zum Schlafgemach«, *Antiq.* 20.13. (Diesen Hinweis verdanke ich Daniel Selden.)

sein, sondern eher eine gewisse Vorstellung von der Bewahrung der politischen Ordnung durch Einschränkungen, denen ihre Führungskräfte auf höchster Ebene unterworfen sind. Demosthenes argumentiert weiter, daß, wenn eine genügende Zahl solcher »schandhaften« Rhetoren gleichzeitig tätig wäre, diese nicht nur schlechte Verwalter des Gemeinwohls wären, sondern auch die Demokratie (in der sie kritisiert werden können) stürzen und eine Oligarchie errichten würden (in der sie tun und lassen könnten, was sie wollten, ohne daß ein Finger auf ihre Schande gerichtet wäre).

Es beginnt so auszusehen, als ob das gesamte Verfahren sehr wenig mit Sex zu tun hätte, aber jede Menge mit politischem Ehrgeiz und mit Allianzen im hochriskanten Spiel um die Führerschaft der Stadt nach den Regeln der Ehre/Schande-Konkurrenz. Dieser Eindruck wird durch den Sachverhalt untermauert, daß die Anklage des Aischines viele Jahre nach den zur Debatte stehenden Vorkommnissen stattfand[*] und unverhohlen von dem Wunsch motiviert war, Timarchos aus den Reihen der Ankläger zu entfernen, die Aischines des Verrats beschuldigt hatten.[**] Der Fall wurde nicht als Verfolgung eines Sexualdelikts um dessentwillen vorgetragen. Es traf sich einfach, daß Aischines, der nach einer Möglichkeit suchte, einen seiner Opponenten zu disqualifizieren, einen potentiellen Schwachpunkt in der Reputation des Timarchos fand und sie mit aller Kraft angriff. Allgemein scheint es, daß alle Aspekte des Privatlebens eines Rhetors der Überprüfung ausgesetzt waren und seine Handhabung der eigenen Erotik (sein erotisches Selbst-Management) nicht der Ort besonders großer Gefahr war.

Daß solche Anklagen sowohl auf Politiker beschränkt als auch politisch motiviert waren, verleiht dem frühesten Beleg, den wir für eine derartige Aktion haben – nämlich der des Kleon gegen Gryttos im Jahre 424, von der im Epigraph zu diesem Abschnitt die Rede ist –, erst einen Sinn. Kleon prahlt damit, einen *binoumenos* (»einen gefickten Mann«) aus der Bürgerrechtsliste gestrichen zu haben. Der wurstig-kecke Held

---

[*]  Das einzige, das als erst kürzlich vorgekommen erwähnt wird, ist, daß Timarchos die Versammlung nicht der Würde des Hauses angemessen angesprochen habe, nämlich mit dem Arm außerhalb seines Gewandes (26).

[**]  Dem. 19.284; 286. Vergleichbar der Fall, als Hegesandros sich als Rhetor präsentierte (*pareiei epi to bēma*) und einen »Feldzug« (*prosepolemei*) gegen einen gewissen Aristophon führte; Aristophon zwang Hegesandros offenbar zum Rückzug, indem er ihm androhte, eine Dokimasie zu erwirken, die sich auf sein Sexualverhalten konzentrieren sollte (Aischines 1.64).

des Stücks, ein namenloser *idiōtēs*, dessen Beruf der Verkauf von Würsten ist, gibt ihm zur Antwort, daß Kleon in Wirklichkeit neidisch (*phthonōn*) war und Konkurrenten ausschalten wollte, wörtlich »um zu verhindern, daß sie Rhetoren werden könnten«. Die Kollision zwischen den Interpretationen Kleons und des Wurstverkäufers gibt einen eleganten Rahmen für das Paradox der sexuellen Überwachung ab. Ein Rhetor, der versucht, die öffentliche Entrüstung gegen einen anderen Rhetor zu schüren, tut dies einerseits auf der Grundlage von »fundamentalen« Werten, des Gegensatzes von Hoplit und *kinaidos*. Obwohl die Anklage technisch darauf gelautet hätte, daß Gryttos die Rollen von Prostituiertem und Bürger durcheinandergebracht habe, zeigt die Bezeichnung *binoumenos*, daß die Anklage ihre Wucht aus der Anwendung der Hoplit/*kinaidos*-Bildes bezieht. Andererseits ist die Entrüstung des Anklägers, wie der Wurstverkäufer deutlich macht, zu großen Teilen Fiktion. Sie bezieht sich gar nicht auf Sex oder Überwachung als solche, sondern ist einfach ein Manöver, um einen politischen Gegner anzugreifen.[*]

Bei solchen Angriffen versuchten die Ankläger zweifellos, die moralische Entrüstung der Zuhörerschaft in ganz großem Stil zu schüren. Ein Fragment des Hypereides (215), das nur in lateinischer Übersetzung erhalten ist, ruft die Natur selbst als Zeugin dafür an, daß ein kinaidischer Mann sogar seine Männlichkeit verwirkt hat und eigentlich zu einer Frau geworden ist:

> Was also geschähe, wenn wir diesen Fall vor der Natur als Richterin
> verhandelten – der Natur, die Mann und Frau so unterschieden hat,

---

[*] Im allgemeinen »wurde häufig darüber hinweggesehen, wenn *atimoi* [Personen, denen das Bürgerrecht entzogen war] sich wie *epitimoi* [Vollbürger] verhielten« (Hansen 1976, 59 f.). Prof. Mark Golden hat zu diesem Punkt mir gegenüber bemerkt, daß Bürgerfrauen nicht so locker behandelt wurden. Die Sanktionen gegen erwiesenes sexuelles Fehlverhalten von Frauen konnten durch jedes Mitglied der Gemeinschaft vollzogen werden; ein Solonisches Gesetz untersagte Frauen, die beim Ehebruch ertappt worden waren, schmucke Kleidung zu tragen oder bei öffentlichen Ereignissen zugegen zu sein, und gestattete jedem, der sah, wie eine Ehebrecherin diesen Bann brach, ihr die Kleider zu zerreißen und sie fast bis zur Verkrüppelung oder zu Tode zu prügeln (Aischines 1.183). Dies würde vermutlich zum Teil auch geschehen sein, um ihren *kyrios* als jemanden zu beschämen, der darin versagt hätte, sie zu kontrollieren. Die Männer der Sippe, die am Fall Neairas beteiligt waren, sahen über ihr sexuelles Fehlverhalten nicht hinweg und weigerten sich, die Heirat ihrer Tochter anzuerkennen ([Dem.] 59.85–7).

daß beide ihre ihnen eigenen Pflichten und Ämter versehen –, und was geschähe, wenn ich dann zeigen würde, daß dieser Mann seinen eigenen Körper in einer weiblichen Weise mißbraucht hat? Sicherlich wäre die Natur schockiert und überrascht, daß es einen Mann gibt, der es nicht als ein überaus segensreiches Geschenk an sich selbst begreift, als Mann geboren worden zu sein, und daß er die Freundlichkeit der Natur ihm gegenüber vergeudet hätte, indem er nichts eiligeres zu tun hatte, als sich in eine Frau zu verwandeln.[23]

Was die vorhergehende gesellschaftliche Analyse enthüllt, ist, daß solche Donnerwetter in einem Kontext angehört wurden, der ihnen eine Stoßkraft verlieh, die eine deutlich andere als diejenige identisch formulierter fundamentalistischer Appelle in neueren Gesellschaften ist. Natürlich würde das athenische Publikum im Augenblick der Äußerung diese Stoßkraft zeitweise verkannt haben, von der Rhetorik dazu verführt, tatsächlich in Begriffen einer universellen Gesetzmäßigkeit zu denken.[*] Aber es war ihm auch bekannt, daß dieses »Gesetz« in der gesellschaftlichen Praxis auf differenzierende Weise wirkte.

Der Wurstverkäufer hatte zuvor auf die Möglichkeit seiner eigenen Prostituierung während seiner Jugend angespielt. Sein Trick als Knabe war es, den Fleischer abzulenken, ein Stück Fleisch zu mopsen und es zwischen seinen Hinterbacken zu verstecken, wobei er seine Unschuld beschwor: »einer der Rhetoren, der mich das tun sah, sagte, ›Zweifellos wird dieser Knabe, wenn er erwachsen ist, das Volk regieren‹.« Worauf der Chor antwortet: »Nicht schlecht geraten, und es ist auch klar, wie er zu dieser Folgerung kam: du schwurst einen Meineid, nachdem du unterschlagen hattest, und dein Anus hielt am Fleische fest« (*Ritter* 425–8). Die Reihe von Witzen in der Alten Komödie, die Rhetoren wie auch die leiturgische Klasse in solch rauher Manier charakterisierten, ist als die Kritik des Durchschnittsatheners an Praktiken interpretiert worden, die er nicht teilt – der Hohn des kleinen Mannes über den Lebensstil der

---

[*]    Eine solche Verkennung ist ein übliches Charakteristikum der gesellschaftlichen Regelprozesse, die im Reden über »Natur« repräsentiert sind. »Jede etablierte Ordnung neigt dazu, (in sehr unterschiedlichem Grade und mit sehr unterschiedlichen Mitteln) die Naturalisierung ihrer eigenen Beliebigkeit zu erzeugen. [...] Denk- und Wahrnehmungsschemata können die Objektivität, die sie erzeugen, nur erzeugen, indem sie Verkennung der Grenzen jener Erkenntnis, die sie ermöglichen, miterzeugen, und begründen damit das unmittelbare Festhalten [...] an der Welt der Tradition, die als die natürliche Welt erfahren und als gegeben vorausgesetzt wird« – Bourdieu 1977, 164.

Reichen und Berühmten (Henderson 1975, 209 f.; 216–8). Aber die Erwähnung der Grenzen sexueller Überwachung durch den Sprecher und der Wortwechsel zwischen Kleon und dem Wurstverkäufer stützen eine etwas andere Lesart. Die aktiven Spieler im Spiel der Politik – eine Klasse, die sich mit der der Reichen beträchtlich überschneidet – haben nicht etwa einen anderen Lebensstil, sondern sie werden, da sie sich im Rampenlicht befinden, zum Gegenstand intensiverer Beobachtung und häufiger zum Gesprächsstoff, positiv wie negativ. Besonders die Jungen werden beobachtet: sie sind gleichermaßen dem erotischen Kompliment, *kalos* genannt zu werden (Robinson und Fluck 1937), als auch der erotischen Beleidigung ausgesetzt, *katapygōn* oder *pornos* genannt zu werden.* Als potentielle Mitspieler im hochriskanten Konkurrenzspiel des Athener Stadtmanagements, bei dem Freundschaften und Allianzen sorgsam gehegt und gepflegt werden müssen, sind die Jungen von besonderem Interesse, weil ihre Zukunft noch unbestimmt ist, und von besonderer Verletzlichkeit, weil die Konvention sie in die Rolle »begehrt-doch-unversehrt« zwingt (Vlastos 1987, 95 f.).

Es gibt kein Dokument darüber, daß jemand einfach deswegen gerichtlich verfolgt wurde, weil er sich prostituiert hätte, nicht einmal dafür, daß man an ein solches Verfahren auch nur dachte. Für die Fälle, die wir kennen, war der Bezugsrahmen nicht das Sexualverhalten, sondern die politische Teilhabe. Das mutmaßliche Verbrechen war nicht, daß ein Bürger seinen Körper verkauft hätte, sondern daß er, nachdem er seinen Körper verkauft hatte, sich anmaßte, als politischer Manager der *polis* zu fungieren. Die Strafe, dem Verstoß entsprechend, ist Verlust des Bürgerrechts, an gemeinsamen Beratungen teilzuhaben – in der Versammlung, in Gerichten, als Ratsmitglied oder Magistrat. Dies wirft eine interessante Frage bezüglich derjenigen Bürger auf, die politisch nicht aktiv waren. Die *philotimia* sollte natürlich alle fähigen Männer dazu genötigt haben, sich zu verausgaben, um sich im Dienste ihrer Stadt ein Maximum an Ehre und Ruf zu sichern, aber die Wirklichkeit muß gelegentlich einzelnen zugeraunt haben, daß die Nagelprobe des Handelns in der Alles-oder-Nichts-Arena die Mühe nicht lohne. Gab es Bürger, deren Präferenzen sie dazu führten, die Prominenz in legislativen Debatten nicht zu suchen?

---

\* Zwei der fünf *katapygōn*-Graffiti, die man auf der Agora gefunden hat, sind gleichzeitig *kalos*-Namen (Milne und von Bothmer 1953; Fraenkel 1955); *pornos* ist in der Nachbarschaft des Namens Enpylos auf einem Stein mit erotischen Graffiti in der Nähe des archaischen Gymnasiums der Epheben auf Thera hinzugefügt worden (IG XII.3.536; vgl. 537, 542).

Xenophon konstruiert in den *Memorabilia* (2.1) ein kleines Zwiegespräch zwischen Sokrates und dem Prae-Epikureer Aristipp. Aristipp, der uns weitgehend nur über unfreundliche Berichte zugänglich ist (Giannantoni 1958; Mannebach 1971; Guthrie 1971b, 170–9), wird dort als »recht undiszipliniert« in bezug auf die »Übung von Selbstbeherrschung [*enkrateia*] beim Wunsch nach Essen und Trinken und Sex und Schlaf und Kälte und Hitze und harter Arbeit« (2.1.1.) charakterisiert. Der Gedankengang dreht sich um die Frage der Eignung zum Herrschen (*archein*), worunter hier in einem sehr weiten Sinne auch die Führung von Sklaven durch den Herrn (der sie für ihre Liederlichkeit mit Essensentzug und Schlägen kasteit, 16), der Fall einer Nation, die eine andere besiegt oder ihr ihre Politik aufzwingt (10) und die Führung der Regierungsgeschäfte in Athen (*ta tēs poleōs*) fällt. Aristipp erklärt unverhohlen, daß er sich nicht denen zugehörig fühlt, die den Wunsch haben, die Stadt zu regieren (8), und stimmt Sokrates in seiner Einteilung der Menschen in solche mit Selbstbeherrschung, die andere beherrschen können, und solche ohne Selbstbeherrschung, die keine Ansprüche aufs Regieren erheben, zu.

Wenn die Quellen nicht so stark von Antipathie geprägt wären, hätten wir vielleicht bei Aristipp nach einer ernstzunehmenden Kritik der Nullsummenprotokolle suchen können, die dem Ehre/Schande-System zugrunde liegen; aber, wie es nun einmal steht, können unsere konventionellen Quellen nichts Besseres leisten, als seine Position in einer Art und Weise darzustellen, die sie grundsätzlich unakzeptierbar macht. In dem Begriffsrahmen, der Xenophon zur Verfügung stand, ist Aristipps Weigerung, sich am Wettkampf um eine herausragende Position in der herrschenden Klasse der Stadt zu beteiligen, erschöpfend damit erklärt, daß er Genießertum und persönliche Bequemlichkeit dem kulturell gebilligten Stil der Härte vorzieht.

Aischines erwähnt eine Gruppe von Männern, die im Gegensatz zu den keuschen und ehrbaren Liebhabern, wie sie der ganzen Stadt bekannt waren, dafür berüchtigt sind, daß sie »sich gegen den eigenen Körper versündigen« (*eis heautous exhamartanontas*, 159) – Diophantos, der einen Metöken wegen Nichtbezahlung seines Prostituiertenlohnes belangte, Kephisodoros der Schöne, Mnesitheos der Fleischergehilfe und »viele andere, deren Namen ich nur zu gern vergessen würde«. Sie scheinen eine Klasse von Bürgern zu repräsentieren, die im Rahmen der athenischen Politik wenig untersucht worden ist, nämlich Männer, die aus freier und bewußter Entscheidung vorzogen, nicht nach den Fiktionen der Selbstbeherrschung zu leben, aus Gründen, die in manchen Fällen dem nahekommen, was wir heute als Lifestyle-Präferenz formulieren könnten (nicht sexuelle Präferenz, da Aischines an keiner Stelle nahelegt, daß das *Begehren* ein Motiv für Prostitution sein könnte).[*]

Zumindest ist klar, daß Aischines die Möglichkeit sieht, daß manche junge Männer sich ein Leben der Prostitution wählen, das ihre freiwillige Apostasie vom Schauplatz des politischen Krieges einschließt: »[Solon] bestimmte, daß jeder, der [die Prostitution] ausübte, nicht an den Gemeinschaftsangelegenheiten der Stadt teilhaben sollte, da er der Auffassung war, jemand, der *als junger Mann dem Wettkampf um hohe Ehre fern gestanden (apestē)* hatte, solle als älterer Mann nicht in den Genuß dieser Ehren kommen« (160). Wenn Aischines sagt, daß manche junge Männer, die für Führungsrollen in Frage kommen, sich vielleicht entscheiden, nicht in den Wettbewerb einzutreten, dann sagt er nicht, daß sie dies tun, weil sie gerne *kinaidoi* sind oder eine persönliche Neigung zu dieser Art von Aktivität (die oft »Passivität« genannt wird) hätten. Wir selbst mögen uns fragen, ob irgend jemand aus dieser Gruppe eine solche Neigung empfand, weil unsere moderne Auffassung von sexueller Identität um dieses Problem herum aufgebaut ist, aber der markante Sachverhalt an den Vorwürfen des Aischines ist, daß sie nichts über den *Wunsch* sagen, sich anderen Männern sexuell hinzugeben.

Wenn es richtig ist, das Forum der athenischen Politik als eine streng beobachtete Arena zu sehen, in der die vergleichsweise wenigen – die von rhetorischem Training, Familienverbindungen und all dem feineren Glanz profitieren, den Reichtum und Abstammung verleihen – sich um Spitzenstellungen duellierten, und wenn die Akteure mit der ganzen Begeisterung und Parteinahme beobachtet wurden, die wir mit Sport und Unterhaltung verbinden, dann wäre es vielleicht nicht falsch, einen Ton verärgerter Enttäuschung im Fall des Kephisodoros herauszuhören (158): »Welcher Bürger ärgerte sich nicht [*edyscheraine*] über Kephisodoros, genannt Molons Sohn, der seine großartige Schönheit an ein Leben ohne Ehre verschwendete [*kallistēn hōran opseōs akleestata diephtharkota*]?« Die Übersetzung könnte so eingerichtet werden, daß sich die Emphase verschiebt, aber die Vermutung hat etwas für sich, daß die verbreitete Haltung gegenüber Kephisodoros, als einem jungen Robert Redford oder einer »großartigen Schönheit« seiner Zeit, keine Haltung der Empörung über sein Sexualverhalten war, sondern eher die eines leichten Bedauerns darüber, daß seine persönliche Wahl ihn von der öffentlichen Bühne fernhielt, wo es ein Vergnügen gewesen wäre, ihn zu betrachten.

---

[*] Ein einziger Beleg dafür, daß das Begehren ein Motiv für einen Mann sein kann, zu wünschen, penetriert zu werden, wird im dritten Teil dargestellt (S. 104–7).

100

Dieses Vergnügen daran, den Jungen und Schönen bei ihrem Weg durch das Minenfeld politischer Freundschaften, Patronatsbeziehungen und feindlichen Fallen zuzusehen, ist die Gegenseite zu den stachligen Kommentaren der Alten Komödie über die Unmännlichkeit ehrgeiziger junger Rhetoren.

## In anderem Licht

Zur Abrundung des im vorigen Teil gezeichneten Bildes einer Gesellschaft, in der eine bestimmte Auffassung männlicher sexueller Devianz sich prononcierten Ausdruck verschaffte, aber nur sehr selektiv durchgesetzt wurde, sollten wir kurz feststellen, daß die gewöhnliche Sprache das Wort *physis*, das einige Zeit später zu einem »Durchsetzungswort« wurde, auf der Gegenseite der Debatte benutzte. In der Komödie und im öffentlichen Reden konnte *physis* in geläufiger und nicht reflektierter Weise dazu verwendet werden, nicht etwa einen gemeinsamen Nenner zu bezeichnen, dem jedermann gehorchte, sondern gerade die individuelle, nicht zur Verhandlung stehende Neigung.

An Ausdrücken für persönliche Vorlieben und individuellen Charakter war im Athen des vierten Jahrhunderts kein Mangel.[24] *Tropos* (»Wendung«, »Manier«), *ēthos* (»Charakter«), Zusammensetzungen mit *phil-*, *prohairesis* (»Wahl«) und *physis* konnten alle dazu benutzt werden zu sagen, daß jemand eben von einer bestimmten Art war oder eben zufällig eine Vorliebe für eine bestimmte Art von Objekten hatte.[25] In Alexis' Komödie *Linos* bekommt Herakles angeboten, sich ein Buch aus der Bibliothek auszuwählen, »denn auf diese Weise wirst du deine *physis* zeigen, wozu sie besonders neigt.« (Herakles sucht sich ein Kochbuch aus.) »Das gesamte menschliche Leben […] ist der Regelung durch Natur und Gesetz unterworfen: *die Natur* ist unorganisiert [*atakton*] nach Maßgabe dessen, daß jeder über seine eigene verfügt, aber die Gesetze sind gemeinsam und organisiert und gelten für alle gleich« ([Dem.] 25.15). Als der alte Philokleon, der eine ungewöhnliche Leidenschaft für Richtergremien und für Kleon hatte, beginnt, die schöneren Dinge des Lebens zu genießen, kommentiert dies der Chor dahingehend, er gewöhne sich jetzt eine neue Art an und werde sich erheblich in die Richtung auf Weichheit und Luxus hin verändern: »doch vielleicht will er das nicht, denn es fällt jedem Mann schwer, von seiner je eigenen *Natur* [*physeōs… aeï*] abzugehen, wie diese auch immer beschaffen ist« (*Wespen* 1456–8). Menschen unterscheiden sich ihrem Alter, aber mehr noch ihrer *physis* nach, sagt Lysias (19.18).[26]

Natürlich sind solche individuierenden Charakteristika nicht einzigartig; oft bezieht sich ein derartiger Gebrauch von *physis* auf Typen wie den sturen Bauern (*Frieden*, 607) oder den skrupellosen Geschäftemacher ([Dem.] 25.30, 45, 50, 96; und seine Anhänger, 45), unter Einschluß von Körpertypen (Isok. 15.115). Politische Sympathien lassen sich ebenfalls auf die persönliche Natur zurückverfolgen (»Der alte Solon hatte eine pro- demokratische Natur« – Aristophanes, *Wolken* 1187), eine Behauptung, die auch genauso leicht bestritten wird (»Niemand ist von Natur aus oligarchisch oder demokratisch« – Lysias 25.18). Isokrates geht so weit, den Vater des Demonikos dafür zu preisen, daß er mehr Rücksicht auf seine ernsthaften (vermutlich politischen) Freunde genommen habe als auf seine Verwandten, »denn er bedachte, daß in der Frage von Bündnispartnern die Natur eines Mannes ungleich wichtiger war als die Konvention, sein Verhalten wichtiger als Blutsverwandtschaft, seine gewählten Überzeugungen wichtiger als die Notwendigkeit.«[27]

Manchmal kann man auf seine *physis* stolz sein. Xenophon fragt, welche Natur Kyros hatte, daß sie ihm solch besondere Macht gab, die Menschen zu regieren.[28] Demosthenes spricht häufig die bewundernswerte *physis* des jungen Mannes an, der Thema seines *Erōtikos* ist (6, 24, 29, 32, 51, 55). Neaira hatte eine *physis*, die sie in die Lage setzte, an kleinen Mädchen festzustellen, welche von ihnen zu Schönheiten heranwachsen würden ([Dem.] 59.18). Themistokles »zeigte die Kraft seiner Natur« (Thukydides 1.138.3). Manchmal kann sie etwas bezeichnen, dessen man sich schämen sollte: Theramenes war ein Verräter von Natur aus (Xen., *Hell.* 2.3.30). Männer, die vor den Areopag beordert werden, richten sich nach den Konventionen und zügeln ihre niedere Natur (Isok. 7.38). Demosthenes nennt Aischines einen tragischen Affen, einen gefälschten Rhetor, einen *kinaidos* von Natur aus (*physei*, 18.242). Kimon war von Natur aus überaus erotisch (Plutarch, *Kimon* 4.3). Der argumentative Zweck, der oftmals latent hinter dem Gebrauch von *physis* anstelle eines anderen Wortes zur Beschreibung des Charakters oder der Lebensweise einer Person steckt, kann defensiver (»Es ist meine *physis* – ich kann nicht anders«) oder wegwerfender Art sein (»Es ist seine *physis* – was kann man da schon erwarten?«). Diese Redewendungen tendieren dazu, den persönlichen Charakter als unausweichlich festzuschreiben (»Er konnte seine *physis* nicht ändern – er war und blieb ein Edelmann« – Isok. 15.138).

Sinn und Zweck der Feststellung, daß *physis* zuweilen auf der Seite dessen vorkommt, was der Regulierung bedarf, ist es einfach, die Vielfalt des tatsächlichen Diskurses im Athen des vierten Jahrhunderts zu betonen und die These aufzustellen, daß, wenn Redner oder Schreiber in di

Sprache des Naturrechts verfielen (»die Natur bestimmt, daß alle Menschen...«), es wohl relativ einfach gewesen sein muß, das Fiktive daran zu erkennen. Vielleicht ist die wesentliche fehlende Sparte von Leitlinien, unter denen das Verstehen des antiken griechischen Diskurses rubriziert wurde, die Erwartung, daß die Menschen stets das größtmögliche Terrain abstecken, indem sie Behauptungen mit Selbstsicherheit und unerschütterlicher persönlicher Autorität vortragen. (Auf diese Weise werden Reisenden im modernen Griechenland Wegbeschreibungen erteilt.) Wohlwollend kann man das so beschreiben, daß die *aretē* eines Mannes sich in seiner Entschiedenheit zeigt; weniger wohlwollend, daß alle dauernd bluffen. In Entsprechung zu dieser agonistischen Leitlinie für Sprecher war die Reaktion eines athenischen Zuhörers tunlichst von Zweifel geleitet, vom Widerstreben, sich dem zu fügen, was jeder beliebige über jede beliebige Sache behaupten mochte:

> Es gibt eine Eigenschaft, die die Natur vernünftiger Leute als gemeinsamen Schutz von sich aus besitzt – eine gute und rettende Eigenschaft für alle, aber besonders für die Bürgerschaften gegenüber Tyrannen. Und welche ist das? Mißtrauen [*apistia*]! Hütet es, haltet daran fest; wenn ihr dies euch erhaltet, werdet ihr mit Sicherheit keinen Kalamitäten ausgesetzt sein. (Dem. 6.24)

Man beachte den charakteristischen Gebrauch von »Natur« als Hinweis auf eine grundlegende kulturelle Regel, an die man sich gewöhnlich nicht erinnern lassen muß.

Die selektive Durchsetzung von Männlichkeitsregeln, wie sie im vorangehenden Abschnitt untersucht wurde, ist nicht gleichbedeutend mit einer Laissez-faire-Haltung. Im Gegenteil wird parallel zu den Verfahren öffentlicher Prüfung soziale Kontrolle durch den Klatsch ausgeübt, durch genaue Beobachtung, durch die Auslegung verdächtiger Anzeichen und dadurch, daß man mit dem Schlimmsten rechnet. Von besonderem Interesse in diesem Zusammenhang ist die informelle Praxis, die »Natur« von Menschen nach ihren physischen Merkmalen und ihrer Art zu beurteilen – die Wissenschaft der Physiognomie (Gleason 1989). Das *physi-* in Physiognomie ist keine gänzlich individualisierte »Natur« – die Menschen fallen unter bestimmte Typen –, aber es ist das unbestreitbare Substrat, das den Charakter jeder Person formt. Wenn spätere Schriftsteller auch sagten, daß Pythagoras der erste gewesen sei, der die Physiognomie nutzte,[29] dürfte das erste Dokument, das sich damit beschäftigte, doch *Zōpyros* gewesen sein, ein Werk des Sokratesschülers Phaidon.[30]

Die elementare Auffassung, daß sich der Charakter von Menschen an ihrem Aussehen und Verhalten ablesen läßt, ist nicht neu: Idomeneus in Homers *Ilias* gibt an, wie man einen Feigling vor der Schlacht erkennt (*Il.* 13.275–87). Aber das früheste erhaltene Handbuch für diese Praxis ist vermutlich ein Werk des vierten Jahrhunderts, das mit den Schriften des Aristoteles überliefert ist.[31] Eine der »Naturen«, die sich in der aristotelischen *Physiognomik* ausfindig machen läßt, ist die des *kinaidos*: »Die Zeichen eines *kinaidos* sind ein unstetes Auge[*] und X-Beine[**]; er neigt den Kopf nach rechts[32]; er gestikuliert mit den Handflächen nach oben und lockeren Handgelenken; und er hat zwei Gangarten – entweder schwingt er in den Hüften[33], oder er hält sie unter Kontrolle. Er neigt dazu, in alle Richtungen umherzublicken. Der Sophist Dionysios wäre ein Beispiel dieses Typus«[34] (808ª12–6).

Wenn die Alltagssprache hinsichtlich des Gebrauchs von *physis* labil war, so waren das auch die Versuche des vierten Jahrhunderts, systematisch über die Starrheit oder Flexibilität von Verhaltensmustern nachzudenken. Ein weiterer aristotelischer Text, der zu beweisen sucht, daß *kinaidoi* physisch unnatürlich seien, endet mit der Erklärung, die Gewohnheit sei stärker als die Natur. Es handelt sich um das 26. Problem im vierten Buch der aristotelischen *Problemata*, und es beginnt mit der Frage, »Wie kommt es, daß einige Männer Genuß daran finden, sich Liebe tun zu lassen, ob sie nun Gefallen daran finden oder nicht, auch aktiv zu sein?« Das Wort, das ich als »sich Liebe tun zu lassen« übersetzt habe, ist einfach das Passivpartizipium *aphrodiziazomenoi* – sie genießen es, sich »aphroditen« zu lassen. Was diesem Autor ein Rätsel ist, ist der Genuß: Dieser Text sucht nach möglichen Verbindungen zwischen zwei Begrifflichkeiten, die sich konventionsgemäß niemals überschneiden – »Mann« (*anēr*) und »der Genuß, sich aphroditen zu lassen«.

Das erste, was man dazu sagen muß, ist, daß der Autor keinen eitlen Spekulationen nachhängt, sich nicht fragt, was er sagen *würde*, wenn so etwas vorkommen *sollte* (die weniger lebendige Konstruktion künftiger Zeiten), sondern daß er sich vielmehr fragt, warum sie es *tun*. Es ist keine Frage des bloßen Anscheins oder einer Vorspiegelung von Genuß. Sie *genießen* es, und forschende Geister möchten wissen, warum.

Dieser Text enthält die komplexeste und vielseitigste Theorie des »natürlichen« sexuellen Begehrens, die mir aus antiken Quellen bekannt ist. Die beteiligten Faktoren sind die Ernährung und ihre Verteilung über den Körper an ihre natürlichen Orte, auch die Phantasie (der eine

---

[*]   Auch ein Zeichen von Feigheit, 808ª7–11.
[**]  Alle weiblichen Tiere haben X-Beine, 809ᵇ8.

gleichberechtigte Rolle bei der Auslösung des Begehrens zugemessen wird), natürliche Kanäle, die zu den Hoden oder dem Anus führen, und schließlich die Gewohnheit (*ethos*), die nichts mit *physis* zu tun hat und sogar an ihre Stelle treten und selbst (wie dieser Autor sagt) *physis* werden kann.

Es ist üblich in der Problemliteratur, daß mehrere Erklärungen gleichzeitig vorgetragen werden; was hier der Feststellung lohnt, ist, daß wir die einzigartige Gelegenheit erhalten, einen Analytiker, der sich äußerst gut ausdrücken kann, dabei zu beobachten, wie er zunächst die Allmacht der Natur behauptet, um das Gehörige vom Ungehörigen zu scheiden, und dann diesen Gedankengang fallen läßt und behauptet, daß bloße Gewohnheit einen ebenso hohen Erklärungswert besitzt. Mehr noch: dieser Autor vergißt nicht einfach, daß er oben auf der gleichen Seite ein auf die physische Natur gegründetes Argument bemüht hat, er vertritt den Standpunkt, daß die Gewohnheit selbst so mächtig sei wie die Natur und sagt das auf drei verschiedene Weisen.

Rekapitulieren wir die Hauptpunkte des Textes. Die erste Antwort ist, daß es einen natürlichen (*kata physin*) Ort für jedes Exkret gibt, das aus unserer Nahrung herausgezogen wird.[35] Der Urin gehört in die Blase, die trockenen Nahrungsbestandteile ins Gedärm, Tränen in die Augen, Schleim in die Nase, Blut in die Adern und Sperma in die Hoden. Ein weiterer Faktor dabei ist das *pneuma*, der heiße Atem, der das Ergebnis körperlicher Betätigung, die Ursache der besagten Trennung bei der Verdauung und auch eine Begleiterscheinung jeglicher erregter Begierde ist.[36] *Pneuma* eilt an den natürlichen Ort, an dem jegliche Exkretion sich gesammelt hat, und befördert ihre Ausstoßung. Begehren kann nun von zwei Ursachen herrühren, der Ansammlung eines Exkrets an seinem natürlichen Ort (es zu verhalten ist unnatürlich[*]) oder aus dem Denken – *dianoia*. Mit seinen Worten, »Begehren wird sowohl als eine Folge der Nahrung verspürt als auch als eine Folge des Denkens«, was wir mit der Randbemerkung »Phantasie« versehen könnten.

Soviel ist von der Natur bestimmt. Doch in diesem Fall, wie in jedem anderen, kann es vorkommen, daß das Natürliche nicht das ist, was tatsächlich eintritt. Es gibt Männer, deren innere Bahnen nicht *kata physin* angelegt sind: jene, die zu den Hoden führen, können als Sackgasse enden, in welchem Fall es alternative Kanäle gibt, die zur *hedra* führen (wörtlich: dem »Sitz«). Bei manchen Männern sind beide Arten von Kanälen geöff-

---

[*]  »Die Reibung [bei der sexuellen Betätigung] ist lustvoll, da sie die Emission pneumatischer Flüssigkeit ist, die auf unnatürliche Weise eingeschlossen gewesen ist« – [Arist], *Prob.* 4.15.

net. »Diejenigen, bei denen die Gänge ausschließlich im Sitz enden, begehren es, Liebe getan zu bekommen; diejenigen, deren Gänge an beiden Orten enden, begehren sowohl selbst zu handeln als auch, daß an ihnen gehandelt wird, und je nachdem, wo das Übergewicht liegt, sitzt das stärkere Begehren.« Damit ist das System flexibel (was bei Theorien eine Tugend ist), aber gleichzeitig nicht falsifizierbar (was keine ist).[37]

Die Auffassung, daß Spermaflüssigkeit zum Gesäß umgeleitet wird, könnte als Schwachpunkt dieser Theorie erscheinen, aber der Autor hat zumindest darüber nachgedacht.[*] Er hat die Vorstellung, daß bei manchen Menschen die Exkretionen eher dünn und leicht sind, schwer feststellbar, weil verteilt und nicht gesammelt und in kompakter Form ausgeschieden. Aber Exkretion gibt es: Hier verweist er tatsächlich, als einen beobachtbaren Beleg für seine Theorie, auf den Sachverhalt, daß es bei analem Verkehr »eine Verflüssigung der Gegend um den Sitz« gibt. Die Verdünnung und Verteilung dieser Flüssigkeit erlaubt seiner Ansicht nach den Vergleich mit der weiblichen sexuellen Reaktion. »So kommt es, daß sie – wie Frauen – unersättlich sind, da die Flüssigkeit von sehr geringer Menge ist und nicht ausgestoßen wird und schnell an Hitze verliert.«

In diesem Text ist die Natur sowohl die Norm als auch der Sündenbock, denn es ist die Natur (wenn man es von der einen Seite aus betrachtet), die bestimmte Männer unnatürlich gemacht hat: »Männer, die von Natur aus frauenhaft sind«, *physei thēlydriai*. Die Erklärung für ihr beobachtbares Verhalten liegt darin, daß »ihre Konstitution [...] *para physin*« ist. Der interessanteste Teil ist jedoch der Schlußteil. »Diese Situation trifft für einige Männer aus Gründen der Gewohnheit [*ethos*] zu, denn was immer sie regelmäßig tun, das lernen sie zu genießen, sogar, ihre Flüssigkeit nach dieser Weise abzusondern. Also begehren sie das zu tun, was immer es zufällig ist, das ihnen diese Lust verschafft, und tatsächlich wird so die Gewohnheit [*ethos*] gleichsam ihre Natur [*physis*]. Wer daher nicht vor der *hēbē* [Jünglingsreife], sondern während der *hēbē* die Gewohnheit entwickelt, Liebe an sich vollziehen zu lassen, wird, da die Erinnerung der Erfahrung folgt und die Lust der Erinnerung[**], dieses Brauchs halber

---

*     Nicht allein ist die Betätigung der Hinterbacken während des Verkehrs für den Akt wesentlich (und daher sind dünne Hinterbacken eines der aufschlußreichsten Zeichen für Unmäßigkeit bei der *aphrodisia*), sondern es ist auch »für einen Mann unmöglich zu ejakulieren, ohne die Gegend um den Sitz zusammenzuziehen und die Augen offen zu halten« – [Arist.], *Prob.* 4.2.

**   Aristoteles warnt davor (wobei er über Jungen und Mädchen von ungefähr 14 Jahren gleichermaßen spricht), daß frühe sexuelle Erfahrungen

sozusagen natürlich (*hōsper pephykotes*) begehren, daß Liebe an ihm getan wird. Die Wiederholung und die Gewohnheit werden für ihn eine Art Natur. Und dies umso mehr, wenn ein Mann gleichzeitig sexuell übererregbar und verweichlicht [*malakos*] ist.«[*]

Die Doktrin, daß geübter Brauch zur zweiten Natur wird, ist gängige aristotelische Meinung (*Rhet.* 1.11:1370$^a$6–9) wie auch die Auffassung, daß manche natürlich vorkommenden Merkmale und sogar ganze Spezies unnatürlich sind (Lloyd 1983, 40–43). Das Thema unnatürlicher Gelüste im allgemeinen wird in der *Nikomachischen Ethik* 7.5 abgehandelt (1148$^b$15–49$^a$20), wo Aristoteles davon spricht, daß Haarausrupfen, an den Fingernägeln knabbern, auf Kohle oder Erde herumkauen und *aphrodisia* bei Männern unnatürlich sind.[**] Auch hier können sowohl die Natur als auch die Gewohnheit die Erklärung liefern.

Über diesen Text und dieses Thema ließe sich viel mehr sagen, aber ich möchte dieses Kapitel schließen, indem ich die Interpretationsstrategie unterstreiche, auf die es mir ankommt. Hinter Sätzen nach dem Muster »Die Griechen glaubten…« steht eine ziemlich kleine Menge von kanonisierten Elitetexten. Viele von ihnen würde ich grob als eher legislativ

---

die Lüsternheit fördern, und zwar sowohl weil die Kanäle geweitet werden und ihre Gleitfähigkeit erhöht wird, als auch weil »die Erinnerung an die begleitende Lust […] den Wunsch nach Verkehr erzeugt« (*Hist. anim.* 7.1:581$^b$19–21). Heranwachsende männlichen Geschlechts müssen doppelt auf der Hut sein – vor penetrativem und rezeptivem Sex (*ean t' epi thatera ean t' ep' amphotera*, 581$^b$18).

[*] Das Strategem, etwas als »wider die Natur« zu etikettieren, wird von Zeit zu Zeit in Platons Dialogen eingesetzt, wenn seine Figuren eine radikale Kritik zeitgenössischer ethischer Annahmen äußern. So behauptet Kallikles in *Gorgias* (484A), alle *nomoi* der Demokratie seien *para physin*. Die Auffassung, daß die eigene Praxis zur zweiten Natur wird, findet sich in der *Politeia* (395D): »Wenn man weit über seine Jugend hinaus an der Nachahmung festhält, dann wird dieses nachgeahmte Verhalten zur festen Gewohnheit und Natur.«

[**] Aus drei Gründen können wir erkennen, daß hier wirklich die *kinaidoi* Gegenstand sind und nicht das Begehren von Männern nach jungen Männern: er sagt von diesen Personen, daß man »seit dem Knabenalter Gewalt gegen sie gewendet« hat; er vergleicht ihren Zustand der moralischen Unschuld mit demjenigen von Frauen, »denen niemand vorwerfen würde, daß sie sich penetrieren lassen statt selbst zu penetrieren«; und seine anderen flüchtigen Bemerkungen zur Päderastie (siehe 85 Fn.) zeigen, daß sie für ihn so wenig ein Problem war wie für die meisten (Dover 1978, 169). Zur Dehnbarkeit von Aristoteles' »Natur« in politischen Zusammenhängen, siehe Michelakis 1968.

statt als deskriptiv bezeichnen. Eine kulturspezifische Sprachwendung, die sich in kleinem Maßstab im fünften Jahrhundert entwickelte, war der Gegensatz von Natur und Konvention. In diesem Sprachgebrauch bezieht sich »Natur«, obwohl man es beeindruckend absolut klingen lassen kann, genau auf eben die Konvention: es handelt sich um normenstützende Sprachverwendung.

Weiter ist der Inhalt, mit dem die Standards des richtigen, anständigen Sexualverhaltens gefüllt werden (ob sie nun als »natürlich« bezeichnet werden oder nicht), in dramatischem Ausmaß verschieden von unseren modernen Konventionen (Davidson 1987; Halperin 1989). Das Kalkül der »correctness« arbeitete nicht mit der Gleichheit/Unterschiedlichkeit des Geschlechts, sondern mit der Dominanz/Unterwerfung der beteiligten Personen. Sex wurde, wie Halperin (1989, 30) sagt, nach Maßgabe von »entweder Ausübung oder Einwirkung«, Geben oder Empfangen, Tun oder Getan-Bekommen wahrgenommen. »Die Natur« kümmert sich um Hierarchien und Abhängigkeit, nicht um periphere Dinge wie Haarfarbe oder Geschlechtszugehörigkeit. Die Natur gab uns, wie Aristoteles es wendet, den Krieg, damit wir die natürlichen Herren von den natürlichen Sklaven sondern könnten (*Pol.* 1.8:1256$^b$20–26).

Und schließlich: Selbst wenn die korrekten Protokolle bestimmt worden sind, so daß wir genau erkennen können, warum unsere geläufigen sexuellen Kategorien sich nicht ins Griechische übersetzen lassen, müssen wir noch die zahlreichen Grenzen beachten, denen die Durchsetzung dieser Protokolle oder ihre Befolgung unterliegt. Die Texte, die wir studieren, sind zum größeren Teil ein wenig wie Stammtischgeplauder unter Männern. Ihre legislative Absicht enthält hohe Anteile an Bluff, an Gesichtswahrung: Sie stellen regelmäßig Gesetze auf, die von den Witzen, die genau dieselben Männer gleich darauf erzählen, Lügen gestraft werden.

Was wir nicht schriftlich haben, sind (sozusagen) die Regieanweisungen für diese Texte – die hinter dem Rücken gekreuzten Finger, das wissende Nicken verschwörerischen Einverständnisses. Und doch gibt es erhellende Momente – Zögern, Nicht-darüber-Sprechen, Rückzieher –, die sich zu einer überzeugenderen Ethnographie zusammensetzen lassen – einer, die von einer Pluralität von Normen, Praktiken und Autoritäten ausgeht, von denen manche lautstärker als andere und alle damit beschäftigt sind, die übrigen zu ignorieren oder als gesetzlos zu erklären. Innerhalb einer solchen (typisch mediterranen) Ethnographie kann mit Unparteilichkeit, gewissenhafter Sachlichkeit und Fairneß gegenüber entgegengesetzten Standpunkten nicht gerechnet werden. Es würde sich dabei um widernatürliche Akte handeln.

# 3
# Die Zwänge des Begehrens: Erotische Zaubersprüche

Als einstmals auf der Insel Samos eine Hochzeitsprozession durch die Straßen dem Haus des Bräutigams entgegenzog, erklärte ein Augenzeuge seinen Freunden, man werde die Braut entführen, noch ehe sie ihr neues Heim erreicht haben würde, und noch in derselben Nacht werde ein anderer Mann sie zu seiner Frau machen. Und genauso geschah es: ein Trupp Bewaffneter überfiel die Gesellschaft, tötete einige, die Widerstand leisteten, und trieb die anderen auseinander, während er sich seinen Weg zur Braut im Zentrum des Zuges bahnte und mit ihr das Weite suchte. Der kluge Beobachter war kein Zauberer, sondern Polemon, ein Detektiv für Herzensgeheimnisse mit Hilfe der Wissenschaft der Physiognomik aus dem zweiten Jahrhundert, der in seinem Bericht folgendermaßen fortfährt: »Ich erfuhr später von Leuten, die sich über den Zwischenfall unterhielten, daß alles mit Einverständnis der Braut geschehen war. Und jetzt will ich euch die Zeichen erklären, auf die ich mein Urteil gründete.«[1] Polemon hatte in der Nähe der Braut einen jungen Mann bemerkt, dessen Gesicht und Verhalten die Kräfte verrieten, denen er unterworfen war: vernehmliches Atmen, Schweißflecken auf seiner Kleidung, stoßweises Zittern der Nasenflügel, Wechsel der Gesichtsfarbe zwischen Blässe und Erröten und ein Zittern am ganzen Leib wie aus Furcht vor Schande. Die Augen der Braut waren ungewöhnlich feucht, obwohl ihr Blick scharf war, und ein gewisser Kummer lag auf ihren Zügen.

Diese Szene enthält die meisten der gesellschaftlichen und psychologischen Merkmale, die Beziehungen von freundschaftlichem Zusammenschluß (*philia*) und sexuellem Begehren (*erōs*) in der mediterranen Kulturfamilie charakterisieren. Während die vorangehenden zwei Kapitel sich auf die Welt der Männer und ihre Positionskämpfe untereinander beschränkten, beginnen wir in diesem Kapitel, die Wirkung solcher Verhaltensprotokolle auf Frauen ernstzunehmen. Das Thema erfordert außerordentliche Sorgfalt und eine globale Betrachtungsweise, denn das zur Verfügung stehende Material enthält vieles, das erheiternd, und vieles, das erschreckend ist.

Wir wollen (im ersten Teil) damit beginnen, uns die verräterischen Zeichen dieser Begebenheit anzuschauen und, wie Polemon, auf den Charakter schließen, der ihre kulturelle Oberfläche formt. Auf diese Weise werden wir in der Lage sein, die symbolischen und greifbaren Techniken zur Manipulation des Eros, wie sie aus einer großen Bandbreite von praktischen Handbüchern wie auch literarischen Szenen bekannt sind, in einen lebendigen Zusammenhang verstehbarer Zwecke einzuordnen, anstatt etwas zu mystifizieren, das für die ursprünglichen Lieferanten und Kunden von »Liebeszaubersprüchen« überhaupt nicht geheimnisvoll gewesen wäre: ein Problem vielleicht, aber kein Geheimnis. Obwohl vieles von dem, was wir unspezifisch »erotische Zauberei« nennen, sich als in Einklang mit mediterranem gesunden Menschenverstand erweist, wird die Gegenüberstellung von eigentlichen erotischen Zaubersprüchen und den männlichen literarischen Phantasien über erotische Hexerei einige dunkle Winkel persönlicher Angst und zwischenmenschlicher Gehässigkeit erhellen (zweiter Teil).

Tatsächlich ist es das Vorkommen von so viel Gehässigkeit und Bösartigkeit in vielen der erotischen magischen Riten, das Leser aus dem 20. Jahrhundert so sehr schockiert. »Liebe« ist gewiß nicht *le mot juste* für die Szenen von Versklavung und Erniedrigung, wie sie in der zentralen Gruppe von Verfahren ausagiert werden, die darauf gerichtet sind, eine begehrte Person ins eigene Bett zu kriegen; wir können hier von »Leidenschaft«, »Lust« oder »Begehren« sprechen, schwerlich aber von »Liebe« (Halperin 1985). Die zuckersüßen Anklänge, die »Liebe« für uns hat, schließen gegenseitiges Entzücken und Einverständnis ein, harmonische und ausgewogene Zärtlichkeit, vielleicht einen gewissen Selbstverlust im großen Geheimnis des geliebten anderen; sie schließen nicht ein, Mißbehagen, Ärger, tiefen inneren Aufruhr und Leiden auf Körper und Seele des geliebten Wesens herabzuwünschen, wie es die Masse der erotischen Beschwörungen sowohl in den Formularzaubern als auch den angewandten Rezepten tut, die sich in den herausragenden Sammlungen antiker »Zauberei« finden – den *Papyri Graecae Magicae* (PGM)[*] und

---

[*]  *Papyri Graecae Magicae*, hrg. von Karl Preisendanz, enthält griechische Papyrustexte, die von I bis LXXXI beziffert sind, »christliche« Papyrus-Zaubersprüche, die P 1–24 numeriert sind, Ostraka mit der Bezifferung O 1–5 und zwei Holztäfelchen (T 1, 2). In diesem Kapitel beziehen sich römische Zahlen auf die Texte in PGM. Zahlen höher als LXXXI beziehen sich auf die Anordnung, die in der englischen Übersetzung von PGM verwendet wird (hrg. von Hans Betz 1986), abgekürzt PGM-Transl., die unglücklicherweise nicht das »christliche« und Nicht-Papy-

*Defixionum Tabellae* (DT = Audollent 1904). Wenn wir weiter feststellen, daß die Norm für solche Prozeduren männliches Handeln und weibliches Opfer ist, dann haben wir mit Sicherheit einiges, worüber wir uns Gedanken machen müssen. Haben wir hier einen weiteren konzertierten Angriff auf die Frau als Klasse vor uns, vergleichbar der Verkrüppelung der Füße, der Klitoridektomie, der Hexenverbrennung und anderen vergleichbaren Institutionen der historischen Frauenfeindlichkeit?[*] Die Antwort (im dritten Teil) ist komplex und hat mit Erfahrungen von Projektion und symbolisiertem Begehren vor einem mediterranen Hintergrund zu tun, in dem die gesamte Problematik des Zugriffs – sei es auf göttliche Mächte mittels Zauberei oder auf irgend etwas anderes – ein sehr viel anderes Gewicht hatte als in kapitalistischen Ökonomien des 20. Jahrhunderts.

Jeder der drei Teile dieses Essays enthält einen Bestand an Daten, eine argumentative Bewertung dazu und einen Subtext zur Beziehung dieses antiken Materials zu unseren eigenen Verstehensbedingungen. Letzteres bedarf einiger erklärender Worte. Ich nehme an, daß ein gewisses diesbezügliches Bewußtsein in jeglicher hermeneutisch nicht ganz unbedarften Abhandlung zu finden sein sollte, aber es ist besonders wichtig im Fall eines »entrückten« Themas wie der Zauberei. Magie ist ein relativer Begriff: Wir nennen »Magie« etwas nur dann, wenn wir die Prämissen seiner Bedeutung oder seiner Funktion nicht (oder nicht mehr) akzeptieren.[2] Der Begriff sagt daher ebensoviel über den Sprecher wie über den Gegenstand – oder kann dazu gebracht werden, es zu sagen. Die Perspektive, die hier eingenommen wird, hat Gemeinsamkeiten mit der-

---

rus-Material von Preisendanz aufnimmt. Wie der Herausgeber auf S. ix klarmacht, versteht sich PGM-Transl. als innerhalb eines christlichen Interpretationsrahmens angesiedelt, was die sektiererhafte Auslassung von Preisendanz' »christlichen« Papyri erklärt. Ich vermute, daß die Auslassung der Ostraka ähnliche Motive hat, da zwei von ihnen »christlichen« Zauber enthalten (O 3, 4). Für demotische Zaubersprüche verwende ich das Verweissystem von PGM-Transl.: die Abkürzung PDM mit Bezifferung in römischen Minuskeln. – *Hinzufügung d. Ü.:* Die hier gegebene Übersetzung der Texte aus PGM folgt im allgemeinen der moderneren Diktion der von John J. Winkler gegebenen Übersetzungen ins Englische, da hier, wie auch bei anderen in diesem Buch ausführlich behandelten Texten, terminologische Entscheidungen eng mit der Interpretation verbunden sind. Die Edition von Preisendanz wurde zum Vergleich herangezogen.

[*]   Solche Einrichtungen »historisch« zu nennen, soll nicht bedeuten, ihre Fortdauer zu bestreiten: Russell und Van de Ven 1976.

jenigen Polemons als eines teilnehmenden Beobachters der Hochzeit auf Samos, das heißt, sie identifiziert sich weder ausschließlich mit dem beobachteten Feld, noch gibt sie vor, ganz und gar außerhalb zu stehen, sondern bemüht sich zu verstehen, was die Akteure selbst erfahren und beabsichtigen, und gleichzeitig womöglich mehr zu sehen als sie. Ich möchte an dieser Stelle die Tendenz meiner Subtexte explizit machen – für den Fall, daß der auf Verteidigung bedachte Leser sich einen Abwehrzauber dagegen ausdenken möchte.

(1) Zunächst stelle ich einige der üblichen Techniken im Umgang mit *erōs* vor und erkläre sie als relativ unproblematische Handlungen vor dem gegebenen gesellschaftlichen Hintergrund von Polemons entführter Braut mit seinen typisch mediterranen Mustern agonistischer Dramatisierung. Der einzige Grund, hier von »Zauberei« zu sprechen, liegt darin, daß wir uns heute auf unpersönliche Wissenschaften und andere zentralisierte Disziplinen von Staat und Universität verlassen und uns dadurch der praktisch-tüchtige Einfallsreichtum im Hinblick auf vorhandene Materialien und Symbole genommen worden ist, wie er in einer Gesellschaft blüht, die sich eher auf Situationen des persönlichen Aufeinandertreffens und auf sich selbst verläßt.

(2) Danach erforsche ich die zwielichtige Welt der *agōgai*, Rituale, die eine begehrte Person ins eigene Haus und Bett bringen sollen. Diese zeichnen uns ein ungewöhnlich intimes Bild von privaten und tiefempfundenen Ängsten, wie sie in der eigenen *psychē* von Menschen inszeniert werden, die über größere Erfahrung verfügen, sich selbst zu dramatisieren und zu unterhalten, als die Geschöpfe unserer relativ passiven Konsumentenkultur. Das nächtliche Bett oder das Hausdach in der Nachbarschaft sind es, wo die meisten *agōgai* imaginär angesiedelt sind, der Ort, an dem sie vollzogen werden und der Ziel des Rituals ist; und die Phantasiewelt des Halbschlafs ist es, in der die verzweifelten, manchmal selbstmörderischen Leidenschaften erstarken. Manches von der Gewalttätigkeit in Sprache und Geste in den *agōgai* verdankt sich der projizierten Intensität eines Gefühls des Ausführenden selbst, Opfer einer Macht zu sein, die er nicht beherrschen kann und der er hilflos gegenübersteht. Mein Subtext setzt sich hier dem Risiko aus, mediterrane Leidenschaft als etwas Erlesenes und Vitales zu romantisieren (wie es Stendhal und Browning im Fall Italiens getan haben), das unserer trockeneren und blasseren Kultur fehlt. Das Amulett des Lesers dagegen könnte sein, meine Formulierungen wie »intensiv in Szene gesetzte Ängste« mit weniger freundlichen Randbemerkungen wie »Selbstmitleid« oder »Trotz« zu versehen.

(3) Zuletzt beschäftige ich mich mit den Implikationen einer verstörenden Terrakotta im Louvre, wobei ich den anthropologischen Common

Sense des ersten Teils und die Psychologie der Leidenschaft aus dem zweiten Teil nutze, um einige der tiefen Erschütterungen des Frauenhasses nachzuzeichnen, die in den symbolischen Handlungen der *agōgai* nachzubeben scheinen. Es sollte im ausgehenden 20. Jahrhundert nicht möglich sein, die Institutionen des Terrors weiterhin zu ignorieren, die die Erfahrungen von Frauen im Laufe der Jahrhunderte eingegrenzt haben, aber je ernster wir diese Frage nehmen, desto schwieriger wird es, eine einzige Antwort zu geben.

Ich werde unter anderem vorschlagen, daß die Opfermodelle, die in den *agōgai* ausagiert werden, paradoxerweise das Begehren von Frauen nicht unterdrücken, sondern in sich enthalten, aber daß sie dies nur innerhalb der Modellvorstellungen der Familienkonkurrenz und der männlichen Phantasie tun, in denen jegliches Begehren einen gefährlichen Einbruch in die eigene Autonomie darstellt und man – das heißt, Männer – sich besonders das weibliche Begehren als Unterwerfung unter die Ansprüche männlicher Herrschaft zu denken hat.

## Hausmittel in Sachen Eros
### *Ein öffentliches Drama*

Die Hochzeit auf Samos, deren Zeuge Polemon war, würde man nicht als Märchen wahrer Liebe aufgefaßt haben, die am Ende über alle Widrigkeiten triumphiert. Sie war im Gegenteil eine totale gesellschaftliche Katastrophe für alle Beteiligten. Die beiden Familien, die ihr Bündnis durch eine Prozession von Haus zu Haus auf offener Straße zur Schau stellen, sind vor einem Publikum beschämt worden, das beobachtet, bewertet, alles herumerzählt und lange im Gedächtnis behält. In der Nullsummenkonkurrenz zwischen Familien bedeutet ein Kursverlust der einen Gruppe einen Wertzuwachs für andere.[*] Die gesellschaftliche Macht der verordneten Feindschaft, die sich in Konkurrenz, Klatsch und Neid manifestiert, ist so stark, daß sich ihre zerstörerischen Wirkungen

---

[*] Gouldner 1965, 45–55. Die ökonomische Metapher kommt uns natürlich vor, sollte aber nicht in die Irre führen: der Wert, um den es geht, ist eben genau nicht einer, der quantifiziert und getauscht werden kann, sondern hängt von Selbstbehauptung, Rechtfertigung und Verhandeln in den intimen Zirkeln einer Gesellschaft in kleinem Maßstab ab. Gute Beispiele für die Fehlinterpretation des Ehrenkodex als einer Tauschbeziehung bei Bourdieu (1965).

sogar unbewußt und unabsichtlich entfalten können wie im Fall des Bösen Blicks.[3] Die beiden Leitbegriffe, in denen diese unermüdlichen Platzkämpfe Ausdruck finden, sind Ehre und Schande, die von den Männern bzw. den Frauen einer Familie repräsentiert werden.[4] Das Verhalten von Männern bei der Wahrung des Leumunds eines Haushaltes und bei der klugen Verwaltung seiner Ressourcen ist anhand von Quellen aus dem vierten Jahrhundert von Michel Foucault (1985) glänzend analysiert worden. Die Erfahrungswelt mediterraner Frauen ist erheblich schwieriger zugänglich (passenderweise) und wird von der Anlage von Foucaults Projekt nicht mehr abgedeckt, bei dem es darum geht, der Archäologie bestimmter Praktiken der Selbstbeherrschung nachzuspüren, aber moderne Analogien ergeben einen stimmigen Bezugsrahmen, dem sich das antike Belegmaterial wie angegossen anschmiegt.

Junge Frauen sind die passiven Akteurinnen, deren Kooperation im hochinstabilen Prozeß der Besitzübergabe durch die Neuschaffung und Neudefinition familiärer Einheiten wesentlich ist. Als Trägerinnen eines ungeheuren symbolischen Gewichts bei der Bestimmung des guten oder schlechten Rufes zweier Familien werden Jungfrauen, Bräute und junge Ehefrauen oftmals als die verwundbarste Stelle in der Integrität eines Haushalts wahrgenommen. »Der Status einer Frau definiert den Status aller Männer, die auf bestimmte Weise mit ihr in Beziehung stehen. Diese Männer teilen die Konsequenzen dessen, was ihr zustößt, und teilen daher das Engagement, ihre Tugend zu schützen« (J. Schneider 1971).[*]

Eine Betonung auf dem Schutz der Verwundbaren verankert natürlich die Verwundbarkeit von Frauen als permanenten und notwendigen Teil des Systems – eine Schranke gegen Frauen, die, sollte es sie überhaupt danach gelüsten, die Geleise kreuzen und in die Bahnen von Tätigkeiten innerhalb der öffentlichen und männlichen Herrschaftsbereiche über-

---

[*] Die Anklage wegen Ehebruchs, die gegen Lykophron erhoben wurde, wurde durch eine Unterstellung erhärtet, er sei dem Maultierkarren, auf dem eine Braut im Hochzeitszug fuhr, gefolgt und habe sie offen gebeten, die Hochzeit nicht zu vollziehen. »Hätte ich wohl so verrückt sein können« – da nämlich ihr Bruder, ein olympischer Ringkämpfer, anwesend war –, »solch schamlose Worte über eine freie Frau vor den Ohren aller Anwesenden zu äußern, ohne zu befürchten, an Ort und Stelle erwürgt zu werden? Denn wer hätte es ertragen, etwas derartiges über seine eigene Schwester zu hören […], und hätte den Mann, der das gesagt hätte, nicht getötet?« (Hypereides, *In Verteidigung Lykophrons* 6). Vgl. auch die Anekdote bei Plutarch, *Mul. virt.* 244E (die in Kapitel 6, S. 265 Fn. zitiert wird); auch Lavelle 1986.

wechseln möchten. Dies ist die erste Schlüsselstation, an der wir eine gesteigerte Sensibilität für das Zusammenspiel zwischen unseren Werten und unseren Bewertungen verlangen müssen. Uns naiv auf die öffentlichen Äußerungen von Männern der Antike zu verlassen würde uns zu der Auffassung bringen, daß ihre Ehefrauen und Töchter objektiv schwach an Geist und Fleisch waren, ebenso leichtfertig wie leicht der Leidenschaft ergeben. Solche Aussagen sollten als gesellschaftlicher Zug im Konkurrenzspiel ernst-, aber nicht beim Wort genommen werden. Eine gleichermaßen naive Annahme, daß antike Frauen in Charakter und Erwartungen an ihr Leben weitgehend modernen Frauen ähnlich waren, würde uns dazu bringen, die meisten antiken Texte als Propaganda des Patriarchats abzuqualifizieren und ihnen ihre automatische Einstufung von Frauen als Spielmarken in einem exklusiv männlichen Spiel übelzunehmen.[*]

Um diesen Versuchungen entgegenzuwirken, müssen wir nicht nur verschiedene Arten von Beweismaterial miteinander verknüpfen – in diesem Essay in der Hauptsache literarische Erzeugnisse und Verfahren der medizinischen Selbsthilfe –, sondern wir müssen uns auch die historischen, kulturellen und materiellen Prämissen ihres Zustandekommens bewußt machen.[5] Unter diesen die wichtigste und gleichzeitig eine, die für uns sehr schwer zu erfassen ist, ist die Häufigkeit des Lügens (du Boulay 1976; Walcot 1977). Doppelzüngigkeit ist nicht nur eine kultivierte Fertigkeit, die unter besonderen Umständen nützlich ist, sondern ein Dauerzustand der Verteidigungsbereitschaft gegenüber feindlichen Eindringlingen, die jegliche Kenntnis von den Privatangelegenheiten einer Familie dazu benutzen werden, sie zu Fall zu bringen. Bei jeder Beteuerung der Familienehre müssen wir daher ebenfalls die unausgesprochenen Kommentare von Nachbarn voraussetzen, die deren Wahrheit in Zweifel ziehen; ebenso muß jede abfällige Bemerkung über die Integrität einer Familie als ein Kommentar »von interessierter Seite« verstanden werden. Kurz, jede Aussage impliziert eine Fülle von konkurrierenden und einander widersprechenden Bewertungen innerhalb eines Netzwerks, in dem keine Behauptung objektiv und jede Einschätzung ein

---

[*]  In dem kretischen Bergdorf »Glendi« sind Kartenspiele am Kaffeehaustisch ein emblematischer männlicher Wettstreit, bei dem man den Karten selbst häufig weibliche Namen gibt, von erfolgreichen Spielern in Begriffen des sexuellen Potentials spricht (»er ist scharf«, »er pflügt durch« = »er kopuliert«) und Verlierer damit verhöhnt, sie hätten eben erst sexuellen Kontakt gehabt, der sie verunreinigt habe (Herzfeld 1985a, 152–62).

strategischer Zug in der kollektiven Manipulation der öffentlichen Meinung über das relative Prestige von familiären Einheiten ist.

Diese Kommentare zur Doppelzüngigkeit dienen an erster Stelle dazu, zu unterstreichen, was bei einer öffentlichen Veranstaltung wie einer Hochzeit alles auf dem Spiel steht, bei der ja das Ergebnis delikater Verhandlungen zwischen Familien inszeniert wird, die im Beisein zahlreicher Gratulanten, deren geheime Gefühle ohne Zweifel von zumindest leichter Feindseligkeit geprägt sind, in eine Allianz miteinander eintreten. Im Jahre 1968 verliebte sich Manoli, ein achtzehnjähriger Mann aus einer gesellschaftlich hochstehenden Familie auf der Insel »Nisi«, in ein Mädchen aus armer Familie. »Da Manoli im Haus des Mädchens gegessen hatte, glaubte seine Familie, jemand müsse ihm einen Liebestrank ins Essen gemischt haben.« Manoli, der allen guten Ratschlägen und allem Druck seitens seiner Familie Widerstand leistete, brannte mit dem Mädchen durch, kehrte nach ein paar Tagen zurück und ließ sich offiziell trauen. »Der Bräutigam war nicht in der Lage, die Ehe zu vollziehen. Man glaubte, ein Anwesender habe, während der Trauzeuge die Hochzeitskronen dreimal über die Köpfe des Paares gehoben habe, einen Zauber gesprochen und drei Knoten in eine Schnur geknüpft, womit er Macht über das Paar gewann. [...] Der Bräutigam erkrankte und war vier Monate bettlägerig. Er begann dahinzusiechen, und der Priester wurde täglich bestellt, um ihn und das Haus zu segnen. Ein Familienmitglied schlug vor, eine Hexe in Athen zu konsultieren, und er, seine Eltern und seine Frau reisten nach Athen. Die Zauberin vollzog ein Heilungsritual und wies das Paar an, nach Nisi zurückzukehren und sich in einer abgelegenen Kapelle erneut trauen zu lassen. So geschah es. Bei diesem Zeremoniell, bekannt als ›die Kronen zurücktauschen‹, brach der Zauber.« Die scharfe Mißbilligung der Flucht der Braut durch die Brauteltern und der Torheit Manolis durch die Eltern des Bräutigams liefern Grund genug, das Netzwerk »sozialer Kräfte« zu rekonstruieren – Klatsch, Diffamierung, anzügliche Blicke sowie andere, eher heimliche symbolhafte Handlungen wie Knotenbinden und gemurmelte Formeln der Machtausübung –, das hier am Werk war, um das ungehörige Betragen des jungen Paares zu beeinflussen und zu korrigieren. Einige Jahre später ließ sich das Paar scheiden, nachdem Manoli zu der Überzeugung gelangt war, seine ursprüngliche Liebe müsse »Hexerei gewesen sein. Andernfalls würde er auf seinen Vater gehört und gewartet haben. Er setzte hinzu, ›Aus welchem anderen Grund hätte ich in den besten Jahren meines Lebens wohl geheiratet?‹«[6]

Der Übergang vom geschützten Allerheiligsten des einen Hauses in das des anderen auf öffentlichen Wegen setzt die symbolisch verwundbaren Familienmitglieder, Braut und Bräutigam, einer Boshaftigkeit aus, die ebenso unausweichlich wie unsichtbar ist.[*] (Wenn wir diesen Gedanken weiter durchspielen, ließe sich behaupten, vieles von dem, was wir antiken »Zauber« nennen, sei einfach eine Art,»gesellschaftliche Kräfte« darzustellen, die ebenfalls unausweichlich und unsichtbar sind,»Kräfte«, wie sie bei uns nicht länger herrschen.)

Weiterhin kommt die Annahme, Feindlichkeit sei präsent, aber verdeckt, ein gutes Stück dem Ziel näher, Techniken der erotischen Einflußnahme dort einzuordnen, wo sie hingehören in jenem ausgedehnten infraroten Halbschatten, der öffentliche Ereignisse umgibt und der gewöhnlich keinen Niederschlag im konventionsgebundenen öffentlichen Diskurs findet, aber zweifelsohne in nicht absehbar großen Mengen vorhanden ist. So sind es nur die eher im Umgangston gehaltenen oder unprätentiösen oder bewußt schockierenden Werke der klassischen Literatur, die mit einiger Regelmäßigkeit auf heimliche Akte symbolischer Einflußnahme anspielen, wie sie die meisten Bürger dauernd an ihren Mitmenschen praktizieren (und stets abstreiten, daß sie das tun). Wie gelang es Perikles, so viele Bundesgenossen (*philoi*) zu gewinnen?»Man hört« und »es heißt«, das habe an Bannsprüchen (*epōidai*) und Liebeszaubern (*philtra*) gelegen.[**] Im Scherz kann Sokrates die hingebungsvolle Treue seiner Freunde Apollodoros und Antisthenes mit *philtra* und *epōidai* erklären und das Herbeikommen von Simmias und Cebes aus dem fernen Theben mit der noch stärkeren Anziehungskraft von *iynges*[***] (Xenophon, *Mem.* 3.11.16–8).

---

[*]  Vgl. die Behandlung der Bräuche, die Braut zu verkleiden, bei J. G. Frazer (1931, 410 f.).

[**]  Themistokles, ein wenig liebenswerter Charakter, muß ein Amulett (*periamma*) benutzt haben, um »etwas Gutes an die Stadt [zu] binden« (*periapsas*) – Xenophon, *Mem.* 2.6.10–3.

[***]  *A.d.Ü.:* Zauberräder. *Iynx* ist der Name einer Spechtart, des Wendehalses, der als Liebeshelfer galt und daher im Liebeszauber Bedeutung hatte; davon abgeleitet der Name eines Rades, auf den man den Vogel (oder eine Attrappe, z. B. aus Wolle) band und es rituell drehte. Das Wort hat daher schon bei Pindar und Aischylos, also vor Xenophon, die verallgemeinerte abstrakte Bedeutung »Sehnsucht« oder »Anziehungskraft«. – Galen (12.740, 800) bezeichnet den gleichen Vogel übrigens mit dem im gegebenen Kontext wohlbekannten Begriff *kinaidos* (*Der Kleine Pauly* s.v. *Wendehals*). Vgl. auch Anm. 39 zu diesem Kapitel (S. 335).

## Erfolgsrezepte

Die späteren Handbücher mit Selbsthilfepraktiken verzeichnen sehr viele solcher Mittel, mit denen man (mit den Worten eines modernen Magus) »Freunde gewinnen und Menschen beeinflussen« kann. Diejenigen unter ihnen, die sich eng und ausschließlich auf Sex beziehen, werden im zweiten Teil behandelt. Hier gilt es zunächst, die Textur des sozialen Gewebes zur Kenntnis zu nehmen, in das solche privaten Praktiken eingewoben sind, denn *erōs* läßt sich nicht säuberlich aus der Gesamtwelt herauslösen, in der diese Akteure versuchen, einander an die Wand zu spielen. Zum Ideal persönlichen Erfolges für Männer in einer agonistischen, doppelzüngigen, auf Selbstinszenierung angelegten Gesellschaft gehören die Punkte, nach denen in einem Gebet an Helios verlangt wird (PGM III 494–611):»Nahe mir mit strahlendem Antlitz am Ruheplatz [*koitē*], den du frei gewählt hast; gib mir, dem Soundso, Leben, Gesundheit, Sicherheit, Reichtum, Kindersegen, Wissen, gutes Gehör, eine gute Gemütslage, gute Ratgeber, einen guten Ruf, Gedächtnis, Gunst [*charis*]*, Gestalt [*morphē*], Schönheit [*kallos*] in den Augen aller, die mich sehen, und mach meine Worte überzeugend, du, der du ausnahmslos alles hörst, großer Gott« (Zeilen 575–81).

Der Bittsteller würde in seiner Gemeinschaft gern nicht nur mit den äußeren Zeichen physischen Erfolges glänzen, sondern besonders mit persönlichen Eigenschaften, denn die wahrhaft wichtigen Interaktionen, bei denen sein Wert von anderen unablässig beurteilt und eingestuft wird, sind die, bei denen er seine individuelle Tüchtigkeit unter Beweis stellt. Die Nase gegenüber Konkurrenten vorn zu haben, bedeutet oft, sie zu bezaubern oder zu überlisten, statt sie zu bekämpfen oder zu beleidigen; daher enthalten Formulargebete um den Erfolg häufig etwas, das uns wie eine ziemlich pfauenartig gespreizte Eitelkeit in bezug darauf vorkommen mag, gut auszusehen und von anderen als sexuell ansprechend wahrgenommen zu werden. Die gesellschaftlichen Implikationen der

---

* *A.d.Ü.:* Im Bedeutungsfeld des Wortes *charis* liegen aktive und reaktive Aspekte; es bedeutet Anmut (als eigene Ausstrahlung) und Huld wie auch Gunst, Wohlwollen und Erkenntlichkeit (als Reaktion anderer). Preisendanz (PGM) übersetzt durchgehend »Gunst«, während John J. Winkler »charisma« und »charm«, Adjektiv »charming« (»bezaubernd«) übersetzt und den Aspekt der eigenen Ausstrahlung damit betont. Da die Übersetzung »Zauber« sich wegen möglicher Mißverständnisse mit »Magie« verbot, muß die deutsche Übersetzung von Fall zu Fall unterschiedlich entscheiden.

Ausstrahlung von *charis* treten in Zaubersprüchen zutage, die gezielt darauf gerichtet sind, Charisma zu erwerben oder zu erhöhen, wie etwa derjenige, der dem Träger einer beschrifteten Wermutwurzel [im Text: *pasithea ē artemisia*] verspricht, »du wirst in Gunst und Liebe und Bewunderung stehen bei allen, die dich sehen« (XII 397–401).[7] Ein Teil des Gesamteinflusses einer solchen Person als Kraftfaktor in ihrer Gesellschaft liegt darin, daß sie schlankweg sexy ist, wie in der Empfehlung, das rechte Auge und den ersten Schwanzwirbel eines Wolfes in einem goldenen Behälter bei sich zu tragen, um den Träger »wohlbeleumdet und erfolgreich und geehrt und siegreich und süß und begehrenswert von Gestalt und geliebt und begehrt durch Frauen« zu machen.[*]

Erfolg in der Konkurrenz wird regelmäßig nicht nur mit persönlicher positiver Ausstrahlung, sondern auch mit der Macht in Verbindung gebracht, den Zorn seiner Feinde zu mildern und im Zaum zu halten.[**] Ein Gebet an Helios unter der Rubrik »Zauber, um Zorn niederzuhalten, Sieg und Gunst zu erlangen« (XXXVI 211–30) erfleht nicht nur »Attraktivität [*epaphrodisia*] und Gunst bei allen Männern und Frauen« und »Sieg über alle Männer und Frauen«, sondern auch Schutz vor Fehlschlägen, Intrigen, der Verabreichung schädlicher Substanzen, Exil und Verarmung. Diese letzteren Schicksalsschläge werden als Resultat des *thymos* (Ärgers, Grolls) anderer Menschen angesehen, den es zu zügeln gilt – daher der Name, *thymokatochon*, Zornzügler.

Ein gewinnendes Wesen auszustrahlen und Zorn abzuhalten sind gleich notwendig und ergeben sich gleichermaßen zwingend als Strategien aus dem Vorhaben, den persönlichen Erfolg zu maximieren.[8] Zorn-

---

[*]  *Kyranides* 2.23.21–8. In gleicher Weise macht einen das rechte Auge eines Seehunds, eingeschlagen in Hirschhaut, erfolgreich und begehrenswert (*axierastos*) – *Kyranides* 2.41.9–10, 4.67.14–16. Die Zunge des Seehunds bringt Sieg, und seine Schnurrhaare und sein Herz sind ein *charitēsion megiston*, ein Garant für Erfolg. Ich zitiere die Kyraniden nach Buch, Kapitel und Zeilenzählung in der Edition von Kaimakis (1976).

[**]  Oder, in manchen Fällen, den der eigenen Freunde: Antigone erinnert ihren zornigen Vater, »auch andere Männer haben furchtbare Söhne und hegen starken Groll [*thymos*] gegen sie, aber beschwichtigt durch die Zaubersprüche [*epōidai*] von Freunden wird ihre zornige Natur zum Sanftmut beschworen [*exepaidontai*]« – Sophokles, *Oidipous Kol.* 1192–4. Nach Myrsilos von Lesbos (FGrHist 477 F 7) war es die ursprüngliche Aufgabe der Musen, die eigentlich sieben Dienerinnen aus Mysien waren, die von Megaklo, Königin von Lebos, gekauft wurden, zauberische (*katepaidousai*) Melodien zu singen, um den Ärger ihres Gatten Makar über seine Schwiegermutter zu besänftigen.

hemmende Verfahren[*] reichen vom Rezitieren von Homerstellen (IV 831–2 = IV 467–8)[**] über das Sprechen von Gebeten (XXXVI 161–77) bis zum Beisichtragen beschrifteter Stücke Metall oder Papyrus (VII 940–68; IX; XII 179–81). Die drei zuletzt angeführten Stücke sind so angelegt, daß der Name einer besonders gefährlichen Person je nach den Bedürfnissen des Trägers eingefügt werden kann. Wir haben einen solchen Formularzauber in einem Ostrakon, auf dem Kronos gebeten wird, den Zorn von Hori, Sohn der Maria, zu dämpfen und ihn nicht gegen Hatros, Sohn der Taeses, sprechen zu lassen (O 1 in PGM, Bd. 2, S. 233). Das ist milde ausgedrückt. Andere bitten den Gott, den Soundso zu unterwerfen, zu knebeln, zu knechten, zu versklaven, mit Füßen zu treten (VII 940–68; IX); letzteres wurde in die Tat umgesetzt, indem man ein mit magischen Vokalen und Engelsnamen beschriebenes Täfelchen in seine rechte Sandale legte: »So, wie auf diesen geheiligten Namen herumgetrampelt wird, so geschehe es auch mit Soundso, der mir im Wege steht« (X 36–50).

Das systematische Ineinandergreifen von Gewalt und Gunst, das wir vielleicht seltsam oder sogar abstoßend finden, ist einfach die notwendige Form für das Streben nach Erfolg in jener wettkampforientierten, maskentragenden, doppelzüngigen Gesellschaft. Der *philtrokatadesmos* des Astrapsoukos (VIII 1–63) ist offenbar ein »Zauber für einen Ladeninhaber zur Sicherung des geschäftlichen Erfolgs«, wie sein Übersetzer ins Englische anmerkt,[9] aber die Segnungen, die auf Soundso und seinen Arbeitsplatz (*ergastērion*, Zeile 63) herabgefleht werden, schließen nicht nur Sieg und Reichtum ein, sondern auch gewinnende Ausstrahlung (4, 27, 36), erotische Attraktivität (*epaphrodisia*, 5, 62), Schönheit an Gesicht

---

[*]   »Hemmung« bzw. »Zügelung« ist der erste von vielen Berührungspunkten zwischen zwei Gebieten, die in modernen Darstellungen gewöhnlich auseinandergehalten werden – erotischen Riten und Bindezaubern, z. B. »Hermes, Hindernder, zügele Manes […]«, R. Wünsch, *Defixionum Tabellae Atticae*, IG III, Appendix, No. 109.

[**]  Empedokles rettete einmal seinen Gastgeber Anchitos vor der Ermordung durch den Sohn eines Mannes, der nach einem Schwerverbrechensverfahren, das Anchitos angestrengt hatte, hingerichtet worden war: Als der junge Mann in fürchterlichem Groll (*thymos*) mit gezogenem Schwert losstürzte, schlug Empedokles einen lindernden und hemmenden (*katastaltikos*) Akkord auf seiner Lyra an und rezitierte aus dem vierten Gesang der *Odyssee* (»ohne Kummer und Groll, und aller Übel vergessend«, *Od.* 4.221) – Iamblichos, *Vit. Pyth.* 113 (= FVS 31 A 15). Andere Belege für den Gebrauch Homerischer und Vergilscher Zeilen bei Heim 1892, 514–18.

und Gestalt (*prosōpou eidos*, 5; *morphē*, 27, 30; *kallos*, 27). Unser analytisches Seziermesser sollte die Verbindung zwischen Triumph und Verführungsqualitäten in der gesellschaftlichen Persönlichkeit dieses Ladenbesitzers nicht durchtrennen, denn sie werden in der Litanei dieses Zaubers beständig nebeneinander gestellt.[10] Sein Charme wie seine Stärke dienen dem gleichen Ziel im vorsichtigen Spiel des Lebens: »Stimm alle milde gegen mich und gib mir Macht und Schönheit [...]« (30–1). Insofern ist der Titel *philtrokatadesmos*, der gewaltsames Binden der Konkurrenten (*katadesmos*) und liebende Verbundenheit (*philtro-*) gleichzeitig anspricht, durchaus nicht irreführend, wie der Übersetzer meint, sondern drückt die Diffusion eines sichtbaren, niedergradigen *erōs* über die gesamte Wettbewerbsstruktur hinweg aus.

Die Brauchbarkeit eines solchen *erōs* wird am lebendigsten in einem Ritus geschildert, nach dem ein Wachsbild des Eros gefertigt und belebt wird, das einem dann als Allzweck-Beihelfer (*parhedros*) zur Verfügung steht (XII 15–96). Wenn sie den Lebensodem von sieben erdrosselten Vögeln aufgesogen hat, wird die Eros-Figur ihrem Meister damit dienen, machtvolle Zwangsbotschaften an alle Männer und Frauen zu überbringen, die ihr Eigentümer zu beeinflussen wünscht. »Ich rufe dich, dich auf dem schönen Ruhelager [*koitē*], dich in deinem Haus des Begehrens, diene mir und melde stets, was ich dir aufgetragen habe« (40–1). Unter anderem kann dieser Beihelfer bewirken, »daß sich alle Männer und Frauen wenden, mich zu begehren [*ep' erōta mou*, 61–2]«, und »Gunst, süße Beredsamkeit, sexuelle Attraktivität vor allen Männern und allen Frauen der Schöpfung« gewähren, »daß sie mir untertan sind in allem, was ich wünsche, weil ich der Diener des Höchsten Gottes bin, der den Kosmos in der Hand hält, des Herrschers über alles« (69–72). Die Macht dieses Eros Parhedros, das Haus anderer zu betreten (82), ihnen im Traum zu erscheinen oder als göttliche Heimsuchung mitten im Schlafe (15–6, 41–2, 83–4), sie »mit Furcht, Zittern, Bangen und Herzensverwirrung« zu erfüllen (54–5, 84), rückt diesen dienstbaren oder »Karriere«-Eros in die Nähe der spezifischer ausgerichteten *agōgai* des nächsten Teiles.

Bevor wir uns jedoch diesen zuwenden, müssen wir diese Behandlung einfacher therapeutischer Maßnahmen zur Selbsthilfe mit einem kurzen Blick auf Aphrodisiaka und Antaphrodisiaka abrunden.

# Die erotische Apotheke

Die Begriffe *philtrokatadesmos* und *charitēsion* deckten nicht nur Gebete und Amulette ab, sondern direkter auch materielle Techniken zur Stimulation und zum Umgang mit sexuellen Gefühlen wie etwa Penissalben* (VII 191) und Liebestränke: Der Penis einer Eidechse, die man kopulierend angetroffen hat, erzeugt unauflösliche Zuneigung in einer Frau, die ahnungslos einen damit zubereiteten Trank zu sich nimmt, und wenn man sein Taschentuch über kopulierende Eidechsen werfen kann, so wird es zu einem *charitēsion mega* (großen Zauber, gewinnend zu wirken). Der Schwanz, als Amulett getragen, fördert die Erektion (*Kyranides* 2.14.10–3).

Das sind nützliche Kenntnisse, und sie wurden in stattlichen Mengen entlang informeller Kanäle in Bodennähe verbreitet, wobei sie nur spärliche Spuren in der Stratosphäre der gehobenen Literatur hinterließen.[11] Vor der Zusammenstellung der Handbücher blieb solches Wissen bei Familien und Einzelpersonen, die es nach eigenem Gutdünken mit anderen teilten oder nicht.[12] Platons *Charmides* zeigt, wie ein Heilmittel für Kopfschmerzen (das in einem Blatt und einem aufgesagten Zauberspruch bestand; 155E) weitergegeben werden konnte; Achilles Tatius' Roman *Leukippe und Kleitophon* tut dasselbe für ein Mittel gegen Bienenstiche (2.6). Man beachte jedoch, daß beide Heilmittel in den Erzählverlauf als Tricks zur Verführung einer begehrten Person eingebunden sind, nicht etwa als einfache Hausmittel.

Die auf die Überlieferung bezogene und die medizinische Literatur, die Informationen über Aphrodisiaka aufnimmt, neigt dazu, sie mit Symposien in Zusammenhang zu bringen.[13] Die »Scherzrezepte Demokrits« (VII 167–86) schließen illusionistische Lichtspiele, Vorbeuge gegen Weinrausch und sexuelle Stimulantien ein.** Die Experten für Eßkultur bei Athenaios wissen recht gut darüber Bescheid, welche Nahrungsmittel die Lust fördern.*** Sie zitieren Abhandlungen in Vers und Prosa aus klassi-

---

*    Siehe XXXVI 283–94; PDM xiv 335–55, ein Fischöl, das vor dem Verkehr auf den Phallus und aufs Gesicht aufgetragen werden mußte. PDM xiv enthält acht weitere Penissalben und ein Liebes-Fischöl, das nur für das Gesicht gedacht war (355–65).

**   Siehe Wellmann 1928. Hippolytos, *Refut. haer.* 4.28–42, versteht alle Vorführungen von Magiern als Zaubertricks (Ganschinietz 1913).

*** Knollen und Zwiebeln rangieren weit vorn (Athenaios 1.5B, 2.63E–64B, 64E–F, 8.356E), offenbar wegen ihrer Ähnlichkeit mit Testikeln (besonders die paarweise wachsenden, vgl. Plinius, *Nat. hist.* 26.95; Dioskorides,

scher und hellenistischer Zeit (Philoxenos, *Neues Kochbuch*; Herakleides von Tarent, *Gastmahl*; Terpsikles, *Über Aphrodisiaka*), die auch ebenso nützliche Hinweise darauf enthielten, welche Nahrungsmittel Blähungen verursachen (2.53C) und welche die Samenproduktion fördern (Zwiebeln, Schnecken und Eier, 2.64A). Aber dieses Material ist augenscheinlich viel älter und weiter verbreitet; die meisten Aphrodisiaka zitiert Athenaios aus der attischen Komödie des vierten Jahrhunderts (2.63E–64B, 8.356E–F). Er hätte auch die Stelle aus Aristophanes' *Ekklēsiazousai* hinzufügen können, an der die alten Weiber, die Sex von einem jungen Mann fordern, ihm raten, eine ganze Schüssel Zwiebeln hinunterzuschlingen (1092).*

Theophrast zeichnet mit unterschiedlicher Skepsis die Behauptungen von Kräuterhändlern** des vierten Jahrhunderts auf: Löwenmäulchensalbe erzeugt guten Leumund (*Hist. plant.* 9.19.3), Alraune in Essig ist ein Liebestrank (9.9.1). Hipponax erwähnte offenbar einen Liebestrank, den man beim Anblick der ersten Schwalbe im Frühling trinken mußte (172 West; Degani 1962). Die einfachsten Mittel sind manchmal die besten: die aristotelischen *Problemata* (3.33) empfehlen zur Förderung des sexuellen Appetits, ausgiebig zu frühstücken und leicht zu Abend zu essen.

Viele dieser Ingredienzien werden ausdrücklich als Bestandteile eines ausbalancierten Systems aufgefaßt, da der umsichtige Haushaltsvorstand *erōs* erregen und dämpfen können muß, bei Mann und bei Frau. Die als

---

*Mat. med.* 3.126). Satyrion [Bocksrollzunge, auch »Hasenhoden« (Knabenkrautart) oder »Bocksgeilen«(!) genannt – *A.d.Ü.*] hat eine »zwieblige Wurzel wie eine Frucht, rötlich mit einem Weiß darin wie ein Ei« (Diosk., *Mat. med.* 3.128). Manchmal liegt die aphrodisische Wirksamkeit nicht in der Form, sondern in dem sprechenden Namen, wie im Fall von Muscheln (*ktenes*, was ebenfalls »Vaginas« bedeutet) und den Meeresfrüchten, die als *fascina* und *spuria* bezeichnet werden (Apuleius, *Apologia* 35; Abt 1908, 223 f. = 149 f.). Die Wörter bezeichnen auch die männlichen bzw. weiblichen Genitalien (Quellen bei Abt zitiert).

* Was bei Menschen wirkt, wirkt auch bei Tieren. Meerzwiebel [*Urginea maritima*] und Hirschschwanz wirken stimulierend auf widerwillige Bullen (*Geoponika* 27.5; Varro, *Res rust.* 2.7.8), und »eben dasselbe Verfahren wirkt auch bei Menschen« (*Geoponika* 19.5.4). Rotbarbe ist ein Antaphrodisiakum für Männer, ein Kontrazeptivum bei Menschen und Vögeln (Athenaios 7.325D). Die Wurzel des »Allheilkrautes« (*Ferulago galbanifera*) ist gut bei Geburten, anderen gynäkologischen Problemen und bei Flatulenz beim Hornvieh.

** Wörtlich »Wurzelschneider«, *rhizotomoi*, siehe dazu Lloyd 1983, 119–35. *Rhizotomoi* war auch der Titel eines verloren gegangenen Theaterstücks um Medea von Sophokles, s. Sutton 1984, 117 f.

»Senfkohl« bekannte Pflanze (*Eruca sativa; euzōmon*) verhindert Erektion und nächtlichen Samenerguß,[*] wenn sie in grünem Zustand gegessen wird, aber ihr Samen, in Verbindung mit Pfeffer und Honig verabreicht, erzeugt eine zwei Finger lange Erektion und wird besonders »älteren Männern, deren Teil erschlafft ist« angeraten.[14] Der rechte Hoden des Wiesels ist empfängnisfördernd, der linke empfängnisverhütend (*Kyranides* 2.7). Der rechte Backenzahn eines kleinen Krokodils, als Amulett getragen, garantiert die Erektion bei Männern, der linke erzeugt »entsprechend starke Lust bei Frauen« (*Kyranides* 2.29).[**] Die hodenförmigen Doppelzwiebeln des Knabenkrauts und der Bocksrollzunge haben entgegengesetzte Wirkungen (*adversantur altera alteri*, Plinius, *Nat. hist.* 27.65), indem sie Lust fördern oder unterdrücken,[15] für männliche oder weibliche Nachkommen sorgen.[16]

Manche Zutaten sind spezifisch gegen Frauen gerichtet, wie etwa Kranichhirn (Aelian, *Nat. anim.* 1.44) oder Sperlingsmagen, der, heimlich in ein Getränk gegeben, Lust und *erōs* bei dem Mädchen fördert, das ihn trinkt (*Kyranides* 1.18.42–4). Offensichtlich wurde der größte Teil dieser populärwissenschaftlichen Literatur für Männer geschrieben, aber in der Literatur und der historischen Anekdote erhebt sich regelmäßig ein Verdacht gegen Frauen als diejenigen, die mit Lebensmitteln umgehen und vielleicht bei der Zubereitung geheime Zutaten beigeben könnten, um den männlichen *erōs* zu beeinflussen.[17] Auch hier liegt das Motiv im Netzwerk von Konkurrenz und Mißtrauen. Aretaphila versuchte, den verhaßten Tyrannen von Kyrene zu vergiften, mit dem sie verheiratet war; bei der Manipulation des Essens ertappt, rechtfertigt sie sich mit der Behauptung, sie bereite lediglich ein Antidot gegen die Mittel und Anschläge anderer Frauen zu, damit ihr die Zuneigung (*eunoia*) ihres Gemahls nicht entzogen und ihre ehrenhafte Stellung weiterhin gesichert

---

[*]   Daher wird sie regelmäßig von Tempelpriestern gegessen (*Kyran.* 1.5.13–14) – was vielleicht dem täglichen dreimaligen kalten Baden vorzuziehen ist, das von Chairemon beschrieben wird (*ap.* Porphyrios, *De abstin.* 4.6–8). Schierling wird aus gleichem Grunde vom Hierophanten von Eleusis verzehrt (Hippolytos, *Refut. haer.* 5.8). Ebenfalls hilfreich sind Rotbarbe (Terpsikles [wenn das kein Pseudonym ist!] *ap.* Athenaios 7.325D), die mit Artemis assoziiert wird (Platon comicus, *ap.* Athenaios 7.325A), und die Wurzel der Wasserlilie (*nymphaia*, benannt nach einer Nymphe, die sich hoffnungslos in Herakles verliebt hatte – Plinius, *Nat. hist.* 25.75, vgl. 26.94; Dioskorides, *Mat. med.* 3.132).

[**]  Das Herz einer Krähe zu tragen (einer männlichen bei Männern, einer weiblichen bei Frauen) sichert ewige Zuneigung (*eunoia*) – ein »unübertreffliches Wunder« (*Kyran.* 1.2.14–9).

sein werde (Plutarch, *Mul. virt.* 256A–C). Deianeira, in Sophokles' *Trachinierinnen*, hat ähnliche Beweggründe: sie haßt »kühne Frauen«, vermutlich solche, die erotischen Zauber einsetzen, um Liebhaber zu gewinnen, benutzt aber Nessos' Blut, um zu erreichen, daß Herakles ihr treu bleibt (575–87).[*]

Diese Verfahren zur Selbsthilfe stellen gerade in ihrer Gewöhnlichkeit kein verläßliches System für den Umgang mit den tiefsten und verstörendsten Problemen der Leidenschaft dar, besonders der zutiefst unerwünschten Erfahrung, sich hilflos und hoffnungslos zu verlieben. Wenden wir uns also noch einmal Polemons Hochzeit zu, um die medizinischen und psychologischen Aspekte dieser invasiven, antisozialen Form von *erōs* und die heimlichen Symbolhandlungen zu untersuchen, wie sie von Liebenden gegenüber widerstrebenden Personen in Anschlag gebracht werden.

## Remedium amoris

Polemons Aufdeckung der Wahrheit, die im Herzen zweier Liebender verborgen lag, war in ein spezifisch medizinisches Idiom gekleidet.[**] Eigentlich diagnostizierte er eine Krankheit auf der Grundlage von Anzeichen, die in Gesicht und Haltung der Braut und ihres Liebhabers

---

[*] Eine Frau, die beschuldigt wurde, Aphrodisiaka benutzt zu haben, um die Liebe Philipps zu gewinnen, wurde vor Olympias gebracht, die sagte, als sie ihre Schönheit sah und ihre klugen Reden hörte, »Die Anschuldigungen entbehren jeder Grundlage, du hast Aphrodisiaka schon in dir« (Plutarch, *Coni. praec.* 141B–C). Eine ähnliche Geschichte läßt sich in einer Unterhaltung über Frauenfeindlichkeit in Satyros' *Leben des Euripides* finden (einem Dialog, bei dem mindestens eine der drei Sprechenden eine Frau war): »Als er ihre Gestalt und Schönheit sah, sprach er, ›Heil dir, Weib; die Anschuldigungen sind falsch, denn du hast *pharmaka* in deinem Gesicht und in deinen Augen!‹« (*P. Oxy.* 1176, frag. 39, col. xiv). Die Trope wird bei Lukian anders gewendet (*Hetärengespräche* 8): »Seine Frau erzählte überall herum, ich hätte ihn mit einem Zaubertrank wahnsinnig gemacht, aber das einzige Zaubermittel dabei war seine eigene Eifersucht.«

[**] Wie in den Kriminalgeschichten über den Besuch des Hippokrates bei Demokrit, Diog. Laert. 9.42. Eine antike Zeichnung zweier Herzen – oder was Audollent dafür hielt – findet man in dem »Valentinsbriefchen« in DT 264.

sichtbar wurden. Die gesamte antike Medizin, die gesellschaftliche Praxis und die Literatur durchzieht ein tiefer Glaube, daß intensives Begehren ein krankhafter Zustand sei, der Seele und Körper angreife, eine Krankheit, die bis zu einem gewissen Grade erkannt und untersucht werden kann, die aber überaus schwer zu behandeln ist. Ihre Pathologie ist im Grunde die der Melancholie:»Diejenigen, die über eine große Menge heißer schwarzer Galle verfügen, werden entweder tobsüchtig oder sehr klug oder erotisch oder anfällig für Zorn und Begehren.«[*] Heutzutage würde freies Assoziieren zum Begriff »Liebe« nicht »Wahnsinn« und »Zorn« als erste Reaktionen zutage fördern. Da die Prämissen, unter denen wir »Liebesgeschichten« sehen, ein wenig anders als diejenigen des Mittelmeerraumes in der Antike sind, müssen wir stets auf der Hut sein, solche Erzählungen nicht falsch zu interpretieren. Wenn zum Beispiel Herodot eine dynastische Sage mit dem Satz beginnt, »Kandaules verliebte sich in seine eigene Ehefrau« (1.8), so erkannte sein Publikum schon allein an dem Wort *erōs*, wie auch an der ominösen Verbindung von Eros und Ehe, daß schlimme Ereignisse ins Haus standen.

Wenn in vielen Zusammenhängen sich verlieben dasselbe ist wie erkranken,[18] so ist dies besonders bei jenen der Fall, deren Begehren sich an einer Person entzündet hat, mit der ein Zusammenkommen oder eine Heirat nicht möglich ist. Natürlich gilt das für junge Liebende ganz allgemein: »Was ist süßer für ein menschliches Wesen als das Verlangen nach einer Frau, besonders das Begehren eines jungen Mannes? [...] Und doch folgen Mühsal und Kummer auf dem Fuße.«[**] Wenn das Begehren des oder der Liebenden nicht erwidert wird oder von ihrer oder seiner Familie nicht sanktioniert ist, befindet man sich in der Tat in einer verzweifelten Lage, die sich häufig in Bettlägerigkeit, in Auszehrung und – wenn die Behandlung unterbleibt – im Tod äußert.[***] Selbstmord ist ein üblicher Schluß für Geschichten von hoff-

---

[*]  [Aristoteles], *Problemata* 30.1: 954ª52; vgl. 954ª25: »wenn schwarze Galle sich überhitzt, erzeugt sie Fröhlichkeit, die von Gesang begleitet ist, und Wahnsinn und das Aufbrechen von wunden Stellen.«

[**]  Antiphon Soph., *Über den Gemeinsinn*, FVS 87 B 49. – »Ein Zeichen für das beginnende Wirken von *erōs* ist nicht Entzücken über die Anwesenheit des Geliebten, was sich von selbst versteht, sondern vielmehr das Stechen und der Schmerz, der sich einstellt, wenn man getrennt ist« (Plutarch, *Quomodo quis suos in virtute sent. prof.* 77B). – »Diese Zeichen – schwere Seufzer und Tränen und Blässe – weisen auf nichts anderes hin als auf *erōs*« (Lukian, *Jup. Trag.* 2).

[***]  Einige berühmte literarische Fallbeispiele: Euripides' Phädra, Kalli-

nungsloser Liebe, wie in dem alten griechischen Volkslied von Kalyke, die sich lieber von einer Klippe stürzte als ohne den jungen Mann zu leben, der sie abgewiesen hatte.[*] *Erōs* wird unter solchen Umständen als eine Zwangslage oder ein äußerer Druck von jener Art empfunden, die das Leben einfach unlebbar macht. Die moralischen Rechtfertigungen für den Selbstmord in der klassischen Philosophie beziehen sich von der Art her auf von den Göttern verhängte Zwangslagen, zu denen nach populärem Verständnis – wenn nicht gar dem des Aristoteles – auch *erōs* gezählt wird.[**]

Da *erōs*, so schön er auch ist, die Glieder löst und stärker ist als besseres Wissen und Urteilsvermögen (Hesiod, *Theogonie* 120–22), ist es entschei-

---

machos' Kydippe, Charitons Kallirhoe. Weniger bekannte Leidende sind der Sohn des Diogenes (*Suda* s.v. *Diogenes*) und der reiche Jüngling, der sich in ein Bauernmädchen verliebte (Athenaios 12.554C–E, aus Kerikas' und Archelaos' *Iamboi*).

[*]  Athenaios 14.619D–E (aus Aristoxenos), traditionell dem Stesichoros zugeschrieben (Page 1962, 277). Dimoites, von seiner Gemahlin verflucht, verliebt sich in eine Leiche, die am Strand angetrieben wird; da sie in einem Zustand fortgeschrittener Zersetzung ist, beerdigt er sie und nimmt sich selbst auf ihrem Grab das Leben (Parthenios 31). Als Antiope sanft, aber bestimmt die Werbung des Soloeis zurückweist, stürzt er sich in einen Fluß und ertränkt sich (Plutarch, *Theseus* 26.2–5). Nachdem man die Geliebte des Enalos ins Meer gestürzt hat, um einem Orakel Genüge zu tun, springt er ihr nach, wird aber von einem Delphin gerettet, der ihn nach Lesbos trägt – offenbar eine Sage, die man sich zum Bild eines Delphinrittes auf Lesbos erzählte (Myrsilos von Lesbos, FGrHist 477 F 14). Daphnis' Mutter befürchtet, er könne sich das Leben nehmen (Longos, *Daphnis und Chloë* 3.26.3). Phidalios von Korinth (FGrHist 30 F 2) spricht das allgemeine Prinzip aus: »Es ist natürlich für Liebende, sich an die Geliebte zu klammern und für sie zu sterben [...]; denn sie sind vom Verlangen wild gemacht worden und nutzen ihren Geist nicht zu vernünftiger Überlegung.« Das Motiv ist so verbreitet, daß Lukian sich darüber lustig macht: auf einer Liste von Seelen, die in den Hades eingehen, stehen auch »sieben, die sich aus Liebe umbrachten« (*Kataplous* 6).

[**] »Eine von den Göttern verhängte Notlage [*anankē*]«, Platon, *Phaidon* 62C; »in eine Zwangslage gebracht [*anankastheis*] durch ein unerträglich schmerzhaftes und unausweichliches Unglück oder die Begegnung einer hoffnungslosen und nicht lebbaren Schande«, Platon, *Nomoi* 9.873C; »zu sterben, um der Armut oder *erōs* oder irgendeiner Ängstigung zu entgehen, ist eher Zeichen einer feigen denn einer mannhaften Person«, Aristoteles, *Eth. Nikom.* 3.7, 1116ª12–14. (Auf diese Stellen machte mich Prof. Elise Garrison aufmerksam.)

dend, dieses Gebrechen diagnostizieren und behandeln zu können.[*] Die Demonstration des Polemon gehört in eine lange Kette von Behauptungen und Geschichten, die die Grenzen der gewöhnlichen Medizin beim Umgang mit der verheerenden und zerstörerischen Macht von *erōs* aufzeigen. Er kann sie erkennen, kann sie aber nicht beherrschen. Einige wenige solche Erzählungen (die die Regel bestätigen) bringen es sogar fertig, glücklich zu enden. So erkannte der berühmte Arzt Erasistratos nicht nur die Ursache der Erkrankung des Fürsten Antiochos richtig als unerfüllten *erōs*, sondern fand auch das Objekt seiner Liebe heraus, indem er seinen Puls fühlte, während verschiedene Mitglieder seines Haushaltes das Krankenzimmer betraten.[19] (Galen hielt diese Anekdote für wahr und behauptete, dasselbe getan zu haben.[20])

Typischer ist es allerdings, daß *erōs* gesellschaftliche Erwartungen und medizinischen Sachverstand durcheinanderbringt. Leute, die in der Nähe des Flusses Selemnos in Achaia lebten, erzählten Pausanias, daß ein Bad in seinen Wassern *erōs* bei Männern und Frauen gleichermaßen heile. Aber Pausanias bemerkt trocken:»Falls etwas Wahres an dieser Geschichte ist, ist das Wasser des Selemnos wertvoller als große Reichtümer« (7.23.3). Die fortgesetzte quasimedizinische Beschwerde ist die, daß es kein Mittel gäbe, um jene Krankheit zu heilen – außer der geliebten Person selbst.[**]

---

*     Plutarch empfiehlt, den alten Brauch öffentlicher Krankheitsdiagnose auch auf Störungen des Gefühlslebens anzuwenden, und stellt sich die folgenden Kommentare von Schaulustigen vor (*Lat. viv.* 1128E):»›Du leidest an Zorn, bleib weg von *X*. ›Du bist eifersüchtig; tue *y*.‹ ›Du bist verliebt; ich war auch einmal verliebt, habe meinen Fehler [*metenoēsa*] aber eingesehen.‹ «

**    Platon, *Phaidros* 252A–B; eine ordentliche Erziehung wird andere Begierden mildern, was aber *erōs* angeht, die Quelle einer Million von Übeln für Einzelne und ganze Städte, so ist zu fragen,»welches Heilkraut kann man schneiden, um diese Menschen von einer so großen Gefahr zu befreien?« (*Nomoi* 8.836B);»O König, es gibt kein anderes *pharmakon* gegen *erōs* als die Geliebte in Fleisch und Blut« (Chariton 6.3.7); ein Magus erklärt, er habe Gewalt über den Mond und die Sonne und das Meer und die Lüfte,»nur ein Liebeszaubermittel finde ich nicht« (PGM XXXIV, das Fragment eines Romans). Theokrit erklärt, es gebe keine Heilung außer der Dichtung (*Idyll* 11.1–3); Kallimachos pflichtet bei und nennt Aushungern als weitere Kur (*Epigramm* 47). Philetas rät Daphnis und Chloë:»Es gibt kein Heilmittel gegen *erōs*, nichts, was man trinken, nichts, was man essen, nichts, was man in einem Lied singen könnte, außer einem Kuß und einer Umarmung und sich entkleidet miteinander niederzulegen« (Longos, *Daphnis und Chloë* 2.7).

Die Kernerfahrung, die sich in der griechischen erotischen Literatur findet, ist die einer mächtigen, unfreiwilligen Anziehungskraft, die als ein Eingriff empfunden und in einer Pathologie körperlicher und geistiger Störung beschrieben wird. Es gibt zahlreiche wohlbekannte Beispiele von Sappho[*] bis *Daphnis und Chloë*[**], aber wir wollen statt dessen der lieblichen Sosipatra aus Eunapios' *Leben der Sophisten* (ed. Wright 1961, 398–417) die Aufmerksamkeit schenken, die ihr Fall verdient. Von zwei alten chaldäischen Magi seit ihrem fünften Lebensjahr in religiöser und philosophischer Überlieferung unterwiesen, erwarb sich Sosipatra die Fähigkeiten des Vorauswissens und der Telepathie, die das Ziel vieler Iatrosophisten [»Medizinprofessoren«] im vierten Jahrhundert unserer Zeitrechnung waren. Ihr Verwandter Philometor, »besiegt von ihrer Schönheit und ihrer Rede«, verfällt in einen Zustand des *erōs*, der »ihn fesselte und ihm Gewalt antat«. Er beginnt, nicht näher bezeichnete Künste auszuüben, in denen er bewandert ist, um die gleichen Gefühle in Sosipatra zu erzeugen, und sie beginnt, seine Anschläge zu bemerken. Folgendermaßen beschreibt sie ihr *pathos* ihrem Vertrauten Maximus: »Wenn Philometor anwesend ist, ist er lediglich Philometor […]; aber wenn ich sehe, daß er mich verläßt, so erhält mein Herz in mir einen Stich und dreht sich um und um, seines Fortgehens wegen.« Philometor führt beharrlich seine Riten aus, und Maximus kämpft gegen ihn, indem er »durch divinatorisches Opfer erfährt, welcher Macht sich Philometor bedient hatte, und daraufhin einen gewaltsameren und mächtigeren Geist beschwört, um den Zauber des geringeren zu brechen«.[***] Sosipatra wird von ihren unwillkommenen Gefühlen befreit, und Philometor gibt seine Ränke auf.

Welche geheimen Symbolhandlungen praktizierte Philometor? Viele technisch einfache Maßnahmen sind aus PGM bekannt, etwa Worte, die man über einem Weinkelch flüstert, bevor man ihn jemandem zu trinken gibt,[21] oder Zutaten, die man in das Getränk selbst hineingeben muß[22]. Ein Sonnenskarabäus, schön in Myrrhenöl gekocht und mit einer kleinen

---

[*]   Plutarch bemerkt sehr schön, daß die physischen Symptome, die in Sapphos Gedicht 31 beschrieben werden, exakt diejenigen von *erōs* sind (*Demetrios* 38). Sie sind auch unwillkommen, unfreiwillig und möglicherweise Folge eines Zaubers, siehe Kapitel 6, S. 250–2; 259 ff.

[**]  Chloë versucht ihre eigenen Symptome als Frühlingsfieber zu diagnostizieren (1.13–14).

[***] So wurden die Liebeszauber Canidias gebrochen, wie sie glaubt, durch »Beschwörung einer Hexe mit größerer Wissenschaft«, *veneficae scientioris carmine* (Horaz, *Epode* 5.71–72).

Prise Wicke (dem »Zwangskraut«, *katanankē botanē*[23]), setzt dich in die Lage, eine Frau dazu zu zwingen, dir zu folgen, sobald du sie berührt hast, vermutlich mit einem Tupfer des wundersamen Öls.[24] Blickkontakt ist starker Zauber selbst ohne pharmazeutische oder spirituelle Unterstützung,[*] aber die Wirkung läßt sich steigern, wenn man den Geheimnamen Aphrodites siebenmal vor sich hin spricht, während man die Erwählte ansieht (IV 1265–74) oder wenn man eine Formel spricht und dreimal tief atmet, während man sie anstarrt: Wenn sie zurücklächelt, ist das ein Zeichen, daß der Zauber gewirkt hat![**]

Aber Philometor alberte nicht mit Kinderspielzeug in Sachen Liebe herum. Der Zwang, den er zu übertragen suchte, *weil er selbst ihn spürte*, gehörte eher zu dem sehr viel breiteren und expressiveren Repertoire von Riten, die als *agōgai* bekannt sind, Zauberzwänge, die eine Person zum eigenen Haus und Schlafgemach führen oder schleppen sollen. Gegen die Macht des Zwanges, wenn sie unter idealen Bedingungen ins Werk gesetzt ist, gibt es keinen Widerstand. Ich werde zwei literarische Bilder von hochwirksamen *agōgai* heranziehen – wenn auch beide ein Quantum auktorialer Ironie enthalten –, um die Darstellung der Riten und Praktiken, wie sie aus den Griechischen Zauberpapyri bekannt sind, mit einem Rahmen zu versehen.

Die erste kommt im *Goldenen Esel* des Apuleius vor (2.32 und 3.15–18). Fotis, Dienerin der Zauberin Pamphile, erhält den Auftrag, einige Haare eines hübschen böotischen Jünglings zu stibitzen, während er beim Barbier sitzt. Der Barbier verhindert das, also bringt sie ihrer Herrin, um ihren Mißerfolg zu vertuschen, einige Haare gleicher Farbe von Ziegenhäuten, die frisch geschoren und jetzt aufgeblasen zum Trocknen aufgehängt worden sind. In der Nacht nimmt Pamphile die Haare auf das Dach ihres Hauses mit, wo sie ihr Laboratorium hat, das mit Kräutern, gravierten Metalltäfelchen, Holzstücken aus Schiffbrüchen, Teilen menschlicher Leichen und Tierknochen bestückt ist. Unter Einsatz von Feuer, Be-

---

[*]  Wie Hippodamia in Sophokles' *Oinomaos* über den schönen Pelops sagt: »Pelops hat die Mittel eines richtigen Zauberers, *erōs* einzufangen, ein gewisses Blitzen in seinen Augen; es wärmt ihn, es versengt mich ganz und gar« (frag. 474). »Wie Feuer die verbrennt, die es berühren, so entzünden schöne Menschen auf subtile Weise ein Feuer in denen, die sie auch nur aus Entfernung sehen, so daß sie vor Liebe erglühen« – Xenophon, *Kyropaidia* 5.1.16. Siehe Halperin 1986, 63, Anm. 5.

[**]  X 19–23. Sicher: freundlicher Blickkontakt eines Bewunderers auf die Länge von drei tiefen Atemzügen ist für sich genommen schon eine unmißverständliche Botschaft – die Formel dient eher dem Selbstvertrauen.

schwörungen und verschiedenen Flüssigkeiten verknotet und verbrennt sie die Haare, was die Körper, von denen sie stammen – nicht den des böotischen Jünglings, sondern die aufgeblasenen Ziegenhäute –, dazu bringt, die Straße entlang gehüpft zu kommen und an Pamphiles Haustür zu pochen.

Vor der Veröffentlichung der Rituale in PGM hätte man denken können, daß Apuleius' Bild blühendste Phantasie sei. Aber alles daran, mit der verblüffenden Ausnahme des untypischen Geschlechts des Magiers (dazu unten mehr) gehört zu den üblichen Praktiken, wenn man eine Person willenlos aus ihrem Haus und ins eigene Bett zwingen will. In VII 462–6 wird beispielsweise ein Kupfernagel, der aus einem Schiffbruch stammt, dazu benutzt, Zeichen in eine Zinntafel zu ritzen, die dann mit *ousia* versehen – irgendeinem originalen Stoff vom Körper der zu verzaubernden Person, in der Regel Haar[25] – und ins Meer geworfen wird. Die Inschrift lautet, »mach, daß die Soundso mich liebe«. Für CXVII (aus dem ersten Jahrhundert vor unserer Zeitrechnung) benötigt man »zwei Strähnen ihres Haares«. XVI, XIXa und LXXXIV, alles angewandte Liebeszauber, wurden sogar mit Haar umwickelt aufgefunden.[26] Die voranschreitende Macht eines Zauberspruchs, sein Opfer aus seinem Haus, durch die Straßen und zum eigenen Haus zu zwingen, läßt sich am Flackern von sieben Dochten ablesen, die vom Tau eines schiffbrüchigen Schiffs gedreht worden sind (VII 593–619): »Wenn die erste Flamme flackernd verzischt, so wisse, daß der Dämon von ihr Besitz ergriffen hat; wenn die zweite, daß sie aus dem Haus gegangen ist; wenn die dritte, daß sie unterwegs ist; wenn die vierte, daß sie eintrifft; wenn die fünfte, daß sie am Tore steht; wenn die sechste, daß sie im Innenhof [*ton pesson*][27] ist; wenn die siebte, daß sie das Haus betreten hat.«

Viele *agōgai* verwenden, wie Pamphiles Zauber, das Feuer; *empyron*, »im Feuer« wird sogar als eigenständige Rubrik benutzt.[28] Der augenfällige Symbolismus brennender Leidenschaft, die als innere Hitze und Feuer empfunden wird, kommt auch in den Befehlen (»so sollen Seele und Herz der Soundso […] verbrannt und im Feuer verzehrt werden, bis sie – mich, den Soundso, liebend – zu mir kommt«, XXXVI 80–2) und in dem Akt zum Ausdruck, den beschriebenen Papyrus (zusammen mit *ousia*) im Trockenschwitzraum eines öffentlichen Bades anzuheften (XXXVI 75; vgl. Kuhnert 1894).

Aber in mancher Hinsicht liegt ein aufschlußreicherer Aspekt des Feuers des Zaubertätigen nicht in seiner Hitze, sondern in dem Sachverhalt, daß es spezifisch in der Nacht entzündet wird. Denn *agōgai* gehen im Grunde nicht aus dem Glauben an irgendeine thermische Technologie als solche hervor, sondern aus einer dramatischen Szene nächtlicher

Isolation mit wohldefinierten psychologischen Merkmalen und einer konsequenten Strategie der Projektion, bei der ein kalkuliertes Doppelspiel getrieben wird. Wenn wir nicht die vorwissenschaftlich *geglaubten Anschauungen* (wie die Macht »sympathetischer Magie«) betrachten, die sich aus den Praktiken extrapolieren lassen, sondern gerade auf ihre Rhetorik, ihre Dramatik und ihre sozialpsychologische Seite achten, werden wir zu einem sehr viel authentischeren Verständnis ihres Tenors und ihrer Funktion im Leben antiker Liebender gelangen können.

*Eine Nachtvorstellung.* Wenn der Rahmen für eine *agōgē* angegeben wird, so ist die Zeit die Nacht, der Ort gewöhnlich ein hochgelegener Raum oder das Hausdach, von dem aus der Ausführende den Mond oder den Planeten Venus ansprechen und beobachten kann, und die Ausrüstung schließt eine Lampe oder offenes Feuer und diverse Materialien ein. Es gibt elf gesicherte Beispiele für solche Riten in PGM und PDM: IV 1716–870 (»Schwert des Dardanos«), 1496–595 (=XXXVI 333–60), 2006–125 (»Des Pitys Herbeiführungszauber«), 2441–621, 2708–84, 2891–942, VII 862–918 (»Mondräucherwerk des Klaudianos«), XII 376–96, xiv 1070–7, XXXVI 134–60 (ein Nachtritus an der eigenen Haustür), lxi 112–7 und LXI 1–38. Andere *agōgai*, zu denen man Lampen braucht, sind mit ziemlicher Sicherheit bei Nacht zu vollziehen, auch wenn Dunkelheit und Sterne und Schlaf nicht erwähnt werden (VII 593–619, LXII 1–24). Um die psychologischen und gesellschaftlichen Beziehungen nicht falsch zu verstehen, die in dieser Szene impliziert sind, muß man sie in zwei Aspekte zerlegen: die Szene des Rituals durch den Ausführenden, gewöhnlich ein Mann kurz vor dem Zubettgehen, und die imaginierte Szene des Opfers, typischerweise eine Frau, die in ihrem eigenen Haus schläft.

*Der Ausführende.* »Das alles [eine fein zerstampfte Mischung aus ertränkter Spitzmaus, Mondskarabäen, Ziegentalg, Paviansmist, zwei Ibiseiern usw.] tu in eine bleierne Büchse [...] und wenn du die Praktik durchführen möchtest, nimm ein wenig davon, mach dir ein Kohlenfeuer, steige auf ein hohes Haus und bring das Rauchopfer, wobei du folgende Formel bei aufgehendem Monde sprichst [...]« (IV 2464–70). Der Ausführende steht, das Gesicht dem Nachthimmel zugewandt, betrachtet den Mond (oder den Planeten Venus), richtet ein langes Gebet an die Göttin und hält nach ihren Reaktionen Ausschau. »Wenn du den Stern [die Venus] aufleuchten siehst, so ist das ein Zeichen, daß sie [das Opfer] getroffen worden ist, wenn er Funken wirft, so ist sie auf dem Weg, wenn er eine längliche Form annimmt wie das Licht einer Lampe, so ist sie da« (IV 2939–42).[29] Gewisse vorbereitende Maßnahmen können am Vortag erforderlich werden, wie etwa eine beschriftete Eselshaut bei Sonnenuntergang unter eine Leiche zu breiten (IV 2038–41) oder einen Osiris aus

Wachs unter der Türschwelle des Opfers zu vergraben (lxi 116), aber die schlummernde Macht solcher Vorbereitungen wird nur in tiefster Nacht zum Leben erweckt.

*Das Opfer.* Die Person, die mit einer *agōgē* getroffen werden soll, schläft gewöhnlich in ihrem eigenen Bett, und was der Ausführende ihr wünscht, ist ein immer stärker werdendes Gefühl der Ruhelosigkeit und der inneren Qual, die sie um den Schlaf bringt. »Raubt ihr den süßen Schlaf, und nie sollen ihre Lider einander fest haftend berühren, und aufreiben soll sie sich schlaflos in Ängsten, die sich auf mich richten« (IV 2735–9).[30] »Isis windet und wälzt sich auf ihrem heiligen Lager [...] laßt die Soundso, Tochter der Soundso, ohne Schlummer bleiben, flatterhaft, hungrig und durstig werden und schlaflos nach mir, Soundso, Sohn der Soundso, gelüsten, in Lust aus tiefsten Eingeweiden, bis sie kommt und ihre weiblichen Genitalien mit meinen männlichen Genitalien vereinigt. Wenn sie schlafen will, so legt ihr dorngefülltes Leder unter und spießt ihr hölzerne Stacheln in die Schläfen [...]« (XXXVI 142, 147–52). Die Ängste, die auf sie herabgewünscht werden, werden unterschiedlich ausgemalt als körperliche und geistige Symptome wie Brennen (»versenge ihre Psyche mit ruhelosem Feuer«, IV 2767), Desorientierung (»mach sie schwindlig, daß sie nicht weiß, wo sie ist«, LXI 15–6) und Wahn (»voller Furcht, voller Wahnbilder, schlaflos vor Lust nach mir und Liebe zu mir«, VII 888–9).

Zwischen dem Agierenden und dem Opfer, wie sie sich in diesen Szenarien darstellen, findet eine merkwürdige Übertragung statt. Der Ritus weist dem Ausführenden eine Rolle ruhiger und meisterlicher Beherrschung zu und imaginiert eine Szene leidenschaftlicher innerer Qual für das Opfer. Aber wenn wir darüber nachdenken, was sich in Wirklichkeit abspielt, so liegt das ausersehene Opfer aller Wahrscheinlichkeit nach in seligem Schlummer, in gnädiger Unkenntnis dessen, was irgendein liebestrunkener Verrückter gerade auf seinem Dach anstellt, während der Mann selbst, wenn er auf diese bestimmte Frau fixiert ist, an jenem unglücklichen und verzweifelten Zustand namens *erōs* wirklich leidet. Die Zaubersprüche bestimmen, daß die Frau vollständig von Gedanken an den Liebhaber eingenommen sein werde; nach Beweislage des Rituals können wir sagen, daß der Liebhaber selbst bereits machtvoll mit Gedanken an das Opfer beschäftigt ist.[31]

Die Erfahrung von *erōs* als die Erfahrung, zum Opfer unerwünschter invasiver Kräfte zu werden, erfordert eine wirksame Therapie. Die Methode der Verhaltensformung, wie sie in diesen Riten zur Anwendung kommt, besteht darin, den Liebhaber eine Folge von gekonnten und gebieterischen Abläufen nachvollziehen zu lassen, anhand eines Textes, der jeden Bezug auf die Sorgen unterdrückt, die er sich macht, und statt dessen ein Bild davon heraufbeschwört, wie sein Liebesobjekt die Qualen erfährt, die er selbst gerade empfindet: »Ihr Geist soll beherrscht sein vom mächtigen Zwang des *erōs*« (IV 2762–3). Die Texte sind natürlich technische Handbücher zum berufsmäßigen (oder zumindest fachmännischen) Gebrauch, und sie geben uns keinen Aufschluß über die Kunden, die den Fachmann zu Rate zogen. Aber es paßt besser zu dem, was wir von der Psychologie und den Standardszenen des mediterranen *erōs* kennengelernt haben, sich den typischen Kunden für einen solchen Ritus nicht als einen Don Juan vorzustellen, dem es nur darum ging, die schiere Zahl seiner Eroberungen in die Höhe zu treiben, sondern eher als irgendeinen jungen Mann, der es ziemlich bitter nötig hatte. Philometor beispielsweise verfiel auf solche Praktiken, weil er zuerst von der Schönheit und Rede Sosipatras »erobert« worden war. Sein Versuch, *erōs* auf sie zu übertragen, war die wohlabgewogene Reaktion auf seine eigene jämmerliche Misere.

Gerade um einen solchen Kunden geht es in dem zweiten (oben versprochenen) literarischen Bild einer *agōgē*. Wenn auch hier wieder eine gewisse auktoriale Ironie den Erzählton färbt, so wird doch ein insgesamt glaubhafterer und realistischerer Kontext für die tatsächliche Verwendung professionellen Fachkönnens in einem Problemfall von Liebeskummer geboten. Der junge Glaukias, der achtzehn Jahre alt ist und soeben das Gut seines Vaters geerbt hat, hat sich in Chrysis verliebt, die Ehefrau des Demeas, und gerät darüber in äußerste Hilflosigkeit, so daß er das Studium der Philosophie nicht fortsetzen kann. Sein Lehrer bringt zu seiner Rettung einen hyperboreischen Magier ins Spiel, der über Dämonen gebieten, ausgetrocknete Leichname ins Leben zurückrufen und *erōtes* [Liebesboten] aussenden kann, um Leute herbeizuholen. Der Magier verlangt vier Minen Vorschuß für den Kauf von Materialien und weitere 16, wenn der Ritus funktioniert. Er wartet zunehmenden Mond ab und beschwört dann zunächst – um Mitternacht in einem Teil des Hauses unter freiem Himmel – den Schatten von Glaukias' Vater, der widerstrebend der Sache seinen Segen gibt, und läßt dann Hekate aus der Unterwelt herauf- und den Mond vom Himmel herabsteigen. Schließlich formt er eine kleine Erosstatue aus Ton und befiehlt ihr, Chrysis holen zu gehen. Sie fliegt davon, und ein Weilchen später klopft Chrysis an die Tür und eilt herein, um Glaukias zu umarmen »wie eine Frau, die vor Lust völlig außer sich ist«. Mit dem ersten Hahnenschrei kehren Hekate, der Mond und auch Chrysis allesamt an ihren angestammten Platz zurück.[*]

---

[*] Lukian, *Philopseudes* 13–15. Der Erzähler bemerkt dazu: »Aber ich kenne diese Chrysis, sie ist ein munteres und unumwundenes Weibsbild,

Unter der Glasur Lukianischer Ironie liegt eine substantielle und völlig plausible Wiedergabe der wirklichen Nöte und Motive, die Menschen dazu brachten, sich der Praktiken zu bedienen, wie sie in PGM festgehalten sind. Wenn wir den umfassenderen gesellschaftlichen Kontext ihrer Anwendung betrachten, können wir feststellen, daß *agōgai* als ein System von Verschiebungen organisiert sind. Die erste Verschiebung, und vermutlich selbst schon von therapeutischem Wert, ist die intensive Vorstellung der Krankheit des Klienten als etwas, das von einer anderen Person empfunden wird. Es könnte sehr gesund für jemanden sein, der sich selbst als Opfer der Liebe sieht, eine Szene der Souveränität und Beherrschung auszuagieren und von außen und mit psychischem Abstand zu betrachten, wie diese Qualen aussehen. Eine *agōgē* ist auch eine Art Therapie in letzter Minute, die von einer bestimmten kulturellen Konzeption des Eros erforderlich gemacht worden ist, und als solche ist sie eine Therapie, die nicht nur ihren eigenen Charakter als Extrem proklamiert, sondern auch ihre eigene Unmöglichkeit. Denn die implizite Botschaft des Ritus ist jene Binsenwahrheit, die oben (auf S. 128) angeführt wurde: Es gibt kein Heilmittel für *erōs* – außer der/dem Geliebten selbst.

Die Herrschaft, die vom Anwender ausgeübt wird, ist zu gewissen Teilen eine Herrschaft über seine eigene Verzweiflung, wenn er chthonische Mächte aufruft, schreckliche Dinge zu tun, und weist ihm eine Rolle zu, die derjenigen des erotischen Opfers, das er »eigentlich« ist, entgegengesetzt ist. Die spirituelle Autorität, die von dem Liebenden beansprucht wird, ist eine zweite Form der Verschiebung, denn er spricht mit dem Rückhalt und manchmal in Stellvertretung einer höheren Macht: »Denn ich habe um mich die Kraft des großen Gottes, dessen Namen niemand anders auszusprechen vermag als ich selbst kraft seiner selbst [...]. Erhöre mich kraft des Zwanges, denn ich habe dich beim Namen gerufen der Soundso, Tochter der Soundso wegen, auf daß sie mich liebe und tue, was immer ich will [...]« (LXI 23–9). Innerhalb dieser Autoritätsverschiebung – »nicht ich bin es, der hilflose Liebende, der dir befiehlt, sondern ich, der Gott oder Götterfreund« – können wir auch die tatsächliche Autorität des Fachmannes entdecken, der den Ritus geplant und verordnet hat. Verzweifelte Liebende wie Glaukias bekommen Hilfe von ihren Freunden und auch von Fachleuten, deren weises Wissen um persönliche Probleme in eine Sprache gekleidet sein mag, die von der jetzt geläufigen

---

und ich verstehe nicht, warum du einen tönernen Botschafter und einen Zauberer aus dem Land der Hyperboreer und Selene selbst gebraucht hast, wenn man sie für zwanzig Drachmen bis hin zu den Hyperboreern hätte führen [*agagein*] können.«

sehr verschieden ist, die aber auf ihre eigene Art sicherlich wirkungsvoll war (ein Sachverhalt, den Lukian nicht sieht).

Eine dritte und besonders aufschlußreiche Verschiebung ist diejenige, die in der teuflischen Taktik vorkommt, die gelegentlich benutzt wird, um sich der Hilfe der Göttin zu versichern. Um ein ahnungsloses menschliches Wesen in eine so fürchterliche Lage wie die des *erōs* zu bringen, muß die Göttin überzeugt werden, daß das ausersehene Opfer Strafe verdient hat.

Jedes Wolkendunkel zerstreue sich mir, und das Licht der Göttin Aktiophis scheine mir auf, und sie höre meine heilige Stimme. Denn ich komme, die Verleumdung [*diabolē*] durch die verbrecherische und unwürdige Soundso zu vermelden. Denn sie hat deine heiligen Geheimnisse in den Schmutz gezogen, den Sterblichen zur Kenntnis. Die Soundso ist es, die gesagt hat – wer es gesagt hat, war nicht ich –, »ich sah, wie die größte Göttin vom Gewölbe des Himmels herabstieg, sandalenlos über die Erde ging, ein Schwert tragend, und einen unziemlichen Namen aussprach«. Die Soundso ist es, die gesagt hat, »ich sah [die Göttin] Blut trinken«. Die Soundso sagte, nicht etwa ich: »Aktiophi Ereschigal Neboutosoualeth Phorphorba Satrapammon Choirixie Sarkobora.« Geh zu Soundso, nimm ihr den Schlaf, und laß ihre Seele brennen, quäle ihren Geist, stachle sie auf bis zur Raserei, verjage sie von jedem Ort, aus jedem Haus, und bringe sie so zu mir, dem Soundso (IV 2471–92, vgl. XXXVI 138–44).

Das Vorgehen hat etwas bemerkenswert Doppelzüngiges, und darin liegt seine Resonanz mit den umfassenderen Mustern mediterraner gesellschaftlicher Beziehungen und mit der kulturellen Ausformung, die *erōs* gegeben wird. Die Projektion der *diabolē* des Liebhabers kann uns, wie die ähnlichen Übertragungen der eigenen Opferrolle auf jemand anders und der Befehlsgewalt eines anderen auf sich selbst, auch in der Interpretation der tiefgehenden Dissonanz leiten, die zwischen den literarischen Schöpfungen und den materiellen Artefakten auf diesem Gebiet besteht.

Zwei Widersprüche sind festzuhalten. Der erste: In der Literatur sind Ratsuchende mit Liebeskummer gewöhnlich weiblichen Geschlechts und die im Ritual bewanderten Fachleute, deren Hilfe sie in Anspruch nehmen, um *erōs* abwehren oder erfüllen zu lernen, gewöhnlich männlich,[32] während die Papyri oder Tafeln mit angewandtem Zauber überwiegend für Männer (oder zum Nutzen von Männern) verfaßt sind, die nach Frauen trachten.[33] Die Formularzauber in Handbüchern setzen ebenfalls

136

regelmäßig und unbefangen voraus, daß der Ratsuchende ein Mann ist, der sich auf eine Frau bezieht.[34] Der zweite Widerspruch ist der, daß Versdichtung und Romane von dem über Macht verfügenden verschrobenen alten Weib fasziniert sind, oft gleich gruppenweise wie bei den drei Hexen in Macbeth (den *weird sisters*, »Unheimlichen Schwestern«).[35] Aber Banden häßlicher alter Weiber, die Friedhöfe plündern und auf gutaussehende Jünglinge herabstoßen, tauchen in den Papyri und Tafeln nicht auf. In der Realität sind Personen, die für ihre »magischen« Kräfte und Kenntnisse berühmt sind, in der Regel Männer, nicht Frauen (Apuleius, *Apologia* 90; Abt 1908, 244–55/318–29).

Beide Widersprüche ergeben einen Sinn, wenn sie als Teile einer kulturellen Gewohnheit von Männern gesehen werden, mit den Bedrohungen durch *erōs* in fiktiver Leugnung oder in Übertragung umzugehen. Wenn sie durch Angriffe von *erōs* geschwächt wurden, konnten Männer Hilfe finden in einer persönlichen Zeremonie, in der die Rollen von Opfer und Gebieter neu verteilt wurden, wie auch – auf der weniger spezifischen Bühne der Literatur – in der Schaffung öffentlicher Bilder, die sowohl den Opferaspekt (nämlich in jungen Frauen – Theokrits Simaitha *et aliae*) als auch die böseren Formen erotischer Verwüstung (nämlich in älteren Frauen – Horaz' Canidia *et aliae*) neu verortete.

Soweit wir wissen, hätten sich die Frauen auf die gleichen Zeremonien stützen können; in wenigen Fällen (s. o., S. 124 f.) wissen wir, daß sie es taten, und dies ist Zeugnis für den Glauben in der Kultur, daß Frauen potentiell in gleicher Weise wie Männer Opfer von Eros und Anwendende von dämonischem *erōs* sind. Aber mit Sicherheit taten sie es – nach den greifbaren Materialien, die uns überliefert sind, zu urteilen – auch nicht annähernd in dem Ausmaß wie Männer es taten.[36] Pauschal ausgedrückt ließe sich sagen, daß Frauen, soweit ihr Verständnis von *erōs* als einem Problem für die Politik der Familie sich mit dem der Männer überschnitt, mit größerer Wahrscheinlichkeit in Form von Wachsamkeit und unmittelbarer Intervention im Nachbarschaftsbereich aktiv wurden. Junge Frauen, die Liebeskummer haben könnten, werden erheblich genauer beobachtet und besser gehütet und diszipliniert als ihre Brüder und hatten vermutlich weniger leichten Zugang zu den männlichen Fachleuten mit ihren Büchern und zu dem Geld, das man brauchte, um sie zu mieten. Die »alten Frauen, die Beschwörungen kennen« (Theokrit, 2.91), haben Fachwissen, aber neigen dazu, nicht viel in Richtung Papyrus, Blei oder veröffentlichter Dichtung zu hinterlassen. Clemens von Alexandria stellt sich vor, daß reiche Damen, die sich in ihren Sänften zu öffentlichen Tempeln tragen lassen, sich mit alten Frauen und bettelnden Priestern zusammentun, die ihnen geflüsterte

Zauberformeln beibringen, mit denen man Liebhaber gewinnt (*Paidagōgos* 3.28.3).

Die Versuchung ist groß, in solchen alten Frauen, runzlig und schwarz gekleidet, eine Quelle für das Hexenbild in der männlichen Phantasie zu sehen, aber sie sind äußerstenfalls ein Rorschach-Klecks, auf den Männer Aspekte ihres eigenen Verhaltens projizierten. Einer der eher paradoxen Schlüsse, den man aus dem Gegensatz zwischen wirklichen *agōgai* und literarischen Erfindungen ziehen kann, ist der, daß Horaz' Canidia sich maskulin verhält, und nicht nur, weil sie energisch ihren eigenen Willen verfolgt (*mascula libido*, *Epode* 5.41).

Die begriffliche oder imaginative Quelle der Hexenphantasie in den erotischen Ritualen von Männern wird in der poetischen *diabolē* in PGM IV 2574–601 aufgedeckt, wo der Anwender seinem Opfer ausgesprochen hexisches Verhalten vorwirft: Fräulein Soundso habe der Göttin ein böses Gebräu geopfert – Talg einer gefleckten Ziege und Blut und Unrat, das Blutwasser einer toten Jungfrau, das Herz eines vorzeitig Verstorbenen, *ousia* von einem toten Hund, einen menschlichen Fötus.[37] In gleicher kreativer Manier fährt er fort, das Bild einer erkennbaren Hexe auszumalen, einer gottlosen, bösen und gefährlichen Ausgestoßenen aus dem wahren Dienst an der Göttin. Und doch wird uns keineswegs verheimlicht, daß es sich dabei um eine Lüge handelt, absichtlich zusammengesponnen als Strategie, das Opfer in Mißkredit zu bringen und die gefürchteten Mächte der Göttin auf die Seite des Liebhabers zu verpflichten. Darüber hinaus ist die Lüge eine Umkehrung der eigenen Wahrheit des Liebhabers, denn das makabre Hantieren mit totem Zeug, das in Hexenphantasien regelmäßig vorkommt, ist wie aus einem Guß mit den *agōgai*, die reichlich viel Tierverstümmelung, Kontakt mit Friedhöfen und Umgang mit gewaltsam Umgekommenen erfordern (mehr dazu im dritten Teil).

# Ein Traum von Leidenschaft

*Credimus? An qui amant ipsi sibi somnia fingunt?*
»Glauben wir? Oder erfinden sich Liebende ihre Träume selbst?«

Vergil, *Ekloge* 8.108

Ein letzter Aspekt des Therapieverfahrens für den Liebhaber muß noch angesprochen werden, wenn man die Vielseitigkeit dieser in hohem Grade (und in mancher Weise absichtlich) irreführenden Texte richtig einschätzen will. Der Anwender bedient sich häufig eines zwingenden Mittlers – eines Eros, eines ruhelosen Leichnams, der Göttin selbst oder eines beliebigen von ihr gewählten Boten.[38] Das imaginierte Szenario sieht vor, daß der dämonische Helfer buchstäblich zum Haus des Opfers fliegen, in ihr Schlafgemach eindringen und sie quälen soll, bis sie zum Haus des Anwenders kommt. Die körperlichste Version ist,»schleppe sie an Haaren und Füßen« (VII 887).[39] Der Besuch des Zwangshelfers wird in IV 1852–9 als Kasperletheater ausagiert: Nachdem du eine Tonstatuette von Eros angefertigt hast, die dein Helfer werden soll,»geh spät zum Hause derjenigen, die du wünschst, klopfe mit dem Eros an ihre Tür und sage [zu ihm],›Schau, hier wohnt Fräulein Soundso; stehe über ihr und sag ihr die Worte, die ich ausgewählt habe, in Gestalt des Gottes oder Dämons, zu dem sie betet.‹«

Dieser letzte Nebensatz aber führt eine Vorstellung ein, die, zumindest nach unseren Kategorien, etwas völlig anderes ist. Die Macht, die über ihrem Kopfe stehen wird, in Gestalt einer verehrten Gottheit, ist ein Traum. Die klassischen Beschreibungen wichtiger Botschaften, die im Schlaf empfangen werden, stellen den Traumsprecher schwebend über dem Kopf des Traumempfängers dar. Der erotische Helfer in *agōgai* erfüllt seine Mission in einer Form, die nicht vom Träumen unter äußerem Einfluß zu unterscheiden ist.[40] Tatsächlich wird ein und dasselbe Ritual häufig benutzt, um Träume zu schicken (*oneiropompē*) und Liebeszwang auszuüben (IV 2443; VII 877; xiv 1070; LXIV). Das ist keine Frage des Einsatzes derselben Praktik zu einem anderen Zweck, vielmehr ist eine *agōgē* ihrem Wesen nach ein nächtliches Drama, das sich im eigenen Schlafraum des Liebhabers oder in seiner Nähe abspielt; die imaginierte Geschichte dessen, was dem Opfer zustößt, ist eine Projektion des eigenen gestörten Schlafes des Liebenden und seiner erotischen Träume.* »Lege

---

* Aristoteles gibt eine sehr präzise Analyse der parahypnotischen Phantasien emotional aufgewühlter Menschen: Der Ängstliche scheint seinen Feind auf sich zukommen zu sehen, der Verliebte seinen Geliebten (*Über Träume* 2, 460ᵇ1–15).

139

das [mit eine *agōgē* beschriebene] Blatt unter deinen Kopf, wenn du schläfst« (xiv 1070–7). »[Der Helfer, den du gerufen hast] wird dir in jedem Fall beistehen die Nacht hindurch *in deinen Träumen*« (IV 2052–3).[41]

Die Verflechtung von Träumen und Sex konnte einigermaßen detailliert erkundet werden; ich möchte an dieser Stelle nur einige wenige faszinierende Texte zitieren. Dion Chrysostomos interpretiert Paris als einen Mann, der sich eine vollendet schöne Frau in einem Tagtraum zusammenphantasierte. Die gesamte Helena-Geschichte war ursprünglich Paris' Traum, gegründet auf sein erotisches Begehren, aber er besaß ja Status und Reichtum genug, um ihn in die Tat umzusetzen (20.19–23). In den Aufzeichnungen aus dem Trojanischen Krieg des Diktys von Kreta wurde Odysseus von hocherotischen Träumen erschreckt, die Traumdeuter als eine Warnung vor Inzest mit seinem eigenen Sohn ansahen (6.14–5). Das Omen erfüllt sich, als Odysseus und Telegonos einander umbringen. Die Medea des Apollonios ist vom Anblick Jasons verzückt; als er abreist, bleibt sein Bild in ihrem Kopf zurück, als träume sie, und bleibt auch als eine zweite Ebene der Realität bei ihr, wenn sie wach ist (*Argonautika* 3.442–58). Am besten von allen: »[...] als es wiederum Nacht wurde, stand Artaxerxes in Flammen, und Eros erinnerte ihn daran, wie schön Kallirhoes Augen waren, wie edel ihre Züge. Er pries ihr Haar, ihren Gang, ihre Stimme, wie sie in die Palasthalle getreten war, wie sie gestanden und gesprochen und geschwiegen hatte, wie sie sich bescheiden gezeigt und wie sie geweint hatte. Er blieb die meiste Zeit der Nacht wach und fiel nur eben lang genug in Schlummer, um Kallirhoe in seinen Träumen zu erblicken« (Chariton, *Kallirhoe* 6.7).

Diese literarischen Ausformungen stützen sich auf eine verbreitete, aber wenig untersuchte Verbindung von Träumen und Sex, die in dem Verb *(ex)oneirōttō*, Substantiv *(ex)oneirōgmos* oder *oneirōxis*, zusammengefaßt ist. Das Verbalsuffix *-ōttō/-ōssō* zeigt eine körperliche Störung an, meist ungesunder Art (Kühner/Blass 1892, 328.9). Bemerkungen hinsichtlich solcher Träume finden sich en masse bei Hippokrates, Aristoteles, Galen und ähnlichen Autoren. Der Begriff bezieht sich nicht nur auf die Träume von Männern, die von Samenerguß begleitet sind, sondern auch auf die erotischen Träume von Frauen: Aristoteles, *Gen. anim.* 739ᵃ21–7, *Hist. anim.* 10.6 (637ᵃ27–8), 10.7 (638ᵃ5). Das eindrucksvollste Beispiel, das ich für seine Anwendung kenne, kommt in Celsus' Anschuldigung vor, Maria Magdalenas Begegnung mit dem auferstandenen Jesus sei nur der *oneirōgmos* einer sexuell erregten (*paroistros*) Frau gewesen (Origines, *Contra Celsum* 2.55).

Eine abgerundete Darstellung dieser erotischen Therapieform sollte – obwohl an dieser Stelle der Platz dafür nicht reicht – auch die Riten des

Traumsendens berücksichtigen (vgl. Eitrem 1991). Im *Alexander* des Pseudo-Kallisthenes trifft der exilierte ägyptische Pharao Nektanebos die Olympias und erklärt sich bereit, ihr mit seinem Wissen zu helfen:

> Nektanebos verließ den Palast und pflückte und sammelte geschwind ein Kraut, das, wie er wußte, geeignet war, Träume zu erzeugen. Und nachdem er dies eilig getan hatte, machte er einen weiblichen Körper aus Wachs[42] und schrieb Olympias' Namen auf die Figur. Dann machte er ein Wachsbett und legte es auf die Statue, die er von Olympias angefertigt hatte. Er entzündete ein Feuer und goß darüber den Sud des Krautes, bis Olympias die Geister erschienen, denn er ersah aus den Zeichen, daß Ammon sich mit ihr vereinigte. Und er erhob sich und sagte:»Meine Dame, du hast von mir einen Knaben empfangen, der dein Rächer sein soll.« Und als Olympias aus dem Schlaf erwachte, erstaunte sie sich über den weisen Seher, und sie sagte:»Ich schaute den Traum und den Gott, von dem du mir erzählt hast, und jetzt wünsche ich, mit ihm vereint zu werden.«
>
> (*Alexander*, ed. Wolohojian 1969, 27)

Die gleiche beunruhigende und bösartige Bildlichkeit erscheint in *agōgai* und in Ritualen der Traumsendung gleichermaßen, wie etwa dem des Agathokles (XII 107–21):»Nimm einen ganz und gar schwarzen Kater, der eines gewaltsamen Todes gestorben ist, schreib mit Myrrhe auf Papyrus die folgende Formel zusammen mit dem Traum, den du senden willst, und lege es in das Maul des Katers […].« Dies wäre zu vergleichen mit zwei erotischen *agōgai*, bei denen Inschriften auf Papyrus ins Maul von gewaltsam verendeten Hunden gelegt werden müssen (XIXb, XXXVI 361–71), und einer, bei der ein Schädelfragment von einem gewaltsam ums Leben Gekommenen ins Maul eines Hundes aus Wachs zu legen ist (IV 1872–926). Symbolische und gestische Sprache sind ähnlich, weil die kulturelle Konfiguration des klassischen und späteren griechischen *erōs* formgebende Elemente von Gewaltsamkeit und Traum enthält, die unsere Kultur sich auf Armeslänge vom Leib hält.

Es gibt viele *agōgai* wie diese beiden, in denen explizite Hinweise auf die Nachtszene fehlen, die oben skizziert wurde. Wenn wir richtigerweise die typische Inszenierung solcher Riten der von Lampenlicht erhellten Welt eines von Liebeskummer gequälten Mannes zuordnen, der allein mit seinen Gefühlen ist und sich anschickt, die mächtige Unterwelt seiner eigenen Psyche zu betreten, dann ergeben *agōgai* wiederum einen Sinn als Psychodramen, in denen überaus beunruhigende Gefühle manipuliert und behandelt werden. Zusammengenommen liefern sie uns ein einzigartig lebendiges Bild persönlicher Ängste vor dem Hintergrund einer mediterranen Kultur mit ihrer charakteristischen Selbstinszenierung, ihrer suizidalen Intensität und ihren Verfahren des Maskierens und Verbergens.

## Die Qualen der *psychē*

Eine winzige, aber zutiefst beunruhigende Terrakottastatuette im Louvre zeigt eine kniende Frau mit den Händen auf dem Rücken, durchbohrt von dreizehn Nägeln.[43] Eine Beschreibung zur Herstellung eines solchen Artefakts wird in IV 296 ff. gegeben, wo ein Wachs- oder Tonbildnis einer knienden und rücklings gefesselten Frau von einer Statuette des Ares ergänzt werden muß, der sich über sie beugt und ein Schwert in ihren Hals bohrt. Jeder Körperteil der weiblichen Figur muß mit einer Zauberformel beschriftet und mit einer von dreizehn Kupfernadeln durchstochen werden, wobei der Ausführende sagt, »Ich durchbohre den und den Teil von Fräulein Soundso, auf daß sie an niemanden denke als an mich, Herrn Soundso.«

Der Zweck, der sich in den Worten ausdrückt, ist psychologisch – der Liebhaber sucht in seinem Opfer einen Zustand mentaler Fixierung auf seine Person zu erzeugen –, aber die Bildlichkeit ist physisch gewaltsam, ja sadistisch. Ein Gegensatz zwischen psychologischer »Bindung« und physischer Qual ist noch deutlicher in der Zauberhandlung, die als Schwert des Dardanos bekannt ist (IV 1716–870) und bei der in einen Magnetstein auf der einen Seite ein Bild von Psyche graviert wird, auf der rittlings Aphrodite sitzt, während sie von unten von einem Eros mit glühender Fackel versengt wird, auf der anderen Seite ein Bild von Psyche und Eros in Umarmung.

Das Problem läßt sich allgemeiner stellen, wenn man zur Kenntnis nimmt, daß ein Großteil des erotischen Zeremoniells Gegenstände, Methoden und Sprache benutzt, wie sie sich in den als *katadesmoi* oder Bindezauber bekannten Praktiken gegen Feinde finden.[*] Die Anleitung

---

*   Klearchos bietet verschiedene Erklärungen für die gängige Auffassung an, daß Männer, deren Kranz sich bei einem Symposion löst, an *erōs* leiden. Eine davon besteht darin, daß nur, was gebunden ist, sich lösen kann: »denn verliebte Männer sind gebunden worden«, *katadedento gar hoi erōntes* (Klearchos, frag. 24 Wehrli = Athenaios 15.670C). Andere Beispiele für aufgegangene oder rutschende Kränze, die Liebe bedeuten: Asklepiades, *Anth. Pal.* 12.135 (18 Gow-Page); Kallimachos, *Epigramm* 44; Ovid, *Amores* 1.6.37–8.

zur Herstellung der Figuren, die oben zitiert wurde, trägt den Titel *philtro-katadesmos*, was zunächst einfach wie ein Widerspruch in sich aussieht – zumindest nach Maßgabe einer bestimmten Vorstellung von Zuneigung und Begehren und von Zuneigung als etwas Wünschenswertem. Die grundlegende gemeinsame Idee, die hinter Bindezauber und Beiführungs-zauber (*agōgē*) steht, ist der Zwang. Man vergleiche mit der Louvre-Figurine die Praktik aus V 304–69: ein Eisenring wird in ein Papyrusblatt oder eine Bleilamelle mit der Inschrift »Gebannt [*katadethētō*] sei seine Vernunft« gewickelt, mit dem spitzen Schreibrohr durchstoßen, verschnürt und verknotet, wobei gesagt wird, »Ich binde [*katadesmeuō*] den Soundso zu dem und dem Zweck«, und dann entweder in einen unbenutzten Brun-nen oder in das Grab eines vorzeitig Verstorbenen gelegt. Oder mit dem farbigen »Ich binde dich, Theodotis, Tochter der Eus, mit dem Schwanz der Schlange und mit dem Maul des Krokodils und mit den Hörnern des Widders und mit dem Gift der Natter und mit den Schnurrhaaren der Katze und mit dem Penis des Gottes, daß du außerstande seiest, je Geschlechts-verkehr mit einem anderen Mann zu haben, weder frontal noch anal, noch Fellatio zu üben[44], noch Lust zu empfangen mit einem anderen Mann außer mir allein, dem Ammonion Hermitaris« (Martin 1928).[45]

Audollent packt recht unterschiedslos Zauberformeln zusammen, die dazu dienen, Rivalen in der Liebe zu verfluchen, Paare zu entzweien, das Geschäft eines Zuhälters zu ruinieren und eine ersehnte Person herbeizu-schaffen.[46] Nur das letztere interessiert uns hier. Texte auf Blei, zusammen-gerollt, häufig mit einem Nagel durchstoßen und oft in Grabstätten gefun-den, enthalten Anweisungen an mächtige Geister, die mit denen auf Papyrus identisch sind – eine benannte Frau um den Schlaf zu bringen, sie vor Liebe zu einem benannten Mann brennen zu lassen, sie unablässig an ihn denken zu lassen[47]: *coge illam mecum coitus facere* (DT 230). Hand-lungen, die eine Scheidung erwirken sollen oder ein Zerwürfnis zwischen Freunden, beschwören natürlich Typhon,[48] aber Typhon spielt auch eine wesentliche Rolle in *agōgai*, sowohl namentlich als auch symbolisch durch die Verwendung von Eselsblut (VII 467–77; XXXIIa; XXXVI 69–101). Wie Bindezauber bedienen sich erotische Riten der vorzeitig oder gewalt-sam Verstorbenen als Helfer.[49] Die erste Wirkung mancher *agōgai* ist es, die betroffene Person krank ins Bett zu schicken;[*] damit läßt sich CXXIV

---

[*] Angezeigt durch das Wort *(kata)klinein*: IV 2076, 2442, 2624. – »Caligula war ungesund an Leib und Seele. [...] Man glaubte, daß er von seiner Frau Caesonia mit einem Liebestrank vergiftet worden wäre, der ihn wahnsinnig werden ließ. Am schlimmsten wurde er von Schlaflosigkeit geplagt« – Sueton, *Caligula* 50.

vergleichen, eine Zauberhandlung, die spezifisch darauf angelegt ist, krank zu machen, und dazu eine Wachspuppe benutzt, die mit Knochen durchbohrt und in einen Topf mit Wasser gelegt wird.[50]

Die Kräfte, die im Liebeszwang zum Tragen kommen, sind im Prinzip tödlich: Die *agōgē*, die Hadrian vorgeführt wurde, »zwang herbei binnen einer Stunde, warf krank aufs Lager binnen zwei Stunden, tötete binnen sieben« (IV 2449–51).[*] Daher können sowohl Bindezauber als auch *agōgai* zu ihrer Verstärkung auf Tierverstümmelung zurückgreifen. Eine Testaufgabe: Welche der folgenden Praktiken wird zu Zwecken der Liebe, welche zu Zwecken des Hasses benutzt? (A) Bestreiche ein vorher beschriftetes Bleitäfelchen mit Fledermausblut, schneid eine Kröte auf und leg das Täfelchen in ihren Magen, nähe sie zu und hänge sie an einem (Pflanzen-)Rohr auf. (B) Nimm einer Fledermaus die Augen und laß sie lebend fliegen, steck die Augen in die Nachbildung eines Hündchens aus Wachs oder Teig, durchstich die Augen und vergrabe die Figur an einer Wegkreuzung zusammen mit einem beschrifteten Papyrus. Der erste Zauber (XXXVI 231–55) verlangt von den Höchsten Engeln, daß aus deinem Feind, Herrn Soundso, das Blut herausläuft wie es aus der Kröte herausläuft, der andere (IV 2943–66) bittet Hekate, daß Fräulein Soundso wachliegen möge und sich in Gedanken mit nichts beschäftige als mit dir.

Die Louvre-Figurine wirft Gedanken über weibliches Opfer und männliche Dominanz im gesamten System auf. Ist es das, was *erōs* für Männer bedeutete (oder bedeutet) – Versklavung, Schmerz, Erniedri-

---

[*]   »Gib acht, daß du der Herbeigezauberten die Tür öffnest, sonst wird sie sterben« (IV 2495). Vgl. Theophrast (*Hist. plant.* 9.11.6) zur Wirkung unterschiedlicher Dosen Strychnin. Pitys' *agōgē* »zwingt herbei und macht krank und sendet Träume und bannt und verlangt Traumauskunft« (IV 2076–8). – Ist XII 376–96 eine *agōgē* oder ein Rezept für Tod durch Schlaflosigkeit? Sie zwingt eine Frau, wachzuliegen, Tag und Nacht, »bis sie einwilligt« (*heōs symphōnēsēi*, 378), aber die Worte befehlen ihr auch, wachzuliegen, bis sie stirbt (*heōs thanei*, 396), und der Erläuterungstext verspricht, sie werde binnen sieben Tagen an Schlafentzug sterben. – Ovid, der empfiehlt, daß Liebende keinen Gebrauch von Drogen und Zauber machen sollten, argumentiert in einem Atemzug, sie seien wirkungslos und sie schadeten der Psyche und Gesundheit junger Frauen: *nec data profuerint pallentia philtra puellis; philtra nocent animis vimque furoris habent* (*Ars amat.* 2.105–6). Humoristisch zu einem Todesfall aufgrund eines Liebestrankes (metaphorisch für die Liebe selbst): *si semel amoris poculum accepit meri eaque intra pectus se penetravit potio, extemplo et ipsus periit et res et fides* [»Besitz wie Vertrauenswürdigkeit«], Plautus, *Truc.* 42–4.

gung, Unterwerfung von Frauen? Die Antwort ist vielschichtig. Im vorangehenden Teil habe ich die Ansprüche auf vorgeblich männliche Kontrolle und die Muster von Geschlechtsübertragung skizziert, die benutzt werden, um die Verwundbarkeit und die erotische Handlungsrolle von Männern zu verschleiern. Für das Bildnis im Louvre, in seinem Kontext eines Kultursystems, das die Unterwerfung einer Frau unter das die Macht ausübende männliche Mitglied ihrer Familie voraussetzte und forderte, war dieses Netzwerk von Bedeutungen sicherlich unvermeidlich. Aber die hier zur Debatte stehende Unterwerfung ist ein gesellschaftliches Protokoll, keine sexuelle Praktik, und wir sollten zumindest vorsichtig sein, einen völligen Isomorphismus zwischen der öffentlichen Vorgabe und dem anzunehmen, wie man sich privat gibt. Antike Texte sind nicht so geschwätzig und enthüllungsbedürftig in Hinblick auf persönliche und sexuelle Vergangenheiten wie moderne Schriftsteller, aber das, was wir an persönlicher Psychologie in den *agōgai* sehen (im zweiten Teil), eingebunden in die gesellschaftlichen Zwänge, wie sie im ersten Teil geschildert wurden, weist auf vier andere Aspekte der Versklavungsmetaphorik hin, auf die ebenfalls Nachdruck gelegt werden sollte.

(1) Insofern als die Handlungen ein Wunsch sind, Fräulein X möge *erōs* so tief und so beunruhigend empfinden, wie der Handelnde selbst ihn fühlt, stellen Bindung und Durchbohren nicht einen Willen zur Vorherrschaft dar, sondern eine Duplizierung seiner eigenen Erfahrungen in ihr. Die Unterwerfung wird in diesem Fall als eine Unterwerfung unter Eros selbst geschildert, einen schmerzhaften Seinszustand, in dem man von »Zuneigung, Begehren, Schmerz« (XVI 5–6) heimgesucht wird – obwohl es natürlich selbstsüchtigen Motiven entspringt, jemanden in diesen Zustand hineinzuwünschen. Das Problem liegt hier darin, Emotionen und Gesten von einem kulturellen System in ein anderes zu übersetzen. Uns – oder zumindest einigen von uns – fehlen die Kategorien und ergo die Erfahrungen (außer vielleicht auf dem Umweg über die Oper des 19. Jahrhunderts), sagen zu können, »Ich binde dich, Nilos, mit großen Leiden: du wirst mich mit einem göttlichen *erōs* lieben!«[*]

---

[*]    [Zusammengezogenes Zitat der Zeilen XV 1–3]. – Auf ähnliche Weise beschwört der Sprecher in der koptischen *agōgē*, die von Smither (1939) publiziert wurde, Iao, Sabaoth und Rous, »daß im nämlichen Augenblick, da ich dich nehme und dich lege an die Tür und den Weg des P–hello, Sohn von Maure, du sein Herz ergreifen sollst und seinen Geist, und daß du seinen ganzen Körper beherrschen sollst. Wenn er steht, so sollst du ihm nicht erlauben zu stehen; wenn er sich niedersetzt, so sollst du ihm nicht erlauben, sich niederzusetzen, wenn er schläft, so sollst du

(2) Einige der Qualen – Schlaflosigkeit, Verlust des Appetits, Schwindelgefühle – sind vorübergehende Phänomene, Ansporn zum Handeln, kein Endzweck. Dies zumindest scheint in der häufigen Bedingung impliziert, sie solle diese Dinge empfinden, »bis sie zu mir kommt«.[51] Diese instrumentelle Auffassung von erotischen Qualen läuft der vorigen zuwider, die sie als konstitutiv für *erōs* ansieht, aber sie offenbart im Anwender genau die gleiche Eigenschaft radikaler Selbstbezüglichkeit und Unbekümmertheit um die Bedürfnisse anderer, der man irgendwie keine bösartige Absicht unterstellen kann. Die aseptische Distanz zu und der aseptische Respekt vor Personen, die für einige moderne gesellschaftliche Ideologien grundlegend sind, machen es uns schwer, den trotzigen Wagemut dieser privaten Riten nach seinen eigenen Gesetzen zu betrachten. In einem modernen Zusammenhang wären sie *nur* bösartig; in einem antiken Zusammenhang sind sie dies und anderes dazu. Wenn wir die Bedeutung von Ritualen erotischen Zwanges nicht falsch interpretieren wollen, müssen wir einräumen, daß sie organisch und natürlich in einer Kultur wachsen, die von einem sehr viel höheren Grad an Eigeninitiative (»Hilf-dir-selbst«) in allen Bereichen sozialer Beziehungen ausgeht, auf seiten jedes Akteurs und Gegenakteurs, individuell und in der Gruppe.

(3) Die erotische Rhetorik rechnet wenig mit Tagen und Monaten: Ihre Maßeinheiten sind jetzt und auf immer.[52] Als Pamphile ihr Auge auf einen hübschen Jüngling wirft, versucht sie ihn mit »ewigen Banden tiefer Liebe« zu binden (*amoris profundi pedicis aeternis alligat*; Apuleius, *Goldener Esel* 2.5). Der Handelnde in zumindest einigen dieser Fälle scheint auf das Band der Ehe abzuzielen, oder sein Äquivalent, wenn er um dauernde, lebenslange Liebe bittet: »zeit ihres Lebens« (VII 913–4); »laß ihn nicht aufhören, mich zu lieben, bis er in den Hades eintritt« (XVI 24–5); *usque ad diem mortis suae* (DT 267). In einem Fall ist das ganz explizit: Domitiana beschwört den Dämon, ihr den gepeinigten und schlaflosen Urbanus zu bringen, damit er sie bitte, mit ihm »als seiner Partnerin« (*symbion*) in sein Haus zurückzukehren. Ihr Gebet schließt: »Schließ sie zusammen, gepaart in Ehe und Begehren, solange sie leben; mach ihn ihr im Begehren untertan als ihren Sklaven, der keine andere

---

ihm nicht erlauben zu schlafen, doch laß ihn suchen nach mir von Dorf zu Dorf, von Stadt zu Stadt, von Landstrich zu Landstrich, von Land zu Land, bis er kommt zu mir und ich die Füße auf ihn setze – ich, Papapolo, Sohn Noahs, dessen Hand die Fülle alles Guten faßt, bis ich mit ihm die Wünsche meines Herzens und das Sehnen meiner Seele erfüllt habe, mit kraftvollem Willen und unauflöslicher Liebe.«

Frau oder Jungfrau begehrt« (DT 271). Versklavung heißt in diesem Fall Permanenz und Stabilität. Aus dem letzten zitierten Text könnte man auch schließen, daß es Beherrschen bedeutet, aber ich lese das als eine private Metapher für Domitianas eigentliches Ziel, das nicht ist, ihr Ehemann möge allseits als ihr ergebener Sklave bekannt sein, sondern er möge ihr treu bleiben.

(4) Schließlich, und das ist am wichtigsten, müssen wir uns den tatsächlichen sozialen Kontext dieser heimlichen Operationen ansehen. *Agōgai* sind eine Art Schleichangriff, der im alltäglichen Krieg des mediterranen Gesellschaftslebens vorgetragen wird. Platons Diotima verallgemeinert, wenn sie Eros einen tüchtigen Jäger und einen kühnen Ränkeschmied gegen die Schönen nennt (*Symp.* 203D); in Wirklichkeit zielen *agōgai* in der Regel auf Frauen und Mädchen, die unablässig von ihren eigenen Familien und der gesamten Nachbarschaft bewacht und beobachtet werden. Das Mittel, Zustimmung und unabhängiges Handeln von diesen »passiven Akteuren« im dynamischen Spiel der interfamiliären Konkurrenz zu erwirken, besteht darin, ihr sexuelles Begehren anzustacheln. Kehren wir ein letztes Mal zu der Braut auf Samos zurück, die Polemon beobachtete:»Später erfuhr ich dann, daß es mit ihrem Einverständnis geschehen war« (vgl. Herzfeld 1985b).

Heimliche erotische Riten richten sich nach genau denselben Protokollen wie elterliche Wachsamkeit, nämlich daß junge Frauen sehr wohl sexuelle Gefühle und einen eigenen Willen haben können und danach auch handeln könnten, selbst wenn eine gesellschaftliche Tragödie und ein katastrophaler Einbruch im Geschick eines Hauses die Folge ist. Daher sind solche Riten nicht nur liebestollen Burschen von Nutzen, sie sind auch sehr gut geeignet zur notwendigen Wahrung des Gesichts von Familien, deren Töchter sich tatsächlich der elterlichen Kontrolle entzogen haben. Kann die Familie behaupten, irgendein Teufel habe sie dazu veranlaßt, so ist die Familienehre nicht so tief verletzt, wie sie es durch mutwillige Liederlichkeit wäre. Aus diesem Blickwinkel betrachtet sind *agōgai* ein unter der Hand gezollter Tribut an die potentielle Macht weiblicher sexueller Autonomie, obwohl ihre Sprache die Sprache göttlichen Zwanges ist und nicht diejenige von *Unsere Körper, unser Selbst.*[53]

Wenn die Hitze dieser letzten analytischen Prozedur die unsichtbare Schrift in Liebeszaubern richtig zum Vorschein bringt – ihr implizites gesellschaftliches Drehbuch –, dann haben wir das paradoxe Ergebnis, daß diese Wünsche nach Unterjochung ein Diskurs (oder so etwas ähnliches) über das weibliche Begehren sind, und sie sprechen vom weiblichen Begehren als einer Erfahrung, die nicht durch die ausdrückliche Wahl der Eltern oder eines Freiers aufgezwungen scheinen will, sondern von innen her aufkeimt. Sie sind eine der wenigen Kategorien antiker Texte, die überhaupt von weiblicher Lust sprechen, und sie tun es unermüdlich und mit großem Ausdrucksreichtum. »Kommen soll sie, schmelzend vor *erōs* und Zuneigung und Verlangen nach Vereinigung mit Apalos« (XIXa 53). »Ihre eigene Sexualität möge sie erfüllen [*ta aphrodisiaka heautēs*]« (IV 404). »Bringt sie zu mir, mich liebend mit Lust und Verlangen und Hingabe und Vereinigung und einem wilden *erōs*« (CI 30–1). Auf die gesellschaftlichen Implikationen dieses autonomen Begehrens wird in den Nebensätzen angespielt, die von der Frau fordern, Eltern und Verwandte, Ehemann und Kinder zu vergessen.[54]

Diese vier Überlegungen zerstreuen nicht die Beklemmung, die das Bildwerk aus dem Louvre in uns erzeugt (und sollen sie auch gar nicht zerstreuen). Eher sind sie erste Gehversuche auf einem methodologischen Pfad, der in Studien zur klassischen und späteren griechischen Kultur noch nicht oft begangen wurde, besonders was die Themen Sexualität, Geschlechterverhältnis und Zauberei betrifft. Diese Begriffe und Praktiken sind Bündel komplexer, historisch spezifischer Bedeutungen, die nach Maßgabe der Interessen von Kulturen und Ökonomien, die von den unseren sehr verschieden sind, gesellschaftlich zusammengefügt werden und entspechend schwer zu übersetzen sind, ohne nicht nur ihren besonderen Geschmack, sondern sogar ihren Wesenskern zu verlieren. Es gibt keine Zauberformel wie etwa »Anthropologie!«, die unserem hermeneutischen Vorhaben den Erfolg garantiert, genausowenig, wie frühere Formeln als Schlüssel zu allen Geheimnissen funktionierten: »Fischerkönig«, »Muttergöttin«, »Klassenkampf«, »Strukturalismus«. Aber die Kultur- und Sozialanthropologie wirft zumindest Fragen auf und bietet Vergleiche an, die vieles erhellen, was wir an antikem Material vorfinden, und uns sehr viel klarer erkennen lassen, wie vertraut und wie fremd es denn nun wirklich ist.

# Zwischenspiel:
# Lektüre gegen den Strich

# 4
# Chloës Lehrjahre:
# Verborgene Wundmale der Sexualität

## Ein bukolisches Experiment

Der ägyptische Pharao Psammetich (so erzählt es uns Herodot in den *Historien* 2.2) suchte die – zumindest in Ägypten – landläufige Ansicht zu erhärten, die Ägypter seien das älteste Volk auf Erden. Historische Belege dafür gab es nicht; also ersann er die folgende Versuchsanordnung: Zwei willkürlich ausgewählte neugeborene Kinder wurden der Obhut eines Hirten anvertraut, der dafür zu sorgen hatte, daß sie in einer einsamen Hütte in völliger Isolation gehalten wurden und niemals menschliche Sprache vernahmen. Sie sollten von Mutterziegen gesäugt werden, vielleicht, weil eine menschliche Amme der Versuchung nicht widerstanden hätte, sie singend auf den Armen zu wiegen. Welche erkennbaren und artikulierten Worte würden Säuglinge, die so aufgezogen wurden, als erste aussprechen? Nach zwei Jahren, in denen die Kinder unter diesen Bedingungen heranwuchsen, wenn man es denn so nennen kann, betrat der Hirte eines Tages die Hütte, und beide Kinder streckten die Händchen nach ihm aus und sagten »bekos«. Nachforschungen ergaben, daß »bekos« das phrygische Wort für »Brot« war; also ließ Psammetich bekanntgeben, die Phryger müßten das älteste Volk der Welt sein; er zeigte sich überzeugt – ohne weitere Versuche anzustellen –, daß die Ägypter immerhin auf Platz zwei standen.

Von Longos' *Daphnis und Chloë*[*] spricht man gewöhnlich als einem

---

[*]   Textgrundlage für diesen Essay ist die von Reeve 1982 vorgelegte Fassung; ich habe daneben Dalmeyda (1934) und Schönberger (1973) konsultiert. Die meisten Zitate sind nach Buch und Kapitel ausgewiesen, gelegentlich ist der Genauigkeit wegen auch die intrakapituläre Zählung angeführt. Der Titel des Buches variiert in den Manuskripten – eine für antike Werke übliche Unklarheit; die beiden Hauptmanuskripte (F und V) nennen es *Die Hirtenerzählungen* [oder Pastorale, *poimenika*] *von Daphnis und Chloë*, obwohl das Subscript von V es *Aipolika*, »Ziegenhirt (-Erzählungen)« nennt. Im Text beziehe ich mich auf den Roman mit der Sigle *D&C*. – *Hinzufügung des Übersetzers:* Die Übertragung der Zitate

Hirtenroman, einer raren Variante unter den paar Dutzend antiken Romanen[*], dem ersten Vertreter seiner Art und auch dem letzten bis zu Boccaccios *Ameto* (1341) und der Flut von Imitationen im 16. Jahrhundert. Aber die Gewohnheit, die Literaturgeschichte rückwärts zu verfolgen, von späteren Stücken einer Werktradition zu früheren, kann eine dyslektische Wahrnehmung der unterscheidenden Charakteristika der früherenWerke erzeugen, die ja nicht als erste Musterexemplare einer »Tradition« geschrieben wurden.[**] Was bei Longos oft übersehen wird, ist die interessante Tatsache, daß Daphnis und Chloë, die beiden ausgesetzten Säuglinge, die auf der Insel Lesbos zu Teenagern von geradezu verdächtig gutem Aussehen heranwachsen (einer »Schönheit von nicht bäuerlichem Maß«, 1.7), nicht von Kindesbeinen an als Ziegenhirt und Schäferin erzogen werden. Im Gegenteil, ihre Pflegeeltern, die als Bauern Subsistenzwirtschaft betreiben und den Status von Abhängigen (wenn auch nicht Sklaven; 3.31[***]) einnehmen, haben ihnen eine Pflege und Erziehung angedeihen lassen, die über bäuerliches Niveau hinausgeht, und gründen ihre Hoffnungen für die Zukunft auf die Schönheit der

---

richtet sich nach den Übersetzungen des Autors aus dem Griechischen, da diese sich aus Interpretationsgründen sehr wortgenau an das Original anlehnen. Die bestehenden deutschen Übersetzungen gehen auf verschiedene Textvorlagen zurück und sind, soweit dies überprüft werden konnte, aus stilistischen Gründen manchmal recht frei. Die erwähnte Textfassung von O. Schönberger (Berlin 1960, [2]1973) enthält eine gute Einführung und den zweisprachigen Text.

[*]    Überliefert sind nur sieben Romane (fünf auf Griechisch, zwei auf Lateinisch), und davon sind zwei stark fragmentiert (Petronius und Xenophon von Ephesos). Fragmente von gut zwei Dutzend weiterer griechischen Romanen sind aus Papyrusquellen bekannt (vgl. Stephens und Winkler 1993). Eine kurze, aber überzeugende Rechtfertigung des Begriffs »Roman« in Hinblick auf Longos findet sich bei Turner (1968).

[**]   Halperin (1983) zeigt, wie die Gewohnheit dieses »Rückwärtslesens« unser heutiges Verständnis von Theokrit beeinflußt.

[***]  *A.d.Ü.*: Bei Longos steht *doulos*. Die Bezeichnungen für Unfreiheit und Abhängigkeit in der griechischen Antike sind unscharf. Über Abhängige konnte verfügt werden, Sklaven waren ein Wirtschaftsgut. Leibeigene waren dem Boden zugehörig, den sie bewirtschafteten, Sklaven dem Menschen, der sie besaß. Dryas und Lamon dürften abhängige Bewirtschafter gewesen sein, frei genug, um die Güter, die ihnen anvertraut waren, nach eigenem Gutdünken zu verwalten und sich selbst davon zu ernähren, aber mit Leib und Leben dem Besitzer der Güter rechenschaftspflichtig – Pächter mit persönlicher Haftung. Vgl. auch unten, S. 182.

Findlinge und die kostbaren Erkennungszeichen, die bei ihnen aufgefunden wurden. Ginge es nach Dryas und Lamon, so sollten die Kinder ihr jeweiliges Elternhaus ökonomisch aufwerten, entweder dank ihres Eigenwertes im Tauschgeschäft einer arrangierten Verheiratung, oder (wenn auch wenig wahrscheinlich) durch die Wiedervereinigung mit ihren offenbar vermögenden natürlichen Eltern.[1]

Eros hat etwas anderes im Sinn. Gleichzeitig erscheint er beiden Vätern im Traum und weist sie an, Daphnis und Chloë, die mittlerweile fünfzehn bzw. dreizehn Jahre alt sind,[*] auf die Felder zu schicken, wo sie die Ziegen und Schafe hüten sollen.

> Als sie dieses Traumgesicht hatten, waren sie bedrückt von der Aussicht, daß ihre Kinder Schafhirten und Ziegenhirten werden würden, denn ihre Windeln [und beigegebenen Erkennungszeichen] hatten die Hoffnung auf ein besseres Los genährt. Aus diesem Grunde hatten sie sie mit feinerem Essen und größerer Sorgfalt aufgezogen und ihnen Lesen und Schreiben beigebracht und alles zukommen lassen, was nach ländlichen Maßstäben als schön und gut galt. Aber sie erkannten, daß sie den Göttern gehorchen mußten [...], also sandten sie sie als Hirten hinaus und lehrten sie alles Notwendige – wie sie das Vieh vor dem Mittag weiden und wie nach dem Nachlassen der Mittagshitze, wann es zur Tränke und wann zur Schlafstatt getrieben werden mußte, bei welchen man den Hirtenstab und wann allein die Stimme gebrauchte (1.8).

Diese unerwartete Wendung formt entscheidend die Handlung, indem sie die elterlichen Absichten umformt.[2] Der verspielte und mächtige Götterknabe Eros führt – wie Psammetich auf seine Weise – ein bukolisches Experiment durch. Was wird geschehen, wenn zwei Heranwachsende von den enkulturierenden Einflüssen nicht nur der städtischen Gesellschaft in Mytilene, sondern auch der ehrgeizigen Pflegeeltern getrennt werden, die sie auf ein höheres Lebensziel hin erziehen wollen als das des ländlichen Bauernstandes? Wenn ihre geistige Erziehung abgebrochen wird, was werden sie unter freiem Himmel lernen?

---

[*] Da sie von einem Mutterschaf und einer Ziege genährt wurden, die gleichzeitig ihre eigenen Jungen säugten, müssen Daphnis und Chloë ungefähr zu der Zeit geboren worden sein, in der die Herden werfen – im Spätwinter bis Frühjahr (J. Campbell 1964, 21–3). Eros' bukolisches Experiment beginnt im Frühjahr (1.9), also haben Daphnis und Chloë gerade den fünfzehnten und dreizehnten Geburtstag gehabt.

Die knappe abstrakte Antwort darauf ist, daß Eros' Experiment der Reihe nach zeigen wird, welchen jeweiligen Anteil die Natur, die Kultur und der Zufall an der erotischen Entwicklung zweier attraktiver Teenager haben wird. Einige Interpreten heben den Charme[3] von *Daphnis und Chloë* (D&C) hervor, andere das ländlich-derb Komische (Anderson 1982) oder die »ästhetische Stimmigkeit von Handlung und Symbol« (Heiserman 1977, 140) oder seinen Platz in der bukolischen Tradition.[4] Wenn ich es eine *experimentelle Pastorale* – oder ein bukolisches Experiment – nenne, so ist das der Versuch, gleichzeitig seiner Kunstfertigkeit wie auch dem gerecht zu werden, was ich als sein ernsthaftes intellektuelles Spielen mit der gesellschaftlichen Realität auffasse. Longos und Eros, planvolle Autoren alle beide, haben sich Episoden ausgedacht, die als Testfälle für Hypothesen über (in diesem Fall) das Wechselspiel von Instinktivem und Gelerntem, von Natur und Konvention[5] angelegt sind. Manchmal scheinen sie die Möglichkeit einzuräumen, daß ohne bestimmte Formen von Ausbildung menschliche Wesen gar nicht sexuell aktiv werden könnten, sondern hilflos frustriert dahocken würden wie Daphnis, nachdem er mit Chloë nackt umschlungen gelegen und dann vergeblich versucht hat, die Kopulationsposition der Schafe nachzuahmen (3.14):»Daphnis setzte sich nieder und weinte darüber, daß er in den Werken des *erōs* [des Begehrens] unwissender [*amathesteros*, also wörtlich ungelehrter] war als ein Widder.«[*]

In *D&C* geht es nicht um das natürliche Wachsen des erotischen In-

---

[*] »Auf dem stets diagnostisch relevanten Gebiet des Sex, wo die Steuerung des Verhaltens phylogenetisch von der Vorherrschaft der Gonaden über die der Hypophyse auf die des zentralen Nervensystems übergeht, zeigt sich eine ähnliche evolutionäre Tendenz weg von festgelegten Handlungsabläufen und hin zu unspezifischer Erregung und ›größerer Flexibilität und Formbarkeit sexueller Muster‹; eine Tendenz, für die die zu Recht berühmte kulturelle Bandbreite der Sexualpraktiken beim Menschen eine logische Extension darzustellen scheint. Auf sichtlich paradoxe Weise scheinen daher wachsende Autonomie, hierarchische Komplexität und Vorherrschaft aktueller zentralnervöser Aktivität Hand in Hand zu gehen mit einer weniger detailliert ausgeprägten Determiniertheit solcher Aktivität durch die Strukturen des zentralen Nervensystems an sich und als solches, also auf intrinsische Weise« – Geertz 1973, 75 f. In einer Fußnote zitiert Geertz dann den Sachverhalt, daß in Isolation aufgezogene ausgewachsene Männchen von Nagetieren, wenn ihnen zum ersten Mal ein Weibchen in Hitze präsentiert wird, völlig normal kopulieren, während ähnlich unerfahrene Schimpansenmännchen nicht wissen, wie sie sich verhalten sollen, und erst beigebracht bekommen müssen, sich zu paaren.

154

stinkts, sondern um die mangelnde Eignung des Instinkts, sich aus sich selbst heraus zu verwirklichen, und um die vielerlei Arten von Wissen, Erziehung und Übung, deren es bedarf, um die tatsächliche Bedeutung spontaner Gefühlsregungen zunächst präzise zu erfassen und dann in angemessenes Handeln umzusetzen.[6] Man könnte auch sagen, im experimentell-sondierenden Prosawerk des Longos geht es eher um Kultur als um Natur, und es scheint uns hin und wieder auf die These hinzuführen, daß Sex selbst auf keinerlei bestimmbare Weise eine Naturgegebenheit ist, sondern durch und durch gesellschaftliche Realität. Sofern dies zutrifft, stellt sich die Frage, warum der Mythos Chloës in so ganz besonderem Maße eine Geschichte über Vergewaltigung ist, der wiederholt entgangen wird und die doch auf verstörende Weise immer wieder auftaucht.[7]

Mein Hauptthema in diesem Kapitel ist die Gewaltsamkeit als Bestandteil des kulturellen Systems, das Daphnis und Chloë als notwendige Ergänzung zu ihren eigenen unausgebildeten Impulsen entdecken (»sie wollten etwas, aber sie wußten nicht, was sie wollten« – 1.22), sowie die ungleiche Wirkung, die diese Gewaltsamkeit entfaltet. Wie später deutlich werden wird, beginnt der Roman mit der Setzung einer unschuldsvollen Gleichheit Chloës mit Daphnis, erforscht ihr aufkeimendes und ungetrübtes Bewußtsein von *erōs*, unternimmt dann aber eine ernsthafte und wiederholte Prüfung der sexuellen Gewalt, der Chloë – und in einem gewissen Ausmaß auch Daphnis – unterworfen ist. Die Süße im Grundton des Romans kann nicht – und will vielleicht nicht einmal – den Schmerz der sexuellen Akkulturation verbergen. In mancherlei Hinsicht scheint mir die Erfahrung Chloës (und des Lesers) vergleichbar mit der Erfahrung eines blauen Flecks am eigenen Körper, den man bemerkt, ohne sich erinnern zu können, bei welcher Gelegenheit er einem zugefügt wurde. (Mir geht es sehr oft so.) Vielleicht gibt es plausible Erklärungen dafür, daß man im nachhinein und doch zum erstenmal eine *bereits zugefügte Wunde* entdeckt: Manchmal konzentriert der Schock eines Zusammenstoßes unsere Aufmerksamkeit auf die beteiligten Personen oder Dinge statt auf den tatsächlichen physischen Schmerz, besonders bei kleinen Kratzern und ärgerlichen Beulen. Aber die traumatische Auffassung der reifen weiblichen Sexualität als dem Resultat einer Art von unausweichlicher Verletzbarkeit ist um Dimensionen verstörender. Diese Auffassung selbst, wie sie feststellbar ist im Verlauf von Chloës Erziehung (die weitgehend in Anlehnung an die expliziter ausgesprochene Erziehung Daphnis' vor sich geht, wobei Chloë zunehmend zu einer auf problematische Weise stummen Schülerin wird), nimmt sich aus wie ein großer Bluterguß, entstanden zu einem Zeitpunkt und unter Umständen, die aus dem Gedächtnis gelöscht worden sind.

Das wohlkontrollierte Experiment des Longos, das die Jugendlichen in eine künstlich »natürliche« Umgebung stellt, scheint darauf angelegt zu prüfen, ob es jemals eine »natürliche« Zeit gegeben hat, bevor diese Verletzung beigebracht wurde, sei es im individuellen Bewußtsein oder in der Geschichte unserer Kultur. Angesichts der Tatsache, daß Chloë mit so viel Lebhaftigkeit und Eifer in ihre Adoleszenz eintritt – woran liegt es dann, daß sie sich zunehmend verkrampft und gezwungen verhält? (Menstruation wird im Buch nicht erwähnt, aber Chloë leidet zunehmend an Krämpfen sozusagen gesellschaftlicher Art.) Die Antwort ist unmittelbar an ihre Bedrohung durch Gewalt gebunden: Chloë erfährt die Fesseln, die ihrer früheren Freiheit eine nach der anderen angelegt werden, in Andeutungen und in Schüben in dem Maße, in dem sie lernt, daß die Welt, die sie umgibt, um die *Idee* weiblicher Verletzbarkeit herum organisiert ist. Aber Longos' Bild eines Naturzustandes, in dem *erōs* instinkthaft alles durchbraust, durchtollt und durchblüht (1.9, 23), läßt die Erziehung Chloës zu den »Realitäten« der Gewalt als etwas Beklagenswertes erscheinen. Könnte Longos seine Leserschaft dazu auffordern, oder ihr zumindest gestatten, über die Willkür, die Unnatürlichkeit einer sexuellen Ordnung erstaunt zu sein, die Frauen erbarmungslos in Opfer verwandelt?

Ich bin mir nicht vollständig im klaren darüber, inwieweit Longos diese Frage absichtlich aufwirft, und ihre Formulierung hier mag den unvermeidlichen Anachronismus widerspiegeln, der zwischen einer urban geprägten Lesehaltung des 20. Jahrhunderts und mediterranen Entwürfen von Ländlichkeit aus dem zweiten Jahrhundert aufbricht. Aus diesem Grunde bezeichne ich die vorliegende Untersuchung als eine »Lektüre gegen den Strich«. Es ist nicht mein Ziel, Longos' idealen Romanleser des zweiten Jahrhunderts abzugeben, sondern in seinen Text mit Fragen einzudringen, wie sie ein Anthropologe stellen würde, der bei einem Besuch Probleme bemerkt, die von einheimischen Erfahrungen aufgeworfen, nicht aber ausdrücklich behandelt werden.

## Anspielung, Ellipse und verschobene Autorisierung

Bevor das immer wiederkehrende Schattenbild sexueller Vergewaltigung in Chloës Erziehung untersucht werden kann, müssen die umfassenderen Probleme bei der Interpretation dieses anspielungsreichen und elliptischen Werkes angegangen und seine Beziehung zur gesellschaftlichen Ideologie geklärt werden. Wir können uns nicht in die Thematik von Gewalt und weiblicher (oder männlicher) Sexualität in einem antiken

Text stürzen, ohne erst einmal gesichert zu haben, was für eine Art und Stilform des Diskurses wir vor uns haben.

»Zweite Sophistik« ist der (für uns ziemlich irreführende) Name, den jene glänzende Periode der griechischen literarischen Renaissance unter der römischen Herrschaft, deren Schwerpunkt im zweiten Jahrhundert unserer Zeitrechnung liegt, von ihrem ersten Geschichtsschreiber, Philostratos, erhielt.[8] Ihre literarischen Fixsterne – Lukian, Herodes Atticus, Pausanias, Achilles Tatius und viele mehr – bedienten sich unterschiedlicher Stile und brachten literarische Arbeiten großer Originalität hervor, erkannten aber alle die Autorität einer zu diesem Zeitpunkt bereits klassisch gewordenen Tradition der griechischen Literatur an.[9] Wenn Daphnis zum Beispiel, nachdem ihm Chloë zur Heirat versprochen ist, auf einen fast kahlen Obstbaum klettert, um den letzten Apfel zu pflücken, der »an höchster Spitze seiner höchsten Zweige« (3.33) hängen geblieben ist, und ihn dann Chloë schenkt, so spielt er ein Simile nach, das sich im Drei-Zeilen-Fragment eines Hochzeitsliedes der Sappho findet (frag. 105a LP):

> Wie der süße Apfel sich rötet am obersten Aste,
> oben am obersten, doch vergessen von pflückenden Händen –
> nicht vergaßen sie ihn, nein, konnten nicht dahin langen.[10]

Fast ist es, als würden Longos' Figuren, da sie nun einmal auf der Insel Lesbos leben, hin und wieder ganz zufällig auf die gleichen Szenen stoßen, die bereits Sappho gesehen hat. Der Ort (Lesbos), der Anlaß (hymeneal) und die Ausdrucksweise (*akrois akrotaton: akron ep' akrotatōi*) machen die Anspielung zur Gewißheit, wenn es auch wegen des Verlustes des Kontextes bei Sappho schwierig ist, den Tenor der Anspielung herauszuhören.* Es ist nicht abwegig zu behaupten, daß wir weit besser in der Lage wären, diese Schicht in Longos' Werk, einer geschickten Collage früherer Texte, richtig einzuschätzen, wenn uns mehr zur Verfügung stünde als das spärlich angesammelte Strandgut an älterer griechicher Literatur zur Sozialisation des *erōs*, insbesondere lyrische Dichtung und Neue Komödie.

Vergleichbares Geschick, vergleichbarer Anspielungsreichtum charakterisieren auch andere anspruchsvolle Verfasser von Texten mit ländlicher Thematik,[11] die uns dabei helfen, Longos auf das späte zweite, frühe dritte Jahrhundert unserer Zeit zu datieren. Aber eine solche Knappheit,

---

\* Besonders, ob die Braut, die mit der unerreichten Frucht verglichen wird, im weiteren Verlauf des Hochzeitsliedes gepflückt wird oder nicht: vgl. Kap. 6, S. 266–8. Der beherrschende Zug dieser Szene bei Longos ist, daß Chloë traurig und zornig über Daphnis' Versuch ist, den Apfel zu pflücken.

solche Untertreibung und solche Berufung auf einen gemeinsamen Fundus hochliterarischer Tradition erzeugen auch tiefgreifende Interpretationsprobleme. Es besteht heute kein ernstzunehmender Zweifel daran, daß Longos seinen Roman gestaltet und facettiert hat wie ein sorgfältiger Edelsteinschleifer ein Juwel, und daß der Widerschein von multiplen poetischen Traditionen in ihm in gewissem Maße als »ernsthaft« verstanden werden muß, im Gegensatz vielleicht zu der eher zum Straß neigenden Qualität der *Bauernbriefe* von Aelian und Alkiphron.

Anspielung und Auslassung bei Longos lassen die Versuchung besonders stark werden, *D&C* mit einem Gerüst und einer Perspektive der Interpretation zu versehen, die vom Text selbst nicht explizit gedeckt sind.[*] Die Versuchung besteht in der Tat – und man widersteht ihr nicht leicht, denn Longos verlangt von uns, daß wir ein Gutteil an Information selbst beisteuern, wie unsere Kenntnis von Sapphos Hochzeitslied und sogar des umfassenden Korpus der Neuen Komödie, der forensischen Rhetorik[12], der bukolischen Poesie und früherer Liebesromane. Wenn wir der Thematik der Gewaltsamkeit in Chloës Erziehung und Sozialisation nachspüren wollen, müssen wir also einerseits darauf achten, solche bewußt gelassenen Lücken nicht mit Phantasien eigener Erfindung auszufüllen (eine nur zu bekannte Warnung), und andererseits hellwach sein für die mögliche Bedeutsamkeit des Fast-Gesagten, des diskret Angedeuteten, der unvollendeten bezeichnenden Gesten.

Der Erzähler (der namenlos bleibt und nicht ohne weiteres mit dem Autor Longos gleichgesetzt werden kann) kompliziert das hermeneutische Problem, indem er einen Bogen darum macht, die Verantwortung für die Geschichte zu übernehmen. Seine knappe Vorrede gibt den Ursprung der Geschichte als einen zweifach vermittelten aus.

Während ich einmal auf Lesbos jagte, bot sich mir in einem den Nymphen geweihten Hain der berückendste Anblick, den ich je sah: ein Bildwerk, eine Geschichte der Liebe [...] Als ich dies voller Staunen betrachtete, ergriff mich ein Verlangen, der bildlichen Fas-

---

[*] Das reichhaltige und (für uns) oftmals unspezifische suggestive Potential hat einige moderne Interpreten dazu verführt, mehr zu sehen, als es zu sehen gibt, und zu spekulieren, *D&C* spiele auf religiöse Mysterien an, auf dionysische Initiationshandlungen, ja sogar auf genau festgelegte, wenn auch nirgendwo anders belegte Rituale des Eros: Chalk 1960; Merkelbach 1960, 1962, 1988; widerlegt von Berti 1967 und Geyer 1977. Auch bei Lollianos und Apuleius wurde der Anspruch auf eine Entschlüsselung von Mysterien erhoben, Repliken darauf finden sich u. a. bei Sandy 1979, C. P. Jones 1980 und Winkler 1980 und 1985a.

sung eine Fassung in Worten gegenüberzustellen.[13] Ich machte jemanden ausfindig, der mir das Bild zu deuten wußte, und arbeitete dann mit großer Sorgfalt vier Bücher aus, eine Gabe an Eros und die Nymphen und Pan, ein freudiges Besitztum für alle Menschen, das jeden heilen wird, der an Liebessehnsucht erkrankt ist, und jeden trösten, der Kummer hat, jedem eine Erinnerung sein, der geliebt hat, und alle unterweisen, die noch nicht geliebt haben. Denn auch hier gilt, daß niemand eros [dem Begehren] entgangen ist oder ihm entgehen wird, solange es Schönheit gibt und Augen sehen. Und möge der Gott uns gewähren, festen und gelassenen Sinnes zu bleiben, wenn wir die Erfahrungen anderer niederschreiben.

Man beachte die Aussparungen: Der Erzähler, ein namenloser Jäger, äußert sich nahezu dahingehend, daß die folgende Erzählung die Niederschrift der Erklärungen sei, die der einheimische Fremdenführer[14] ihm zu einem bewundernswerten Bild geliefert hat. Sicherlich läßt er durchblicken, daß die literarische Ausarbeitung von ihm selbst stammt (*exeponēsamēn*), ein Anspruch, der durch die hochentwickelten formalen Techniken des Textes gerechtfertigt wird – ornamentale rhythmische Kadenzen, Isocola (Gleichgliedrigkeit), Vermeidung des Hiatus.[15] Aber der Stoff selbst, scheint er zu sagen, ist nicht seine eigene Erfindung; es handelt sich vielmehr um eine Erzählung, die in ihren wesentlichen Grundzügen bereits in dem Gemälde vorliegt und, stärker ins einzelne gehend, von einem einheimischen Gewährsmann erklärt wird. Sowohl das Bild als auch der Exeget bekommen die vorrangige Verantwortung für Gestalt und Inhalt der Erzählung zugesprochen, die dann als *ta tōn allōn* bezeichnet wird, »das [Erfahrene] von anderen«.

Sicher ist dies eine Fiktion des Autors zu seiner Fiktion, eine, die wir letztlich als eine typische Ironie (im ursprünglichen Sinne des Wortes als falsche Bescheidenheit) seitens des Autors erkennen können. Der Erzähler stellt sich unschuldig gegenüber den Grundlagen, als könne er keine Verantwortung für die nackten Informationen tragen, die grundlegenden Sachverhalte, die im Bild so schön gestaltet werden und dann in seinem Text noch viel schöner. Soweit es nach ihm geht, sind die Wirkungen des *erōs* allgemeingültig, unausweichlich, ganz außer Frage stehend.*

---

\* Analog zum Begriff der unveränderlichen »menschlichen Natur«, auf den sich Thukydides beruft, um seine Beschreibung des Peloponnesischen Kriegs zu rechtfertigen (1.22). Wenn der Erzähler seine Komposition als *ktēma* bezeichnet, so ist dies – wie alle Interpreten übereinstimmend festgestellt haben – ein Widerhall des berühmten programmatischen Diktums des Thukydides.

Aber die Ablehnung von Verantwortung durch den *Erzähler* in der Vorrede und an anderer Stelle sollte als Pose erkannt und nicht mit einer solchen des *Autors* verwechselt werden. Das soll heißen, daß Abfolge und Aufbau des Geschehens, der raffinierte und anspielungsreiche Stil, das Verfahren, mehr zu sagen durch weniger Worte, zu Longos gehören und absichtsvoll sind, so wenig die Stimme des Erzählers auch die Aufmerksamkeit auf sie lenkt. Diese Prämissen sind wichtig für unsere Bewertung der Formen gesellschaftlicher Gewaltausübung, wie sie in *D&C* als »Tatsachen des Lebens« gezeichnet und bewußt für eine bestimmte Art der Prüfung ausgewählt sind.

## Das Leben unter Zwängen

Der anspielungsreiche Stil, so ließe sich sogar argumentieren, ist in Wirklichkeit eine hochverfeinerte Form der Vorbehalte des üblichen mediterranen Diskurses – einer Reserve, die sich auf die Vorsicht gründet, wie sie in einer Mangelgesellschaft für notwendig gehalten wird. Für griechische Landbewohner *ist* die Wirklichkeit ziemlich rauh, und sie selbst haben das in der antiken Literatur wie der heutigen Zeit immer wieder gesagt. Anthropologen, die in Griechenland auf dem Lande gewohnt haben, beschreiben eine Mangelgesellschaft, an der Beutegier, Berechnung und Argwohn hervortretende Züge sind. Zahlreiche Reaktionen und Verhaltensweisen in *D&C* leiten sich erkennbar von den alltäglichen Gefahren und Schwierigkeiten jener Kultur ab – oder von früheren literarischen Gestaltungen dieser Gefahren.[16] Ein Stück Seil ist rar in der Landschaft des Longos (1.12), und wenn ein Tau unbeobachtet gelassen wird, kann es leicht gestohlen werden (2.12). Hab und Gut, Leib und Leben sind stets von Räubern bedroht, die aus anderen Städten der eigenen Insel kommen, ob sie nun hochgeborene jugendliche Rowdies sind (2.12) oder schäbige Banditen (1.28, die Piraten aus Pyrrha[17]). Der Besitz selbst wohlhabender Bauern besteht aus Käse, Wein und Brot (1.16.4). Wenn ein ausgesetzter Säugling gerettet wird, wartet der Ziegenhirt auf den Schutz der Dunkelheit, bevor er ihn heimbringt (1.3). Chloës Wert für den Haushalt ihrer künftigen Schwiegereltern liegt darin, daß sie ein zusätzliches Paar Hände »für das Tagewerk« mitbringt (3.31).[*]

---

[*] Du Boulay (1983) analysiert vortrefflich die Wehklagen über die Geburt einer Tochter, wobei das Frohlocken über den Gewinn einer guten Schwiegertochter das Gegengewicht darstellt. Die Klagen speisen sich

Obwohl die Familien geizen und knausern müssen, hegen sie größten Widerwillen dagegen, bedürftig zu erscheinen. Vergünstigungen können angenommen werden, aber niemals ohne eine Art von Gegenleistung oder Vergütung, die gewährt wird, um zu zeigen, daß man nicht auf Zuwendungen angewiesen ist, daß man nicht in der Gemeinschaft den Ruf hat, arm oder unglücklich zu sein (1.2.5; Millett 1984, 98–100). Das ungeschriebene System, mit dem die Gemeinschaft über den Status der Familie Buch führt, überwacht unentwegt Rede und Verhalten und sucht dabei nach Anzeichen für Abtrünnigkeit, Fehler, Verrat oder verborgen gehaltene Güter.[18] Als Daphnis nach einem Grund sucht, Chloë mitten im tiefsten Winter zu besuchen, malt er sich aus, wie ihn ihr Vater zur Glaubwürdigkeit seines Vorwands ins Verhör nehmen wird (3.6); Dionysophanes unterzieht auf ähnliche Weise Lamons Behauptungen über Daphnis einer Prüfung (*ebasanize*) (4.20). Fragen und Argwohn sind der ewige Hintergrund, vor dem jegliche soziale Interaktion sich abspielt.[*]

Zu lügen und Lügen aufzudecken ließe sich als das naturbelassene Gegenstück zu der Hermeneutik bezeichnen, die das Buch selbst fordert, insofern, als sein bewußtes Programm der Untertreibung, wie es im vorangehenden Abschnitt beschrieben ist, die wohlüberlegte Ergänzung fordert. Der Leser der Art, die der Roman verlangt, wird im Roman selbst von den Figuren repräsentiert, die die Angemessenheit dessen, was ihnen gesagt wird, in Zweifel ziehen und versuchen, den dahinter verborgenen Plan aufzuspüren.

Die klassische Szene für die Vorführung derart taktvoller Umsicht ist die Unterhaltung zwischen Lamon und Dryas über eine mögliche Heirat zwischen ihren Kindern: Beide erscheinen freundlich, beide versuchen, maximalen Gewinn aus der Unternehmung zu schlagen, und beide lügen das Blaue vom Himmel herunter (3.30–32). Der Kommunikationsstil, das Spiel mit verdeckten Karten, entspricht einerseits dem Druck, unter dem das bäuerliche Leben geführt wird, und mediterranen Normen im allge-

---

nicht einfach aus Frauenfeindlichkeit, sondern der Überlegung, daß die Tochter, sofern alles gutgeht, aus dem Haus gegeben werden wird, kaum daß sie zu einem guten, hübschen, sparsamen und fleißigen Haushaltsmitglied erzogen worden ist, und dann zu einer wertvollen Hilfe im Haushalt eines anderen werden wird.

[*] Kleine Verschwörungen kommen im Buch immer wieder vor: Chloë erzählt Daphnis nichts vom Kuß des sterbenden Dorkon, Daphnis und Chloë belügen ihre Eltern über Daphnis' Sturz in eine Wolfsgrube (1.31), Daphnis deckt Lykainions Lüge, indem er Chloë erzählt, er habe ihr eine Gans gerettet (3.20), der Sohn des Herrn erklärt sich bereit, die Verwüstung des Gartens auf die Pferde zu schieben (4.10).

meinen, wie sie heute noch beobachtet werden, andererseits der Zurückhaltung und Untertreibung, wie sie Longos' selbstgewählte Diskursform
sind.

Die Umstände sind wie folgt. Während des langen, heißen Sommers
ihres fünfzehnten Lebensjahres wird Chloë von Freiern umschwärmt, die
ihrem Vater Dryas Geschenke bringen. Daphnis, dem diese Entwicklung
aufs Gemüt schlägt, möchte gerne zu ihnen gehören, aber seine Familie
ist arm und kann mit reicheren Hirten nicht mithalten. Er hat sogar
Angst, das Thema bei seinem Vater Lamon anzuschneiden und wendet
sich statt dessen an seine Mutter, die es dann nachts mit Lamon bespricht.
Dieser weigert sich, die Möglichkeit in Erwägung zu ziehen, seinen
Findlingssohn, dessen wahre Identität eines Tages ans Licht kommen und
ihnen einen gewissen Wohlstand bringen könnte, mit einer armen Schäferin zu verheiraten. Daphnis' Mutter allerdings, die befürchtet, ihr Sohn
könne sich wegen dieser glatten Absage etwas antun, überbringt ihm eine
andere Botschaft – wenn er Dryas überzeugen könne, ihm Chloë zu
geben, ohne dafür größere Geschenke oder Angebote zu verlangen,
hätten sie gegen die Heirat nichts einzuwenden (3.26). Sie bestärkt die
Hoffnung, ohne auch nur einen Augenblick lang selbst daran zu glauben,
daß Dryas seiner Tochter erlauben würde, einen armen, aber hübschen
Ziegenhirten zu erhören, den sie liebt, anstatt sie zu zwingen, einen
älteren, reicheren Mann zu heiraten, der wie ein Pavian aussieht. Ihre
wohlmeinende Täuschung gründet sich auf ihre Gewißheit, daß Dryas,
der lauter so gute Angebote bekommt, sich ohnehin niemals darauf
einlassen würde, auf jeglichen Gewinn aus der Verheiratung seiner einzigen Tochter zu verzichten. (Dryas läßt sich vom Rat seiner Frau beeinflussen, daß sie bei Annahme eines hübschen Angebots für Chloës Hand
das Geld ja zugunsten ihres leiblichen Sohnes, Chloës vor kurzem gebo-
renen kleinen Stiefbruders, verwenden könnten, 3.25).

Die Täuschung bewahrt Daphnis vor völliger Verzweiflung und läßt
ihn auf ein Wunder hoffen, für das dann die Nymphen sorgen, indem sie
ihm den Weg zu einer Börse mit 3000 Drachmen zeigen, die aus einem
Schiffbruch stammt, ganz von Seetang bedeckt ist und neben einem
verwesenden Delphin liegt. Dryas nimmt Daphnis' Antrag sofort an,
sogar unter der Bedingung, er dürfe Lamon nichts von den 3000 Drachmen erzählen. Das Gespinst wechselseitiger Lügen wird komplexer,
indem Daphnis nun Dryas benutzt, um seine Eltern zu täuschen, auf der
Grundlage der Lüge seiner Mutter, sie würden einer Heirat mit Chloë
zustimmen, die sie nichts kosten würde. In den Kreislauf des Betrugs
greift nun Dryas aktiv ein, indem er Daphnis' Eltern aufsucht, um selbst
»um den Bräutigam zu werben – ein beispielloses Unterfangen« (3.30).

Er trifft sie beim Auswiegen der vor kurzem geworfelten Gerste an, schlechtgelaunt, weil der Ertrag des Jahres so gering ist, und pflichtet ihren Klagen bei – »die Ernte ist dieses Jahr überall ganz schlecht«. Dryas hält um Daphnis als Schwiegersohn an, mit der Begründung, die beiden Jugendlichen liebten einander. Wieder einmal, wie schon bei der Lüge von Daphnis' Mutter, wird die Romanze zwischen Heranwachsenden von den Erwachsenen lediglich anerkannt, wenn es zur Bemäntelung des eigenen Gewinnstrebens dient (»Dies und noch manches andere sagte er, wußte er doch, daß ihm 3000 Drachmen winkten, wenn er Lamon überzeugen konnte«, 3.30).

Lamon ist fast mattgesetzt, aber er schafft es, die Annahme des Antrags mit der Ausrede hinauszuschieben, daß er noch seinen Gutsherren fragen müsse, der den Besitz im Herbst besuchen werde. Der gemeinsame freundliche Umtrunk, der dieser Abmachung folgt, verbirgt die wahren Gedanken beider Bauern. Welche Gedanken Dryas bewegen, wird recht ausführlich wiedergegeben, während er auf dem Heimweg zu seiner eigenen Tenne ist und sich noch einmal alles durch den Kopf gehen läßt, was er über Daphnis' Geschichte weiß, und sich fragt, ob Lamon möglicherweise ein ähnliches Geheimnis um Daphnis hüte wie er selbst um Chloë (3.32).

Die Annahme, die all diesen Kommunikationssituationen zugrunde liegt, ist die, daß sich die Menschen in aller Regel nicht die Wahrheit sagen, sei es aus bester Absicht (Daphnis' Mutter), romantischen Motiven (Daphnis) oder solchen der Geldgier (Lamon und Dryas).[*] Dies ist ein Grundzug in einem Großteil des antiken Diskurses, und einer, den zu akzeptieren modernen Lesern besonders schwerfällt. Er entspringt einem völlig anderen Verständnis von den Zwängen des Lebens, von der Gefahr, die man läuft, wenn man intime Kenntnisse preisgibt, da Kenntnisse jeder Art eine wertvolle Ressource im ernsthaften Spiel der Bewahrung und Vermehrung des begrenzten Familienvermögens darstellen.

Dryas und Lamon sind einander nicht feindlich gesonnen, sie versuchen auch nicht, bloße Höflichkeit zu wahren: sie sitzen gern im Schatten und trinken miteinander, wenn ihre Verhandlungen zu einem vorläufigen Abschluß gekommen sind. Unsere Betonung der Wettbewerbsbedingungen,

---

[*] Zeitlin (1985b) hat gezeigt, daß [Euripides'] Hippolytos, um aus der jugendlichen Naivität herauszutreten, die Einsicht in die Notwendigkeit und die Kosten der Bewahrung von Geheimnissen lernen muß, wobei es Merkmal eines sozialisierten Erwachsenen ist, daß er oder sie den Unterschied zwischen dem inneren und dem äußeren oder dem wahren und zur Schau gestellten Selbst erfährt.

unter denen sie agieren, darf uns nicht dazu verführen, handelnde Subjekte in der griechischen Gesellschaft mit den Figuren Samuel Becketts in *Wie es ist* gleichzusetzen, die durch ein Universum des Unrats schlittern und mit Dosenöffnern bewaffnet sind, um sich einander vom Halse zu halten. Gilmore (1987a) hat Wert auf die Tatsache gelegt, daß die gnadenlose psychologische Aggression, der er in Andalusien begegnet ist, durchaus nicht unvereinbar mit überaus anmutigem Charme und Zuvorkommenheit ist, und Herzfeld (1987a) hat betont, daß sich das gesamte System, das unter »Ehre/Schande« rubriziert wird, positiver und wissenschaftlicher erfaßt werden könnte, wenn man von einem Verständnis für die Konventionen der Gastfreundschaft ausginge. Doch auch, wenn solche gröberen Mißverständnisse ausgeräumt sind, gilt, daß manch beobachtbares mediterranes Verhalten geprägt erscheint durch Vorsicht, Gewappnetsein und Empfindlichkeit für das Unausgesprochene.

Als Kommunikationsstil ist solche Verschlagenheit nicht nur den Bedingungen eines Lebens angepaßt, das als ökonomisch prekär wahrgenommen wird, sie setzt auch positive Werte. Lamon und Dryas und ihre Ehefrauen und Kinder erwerben die Fähigkeit, wechselseitig Gedanken zu lesen und ihr unausgesprochenes Wissen auf kluge und gefühlvolle Weise dazu einzusetzen, persönliche Ziele oder solche der Familie zu verfolgen, die sich nur schwer offen diskutieren ließen. Lassen Sie mich zwei weitere Szenen aus der älteren griechischen Literatur zum Vergleich heranziehen, die eine ähnliche Feinfühligkeit und Zurückhaltung in der Behandlung der Haltungen einer Familie gegenüber junger Liebe erkennen lassen. Die erste ist die wohlbekannte Unterredung zwischen Nausikaa und ihrem Vater zu Beginn des sechsten Gesanges der *Odyssee*. Sie kommt ins heiratsfähige Alter, woran sie in einem Traum erinnert wird (*Od.* 6.27), und sollte natürlich darauf vorbereitet sein, indem sie ihre besten und reinlichsten Kleider bereithält. Ihren Eltern gegenüber aber gibt sie andere Motive für ihren Ausflug zum Waschplatz an, »da sie sich schämte, ihrem Vater gegenüber von lieblicher Hochzeit zu sprechen. Er aber verstand alles« (66–7). Der Austausch zwischen Nausikaa und ihrem Vater ist fast telepathischer Art. Sie spricht nicht etwa verschlüsselt oder gibt ihre Gefühle falsch wieder, sondern sie gibt ihm zu verstehen, was sie beschäftigt, ohne ihn dazu zu zwingen, zuzugeben, daß sie in einer Sache die Initiative ergriffen hat, in der das Gesetz des Handelns nominell auf seiner Seite ist.

Die zweite ist eine überaus bezaubernde Szene in Dions Siebter Rede (der »Euböischen«), die in Teilen schon weiter oben untersucht wurde (S. 39 f.). Der Erzähler ist in eine abgelegene Niederlassung im Gebirge gekommen, wo zwei Familien miteinander wohnen. Sein Gastgeber hat eine Tochter im heiratsfähigen Alter (*hōraia gamou*, 65), die das Essen aufträgt, als sein Schwager mit seinem Sohn, der »kein schlecht aussehender junger Mann« ist, von der Jagd heimkommt. Der Erzähler bemerkt, daß das junge Mädchen errötet. »Der Vater sagte, ›Sie wird einen armen Mann zum Gatten bekommen, einen Jäger wie wir‹, und lächelnd blickte er zu dem jungen Mann« (70). Der Erzähler fragt, wann die Hochzeit stattfinden wird, und der Vater stellt fest, daß für den richtigen Tag Vollmond und klarer Himmel notwendig seien. Kurz darauf beginnt der Erzähler, über das Waidmannshandwerk zu sprechen, und der junge Mann wirft begeistert ein, er habe gestern nacht ein Kaninchen in seinen Schlingen gefangen, »›denn der Himmel war wunderbar klar und der Mond so groß wie nur je‹. An diesem Punkt lächelten beide Väter, der der Jungfrau und der des Jünglings, er aber wurde verlegen und schwieg still« (71–72). Es geht mit weiteren Neckereien[*] und indirekten Verhandlungen zwischen den beiden Elternpaaren weiter, denen ihre Kinder kräftig Vorschub leisten, und das Ganze läuft darauf hinaus, daß die Hochzeit auf den übermorgigen Tag festgesetzt wird.

Die offensichtliche Zurückgenommenheit und Indirektheit dieser drei Kommunikationsszenen ist unmittelbar auf die sozialen Zwänge festgelegter und wohldefinierter Familienrollen bezogen, die ihrerseits eine Funktion sind von (oder koordiniert sind mit) den tatsächlichen oder angenommenen Zwängen der materiellen Erhaltung und daraus folgend der Notwendigkeit zur Konkurrenz – phäakischem Wohlstand zum Trotz. Derart (für unsere Erfahrung) enge Grenzen des individuellen Ausdrucks repräsentieren die Matrix, innerhalb deren Individuen zur Reife gelangen und, so gut sie können, ihre Hoffnungen und Wünsche ausdrücken. Longos' anspielungsreicher Stil, der die Absichten des Autors nicht preisgibt, repliziert die übliche Vorsicht und Zurückhaltung des mediterranen gesellschaftlichen Diskurses.

Er ist auch der angemessene Stil für einen theorematisch angelegten Roman, in dem der Autor vielleicht nicht nur eine einzige Absicht

---

[*] Der Vater des jungen Mädchens neckt den jungen Mann mit der Vermutung, er könne ja vielleicht warten wollen, bis »das Schwein richtig fett sei«, wobei er sich erst einmal auf das ausersehene Opfertier bezieht, aber der ruft aus, daß das Schwein vor Fett beinahe platze. Sie ziehen ihn dann weiter auf, indem sie auf die körperlichen Folgen der Liebeskrankheit anspielen, die sie beobachtet haben – seine Magerkeit und seine nächtliche Unruhe. »Paß auf, daß nicht, während das Schwein fett wird, dieser Junge abmagert« (78). Der Jüngling wehrt die unwillkommene Aufmerksamkeit, die sein persönliches Verhalten findet, beständig ab, und sie lassen ihn schließlich zufrieden.

verfolgt, sondern vielmehr mit einer Vielfalt von Möglichkeiten und Perspektiven experimentiert, die sich von Szene zu Szene verändern. Obwohl Longos offenbar in Begriffen einer gesellschaftlichen Geometrie des Begehrens denkt, ist es nicht offensichtlich (und möglicherweise falsch), daß er sich einem einzigen euklidischen System verpflichtet fühlt. Wir sollten nicht annehmen, daß immerhin er selbst wüßte, wie die verschiedenen Szenen letztlich in ein umfassendes dogmatisches Schema zusammengeführt werden könnten. Anstatt den Absichten des Autors, die unzureichend integriert und für ihn selbst undurchsichtig sein mögen, in unserer Untersuchung eine Sonderstellung einzuräumen, sollten wir an die Bandbreite der sexuellen Haltungen und Praktiken im zweiten Jahrhundert, seinen Bestand an Tropen denken und Longos dabei zusehen, wie er das Kaleidoskop von einer zur anderen wendet.

## Ein Liebhaber im Sinne der Konvention

Kehren wir zu dem Thema der erotischen Erziehung und der Frage zurück, was Daphnis und Chloë dabei eigentlich lernen, und schauen wir uns an, wie unangeleitetes Begehren und seine vollentwickelten gesellschaftlichen Formen auseinanderstreben können. Wir können damit beginnen, die Leidenschaft des konventionellsten und »fertigsten« Liebhabers im Roman mit den »natürlichen« Gefühlen von Daphnis und Chloë beim Eintritt in ihre Adoleszenz zu vergleichen.

Das mit der Konvention übereinstimmende Bild eines Qualen leidenden Liebhabers, wie diejenigen es sind, denen wir im vorigen Kapitel begegnet sind, findet in *D&C* sein bestes Beispiel in der faszinierenden Figur des Gnathon. Er kommt aufs Land im Gefolge des jungen Herrn Astylos (»Stadtjunge«). Er ist ein *parasitos* (4.10), regelmäßiger Gast an der Tafel und Mitläufer, dessen einziger Beitrag zum Hausstand in seiner flinken Zunge und seiner Geselligkeit besteht. Aus der Sicht arbeitender Bauern und Hirten ist das keine »richtige Arbeit«, und Gnathon wird verächtlich als ein Parasit im modernen Sinne des Wortes beschrieben: »ein Mann, der gelernt hatte, sich vollzuessen und vollzutrinken bis zum Rausch, nach dem Rausche Geschlechtsverkehr zu haben, und nichts anderes war als Schlund [*gnathos*] und Bauch und jene Teile, die unter dem Bauch sind« (4.11). Andere auf Raubzug gehende Liebhaber, wie Dorkon, Lampis und Lykainion, werden nicht in diesem abschätzigen Ton beschrieben, da sie ihren Lebensunterhalt auf eine Weise verdienen, die auf dem Lande anerkannt ist. Gnathon repräsentiert die volle Blüte der erotischen Kultur, wie sie von der Anhäufung von Reichtum in der Stadt ermöglicht wird. »Er war auf Schlemmergelagen mit ausschweifenden Männern mit der gesamten Mythologie der Liebe bekannt gemacht worden [*pepaideumenos*]« (4.17), wie seine anschließende blumige Rede über die Schönheit eines Schafhirten und Sklaven zeigt.

In der Manier der Neuen Komödie, aus deren Milieu Gnathon zu stammen scheint, wird seine leidenschaftliche Liebe in einer ausgeformten Rede humoristisch als stärker sogar als seine Freßlust geschildert:

> Dein Gnathon ist tot und hinüber, Herr. Ich, der ich bislang nur ein Liebhaber deiner Tafel war, ich, der ich bislang geschworen hätte, nichts sei köstlicher als ein Pokal alten Weines, ich, der ich sagte, deine Delikatessen seien besser als die Epheben in Mytilene – jetzt muß ich gestehen, daß allein Daphnis mir noch köstlich erscheint. Ich nehme keine reichen Speisen mehr zu mir, obwohl Tag für Tag so viele Gerichte von Fleisch, Fisch und Süßigkeiten bereitet werden, und ich würde liebend gern eine Ziege werden und Gras und Blätter fressen, wenn ich der Syrinx Daphnis' lauschen und von ihr geleitet werden könnte. Du mußt deinen Gnathon erretten und den unbesiegbaren Eros überwinden. Andernfalls, das schwöre ich bei dir, meinem Gott, werde ich einen Dolch nehmen, mir den Magen vollschlagen und mich vor Daphnis' Schwelle umbringen – und niemals mehr wirst du mich deinen süßen kleinen Gnathon nennen können, in deiner schalkhaften Art (4.16).

Wie bei all den anderen Nebenfiguren wird Gnathons Leidenschaft selbst (wenn man von der Frage seines Verhältnisses zu den Produktionsmitteln absieht) auf eine im wesentlichen mitfühlende Art dargestellt. Die Antwort des Astylos, »der selbst seine Erfahrung mit Liebeskummer hatte« (4.17), ist das Versprechen, seinen Vater darum zu bitten, Daphnis in die Stadt mitzunehmen, als Astylos' Sklaven und Gnathons Gespielen (*erōmenos*). Es ist wesentlich, zu verstehen, warum und wie dieser Plan vereitelt wird, denn wenn die Empörung, die Daphnis und sein Vater bei dieser Aussicht empfinden, auch in Wirklichkeit auf die Prinzipien und Protokolle gegründet ist, die ich im Ersten Teil beschrieben habe, so wird sie doch wahrscheinlich auf einen oberflächlichen oder unkritischen modernen Leser den Eindruck einer völlig »natürlichen« – das heißt, heterosexuellen – Form des Abscheus machen. Die meisten Interpreten halten die Reaktion auf Gnathon für eindeutig homophob und glauben, daß ihr damit eine Schlüsselbedeutung in der Geschichte sexueller »Einstellungen« zukommt. Nichtsdestoweniger gründet sich Lamons scharfe

Ablehnung von Gnathons Plänen für Daphnis nicht auf moralische Vorbehalte gegenüber gleichgeschlechtlichen Kontakten, sondern auf umsichtigere Überlegungen, die mit gesellschaftlicher Ungleichheit zu tun haben. Astylos hatte Gnathon zuvor (4.17) damit gestichelt, in einen stinkenden Ziegenhirten verliebt zu sein, über den er erhaben sein sollte. Lamon aber weiß, daß Daphnis in Wahrheit in einer höheren Klasse geboren wurde, und fühlt sich genötigt, dieses Geheimnis aufzudecken, um Daphnis davor zu schützen, zum »Partyspielzeug« (*emparoinēma*, 4.18) für Gnathon zu werden. Solange Gnathon auf einer höheren Stufe als Daphnis zu stehen schien, konnte er wegen seiner Wahl allenfalls zur Zielscheibe für Spott werden. Sobald bekannt ist, daß Daphnis wahrscheinlich der Sproß einer freien und wohlhabenden Familie ist, erscheinen Gnathons Absichten als zutiefst verwerflich. In keinem der beiden Fälle hat irgendwer etwas gegen Sex zwischen Mann und heranwachsendem Jüngling, nur gegen Sex zwischen Ranggleichen. Wäre Daphnis wirklich ein einfacher Sklave und Ziegenhirt gewesen, hätte vermutlich niemand aus dem Kreis der Älteren und seiner Herren etwas Unpassendes an Gnathons Plan gefunden: In der Tat kommen Astylos und sein Vater überein, Daphnis in ihr Stadthaus mitzunehmen, »denn er ist schön, zu schade für das Land, und kann städtische Manieren schnell von Gnathon lernen« (4.19).

Eine weitere Passage ist für dieses Thema relevant. Als Gnathon erstmals merkte, daß er sich in Daphnis verliebt hatte, erwarb er zunächst sein Zutrauen, ging dann am Abend auf ihn zu, küßte ihn und bat ihn, ihm die Kehrseite zu bieten, wie es die Geißen mit den Böcken machen. Daphnis ist schwer von Begriff, weil er, wie er sagt, noch nie gesehen habe, wie ein Bock einen Bock oder ein Widder einen Widder oder ein Hahn einen Hahn bestiegen habe. Er will sich von Gnathon, der bereits betrunken ist, keine Gewalt antun lassen, und stößt ihn mit Leichtigkeit zu Boden, worauf er davonläuft »wie ein Hündchen« (4.12). Ich stelle mir vor, daß jeder oberflächliche Beobachter tierischen Verhaltens aus den unteren Schichten wissen würde, daß Daphnis' Bemerkung bestenfalls eine Halbwahrheit enthält. Es ist nicht etwa so, daß ausgewachsene Männchen niemals versuchen, andere Männchen zu bespringen, was durchaus übliches Dominanzverhalten ist, sondern lediglich so, daß andere Männchen das nicht zulassen. Was die menschliche Gesellschaft betrifft, die im Ersten Teil beschrieben wurde, so ist das männliche Begehren recht ungestüm und schert sich oftmals nicht um das Geschlecht seines Objekts: Die einzige strenge Regel ist die, daß derjenige, der männliches Begehren ausübt, sich nicht dem eines anderen unterwerfen darf. Daphnis ist nicht um seine »Natur« besorgt, sondern um die

Erhaltung seiner Identität als ein aufstrebender Geißbock und nicht etwa eine Geiß.

Gnathon wird vorgestellt als »von Natur aus ein Liebhaber junger Männer« (*physei paiderastēs*, 4.11), ein Naturell oder ein Typus, der als solcher noch kein Naserümpfen in diesem fiktionalen Universum hervorruft. Was aber (zumindest in der Fiktion) an Gnathons Art als beleidigend empfunden wird, ist seine Hemmungslosigkeit, was Essen, Trinken und Sex betrifft, mit der daraus resultierenden frechen Haltung gegenüber den schicklichen Grenzen zwischen Menschen unterschiedlicher Klasse. Tatsächlich wird Gnathons Hemmungslosigkeit, deren Unschuld bereits an ihrer im wesentlichen komischen Darstellung sichtbar wird, noch harmloser gemacht durch seine Unkenntnis von Daphnis' wahrer Identität, und schließlich wettgemacht durch seine heldenhafte Rettung Chloës (4.29). Unsere eigenen sexuellen Kategorien, die um Fragen der sexuellen Objektwahl herum gebaut sind, machen es einigermaßen schwer, die Moral und die gesellschaftlichen Bedeutungen der Welt des Longos zu bergen. In deren Brennpunkt steht Gnathons Mangel an Zucht und Selbstdisziplin, seine soziale Identität als der nicht arbeitende Parasit einer extrem wohlhabenden Familie, in einem Kontext, in dem der Zugang zu Grundgütern des Lebens für die meisten Menschen streng begrenzt und das angemessene Verhalten von einer Ethik der Beschränkung bestimmt ist. (Die Ironie liegt allerdings darin, daß Longos' eigener Text evidentermaßen ein Erzeugnis des Überflusses ist und seine schockierte Haltung gegenüber städtischer Maßlosigkeit und der überfeinerten Kultur städtischer Liebe selbst nur pastorales bric-à-brac.)

Aber stellen wir, nach Longos' Spielregeln und um dieTheoreme seines bukolischen Experiments zu verfolgen, diesen Liebhaber konventionellen Zuschnitts – einen Liebhaber, durch den wir, all seinen Fehlern zum Trotz, dem Funktionieren der Protokolle und Konventionen folgen können – den »natürlichen« oder instinktiven Liebenden gegenüber, die diese erst entdecken müssen – was, wenn es auch unterstelltermaßen unausweichlich geschieht, doch eine vielfacettige Erziehung erfordert, mit der ihre Instinkte in eine sozial akzeptable Form gebracht werden.

# Liebende nach der Natur

Daphnis und Chloë sind unkonventionale Liebende – nicht nur, indem sie (teilweise durch eigene Unkenntnis) außerhalb der konventionellen Muster von Verführung und Liebeswerben stehen (von denen sie einige selber neu erfinden[*]), sondern auch, indem sie Beispiele dafür sind, was die griechische Kultur an der frühen Adoleszenz beunruhigte. So setzen Chloës frühere sexuelle Reife und Neugier Aspekte der Mädchenzeit in Szene, die eine patriarchalische Ordnung sorgfältig abschirmte, während Daphnis' energische Erkundungen als Sechzehnjähriger, als er technisch gesehen noch immer als *pais* oder »Knabe« gilt, eine Form der Frühreife von Jünglingen repräsentiert, die von den Griechen zwar eingeräumt, aber lieber nicht ernstgenommen wurde. Was, im Widerspruch zum Projektionsbild des konventionellen Liebeswerbens, an *D&C* wahrhaft bemerkenswert ist, ist die empfindsame Schilderung der Gleichberechtigung der Liebenden, die durch ihre spätere Gleichgültigkeit gegenüber dem Stadtleben bestätigt wird, selbst dann, als sie ein Anrecht darauf haben, vollen Gebrauch von dessen Freiheiten zu machen.

Gleichberechtigung ist nicht ganz das passende Wort, obwohl die Ausbalancierung von Episoden zwischen Daphnis und Chloë einen gewissen derartigen Eindruck erweckt. Eher übernimmt Chloë, die mit dreizehn in die sexuelle Adoleszenz eintritt, die Führungsrolle – sie spürt *erōs* als erste und versucht, sich dementsprechend zu verhalten –, während Daphnis, wenn ihn auch die Rivalität mit Dorkon dazu anspornt, eine konkurrierende Zuneigung zu Chloë zu empfinden, in seinen sexuellen Empfindungen erst gänzlich aktiv wird, als er sechzehn wird: »Da er während der Wintermonate, als er ans Haus gebunden war und sich ausruhen konnte, ins Jünglingsalter (*hēbē*) eingetreten war, brannte Daphnis jetzt auf ihre Küsse und lechzte nach ihren Umarmungen und war sehr neugierig und kühn geworden in Hinblick auf alles, was sie miteinander tun könnten« (3.13).

Chloë, obwohl sie die jüngere ist, eilt Daphnis in der Erfahrung der geheimnisvollen und schmerzlichen Regungen von *erōs* voraus, und Longos verwendet einige seiner beeindruckendsten frühen Seiten auf die Erforschung ihres Bewußtseins, wobei Daphnis weitgehend am Rande bleibt. Nachdem Daphnis in eine Wolfsgrube gefallen ist, hilft sie ihm bei der Säuberung:

---

[*] Wie den Kuß auf dem Umweg über ein Trinkgefäß (3.8).

Daphnis ging mit Chloë zur Grotte der Nymphen und gab ihr seinen Chiton und seine Hirtentasche zur Aufbewahrung, während er in die Quelle trat und sein Haar und seinen ganzen Körper wusch. Sein Haar war schwarz und dicht, sein Körper von der Sonne gebräunt: man hätte meinen können, er erhielte seine Farbe vom Schatten seines Haares. Als Chloë ihn so betrachtete, schien ihr Daphnis schön zu sein; da es das erste Mal war, daß sie seine Schönheit bemerkte, glaubte sie, daß das Bad daran schuld sei. Und als sie ihm den Rücken wusch, fühlte sich sein Fleisch weich unter ihrer Berührung an, so daß sie sich heimlich und wiederholt selbst berührte, um nachzuprüfen, ob er der Zartere wäre. Dann trieben sie ihre Herden heim, da die Sonne bereits unterging, und Chloë litt an nichts schlimmerem, als daß sie wünschte, Daphnis noch einmal baden zu sehen.

Am nächsten Tag, als sie auf die Weide kamen, setzte sich Daphnis unter ihre gewohnte Eiche und blies seine Syrinx, während er zusah, wie seine Ziegen sich ausruhten und, wie es schien, seinen Melodien lauschten. Chloë, die in der Nähe saß, behielt ihre Schafherde im Auge, aber noch mehr schaute sie auf Daphnis. Wieder schien er ihr schön, während er spielte, und diesmal nahm sie an, daß die Musik die Ursache seiner Schönheit wäre, so daß sie nach ihm die Syrinx aufnahm, um zu sehen, ob auch sie schön würde. Sie überredete ihn, wieder zu baden, und sie schaute zu, als er badete, und sie berührte ihn, als sie zuschaute, und sie ging danach fort und bewunderte ihn immer noch – und diese Bewunderung war der Beginn von *erōs*. Sie wußte nicht, woran sie litt – ein sehr junges Mädchen, das auf dem Lande groß geworden war und nicht einmal gehört hatte, daß jemand das Wort *erōs* verwendete –, aber eine peinigende Unruhe überkam ihre Seele, sie konnte ihre Augen nicht unter Kontrolle halten, und sie sprach oft den Namen »Daphnis« aus. Sie ließ ihr Essen stehen, lag nachts wach, vergaß ihre Herde. Einmal lachte sie, ein andermal weinte sie; mal saß sie da, dann sprang sie auf; ihr Gesicht wurde bleich, dann wieder brannte es in einem glutvollen Rot. Nicht einmal eine Kuh, die von einer Bremse [*oistros*] gestochen worden ist, gebärdete sich so voller Drangsal! (1.13 f.)

Auf diese indirekte Wiedergabe ihrer Gedanken und Gefühle folgt ein langer und bezaubernder Monolog, in dem sie ihre Krankheit anhand der Symptome – ein Schmerzen und Brennen, das sich am Körper nicht orten läßt – zu erfassen sucht und die Nymphen bittet, ihr zu helfen, wieder gesund zu werden.

Ihre offensiven Experimente verdienen Aufmerksamkeit. Sie testet (*peirōmenē*) die Sanftheit ihrer Haut gegenüber der seinen, sie übernimmt die Syrinx von ihm, sie manövriert ihn noch einmal in die Quelle. Chloë, wie es jemand vom Land ausdrücken könnte, kommt in Hitze, und sie ist in aller Unschuld entschlossen, herauszufinden, was sie damit anfangen soll. Da sexuelle Initiative konventionell verheirateten Frauen zugeschrieben, aber Jungfrauen versagt wurde, steht Longos' mitfühlende (und stets ein wenig ironische) Beschreibung ihrer Gefühle und des Ausdrucks, den sie ihnen gibt, ein wenig außerhalb der gesellschaftlichen Konventionen.

Obwohl auch Daphnis dazu gebracht wird, etwas zu empfinden, wenn auch eher angestachelt von Rivalität zu Dorkon im Wettstreit um einen Kuß von Chloë[*] als von seiner eigenen langsameren Pubertät, bleibt Chloë ihm doch um einen erheblichen Vorsprung voraus. Longos unterstreicht ihre Initiative, glaube ich, wenn er – am Ende des Ersten Buches – die Erzählung von der Ringeltaube mit Chloës Errettung Daphnis' aus den Händen vierräuberischer Piraten kontrastiert. Der Mythos von der Ringeltaube (1.27) berichtet, wie eine schöne und sangesfreudige Jungfrau ihre Kühe hütete. Sie brauchte weder Hirtenstab noch Stachelstock, um sie in der Gewalt zu behalten, weil sie auf ihre Lieder hörten. Aber ein Knabe, der unweit von ihr ebenfalls Kühe hütete, »schön und sangeskundig wie das Mädchen«, lockte acht Rinder von ihrer Herde weg. Das Mädchen war verzweifelt, und so verwandelten die Götter sie in einen Singvogel.

Aber wenn diese Erzählung weibliche Unterlegenheit darstellt (»Er trat mit ihrem Gesang in Wettstreit, und seine Stimme war kräftiger, da er männlich, und süßer, weil er ein Knabe war«), so hat Chloë ihrerseits diese Lektion noch nicht begriffen. Als Daphnis zusammen mit Dorkons Rinderherde entführt wird – entführt seiner Schönheit wegen (1.28) –, ist es Chloë, die Dorkons Syrinx an sich nimmt und die richtige Melodie bläst, so laut sie kann. Die Rinder gehorchen der Weise und springen vom Schiff herab, wodurch sie die schwergerüsteten Piraten ertränken und Daphnis befreien (1.30).[**] Im Gegensatz zu der Ringeltaube verliert Chloë keine Rinder, sondern gewinnt sie zurück, und dies gelingt ihr überdies durch ihre Musik, die laut und wirkungsvoll ist. Der süße, todtraurige Mythos der Metamorphose wird bewußt in Widerspruch zu Chloës Wirklichkeit gesetzt.

---

[*] Sie wartet nicht ab, bis er ihn sich nimmt, sondern springt auf und küßt Daphnis (1.17).

[**] Dieser heldenmütige Einsatz war bereits vorgeformt in Chloës Errettung von Daphnis aus der Wolfsgrube: Sie hatte Hilfe herbeigerufen, ihre Schärpe als Seil verwendet und geholfen, ihn damit herauszuziehen (1.12).

Chloës Heldenhaftigkeit ist jedoch, wie die Tatsache, daß sie sexy ist und Mumm hat, eine Sache der Natur, die im Verlauf des Romans durch Kultur gezügelt werden wird, das heißt, durch die Gebräuche und Anschauungen einer erwachsenen Gesellschaft. Die naiven Einflüsterungen des Begehrens sowohl bei Daphnis als auch Chloë werden wiederholt vereitelt, bis sie sich in der wettbewerbsorientierten, feindlichen Ökonomie der griechischen Kultur der Erwachsenen zurechtfinden. »Protokolle« bleibt eine nützliche Bezeichnung für diese Bedingungen, besonders in Beziehung auf die qualvollen Eigenarten des mediterranen Lebens. Technisch gesprochen sind Protokolle die Konventionen und aus Präzedenzfällen abgeleiteten Grundsätze, die niedergelegt werden, um den Verkehr widerstreitender Parteien zu erleichtern. Wörtlich gesprochen handelt es sich um das erste (*prōto-*) beschriebene Blatt, das an den Beginn einer Schriftrolle geklebt (*kollaō*) wird, und Rahmenvereinbarungen und Vorverständigungen enthält, in denen die Begriffe und Bedingungen festgehalten sind, unter denen die Verhandlung zwischen gegnerischen Parteien steht, oder in denen grundsätzliche Konzessionen festgehalten sind. In protokollarischem Rahmen verstanden, wird die sexuelle Energie nicht als etwas aufgefaßt, das Freunde oder Gleichrangige miteinander in Beziehung setzt, sondern eher als eine dynamische Kraft, die die Beziehung zwischen Feinden, Gegnern, Ungleichen klarstellt. Chloë wird dazu gebracht zu lernen, daß sie eine dauerhaft begründete, reife Beziehung zu Daphnis nur innerhalb eines Rahmens unterhalten kann, der ihr eine unnatürliche Rolle als die Verfolgte, die Schwächere, die für Angriffe jeglicher Art Verletzliche vorschreibt. Weit davon entfernt, von unschuldigen hormonalen Antrieben zu handeln, behandelt *D&C* die schmerzhafte Konfrontation zwischen unsozialisierter Jugend und den Feindseligkeiten des wirklichen Lebens.

Das »wirkliche Leben« bekommt jedoch, wie ich hier vertreten möchte, selbst einen problematischen Anstrich im Roman, nicht zuletzt durch den Charme und das Mitgefühl, mit dem Longos Chloës Bewußtwerdung im Ersten Buch schildert. Die Umerziehung dieses Bewußtseins und seine allmähliche Auslöschung sind das Thema, das ich in den kommenden Abschnitten verfolgen möchte. Manche griechischen Leser im zweiten Jahrhundert u. Z. betrachteten die Grundtheoreme von Chloës Erziehung wahrscheinlich als universell und außer jeder Frage stehend,[*] vielleicht sogar in Einklang mit »der Natur«, aber ich glaube,

---

[*] Meine Studie zu Artemidor (Kapitel 1) wurde ursprünglich (1980) in enger Verbindung zu dem vorliegenden Essay über *D&C* durchgeführt, in der Hoffnung, zu bestimmen, welchen Bezugsrahmen von gesellschaft-

daß Longos' Erzählung ebenso Elemente der Dissonanz wie der Harmonie zwischen »Natur« und »Kultur« ans Licht bringt. Androzentrismus, Phallozentrismus und die Drohung sexueller Gewaltanwendung erweisen sich nicht als bloße Unglücksfälle, denen man aus dem Weg gehen könnte, sondern sie wirken zusammen, um ein Geschick zu formen, das bereits den Prämissen der menschlichen Realität eingeschrieben ist – »Realität«, heißt das, wie sie zu Longos' Zeiten (und eine lange Zeit davor und danach) gesellschaftlich konstruiert war. Gewiß erfährt auch Daphnis einen Teil dieser Gewalt, aber Longos hat Chloë zum stummen Mittelpunkt der Handlung gemacht: Sie ist es, deren *mythos* Eros gestalten will (2.27), und es ist ihr Körper, dessen »wesenhafte« (das heißt, konventionale) Anfälligkeit für sexuelle Verwundungen entdeckt wird. Die Lektion, die Chloë beigebracht wird, ist die, daß die »Natur« selbst (die ich als eine Bezeichnung für diejenigen *kulturellen* Ungleichheiten auffasse, die gewöhnlich als unhinterfragbar angesehen werden) die schmerzhaften Konventionen einer männerbevorzugenden, phallozentrischen Gesellschaft zu unterstützen scheint. Diese Lektion aber versetzt einen Schlag, den der Erzähler offenbar nicht empfindet oder bemerkt, und den auch der Leser zunächst nicht empfinden mag. Wenn sich aber auf der heiteren Oberfläche der Schlußszenen des Romans die Verfärbung des Blutergusses langsam ausbreitet, wird der Leser größte Schwierigkeiten haben, nicht zu erkennen, daß der Schöpfer dieses bukolischen Experiments (Eros/Longos) sein Ergebnis auf eine Weise orchestriert hat, die auf eine größere Aufmerksamkeit und Bewußtheit hinzuweisen scheint, als sie der Erzähler selbst wie auch sein Leser gewillt sein mögen hinzunehmen.

## Erotisches Protokoll auf der Grundlage von Gewalt

Betrachten wir einige der kritischen Momente, in denen Chloë den Schatten und die Realität ihrer angenommenen Verwundbarkeit erfährt.
»Während Daphnis und Chloë auf diese Weise spielten [*paizontōn*], erdachte Eros den folgenden ernsten Zwischenfall [*spoudēn*]« (1.11). In der bukolischen Welt des abgeschirmten Experiments gibt es eine dauernde Bedrohung durch gefährliche Gewalt, die aus der Wildnis heraus eingreift. Die äußere Bedrohung ist eine Wölfin, die Schafe schlägt, um

---

lichen Werten zum Verhalten und Verhältnis der Geschlechter Leser typischerweise dem Werk gegenüber in Ansatz bringen würden.

ihre Jungen zu ernähren, die innere Bedrohung ist der Versuch von Chloës zweitem möglichen Liebhaber, Dorkon, der sich in ein Wolfsfell verkleidet, sie zu vergewaltigen. Das Räuberische des Wolfes wird als natürlich hingestellt (ein Muttertier, das seine Jungen nährt), während im Kontrast dazu Dorkons Nachahmung des Raubtiers eine kulturelle Findigkeit darstellt. Der Gegensatz zum Raubtier Wolf wird weiterhin durch seinen Namen angekündigt, der »Gazelle« bedeutet, so wie die Ähnlichkeit durch seine Verkleidung unterstrichen wird (»durch die er sich in ein wildes Tier verwandelt« und sich im Dickicht versteckt, wo sich »ein wirklicher Wolf« verbergen würde, 1.20). Die Intelligenz der Wölfin zeigt sich menschlicher Erfindungsgabe überlegen, sie bemerkt die abgedeckten Fallen, die gegraben wurden, um sie zu fangen: sie erkennt sie als kunstvolle Imitationen (1.11). Im Gegensatz dazu verfängt sich Dorkon in seinen eigenen Schlingen: Die Hütehunde stellen und beißen ihn, bevor er aus seinem Versteck im Unterholz heraus Chloë erschrecken und so zur Unterwerfung zwingen kann.

Und doch wird dieser »ernste« Zwischenfall schnell – und signifikanterweise – vergessen. »Da sie keine Erfahrungen mit Angriffen erotischer Art hatten, hielten sie es für einen Hirtenscherz [*paidian*, »kindliches Spiel«], daß er ein Wolfsfell angelegt hatte« (1.21.5). Ihr Verkennen seiner versuchten Vergewaltigung ist genau das – ein Verkennen aufgrund unzureichender Erziehung. Chloë weiß bereits, daß Männer gefährlich sind; sie bewegt sich auf freiem Feld weniger forsch als Daphnis, weil sie weiblichen Geschlechts ist (*hōs korē*), und sie hält die Augen offen nach »Macho«-Hirten (*phobōi tōn agerōchōn poimenōn*, 1.28). Aber sie weiß nicht, worin sexuelle Gewalt eigentlich besteht.

Das Unwissen der Kinder sollte nicht als Vorbild für den Leser verstanden werden, wie es im Endeffekt jene Kritiker empfehlen, die die verschiedenen Formen von Gewalt in *D&C* einfach als die abgelehnte Alternative zu der seligen Harmonie sehen, die das »natürliche« Geburtsrecht von Daphnis und Chloë ist.[*] Statt dessen geht der Roman von der Annahme aus, daß Chloës Jungfräulichkeit und Schönheit zum Gegenstand männlichen Begehrens werden wird, daß Männer ihr (später: ihren Eltern) Geschenke anbieten werden, um sie zu erlangen, und daß, wo Geschenke nicht verfangen, Männer sich möglicherweise auf das Mittel der Gewalt verlegen. Dorkons Wolfsstrategem war ein Rückzugsplan: »nachdem er zum zweiten Mal erfolglos blieb und umsonst guten Käse geopfert hatte, beschloß Dorkon, sich Chloës mit Gewalt zu bemächtigen,

---

*     Pandiri 1985; zu Jagd und Beutemachen als erotischer Standardtrope vgl. Halperin 1985, 168; 1989, 172 (Anm. 21) und 202 (Anm. 148).

wenn sie allein war« (1.20). Dorkon ist ein »junger Mann, dem seit kurzem der Bart sproß, und der die Werke von *erōs* und das Wort dafür kannte« (1.15), während Daphnis und Chloë passiv einige der Wirkungen von *erōs* verspürt haben, aber das Wort nicht kennen, das heißt, die kulturellen Ausformungen von Liebeswerben, Verführung und Liebesakt.

Vom Augenblick an, an dem er sich in sie verliebt, ist Dorkon entschlossen, sich Chloë gefügig zu machen, »sei es durch Geschenke oder mit Gewalt« (1.15). Chloë versteht den Code des Liebhabers nicht, und daher ist sie auf beide Alternativen nicht vorbereitet. Ihre tastende Erfahrung von *erōs* ist so wenig enkulturiert (»denn sie war unerfahren in den Künsten, wie sie ein Liebender gebraucht« 1.15), daß sie unbedenklich Dorkons zahlreiche und wertvolle Geschenke annimmt – sie verschenkt sie an Daphnis weiter. Als seine Verführungsversuche fehlschlagen, versucht er, ihren Vater zu beschenken, um ihre Hand zur Ehe zu erhalten, und erst, als das fehlschlägt, zieht er sich auf die zweite seiner ursprünglichen Optionen zurück – Gewaltanwendung. Auch dies mißversteht Chloë, selbst als sie es geradewegs vor Augen hat. Glatter Zufall (der Angriff der Hunde auf Dorkon) schützt sie dieses Mal, wie es die Götter bei anderen Gelegenheiten tun, aber das Beharren des Romans auf ihrer Unschuld, was ihre eigene Opferrolle angeht, steht in einem unbehaglichen Spannungsverhältnis zu den wiederholten Malen, in denen sich der Roman auf eben diese Gewaltsamkeit konzentriert, zur Abwesenheit jeglichen Moments, in dem Chloë erkennt, daß dies Teil eines sozialisierten *erōs* ist, und zu ihrer Vorsicht, allein unterwegs zu sein, wo rohe Hirten ihr zusehen könnten (1.28).

Bei einer improvisierten Feier anläßlich der Errettung Chloës aus den Händen feindlicher Soldaten werden alle traditionellen Formen eines griechischen Festes gezeigt – ein Festmahl, Aufenthalt im Freien die ganze Nacht hindurch, religiöse Lieder und Opfergaben, Geschichten von früher, Göttersagen, musikalischer Wettstreit, pantomimischer Tanz (2.32–38). Die letzteren drei bilden eine komplexe Triade, in der die jüngere Generation (Daphnis und Chloë) von den heimischen Patriarchen einige der gängigen sozialen Bedeutungen von *erōs* aufnehmen und sich zu eigen machen. Lamon erzählt den Mythos von Pan und Syrinx, in dem Syrinx ein junges Mädchen ist, das singt, spielt und seine Ziegenherde hütet, als sich ihr der bocksfüßige Gott nähert. Als sie seine Avancen zurückweist, verfolgt Pan sie, um ihr Gewalt anzutun (*es bian*), also sie zu vergewaltigen. »Syrinx versuchte gleichermaßen Pan und seiner Gewaltsamkeit [*bian*] zu entfliehen« (2.34). Als sie in Schilf verwandelt wird, schneidet er wütend das Rohr, um sie zu finden. Schließlich bindet er Schilfrohre unterschiedlicher Länge zusammen, die symbolisieren, daß

»ihr *erōs* ungleich war«. »Sie, die einst eine schöne Jungfrau war, ist jetzt die tönende Syrinx.«

Die Sage ist eng mit der unmittelbar folgenden Handlung verwoben. Philetas' Sohn kehrt zurück und bringt eine enorme Syrinx mit, die soviel größer ist als die gewöhnlichen Panflöten der Hirten, daß »man hätte glauben können, dies wäre die Syrinx, die Pan als erste gebaut hatte« (2.35). Auf dieser Syrinx spielt nun Philetas viele Weisen, darunter eine dionysische Melodie, die zur Ernte und Weinlese gespielt wird, während Dryas im Tanz pantomimisch die Tätigkeit bei der Weinernte nachahmt. Dann führen auch Daphnis und Chloë einen pantomimischen Tanz auf: die Handlung, die sie spielen, ist die von Pan und Syrinx. Aber das düstere und wesentliche Element der körperlichen Gewalt, die in dem Mythos, wie ihn Longos gerade erzählt hat, so lebendig ist, fehlt in der Nachahmung der jungen Liebenden. Daphnis fleht, Chloë lehnt lächelnd ab; seine Verfolgung wird mit der Betonung auf das charmante Detail seiner Nachahmung von Ziegenhufen durch Laufen auf den Zehenspitzen beschrieben. Was ist mit der Vergewaltigung geschehen? Chloë gibt vor, erschöpft vom Rennen zu sein, sie tut nicht so, als ob sie voller Furcht vor dem Vergewaltiger sei. Dann nimmt Daphnis Philetas' große Syrinx und spielt darauf drei Arten von Liebesmelodien – Sehnsuchtsklage, Werbung und Ruf nach Rückkehr –, nichts davon ist gewaltsam.

So ausgezeichnet spielt Daphnis auf der Syrinx jenes alten Mannes, daß er sie zum Geschenk erhält, als eine Art Nachfolger von Philetas, und angewiesen wird, sie einmal an den nächsten würdigen Nachfolger weiterzugeben. Damit trägt Longos der generationsübergreifenden Kontinuität der kulturellen Formen Rechnung, die erotische Gewaltanwendung in sich aufbewahren und gleichzeitig verbergen. Die Rolle blanker Gewalt ist ohne jeden Zweifel zentral – keine andere erotische Drohung oder Spannung könnte Vergewaltigung in solch einem Mythos ersetzen –, und genauso wesentlich ist es, daß sie im geschilderten mimetischen Nachspiel ausgespart bleibt. Die ganze Feier geschieht aus Anlaß der Rettung Chloës vor gewalttätigen Männern durch den Rettergott Pan: Pan selbst hatte die Seeleute, die sie entführt hatten, in Panik versetzt und ihre Freigabe erzwungen. Und doch bildet jetzt eine Sage des Erretters als Erzfeind der bukolischen Frau, Syrinx, einen Bestandteil der Feier dieser Rettung. Die Schüler werden nicht gezwungen oder beschwatzt, diesen Mythos nachzustellen, sie tun es spontan und freiwillig, und in ihrer Aufführung tun sie ohne nachzudenken das, von dem wir gerade als einem Akt der Gewalt gehört haben, in spielerischer und fröhlicher Form.

Die gesamte Szene ist also um die anfängliche Entwicklung eines Blickpunktes (Syrinx' Hirtenseligkeit vor dem Hereinbrechen Pans) und die allmähliche Auslöschung jeglicher Spur ihres (Eigen-)Bewußtseins herum strukturiert. Alles, was bleibt, sind sozusagen die Spuren des Radierers auf der Seite, wo beim Ausradieren das Papier aufgerauht worden ist. Syrinx ist in einem Prozeß aus der Welt gelöscht worden, der narrativ (die Sage) und mimetisch (der Tanz) zugleich ist und ihr Leiden sowohl wiederholt wie auch vergißt. Wie Kinder, die ein Wort aussprechen, ohne es zu verstehen, spielen Daphnis und Chloë Vergewaltigung, ohne es ernst zu meinen. Ihre Nachahmung mit Spitzentanzeinlage ist sehr hübsch; daß sie gar nicht merken was vorgeht, ist potentiell ernster.

So wie Chloë zum Beuteobjekt eines Räubers im Wolfsfell wurde, so wird Daphnis später von einem eher gutartigen Raubtier mit Namen Lykainion, »Kleine Wölfin«, beobachtet. Wie Dorkon versteckt sie sich im Gebüsch, um ihrer Beute aufzulauern, wenn sie vorüberkommt. Dennoch erscheint sie nicht als ein Bild der Gewalt und des fremdartigen Schreckens, sondern als eine Botin der Götter. Sie vermag aus der Beobachtung von Daphnis' Verhalten seine Liebe zu Chloë zu erraten (*katamanteuomenē*). Sie setzt dann ihr eigenes Begehren, ihn als Liebhaber zu gewinnen, in die Tat um, indem sie einen Haufen skrupelloser und ganz und gar bezaubernder Lügen erzählt. Ihre erste Lüge, ihrem gealterten Ehemann gegenüber, lautet, daß sie ausgehen muß, um einer Nachbarin in den Wehen beizustehen; ihre zweite, Daphnis gegenüber, ist, daß sie seine Hilfe braucht, um eine ihrer Gänse vor einem Adler zu retten; ihre dritte Lüge ist, daß ihr die Nymphen im Traum erschienen sind und sie gebeten haben, seine Lehrerin zu sein und ihn aus seinen Frustrationen zu befreien, indem sie ihm die Werke des *erōs* beibringe. Ihre Motive sind ausgesprochen mitfühlender wie auch erotischer Art: Als sie die beiden belauscht und ihre sexuellen Schwierigkeiten mitbekommen hatte, fühlte sie »mit ihnen in ihrem Leid und dachte, daß aus doppeltem Grund der rechte Augenblick da war – für ihre Errettung und wegen ihres eigenen Begehrens« (3.15).

Wo Gazelle als wilder Wolf aufgetreten war, tritt Kleine Wölfin als sanfte, rettende Lehrerin auf, die von den gütigen Göttinnen gesandt ist. »Komm zu mir als Schüler«, bietet sie ihm an, »und jenen Nymphen zum Gefallen werde ich dich unterweisen« (3.17). Daphnis' Antwort fällt so fromm wie begeistert aus: »Daphnis konnte vor Freude nicht an sich halten, sondern – wie es bei einem Knaben vom Lande, einem Ziegenhirten, einem Verliebten, einem Jüngling zu erwarten war – warf sich ihr zu Füßen und flehte Lykainion an, ihn so schnell wie möglich die Kunst [*technē*] zu lehren, mit der er bei Chloë tun konnte, was er tun wollte; und gerade, als ob es sich um etwas Bedeutendes und wahrhaft von den Göttern Kommendes handelte, was er lernen sollte, versprach er ihr ein ganz junges Böckchen und rahmige Käse aus der ersten Milch und die Ziege dazu« (3.18).

Hier ist der erste Hinweis auf das kommende Ungleichgewicht: Daphnis wird früher erfahren als Chloë, wie *erōs* funktioniert. Auf *seine* Unberührtheit kann nicht hoch gewettet werden, obwohl der Charme der Beziehung zwischen den Teenagern, wie sie in den früheren Büchern von Longos' Romanze geschildert war, eben genau in ihrer wechselseitigen, genau spiegelbildlichen Unkenntnis der nackten Tatsachen des Lebens bestanden hatte. Wenn jemand von beiden vor dem anderen von einem Außenstehenden gelehrt werden muß, warum sollte nicht Chloë von Dorkon gelehrt worden sein, wie sie mit Daphnis die Liebe vollziehen könnte? Allein diese Möglichkeit ist offensichtlich schon undenkbar, aber Daphnis' vorherige Initiation ist nicht allein denkbar, sondern, so kommt es einem vor, vollkommen »natürlich«. Also dreht die »Natur« aus freien Stücken die Reihenfolge um, in der die Verliebten zu *erōs* erwacht waren (Chloë zuerst, dann Daphnis), und initiiert Daphnis in die Werke des *erōs*, auf daß er die Vormachtstellung über Chloë gewinne. Was für Lykainion einen Eigenwert als Quelle der Lust hat, ist für Daphnis nichts weiter als ein Lehrgang in Phallokratie.

Diese Szene einer vorgeblichen Offenbarung gipfelt anscheinend darin, daß Lykainion Daphnis zeigt, daß Sex sein Geheimnis in der Penetration hat. Aber die wirkliche Lektion kommt noch. Daphnis möchte schnell zu Chloë zurücklaufen und tun, was er gerade gelernt hat, damit er es in der Zwischenzeit nicht vergißt. Sie aber hält ihn zurück, um dieser »erotischen Lehrstunde« (*erōtikēs paidagōgias*) eine Fußnote anzufügen:

> Du mußt auch das noch lernen, Daphnis. Da ich eine Frau [*gynē*, Ehefrau/Frau, nicht Jungfrau] bin, habe ich jetzt nicht gelitten. Vor langer Zeit hat mich ein anderer Mann gelehrt und meine Jungfräulichkeit dafür als Preis genommen. Aber wenn Chloë einen derartigen Ringkampf mit dir austrägt, dann wird sie schreien, dann wird sie weinen, und dann wird sie in ihrem Blute schwimmen, als sei sie ermordet worden.[19] Du darfst das Blut nicht fürchten, aber wenn du sie dazu gebracht hast, sich dir hinzugeben, dann führ sie an diesen Ort, so daß keiner es hören kann, sollte sie laut schreien, und keiner es sieht, sollte sie Tränen vergießen, und sie sich in der Quelle waschen kann, sollte sie blutbefleckt sein. Und denke immer daran, daß ich es war, die dich zum Manne [*anēr*, Ehemann/Mann, nicht Junge] gemacht hat vor Chloë. (3.19)

Das plastische Bild eines hingemordeten Opfers, schreiend vor Schmerz und im Blute schwimmend, ist sehr beeindruckend: Seine drei Elemente werden wie in einem Cantus erst von Lykainion und sofort danach von Daphnis wiederholt. »Daphnis aber begann darüber nachzudenken, was Lykainion ihm gesagt hatte, zügelte seinen ursprünglichen Eifer und empfand Widerwillen dagegen, Chloë mit mehr als Küssen und Umarmungen zu behelligen, da er nicht wollte, daß sie laut schrie wie im Angesicht eines Feindes oder Tränen des Schmerzes weinte oder im Blute läge, als sei sie abgeschlachtet worden« (3.20).

Wir dürfen Lykainions Worte natürlich nicht als eine durch Sachautorität gestützte Enthüllung nehmen.[*] Sie hat keine Skrupel gehabt, ihn in Verfolgung ihrer eigenen Interessen auf diverse Weise zu belügen, und man könnte ihre Warnung an Daphnis sowohl als freundschaftlichen Rat betrachten, der auf echte Sympathie zu den beiden Jugendlichen gegründet ist, als auch als eine gewisse Übertreibung, die darauf abzielt, Daphnis dazu zu bewegen, vorläufig zu ihr selbst zurückzukommen. Daphnis' Sorge um Chloë wird hier ebenfalls unterstrichen, vielleicht, weil ihre Naivität einen gewissen Charme besitzt. Dennoch bleibt der Inhalt von Lykainions Warnung schlimm genug, auch wenn der Kontext ihn ins Ironische wendet: selbst der liebende, beschützende, zärtliche Mann gehört unausweichlich zur Kategorie der Feinde (*polemios*) Chloës. Wenn er darüber nachdenkt, muß Daphnis erkennen, daß Chloës Schmerz unauflöslich mit seinem eigenen Begehren verbunden ist: Er muß einräumen, daß sein Begehren, *inter alia*, ein Wunsch ist, ihr weh zu tun.

Ist das unvermeidlich? Die ungeprüften, aber zunehmend problematischen Protokollvorschriften männlicher Initiative, des Phallozentrismus' und der invasiven Penetration scheinen dies zu verlangen.[**] Dieser ver-

---

[*]   Um das konstruierte Verständnis weiblicher Verletzlichkeit weiter aufzublättern, müßte man männliche Eifersucht auf die Menstruation (einen Blutverlust, der auf natürliche Weise den Körper gesund hält – bei Dem. 54.12 rettet ein spontaner Blutverlust das Leben des Sprechers) und Scherze untersuchen, wie den über den Narren Margites (einen Mann, der so unwissend war, daß er mit einem Trick zum Geschlechtsverkehr mit seiner Braut gebracht werden mußte: Sie erzählte ihm, sie habe eine Wunde zwischen den Beinen, und nur sein Penis könne sie heilen). Quellen für den homerischen *Margites* finden sich bei Allen 1969, 158 f.

[**]  Einige Interpreten entdecken als Absicht des Autors hier den Sachverhalt, daß Daphnis lernen muß, »das Element maskuliner Aggressivität zu akzeptieren« (Turner 1960, 122); Longos »scheut sich [...] doch nicht davor, als grundlegend für das Leben, und für den Eros, die Elemente

störende Gedanke beherrscht Daphnis bis zum Ende des Romans: Seine Furcht vor ihrem Blut/ihrer Verwundung/ihrem Schmerz ist es, die verhindert, daß sich die Handlung an Ort und Stelle erfüllt (3.24). Doch dies bleibt *sein* Geheimnis. Lykainions Enthüllung mit ihrer so schrecklichen Nachbemerkung wird dem ausersehenen Opfer nicht mitgeteilt, und Daphnis und Chloë halten ihre Beziehung als – immer deutlicher werdend – ungleiche Partner aufrecht, wie Abraham und Isaak auf dem Weg den Berg hinauf.

Daphnis' Gefühl der Verantwortung dafür, Chloë zu beschützen, und zwar nicht nur vor räuberischen Übergriffen, sondern auch vor schmerzhafter Erkenntnis und vor seinem eigenen Begehren, ist ein Zeichen seiner wachsenden Reife in konventionaler Hinsicht. Mehr und mehr verhält er sich so, wie man es von einem griechischen Mann gegenüber Frauen erwartet, belastet mit dem Wissen um seine Macht, sie zu verletzen. Er geht einen weiteren Schritt auf diesem Weg in der Szene mit dem »obersten Apfel« am Ende des Dritten Buches. Nachdem er den einsamen Apfel an einem gefährlich hohen Zweig ausgemacht hat, kraxelt er geschickt den Baum hoch, ohne sich um Chloë zu kümmern, die ihn warnt und zurückhalten will. Eines der letzten Male im Roman blitzt hier Chloës eigenständiges Bewußtsein auf: »Sie war wütend, daß er nicht auf sie hörte, und ging fort zu den Herden« (3.34). Obwohl er es schafft, sie zu versöhnen, indem er ihr den Apfel an den Busen legt und sie mit süßen Worten betört, hat sich Daphnis klar als griechischer Mann erwiesen – als einer, der nicht auf Frauen hört, wenn sie versuchen, ihn an seinen Bravourstückchen zu hindern.

Das Vierte Buch wird mit einer Gartenszene eröffnet. Da die Ankunft des Herrn aus der Stadt erwartet wird, pflegt Lamon den herrlichen Garten mit seinen Bäumen, Sträuchern und Blumen. Er ist nach dem gefälligen Vorbild eines ordentlichen Hausstandes angelegt: Die fruchttragenden Bäume stehen im Zentrum, umfriedet und geschützt von den nichttragenden (4.2). Die sinnliche Kunstfertigkeit der Natur und der Gärtner arbeiten reibungslos Hand in Hand, aber in der Mitte des Ganzen befindet sich ein geronnenes Bild der Gewalt. Ein Tempel des Dionysos ist mit Bildern einiger seiner berühmten Mythen geschmückt, die alle Tod, Verstümmelung oder Selbstverlust beschwören – die gebä-

---

der Gewalt, des Schmerzes und der Gegensätzlichkeit zu erkennen« (Chalk 1960, 46). Diese Interpreten, die sich philosophisch mit der »Notwendigkeit« männlicher Aggressivität und Gewalt abfinden, reproduzieren in ihrer Interpretation von *D&C* genau die Ideologie des Dominierens, die Longos' Text gerade problematisiert.

rende Semele, die sitzengelassene Ariadne, der gefesselte Lykurgos, der in Stücke gehauene Pentheus, die besiegten Armeen Indiens und die tyrrhenischen Seeräuber, die Dionysos entführen wollten. Der Garten ist ein Mikrokosmos der bukolischen Welt[20] – geschützt, fruchtbar, blühend, mit einer Konstruktion im Gedächtnis bewahrter und institutionalisierter Gewalt in der Mitte. Innerhalb der geschützten Sphäre lauern Erinnerungen an Gefahr und Gewaltausübung wie Gespenster und hinterlassen selbst in der Erfahrung von Sicherheit und Liebe noch einen leichten Schauder. So küßt Chloë, die sich Sorgen macht, was die Ankunft des Herrn mit sich bringen wird, Daphnis oft, »aber die Küsse waren furchtsam und ihre Umarmungen voller Angst« (4.6).

Auch hier gibt es einen Vergewaltiger. Ein abgewiesener Liebhaber namens Lampis will den Herrn gegen seine Pächter aufbringen, so daß er ihren Plänen zur Verheiratung von Daphnis und Chloë vielleicht nicht zustimmt. Da er weiß, wie der Gutsherr diesen Garten liebt, beschließt er, ihn zu verwüsten. Die Bäume umzuschlagen würde zuviel Lärm machen, »also beschränkte er sich auf die Blumen [...]. Einige riß er aus, einige knickte und brach er ab, auf anderen trampelte er herum wie ein Eber« (4.7). Die Verwüstung ist eine offensichtlich mutwillige, und ihre Entdeckung ruft bei Daphnis und Lamon großes Wehklagen hervor, denn sie werden am eigenen Leib die Schläge des Herrn zu spüren bekommen. Und doch ist Daphnis in gewissem Sinne Lampis' Gegenstück. Denn dem gewaltsamen Eindringling steht die Gestalt des Nährenden und der sorglichen Pflege gegenüber. »Es gab da eine Quelle, die Daphnis für die Blumen entdeckt hatte, diese Quelle floß allein für die Blumen und wurde Daphnisquelle genannt« (4.4). Der sanfte Bewässerer, der Mann, der den natürlichen Quell gefunden und für die Blumen geöffnet hat, ist Daphnis. Longos stellt einen symbolischen Gegensatz her zwischen dem abgewiesenen Freier, der zarte Blüten zertrampelt, und dem erhörten Freier, der sie dauerhaft und sanft bewässert. Daphnis wird zusätzlich auf die Seite der Sanftheit und Güte durch die physische Strafe gestellt, die seinem eigenen Körper droht. In diesem Theorem innerhalb seines größer angelegten Kalküls demonstriert der Autor eine bekannte Taktik der Deutung sexueller Gewalt: böse Männer tun es, gute Männer lassen es. Aber diese Aussage selbst wird zumindest indirekt in der Schlußszene des gesamten Buches in Frage gestellt.

# Kein Hochzeitslied

Die Hochzeitsnacht von Daphnis und Chloë wird im letzten Absatz des Romans geschildert. Alle lebenden Figuren des Romans tauchen bei der Brautfeier wieder auf, und allen werden ihre Verfehlungen vergeben. Auch Lykainion ist da, aber das traumatische Erlebnis, das sie vorhersagte und das den Gang der Handlung von 3.20 an formte, ist gleichermaßen präsent wie abwesend. Lykainion hatte gesagt: »*Denke immer daran, daß ich es war, die dich zum Manne gemacht hat vor Chloë.*« Dürfen wir annehmen, daß Daphnis und der Leser das nicht vergessen haben und auch nicht ihre sorgfältige Beschreibung der Defloration als Trauma – die Schreie, die Tränen, die Blutlachen? »Daphnis und Chloë legten sich nackt miteinander nieder, umarmten und küßten sich, und blieben in jener Nacht wacher als die Eulen; und Daphnis tat nach dem, was Lykainion ihn gelehrt hatte; und dann erfuhr Chloë zum ersten Mal, daß die Dinge, die sie draußen in Feld und Wald getrieben hatten, nur kindliches Hirtenspiel [*poimenōn paignia*] gewesen waren« (4.40).

Wäre da nicht, in der Mitte des Satzes, die Erwähnung Lykainions und ihres Unterrichts, dann könnten wir das Bild von Daphnis, der wider Willen zum Mörder an Chloë wird, wirklich als vergessen betrachten. Aber es spricht hier noch mehr dafür, daß Chloës Erziehung nicht als Faktum, sondern als Problem dargestellt wird.

(1) Die Wendung »kindliches Hirtenspiel« schlägt den Bogen zurück zu Eros' ursprünglichem Eingreifen (1.1), das etwas »Ernstes« in ihr bukolisches »Spiel« brachte. »Ernst« bezog sich damals auf das Eindringen eines auf Beute gehenden Wolfes und eines Vergewaltigers im Wolfsgewand. Der letzte Satz hat eine merkwürdig elliptische Qualität; er sagt nicht, was geschah, sondern nur, daß es *nicht* kindlich war und *kein* Spiel.

(2) »Als dann die Nacht hereinbrach, begleiteten alle sie zu ihrem Schlafgemach, wobei einige auf der Syrinx spielten, andere auf Flöten, und andere große Fackeln trugen. Und als sie vor der Tür angekommen waren, sangen sie *mit harscher und unangenehmer Stimme, als brächen sie die Erde mit Dreizacken auf und sängen keinen Hymenaios.*« Wieder ein Negativ: »kein Hymenaios« (Hochzeitslied), aber diesmal gibt uns Longos das Positiv: »als brächen sie die Erde auf«. Dieses erstaunliche Detail begleitenden Mißklangs, unerklärter Grobheit im Gesang, ist rätselhaft und unerwartet.[*] Die Anspielung auf die Aussaat auf dem Felde ist völlig

---

[*] Es kann formal mit dem rätselhaften Panflötenklang verglichen werden, der von der methymnäischen Raubexpedition vernommen wird: »aber es erfreute sie nicht wie eine Syrinx, sondern es erschreckte diejenigen,

angemessen, da die griechische Hochzeit konventionell als etwas galt, das der »Aussaat« legitimer Nachkommen diente,[21] aber die harsche Ungefälligkeit des Gesangs und der explizite Gegensatz zu einem Hochzeitslied wirken außerordentlich sonderbar in einer so sorgfältigen und bewußten Komposition.

(3) Die Struktur der gesamten Handlung leitet sich von der Szenenfolge ab, die der Erzähler in der Einleitung im Nymphenhain betrachtet hat. Auch dort gab es ein fehlendes Element. »Auf dem Gemälde waren Frauen zu sehen, die gebaren, und andere, die ihre kleinen Kinder in Windeln wickelten, ausgesetzte Säuglinge, Herdentiere, die sie nährten, Schäfer, die sie aufnahmen, Jugendliche, die sich zusammenfanden, ein Überfall von Räubern, ein feindlicher Angriff, vielerlei mehr, und alles hatte mit *erōs* zu tun.« Die darin implizite Erzählung ist eine, die dem griechischen Geschichtenerzählen vertraut ist: ausgesetzte Säuglinge, die von Tieren genährt werden, werden von jungen Mädchen geboren, die vergewaltigt worden sind. Pelopia, vergewaltigt von ihrem Vater Aigisthos, Tyro, vergewaltigt von Poseidon, Auge, vergewaltigt von Herakles, Akakallis, vergewaltigt von Apollon. Selbst wenn ein Tier als Amme nicht Teil der Geschichte ist, kann oft angenommen werden, daß ein ausgesetztes Kind die unglückliche Frucht der Vergewaltigung oder Verführung eines unschuldigen Mädchens ist. Wenn das Bild, das der Erzähler gesehen hat, tatsächlich eine genaue Wiedergabe der Geschichte von Daphnis und Chloë ist (was angedeutet, aber nicht ausdrücklich ausgesprochen wird), dann schließt sich der Kreis. Oder vielmehr: die Enden der Linie berühren sich beinahe, aber doch nicht ganz, und lassen eine sorgfältig geplante Lücke genau an dem Punkt, an dem der unbestreitbar schwerste Schlag gesellschaftlich konstruierter Sexualität Chloë trifft. Dies wiederum verleiht dem letzten Satz des Romans einen bedrohlichen Unterton, dem Satz, der sich genau auf sie und auf ihre damalige Erfahrung bezieht, stets in der Negation statt in spezifischer Ausdrücklichkeit: »Und dann erfuhr Chloë zum ersten Mal, daß die Dinge, die sie draußen in Feld und Wald getrieben hatten, nur kindliches Hirtenspiel gewesen waren« (4.40).

(4) Die Gottheiten, die neben dem kosmischen Kind Eros über das Buch herrschen, werden in einer aufschlußreichen Reihung genannt. Es sind – so sagt es das Buch selbst – vier an der Zahl: »Er [gemeint ist

die es hörten, wie eine Kriegsfanfare« (2.26). Dieser Verschiebungseffekt allerdings ist unmittelbar einsichtig und angemessen: wie der Erzähler sagt, waren diese Begebenheiten »allen verständlich, die ihren Verstand beisammen hatten«, nämlich als Manifestationen des Zornes Pans.

Dionysophanes, der Gutsherr] opferte den Göttern, unter deren Schutz alle ländlichen Dinge stehen – Demeter und Dionysos und Pan und den Nymphen« (4.13). Die Nymphen sind von Anfang an präsent, im Zweiten Buch lernen Daphnis und Chloë Pan als neuen Gegenstand der Verehrung kennen (2.23), und Dionysos ist der Schutzpatron der herbstlichen Weinlese.* Doch obwohl Weizenfelder zu dem Besitz gehören (1.1) und die Hochzeitsgäste etwas singen, das sich wie ein Lied zur Aussaat anhört (die im Herbst gerade vor dem Winterregen stattfindet**), scheint Demeter unsichtbar zu bleiben.tatsächlich aber war sie die ganze Zeit über anwesend – in Chloë, deren Name ein wohlbekannter kultischer Beiname der Göttin ist,[22] deren Tochter von Hades geraubt wurde und deren thesmophorische Zeremonien grundlegend für das Wohlergehen jeder griechischen Polis waren (vgl. Kapitel 7). Die Erfahrungen der Demeter Chloë sind in Anspielung präsent, eine abwesende Anwesenheit am entscheidenden Höhepunkt der herbstlichen Hochzeitsnacht.

---

* *D&C* ist in zwei Bewegungen oder »musikalische Sätze« gegliedert durch den jahreszeitlichen Zyklus vom Frühjahr bis zum Winter eines Jahres (Bücher Eins und Zwei) und vom Winter bis zum Herbst des Folgejahres (Bücher Drei und Vier). Dionysos' Weinlese ist der Hintergrund für das gesamte Zweite Buch, in dem die gereifte sexuelle Attraktivität sowohl Daphnis' als auch Chloës von der Gemeinschaft als Ganzes erkannt wird: die Frauen necken Daphnis, die Männer flirten mit Chloë (2.2). Sie ist ebenfalls der Hintergrund des Vierten Buches, obwohl Longos mit einer Geschicklichkeit, die für ihn typisch ist, auf andere dionysische Begebenheiten ausweicht und nicht die Weinernte selbst beschreibt. Der zweisätzige Zyklus wird teilweise durch die Auffassung verlangt, daß Mädchen früher in die Pubertät eintreten als Jungen: Chloë ist mit dreizehn die erste, die sexuelles Begehren empfindet, und zwar von sich aus, wo Daphnis eher durch Konkurrenz mit einem männlichen Rivalen dazu angeregt wird (1.15.4; s. o. S. 170–2). Sechzehn ist das Alter, in dem Jungen die *hēbē* erreichen (die Blüte jugendlicher Reife) und in die bürgerliche Gemeinschaft aufgenommen werden. Also geschieht es erst im zweiten Jahr des Romans, als Daphnis sechzehn geworden ist (*enhēbēsas*, 3.13.4), daß er »geschwellte Lust« empfindet. Im Dritten Buch (3.30.4) räumen die Väter ein, daß ihre Kinder jetzt das rechte Alter erreicht haben, um miteinander zu schlafen.

** Dem Ackerbau wird im Roman weniger Gewicht beigemessen als der Viehwirtschaft, er ist aber durchaus vertreten (z. B. 3.29.2, 3.30.3).

# Lektüre gegen den Strich

Und was bedeutet das alles zu guter Letzt? Ich finde es sehr schwer zu entscheiden, ob Longos, der sich so gut bedeckt hält, eine grundsätzlich patriarchalische Haltung gegenüber Chloë einnimmt – daß sie gleichzeitig beschützt und einem schmerzlichen Übergangsritus ausgesetzt werden muß –, oder die eher kritische Einstellung hat, die ich hier umrissen habe. Erstere Lesart wird von der Mehrzahl der modernen Interpreten nahegelegt, die die Gewaltsamkeit überhaupt bemerkt haben.[23] Eine verfeinerte Version des kritischen Standpunkts wird von Helene Foley (in einem persönlichen Brief) vertreten, die bei Longos »eine sehr bewußte und polemische Haltung gegenüber der Frage von Gewalt und Sexualität« erkennt.

Aber die umfassendere methodologische Frage ist doch, ob Leser einfach versuchen sollten, den vom Autor angelegten Sinn nachzuvollziehen (falls er einen verfolgte – das heißt, falls er *einen* verfolgte). Sollten wir den Schriftstellern, die wir lesen, so große Autorität einräumen?[*] Wenn unsere kritischen Fähigkeiten allein in den Dienst der Bergung und Wiederbelebung der vom Autor vorgesehenen Bedeutung gestellt werden, dann haben wir uns bereits den Prämissen und Protokollen der Vergangenheit unterworfen – vergangenen Strukturen von kultureller Gewalt und ihren Abkömmlingen in den Schlafzimmern, den verrufenen Vierteln und den schulischen Lehrplänen der Gegenwart. Dies vor allem dürfen wir nicht tun. Die Mehrdeutigkeiten und Widersprüche innerhalb der sexuellen Ideologie von *Daphnis und Chloë* – ob sie nun der Absicht des Autors geschuldet sind oder Inkonsequenzen im herrschenden kulturellen Diskurs seiner Zeit – bieten uns eine Chance, zu widerstandsfähigen Lesern im komplexen Guerillakampf der Kulturwissenschaften zu werden (Fetterley 1978; Flynn und Schweickart 1986), und einen Anlaß, die stillschweigende, konventionsbestimmte und gewaltsame Umarmung zu bekämpfen, in der uns die Vergangenheit hält.

---

[*]   Sicherlich sind zahlreiche antike Romane eher Problemtexte als autoritative Texte, eher darauf angelegt zu provozieren als darauf, Erklärungen abzugeben, so daß das Problem, autoritative Thesen oder Blickwinkel herauszufinden, sich vielleicht gar nicht stellt: Winkler 1982a und 1985a, Bartsch 1989.

# Zweiter Teil: *Gynaikes*

# 5
# Listenreiche Penelope – listenreicher Homer

Als der englische Schriftsteller Samuel Butler im Sommer 1891 während eines Aufenthaltes auf Sizilien die *Odyssee* las und zur Beschreibung der Kirke kam, die ohne Zutun von Männern über ihre Insel herrschte, traf ihn plötzlich wie ein Blitzschlag die Erkenntnis, daß eine Frau, nicht ein Mann, das Buch geschrieben haben müsse. Diese Erleuchtung nahm ihn so gefangen, daß er einen Großteil des kommenden Jahrzehnts bis zu seinem Tod 1902 dem Studium und der Übersetzung der *Ilias* und der *Odyssee* widmete. Im Jahre 1892 machte er die weitere Entdeckung, daß die *Odyssee* in Trapani geschrieben worden sei, einem Hafen am Nordwestzipfel Siziliens. Die Bedeutung dieser beiden Entdeckungen zusammen lag darin, daß sie eine Antwort auf die brennende homerische Frage der Zeit erlaubten, die lautete, ob die Epen von einer einzigen Person geschrieben worden seien oder aber von mehreren. Denn wenn die *Odyssee* durchgehend von einer weiblichen Sensibilität geprägt und auf die genaue Beobachtung von Personen und Orten im Seehafen Trapani gegründet war, dann mußte sie das Werk einer Einzelperson sein – da zwei dermaßen brillante Frauen unmöglich zur gleichen Zeit in einer kleinen sizilianischen Hafenstadt gelebt haben konnten.

Butler veröffentlichte seine Theorien in Briefen an englische Zeitschriften und in italienischen Artikeln und schließlich in einem Buch mit dem Titel *The Authoress of the Odyssee* (1897).* Die einzige positive Reaktion, die er verzeichnet, kam von George Bernard Shaw, der nach einem Vortrag Butlers zu diesem Thema vor der »Gesellschaft der Fabier« äußerte, er habe bereits früher von Butlers Idee gehört und sei anfangs der Meinung gewesen, es handle sich um reine Phantasie, aber

---

\* Samuel Butler, *The Authoress of the Odyssee: where and when she wrote, who she was, the use she made of the Iliad, & how the poem grew under her hands* (London, zweite, berichtigte und neu gesetzte Auflage 1922). Eingeklammerte Seitenzahlen im nächsten Abschnitt beziehen sich auf diese Ausgabe, in den Anmerkungen im folgenden abgekürzt als *Authoress*.

er habe die ersten hundert Zeilen der *Odyssee* wieder gelesen und sei überzeugt, daß Butler sicherlich recht habe.[1]

Was sich Butler erhoffte, war, wenn schon nicht Zustimmung, dann doch zumindest eine ernsthafte Debatte über seine Gedanken durch die etablierte Altphilologie, und genau dies wurde ihm nicht zuteil[2] – eine Tatsache, über die er sich im Vorwort seines Buches bitter beklagte. Vielleicht sollte ich den Schatten Samuel Butlers um Verzeihung bitten, denn auch ich werde mich mit seinen Gedanken nicht im einzelnen auseinandersetzen. Vielmehr möchte ich die Aufmerksamkeit auf etwas lenken, was ich für einen sehr viel interessanteren Aspekt seines Werkes halte – nämlich seine zwei Grundannahmen darüber, wie die *Odyssee* zu lesen sei, Annahmen, die ihm massiv den Zugang zum Verständnis des Epos verstellten, sowohl was die Form der Darstellung als auch, was die Natur der in ihm porträtierten oder erfundenen Gesellschaft angeht. Ich nenne diese beiden interpretativen Prämissen Butlers die anthropologische (soweit die Natur der beschriebenen Gesellschaft betroffen ist) und die narratologische Prämisse (soweit Homers erzählerische Praxis betroffen ist). Butler liest die *Odyssee*, als wäre sie ein englischer Sittenroman: Er behandelt sie wie ein Druckerzeugnis des 19. Jahrhunderts, nicht als eine mündliche Komposition zum Vortrag vor Publikum, und er nimmt an, daß es in ihr im wesentlichen darum geht, Charaktere und Lebensstile zu beschreiben. Natürlich beschreibt die *Odyssee* nebenbei tatsächlich Charaktere und Lebensstile, aber das sind keine englischen Charaktere oder Lebensstile des 19. Jahrhunderts.

Nachdem ich mich ein wenig mit Butlers zwei Grundannahmen befaßt (S. 191–209) und dann einen kleinen Umweg eingeschlagen habe, um einen wenig bekannten gelehrten Satiriker der antiken Welt zu besuchen (S. 209–10), werde ich die Auffassung vertreten, daß wir dann, wenn wir die *Odyssee* nicht als einen englischen Gesellschaftsroman, sondern als eine Geschichte über mediterrane gesellschaftliche Praktiken betrachten, erkennen können, daß Homer – ob Mann, ob Frau – Penelope eine sehr viel stärkere und klügere Rolle in der Handlung um die Heimkehr des Odysseus gegeben hat, als sie ihr oft zugestanden wird. Diese Erkenntnis hängt weitgehend davon ab, daß man das Epos im Lichte der modernen feministischen Anthropologie liest, was bedeutet, daß man lernt, den Einfallsreichtum und die Findigkeit von Frauen in Kulturen zu erkennen, in denen sie bislang als die passiven Opfer männlicher Manipulationen dargestellt wurden. Aber die Mehrdeutigkeiten der Situation Penelopes und die »Beziehungsfallen« (*double bind*), denen griechische Frauen allgemein ausgesetzt sind, werden in der *Odyssee* nicht allein in dem eingefangen, was der Dichter darstellt, sondern auf einer zweiten Ebene

– in der List des Autors selbst, der es bewußt vermeidet, allzu genau darauf zu sehen, was Penelope wirklich denkt und plant. Dies ist ein absichtsvoller Kunstgriff Homers, der die außerordentliche Epiphanie im 23. Gesang ermöglicht, in der Odysseus und wir als Publikum gleichzeitig erkennen, daß wir Penelope unterschätzt haben und daß der Ruf (*kleos*) ihrer Klugheit und List (*mētis*) vollauf gerechtfertigt ist.

Zusammen stellen diese beiden Bezugsrahmen der Interpretation, die Klugheit Penelopes und die des Dichters, ein verdoppeltes Doppelspiel her, das ich als notwendige Bedingung dafür ansehe, die Komplexität, die den Normalfall im Leben der Frauen darstellt, wie es in der Dichtung und der Theorie griechischer Männer erscheint, angemessen einzuschätzen. Doppelspiel wird auch ein Schlüsselbegriff für die Untersuchung der Gedichte Sapphos im nächsten Kapitel sein, wie es dies bereits in der Behandlung von Dokimasie und Liebeszauber in den Kapiteln 2 und 3 war.

## S. Butler, Homerinterpret

Es ist offensichtlich, daß Butler sich die Bedingungen der Herstellung und Verbreitung der *Odyssee* ziemlich wie diejenigen der Buchproduktion im 19. Jahrhundert vorstellt, und daß der Zweck fiktionaler Werke, damals wie heute, für ihn darin besteht, das tägliche Leben und den gesellschaftlichen Umgang in einer wahrheitsgetreuen und künstlerischen Form zu beschreiben. Er betrachtet die Szenen aus der phäakischen Königsfamilie als »aus dem Leben gegriffen« (S. 7). Er zeigt sich entgeistert über die Ungeschliffenheit der jungen Männer, die dort in Spielen miteinander wetteifern (8. Gesang) – sie prahlen und stolzieren großtuerisch herum und werfen einander Beleidigungen an den Kopf – ein solches Verhalten wäre sicherlich fehl am Platze auf den Sportplätzen von Eton. Aber wenn wir statt dessen, wie Butler es nicht tat, an das Verhalten junger männlicher Griechen denken, so sind die phäakischen Fürstensöhne nicht so sehr ungeschliffen als vielmehr übereifrig, gemessen an ihren eigenen kulturellen Idealen von Mannhaftigkeit und Edelmannhaftigkeit. Ganz allgemein findet Butler, daß die Männer in der *Odyssee* »oftmals Dinge sagten oder taten, die kein Mann jemals sagen oder tun würde, [während] die Frauen stets formvollendete Damen waren, wenn die Autorin sich dafür entschied, sie als solche darzustellen« (S. 8). Zum Vergleich zieht er Jane Austen heran, deren »junge Männer [...] selten besonders interessant« seien, obwohl niemand »den Wunsch verspüren wird, sich darüber zu beschweren, daß sie junge Männer nicht so gut verstand wie junge Frauen« (S. 11). Wenn man sich vor Augen führt, daß Butler es so begreift, oder vielmehr unterstellt, daß die *Odyssee* in ziemlich gleicher Weise hergestellt und vertrieben wurde wie ein englischer Roman des 19. Jahrhunderts, so ist leicht einzusehen, wie er auf den Gedanken kam, sie sei von einer Frau geschrieben worden. Das 19. Jahrhundert war in England nicht nur eine große Zeit für schreibende Frauen, es war ein Zeitalter, in dem Frauen reichlich Gebrauch von Pseudonymen machten und unter Männernamen publizierten. Butlers Scharfsinn beim Herauslesen des Geschlechts des Verfassers der *Odyssee* war durch die Praxis gestählt worden, verräterische Zeichen von Feminität in angeblich maskulinen Werken aufzuspüren. Zum Beispiel:

> Der sechste Gesang ist vielleicht der köstlichste des Gedichtes überhaupt, aber ich vermag kaum daran zu zweifeln, daß ein heutiger Kritiker der *Times*, gäbe man ihm diesen Gesang als ein anonymes Werk und bäte man ihn, das Geschlecht des Autors zu bestimmen, ihn einer jungen unverheirateten Frau zuschreiben würde, ohne auch nur einen Augenblick zu zögern. Der Leser sei darauf hingewiesen, wie Nausikaa ihren Vater daran erinnern muß, ein sauberes Hemd zu tragen, wenn die Gelegenheit es erfordert (vi, 60), während ihre jüngeren Brüder sie anscheinend daran erinnern, eins für sie bereitzuhalten, wenn sie eines brauchen. Solche kleinen Pinselstriche lassen es so aussehen, als habe hier ein weibliches Mitglied der eigenen Familie des Alkinoos, das seine kleinen Eigenarten aus vertrautem Umgang kannte, den Pinsel nach der lebenden Vorlage geführt. (S. 145)

Butler empfindet es als normal, nach Zeichen des Geschlechts zu suchen, und behauptet, daß, »sobald ein anonymes Werk veröffentlicht wird« und »selbst wenn Frauen sich als Männer darstellen«, der sorgfältige Leser wenig Schwierigkeiten haben wird, das Geschlecht des Autors herauszufinden. »Ich habe sagen hören, daß bei einer berühmten weiblichen Autorin nur deshalb entdeckt wurde, daß es sich um eine Frau handelte, weil sie von einem 24-zölligen *Lineal* [a two-foot *ruler*] geschrieben hatte statt von einem 24-Zoll-*Maßstab* [a two-foot-*rule*]« (S. 10). Diese Gewohnheit des scharfsinnigen Lesens, die jegliche Romanliteratur unter Verdacht stellte und sie nach Zeichen weiblicher Autorschaft durchkämmte, ist der Hintergrund, dem Butlers Verständnis der *Odyssee* entsprang.

Heute können wir leicht feststellen, daß seine Annahmen, besonders über das gesellschaftliche Leben und die Rollen von Männern und Frauen, anachronistisch sind, wenn man sie auf Homer (wenn nicht sogar auch auf zeitgenössisches Schreiben) anwendet.[3] Seine Auflistung weiblicher Züge, die seinem Verständnis nach das Geschlecht des *Odyssee*-Verfassers verraten, umfaßt Strenge gegenüber Frauen, die ihrem Geschlecht Schande gemacht haben, liebevolle Einhaltung kleiner religiöser Observanzen, Neigung zu Notlügen und kleinen Dramatisierungen, Liebe zum Geld und dazu, das eine zu tun und das andere nicht zu lassen (S. 115–124). Dies sind genau die gleichen Züge, wenn auch in weniger pejorativen Begriffen beschrieben, die sich aus der Skizze der mediterranen Kultur herausschälen, wie sie in den vorhergehenden Kapiteln entworfen wurde – nur, daß sie sich dort nicht auf Frauen beziehen, sondern auf Männer. Leider richtete Butler seine Interpretation nicht an einem anthropologischen Rahmen aus. Daher zeigt er wenig Skrupel, das soziale Leben zu Homers Zeiten mit zeitgenössischen Anekdoten zu illustrieren, wie etwa:

Ich war einmal in einem Gasthofe und fragte die stattliche Wirtin, ob ich wohl den Wirt sprechen könne. Sie warf entrüstet den Kopf zurück und antwortete: »Es gibt keinen Wirt in diesem Hause, Sir; ich wüßte nicht, wozu ein Mann in einem Hotel nutze wäre, außer die Stiefel und die Fenster zu putzen.« Das war die Stimme von Kirke und Kalypso – allerdings scheinen weder die eine noch die andere auch nur soviel an Zugeständnis zugunsten des Mannes gemacht zu haben. Mag der Leser beliebige alleinstehende Damen aus seinem Bekanntenkreis befragen, die ihr eigenes Haus führen, ob sie sich lieber von Männern oder von Frauen aufwarten lassen, und ich werde sehr überrascht sein, wenn er nicht herausfindet, daß sie gewöhnlich vermeiden, überhaupt einen Mann um sich zu haben – mit der Ausnahme von Gärtnern natürlich. Aber schließlich ist ein Gärtner im allgemeinen verheiratet und lebt in seinem eigenen Haus. (S. 105)

Butler versteht die homerische und die mediterrane Vergangenheit in Begriffen seiner eigenen Gegenwart. Wenn er den Ratschlag übersetzt, den Athene Telemachos gibt, so hört er die Stimme seiner »lieben freundlichen alten Tante, die, als ich ein kleiner Junge war, gewöhnlich auf ebendieselbe Weise mit mir sprach« (S. 121). Einer der am stärksten ins Auge springenden dieser gesellschaftlichen Anachronismen ist seine Schlußfolgerung, daß es sich hier besonders um eine *junge* Autorin handeln müsse, weil sie die Freier der Penelope gleichzeitig als glühende

Liebhaber und als Schmarotzer portraitiere: »[...] die Schriftstellerin, die in vollem Ernst eine solche Geschichte erzählen kann, kann nicht die leiseste Ahnung davon haben, wie ein Mann gegenüber einer Frau empfindet, in die er verliebt ist [...]; ich schließe daher daraus, daß sie noch sehr jung war, und unverheiratet« (S. 127 f.). Man ist versucht zu sagen, daß Butler die imperiale Inselhaftigkeit Britanniens im 19. Jahrhundert verkörpert, jene radikale Fühllosigkeit gegenüber kulturellen Unterschieden, die hinter dem Bild des Engländers in der Fremde steht, der, wenn die Eingeborenen ihn nicht verstehen, einfach lauter spricht – auf Englisch.

Aber es ist hier nicht mein Anliegen, mich bei Butlers Fehlern aufzuhalten. Lieber möchte ich mich in einem positiven Ansatz der Stärke und der Subtilität der Frauen, wie sie in der *Odyssee* portraitiert werden, nähern. In gewissem Sinne ist seine Position nur die extremste Form der typisch modernen Reaktion auf die *Odyssee*, die deren weibliche Figuren regelmäßig als merkwürdig bedeutsam, wenn auch auf eine verstörende und gar widersprüchliche Weise, betrachtet hat. Wenn man ältere Behandlungen durch Decker und Perry beiseite läßt, die heute kaum noch lesbar sind, so finden wir einen der Hauptströmung zuzurechnenden Interpreten, der sich mit Agamemnons Lob für Penelope in der Unterwelt befaßt (»Der Ruhm ihrer Trefflichkeit wird niemals vergehen, die Götter werden ein liebliches Lied erdenken über die kluge Penelope« – 24.196–8)[*] und bemerkt, daß diese Zeilen dem nahekommen, »aus unserer *Odysseia* eine *Penelopeia*« zu machen (J. Finley 1978, 3). Was ich an dieser Stelle anbieten will, ist eine weitere Interpretation der *Odyssee*, die ein besonderes Licht auf die faszinierende und rätselhafte Zentralität der Frauen in ihr wirft, besonders auf Penelope, aber eine Interpretation, die sich auf eine kulturell spezifische Einschätzung der antiken mediterranen Gesellschaft gründet. Solch eine Wertung kann, wie ich glaube, der *Odyssee* selbst entnommen werden, und sie sollte sich auch auf Homers eigene Aktivität – nicht als Romancier, sondern als Vortragskünstler –

---

[*]   *A.d.Ü.:* Alle Zitate aus der *Odyssee* wurden, wie dies auch bei anderen zitierten Texten in diesem Buch geschehen ist, nach der nicht versgebundenen Übertragung des Autors übersetzt. Die Ausgaben, nach denen überprüft wurde, sind in der Bibliographie angegeben. In Ausnahmefällen zitiert Winkler eine Versübersetzung von Fitzgerald, hier wurde in der Regel die Voßsche hexametrische Übertragung verwandt, die in begründeten Fällen – wie angemerkt – leicht modifiziert wurde. Die Zeilenangaben beziehen sich stets auf das Original, auch wenn der Zeilenfall einer zitierten Versübertragung davon abweicht.

erstrecken. Weil Butler eine britisch-kapitalistische Ansicht der sozialen Rolle von Frauen – und von Männern – fraglos akzeptierte, verfehlte er das, was ich für das eigentliche Zentrum der Handlung der *Odyssee* halte, nämlich die Art und Weise, in der Penelope, eingeengt wie sie durch die widerstreitenden und unvereinbaren Forderungen des gesellschaftlichen Anstandes ist, ein gewisses Maß wirklicher Macht über die Ereignisse ausübt und die Heimkehr ihres Gemahls ermöglicht, wobei sie vielen Todfeinden und einer Handvoll Freunden ein Schnippchen schlägt.

## Zur Anthropologie der List (*mētis*)

Diese Lesart beruht darauf, daß man von Butlers Voraussetzungen abgeht. Von den zwei Grundannahmen, die sich auf den Charakter der *Odyssee* als Werk und auf den Typus der Gesellschaft beziehen, die sie widerspiegelte, ist die letztere sehr viel wichtiger für unsere Zwecke. Was die erstere betrifft, so wissen wir heute, daß die lange Tradition der frühgriechischen epischen Dichtung gar nicht von Schriftstellern hervorgebracht wurde, daß die Männer (und möglicherweise mancherorts auch Frauen?), deren Beruf es war, Heldenlieder zu singen, sie zu jeder Gelegenheit neu komponierten, aber dabei auf ein Repertoire von Formeln und Handlungen und Standardszenen aufbauten, die die gleiche Funktion erfüllten wie das Material, auf das ein Jazzmusiker oder ein aus dem Stegreif sprechender Redner während der Improvisation über ein bekanntes Thema zurückgreift: Er hat das alles früher schon getan, aber eben nicht ganz genau so (s. Kirk 1964, 1976). (Die Beziehung Homers, der am Ende dieser Tradition steht, zur Schriftform bleibt umstritten.) Was aber Butler wirklich auf Abwege führte, war die Annahme, daß wohlerzogene Männer und Frauen auf der griechischen Insel Ithaka zur Zeit des Trojanischen Krieges oder während des griechischen dunklen Zeitalters sich so benommen hätten, wie die Ladies und Gentlemen seiner eigenen Zeit und Klasse.

Wir können ganz sicher sein, daß Odysseus und Penelope sich nicht verhielten wie Victoria und Albert. Aber wie handelten sie wirklich? Welches war der angemessene kulturelle Code, der von Homers Figuren befolgt oder verletzt wurde? Im großen und ganzen werden wir das aus den Meinungen und Handlungen der Figuren zu erschließen haben, wobei wir einräumen, daß, was wir in der *Odyssee* finden, nicht eine wirkliche Gesellschaft ist, sondern eine fiktionale Fallstudie, eine, die vermutlich für jene wirklichen Frauen und Männer einen Sinn ergab, die ihr Publikum waren und die sowohl ihre Lebensechtheit in Fragen menschlicher Antriebe und ihre archaisierende Idealisierung in Fragen der materiellen Kultur (Streitwagen, Paläste und ähnliches) zu würdigen wußten.[4] Aber es gibt eine externe Quelle, auf die man zurückgreifen kann, wenn man die Umrisse des kulturellen Bildes füllen will, das sich in der *Odyssee* selbst findet, und das ist die Beschreibung des Lebens im ländlichen Griechenland zur heutigen Zeit.[*] Solche Beschreibungen heben die Ehre der Familien hervor, den Wettbewerb, der zwischen ihnen um die begrenzten Ressourcen an Gütern in materieller und Ehre in immaterieller Hinsicht herrscht, und die Gewalt- und Täuschungsstrategien, die man (leider, leider!) anwenden muß, um in dieser schäbigen Welt, in der wir leben, Ehre zu bewahren und Schande zu vermeiden. Natürlich sollte man diese Berichte aus dem 20. Jahrhundert nicht dazu verwenden, um etwas in die *Odyssee* hineinzulesen, das dort nicht zu finden ist. Der Nutzen ihrer Lektüre besteht darin, daß sie uns Städtern die Augen, gewöhnt wie sie sind an Fernsehen und Rückspiegel, für den Blick auf die säuberlichen Staubstraßen präindustrieller Gesellschaften öffnen, in denen die Nachbarn stänkern und die Ziegen stinken. Als mindestes können uns solche Berichte aus einigen unserer ungeprüften Annahmen über Odysseus und Penelope herausreißen, Annahmen, die aus idealisierenden, getünchten Bildern der griechischen Antike hervorgegangen sind.

Ein Thema, das in diesen Berichten im Vordergrund steht und für die *Odyssee* grundlegend ist, ist das Vorherrschen von Verheimlichung und Lüge, das die Einheimischen als bedauerliche Notwendigkeit ansehen, aber nichtsdestoweniger eifrig, mit Ausdauer und Geschick praktizieren. Auch in der *Odyssee* versucht jeder, seine Geheimnisse zu bewahren, aber es ist sehr schwer, ein Privatleben zu führen, besonders im Haus des Odysseus, zerrissen wie es ist in Feindseligkeit und Mißtrauen, eine Art Fallstudie der Spannungen und Verhaltensweisen, die man gewöhnlich eher zwischen Familien als innerhalb ein und desselben Haushaltes findet. Die Freier argwöhnen, daß Telemachos vielleicht versuchen wird, sie zu vergiften (2.328–30), während sie doch in Wirklichkeit planen, ihm

---

[*] Obwohl er seinen ursprünglichen Text bereits 1954, vor der Blüte der anthropologischen Beschäftigung mit dem Mittelmeerraum geschrieben hat, war Finley (1978) außerordentlich erfolgreich bei dem Versuch, eine anthropologische Untersuchung der homerischen Gesellschaft zu fördern: »Die gesellschaftlichen Institutionen und Werte ergeben ein kohärentes System, und zwar, aus unserer heutigen Sicht, ein sehr fremdartiges, weder aber ein unwahrscheinliches, noch ein ungewohntes nach der Erfahrung der modernen Anthropologie« (9).

einen tödlichen Hinterhalt zu legen. Antinoos hat die anderen aufgefordert, leise zu reden, »damit uns im Hause [gegenüber Penelope] keiner verrate« (4.775), und tatsächlich befand sich genau zu diesem Zeitpunkt der Herold Medon auf der anderen Seite der Hofmauer und lauschte, »während drinnen die Freier ihre List [*mētis*] webten« (4.678).* Ähnlich entdeckt Helios dem Hephaistos geheime Machenschaften, nachdem er Aphrodite und Ares im Bett gesehen hat (8.270 f.). Diese Situation zeigt auch die gesellschaftliche Notwendigkeit der List: Hephaistos' Gerissenheit befähigt ihn dazu, seine Nachteile gegenüber dem stärkeren und schnelleren Ares auszugleichen (8.329–32).

Von Feinden umgeben und mit dem Tode bedroht, weist Telemachos Eumaios an, nicht gleich den alten Laertes aufzusuchen, sondern heimlich (*krybdēn*) durch Penelope eine vertrauenswürdige Magd mit der Botschaft von seiner Rückkehr zu ihm senden zu lassen (16.150–3). Im Palast spricht Eumaios leise mit Telemachos, wobei beide die Köpfe zusammenstecken, »daß es die andern nicht hörten« (17.592).** Im 1. Gesang spricht Telemachos allein mit Mentes, wobei er sich absichtlich fern von der Menge niedersetzt (1.132–5) und wartet, bis der Vortrag des Sängers die Unterhaltung überdeckt (1.155–7). Geräusche tragen weit in diesem Haus: In der Halle kann Odysseus hören, wie Penelope in ihrem Gemach weint (20.92), und sie kann verstehen, was jeder der Freier in der Halle sagt (20.389). Die Wände, wie man so sagt, haben Ohren – nicht freundlich gesonnene Ohren.

Peter Walcot (1977) hat moderne Berichte über Verlogenheit, wie sie in Griechenland auftritt und üblich ist, dazu herangezogen, um die autobiographischen Lügen kulturell und gesellschaftlich zu situieren, die Odysseus jedem erzählt, dem er begegnet. Aber Lügen, wie es von du Boulay und J. Campbell und anderen beschrieben wird, bedeutet nicht lediglich, eine unwahre Geschichte zu erzählen; es bezieht sich auf eine Politik der systematischen und bewußten Irreführung, in großen und kleinen Dingen, mit dem Ziel, sich innerhalb einer gesellschaftlichen Umgebung zu schützen, die voller Feinde steckt und mit unermüdlichem Argwohn aufgeladen ist. Im besonderen beschreibt du Boulay, wie die

---

* Zweimal belauscht in *Daphnis und Chloë* jemand wichtige Informationen und macht Gebrauch von ihnen (4.18, 29). Neugierige Zufallslauscher mögen Versatzstücke aus dem Fundus der Literatur sein, aber ganz offensichtlich entsprechen sie den Erfahrungen, Erwartungen und Gewohnheiten des Publikums.
** Die Geste und die Formel dafür wiederholen sich in Sparta, aber in diesem Fall hört Menelaos tatsächlich mit (4.70).

Menschen nicht nur lügen, um ihre Fehler zu verbergen, da Feinde die Nachricht von solchen Fehlern weitertragen und die Familienehre beschmutzen werden, sondern auch, um selbst ganz banale Dinge zu verbergen, da jede Information, die nach außen durchsickert, in anderem Zusammenhang möglicherweise genutzt werden könnte. So gibt sie beispielsweise an, daß zur Vermeidung der möglichen Schande einer fehlgeschlagenen Heiratsverhandlung der Dorfpriester, der die Verbindung vermitteln sollte, sich mit einem potentiellen Bräutigam – einem Maurer aus einem Nachbardorf – in einem Café traf und sich mit ihm über Pläne zur Renovierung der Kirche unterhielt, wobei er von Materialien und Preisen sprach. Sie verfügten sich dann zu ihm nach Hause und besprachen die Mitgift, nachdem sie ihre Spur mit dem vorgeschobenen Gespräch über Baumaßnahmen verwischt hatten, um alle irrezuführen, die ihnen möglicherweise zugehört oder sie zusammen gesehen hatten (du Boulay 1976, 399; s. Gilsenan 1976). Kinder werden zu unermüdlicher Wachsamkeit gegenüber prüfenden und harmlos klingenden Fragen von Nachbarn und dazu erzogen, plausible Lügen weiterzuerzählen (du Boulay 1974, 188 f.). Sogar Freunden und Verwandten außerhalb des engsten Familienkreises darf man nicht trauen, weil solche Beziehungen oftmals umschlagen und frühere Freunde sicherlich ihr Wissen um Schwächen gegen einen verwenden werden.

Neben dem defensiven Lügen gibt es das aggressive Lügen, etwa wenn Odysseus, der soeben mit einer Ladung erbeuteter Schätze auf Ithaka gelandet ist, einem jungen Schafhirten erzählt, er habe aus Kreta fliehen müssen, weil er dort einen Mann erschlagen habe, der versucht habe, ihm seine Beute aus Troja abzujagen (13.259–68). Die Drohung ist kaum verhüllt, und die Implikation wäre sicherlich einem jungen griechischen Schafhirten nicht entgangen, wenn es sich auch im vorliegenden Fall um die verkleidete Athene handelt. Eine weitere Facette dieses unentwegt wachsamen Diskursstiles zeigt sich kurz darauf, als Odysseus, nachdem Athene sich ihm entdeckt hat, immer noch glaubt, daß sie ihn über den Ort belügt, an dem sie sich befinden: »[…] ich glaube immer, ich sei noch nicht in Ithaka […] und ich glaube, spottend habest du, Göttin, mir dies alles verkündet, um meine Seele zu täuschen« (13.324–8). Dies erinnert an die Art, wie Eltern ihre Kinder necken, und wie es Friedl (1962) als eine übliche Erziehungsmaßnahme beobachtet hat, die den Zweck hat, das Kind zu Aufmerksamkeit gegenüber jedermann und jeglicher Äußerung zu erziehen.[*] Wie J. P. Mahaffy, einer der frühesten Gelehrten, der Beob-

---

[*] »Kinder zu belügen ist ein Aspekt der allgemeinen Haltung gegenüber Wahrheit und Falschheit, wie sie charakteristisch für die Erwachsenen

achtungen des modernen griechischen Verhaltens benutzt, um antike Texte zu interpretieren, es ausdrückt:»einen Feind zu täuschen, ist verdienstvoll; einen Fremden zu täuschen, nicht zu verargen; sogar einen Freund zu täuschen, völlig einwandfrei, wenn irgendein Ziel damit erreicht werden kann« (Mahaffy 1874, 27). In der *Odyssee* ist der Fall, der modernen Lesern das größte Unbehagen verursacht hat, die Prüfung, die Odysseus seinem Vater Laertes auferlegt und die keinerlei wie immer geartetem strategischem Zweck dient. Er nähert sich ihm, um »zu prüfen, ob er mich wohl noch kennt« (24.216 f., vgl. 221, 239). Die Überflüssigkeit dieses Spielchens zeigt sich an Odysseus' vorübergehendem Zögern, diesen Plan auch auszuführen:»Dann überlegte er hin und her [...], ob er ihn küssend umarmte [...] Aber er entschied, es wäre tüchtiger [*kerdion*, »besser«, »ertragreicher«], ihn erst mit ins Herz schneidenden Worten zu prüfen« (24.235–9). Selbst engste Verwandte sind, wie Friedl beobachtet hat, nicht gegen schmerzhafte Irreführungen gefeit; tatsächlich können sie als bevorzugte Lernobjekte dazu dienen, sich an die Nackenschläge zu gewöhnen, die das Leben austeilt, und Odysseus verfällt vielleicht in eine alte Familiengewohnheit, als er für gewisse Zeit das Herz seines Vaters bricht.

Der Wunsch zu täuschen, nicht nur aus Gründen der Verteidigung oder des Angriffs, sondern einfach als Lebensgewohnheit – sozusagen, um nicht aus der Übung zu kommen –, sollte mit dem Sprachstil und Verhaltensstil zusammengedacht werden, der im vorigen Kapitel beschrieben wurde: vorsichtig, gewappnet und empfindlich für das Unausgesprochene. Diese Eigenschaft wird in dem Begriff des »gezügelten Geistes« zusammengefaßt. Als Odysseus mit Telemachos seinen Plan bespricht, die Waffen aus der Halle zu entfernen und die verschiedenen Mitglieder seines Haushaltes zu prüfen, sagt er mit großem Nachdruck:»Wenn du wirklich mein Sohn und meines Geblütes bist, so laß niemanden hören, daß Odysseus im Hause sei«; und Telemachos antwortet:»Vater, ich hoffe, du wirst bald wissen, wes Geistes Kind ich bin – nachlässigen Sinnes bin

---

des Dorfes ist. Das Wort für Lügen, *psemata*, wird im Dorf sehr viel ungezwungener, weniger gefühlsmäßig belastet und mit milderem pejorativen Beiklang benutzt, als Amerikaner das englische Wort gebrauchen. [...] Jeder Mann und jede Frau erwartet Fertigkeiten zu entwickeln in der Kunst der Arglist wie auch in der Kunst, Arglist an anderen zu entdecken. Die Dorfbewohner aus Vasilika fühlen sich nicht gedemütigt, weil jemand versucht, sie zu täuschen; sie werden nur dann zornig, wenn die Täuschung gelingt. [...] Ältere Kinder, die gelernt haben, gegenüber ihren Eltern den Spieß umzukehren und versuchen, sie zu täuschen, werden sogar noch bewundert, während sie gescholten werden« – Friedl 1962, 80.

ich nicht« (16.300 f., 309 f.).»Ungestraffter Sinn« (*chaliphrosynē* [*]) ist ein Charakterzug von Kindern, die noch nicht gelernt haben, ihre öffentliche Persönlichkeit durch dauernde Wachsamkeit unter Kontrolle zu haben, indem sie eine Mauer der Vorsicht errichten (*pais* [...] *nēpios ēde chaliphrōn*, 19.530; 4.371). Das Gegenstück des Mannes mit einem Geist, der am straffen Zügel geht, ist der Schwätzer, der anderen arglos Informationen mitteilt, die sich gegen ihn oder seine Freunde verwenden lassen. Athene lobt an Odysseus, er sei »von gesammeltem Geist« (*anchinoos*) und »geistig gezügelt« (*echephrōn*, 13.332), das heißt, er hat stets seine fünf Sinne beisammen, teilt niemandem grundlos etwas mit, und verdächtigt andere der gleichen Verschlagenheit, wie er selbst sie besitzt. Die Interpretation von *eche-* als nicht allein im »Besitz« eines scharfen Verstandes zu sein, sondern als »Zurückhaltung« in Rede und Denken, sich nicht in die Karten blicken zu lassen, wird durch die ähnliche Bildung *echethymos* unterstützt, die Hephaistos auf seine untreue Gemahlin Aphrodite anwendet: »Sie ist schön, aber sie hält sich in ihren Gefühlen nicht zurück« (8.320; vgl. Thornton 1970, 84). *Echephrōn* ist natürlich auch ein häufiges Epitheton für Penelope, deren strategische Vorsicht und Selbstbeherrschung wir weiter unten genauer betrachten werden.

Das Bild, das in meinen Augen all diese Züge zusammenfaßt, ist der Augenblick am Ende des 16. Gesanges, als Odysseus, wieder einmal als alter Bettler verkleidet, und Telemachos den in seine Hütte zurückkehrenden Eumaios begrüßen, der die Nachricht mitbringt, daß die schwerbewaffneten Freier nach dem Fehlschlag des Hinterhalts, den sie Telemachos legen wollten, wieder in den Hafen eingelaufen sind. Odysseus und Telemachos haben gerade Pläne geschmiedet, wie sie die Waffen der Freier aus der Halle entfernen könnten, um so ihre Chance zu wahren, sie zu überwältigen. Jetzt erinnert Eumaios, der nicht eingeweiht ist, sie unbeabsichtigt an die Feindseligkeit und die Bewaffnung der Freier, und »da lächelte Telemachos und warf seinem Vater einen Blick zu, wich aber dem Auge des Schweinehirten aus« (16.476 f.). Dieses versteckte Lächeln und der wortlose Blick sind Zeichen dafür, daß Telemachos das tödliche Spiel, in das er verwickelt ist, kennt und einzuschätzen weiß, und daß er gelernt hat, sein Wissen und seine Absichten streng für sich zu behalten. Er ist kein *chaliphrōn*, und hinter seinem starren, wortlosen Blick ist er unentwegt damit beschäftigt, zu berechnen, zu verdächtigen und dem Doppelspiel, das ihn umgibt, vorauszueilen.

---

[*]    Nicht etwa von *chalis*, »unvermischter Wein« (Hipponax) abgeleitet, wie es von Liddell-Scott-Jones vertreten wird, sondern von *chalān*, »lockern, entspannen« (Chantraine 1968–80).

# Vervielfachte Perspektive, ironische Behandlung der Geschlechter, Opfertheorien

Um diesen Abriß der Strategien von Täuschung und verdeckter Kommunikation bei Homer abzurunden, wollen wir uns der Gewohnheit zuwenden, feste Überzeugungen zu äußern, selbst wenn Mehrdeutigkeit dem entgegensteht. Ungewißheit prägt auf typische Weise die Befindlichkeit der Figuren in den frühen Gesängen – lebt Odysseus oder ist er tot, sollte Penelope sich wieder verheiraten und, falls ja, nach welchem Verfahren, werben die Freier in angemessener Form um Penelope? Die Fragen sind voneinander abhängig und nicht beantwortbar, aber das hält die Figuren mitnichten davon ab, Positionen zu artikulieren, die sich wie Tatsachenbehauptungen ausnehmen, deren tatsächlicher Bedeutung in ihrem Zusammenhang aber etwas weniger Dogmatisches anhaftet. So stellen beispielsweise Penelope, Laertes und Telemachos an unterschiedlichen Punkten im Erzählverlauf unzweideutig fest, daß Odysseus tot sei, obwohl sie damit etwas meinen, das nicht ganz so kategorisch daherkommt, etwa der Art »ich bin doch nicht so töricht, eine leise Hoffnung auf seine Rückkehr zu nähren, so sehr ich mir das auch von Herzen wünsche«. Telemachos drückt sich sowohl Freunden (1.219 f.) als auch Feinden gegenüber (1.413–6) in diesem Sinne aus; es geht hier also nicht um simples Lügen, sondern um eine verwandte Gewohnheit, eine Übertreibung, die häufig pessimistisch getönt ist. Man mag sich hier an die Selbstdramatisierung erinnern, die in den erotischen Zauberpapyri gefunden wurde (Kapitel 3).

Wenn odysseeische Figuren steif und fest etwas behaupten, so müssen wir dazu kommen, dies so zu bewerten, daß sie oft genug um eine Position ringen, wenn sie solche Behauptungen aufstellen, wobei sie den Bereich ihrer Überzeugungen ein wenig weiter fassen, als es von den Tatsachen gedeckt ist, und daß sie sich völlig über unausgesprochene Einschränkungen oder Abstufungen, Alternativen und entgegengesetzte Ansichten im klaren sind.[*] Diese Gewohnheit des Hochspielens zeigt sich an Männern und Frauen gleichermaßen, so etwa, wenn Penelope an ihrer eigenen

---

[*] »»Außerhalb des Hauses versucht jeder, sich ein wenig größer zu machen, als er wirklich ist‹ [...] Selbstbehauptung [*egōismos*] ist eine Art von *persona* [Maske], die man in der Öffentlichkeit trägt und zu Hause ablegt, und deren bewußter Zweck die Erlangung eines relativen Prestiges für ihren Träger bedeutet sowie seine, oder seiner Familie, Rechtfertigung gegenüber den Vorwürfen und der Kritik der Gemeinschaft« – du Boulay 1974, 75.

Lage verzweifelt, was häufig genug geschildert wird.* Eine der stillschweigend vorausgesetzten Regeln dieser Diskursform ist es, daß jegliche Situation, die auch nur die kleinste Unsicherheit ihrer Interpretation zuläßt, zu einer Vervielfältigung von Übertreibungen innerhalb eines Bezugssystems gegenseitiger Konkurrenz führt. Auch wo die eigene Meinung für sich behalten wird, müssen wir stets von einer Vielstimmigkeit fester Überzeugungen ausgehen.

Von besonderem Interesse in diesem Zusammenhang sind für uns die Äußerungen von Männern, die sich auf die Frauen als Klasse beziehen. Frauenfeindlichkeit, oder besser, Mißtrauen gegenüber Frauen, ist eine übliche Trope des männlichen Diskurses in mediterranen Kulturen (Brandes 1981), was aber die *Odyssee* vielleicht auszeichnet, sind die überaus eingeschränkten Bedingungen, unter denen ein solcher Verdacht Ausdruck findet. Parallel zum überhöhten Lobpreis vorbildlicher Frauen wie Penelope oder einige der Heldinnen im Hades zeigt uns Homer nur eine einzige Figur, die, bei zwei verschiedenen Gelegenheiten, Penelope preist und dennoch in eine Verurteilung der Frauen im allgemeinen verfällt. Als Agamemnon, dessen Erfahrung mit seiner Ehefrau vielleicht nicht als typisch bezeichnet werden kann, in der Unterwelt Odysseus trifft, erzählt er von seinem Tod durch die Hand des Aigisthos und Kassandras Tod durch die Hand Klytemnestras: »Also gibt es nichts Schrecklicheres oder Schamloseres als eine Frau / [die eine solche Tat ersinnt]« (11.427 f.). Die Auslassung der zweiten Zeile in einer großen Zahl älterer Handschriften macht diese Aussage zu einer sehr viel allgemeineren Behauptung über alle *gynaikes*, »(Ehe-)Frauen«. Auf ähnliche Weise gibt es hinsichtlich seiner nächsten Rede textuelle Zweifel an der antiken Herkunft von Agamemnons Rat an Odysseus, heimlich nach Hause zurückzukehren, »da auf die Weiber kein Verlaß mehr ist« (11.456). Zu welchem Zeitpunkt diese Zeilen in die Tradition auch eingetreten oder aus ihr herausgefallen sein mögen – die Fügung »nicht mehr« zeigt, daß er seine Ansicht noch immer auf das Beispiel Klytemnestras stützt. Vielleicht ist es nicht überraschend, daß die Überlieferung in diesem Punkt schwankend ist, wobei sie im ersteren Fall seinen Nachdruck abschwächt, im letzteren verstärkt. Wie wir weiter unten sehen werden, hat eine gewisse Verschlagenheit oder *mētis* auf

---

* Es geschieht Kritikern häufig, daß sie diese Ausdrucksformen der Verzweiflung als einfache Tatsachenbehauptungen mißverstehen. Die Unstimmigkeit zwischen Penelopes Verzweiflung und ihren Anstrengungen zu strategischer Planung muß dann als eine Bewußtseinsspaltung verstanden werden.

seiten Homers grundlegende und zum Mißverstehen geradezu verführende Zweideutigkeiten ins Spiel gebracht, besonders im Umkreis der Gestalt der Penelope.

Agamemnon scheint Penelope aus seiner scharfen Kritik auszunehmen, wenn er Odysseus erzählt, zumindest er habe von seiner einsichtsvollen und tüchtigen Frau nichts zu befürchten (11.444–6), aber das Kraftfeld des Beispiels Klytemnestras läßt, zumindest aus Agamemnons Sicht, einen Schatten auch auf Penelope fallen: Klytemnestra »brachte Schande über sich und alle Frauen, die ihr folgen werden, selbst jene, die rechtschaffen wären« (11.433 f.). Die gleichen Gefühle werden Agamemnon im letzten Gesang zugeschrieben, wo er Penelopes Tugend (*aretē*) als ein Thema unsterblichen Gesanges preist und dann Klytemnestra dazu verdammt, zum Gegenstand eines Schmähliedes zu werden: »einen schlimmen Ruf trägt sie den Frauen ein, mag eine auch rechtschaffen sein« (24.200 f.).

Ich bezog mich oben auf »die Äußerungen von Männern, die sich auf die Frauen als Klasse beziehen«, aber in der *Odyssee* scheint jene Furcht oder jenes Mißtrauen Ehefrauen gegenüber, das in mediterranen Zusammenhängen so gut belegt ist, auf diese eine Figur beschränkt und auf seine besonderen Erfahrungen mit einer notorisch untreuen Ehefrau gegründet zu sein. Odysseus unterstützt seine pessimistische Übertragung von Klytemnestras Ruchlosigkeit auf alle Ehefrauen nicht, sondern merkt lediglich an, daß Zeus dem Haus Atreus besondere Schwierigkeiten »durch die Ränke von Ehefrauen« (*gynaikeias dia boulas*) bereitet habe, nämlich durch Helena und Klytemnestra. Keine andere Gestalt des Epos äußert ähnlich frauenfeindliche Zeilen. Wenn wir Agamemnons Äußerungen als eine individuelle Reaktion verstehen, deren Form sich der kulturellen und rhetorischen Regel der defensiven Übertreibung verdankt, statt als die Quintessenz dessen, was alle Männer tatsächlich über alle Frauen denken, dann haben wir einen Ansatzpunkt dafür, die parallelen und entgegengesetzten Beispiele für geschlechtsbezogene Ironie in der *Odyssee* angemessen zu bewerten. Ich möchte die *Versuchung* nicht unterschätzen, Agamemnons universelles Mißtrauen gegenüber Frauen als einen bestimmenden Faktor der Handlung zu verstehen, aber möchte doch darauf beharren, daß nähere Betrachtung ihrer Einbettung und Artikulation es uns erlaubt, sein verallgemeinertes Mißtrauen eingrenzend als rhetorische Übertreibung zu bestimmen, die dazu dient, ihn individuell zu charakterisieren. Der Blickwinkel Agamemnons ist lediglich einer von vielen – wesentlich und Bestandteil der Thematik der Handlung, aber keineswegs bestimmend.

Er findet sein Gegengewicht in den Ansichten einer Göttin, die ganz ähnlich abfällige Bemerkungen über das gesamte männliche (Götter-)Geschlecht macht. Kalypso wird nach dem Rat der Götter durch Hermes angewiesen, Odysseus nach Hause zu entlassen. Da die Passage Material enthält, das in Kapitel 7 (S. 295) wieder auftauchen wird, möchte ich sie hier zur Gänze zitieren (5.118–29; Übersetzung Voß, modifiziert):

Ruchlos seid ihr und eifersüchtig vor allen, o Götter!
Jeder Göttin mißgönnt ihr, sich unverhohlen zu lagern
Mit dem sterblichen Manne, den sie zum Gatten erkoren.
Als den schönen Orion die rosenarmige Eos
Wählte, da zürntet ihr so lang, leichtlebige Götter,
Bis in Ortygia ihn die goldenthronende Jungfrau
Artemis hinzutretend tötet' mit sanftem Geschosse.
Als in Jasions Arm die schöngelockte Demeter,
Ihrem Herzen gehorchend, auf dreimal geackertem Saatfeld
Seliger Liebe genoß, wie bald erfuhr die Umarmung
Zeus und erschlug ihn im Zorne mit seinem flammenden Donner!
Also verargt ihr auch mir des sterblichen Mannes Gemeinschaft […].

Daß Artemis hier dem Lager der männlichen Götter statt dem der Göttinnen zugeschlagen wird, zeigt, welch wichtige Rolle das Geschlechtsleben für die Bestimmung von Problemen der Geschlechtszugehörigkeit spielt. Da Artemis keine sexuelle Beziehung zu einem Mann hat, kann sie als verläßliche Mitverschwörerin für die Interessen der männlichen Götter behandelt werden und nicht als problematisches oder launisches weibliches Wesen. Kalypsos Protest, der sich auf mehr Fallbeispiele stützt als Agamemnons, besitzt ebenfalls Züge der Übertreibung – sie verallgemeinert auf der Grundlage ihrer aktuellen Enttäuschung. Da der Großteil der *Odyssee* aus dem Blickwinkel männlicher Akteure und ihrer Ziele geschildert wird, ist die Versuchung geringer, Kalypsos Blickwinkel als denjenigen herauszuheben, der auf irgendeine Weise die Geschlechtsideologie des Epos ausdrückt – aber es wäre falsch, ihn zu ignorieren.

Ich würde sowohl Agamemnons als auch Kalypsos harte Kritik am jeweils anderen Geschlecht als an bestimmter Stelle eingesetzte Ausdrucksformen des Sinns für Ironie betrachten, den die *Odyssee* im Umgang mit den Geschlechtern entwickelt. Beide treiben die Trennung und das Mißtrauen zwischen den Geschlechtern, genauer, zwischen Ehegatten, auf die Spitze – ein Problem, das gewöhnlich einseitig dargestellt wird als das Mißtrauen von Männern gegenüber Frauen –, und beide fungieren als Hintergrund für das, was sich nach und nach als das Hauptthema des Gedichts herausstellt, nämlich die tiefgreifende Geistesverwandtschaft zwischen Odysseus und Penelope.

Eine hübsche Illustration eines nicht geistesverwandten Paares liefern Menelaos und Helena. An dem Abend, an dem Telemachos sie in Sparta besucht, geben der Ehemann und die Ehefrau jeweils eine Geschichte zum besten, die von Odysseus in Troja handelt. Helena berichtet von einem halsbrecherischen Abenteuer, bei dem Odysseus, durch blaue Flecken von Schlägen und durch Lumpen als Sklave getarnt, in die feindliche Stadt eindrang. Nur sie erkannte ihn, wusch und kleidete ihn und hielt seine Identität geheim, während er zahlreiche Trojaner umbrachte und zu den griechischen Schiffen entkam (4.238–64). Menelaos beglückwünscht sie und erzählt dann eine Geschichte, die ein Gegenstück zu der ihrigen darstellt. Weit davon entfernt, die einzige Frau in Troja zu sein, der ein griechischer Spion vertrauen konnte, vereitelte Helena um ein Haar die Kriegslist mit dem hölzernen Pferd, indem sie darum herumging und von außen die Männer, die darinsteckten, beim Namen rief, wobei sie die Stimmen der jeweiligen Ehefrauen nachahmte. Nur der Argwohn und die schnelle Auffassungsgabe des Odysseus rettete sie (4.266–89).

Die Helena des Menelaos und die Helena der Helena sind nach erstem äußeren Anschein zwei völlig verschiedene Charaktere. Die eine bietet verläßliche Hilfe, als Odysseus sich in verzweifelter Lage und umgeben von Feinden findet, die andere versucht aktiv, ihn und seine Männer zu vernichten. Die beiden Versionen haben entgegengesetzte Implikationen, stehen aber nebeneinander, ohne die Anerkennung des Widerspruchs zu erzwingen. Im Gegenteil, beide Versionen werden höflich und bestimmt vorgetragen, als wäre es ein leichtes für das Publikum, zu verstehen, daß multiple und unvereinbare Versionen im Bereich des Menschlichen das Normale seien, und daß Ehemänner und Ehefrauen (und Nachbarn) sich darin einig sein können, daß sie sich nicht einig sind (K. Baldwin 1985). Auf einer tieferen Ebene allerdings sind diese beiden Helenas auch sehr ähnlich, weil beide klug und voller Einsicht sind. Sie allein erkennt den verkleideten Odysseus sofort (so wie sie Telemachos an früherer Stelle in diesem Gesang unverzüglich erkannte, 4.138–46), und ihre Fähigkeit zur Maskerade läßt fast das Strategem des Pferdes scheitern.

Die Klugheit der beiden Helenas nimmt dennoch jeweils unterschiedliche Form an, und beide Formen spiegeln Penelopes *mētis* oder nehmen sie vorweg (Zeitlin 1981, 204–6). Helenas Helena spricht wie Penelope mit dem Fremden und fragt ihn aus, »er aber wich ihr geschickt aus« (4.250). Die Tätigkeiten dieser Helena sind im wesentlichen häuslich: sie wäscht, salbt und kleidet Odysseus (ein im übrigen merkwürdiges Detail, da Schmutz und Lumpen wesentlicher Bestandteil seiner Verstellung sind). Die Helena des Menelaos ist aktiver, nicht auf den Bereich des Hauses beschränkt, und denkt sich einen Plan aus, um einem ganzen Stoßtrupp von Feinden einen Strich durch die Rechnung zu machen, wobei sie sich noch in verschiedene Rollen hineinversetzt. Obwohl Penelope niemals ihr Haus verläßt, zeigt sich ihre vielgepriesene Klugheit in zwei Formen, die denjenigen Helenas entsprechen. Als Gastgeberin geht sie auf den verkleideten Odysseus ein, spricht mit ihm, stellt ihm Fragen, bietet ihm Kleidung und ein Bad an (inwieweit sie seine Identität errät, ist eine schwierigere Frage). Als eine aktive Akteurin bei der Verteidigung ihres Haushaltes gegenüber dem Ansturm eines Trupps von Feinden denkt sie sich die ausgezeichnete List des Grabtuches für Laertes aus, das sie Nacht für Nacht wieder auftrennt, und schickt (noch relevanter für den Vergleich) irreführende Botschaften an jeden der Freier: »sie erfüllt jeden mit Hoffnung und macht jedem Versprechungen, indem sie Botschaften schickt, führt aber andere Dinge im Sinn« (2.91 f. = 13.380 f.). Wie Helena imitiert Penelope verschiedene Frauen, um verschiedene Männer zu täuschen, wenn sie für einen Freier nach dem anderen in die vorgetäuschte Rolle »deiner zukünftigen Braut« schlüpft. Sie *imitiert* auch die stereotyp gute und einfache Hausfrau, indem sie Tag für Tag an ihrem Tuch webt.

Penelope treibt ihr Doppelspiel also nach beiden Methoden Helenas: nach der einen, die auf ihre häusliche Rolle beschränkt ist, nach der anderen, an der Nachahmung und falsche Botschaften beteiligt sind. Die beiden Helenas haben natürlich unterschiedliche Treueverpflichtungen (obwohl in beiden Fällen eine Gottheit für ihr Verhalten verantwortlich ist, 4.261 f.; 274 f.), während Penelope, wie uns wiederholt versichert wird, nur eine einzige kennt. Sogar Agamemnon hegt, was diese Seite der Angelegenheit angeht, keine Zweifel, und Odysseus wird von anderen, die es wissen müssen, diesbezüglich beruhigt – von seiner Mutter in der Unterwelt (11.181–3), auf seine unverblümte Frage nach der Treue seiner Frau hin (11.177–9), und von Athene (13.379–81).

Obwohl viele Personen den Ruhm von Penelopes Klugheit bezeugen, zeigt uns der Dichter auch die drückenden Beschränkungen, unter denen sie handeln muß, und ihre Anfälle von Verzweiflung, wie sie diese fortgesetzte Prüfung jemals überstehen könne. Für viele Leser ist es dieses Bild einer hilflosen und klagenden Penelope, das die Oberhand gewinnt,[*] aber

---

[*]  »Ich glaube, daß alle Kritiker der Tatsache zu viel Bedeutung beimessen, daß Penelope dauernd weint. Odysseus, Menelaos und Telemachos

ich möchte behaupten, daß uns eine nachdrückliche Betonung ihrer Opferrolle davon abhält, der klugen Anlage des Erzählverlaufs auch nur annähernd gerecht zu werden. Sheila Murnaghan hat vor kurzem argumentiert, daß Penelope, so treu sie sei, das Opfer des verallgemeinerten Mißtrauens gegenüber Frauen werde (1987a, 106; 1987b, 121), und weiter, daß der Erzählaufbau selbst ihrem Bewußtsein Zügel anlege:

> Einerseits darf Penelope nicht wissen, daß Odysseus zurück ist, bis der Prozeß ihrer allmählichen Erholung abgeschlossen ist, denn die Tatsache, daß sie ihn wiedererkennt, ist ja das Zeichen dafür, daß dieser Prozeß abgeschlossen ist; andererseits muß sie von Anfang an wissen, daß Odysseus zurück ist, da sie nicht beginnen kann, sich zu erholen, solange sie das nicht weiß. Nur in dem Maße, in dem sie sich erholt, wird sie fähig, Odysseus bei seinem Vorgehen gegen die Freier zu helfen, und damit dazu, die Umstände erst herbeizuführen, unter denen sie Odysseus tatsächlich wiedererkennen kann. Das heißt, daß sie – über den größten Teil der Erzählung hinweg – irgendwie wissen und anerkennen muß, daß Odysseus zurück ist, ihn aber noch nicht erkennen darf. [...] Penelope agiert eine Art des Erkennens des Odysseus aus, erkennt ihn aber nicht wirklich (1987b, 47; vgl. 52).

Man beachte den häufigen Gebrauch von »müssen« und »dürfen« in dieser Analyse. Penelope wird als Opfer nicht nur von gesellschaftlichem Druck aufgefaßt, dessen Ausübung in ihrem Fall nicht gestützt ist (1987a, 112), sondern auch von Anforderungen einer Handlung, die sie in eine

---

weinen ebenfalls häufig, aber Weinen hält keinen von ihnen, auch Penelope nicht, davon ab, tätig zu werden, wo immer die Möglichkeiten es zulassen« – Foley 1978, 23, Anm. 9. Auch die kulturelle Bedeutung ihres Weinens sollten wir in Frage stellen. In einer Untersuchung der Ängste von Fischerfrauen schreibt D. L. Davis (1983, 141): »Erst nach langen Gesprächen mit Informanten darüber, was das Leben der Frau eines Fischers ausmache, begann ich zu verstehen, daß sich zu beklagen nicht bedeutete, ›es geht mir nicht gut, das Leben wird mir zuviel, ich bekomme es nicht in den Griff, nichts von dem, was ich anfasse, wird je als wichtig anerkannt‹, sondern statt dessen ausdrückte, ›ich bin eine gute Ehefrau, ich mache mir Sorgen um meinen Mann, und ganz wie er, so bin auch ich tief in die Fischerei als ganzes eingebunden und unverzichtbar für seine Fähigkeit, erfolgreich zu fischen‹. Die Sorge einer Frau um ihren abwesenden Ehemann war eine Art tiefempfundener spiritueller Empathie. Sie war eine der Aufgaben der Fischerei, die ein Mann seiner Frau überließ.«

psychologisch unhaltbare Position versetzt. Aber eine weitere Lesart ist möglich, eine, die die Unterstellung der Opferrolle vermeidet. Zugunsten dieses Versuchs ließe sich bemerken, daß er in Einklang mit der Richtung eines Großteils der feministischen Anthropologie steht. Bezüglich der Aufsätze, die sie über Frauenarbeit und internationale Wanderungsbewegungen herausgegeben haben, bemerken Sacks und Scheper-Hughes (1987):»Sie setzen die feministische Tradition fort, Frauen nicht allein als passive Opfer ihres Schicksals, sondern auch als Protagonisten, als aktive Gestalterinnen ihres Lebens zu betrachten, auch wenn sie dazu unter Bedingungen und Umständen werden, die sie nicht selbst geschaffen haben« (177).

Unser Hauptaugenmerk wird auf die drei Begegnungen Penelopes mit dem Bettler gerichtet sein – die Episode, in der sie sich Geschenke der Freier sichert, während der Bettler zusieht; ihre Befragung des Bettlers; die Szene, in der sie abschließend in dem Bettler Odysseus erkennt. Statt sie als einen Bauern auf dem Brett der männlichen Figuren und des Dichters zu betrachten, werde ich zeigen, wie aktiv sie selbst wird, um es mit den Kräften aufzunehmen, die ihr entgegenstehen.[*] Obwohl aus ihrer Wiedervereinigung im 23. Gesang deutlich wird, daß Penelope noch Zweifel an der Identität des Bettlers mit Odysseus unterhielt, gibt es gute Gründe für die Annahme, daß alles, was sie im 19. Gesang sagt und tut, von dem Gedanken geleitet ist, daß der Bettler Odysseus sein *könnte*, ja, daß sehr viel dafür spricht, daß er es *ist*. Ich möchte nicht vertreten, daß sie bei dieser Unterhaltung ihren Mann erkennt, wohl aber, daß sie ihn sehr aktiv auf die Probe stellt und einen Punkt erreicht, an dem seine Antworten »odyssisch« genug ausfallen, um ihr berechtigten Anlaß zu geben, mit der Anberaumung des Bogenwettkampfs ein riskantes Spiel zu spielen.

---

[*] »Einzig [Penelope] läßt sich in einen aktiven Kampf zur Erhaltung der kulturellen Norm ein. Sie, nicht der *dēmos* des Odysseus, wagt es, die Verletzung der gesellschaftlichen Ordnung durch die Freier zu rügen. [...] Penelope empfängt und befragt Besucher und versucht, für die zerstörte Familie des Odysseus einen gewissen Grad der Gastfreundschaft und ein Netz von Kommunikationsverbindungen aufrechtzuerhalten. Im 4. Gesang wird Penelope (4.791–3) mit einem gestellten Löwen verglichen. Die Löwen-Metaphorik ist typischerweise heldenhaften Männern vorbehalten. Im von Störungen erschütterten Ithaka der frühen Gesänge der *Odyssee* ist Penelope, weit entfernt davon, die passive Gestalt zu sein, als die sie im überwiegenden Teil der Homer-Literatur gesehen wird, bemerkenswert nahe an eine Verkörperung des belagerten Kriegshelden herangerückt« – Foley 1978, 9 f.

Methodologisch ist die Maßgabe (und der springende Punkt) einer solchen Lektüre, zu vermeiden, sich durch Penelopes Äußerungen der Hilflosigkeit in die Irre führen zu lassen. Ich will die Annahme, sie sei lediglich und bis zum äußersten ein Opfer der Umstände, problematisieren, indem ich, positiv gewendet, versuche zu bewerten, welcher Art die Macht und Intelligenz ist, die ihr auch unter dem Druck äußerer Härten zu Gebote steht. Auf der Parabel, die diese Kapitel beschreiben, markiert Penelope unsere erste Position für das verständnisreich-kluge und wirkungsvolle Vorgehen griechischer Frauen, das sich allerdings innerhalb schärfster Beschränkungen durchsetzen mußte – ein Vorgehen und Handeln, das in den meisten Aussagen und Schilderungen von Männern der Antike bewußt und geradezu programmatisch unterbewertet wird, und damit in der Folge auch von modernen Gelehrten.

## Die Listen Homers

Bevor wir die Penelope-Szenen im Funktionszusammenhang der Heimkehr des Odysseus durchgehen, müssen wir noch einige weitere Bemerkungen hinsichtlich der zweiten Prämisse Butlers machen, die die Werkentstehung und das Ziel betrifft, einfach Charaktere und Handlungen zu schildern. Es wäre auch methodologisch einengend, wenn wir unterstellen wollten, daß Homer ein äußerst transparenter Erzähler ist, der uns stets alles mitteilt, was es zu wissen gibt. Da die Figuren, die er schildert, normalerweise verschlagen und vorsichtig mit dem umgehen, was sie sagen, sollten wir auch Homer selbst die Möglichkeit nicht absprechen, daß er sich einer gewissen Listigkeit bedient, wenn er uns die widerstreitenden Zwecke der Handlung vor Augen stellt. Dies steht in Einklang mit der aktuellen Strömung der Homerforschung, die den monumentalen Dichter subtiler Effekte innerhalb der ererbten Tradition von Handlungsschablonen und Formeln für fähig hält (Hainsworth 1968, A. Edwards 1985, Fenik 1972, M. W. Edwards 1987).

Wir können uns diesem Zug der homerischen Erzählweise – nämlich der Geschicklichkeit nicht der Figuren, sondern des Autors – auf dem Umweg über eine gelehrte Satire aus dem zweiten Jahrhundert u. Z. nähern, wie ich es eingangs schon angesprochen habe. Ihr Autor hieß Ptolemaios Chennos, und wir wissen von drei Werken, die er geschrieben hat, jedes von ihnen auf ganz eigene Art faszinierend: ein Epos in 24 Gesängen mit dem Titel *Anti-Homer*, ein Roman, der *Die Sphinx* hieß, und (das Werk, das uns hier interessiert) eine Parodie klassischer Gelehrsamkeit in sieben Büchern mit dem Titel *Kainē historia, Neuartige Geschichte* (Hercher 1855–56; Chatzis 1914; Dihle 1957). Ihren Inhalt kennen wir aus einer ausführlichen Zusammenfassung durch Photios (*Bibliothēkē*, codex 190). Ptolemaios' Spezialität besteht darin, ganz erstaunliche Nachrichten mitzuteilen, von denen niemand anders je etwas gehört hat, wie etwa die Tatsache, daß zu Zeiten des Trojanischen Krieges mehrere berühmte Frauen lebten, die Helena hießen – dreiundzwanzig, um genau zu sein, von denen eine, die Tochter des Musaios, einen Bericht über den Trojanischen Krieg verfaßte, den Homer stahl (149$^b$22–5). Wenn *das* keine Neuigkeit ist!

An späterer Stelle berichtet er uns, daß eine Ägypterin mit Namen Phantasia Fassungen sowohl der *Ilias* als auch der *Odyssee* schon vor Homer komponierte; sie deponierte die Bücher in einem Tempel in Memphis, und Homer kam des Weges, machte sich Abschriften und richtete sich streng nach ihnen, als er sein eigenes Werk zusammenstellte (151$^a$37–$^b$5). Ich muß sagen, daß Ptolemaios ein Mann ganz nach meinem Geschmack ist, nicht so sehr, weil er an die Verfasserin der *Odyssee* glaubt, sondern weil er offenbar mit einem riesigen Spektrum gelehrter Forschung vertraut ist und keinerlei Gewissensbisse dabei hat, sie auf den Arm zu nehmen. Er ist ein Lügner in großem, in akademischem Maßstab. Es ist ein Unglück, daß dieser amüsante Lieferant von wenig bekannten Tatsachen selbst so wenig bekannt ist. Manche seiner Erfindungen sind geradezu brillant, wie etwa seine Mitteilung (und hier kommt meine Abschweifung auf den Punkt), daß Odysseus' wirklicher Name Outis war, und daß er so genannt wurde, weil er so große *ōta*, Ohren, hatte (147$^a$10–1; wie Prof. Mark Edwards mir gegenüber bemerkt, funktioniert das Wortspiel noch besser mit der homerischen Form *ouata*, die Ptolemaios vermutlich entweder benutzte oder bei seiner Leserschaft als bekannt voraussetzte). Dies ist wahrhaft umwerfend. Odysseus bediente sich ja bekanntlich des Namens Outis, der »Niemand« (Verneinung + jemand) bedeutet, als er auf den Kyklopen traf. Nachdem Polyphem mit einem glühenden Pfahl das Auge ausgestochen worden war, schrie er vor Schmerz, und die anderen Kyklopen der Insel kamen gelaufen, um nachzusehen, was es gäbe. Er sagte ihnen, »Meine Freunde, Outis bringt mich mit Arglist um, nicht durch offne Gewalt« (9.408). Sie verstehen ihn so, als habe er sagen wollen, »niemand bringt mich durch Arglist oder offene Gewalt um.« Also antworten sie, »nun gut, wenn niemand dir Gewalt antut, dann hilf dir mit Gebeten«.

Nun wird genau in dem Augenblick, in dem Odysseus' Falle zuschnappt und sein sprachliches Kunststück dem Polyphem den Schneid abkauft, eine weitere Falle ausgelöst – ein sprachlicher Kunstgriff, den Homer mit dem zuhörenden Publikum anstellt. Im Griechischen gibt es zwei Wörter für Verneinung – *ou* und *mē*. *Ou* wird in regelmäßigen Aussagesätzen verwendet, *mē* in Verbindung mit bestimmten Befehls- und Konditionalsätzen. Es gibt keinen Bedeutungsunterschied zwischen ihnen: die Vertauschung von *ou* und *mē* tritt automatisch ein, als Teil des grammatischen Systems. Die anderen Kyklopen antworten Polyphem mit einem Konditionalsatz:»*Wenn* niemand dir Gewalt antut«, so daß das Wort *outis* aus Polyphems Satz berechtigterweise (wenn auch nicht notwendigerweise) zu *mētis* in dem ihren wird. Der Trick – und er geschieht nur unseretwegen – liegt darin, daß der Satz der Kyklopen, dessen Subjekt jetzt *mētis* ist, auch bedeutet (mit ganz leicht abweichender Intonation),»wenn ein *listiger Anschlag* dir Gewalt antut«.[5] Für den Fall, daß wir die Finesse innerhalb der Finesse nicht bemerken, fährt Odysseus gleich fort:»Und so gingen sie fort, ich aber lachte in tiefstem Herzen darüber, wie mein Name sie getäuscht hatte, und meine glänzende *mētis*« (9.413 f.). Die Wirkung ist einfach blendend: so elegant, so offensichtlich geplant, und doch so überraschend (»[...] vielleicht der geistreichste Sprachgebrauch im gesamten Griechischen« – Stanford 1939, 105).

Da wir plötzlich in vollem Umfang die Raffinesse des Dichters in genau dem Augenblick erkennen, in dem Polyphem von der Raffinesse des Odysseus ausgespielt wird, spricht einiges dafür, daß wir von der Raffinesse des Autors ausgespielt worden sind. Es war uns wenigstens gesagt worden, daß hier ein Geschicklichkeitsspiel zwischen Polyphem und Odysseus über die Bühne ging, aber niemand hatte uns gesagt, daß es ein zweites, unvermutetes Spiel gab, das gegen uns selbst gespielt wurde. Die Beziehung des Sängers zu seinem Publikum nimmt manchmal einen aufreizenden, quasi wettkampfartigen Aspekt an. Er (man glaubt immer noch, daß es sich um einen »er« handelt) weiht uns nicht in alles ein, was sich abspielt, mit dem Effekt, daß er uns im Fall Polyphem (und später Penelope) mit einer plötzlichen Offenbarung verborgener Schlauheit überraschen kann, der *mētis* des Dichters selbst.

## Penelope und der Bettler

Der Boden für eine Lektüre der Penelope-Handlung ist jetzt bereitet, wobei zwei Raster verwendet werden, die der *Odyssee* angemessen sind und zu ihr passen: das anthropologische, das nach den systematischen Differenzen im Verhalten in Kulturen fragt, deren Wirtschaft, Werte und gesellschaftliche Ordnung von den unseren abweichen, und das narrativische, das die Betonung auf die Beherrschung legt, die der Autor über die Informationsgehalte ausübt, um so bestimmte Wirkungen der Überraschung und Spannung bei seinem Publikum zu erzeugen. Beide Raster treffen sich unter der gemeinsamen Überschrift *mētis*, jener vorausschauenden Klugheit in der Handhabung des Persönlichen, die ein bedeutender Zug der archaischen (wie auch eines Teils der modernen) griechischen Kultur als auch, und dies ganz besonders, der Leistung Homers selbst ist. Hier handelt es sich selbstverständlich um ein Experiment. Wir können keinerlei Sicherheit aus erster Hand über die Art oder den Grad der Bewegungsfreiheit erlangen, über die eine Penelope oder ein Homer innerhalb ihrer ererbten Einschränkungen verfügten. Aber lassen Sie uns der Möglichkeit nachgehen, daß sowohl der Autor als auch seine Heldin nicht einfach Opfer der Performanzregeln sind, innerhalb derer sie operieren, und daß beide zu strategisch verborgener List in der Lage sind – Penelope, um ihr Publikum an Freiern, und Homer, um seine Zuhörerschaft zu überlisten.

Kehren wir einen Augenblick lang zur Anthropologie der List zurück, wie sie oben umrissen wurde. Die Heimlichkeit der Heimkehr des Odysseus, wie sie erst von Teiresias angedeutet wird (»wenn du die Freier in deinem Saal getötet hast, entweder durch listigen Einfall oder offen durch das geschliffene Erz«, 11.119 f.) und dann von Agamemnon (»kehre heimlich zurück, nicht offen«, 11.455), wird zu einem beherrschenden Anliegen, als Athene im 13. Gesang Odysseus erscheint. Sie legt einen Nebelschleier über die Landschaft und verändert damit deren Aussehen, damit Odysseus von Beginn an vorsichtig vorgeht und bekannte Menschen und Orte als fremde behandelt (»auf daß seine Frau, seine Landsleute und seine Freunde ihn nicht erkennten, bevor die Freier ihren Frevel vollständig gebüßt hätten«, 13.192 f.). Athene geht es um die Notwendigkeit, unter solch außergewöhnlichen Umständen eine hypervorsichtige Haltung einzunehmen: »Offenbare dich niemandem, weder Mann noch Frau« (13.308); »jeder andere Wanderer wäre bei seiner Heimkehr nur allzu froh, in seinem Haus nach Weib und Kindern zu sehen« (13.333 f.). Wie es bei göttlichen Interventionen nicht selten der Fall ist, offenbart und reproduziert Athene hier einfach Odysseus' eigene Geisteshaltung als die des unermüdlich argwöhnischen Mannes. In den nächsten zwölf Gesängen tritt Odysseus wiederholt bekannten und heißersehnten Personen gegenüber, als seien sie ihm völlig fremd.

Athene möchte, daß er zum Musterbeispiel vollendeter Schlauheit wird – und das wird er auch –, jemand, der sich sogar vor Freunden bedeckt hält, an deren Treue er keinerlei Grund hat zu zweifeln. Unter diesen sind die beiden bedeutendsten Penelope und Eumaios, für deren

Zuverlässigkeit Athene die Garantie übernimmt (»im Herzen sehnt sie sich schmerzlich dem Tag deiner Rückkehr entgegen«, 13.379; »der Schweinehirt, der dir die Treue bewahrt und dein Kind liebt und die schlaue Penelope«, 13.405 f.). Die Entsprechung Penelope/Eumaios setzt sich im 16. Gesang fort, als Odysseus den Rat der Athene an Telemachos weitergibt: »Laß niemanden hören, daß Odysseus im Hause sei, Laertes laß es nicht wissen und den Sauhirten nicht und keinen der Diener des Hauses, und nicht einmal Penelope, denn du und ich, wir wollen allein die Gesinnung der Weiber erkunden und jeden einzelnen Bediensteten auf die Probe stellen« (16.301–5). Odysseus' Unterredungen mit Penelope und mit Eumaios sind formal einander ähnlich in bezug darauf, daß beide dadurch unterbrochen werden, daß eine dritte Person (Telemachos bzw. Eurykleia) Odysseus erkennt. Da Odysseus' Beziehung zu seiner Frau und zu seinem Gesinde als eine Konventionsbeziehung angesehen wird, die auf dem Einverständnis der beteiligten Parteien beruht, und nicht als eine »natürliche« wie die zwischen Vater und Sohn, ist die Wiederherstellung eines intimen Verhältnisses zu beiden ein langwieriger Prozeß (Foley 1978, 15). Die Entsprechung Penelope/Eumaios wird in den Gesängen 21 und 23 auf signifikante Weise wiederkehren, jedoch mit einer zusätzlichen Wendung Homerischer Ironie in der Behandlung der Geschlechter.

Die Garantie für Penelopes Zuverlässigkeit bildet den Hintergrund für die erste Szene, in der sie und Odysseus zusammen auftreten. Sie kommt die Treppe herunter, von Mägden begleitet und mit einem Schleier vor dem Gesicht, in derAbsicht, die Freier »aufzuweichen«[*], ihre eigene häusliche Ehre als Ehefrau und Mutter zu stärken,[**] und besonders, um die Mordpläne der Freier gegenüber Telemachos abzuwenden (18.158–68; 206–13). Der Dichter setzt in dieser Szene verschiedene Zeichen, die gleichzeitig darauf hinweisen, daß Penelope die Freier verführt, als sie

---

[*]  Wörtlich: *petaseie malista thymon mnēstērōn*, »den Geist der Freier (weit) auszubreiten« (18.160 f.), und dabei ihre Wachsamkeit zu schwächen (Büchner 1940, 143). Der resultierende Zustand wird dann, wie Thornton bemerkt (1970, 146, Anm. 30), das Gegenteil von mentaler »dichter Gesammeltheit, ohne Lücken und Zwischenräume« sein.

[**]  Es ist bezweifelt worden, ob man die zweite dieser Absichten Penelope zuschreiben könne, da sie, um Ehre »vor ihrem Gatten« (*pros posios*, 18.162) zu gewinnen, wissen müsse, daß Odysseus sie beobachtete (Büchner 1940, 143). Aber in einer Gesellschaft, in der Wachsamkeit, Neugier und Klatsch im Vordergrund stehen, wird alles, was sie tut oder läßt, beobachtet und weitererzählt und zu einem Bestandteil ihres Leumunds in der Öffentlichkeit werden.

sich weitere Brautgeschenke von ihnen erschmeichelt, und daß sie sich keinerlei Absicht schuldig macht, sich wieder zu vermählen (Levine 1983; Byre 1988). Einerseits sind die Freier von ihrer Schönheit betört (*ethelchthen*), ihre Knie werden schwach, sie sehnen sich alle danach, das Lager mit ihr zu teilen (18.212 f.); sie schicken nach ihren Gütern, um mehr Brautgeschenke senden zu lassen, wie sie es gewünscht hat (18.274– 80). Andererseits wird ihre Eingebung, sich vor den Freiern zu zeigen, auf Athene zurückgeführt (18.158), die ihr auch größere Schönheit verleiht, während Penelope in einen kurzen Schlummer fällt (18.187–96). Um den Preis einer gewissen Unbeholfenheit im Fluß der Handlung wird Penelope so vor jeder Bezichtigung geschützt, sie wolle vor den Augen fremder Männer begehrenswert erscheinen. Homer arrangiert die Szene so, daß sie gleichzeitig verführt und für keine Verführung zur Rechenschaft gezogen werden kann, denn sie agiert strikt im Interesse ihres Haushalts, ihres Sohnes und ihres Ehemannes.

Ihr Hauptziel ist es, Telemachos zu schützen, und sie versucht dies, indem sie ihn ein Kind schilt – mit der Implikation für die Freier, daß er keine Bedrohung für sie als Männer darstelle. Allein schon die Tatsache, daß sie ihn öffentlich zurechtweist, ist eine Erniedrigung, die ihrem Zweck dient, ihn vor der Gewalttätigkeit der Freier abzuschirmen. Er aber pariert ihren Versuch, ihn als ein Kind hinzustellen, indem er den Takt und die Klugheit eines Erwachsenen unter Beweis stellt, womit sie gezwungen ist, eine andere Strategie zu versuchen. *Weil* er nun einmal das Mannesalter erreicht habe und ihm der Bart sprieße, sagt sie, sei es Zeit für sie, wieder zu heiraten – eine Ankündigung, die den Freiern den Kopf verdreht und sie von den Plänen zur Ermordung Telemachos' ablenkt, die in ihnen gären. Um ihre Entscheidung plausibel zu machen, erklärt Penelope, Odysseus selbst habe ihr beim Abschied gesagt, sobald Telemachos' Bart zu sprießen beginne, solle sie heiraten, wen immer sie wolle (18.257–73).

Am Ende ihrer Rede freut sich der zuhörende Odysseus, »wie sie sich Geschenke von ihnen zu sichern gewußt hatte und ihren Geist mit honigsüßen Worten betört hatte, doch bei sich ganz anderes dachte« (18.282 f.). Ganz offenbar hat er keine Zweifel an ihrer Loyalität gegenüber seinem Besitztum und weiß zu würdigen, was wir ihr treues Doppelspiel nennen können. Es läßt sich durchaus vermuten, daß Penelopes Bericht von den Abschiedsworten des Odysseus über Telemachos' Bart von ihr in einer Augenblickseingebung frei erfunden ist, und daß dies ein zusätzlicher Grund dafür ist, daß Odysseus sich ihrer Treue vollkommen sicher ist, so sehr ihr tatsächliches Handeln dem auch widerspricht (Büchner 1940, 137–46; Allione 1963, 76). Seine prompte Anerkennung ihrer Klugheit mag auch einen Widerhall seiner eigenen Erfahrung bei den Phäaken enthalten, wo er seine Zuhörerschaft bezauberte (*kēlē-thmōi*, 11.334), die »Gestalt und Wuchs« an ihm bewunderte (11.337) – obwohl niemand den Wunsch ausdrückt, das Lager mit ihm zu teilen –, und von der er Geschenke dafür erbat, daß er mit seinen Erzählungen fortfuhr (11.357–9).* Sowohl Odysseus als auch Penelope sind emsig darauf aus, den Haushalt zu bereichern und den Bestand an Gütern, von dem die Freier zehren, wieder aufzufüllen, und beide bedienen sich ähnlicher Mittel. Das ist ein wichtiges Beispiel jener mentalen Gleichgestimmtheit oder *homophrosynē*, die ihre Ehe auszeichnet.

Das zweite Zusammentreffen zwischen Penelope und Odysseus ist das berühmte Gespräch im 19. Gesang, das in Penelopes Entschluß gipfelt, für den nächsten Tag den Bogenwettkampf um den Schuß durch die zwölf Streitäxte anzusetzen. Die Szene ist wundervoll intim und dramatisch. Sie spielt nachts, die Freier sind gegangen, und Penelope kommt in den Saal mit einigen Mägden und setzt sich ans Feuer, wo der Bettler, der verkleidete Odysseus, die Flamme unterhält. Halten wir einen Augenblick inne und überprüfen wir, welche Erwartungen an dieses Gespräch in uns geschürt werden könnten!

Penelope hat guten Grund, an diesem Mann interessiert zu sein, denn in letzter Zeit hat eine Überfülle von Zeichen und Botschaften sie erreicht, des Inhalts, ihr Mann sei nahe. Der Prophet Theoklymenos hatte ihr verkündet, Odysseus sei bereits auf Ithaka (17.157). Natürlich würde Penelope, wie jeder vernünftige griechische Mensch, nicht an etwas glauben, was ihr ein Wanderprophet erzählt, aber immerhin hört sie zu und drückt den Wunsch aus, es möge sich bewahrheiten. (Die angemessene Haltung in neuzeitlichen Städten des Mittelmeerraumes wäre, argwöhnisch und skeptisch zu sein, sich gleichgültig und ungläubig zu geben, aber stets die Ohren für zusätzliche Informationen zur Verbesserung der Einschätzung offenzuhalten.) Dann hatte ihr der Sauhirt Eumaios erzählt, dieser Bettler habe Neuigkeiten über Odysseus von einer Nachbarinsel und sei ein fesselnder Redner (17.513–27). Eumaios ist Penelope

---

\* Odysseus' erste Worte zu Penelope in der Gesprächsszene des 19. Gesanges vergleichen sie mit einem König, der Geschenke im Überfluß erhält – von der Natur, nicht von Freiern (Foley 1978, 11). Einige seiner Worte an dieser Stelle sind bedeutungsschwanger: »seine Bäume sind schwer [*brithēisi*] von Obst, seine Schafherden tragen [*tiktēi*] stets Junge.« Ihr erfolgreiches Bitten um Geschenke der Freier versetzt sie in eine Rolle maskuliner Beherrschung, die Freier in die Rolle produktiver Mütter.

treu ergeben, und sie weiß, daß er kein leichtgläubiger Mann ist. Seine Empfehlungen machen sie sehr begierig darauf, sich anzuhören, was dieser Landstreicher zu sagen hat. Sie trägt Eumaios auf, ihn hereinzubringen, und wünscht dann laut, Odysseus möge zurückkehren und die Freier umbringen. In diesem Augenblick niest ihr Sohn Telemachos so laut, daß das ganze Haus erschüttert wurde (*smerdaleon konabēse*) – ein gutes Vorzeichen (17.539–47)!

Sie betet, das Zeichen möchte sich erfüllen, und sagt dann zu Eumaios über den Bettler:»Wenn ich in ihm jemanden erkenne, der die volle Wahrheit sagt, so werde ich ihm einen guten Mantel und Leibrock schenken.« Hier müssen wir einen Moment lang anhalten, um einen sehr feinen und flüchtigen Eindruck zu bemerken, der über das Bewußtsein der Zuhörerschaft hinwegstreicht wie die Hand einer unsichtbaren Nymphe. Für sich genommen hören sich die ersten Worte dieser Äußerung zunächst so an, als würde Penelope vielleicht erkennen, wer der Bettler in Wirklichkeit ist (*ai k' auton gnōō*, 17.549), aber die Vervollständigung des Satzes zwingt uns, diese erste, vorläufige Bedeutung zugunsten einer zweiten, nicht ganz zu vorzeichenhaften aufzugeben:»Wenn ich ihn erkenne – als jemanden, der die Wahrheit sagt.« Dieser Effekt ließe sich einfach als ein Abfallprodukt des Gebrauchs fester Wendungen und Formeln ansehen, aber Ursprung sollte nicht mit Wirkung verwechselt werden. Was immer die Quelle sein mag, der Dichter hat für einen Moment in unserem Kopf den Gedanken erzeugt – und gleich wieder ausgelöscht –, Penelope könnte Odysseus erkennen.

Aber das erbetene Gespräch fand nicht statt, als Penelope danach verlangte, denn Odysseus hatte es verweigert, mit der Begründung, die Menge der gewalttätigen Freier mache ihm Angst (17.564). Wovor er Angst hatte, war natürlich, daß sie gewarnt sein und sich wappnen könnten, wenn sie sähen, daß Penelope sich mit ihm unterhielte, oder, schlimmer noch, wenn sie ihn sagen hörten, Odysseus sei in der Nähe.[*] Zu den wichtigen Ohren, vor denen man sich in acht nehmen muß, gehören auch die der Mägde (Harsh 1950, 10). Neuere Interpretationen

---

[*] Das Motiv für seine Vorsicht ist nicht Agamemnons Warnung davor, der eigenen Ehefrau zu trauen, und wird auch nicht so dargestellt. Dennoch spielt das allgemeine männliche Mißtrauen gegenüber Frauen und Ehefrauen eine wichtige Rolle in Homers Kommunikation mit seinem Publikum. Statt zu sagen,»Odysseus' Handeln ist von der Sichtweise Agamemnons beeinflußt« (Murnaghan 1987a, 108), würde ich eher sagen, daß unsere Interpretation von Odysseus' Handeln dadurch beeinflußt ist, daß Homer Agamemnon eingesetzt hat.

des 19. Gesanges pflegen ihre Anwesenheit völlig zu ignorieren und lesen die Szene als eine simple Zwei-Personen-Verhandlung zwischen Penelope und Odysseus (z. B. Vester 1968, 419). Im Haushalt Penelopes gibt es fünfzig Dienerinnen, von denen sich zwölf regelmäßig nachts fortschleichen, um mit den Freiern zu schlafen. Nach Maßgabe der Politik des Hauses sind sie Hochverräterinnen, eine Fünfte Kolonne.

Eine der Mägde war verantwortlich für den Verrat von Penelopes früherer Verzögerungstaktik: Penelope hatte die Freier dadurch hingehalten, daß sie an einem großen Grabtuch für Odysseus' Vater Laertes webte und ihnen gesagt hatte, sie müßte diese Pflicht erst erfüllen, bevor sie daran denken könnte, ihre Anträge in Betracht zu ziehen. Diese Episode illustriert treffend das konkurrenzorientierte Gesellschaftssystem, das die eifersüchtige Verteidigung des persönlichen Rufs verlangt, weil jedes Versagen oder sogar scheinbare Versagen als Waffe benutzt werden wird, um den Wert, die Ehre von jemandem zu mindern. Wenn mein Schwiegervater, sagt sie, bei seinem so hohen sozialen Status, nicht in einem von mir gewebten Bahrtuch läge, dann würden die Frauen im Dorf das gegen mich ausspielen (19.146 f. = 24.136 f.). Das Argument, was wohl die Nachbarn dazu sagen werden, ist eines der schlagkräftigsten, auf die man sich berufen kann, und Penelope gelang es damit, die Freier drei Jahre lang hinzuhalten. Ihr Kunstgriff bestand darin, daß sie nachts aufstand und bei Lampenlicht das wieder auftrennte, was sie tagsüber gewebt hatte. Die Magd, die ihr Geheimnis verriet, war wahrscheinlich die freche Melantho, die zweimal den Bettler auf unnötig gehässige Weise beleidigt. Zumindest glaube ich, daß das es ist, worauf Penelope anspielt, als sie zu Melantho sagt:»Du schamlose Hündin, glaub nicht, daß ich die Großtat, die du tust, nicht kennte – und du wirst dafür büßen!« (19.91 f.).

Als es nun Nacht wird, brechen die Freier in ihre jeweiligen Quartiere auf. Odysseus hatte bereits einige der Dienstmägde dazu gebracht, den Saal zu verlassen, indem er sich freiwillig dazu meldete, das Feuer die ganze Nacht über zu unterhalten (18.313–9), und er hatte die restlichen aus dem Raum vertrieben, als er mit Telemachos die Waffen aus ihren Halterungen nahm und sie in einer geschlossenen Kammer verwahrte. Aber als Penelope in den Großen Saal kommt, um ihn zu befragen, wird sie natürlich von ihren Kammerdienerinnen begleitet und sogar von einer ganzen Schar von Mägden, deren Aufgabe es ist, die Tische des Banketts abzuräumen, das Geschirr zu spülen und den Boden zu fegen. Nachdem Penelope sich gesetzt hat, sind die ersten Worte, die fallen, nicht die ihrigen oder Odysseus', sondern Melanthos. Sie fährt Odysseus auf äußerst unschöne und ungehörige Weise an, und sie erhält Antworten sowohl von Odysseus als auch von Penelope.

Ich halte Melantho – und Mägde wie sie – für sehr wichtige Akteure, oder Anwesende, in dieser Szene. Sie sind da, um den Sachverhalt zu verkörpern, daß irgendein Beobachter (eben etwa eine der Mägde) im Fall, daß die geringsten Zeichen einer Verabredung zwischen Penelope und Odysseus sichtbar oder hörbar würden, dies ausnutzen würde, um Penelope zu schädigen und Odysseus zu vernichten. Die Vokabel für diese argwöhnische und auf den Nachteil des anderen erpichte Haltung ist *nemesaō*: das ist das Wort, das in dem oben zitierten Satz über Frauen im Dorf benutzt wurde, die ihnen bekannt gewordene Informationen vorwurfsvoll gegen Penelope kehren,[*] und das gleiche Wort taucht auch im ersten Austausch zwischen Odysseus und Penelope auf. Sie fragt ihn, wer er ist – was natürlich die kritische Frage überhaupt ist –, und er beantwortet ihre Frage nicht, sondern sagt ihr statt dessen, wie berühmt sie geworden ist, wie ein weiser und gerechter König, der über fruchtbares Land herrscht, und bittet sie, ihn nicht nach seiner Identität zu fragen, da es ihm großen Schmerz bereiten würde, ihr seine Geschichte zu erzählen, »auch soll keine der Mägde etwas gegen mich haben, oder du selbst, und sagen, ich sei ein rührseliger Trunkenbold«. Dieser Schlußsatz seiner ersten Ansprache an Penelope läßt sich als Warnung verstehen: *mē tis moi dmōōn nemesēsetai*, ich fürchte, daß eine der *Mägde* etwas gegen mich haben könnte. Wir sind sehr sorgfältig darauf aufmerksam gemacht worden, welche der Mägde Vorbehalte nähren würde, und Melantho ist nur eine aus dem Dutzend Dienerinnen, die offen Verrat üben. Natürlich sollte man auch allein oder vor einer offenbar loyalen Dienerschaft nicht sprechen, ohne auf der Hut zu sein.

Man beachte, wie sorgfältig Odysseus' Warnung formuliert und in einem irreführenden Kontext verborgen ist, da auch die Mägde diese Warnung mithören: »auch soll keine der Mägde etwas gegen mich haben, oder du selbst, und sagen, ich sei ein rührseliger Trunkenbold«. Für eine so subtil und geschickt in allen Schlichen bewanderte Frau wie Penelope ist das so etwas wie eine hochgezogene Augenbraue oder eine Wendung des Kopfes, die sagt, »gib acht, was du vor diesen unzuverlässigen Frauen aussprichst!« Bei Penelope scheint die Botschaft anzukommen: es gelingt ihr in ihrer nächsten Rede, dem Bettler zu sagen, wie treu sie Odysseus ist, wie sie sich nach ihm sehnt, wie geschickt sie sich die List mit dem Webtuch ausgedacht hat, aber wegen der Mägde von den Freiern ertappt worden ist, und daß sie jetzt nicht mehr weiter weiß: »ich kann der

---

[*]    Nausikaa sagt Odysseus, sie befürchte abträglichen Klatsch, falls sie in seiner Gesellschaft gesehen würde, und auch, sie selbst würde jedem Mädchen, das sich vor der Hochzeit mit »Männern einlassen« würde, dies verargen (*nemesō*; 6.286 f.).

Verheiratung nicht ausweichen und finde keine andere *mētis*« (19.157 f.). Damit liegt das Problem zwischen diesen beiden teilnahmsvollen, aber noch gewappneten Gesprächspartnern auf dem Tisch.

Wenn ich sage, daß sie vor den Mägden auf ihre Worte achtgeben, soll das nicht heißen, daß sie einander in die Arme sinken würden, wenn sie unter sich wären: beide bleiben selbstbeherrscht und dem anderen gegenüber defensiv. Ja, vermutlich würden sie ganz genauso gewappnet bleiben, wenn die Mägde abwesend wären, denn so sind sie es gewohnt. Beide stellen den anderen auf die Probe. Penelope sagt das ausdrücklich:»Nun, Fremder, möchte ich dich auf die Probe stellen, ob du wirklich meinen Ehemann bewirtet hast, wie du behauptest« (19.215-7). Auf den Plan des Odysseus, jeden im Hause auf die Probe zu stellen, unter Einschluß von Penelope, hatte Athene angespielt (»Jeder andere Wanderer wäre bei seiner Heimkehr nur allzu froh, in seinem Haus nach Weib und Kindern zu sehen, aber es ist nicht deine Art, dir anzuhören, wie es ihnen ergangen ist, bevor du deine Frau auf die Probe gestellt hast« – 13.333-6), und Odysseus hatte diesen Plan gegenüber Telemachos bekräftigt (16.301-7).

Die Mägde, so ließe sich sagen, sind lediglich eine äußere Verstärkung für die notwendige Vorsicht, die Penelope und der Bettler einander gegenüber walten lassen, und erinnern das Publikum noch einmal an das Klima der Feindschaft und des Verrats, in dem jede Äußerung überwacht werden sollte. (Die Mägde scheinen im Rest der Szene ignoriert zu werden, bis sie den Saal verlassen, 20.6 f.) Penelope weiß nicht mit Sicherheit, daß dieser Mann Odysseus ist, aber sie hat Grund, es zu vermuten, und sie prüft ihren Verdacht durch die Art und Weise, in der sie ihn befragt. Obwohl er sich bei dieser Befragung als ziemlich Odysseus-ähnlich erweist, erzwingt sie keinen endgültigen Aufschluß über seine Identität, da man von den Göttern weiß, daß sie schon die Identität von Menschen angenommen haben, um sterbliche Frauen zum Narren zu halten (M. W. Edwards 1987, 55).

Penelopes zusätzliches Maß an Vorsicht stellt sie an die Spitze der Reihe von Heldinnen, mit denen sie früher von Antinoos verglichen worden war – Tyro, Alkmene und Mykene (2.120). Über Mykene wissen wir wenig, obwohl sie in den hesiodischen *Großen Ehoiai* vorkam (Pausanias 2.16.4), aber die Geschichten von Tyro und Alkmene werden in der ersten Unterweltsszene der *Odyssee* erzählt. Beide wurden von einem Gott getäuscht, der ihnen in der Gestalt ihres sterblichen Geliebten bzw. Ehemannes erschien. Bevor Tyro Kretheus heiratete, war sie in den Fluß Enipeus verliebt und schwamm oft in seinen schönen Wassern. Poseidon nahm die Gestalt des Flusses an und deflorierte Tyro in einer grottenartigen Laube, die aus Wassermauern gebildet wurde (11.235-45).

Alkmenes Geschichte wird sehr viel kürzer erzählt, war aber offenbar sehr gut bekannt: Während ihr Mann Amphitryon unterwegs war, kam Zeus in seiner Gestalt zu ihr und zeugte den Herakles (11.266–8). Diese Frauen sind berühmt als die Mütter großer Helden, aber Penelope ist ihnen an Klugheit (*kerdea*) und Einsicht (*noēmata*) überlegen – »wie wir noch bei keiner Frau vernommen haben, nicht einmal in der Vorzeit«, sagte Antinoos (2.117–22). Ihre Überlegenheit liegt genau in ihrer Weigerung, auf etwas hereinzufallen, was lediglich eine überzeugende Kopie ihres Gatten sein könnte, sei sie nun sterblich oder unsterblich.[*]

Die Sympathie zwischen Penelope und Odysseus erzeugt eine Art emotionaler Allianz, die ein weiteres Mal ihre tiefe Ähnlichkeit illustriert. Penelope weint offen, als der Bettler davon erzählt, wie er Odysseus getroffen hat, und Odysseus weint innerlich, aber läßt sein Gesicht nichts verraten.

> Aber die horchende Gattin zerfloß in Tränen der Wehmut.
> Wie der Schnee, den der West auf hohen Bergen gehäuft hat,
> vor dem schmelzenden Hauche des Morgenwindes herabfließt,
> daß von geschmolzenem Schnee die Ströme den Ufern entschwellen,
> also flossen ihr Tränen die schönen Wangen herunter,
> da sie den nahen Gemahl beweinete. Aber Odysseus
> fühlt' im innersten Herzen den Gram der weinenden Gattin;
> dennoch standen die Augen wie Horn ihm oder wie Eisen
> unbewegt in den Wimpern; denn klüglich hemmt' er die Träne.
> (19.204–12, Übersetzung Voß[6])

Diejenige, die den Verlauf der Unterhaltung beherrscht, ist Penelope. Nachdem sie die erste Frage nach seiner Identität gestellt hat, sagt sie ihm, daß sie ihn auf die Probe stellen will und befragt ihn nach Odysseus' Kleidung, seinem Äußeren und seinen Gefährten (19.215–9). Als er die Kleider richtig beschreibt, die sie selbst einmal angefertigt hat, erkennt sie diese Zeichen (*sēmat' anagnousēi*, 19.250) als Beweis, daß der Bettler nicht lügt, oder vielmehr, daß der Bettler geschickt mit der Wahrheit umgehen kann, die er kennt, denn möglicherweise weiß er mehr, als er sagt. Homer beschreibt das so, daß Odysseus' Geschichte, er sei ein

---

[*]  Odysseus zeigt ähnlichen Argwohn gegenüber Göttinnen, als er nicht ohne weiteres Inos Schleier annimmt, der »ein böser Anschlag« sein könnte, »von einem der Unsterblichen gewebt« (5.356 f.), und Kalypso einen Eid schwören läßt, daß sie nicht »schlimmes Unheil« gegen ihn »plant« (5.179) – Newton 1984, 15.

kretischer Fürst, der einmal Odysseus getroffen habe, »vielfacher Trug, dem Wahren ähnlich« sei (19.203). Der Bettler erzählt weiter, Odysseus sei auf einer unweit gelegenen Insel, wo er bettelnd Güter sammle (19.284); er entscheide noch, ob er offen oder heimlich nach Hause zurückkehren wolle (19.299), daß er aber in jedem Fall sehr bald kommen werde (19.300 f.). Daß der Bettler sagt, Odysseus sei zur Zeit ein Bettler (*agyrtazein*, nicht ein armer Landstreicher, sondern jemand, der sich Güter zusammensammelt), er sei nahe und werde bald zurückkehren, möglicherweise heimlich, bietet Penelope eine Möglichkeit, seine Verkleidung zu durchschauen oder zumindest sich so zu verhalten, daß er, *falls* er Odysseus ist, in die Lage versetzt wird, die Freier zu töten.

Dies jedoch kann in Gegenwart von Feinden nicht offen ausgesprochen werden, und selbst ohne die Mägde muß Penelope ein wenig Verstörung und Unsicherheit angesichts der beredten Zurückhaltung dieses Fremden empfinden. Penelope lenkt von der heißen Fährte in einer Weise ab, die dem Bettler sagt, daß sie seiner Tendenz folgt.

> Fremdling, erfülleten doch die Götter, was du geweissagt!
> Dann erkenntest du bald an vielen und großen Geschenken,
> deine Freundin, und jeder Begegnende priese dich selig!
> Aber es ahndet mir schon im Geiste, wie es geschehn wird.
> Weder Odysseus kehrt zur Heimat wieder, noch wirst du
> jemals heimgeführt, denn hier sind keine Gebieter,
> welche, wie einst der Held Odysseus – gab es ihn wirklich? –
> edle Gäste mit Ehren bewirten oder entließen.
> Aber ihr Mägde! wascht ihm die Füß' […].
> (19.309–15; Übersetzung Voß, leicht modifiziert[7])

Was hier als »Gebieter« übersetzt ist[8], heißt im Griechischen *sēmantores*, der Plural von »Führer«, wörtlich »Zeichengeber«. Penelope sagt, wir haben in diesem Haushalt keine Zeichengeber wie Odysseus. Ihre Unterhaltung ist ein Austausch von probeweise geäußerten und möglichen Bedeutungen, Zeichen für eine Wahrheit, die nicht voll und ganz ausgesprochen werden kann, sowohl wegen der zuhörenden Mägde als auch wegen der exemplarischen Vorsicht der Gesprächspartner. Nachdem sie Odysseus als Zeichengeber bezeichnet hat, spricht sie von ihren eigenen Wahrnehmungskräften, Fähigkeiten des Zeichenlesens. Sie sagt, daß der Bettler ein Bad bekommen soll und gut behandelt werden muß und daß jeder Freier, der ihn am kommenden Tag schlecht behandelt, ein für alle Mal aus der Bewerbung um ihre Hand ausscheidet: »Denn wie solltest du herausfinden, Fremder, ob ich an Klugheit und findigem Planen [*mētis*] allen anderen Frauen überlegen bin, wenn ich dich in Lumpen und ungewaschen an unserem Festmahl teilnehmen ließe?« (19.324–8).

Ihr Vermögen, ihre *mētis* aus gesicherter Position zur Geltung zu bringen und einzusetzen, ist dort am wirkungsvollsten, wo sie, am Schluß der Unterredung, den Bettler bittet, ihr einen Traum zu deuten, den sie geträumt hat (19.535–53). In der kritischen Untersuchung dieser Passage ist ausnahmslos angenommen worden, Penelope sei hier eine völlig durchsichtige Sprecherin – eine, die einfach in vollem Umfang und präzise alles wiedergibt, was sie gesehen und empfunden hat, als wäre sie der homerische Erzähler von Begebenheiten und nicht eine Figur mit eigenen Plänen. Tatsächlich haben sogar einige neuere Interpreten Penelope an diesem Punkt »durchschaut« und hinter ihrem geträumten Affekt des Kummers über den Tod der Gänse den unbewußten Wunsch ausgemacht, die Freier zu behalten und einen von ihnen zu heiraten: »Penelope steht insgeheim dem Gedanken der Vermählung mit einem der Freier positiv gegenüber.«[*] Obwohl Penelope in der *Odyssee* in der Tat Träume hat, sehe ich keinen Grund für die Annahme, daß sie diesen Traum tatsächlich geträumt hat. In seinem Kontext der verdeckten und behutsamen Verhandlungsführung läßt er sich besser als ihr Versuch verstehen, dem Bettler, von dem sie mittlerweile Grund genug hat, anzunehmen, er könnte Odysseus selbst sein, eine Botschaft zukommen zu lassen. Daß sie über einen Traum spricht, ist kein unumwundener Bericht, sondern ein Strategem, eine weitere Möglichkeit, diesen möglichen Odysseus anzusprechen, ohne sich in Abhängigkeit von seiner Identität zu begeben und gleichzeitig, ohne ihren Argwohn und ihre Pläne vor den Mägden zu offenbaren.

In ihrem Traum stößt ein Adler von den Bergen herunter und schlägt alle ihre zwanzig Gänse im Hof; während sie ihren Verlust *en per oneirōi* betrauert, »noch im Traume«, schwingt sich der Adler auf das Dach, spricht mit menschlicher Stimme und sagt ihr, daß es sich nicht um einen Traum, sondern um eine Vision handelt, die wahr werden wird: die Gänse sind deine Freier und ich bin dein Mann, der jetzt heimgekommen ist.

---

[*]    Rankin 1962, 622. – »[...] jenseits der konventionellen Äußerungen von Sehnsucht und echtem Kummer zieht ein Teil in ihr einen der Freier – vielleicht Amphinomos, der ihrem Gatten von vor zwanzig Jahren am meisten ähnelt – einem gealterten Fremden vor« (623). Siehe auch Devereux 1957; Russo 1982, 9, Anm. 12. – Wenn es sich nicht um einen Tatsachenbericht handelt, sondern um Penelopes Fiktion – ihre Methode, mit diesem möglichen Odysseus zu kommunizieren, ohne die Mägde wissen zu lassen, was sie in Wirklichkeit denkt –, dann ist auch ihr Kummer eine bewußte Irreführung. Sie gibt vor, selbst im Traum (*en per oneirōi*) naiv und hilflos zu sein (Marquardt 1985, 43 f.).

Man beachte, wie merkwürdig das ist. Sie hat um eine Deutung gebeten, aber der Traum selbst enthält bereits seine eigene Deutung, ein einzigartiges Vorkommnis in den Annalen der Oneirokritik. Eigentlich hat sie dem Bettler eine Allegorie mitsamt ihrer Auslegung erzählt und fragt ihn, ob sie recht habe. So wie Odysseus einen Traum erfunden hat (in einer seiner falschen Autobiographien, also einen in doppelter Hinsicht fiktiven, 14.495), so erfindet Penelope hier einen Traum als eine Möglichkeit der fortgesetzten sicheren Kommunikation mit dem faszinierenden Fremden (Büchner 1940, 149 Anm. 1). Der Bettler antwortet ihr, daß die Deutung des Traumes im Traum die richtige sei, da Odysseus selbst (im Traum) angekündigt habe, was eintreten wird: die Freier werden sterben bis zum letzten Mann.[*]

Ihre Reaktion auf seine Sicherheit ist vorsichtig, und zwar aus doppeltem Grund: Abgesehen von den Erfordernissen gewohnheitsgemäß vorsichtiger Redeweise ist die Aufgabe, soviele Freier zu töten, erdrückend schwierig, selbst wenn man die Überraschung auf seiner Seite hat. »Träume erfüllen sich nicht immer« (19.561). Ihre Charakterisierung von Träumen als entweder trügerisch oder wirklichkeitsentsprechend stellt sich strikt nach Maßgabe ihrer Erfüllung dar: über die *Bedeutung* des Traums besteht keine Unsicherheit, nur über seine Validität. Träume, die aus dem »Tor von Elfenbein [*elephantos*] hervortreten, täuschen [*elephairontai*], da sie Worte mit sich führen, die unerfüllt bleiben [*akraanta*]; aber diejenigen, die durch poliertes Horn [*keraōn*] hervortreten, leisten [*krainousi*] Wirkliches« (19.565–7).[**] Penelopes geschärfter Sinn für Täuschung und Wahrheiten, die es knapp verfehlen, sich zu bewahrheiten,

---

[*]   Wenn Penelope ihren Traum erzählt und einen Wettkampf vorschlägt, so sieht Amory (1963, 105 f.) darin ihre Methode, ihre Intuition zu erproben, daß der Fremde Odysseus ist. »[Seine] Selbstsicherheit ist so sonderbar explizit, daß Penelope bemerken muß, daß hier Odysseus selbst spricht. Damit hat der Dichter, der sich entschieden hat, seine Erkennungsszene bis nach dem Wettkampf zu verschieben, das Problem, ein unverzügliches Eingeständnis von Penelopes Wiedererkennen zu verhindern, und dies tut er sehr geschickt und in völligem Einklang mit Penelopes Charakter, wie er ihn gezeichnet hat. Sie antwortet nicht auf die bemerkenswerte Aussage des Fremden. [...] Das heißt, Penelope ist emotionell noch nicht bereit, Odysseus' Rückkehr zu akzeptieren, also gibt sie nicht zu, daß sie ihn erkannt hat, sondern legt das Problem einfach für eine Weile beiseite.«

[**]  Die Zuhörer mußten hier wohl sehr auf die Artikulation der ersten Alternative achten, denn *epe' akraanta* (»unerfüllte Worte«) und *epea kraanta* (»erfüllte Worte«) liegen nur um Haaresbreite auseinander.

ähnelt dem, der Odysseus früher in dieser Szene zugeschrieben wird, als er »vielfachen Trug, der Wahrheit ähnlich« erfindet (19.203). Aber an dieser Stelle lenkt ihre Rede die Aufmerksamkeit nicht so sehr auf die Entlarvung betörender Falschheit als auf die Frage der Bewahrheitung. Sie scheint zu sagen, daß, selbst wenn der Bettler sich als Odysseus erweisen würde, ihr gemeinsamer »Traum«, die Freier zu töten, einfach zu schwer umzusetzen sei.

Allerdings läßt sie den Bettler nicht in Zweifel darüber, daß sie ein solches Abschlachten aus tiefstem Herzen begrüßen (*aspaston*, 19.569) würde und daß der Tag ihres Abschieds vom Haus des Odysseus »ein schmachvolles Morgendämmern« sein werde (*ēos dys-ō–nymos*, am Ende des Verses säuberlich wiederaufgenommen im Namen des Odysseus, *O-dys-ēos*, 19.571). Indem sie so ihre Gefühle gegenüber einem kommenden Massaker kundtut, kündigt sie gleichzeitig an, daß sie einen Wettkampf ausrichten will: Derjenige, dem es gelingt, den Bogen des Odysseus zu spannen und durch eine Reihe von zwölf Streitäxten zu schießen, wird sie zur Frau bekommen.[*] Der Bettler antwortet, sie solle mit dem Wettkampf nicht säumen, denn der listenreiche Odysseus werde eintreffen, bevor der Bogen gespannt sei (19.584–7). So geschieht es, daß die Mittel und die Gelegenheit zur Abschlachtung der Freier von Penelope bereitgestellt werden. Ihr Plan, den sie dem Bettler anbietet und den er bestätigt, befähigt sie dazu, ihr gemeinsames Ziel in die Tat umzusetzen. In diesem Sinne behaupte ich, daß Penelope eine sehr aktive Urheberin oder Erfinderin des Racheplanes ist, den sie zu seiner Ausführung durch

---

[*]    Combellack (1973), der nicht die Auffassung teilt, daß Penelope die wahre Identität des Bettlers vermutet, macht nichtsdestoweniger eine kluge Bemerkung über Penelopes Wettkampf. Da alles dafür spreche, »zu glauben, daß niemand als Odysseus (oder vielleicht noch sein Sohn) den Bogen spannen und durch die Streitäxte schießen konnte«, werde der Wettkampf die Identität ihres Mannes enthüllen oder aber, mit größerer Wahrscheinlichkeit, alle Freier werden versagen, und sie wird nicht verpflichtet sein, einen von ihnen zu heiraten. »In dieser Form reinigt die Geschichte Penelope nicht nur von jedem Vorwurf unlogischen Verhaltens, sondern ist auch der äußerst intelligenten Frau, die sie ist, wie uns versichert wird, auf besondere Weise angemessen. In der Geschichte, wie sie uns gegenübertritt, handelt Penelope, das Muster an vorsichtiger, umsichtiger Intelligenz, bei dieser einen Gelegenheit wie eine voreilige, übereifrige Närrin« (39–40). Aber Combellack liest in die Bedingungen des Kampfes zu viel hinein, wenn er sich vorstellt, Penelope könnte im Fall des Versagens aller Freier verlangen, daß sie ihr Werben gänzlich aufgeben. Vgl. Marquardt 1985, 41.

Odysseus vorbereitet. Tatsächlich ist es der Hauptvorzug einer solchen Interpretation, die Penelopes aktives Handeln und ihre Klugheit betont, daß sie die andernfalls rätselhafte, abrupte und unmotivierte Entscheidung erklärt, den Bogenwettkampf durchzuführen. Die Alternativen bestehen darin, sie als »verzweifelten Instinkt« (M. Finley, 1978, 3) zu interpretieren, oder, gemeinsam mit den Analytikern, nach Zeichen für Schere und Tesafilm zu suchen, wo hypothetische Bearbeiter einen früheren, kohärenten Text geändert haben.[*] Beides sind Opfertheorien, die die Meisterschaft und Intelligenz Penelopes bzw. Homers als gering einschätzen.

Die extreme Auffassung, daß Penelope im 19. Gesang die wahre Identität des Bettlers tatsächlich erkennt, wurde in ernstzunehmender Form von Philip Whaley Harsh entwickelt.[9] Beim Wort genommen ist dies sicherlich unhaltbar, da Penelope dann keinen Grund hätte, seine Identität im 23. Gesang nach dem Abschlachten der Freier auf die Probe zu stellen, und sich, als er die Probe besteht, nicht gefühlsmäßig so gehenlassen würde (Vester 1968, 418 Anm. 9). Seit Harsh schrieb, haben die meisten Traditionalisten seine Interpretation zurückgewiesen und seine Anhänger ihr eine psychologische Wendung gegeben, die ihre Stoßrichtung drastisch ändert. Ann Amory entwickelte Harshs Untersuchung weiter, aber fügte ihr hinzu, daß Penelope weitgehend aufgrund von Intuition handle und sich nicht gestatte, bewußt zu registrieren, daß sie ihn erkannt habe (s. Austin 1975, 200–38). Andere haben diese Richtung noch weiter verfolgt und den Akzent darauf gelegt, daß Penelope in einer psychisch aufgeladenen Welt zu leben scheint, die jederzeit von Träumen und Erscheinungen heimgesucht werden kann (van Nortwick 1979). Aber zu sagen, Penelope sei ein Geschöpf in der Hand von Intuitionen, die sie nicht einmal sich selbst erklären kann, heißt ihre eigene Listigkeit zu unterschätzen und beraubt sie eben der Qualitäten an Situationsbeherrschung, Planung und Initiative, die sie im 19. Gesang mit angemessener Vorsicht und Entschlossenheit anzuwenden scheint.[10] Natürlich sollten

---

[*] Die Zeit hat es mit den Vertretern der analytischen Richtung nicht gut gemeint, einmal, weil ihre Argumentation sich auf ein schriftorientiertes, textuelles Modell gründet statt auf die Praxis und die Möglichkeiten mündlicher Komposition, dann auch, weil ihre Tradition ein Ethos der mikroskopisch-detektivischen Suche nach »Inkonsequenzen« entwickelte, die lediglich durch das »unfehlbare Stilgefühl« (Merkelbach 1951, 6) des Analytikers legitimiert war, und gleichzeitig in großem Stil Hypothesen über Textumgruppierungen und -interpolationen frei erfand. Merkelbach (1951) ist ein Beispiel für den Irrwitz dieser Methode.

wir Penelope nicht als die kühle Verkörperung von Vernunft und Strategie interpretieren. Sie ist die meiste Zeit über ernstlich verzweifelt und unsicher, ein Umstand, den sie damit kompensiert hat, daß sie allzusehr abweisenden Sinnes geworden ist (*thymon, apēnea per mal eonta*), wie sie es gegenüber Odysseus äußert (23.230).

In gewissem Sinne ist ihr eifriges Ränkeschmieden grundlegend für die Poetik der *Odyssee*, denn genau wie Odysseus ein meisterlicher Geschichtenerzähler ist und im Augenblick der Klimax, als er den Bogen in die Hände bekommt, mit einem epischen Sänger verglichen wird (21.406–9; vgl. 411, *aeise*), so ist Penelope eine meisterliche Weberin, und das Webwerk ist ein angemessenes Bild für die Arbeit des epischen Dichters, der sich nicht auf Vorträge von heldenhaften Schlachten spezialisiert hat, sondern auf die Intrigen und Gegenintrigen eines Hausstandes voller Konflikte. Die Weberei, um die es hier geht, gehört nicht ins Reich x-beliebiger Kurzwaren, sondern besteht im spezifisch kunstvollen und klug geplanten Gestalten wechselseitig abhängiger Spannungen, aus Kette und Schuß einander kreuzender Zwecke und feindseliger Motive.[11] Athene hilft Odysseus, eine »*mētis* zu weben«, einen listigen Plan, um ihn wieder in sein Haus einzusetzen (13.386), und als er spürt, daß sich die Ereignisse um ihn zusammenziehen, fragt er sich, ob irgendeine Gottheit »eine Täuschung webt«, um ihn in eine Falle zu locken (5.356). Penelope webt natürlich im wahren Sinne des Wortes eine Täuschung in der Gestalt von Laertes' Bahrtuch, aber sie »wickelt« auch »Knäuel von Listen«, *dolous tolypeuō* (19.137), mit dem Wort für das Aufwickeln von Garn. Wenn Weben eine gute Metapher für Ränke ist und die *Odyssee* sich in solchem Ränken besonders hervortut, dann wird es umso einfacher, nicht nur Odysseus, sondern auch Penelope als eine Figur des Dichters zu betrachten, still und emsig hinter den Kulissen.[12]

## Penelopes Finte – und Homers

Aber Penelopes Geschichte ist noch nicht zu Ende. Es gibt einen abschließenden Trick, den sie und Homer noch auf Lager haben. Ganz so, wie wir im gleichen Augenblick ausgespielt wurden wie Polyphem, gibt es auch im 23. Gesang, im Augenblick der endgültigen Wiedervereinigung von Penelope und Odysseus, eine doppelte Finte – mit der diesmal Penelope Odysseus täuscht und Homer uns.

Nach dem Gemetzel an den Freiern und den treulosen Mägden befiehlt Odysseus Eurykleia, ihm Feuer und Schwefel zu bringen, damit er das Haus ausräuchern kann, und Penelope und alle anderen Frauen zusammenzurufen. Die Mägde laufen auf ihn zu, sie umarmen ihn und küssen ihm Kopf, Schultern und Hände, »und ein süßes Verlangen kam über ihn, zu weinen und zu stöhnen« (22.500 f.). Dieser Augenblick, erfüllt mit Emotion im gegenseitigen Wiedererkennen, ist schlicht und überraschungslos; gerade seine Konventionalität bereitet den Boden für Penelopes andersartige Reaktion. Eurykleia eilt hinauf in Penelopes Schlafgemach und weckt sie mit der Nachricht, Odysseus sei da (23.1–7). Diese reagiert zunächst damit, daß sie Eurykleia tadelt, den Verstand – oder vielmehr die »Sammlung ihres Geistes« – verloren zu haben: »Liebes Mütterchen, die Götter haben dich toll werden lassen. Sie vermögen die verständigste [*epi-phrona*] Person zum Narren [*a-phrona*] zu machen und sie können jemanden mit ungestrafftem Geiste [*chali-phroneonta*] wieder zu jemandem mit gesundem Verstand [*sao-phrosynēs*] machen« (23.11–3). Interpreten haben sich ob der Negativität ihrer Reaktion befremdet gezeigt, aber sie verkörpert zwei Themen, die in Penelopes Lage zum Tragen kommen – die Notwendigkeit, vorsichtig zu prüfen, statt impulsiv die Zügel schießen zu lassen, und die unergründliche Rolle der Götter bei der Verformung menschlicher Urteile. Die Möglichkeit besteht, daß irgendein Gott, der wie Odysseus aussieht oder sich eines Sterblichen bedient, dem er das Aussehen des Odysseus gegeben hat, das Abschlachten ins Werk gesetzt hat.

Befremdend ist auf den ersten Blick auch die folgende Reaktion Penelopes. Als Eurykleia wiederholt, daß Odysseus eingetroffen ist, und hinzufügt, er sei der Fremde gewesen, über den die Freier sich lustig gemacht hätten, »da frohlockte sie [Penelope] und sprang aus dem Bett, schloß die Greisin in die Arme, und Tränen entströmten ihren Lidern« (23.32 f.). Die kühle und die hitzige Reaktion ließen sich vielleicht als Ausdruck eines Teiles jener Widersprüchlichkeit interpretieren, mit der sie ihre eigene Lage empfindet, indem sie uns eine gewisse Widersprüchlichkeit an ihr empfinden läßt. Aber der Gefühlswechsel sollte nicht zu hoch bewertet werden, denn Eurykleias zweite Botschaft weicht signifikant von ihrer ersten ab: jetzt identifiziert sie Odysseus explizit mit dem *Bettler*, den Penelope kennt und auf die Probe gestellt hat, und nicht mit einem X-Beliebigen, der behauptet, ihr Ehemann zu sein. Selbst, als sie aus dem Schlaf gerissen wird, reagiert Penelope auf die Nachricht von irgendeinem »Odysseus« spontan hypervorsichtig, wie es ihre Gewohnheit ist, aber sobald Eurykleia die Gleichung »Bettler = Odysseus« herstellt, gerät sie in Begeisterung und verlangt, mehr zu wissen.

Ihre nächste Reaktion ist wiederum zurückhaltend, als sie Eurykleia warnt, allzu laut zu frohlocken, und laut über die Möglichkeit nachdenkt, es könnte vielleicht gar kein Sterblicher, sondern ein Gott gewesen sein, der die Freier erschlug (23.63–8). Sowohl Eurykleia als auch Telemachos halten Penelope in dieser Szene vor, daß sie Zweifel nährt, wo jeder sonst zufriedengestellt ist: »dein Gemüt war immer dem Glauben verschlossen« (23.72); »Mutter, du böse Mutter von unempfindlicher Seele! / Warum sonderst du dich von meinem Vater und setzest / dich nicht neben ihn hin und fragst und forschest nach allem? / Keine andere Frau wird sich von ihrem Gemahle / so halsstarrig entfernen, der nach unendlicher Trübsal / endlich im zwanzigsten Jahre zum Vaterlande zurückkehrt! / Aber du trägst im Busen ein Herz, das härter als Stein ist!« (23.97–103, Übersetzung Voß).

Odysseus ist höflicher und entschuldigt ihre Distanziertheit scherzhaft als Widerwillen gegen seinen schmutzstarrenden Körper und Aufzug. Penelope spielt auf die Zeichen an, »die wir beide kennen, jedem sonst verborgen« (23.110), und Odysseus bietet ihr an, ihn auf die Probe zu stellen. Das folgende Bad gewährt einen kleinen Aufschub, so daß Penelopes Probe als eine ziemliche Überraschung empfunden werden kann. Als Penelope noch immer nicht reagiert, als er verjüngt und ganz in altem Glanze vor sie tritt, verliert Odysseus die Geduld und befiehlt der alten Amme, mit einer Bemerkung über Penelopes Hartherzigkeit, das Bett zu machen, damit er allein schlafen kann, »denn ihr Herz ist wie Eisen« (23.172).[*] Sie wiederholt dann die Anweisung an Eurykleia, ihnen das Bett zu bereiten und es aus dem Schlafgemach im Erdgeschoß herauszutragen. Odysseus fährt zornig auf, denn (so sagt er) er habe das Gebäude um jenes Bett herum errichtet, und einer seiner Pfosten sei der in der Erde verwurzelte Stumpf einer Olive. Wenn es jetzt bewegt werden kann, so heißt das, daß irgendeinem Mann gestattet worden ist, das Schlafgemach zu betreten und den Baumstumpf mit einer Axt abzuschlagen. Aber Penelope hat gelogen – um zu erproben (»so sprach sie, den Ehemann auf die Probe zu stellen«, 23.181), ob dieser Mann in Wahrheit Odysseus wäre – der einzige, der um das Geheimnis ihres gemeinsamen Bettes wußte.

Die Unverrückbarkeit des Bettes und, in der Übertragung, der treuen Ehefrau wurde bereits im Lied des phäakischen Sängers über Ares und Aphrodite – auch ein Trick mit Hilfe eines Bettes – andeutend vorweggenommen. Im Lied bestand Hephaistos' List (*dolos*) darin, »unzerbrechliche Bande aus unlösbaren Gliedern« zu schmieden, »so daß die beiden unverrückbar und beständig [*empedon*] an Ort und Stelle bleiben würden« (8.275), und dies geschieht als Antwort auf den Betrug und die

---

[*]    »Glaubt Odysseus, daß Penelope ihn unverzüglich erkennen wird, wenn er das Elend seines äußeren Erscheinungsbildes erst einmal abgewaschen hat? Wenn er das denkt, ist er entweder zu großspurig und seiner selbst zu sicher, oder einfältig« – Pucci 1987, 92.

Treulosigkeit der Aphrodite, die von diesen Zwängen an Ort und Stelle gehalten werden soll.* Penelopes Betten-Falle ist Gegenstück und Widerpart zu der des Hephaistos, indem sie das Bild eines verrückbaren Bettes stellvertretend für das einer treulosen Frau verwendet (sowohl das Bett als auch die Wachsamkeit der Ehefrau sind *empedon*, 11.178 f.; 23.203). Dies aber tut sie nicht, um ihre Treue unter Beweis zu stellen, die gar nicht in Frage steht, sondern um Odysseus – indem sie ein irreführendes Bild der Treulosigkeit heraufbeschwört – zu zwingen, sich zu offenbaren.

So wird *Odysseus polymētis*, der Listenreiche (»Vater, man erzählt sich, deine *mētis* sei unter den Sterblichen die höchste«, 23.124 f.), überlistet – nicht zum ersten Mal** –, und in gewissem Sinne werden wir es auch. Denn in diesem Augenblick bemerken wir, daß die gesamte Erzählung einseitig gewesen ist, voreingenommen zugunsten des Odysseus und seiner Unternehmungen.[13] Diese Begrenzung auf den Blickwinkel männlicher Akteure steht natürlich in Einklang mit dem gesellschaftlichen Anstand und wahrt Respekt vor Penelopes innerem Freiraum, daher wäre sie beim damaligen Vortrag nicht als problematisch empfunden worden. Aber als sie ihm ihre Falle stellt, wird die ganze Macht und tiefe Zweideutigkeit des sozialen Drucks sichtbar, der auf Penelope einwirkt (und vom Dichter als nicht in Frage gestellte Konvention akzeptiert wird). Es ist in dieser Gesellschaft einfach, Mißtrauen gegenüber Frauen und Ehefrauen auszudrücken, wie es die Passanten tun, als sie die Klänge eines Hochzeitsfestes aus dem Hause des Odysseus hören (Murnaghan 1987a, 110): »So feiert sie also doch noch Hochzeit, die vielumworbene

---

\* Aus der Sicht des Hephaistos und des Ares ist der Trick eine Art Hinterhalt (*lochos*), wie er typischerweise einem *pronos anēr*, einem »Einzelkämpfer an vorderster Front« gelegt wird. Die Helden der Ilias, die mit großer Wahrscheinlichkeit in einen Hinterhalt geraten, sind, wie A. Edwards (1985) zeigt, die schnellfüßigen. In Demodokos' Lied werden die Schnelligkeit des Ares und die Lahmheit des Hephaistos wiederholt betont, und worauf es in Hephaistos' Kunstgriff ankommt, wird in dem Kommentar zusammengefaßt, »der Langsame fängt den Geschwinden« (8.329). Die Analogie Odysseus – Freier – Penelope zu Hephaistos – Ares – Aphrodite macht das Umschlagen der Erwartungen nur noch überraschender, wenn Penelopes Keuschheit nur von ihr selbst in Frage gestellt wird, und dann nur aus taktischen Gründen, um sich der Identität des Fremden zu versichern.

\*\* Auch an anderer Stelle, als Odysseus glaubt, ganz besonders schlau zu sein, wird er ausgespielt: einmal von Athene (14.250–2) und einmal von den Umständen (als er darauf besteht, daß ihm eine zuverlässige alte Frau die Füße waschen soll und nicht eine der flatterhaften verräterischen jungen Mägde; 19.336–48).

Königin. Falsche Katze von einer Gemahlin! Konnte sie denn nicht das Gut des Herren bewahren, bis er zurückkehrte?« (23.149–51). Solche bösartigen Ansichten, wie sie hier einmal ausdrücklich zitiert sind, muß man sich als stets präsent denken, da unbeteiligte Zeugen beiderlei Geschlechts von Frauen automatisch das Schlimmste annehmen. Aber solche Mühelosigkeit der Äußerung sollte weder mit den Überzeugungen des Autors noch denen der Figur völlig gleichgesetzt werden. So, wie sich die Vorübergehenden in ihrer Wahrnehmung Penelopes *irren*, so erweist sich eine einfache und einfältige Misogynie als unzureichend, um die häuslichen und zwischenmenschlichen Komplexitäten zu erfassen, die mediterranen Männern und Frauen ihre Zwänge auferlegen.*

Homer hat uns nicht dazu aufgefordert, zu fragen, ob dieser Mann wirklich Odysseus ist, wenn er uns auch manchmal nahegelegt hat, Zweifel an Penelopes Treue zu hegen.[14] Aber aus Penelopes Sicht – zu der uns nicht in gleicher Weise Zugang gewährt wurde – ist die Identität dieses Mannes eine wirkliche Frage, eine, die sie während des gesamten 19. Gesanges immer wieder gestellt und der Prüfung unterzogen hat. Ihre Schlußfolgerung war sicher genug, um ihr entsprechendes Handeln zu erlauben; aber dieser Mann, klug und wachen Sinnes, wie er es offensichtlich war, könnte immer noch ein Hochstapler gewesen sein – oder ein Gott. Ich halte das Ausweichen des Autors vor diesem Problem für eine bewußte Strategie: Die Geschichte wird einseitig aus dem Blickwinkel männlicher Befürchtungen erzählt, und erst dann, als Penelope Odysseus überlistet, merken wir, wie einseitig die Erzählung gewesen ist.

Hier liegt ein interessantes Problem in bezug auf die Reproduktion gesellschaftlicher Werte in kulturellen Äußerungen. Ich habe zu Beginn betont, daß gesellschaftliche Werte nicht von der falschen Gesellschaft aus in einen Text hineingelesen werden können und dürfen. Das England Samuel Butlers im 19. Jahrhundert ist nicht der richtige Bezugsrahmen, in den sich der Diskurs der *Odyssee* einspannen läßt. Andererseits reicht

---

* Eine weitere Ironie, die jenes System von dem unseren trennt, liegt in den unterschiedlichen Implikationen ehelicher Zuneigung: »Männer prüfen gewissenhaft alle verfügbaren Indizien, um sich zu versichern, daß ihre Frauen ihnen treu geblieben sind, denn man sagt, daß eine Frau, die eine Liebesaffäre hat, alles tun wird, um ihren Mann daran zu hindern, sie zu entdecken. Ihre beste Tarnung ist es, so behaupten die Männer in San Blas, sich ausgesprochen liebevoll gegenüber ihrem Mann zu zeigen, um mögliche Zweifel zu zerstreuen. Die gesellschaftliche Konsequenz dieser Ansicht ist natürlich, daß Ehemänner und Ehefrauen einander wenig offene Zuneigung erweisen« – Brandes 1981, 228 f.; vgl. Abu-Lughod 1986, 222).

es nicht aus, den richtigen Rahmen zu finden, denn eine kulturelle Hervorbringung reproduziert oder exemplifiziert nicht einfach konventionelle Verhaltensmuster. Oft genug wird ein Autor solche Muster und Werte an Situationen inszenieren, in denen Konflikt und Unsicherheit im Vordergrund stehen. Der Autor der *Odyssee* agiert in einer Arena, in der die Regeln (der Wiederverheiratung, der öffentlichen Versammlung, des Übergangs vom Jünglings- zum Mannesalter) nicht vollständig klar sind, da Gesellschaften eben nicht mit beiliegenden Spielregeln ausgeliefert werden wie Brettspiele (Bourdieu 1977).

Die Gesellschaft, für die die *Odyssee* komponiert ist und über die sie erzählt, lebt mit gewissen Lügen oder Fiktionen. Eine der vorrangigen gesellschaftlichen Lügen ist die, daß Frauen und Männer, deren Arbeitsbereiche sich nicht überschneiden, tatsächlich so verschieden seien wie ihre angestammten Bereiche. Aber was wir dank der Arbeiten von Beobachtern wie M. Clark und M. Herzfeld richtig einzuschätzen lernen, ist das Ausmaß, in dem diese Rollentrennung nicht etwa ein göttliches Gebot ist (obwohl man davon reden mag, als wäre sie das), sondern eine rhetorische Strategie in einem komplizierteren und sich verschiebenden Spielplan.* Gesellschaftlicher Anstand ist gleichermaßen eine moralische Erfordernis und eine manipulierbare Fassade.

---

* Herzfeld beschreibt (1986) die beiden Selbstbilder, wie sie von modernen Griechen verwendet werden, das eine als Gesicht des öffentlichen Stolzes und der nicht in Frage gestellten Männerherrschaft, das andere, das die häusliche Macht der Frauen anerkennt. Die Versuchung, dieses letztere zu verbergen, ist sehr groß, da ausländische Ethnographen automatisch als Mitglieder der Elite angesehen werden, vor denen die Petitessen und die irgendwie beschämende Realistik des häuslichen Verhaltens versteckt werden sollten. »Als eine Frau aus Pefkiot ihren zum Trunk geneigten Ehemann während eines meiner Besuche in ihrem Haus schlug, signalisierte sie damit *de facto* meinen Einschluß in den häuslichen Kreis der Familie. Sie verhielt sich nicht wie die unterwürfige Frau des ethnographischen Stereotyps, sondern sie nahm eine andere weibliche Rolle ein, eine, die der Intimität des ›innen‹ angemessener war. Ein junges Ehepaar, das ethnographische Studien in Methana durchführte, machte ganz ähnlich nicht nur die Entdeckung, daß der Haushalt wirtschaftlich oftmals von ›physisch und gesellschaftlich starken Frauen‹ beherrscht wurde, sondern auch, daß Scherze sexueller Art in gemischter Gesellschaft als akzeptabel galten, ›solange alle Anwesenden verheiratet waren‹ [M. Clark 1983, 122 f.]. Ganz offenbar ist das Wichtige hier das Publikum; die soziale Kompetenz der Akteure schließt die Fähigkeit ein, zwischen Intimität und Förmlichkeit zu wechseln, wie es die Gelegenheit verlangt« – Herzfeld 1986, 219.

Vieles in der *Odyssee* spricht zwar die Sprache der strengen Geschiedenheit von Frauen und Männern, stellt sie aber gleichzeitig in Frage. Ein Gegensatz, den ich recht verblüffend finde, besteht in der Art und Weise, in der Penelope und Eumaios reagieren, als sie die Identität des Fremden erfahren. Wie bereits oben bemerkt, werden diese beiden verschiedentlich nebeneinander gestellt, da beide erworbene und nicht etwa »natürliche« Beziehungen repräsentieren. Man könnte in Einklang mit einer einfachen Geschlechtsnorm erwarten, daß Frauen sehr gefühlsbetont reagieren, Männer weniger. Aber als Penelope den Freiern den Bogenwettkampf ankündigt, weinen Eumaios und der Rinderhirt laut (21.83 f.). Sie verlassen den Saal, und der Bettler folgt ihnen über den Hof nach draußen vor das Haupttor. Dort befragt er sie, ob sie Odysseus treu sind und bereit dazu, bei der Rache an den Freiern mitzuhelfen, und enthüllt schließlich seine Identität, die er mit der berühmten Narbe an seinem Oberschenkel beweist. Ihre Reaktion besteht darin, daß sie ihn laut weinend umarmen, und Odysseus, obwohl er ihre Umarmung erwidert, muß ihren Ausbruch zügeln: »Hört auf zu weinen und zu jammern, daß nicht jemand aus dem Saal komme und es sehe und drinnen davon berichte« (21.228 f.). In – wie mir scheint, absichtsvollem – Gegensatz dazu reagiert Penelope mit steinerner Miene auf die Überzeugung anderer, Odysseus sei zurückgekommen, und gibt ihrem eigenen Wunsch, sich gefühlsmäßig gehen zu lassen, erst nach, als er ihren eigenen einzigartigen Test bestanden hat.

Der Gegensatz zwischen Penelope und Eumaios beruht zum Teil ebensowohl auf Klassen- wie Geschlechtszugehörigkeit, da er, obwohl von königlicher Geburt (15.403–14), als ein Ackerssklave aufgezogen wurde, der in den entfernteren Gebieten von Odysseus' Gut wohnte. Dennoch ließe sich wohl erwarten, daß Penelope, *qua* Frau, weniger scharfsinnig und hart ist, als sie sich gibt. Ihre Ausdauer und Gewitztheit sind frappierend, und die Wirkung, die von diesen Eigenschaften erzeugt wird, ist um so stärker, als Homer sie bis zum 23. Gesang nur in verschleierter Form darstellt.

Beachten wir abschließend den Bezugsrahmen, innerhalb dessen Homers manchmal couragierte Darstellung der Geschlechter stattfindet, denn es ist nicht derjenige des zeitgenössischen Feminismus und moderner ökonomischer Akteure nach Maßgabe der Erfordernisse von Industrie und Kapital. Homers Ironie im Umgang mit den Geschlechtern konzentriert sich auf Beziehungen weniger zwischen den Geschlechtern überhaupt als zwischen Ehegatten – *gynē* eher im Sinne von »Ehefrau« als von »Frau«. Die Dichtung preist ein bestimmtes, recht explizites Eheideal. Von der Ehe wird in der *Odyssee* gesagt, sie sei im Idealfall die

Verbindung zweier gleichdenkender Menschen. Wie Odysseus zu Nausikaa sagt:»Mögen die Götter dir geben, was du ersehnst: ein Heim, einen Gatten, und Gleichgesinntheit [*homo-phrosynē*] mit ihm – denn es gibt nichts besseres auf der Welt als ein befestigtes Haus, gelassen geführt, in dem Mann und Frau gleich denken [*homo-phroneonte*]. Weh über ihre Feinde, Freude ihren Freunden! Doch selbst wissen sie es am besten« (6.180–5).

Aber es ist schwer, die Intimität der Gleichgesinntheit zu porträtieren und dennoch den öffentlichen Konventionen treu zu bleiben, nach denen Frauen im Hause bleiben, webend, verschleiert, das Vermögen hütend, während die Männer draußen umherstreifen, kämpfen, das Land bestellen und durch den Gewinn von Gütern das Vermögen mehren. Was die *Odyssee* aufweist, voller Klugheit und List, wie sie ist, ist der Sachverhalt, daß *mētis* nichts Geschlechtsspezifisches ist. Sie tut es, indem sie die Konvention der stillen Hausfrau über weite Strecken akzeptiert und uns nur am Ende mit der plötzlich unmißdeutbaren Erkenntnis überrascht, daß Penelope sich entschlossen hatte, den Bogen in die Hände des Fremden zu legen, weil sie es für nur allzu wahrscheinlich hielt, daß er wirklich Odysseus war, aber nur eine Gewißheit von 99% hatte. Erst am Ende, als sie ihn in ihre Falle tappen läßt, läßt uns der Dichter erkennen, daß wir sie vermutlich unterschätzt haben, sie irgendwie als gegeben vorausgesetzt haben, wie es auch Odysseus tat. Penelope ist, selbstverständlich, nicht eine x-beliebige Ehefrau; wie Odysseus ist sie der Ausnahmefall, die beste Frau für den besten Mann. Aber im Brennpunkt der Demonstration des Dichters steht, daß die Tüchtigkeit, die einen guten Ehemann, und die Tüchtigkeit, die eine gute Ehefrau ausmacht, in gewisser Hinsicht dieselbe ist.

Bei ihrer Wiedervereinigung verfremdet dieser erstaunliche Dichter ein traditionelles literarisches Mittel, um diese zentrale und schwer errungene Intimität einzufangen, von der angenommen wird, daß sie das Ideal der Ehe ist. Ein bemerkenswertes Gleichnis markiert den Augenblick ihres gegenseitigen Erkennens – ihres, daß er wirklich Odysseus ist, und seines, daß sie so klug ist wie er selbst und er das nicht bemerkt hat:

> [...] Da schwoll ihm sein Herz von inniger Wehmut,
> weinend hielt er sein treues geliebtes Weib in den Armen,
> so erfreulich das Land den schwimmenden Männern erscheinet,
> deren rüstiges Schiff der Erdumgürter Poseidon
> mitten im Meere durch Sturm und geschwollene Fluten zerschmettert
> – wenige nur entflohn dem dunkelwogenden Abgrund,
> schwimmen ans Land, ringsum vom Schlamme des Meeres besudelt,

und nun steigen sie freudig, dem Tod entronnen, ans Ufer –
so erfreulich war ihr der Anblick ihres Gemahles,
und fest hielt sie den Hals mit weißen Armen umschlungen.
(23.231–40, Übersetzung Voß, interpunktionsbereinigt)

Das Gleichnis beginnt als ein Bild seiner Gefühle und endet als eines der ihren (Murnaghan 1987b, 45 f.). Wir betreten das Gleichnis von seiner Seite aus und kommen (wir wissen nicht, wie) an ihrem Ende wieder heraus. In diesem Augenblick umarmen sie sich und fühlen dieselben Gefühle, denken dieselben Gedanken, als wären sie ein und dieselbe Person: einen Augenblick lang können wir nicht entscheiden, wer hier wer ist.[15] Es ist nicht leicht, in der kulturellen Sprache jener hoch stratifizierten Gesellschaft auszudrücken, daß Männer und Frauen in irgendeinem Sinne gleich seien. Dem Autor der *Odyssee* jedoch ist es gelungen.

# 6
# Doppelbewußtsein in Sapphos Gedichten

In ihrem Buch *Brouillon pour un dictionnaire des amantes*[1] widmen Monique Wittig und Sande Zeig eine volle Seite der Sappho – die Seite bleibt leer. Dieses Schweigen ist eine der Möglichkeiten, durchaus angemessen auf Sapphos Gedichte zu reagieren, und besonders erfrischend angesichts der gnadenlosen Trivialisierung, der homophoben Ängstlichkeiten und der blanken Frauenfeindlichkeit, die so viele antike und moderne Reaktionen auf ihr Werk infiziert haben.[2] Wie Mary Barnard es ausdrückt[3]:

| | |
|---|---|
| I wanted to hear | Ich wollte |
| Sappho's laughter | Sapphos Lachen hören |
| and the speech of | und die Rede ihres |
| her stringed shell. | besaiteten Schildpatts. |
| | |
| What I heard was | Was ich hörte, war |
| whiskered mumble- | schnurrbärtiges Ge- |
| ment of grammarians: | murmel von Grammatikern: |
| | |
| Greek pterodactyls | Griechische Pterodaktylen |
| and Victorian dodos. | und viktorianische Trottel. |

Die herausragenden Altphilologen von F. G. Welcker bis Denys Page, die so viel zusammengetragen und durchgesiebt haben, was sich über Sappho erfahren läßt oder lassen könnte, und deren Werk unverzichtbar für uns ist, hatten ihre eigenen Koordinatensysteme oder Schablonen des Verstehens, ihre eigenen Anliegen und Verpflichtungen, die, so möchte ich meinen, nicht mehr und nicht weniger zeitgebunden und kulturspezifisch waren, als die unseren es sind.[4] Aber ich bezweifle, ob diese Gelehrten unsere Schablonen (feministische, anthropologische, pro-lesbische) verstanden hätten, wenn man bedenkt, daß ihr Fachwissen sich eher auf Gebiete wie das der antiken Silbenlehre (»Pterodaktylen«) als das der antiken Sitten bezog, während wir umgekehrt in recht erheblichem Maße die ihren verstehen können. Dies ist ein Beispiel für das, was ich im folgenden mit Doppelbewußtsein bezeichnen werde, eine Art kultureller Zweisprachigkeit unsererseits, denn wir müssen uns bewußt sein, daß wir zwei Verständigungssysteme benutzen, und müssen beide fließend beherrschen. Weil Lobel und Page viktorianische »Das-tut-man-nicht!«-Gesten akzeptierten, hatten sie (so scheint es uns heute) kein Ohr für vieles, was Sappho sagte, und kein Gehör für ihre tieferliegenden Melodien. Die Formen der Anbetung wie auch der Angst, die Sappho in den antiken und modernen Dokumenten umgeben, verdienen genauer untersucht zu werden.[5] Eine Teilerklärung ist die Tatsache, daß sich ihre Dichtung durchgängig auf Frauen und Sexualität bezieht, Themen, die viele Interpreten über die Maßen provozieren.[6]

Aber daß Frauen und Sexualität bei ihr im Mittelpunkt stehen, reicht nicht ganz aus als Erklärung für den verstümmelten und gewaltsamen Diskurs, der immer wieder um sie herum aus dem Boden schießt. Schließlich behandelt Anakreon die gleichen Themen. Eine tieferreichende Erklärung bezieht sich auf das *Subjekt* und nicht so sehr den Gegenstand ihrer Gedichte – daß es eine *Frau* ist, die hier über Frauen und Sexualität spricht. Für manche Zuhörerschaft wäre dies eine doppelte Verletzung der antiken Regeln gewesen, die vorschrieben, daß eine anständige Frau in der Öffentlichkeit (die als Sphäre des Mannes definiert war) zu schweigen hatte, und daß eine anständige Frau die Verwaltung und Bestimmung ihrer Sexualität durch ihren Vater und ihren Ehemann akzeptierte.

Ich möchte gegenwärtig die Frage beiseite lassen, wie Frauen zu verschiedener Zeit an verschiedenen Orten tatsächlich ihr Leben hinsichtlich Handeln, Auftreten und Autorität im privaten und öffentlichen Sinne einrichteten. Würden wir die tatsächlichen Texturen des Lebens antiker Frauen besser kennen und nicht nur die Maximen und Regeln, die Männer darüber geäußert haben, dann könnten wir sicher damit rechnen herauszufinden, daß viele Frauen sich an diese gesellschaftlichen Regeln hielten oder dazu gezwungen wurden und daß sie manchmal anderen Frauen Gehorsam aufzwangen, aber wir würden wahrscheinlich – da alle gesellschaftlichen Codes ebensogut manipuliert und unterlaufen wie befolgt werden können – ebenfalls herausbekommen, daß viele Frauen über wirksame Strategien des Widerstands und der falschen Nachgiebigkeit verfügten, mit denen sie ein praktikables Maß an Freiheit innerhalb ihres Lebens erlangten.* Ohne all diese Fragen jedoch zu vertiefen, beginne

---

\* Es gab auch die Kategorie der heroischen, außergewöhnlichen Frau, z. B. Herodots Version der Artemisia, die jedesmal, wenn sie erwähnt

ich meine Untersuchung einfach mit dem Sachverhalt, daß es ein allgemeines Einverständnis darüber gab, daß anständige Frauen sich in der Öffentlichkeit männlichen Definitionen zu unterwerfen hatten, und daß zu jeder Zeit ein erheblicher Druck der Wohlanständigkeit ausgeübt werden konnte, um eine Frau zu beschämen, die sich gemäß ihrer eigenen Sexualität verhielt.

Dies zumindest ist öffentliches Ethos und männliche Norm. Sie können in der Gesellschaft auf Lesbos zur Zeit der Sappho nicht völlig gefehlt haben. Unglücklicherweise beschränkt sich unsere Kenntnis dieses Ortes zu dieser Zeit auf ein paar wenige allgemeine Tatsachen und Gerüchte – eine Kultur mit einem gewissen Luxus, zumindest für die Reichen; aristokratische Familien, die miteinander im Kampf um die Macht liegen; das für das sechste Jahrhundert typische Erscheinen von Tyranneien (Myrsilos) und vermittelnden Gesetzgebern (Pittakos). Mit Bestimmtheit war Sapphos Sippe in diesen Elitefehden aktiv, da sie um die Jahrhundertwende gemeinsam mit ihr von Lesbos nach Sizilien verbannt wurde. In Ermanglung eines einigermaßen dichten Gewebes gesellschaftlicher Informationen, wie es für die Kapitel 1 bis 3 zur Verfügung stand, und angesichts des fragmentarischen Zustands des von ihr literarisch Überlieferten (im Gegensatz zu *Daphnis und Chloë* und der *Odyssee*) gestaltet sich eine anthropologische Untersuchung der Art, wie sie sonst in diesem Buch angewandt wurde, erheblich schwieriger.

Was ich in diesem Kapitel wieder freilegen möchte, sind die Spuren des Bewußtseins Sapphos angesichts dieser maskulinen Verhaltensnormen, ihre Haltung zum öffentlichen Ethos und ihre Anspielungen auf private Realität. Dies wird in der feministischen Anthropologie nach und nach zu einem vertrauten Thema und Problem: Sehen Frauen die Dinge genauso wie Männer? Wie können geschlechtsspezifische Unterschiede in kulturellen Einstellungen entdeckt werden, wenn die eine Seite übertönt wird? Bedeutet ihr Schweigen Zustimmung? Oder haben wir einfach noch nicht die richtigen Fragen oder die richtige Form sie zu stellen

wird, als die Ausnahme zitiert wird, die »die Regel bestätigt« (7.99, 8.68, 8.87 f., 8.101), und die Geschichten, die Plutarch in *De virtutibus mulierum* gesammelt hat. Die ausgesprochene Absicht dieser Sammlung ist es, zu beweisen, daß *aretē*, »Tugend« oder »Sich Auszeichnen« bei Männern und Frauen gleich sei, aber in Wirklichkeit beweisen die Geschichten lediglich, daß manche Frauen in Krisenzeiten aus der üblichen Anonymität herausgetreten sind und männliche Rollen übernommen haben, wenn Männer nicht zur Verfügung standen (Schaps 1982).

gefunden? Meine Art »zu lesen, was ist«[*] richtet sich auf die Politik des Raumes – die Rolle der Frau als ausgeschlossen aus den öffentlichen männlichen Bereichen und eingeschlossen in private weibliche Räume – und auf Sapphos Bewußtsein[**] von dieser Ideologie. Meine Analyse beginnt erklärtermaßen mit einem Interesse an »Sexualpolitik«[***] oder »Politik der Geschlechterbeziehungen« – den Machtbeziehungen zwischen Frauen und Männern als zwei Gruppen in derselben Gesellschaft. In gewisser Weise legt die Wahl einer Methode Art und Bandbreite der Ergebnisse im vorhinein fest, die sich mit ihr erzielen lassen: ein Fotoapparat wird keine Töne festhalten, ein unpolitischer Beobachter wird keine Tatsachen von politischer Bedeutung bemerken. So sind meine Interpretationen der Texte Sapphos im Prinzip nicht darauf angelegt, andere Interpretationen zu verdrängen, sondern darauf, den Schatz an Wahrnehmungen dessen, »was da ist«, zu bereichern.

Es gibt verschiedene »Öffentlichkeiten« und »Privatheiten«, die man voneinander absetzen könnte. Woran ich hier bei »öffentlich« denke, ist ganz spezifisch die Rezitation Homers bei den Festspielen der Bürger im

---

[*]    »Eine feministische Dichtungstheorie würde beginnen, den geschichtlichen Kontext dieser Gedichte zu berücksichtigen und ihre politischen Verbindungen und Implikationen. Sie würde sich mit dem Sachverhalt auseinandersetzen, daß Dichtung von Frauen [...] eine besondere Art des Bewußtseins [...] vermittelt. In der Konzentration auf das Bewußtsein und das Politische in Gedichten von Frauen würde eine solche Theorie neue Wege entwickeln, zu lesen, was *ist*« – Bernikow 1974, 10 f.

[**]   Natürlich ist Bewußtsein kein fester Gegenstand, der sich unbeschädigt auffinden ließe wie ein Osterei, das irgendwo im Garten herumliegt (so wie von Leda im sapphischen Fragment 166 LP gesagt wird, sie habe ein Ei gefunden, das unter den Hyazinthen versteckt lag). Sapphos Gedichte sind vielschichtige Konstruktionen aus melodischen Worten, Bildern, Gedanken und Argumenten in einem Formelsystem von teilbaren Standpunkten (Rollen). – Ich setze voraus, daß die übliche Unterscheidung zwischen der »wirklichen Sappho« als Autorin und ihrem (oder ihren) lyrischen Ich(s) der Gedichte zu treffen ist, wenn ich hier von Sapphos Bewußtsein spreche.

[***]  *A.d.Ü.:* »Sexual politics« ist seit Erscheinen des gleichnamigen Buches von Kate Millet (dt. als *Sexus und Herrschaft*) ein fester Topos nicht nur in der feministischen Diskussion und hat im Deutschen keine direkte Entsprechung. Gemeint ist die Rolle des Geschlechtlichen in den gesellschaftlichen Macht- und Herrschaftsverhältnissen oder das, was Marx in der *Deutschen Ideologie* die »Liebesverhältnisse« nennt (und was übrigens, in bezeichnender Fehllesung der Handschrift, in den meisten Ausgaben bis heute »Lebensverhältnisse« heißt; *Werke* [*MEW*] Bd. 3, S. 44).

Sinne des Ausdrucks gemeinsamer Kulturtraditionen. Samuel Butler zum Trotz waren Homer und die Sänger seiner Tradition sicherlich Männer, und die Homerischen Epen, wie sie uns überliefert sind, lassen sich schwerlich als Lieder von Frauen auffassen. Frauen sind fest in die gesellschaftliche und poetische Struktur sowohl der *Ilias* als auch der *Odyssee* eingebunden, und der *Begriff* eines weiblichen Bewußtseins ist besonders unerläßlich für die *Odyssee*, wie das vorangehende Kapitel gezeigt hat. Aber Nausikaa und Penelope leben in einer Welt männlicher Prägung und haben es mit Problemen von Ehre und umschlossenem Lebensraum zu tun, wie sie Frauen in unterscheidender Funktion zugewiesen wurden, und ihre »Subjektivität« innerhalb des Epos muß letztlich als Ausdruck eines männlichen Bewußtseins interpretiert werden. Insofern Homer ein Ensemble konventionsgebundener gesellschaftlicher und literarischer Formeln vorlegt, verkörpert und repräsentiert er unausweichlich die Definition der öffentlichen Kultur als einem männlichen Territorium.[*]

Die archaische Lyrik, wie sie von Sappho komponiert wurde, war ebenso nicht für die private Lektüre geschrieben, sondern für die Aufführung vor Publikum (Merkelbach 1957; Russo 1973/4). Sappho scheint oft auf sehr intime Weise ihre Seele zu erforschen, aber diese Intimität ist in bestimmtem Ausmaß formelhaft (Lanata 1966) und wird auf jeden Fall mit irgendeiner Gruppe von Zuhörenden geteilt. Aber wir können an dieser These des öffentlichen Charakters des Lyrischen Gedichts festhalten und dennoch vertreten, daß ein solcher Liedvortrag »privat« sein kann, und zwar in dreifacher Hinsicht: erstens, indem seine Komposition an die Person einer Frau gebunden ist (deren Bewußtsein gesellschaftlich als außerhalb der öffentlichen Sphäre der Männer liegend definiert war); zweitens, indem es nur mit Frauen geteilt wurde (das heißt, mit anderen »privaten« Personen: »und jetzt werde ich dieses schöne

---

[*] Auf diesem Territorium und bei diesen Rezitationen sind Frauen anwesend – Homer ist kein verbotener Text für Frauen, kein arkanes *arrhēton* der männlichen Geheimnisse. In der *Odyssee* (1.325–9) lauscht Penelope der epischen Dichtung eines Rhapsoden, der in ihrem Haus singt, und reagiert darauf, aber ihre Einwände gegen sein Thema, die Rückkehr von Troja, werden von Telemachos zum Schweigen gebracht. Aretes Entschluß, Odysseus weitere Geschenke zu machen, nachdem er von den Frauen gesungen hat, die er in der Unterwelt sah (11.335–41), mag implizite Billigung seiner Dichtung ausdrücken. In der *Ilias* ist Helena davon entzückt, selbst Thema epischer Dichtung zu sein (6.357 f.), und webt die Geschichten der Schlachten, die ihretwegen geschlagen wurden, in ihre Handarbeit ein (3.125–8).

Lied zur Freude der Frauen singen, die meine Gefährtinnen sind« – frag. 160 LP*); und drittens, indem es bei informellen Anlässen vorgetragen wurde, also etwas, was wir einfach eine Dichterlesung nennen würden, und nicht bei spezifischen zeremoniellen Gelegenheiten wie Opfer, Festspiel, Verabschiedung oder Initiation.** Die lyrische Tradition, so argumentiert Nagy (1974), ist möglicherweise älter als das Epos, und, wenn sie älter ist, vielleicht ebenso geachtet als eine selbständige Verwirklichung von Schönheit.

Für die Ansicht, Lyrik sei ein untergeordnetes Element bei Feiern und formalen Anlässen gewesen, sprechen keine zwingenderen Argumente als für die Ansicht, die ich vorziehe, der Gesang sei zumindest manchmal um seiner selbst willen geachtet und gefeiert worden. Ich bezweifle daher, daß Sappho immer ein Weiheopfer oder einen Tanz oder eine Hochzeit als Anlaß brauchte, *zu dem* sie ein Lied schrieb; die Institution der lyrischen Komposition war stark genug, um zum Anlaß ihrer Lieder *eben als Lieder* zu werden. Gewiß spricht Sappho von Göttinnen und religiösen Festen, aber es ist beileibe nicht sicher, daß, zum einen, ihre eigenen

---

\*  Der hier benutzte Text Sapphos ist die Edition von Edgar Lobel und Denys Page, *Poetarum Lesbiorum Fragmenta*, Oxford 1955 (abgekürzt: LP); Zitatnachweise der Form »frag.« (Fragment) mit Zahl beziehen sich auf die Zählung dieser Ausgabe. Ellipsen (»…« ohne Klammern) in den Zitaten zeigen Defekte der Originaltexte an.
*A.d.Ü.*: Sapphos Texte wurden nach der oben angegebenen Edition vom Autor (mit den Wortvarianten, auf die er im Text eingeht) ins Englische übersetzt. Soweit diese Übersetzungen Interpretationsgrundlage sind, verbot sich jeder Eingriff in den Wortlaut des englischen Originals. Solche Passagen wurden daher, wie an anderen Stellen in diesem Buch geschehen, in so enger Anlehnung wie möglich *aus dem Englischen* ins Deutsche übersetzt. Daneben oder statt dessen werden von Fall zu Fall die gebundenen deutschen Übertragungen von Joachim Schickel benutzt (*Sappho. Strophen und Verse*, übers. und hrg. von Joachim Schickel, Frankfurt 1978), wobei ggf. ein entsprechender und als solcher leicht zu erkennender Kommentarsatz in den Text eingefügt wurde. Textdefekte sind hier durch Striche gekennzeichnet ( – ), deren Zahl derjenigen der fehlenden Verssilben entspricht. Die nach Schickel zitierten Textstellen wurden unter Angabe der Fragmentnummer seiner Ausgabe gekennzeichnet.
\*\*  Homer scheint dies als Möglichkeit des Vortrags von *klea andrōn* (»Taten von Männern«) einzubeziehen, wenn er uns Achill zeigt, der vor seinem eigenen *thymos* (»Geist«) singt, während Patroklos schweigend dabeisitzt, nicht als zuhörendes Publikum, sondern lediglich wartend, bis Achill fertig ist (*Il.* 9.186–91).

Gedichte für den kultischen Vortrag bestimmt sind, und daß, zum anderen, ihr Zirkel von Gefährtinnen (*hetairai*) mit den Feiernden bei einem der Feste, die sie erwähnt, deckungsgleich ist.* Es ist möglich, daß keine der beiden letzteren Bedeutungen von »privat« für Sapphos Vorträge historisch valide ist. Doch als Kompositionen, die eine gewisse Publizität genossen, haben ihre Gedichte etwas, das sie prinzipiell einer anderen Welt, nicht nur einer anderen Tradition als derjenigen Homers zugehörig erscheinen läßt, und sie verkörpern eine Bewußtheit sowohl der »privaten«, sich um Frauen drehenden Welt Sapphos als auch der anderen, der »öffentlichen« Welt. In diesem Kapitel sollen diese Kategorien experimentell dazu benutzt werden, einige Aspekte der facettenreichen Bedeutungsvielfalt bei Sappho zu entfalten.

## Gedicht 1 LP: Vielsinnigkeit und Zauberei

Eine der von der jüngeren Kritik am genauesten untersuchten Passagen von Sappho ist ihr erstes (und heute einziges) vollständiges Gedicht, *poikilophron athanat' Aphrodita*. Der Grund für die Annahme, es habe in einer Sammlung ihrer Werke an erster Stelle gestanden, ist der Sachverhalt, daß Hephaistion, der im zweiten Jahrhundert u. Z. eine Abhandlung über Metrik verfaßte, es als Muster für die Versform zitierte, die damals bereits Sapphische Odenstrophe genannt wurde. Jedoch ergibt der Begriff eines ersten Gedichts in einem ersten Buch schwerlich einen Sinn in Sapphos Welt, in der der Text zunächst als Vorlage in Wort und Notation für den Vortrag durch Professionelle und Amateure zirkuliert zu haben scheint. Danach müssen wir einen Zeitraum von gut drei bis vier Jahrhunderten einräumen, in dem einzelne Lieder, Gruppen von Liedern und ganze Sammlungen, die interessierte Vortragende zum eigenen Gebrauch angefertigt hatten, in Umlauf waren, bevor die Biblio-

---

* Sappho ist nur eine Einzelperson und mag atypisch in ihrem Vermögen gewesen sein, sich ein literarisches Leben und Anerkennung zu sichern. Behauptungen, daß die Gesellschaft dort und damals Frauen generell mehr Raum gegeben habe, sich ein gewisses Maß an öffentlicher Wertschätzung zu erwerben, stützen sich fast ausschließlich auf Sapphos Gedichte (wahrscheinlich unter Hinzuziehung von Plutarch, *Lykurgos* 18.4, *Theseus* 19.3; Philostratos' *Leben des Apollonios* 1.30). Die Erfindung früher Dichterinnen wird von Tatian in seinem *Adversus Graecos* und von Ptolemaios Chennos (vgl. Kap. 5, S. 209 f.) auf die Spitze getrieben.

theksgelehrten von Alexandria die vielen Varianten und Versionen zusammentrugen, sortierten und miteinander verglichen, um schließlich einen kanonischen Korpus von Sapphos lyrischer Dichtung in acht oder neun Büchern zu erstellen.

Tatsächlich gab es mindestens zwei Editionen, die in der Bibliothek von Alexandria hergestellt wurden, eine von (dem Grammatiker) Aristophanes (der die Konvention erfunden zu haben scheint, daß es im frühen Griechenland exakt neun große lyrische Dichter gegeben habe – Pfeiffer 1968, 205), und eine von seinem Schüler und Nachfolger Aristarchos.[7] Zwei der Fragmente Sapphos haben in Abschriften überlebt, die möglicherweise sogar älter sind als diese Standardeditionen: eines, das auf eine Scherbe gekritzelt ist, und eines auf Papyrus, beide aus dem dritten Jahrhundert v. u. Z. (die Fragmente 2 und 98). Das Überleben des Gedichtes 1 ist der Tatsache geschuldet, daß es Dionysios von Halikarnassos in einer Abhandlung über den Stil als ein Beispiel für vollkommene stilistische Glätte zitierte. Für uns ist das ein reiner Glücksfall; er hätte ebensogut Simonides zitieren können.

Bei der Weitergabe des Textes von einem Schreiber oder Vortragskünstler zum nächsten, bis hin zu unseren heutigen Herausgebern, die auch noch einmal damit herumspielen, bevor sie ihn an uns weitergeben, geraten weitere Unklarheiten in den Text. Die Werke von Dionysios und Hephaistion wurden selbst immer wieder abgeschrieben, bevor sie uns erreichten. Welcher Art die Probleme sind, die selbst kanonische Buchtexte infizieren, zeigt sich am ersten Wort von Sapphos Gedicht 1. Einige der Manuskripte des Dionysios und einige des Hephaistion lauten dort *poikilothron'*, wie es von allen modernen Herausgebern bevorzugt wird, und andere Manuskripte haben die Lesart *poikilophron* (vgl. Neuberger-Donath 1969), für die sich ein überzeugendes und interessantes Argument ins Feld führen läßt. *Poikilophron* bedeutet, »eine Denkweise, einen Geist haben (*-phron*), der *poikilos* ist«, ein Wort, das gewöhnlich als »gesprenkelt«, »buntscheckig«, »abwechslungsreich« oder »komplex« übersetzt wird. Das Wort bezeichnet die Eigenschaft, in sich eine Vielfalt von Gegensätzen oder Kontrasten zu haben, ob diese vom Auge oder geistig wahrgenommen werden. Ein besticktes Gewand ist *poikilos*, der erfindungsreiche Geist des Odysseus ist *poikilos*.

Ich weise darauf nicht allein hin als auf ein Lehrbeispiel der fast unauslotbaren Distanz, mit all ihren Phasen des Verlusts und der Verzerrung, die Sappho und ihre gesamte Welt von uns trennt, sondern auch, weil Sappho 1 ein erstaunliches Beispiel für (in Ermangelung eines eleganteren Wortes) *Viel-Geistigkeit* ist. Andere griechische lyrische Dichter singen wunderbare Gedichte des Hasses, des Leids und der persönlichen Verzückung, die irgendwie niemals allzu weit entfernt ist von Bedauern und Kummer, aber sie tun das von einer einzigen Perspektive aus, sie entfalten das Denken und Fühlen einer einzigen Persona in einer bestimmten Situation. Sapphos Gedicht 1 jedoch enthält verschiedene persönliche Perspektiven, deren vielfältige Beziehungen untereinander ein Feld von Stimmen und Bewertungen erzeugen. Diese Feldwirkung läßt die übrige griechische lyrische Dichtung vergleichsweise einseitig aussehen, oder, wie wir jetzt dazu sagen können, nicht-*poikilos*. Das Wirkungsfeld im Gedicht 1 enthält mindestens drei Sapphos, zwei Aphroditen, eine unbenannte Freundin (die für viele steht) und dazu noch (aufgrund von Echo- und parodistischen Wirkungen) verschiedene Homerische Gestalten.

Nehmen wir das letzte zuerst. In verschiedenen Analysen ist die Idee entwickelt worden, daß Sappho in einer vorgestellten Szene spricht, die diejenige des Diomedes auf dem Schlachtfeld im 5. Gesang der *Ilias* abbildet (Cameron 1949; Page 1955, 7; Svenbro 1975; Stanley 1976; Rissman 1983). Sappho verwendet eine traditionelle Gebetsformel, für die Diomedes' Anrufung der Athene (*Il.* 5.115–7) ein Beispiel ist (»Höre mich, Atrytone, Kind des Schutzherrn Zeus; wenn du je meinem Vater in bitterer Feldschlacht zur Seite standest, dann komm jetzt wieder und hilf mir, Athene«), und sie modelliert Aphrodites Hinabsteigen zur Erde in einem Streitwagen nach dem Abstieg Athenes und Heras (5.719–72), die dem verwundeten Diomedes zu Hilfe kommen (5.781). Sappho bittet Aphrodite, ihre Verbündete zu sein, wörtlich ihre Kampfgefährtin, *symmachos* [Übers. J. Schickel, I]:

Bunten Thrones ewige Aphrodite,
Kind des Zeus, das Fallen stellt, ich beschwör dich,
nicht mit Herzweh, nicht mit Verzweiflung brich mir,
Herrin, die Seele.

Nein, komm hierher, so du auch früher jemals
meinen Ruf vernommen und ganz von ferne
hörtest drauf und ließest des Vaters Haus, das
goldne, und kamst, den

Wagen im Geschirre. Dich zogen schöne
schnelle Spatzen über der schwarzen Erde,
flügelschwirrend, nieder vom Himmel durch die
Mitte des Äthers,

gleich am Ziele. Du aber, Selig-Große,
lächeltest mit ewigem Antlitz und du

fragtest, was ich wieder erlitten, was ich
wiederum riefe,

was ich maßlos wünschte, daß mir geschähe,
rasend in der Seele.»Ja, wen soll Peitho
deinem Liebeswerben verführen, wer, o
Sappho, verschmäht dich?

Ist sie heut noch flüchtig, wie bald schon folgt sie,
ist sie Gaben abhold, sie selbst wird geben,
ist sie heut noch lieblos, wie bald schon liebt sie,
auch, wenn sie nicht will.«

Komm zu mir auch jetzt; aus Beschwernis lös mich,
aus der Wirrnis; was nach Erfüllung ruft in
meiner Seele Sehnen, erfüll. Du selber
hilf mir im Kampfe.

Was den griechischen Text betrifft, so sollten wir als erstes feststellen, daß
selbst dieses eine vollständige Gedicht einen kleinen Kratzer hat. Am
Beginn der Zeile 15 (oder 19 in der vierzeiligen Anordnung vieler
Editionen) enthalten die Dionysios-Manuskripte eine Textverderbnis,
und die Papyrus-Abschrift (P. Oxy. 2288), die aus dem zweiten Jahrhundert unserer Zeitrechnung stammt, weist zwar eine etwas deutlichere
Buchstabenfolge auf, ist aber immer noch nicht ganz klar. Was, zweitens,
die Aussprache angeht, so müssen wir, denke ich, wohl zugeben, daß das
Musikalische einer tonhöhenakzentuierenden Sprache nicht leicht von
Sprechern einer durch expiratorischen Nachdruck betonenden Sprache
gewürdigt werden kann, und weiter, daß große Unsicherheit nicht nur
bezüglich der Position der Tonhöhen im äolischen Griechisch, sondern
auch bezüglich grundsätzlicher Prinzipien der Behandlung seiner Konsonanten und Vokale besteht. Die antiken griechischen Grammatiker sagen
uns, daß das äolische Griechisch psilotisch war (das heißt, anlautendes h
nicht benutzte), daß seine Betonung durchgehend rezessiv war (also nicht
auf die letzte Silbe eines Wortes fiel) und daß es -ds- als -sd- und
anlautendes r- als br- aussprach. Aber diese Information ist höchst zweifelhaft, wie Hooker (1977) betont hat; in manchen Fällen geraten auf
Lesbos gefundene Inschriften in Widerspruch dazu, in anderen gelten sie
allenfalls für die Orthographie und nicht für die tatsächliche Aussprache,
und in jedem Falle sind sie von fragwürdiger Relevanz für den Zustand
der sprachlichen Performanz und der Sangeskunst zu einer Zeit, die für
die Grammatiker viele Jahrhunderte zurücklag.

Gerade so, wie sich zeigen läßt, daß praktisch alle biographischen Details, die von den Peripatetikern und alexandrinischen Gelehrten aufgezeichnet wurden, sich auf Schlüsse stützen, die aus den Gedichten selbst gezogen wurden und vielfach Fehlschlüsse sind, da ihnen für ihre Arbeit nichts zur Verfügung stand als eben die Texte selbst, so stützen sich auch die Dogmen der Grammatiker nicht auf einen in irgendeiner Weise bevorrechtigten Zugang zum siebten Jahrhundert vor unserer Zeit, und in mancher Hinsicht wissen wir tatsächlich mehr als sie.

Aber nach diesem äußerst skeptischen Präludium möchte ich Sie dazu einladen, laut zu lesen, was eine der schönsten Kompositionen in der gesamten archaischen griechischen Versdichtung war:

*poikilophron āthanat' Aphroditā*
*pai Dios doloploke, lissomai se,*
*me m' asaisi mēd' oniaisi damna, potnia, thymon.*

*alla tyid' elth', ai pota kāterōta*
*tās emās audās aïoisa pēloi*
*eklyes, patros de domon lipoisa chrȳsion ēlthes,*

*arm' ypasdeuxaisa: kaloi de s' āgon*
*ōkees strouthoi peri gās melainās*
*pykna dinnentes pter' ap' ōranōitheros dia messō,*

*aipsa d' exikonto; sy d', ō makaira,*
*meidiaisais' āthanatōi prosōpōi*
*ēre' otti dēute pepontha kōtti dēute kalēmmi*

*kōtti moi malista thelō genesthai*
*mainolai thȳmōi.»Tina dēute peithō*
*aps s' agēn es san philotāta? Tis s', ō Psapph', adikēei?*

*kai gar ai pheugei, tacheōs diōxei;*
*ai de dōra mē deket', alla dōsei;*
*ai de mē philei, tacheōs philēsei kouk etheloisa.«*

*elthe moi kai nȳn, chalepān de lȳson*
*ek merimnān, ossa de moi telessai*
*thȳmos imerrei, teleson; sy d' autā symmachos esso.*

(Vielsinnige, unsterbliche Aphrodite, Kind des Zeus, Ränkespinnende, ich flehe zu dir, bezwinge meinen Geist [Mut] nicht, hohe Herrin, durch Schmerz und Kümmernis.
Sondern komm zu mir jetzt, wenn du jemals meine Stimme aus der Ferne hörtest, das Haus deines Vaters verließest, und deinen goldenen Streitwagen anspanntest und kamst.

Schöne Sperlinge brachten dich geschwind auf den dunklen Boden
mit einem schnellen Flattern der Flügel von der Höhe des Himmels
durch klare Luft.
Sie sputeten sich, zu kommen. Du, gesegnete Göttin, ein Lächeln auf
deinen göttlichen Zügen, fragtest, woran ich denn jetzt schon wieder
litte, und warum ich denn jetzt schon wieder riefe,
und was ich in meinem wilden Herzen mir so sehr wünschte, daß es
geschähe. Wen soll ich denn jetzt schon wieder überreden..., deiner
Zuneigung zuführen? Wer, Sappho, kränkt dich?
Denn auch wenn sie flieht – bald wird sie folgen, wenn sie Gaben
ausschlägt, bald wird sie geben, wenn sie nicht liebt, bald wird sie
lieben, auch gegen ihren Willen.
Komm zu mir auch jetzt, erlöse mich aus diesen lästigen Sorgen und
tu, was mein Herz getan haben möchte – du selbst sei meine Verbündete.)

Zur Interpretation der aufgewiesenen Parallelen und Übereinstimmungen ließe sich zum Beispiel sagen, daß Sappho sich hier als eine Art
Diomedes auf dem Schlachtfeld der Liebe darstellt, daß sie ihre eigenen
Erfahrungen auf traditionelle (männliche) Weise artikuliert und zeigt,
daß auch Frauen über mannhafte Tugend (*aretē*) verfügen (Bolling 1959;
Marry 1979). Aber diese Ansicht, daß sich das Gedicht vorwiegend um
*erōs* und *aretē* dreht und Diomedes lediglich als Modell im Hintergrund
benutzt, greift zu kurz.[8] Sapphos Gebrauch Homerischer Passagen ist
eine Möglichkeit, uns zu gestatten, ja zu ermutigen, ihrem Bewußtsein,
das sie als Frau und Dichterin beim Lesen von Homer hat, näher zu
kommen. Der Homerische Held ist nicht bloßer Ausgangspunkt für
Sapphos Diskurs über ihre eigene Liebe – der Diomedes, wie er in der
*Ilias* existiert, ist vielmehr zentral für das, was Sappho über die *Entfernung* zwischen Homers Welt und ihrer eigenen zu sagen hat. Eine Frau,
die der *Ilias* zuhört, muß eine Kluft überwinden, die ihre Erfahrung vom
Thema des Gedichts trennt, eine Kluft, die für männliche Zuhörer nicht
in gleicher Weise besteht. Wie kann Sappho die Reden des Diomedes
mitmurmeln, wenn der Rhapsode sie vorträgt, und dabei seinen Hilferuf
äußern und nachspielen? Sapphos Antwort auf dieses ästhetische Problem ist, daß sie das nur tun kann, wenn sie ihre eigenen Anliegen gegen
die des Helden austauscht, aber die gleiche Struktur von Flehen / Gebet
/ Eingreifen beibehält. Das Gedicht 1 sagt, unter anderem, »So sieht es
aus, wenn ich, eine Frau und Dichterin, fähig werde, eine typische Szene
aus der *Ilias* nachzuvollziehen.«
    Obwohl die Diomedeia eine typische Passage ist, ist Sapphos Wahl

nicht willkürlich, denn sie ist eine Art Testfall für das Problem des Bewußtseins, das Frauen als Teilnehmerinnen ohne eigene poetische Stimme an den öffentlichen Rezitationen des traditionellen griechischen Heldentums von sich selbst haben. Im 5. Gesang der *Ilias*, zwischen Diomedes' Anrufung der Göttin und der Herabkunft von Athene und Hera, wird nämlich Aphrodite selbst vom Schlachtfeld vertrieben, nachdem Diomedes sie an der Hand verwundet hat. Homer identifiziert Aphrodite als eine »feminine« Göttin, weich, *analkis*, nicht geschaffen für den männlichen Waffengang (331, 428). Ihr angestammter Platz sei dort, sagt Diomedes im Triumph des Sieges über sie, wo sie schwache Frauen (*analkides*) verführen kann (348 f.). Will sagen: wenn »feminine« Frauen (und alle sterblichen Frauen sind, *per definitionem* und *per prescriptionem*, feminin) versuchen, sich in Männergeschäfte einzumischen – Kriegsführung oder Kriegsdichtung –, dann werden sie, wie Aphrodite, mit vorgehaltenem Speer fortgejagt.

Aber das Gedicht Sappho 1 macht nicht nur metaphorischen Gebrauch von der *Ilias* (indem es die Sprache für die Erfahrungen von Soldaten auf die Erfahrungen von liebenden Frauen überträgt) und familiarisiert diese fremdartige Dichtung (so daß sie nun für Leserinnen besser verständlich wird), sondern es benutzt auch eine *multiple Identifikation* mit seinen Personen. Sappho spielt beide Rollen durch, die des Diomedes und der Aphrodite, wie sie im 5. Gesang der *Ilias* charakterisiert werden. Aphrodite, wie Sappho, leidet Schmerz (*odynēisi*, 354) und wird von einer mächtigen Göttin getröstet, die fragt, »wer hat dir das angetan?« (373). Aphrodite leiht sich Ares' Streitwagen aus, um der Schlacht zu entfliehen und zum Himmel aufzufahren (358–67), eine Umkehrung ihrer Handlung in Sapphos Gedicht (vgl. Benedetto 1973, der das Gedicht als »Aphrodites Rache« bezeichnet). In gewissem Sinne stellt sich Sappho daher gleichzeitig als ein verzweifelter Diomedes dar, der die Hilfe einer Göttin braucht (dort Athene, hier Aphrodite), und als ein verwundetes und ausgestoßenes weibliches Wesen (dort Aphrodite, hier Sappho), das den Trost einer Göttin sucht (dort Dione, hier Aphrodite).

Diese Mehrfachidentifikation mit verschiedenen Akteuren in einer Szene der *Ilias* zeigt auf einer anderen Ebene einen Zug, der an Sapphos Poetik bewundert wurde – das Einnehmen verschiedener Standpunkte in einem einzigen Gedicht. Dies ist besonders an Gedicht 1 hervorzuheben, in dem sie die Szene einer Begegnung zwischen einem Opfer und einer souveränen Gottheit zeichnet. Die gleichzeitige Intensivierung von Pathos und kontrollierter Beherrschung in der Begegnung liegt weitgehend an dem ironischen *Doppelbewußtsein* von Sappho-der-Dichterin, die abwechselnd die Rollen der leidenden »Sappho« und der gelassenen Göttin spricht. Man betrachte die »Personen der Handlung« im Gedicht 1, jede von ihnen unterschiedlich und jede mit einem aus Mißtrauen und Bewunderung gemischten Blick auf die anderen. Da ist zunächst die Sprecherin in ihrer Notlage; in Zeile 15 (bzw. 20) erfahren wir ihren Namen, Psappo.[*] Sie betet um Hilfe zu Aphrodite, die also das implizierte fiktive Publikum des gesamten Gedichts ist und die man sich als Zuhörerin jedes einzelnen Wortes denken muß. Ein Teil dessen, was Aphrodite hört, ist ein erzählter Bericht davon, wie sie selbst einmal bei früherer Gelegenheit ihren von Sperlingen gezogenen Streitwagen bestieg und nach unten durch die Lüfte fuhr und auf Sapphos Gebete mit einer Reihe von Fragen antwortete. Diese frühere Aphrodite ist durchaus nicht dieselbe wie die gegenwärtige Aphrodite: die frühere Aphrodite ist eine aktiv Handelnde in der Erzählung der betenden Sappho, während die gegenwärtige Aphrodite nichts sagt, nichts tut, nur zuhört – und vermutlich lächelt.

Man mag sich über die ausführliche Ausarbeitung des Streitwagen-Motivs wundern mit all ihren begleitenden Einzelheiten, aber ich glaube, es geht hier darum, zwischen Ferne und Nähe eine langsame Steigerung zu erzeugen, in der die Göttin allmählich näher an die Sprecherin heranrückt, wobei sie sich Zeit läßt (poetisch gesprochen, in der Bewegung des Verses, obwohl zweimal gesagt wird, daß die Reise schnell vor sich ging). Indem die Göttin physisch näher herankommt, wird sie auch lebhafter. Zuerst werden ihre Worte in indirekter Rede wiedergegeben, und dann fällt sie in direkte Rede, so daß Sappho-die-Sängerin, die Sappho-im-Gebet-aus-Bedrängnis verkörpert, plötzlich mit der Stimme Aphrodites selbst spricht, womit das Wort »du«, das von Beginn an an Aphrodite gerichtet war, sich in Zeile 15 (19 in der vierzeiligen Strophenanordnung) auf Sappho bezieht. Fiktive Sprecherin und fiktives Publikum tauschen die Plätze, oder vielmehr: die gegenwärtige Aphrodite hört aus dem Mund der betenden Sappho die Worte, die die frühere Aphrodite zur früheren Sappho sprach. Der langsam steigernde Aufbau zu dieser direkten Rede, der weit entfernt (*pēloi*) im Himmel begann, macht Aphrodites Worte zu einer Art Epiphanie, einer Epiphanie, von der in einem Gebet berichtet wird, verbunden mit der Bitte um eben deren Wiederholung.

Denn Sappho ist schon wieder in einem Zustand sorgenvollen Verlangens verfangen. Das dreimal wiederholte Wort dafür ist *dēute*, eine

---

[*] Wir können es als weiteren Maßstab für die Distanz ansehen, die zwischen ihr und uns liegt, daß der Pep und Biß der Konsonanten von »Psapp(h)o«, wobei alle drei P's als »p« ausgesprochen wurden, sich verflüchtigt hat zu dem müden Säuseln von »Saffo«.

Kontraktion von *aute*, »wieder«, und *dē*, einer verstärkenden Vorsilbe, so etwas wie »in der Tat«, was dem »wieder« einen gewissen Geschmack verleiht, den wir als amüsiert fragend oder ironisch oder als vorgebliche Enttäuschung verstehen könnten. Da die frühere Aphrodite »jetzt schon wieder« zur früheren Sappho sagt, müssen wir uns noch eine weitere Sappho vorstellen, diejenige nämlich, die früher schon einmal in die gleiche Klemme geraten ist. Die Verdopplung der Aphrodite (gegenwärtig und vergangen) und die Verdreifachung der Sappho (gegenwärtig, vergangen und... vorvergangen) erzeugt, wie die Spiegel in einem Spiegelkabinett, endlos zurückweichende Bilderfluchten von endlos wiederholten Fürsprachen, Versprechungen und Liebesaffären.

Die Erscheinung eines unendlichen Regresses wird jedoch von einer weiteren Sappho begrenzt und eingebunden. Die Person, die wir uns als Urheberin des Ganzen vorstellen müssen, ist funktionell und sogar praktisch ganz verschieden von jeder der Sapphos innerhalb des Gedichts. Die Autorin/Vortragskünstlerin, die eine Figur-in-Nöten verkörpert, ist im Augenblick, zumindest *qua* Künstlerin, nicht selbst in Nöten. Mein erster Eindruck von Gedicht 1 ist sogar der einer außerordentlichen Beherrschung, die Sappho-der-Dichterin eine Rolle analog derjenigen Aphrodites als der lächelnden, nachsichtigen, stets hilfsbereiten Verbündeten ihres eigenen *thymos*, Geistes, zuschreibt. Die tückische Weberin, die Ränkespinnerin, die Vielsinnige, die komplizierte Perspektivenwechsel inszeniert, ist auf fiktionaler Ebene Aphrodite, aber auf poetischer Sappho selbst.

Die Klänge der ersten Zeile sind eine nähere Betrachtung wert, denn sie enthalten eine Bedeutung, die ganz und gar unübersetzbar ist. Bei der Lesart *poikilophron*, »vielsinnig«, flankiert von dem Kompositum *āthanat'*, »nicht-sterblich«, wäre es möglich, aus dem Namen Aphrodites selbst eine spielerische Etymologie herauszuhören: das negative Praefix *a-* plus die Wurzel *phro-* würde »kein-sinnig« ergeben. Sicherlich stützt das semantische Feld des Gedichts mit seinen Hinweisen auf List und Tücke und auf eine Sappho, die außer sich gerät, diese Möglichkeit. Man beachte auch, wie die Klänge von *poikilophron* und *doloploke* wiederverwendet werden: *poikilo-* und *-ploke* haben genau die gleichen Konsonanten.

Solche Beachtung von Mikrogenauigkeiten ist typisch für ein Großteil griechischer Versdichtung, und für Sappho haben wir zumindest einen weiteren Fall einer originellen Etymologisierung eines Götternamens. Fragment 104a lautet: »Hesperos, alles bringst du zusammen, was die leuchtende Morgenröte zerstreute, bringst das Schaf, bringst die Geiß, du bringst das Kind seiner Mutter« (möglicherweise: »du bringst von der Mutter das Kind fort«). Die zwei Silben der griechischen Wurzel *(H)es-*

*per*, die den Abendstern bezeichnet, finden ihr Echo in dem dreimal wiederholten Wort *p(h)er-eis*, »du bringst«. J. S. Clay, die darauf hinwies (ein Scholiast zu Euripides' *Orestes* hatte es ebenfalls bemerkt), hält es für eine Umwertung von Hesiods Charakterisierung der Morgenröte als derjenigen, die die Familie auseinandertreibt und die Leute zur Arbeit schickt.[9] Dies ist ein gutes Beispiel dafür, wie dicht gewoben und eng gewirkt Sapphos Lyrik sein kann und welch hohen Maßstab wir mit Fug und Recht an Komplexität und Absicht anlegen dürfen.

Aber wenn diese Verwobenheit und Komplexität ein starkes Argument für *poikilophron* als erstes Wort in Sapphos Gedicht 1 darstellen, so stehen doch verführerische Gründe auf der Seite von *poikilothron'*, das meist im Sinne von »auf einem reich verzierten Thron sitzend« verstanden wird. Sicherlich hat es reich verzierte Throne gegeben, wie Page sie auch aufführt (1955, 5), aber interessant wird die zweite Hälfte dieses Kompositums nicht als *thronos*, das »Thron« bedeutet, sondern als *throna*, eine sehr viel seltenere Wortwurzel, die sich einmal bei Homer, einmal bei Theokrit und mehrere Male bei den alexandrinischen Dichtern Nikandros und Lykophron findet (Lawler 1948; Bolling 1958; Putnam 1960/1; vgl. auch Bonner 1949). Bei den späteren Dichtern bezeichnet sie ein gewisses Zaubermittel. Theokrits junge Frau im Idyll 2 versucht eine Zeremonie durchzuführen, die ihren Liebhaber verzaubert und ihn zu ihr zurückbringt. Sie trägt ihrer Dienerin auf, das Mittel, *throna*, auf die Schwelle von Delphis' Haus zu streichen und dazu zu sagen: »Ich besprenge die Knochen Delphis'.« »Besprengen« oder »beträufeln« ist die Standardübersetzung für das Verb *passō*, aber homerische Ärzte »besprengen« auch Wunden mit Heilmitteln (*pharmaka*), so umfaßt das Verb möglicherweise auch die allgemeinere Tätigkeit des Anwendens oder Auftragens.[10]

Die Stelle, an der das Wort bei Homer vorkommt, ist überaus anregend. Andromache sitzt an ihrem Webstuhl und wird gleich vom Tod ihres Gatten Hektor erfahren. »Sie webte Tuch in einem Winkel des Palastes, einen roten doppelten Umhang, und beträufelte ihn mit vielfarbiger *throna*« (*Ilias* 22.440 f.): *en de throna poikil' epasse*. Die Zusammenführung von *throna* und *poikila* an dieser Stelle könnte uns schon ins Grübeln bringen, ob Sappho nicht tatsächlich *poikilothron'* sang, und wenn ja, was es wohl bedeuten könnte. Die übliche Auslegung von *throna* im 22. Gesang der *Ilias* ist »gestickte Blumen«. »Gestickte Blumen« ist sicher eine zu enge Übersetzung für die *throna*, die Andromache da auf ihr Tuch »träufelt«.[*] Lieber möchte ich versuchen, die semantische

---

[*]   *A.d.Ü.:* Die Übersetzung von Voß hat an dieser Stelle: »durchwirkt mit mancherlei Bildwerk«.

Erstreckung von *throna* als eine solche zu skizzieren, die irgendwie gleichzeitig etwas mit der Weberei und pharmazeutischen Mitteln zu tun hat.

Ich habe bereits angemerkt, daß »besprengen« oder »beträufeln« (*passō*) das ist, was man mit *throna* tut, ob sie nun auf Wunden oder auf Webtuch aufgetragen werden. Was weitere Verbindungen zwischen Arznei und Weben angeht, so ließe sich die Figur der webenden Helena anführen, die nicht nur die Geschichte der *Ilias* in ihr Tuch (wörtlich, als »Einsprengsel«) einwebt (3.125–8), sondern die auch, als sie nach Hause gekommen ist, mit einem Korb Wolle und einer Spindel neben Menelaos in der Runde sitzt und schließlich, als die erzählten Kriegsgeschichten alle melancholisch machen, eine Arznei (*pharmakon*) in den Weinkrug mischt und ihn herumreichen läßt (*Odyssee* 4.120–35, 219–33).

Ein weiterer Ort der Verbindung zwischen Weberei und Arznei ist der *kestos* (der Gürtel), der Aphrodite, der ebenfalls als *poikilos* beschrieben wird und in den die Kräfte des Zaubers und Bezauberns eingearbeitet sind (*Ilias* 14.214–21). Helenas Mittel und Aphrodites Zaubergürtel stellen einen starken Zauber dar, wenn man das Wort allgemeiner als Bezeichnung für eine Vielzahl alternativer, inoffizieller Behandlungsformen verwendet. Da die Frauen tatsächlich sangen, wenn sie stundenlang am Webstuhl saßen (so etwa Kirke in der *Odyssee* 10.221 f.), kann ich mir gut vorstellen, daß einige dieser Gesänge günstige Umstände auf das Tuch herabwünschten und sogar, daß Staubfäden glückbringender Pflanzen oder Muster glückbringender Art in die besten Stoffe eingewoben wurden.

Im Jahre 1979 wurde ein neuer Papyrus aus einem griechischen Zauberhandbuch veröffentlicht, der für die bruchstückhafte und unterdrückte Geschichte dieses Themas von großer Bedeutung ist (Brashear 1979; Maltomini 1988; Janko 1988; Obbink [in Vorb.]). Da die meisten erhaltenen Sammlungen von Zaubersprüchen als Abschriften aus dem zweiten bis vierten Jahrhundert u. Z. überlebt haben, ist es ein leichtes für traditionelle Historiker, dies alles als ein nachträgliches und wesensfremdes Eindringen ins Sanktuarium der rationalen griechischen Kultur abzutun. Aber der neue Papyrus muß dem späten ersten Jahrhundert v. u. Z. zugerechnet werden und bestätigt, was auch aus anderen Gründen wahrscheinlich genug ist – daß nämlich die Niederschrift von Zauberei eine Geschichte hat, die der anderer Formen der schriftlichen Überlieferung vergleichbar ist. Zaubersprüche zur Erweckung von Liebe oder zur Vertreibung von Kopfschmerz (wie sie beide in dem neuen Papyrus enthalten sind) gehören wie Sammlungen von Naturwundern oder Volkssagen zu jener Art von Kulturprodukten, die eine lange und verzweigte mündliche

Überlieferung haben, bei denen aber bis zur Veränderung der gesellschaftlichen Bedingungen durch das alexandrinische und das Römische Reich niemand auf den Gedanken kam, sie schriftlich festzuhalten. Zumindest auf dem einen Gebiet der Magie, das über eine ununterbrochene Textgeschichte vom sechsten Jahrhundert vor unserer Zeitrechnung bis zum sechsten Jahrhundert unserer Zeit verfügt – nämlich auf Blei geschriebene Verwünschungen, die, manchmal zusammen mit mißhandelten Puppen, in den Gräbern Frühverstorbener begraben wurden –, können wir mit Bestimmtheit sagen, daß es sich um eine von alters her und unterbrechungslos ausgeübte Praxis handelt.

Für diejenigen, die sich mit Sappho beschäftigen, ist das Faszinierende an dem neuen Papyrus, daß seine Sprache eine gewisse Ähnlichkeit mit der des Gedichtes 1 hat. Da geht es um einen verzauberten Apfel, der dem ausersehenen Liebesobjekt zugeworfen werden muß. Das Zuwerfen von Äpfeln als Zeichen eines erotischen Interesses ist ein weit verbreiteter Brauch in griechischen Gemeinschaften.[11] Die Beschwörungsformel ist ein Gebet zu Aphrodite im Versmaß des Hexameters, in dem sie gebeten wird, »dieses vollkommene Lied vollkommen zu machen« oder »ein Lied der Erfüllung zu erfüllen«, wobei das gleiche Wort gebraucht wird, das Sappho in ihrer letzten Strophe wiederholt, »was nach Erfüllung ruft in meiner Seele Sehnen, erfüll«. Dies ist mehr oder weniger Standard in der Sprache des Gebets und des Wunsches (vgl. *Ilias* 14.195 f.). Standard ist auch die Anrede einer großen Göttin als *potnia thea*, »Herrin Göttin«, die sich sowohl im Gedicht 1 als auch dem Zauberpapyrus findet, aber in dem fragmentarischen Zauberspruch steht sie neben dem Wort *apothanō*, »ich möge sterben«, das sich bei Sappho mehrfach findet (frag. 94: »tot sein, ehrlich, ich wünsch es mir«, frag. 31: »mir scheint, ich werde gleich sterben«). Noch näher liegen die Worte *katatrechō, autos de me pheugei*, »ich laufe hinterher, aber er flieht vor mir« (Spalte 2, Zeile 12). Andere Zauberpapyri enthalten Formulierungen von Hilferufen, die so unmittelbar und direkt sind wie Sapphos Ruf an Aphrodite, ihr zur Seite zu eilen und ihr in der Schlacht als Kampfgenossin beizustehen, z. B. »Komm und steh mir bei bei diesem Vorhaben und wirke mit« (PGM XII 95). Dies alles mag nicht mehr bedeuten, als daß der Zauberpapyrus den Einfluß Sapphos zeigt, aber die magischen Anklänge von *throna* (falls das die korrekte Lesart ist) könnten erklären, warum der spätere Magier sich ganz natürlich dazu hingezogen fühlen würde, ein Echo auf Sapphos Gedicht 1 zu formulieren.

Balancierend zwischen zwei Möglichkeiten – der Vielsinnigkeit von *poikilophron*, dem Magischen von *poikilothron'* – wüßte ich nicht, wie ich zwischen einer richtigen und einer falschen unterscheiden könnte.

Besser ist es, beide mitklingen zu lassen und zu würdigen, wie Sappho im Gedicht 1 vielleicht auf die Zauberkraft einer Göttin anspielt und ohne Zweifel ihre Vielsinnigkeit unter Beweis stellt. Solch multiple Selbstspiegelung im Antlitz von jemand anderem ist – zusammen mit dem Wechsel der Standpunkte, der wiederum uns dazu bringt, uns abwechselnd in jede der fünf Personen des Gedichts hineinzuversetzen und neben ihnen zu stehen – eine Leistung, die im Vergleich mit den anderen griechischen Dichtern des siebten und sechsten Jahrhunderts v. u. Z. in eine andere Dimension hinüberreicht. Diese Komplexität des Verstehens, die ein Feld personengebundener Sichtweisen eröffnet, deren jede die andere als ähnlich, aber unterschieden wahrnimmt, zeigt, in welchem Maße vergleichbare Gedichte von Dichtern ihrer Zeit im wahrsten und tieferen Sinne Soloauftritte sind.

Solche Vielsinnigkeit oder Mehrfach-Bewußtheit ist intrinsisches Merkmal der Situation griechischer Frauen, die die männliche Kultur verstehen, wie sie es für jede zum Schweigen verurteilte Gruppe innerhalb einer Kultur ist, die zwar ihr Vorhandensein zur Kenntnis nimmt, nicht aber ihre authentische Stimme. Dies führt zu einer interessanten Umkehrung des (repressiven) Verdikts über Literatur von Frauen, sie repräsentiere nur einen kleinen und begrenzten Ausschnitt aus einer größeren Welt.[12] Ein solcher Blick portraitiert das Bewußtsein von Frauen nach Maßgabe des *gesellschaftlichen* Gegensatzes öffentlich/privat, als belegte die Frauenliteratur nur einen kleinen Kreis irgendwo innerhalb des größeren Kreises der Männerliteratur, ganz so, wie die Frauen auf den häuslichen Bereich eingeschränkt sind. Aber insoweit die öffentliche Kultur der Männer wahrhaft öffentlich ist, indem sie sich »auf der Straße« als die herrschende Norm gesellschaftlicher Interaktion zeigt, ist sie Frauen so zugänglich wie Männern. Weil Männer ihre Sprache und Umgangsformen als *die* Kultur definieren und zur Schau stellen und die Sprache und Umgangsformen von Frauen als eine Subkultur ausgrenzen, die für Männer außerhalb der Familie unzugänglich und vor ihnen geschützt ist, befinden sich Frauen in der Lage, zwei Kulturen zu erfahren, wo die Männer nur eine kennen.

Vom Standpunkt des *Bewußtseins* aus (statt vom physisch-räumlichen aus) müssen wir den Kreis der Frauenliteratur als den größeren zeichnen, der die männliche Literatur als eine Phase oder Abteilung des kulturellen Wissens von Frauen enthält. Frauen in einer männergeprägten Gesellschaft sind also wie eine sprachliche Minderheit in einer Kultur, deren öffentliche Handlungen sich samt und sonders in der Sprache der Majorität vollziehen. Um sich auch nur passiv an dieser Öffentlichkeit beteiligen zu können, muß die Minorität zweisprachig sein; die Majorität ist nicht einem vergleichbaren Bedürfnisdruck ausgesetzt, die Sprache der Minorität zu erlernen. Sapphos Bewußtsein ist damit notwendigerweise ein doppeltes Bewußtsein, ihre Teilhabe an der öffentlichen literarischen Tradition enthält immer und unvermeidlich ein Moment der Entfremdung.

Gedicht 1 enthält eine Aussage darüber, wie wichtig es ist, ein doppeltes Bewußtsein zu haben. Aphrodite erinnert »Sappho« an den Gezeitenwechsel widerstreitender Gefühle, von Kummer gefolgt von Freude, von Verzagtheit gefolgt von Erleichterung, von Verlust, der sich in Gewinn verwandelt. Die Mahnung der Göttin, sich nicht einseitig von einem Moment der Erfahrung absorbieren zu lassen, läßt sich auf das Muster der *Ilias* im allgemeinen beziehen, wo die Gezeiten der Schlacht im Wechsel von Flucht und Verfolgung hin- und herwogen. Der 5. Gesang der *Ilias* zeigt dies gut und ist auch der homerische Ort für die spezifische Form von wechselndem Geschick, die in Verwundung und wunderbarer Heilung besteht. Zwei Gottheiten (Aphrodite und Ares) und ein Held (Äneias) werden verletzt und gerettet.

Heilung im Wechsel ist das Thema in Gedicht 1 wie im 5. Gesang der *Ilias*. Aber aufgrund des »privaten« Standpunktes und des doppelten Bewußtseins Sapphos wird dies nicht nur das Thema, sondern das *Verfahren* des Gedichts, und zwar im folgenden Sinne: Sappho eignet sich einen fremden Text an, und zwar eben genau den, der den Ausschluß »schwacher« Frauen aus männlichem Territorium behauptet; sie deckt implizit die Unangemessenheit dieser Verunglimpfung auf; und sie stellt die Vollständigkeit von Homers Text wieder her, indem sie seinen willkürlichen Ausschluß des Weiblichen und des Erotischen herauspräpariert und verwirft.

Denn wenn wir Sapphos komplexe Wiederverkörperung Homerischer Rollen (männlicher und weiblicher) ganz aufgenommen haben und gelernt haben, das, was marginal war, als das Umfassende zu sehen, dann stellen wir fest, daß ein Zug furchtsamer Selbstentfremdung und -verleugnung in Diomedes' Verstoßung der Aphrodite liegt. Das alles beherrschende Bedürfnis eines kämpfenden Kriegers ist es, stark zu sein und nicht zu wanken; daher die stets präsente Versuchung (die ebenfalls ein Verlangen ist), schwach zu sein. Dies wird am vollständigsten in *Ilias* 22.111–30 ausgedrückt, wo Hektor es als weibisch und erotisch ansieht, daß er die Waffen niederlegt, um mit Achilles zu verhandeln. Diomedes' Feindseligkeit gegenüber Aphrodite (= das Verweichlichte und Erotische) ist eine Art Zum-Sündenbock-Machen, eine Behauptung eines Ideals maskuliner Stärke gegenüber seiner *eigenen* möglichen »Schwachheit«. Denn in anderen Zusammenhängen außerhalb des Drucks der

Schlacht zeigen die Homerischen Helden ein intensives Gefühlsleben, und dann ist ihre Verletzlichkeit derjenigen Sapphos sehr ähnlich: sie setzen sich ebenso stark für die Bande der Freundschaft ein wie Sappho (»er gab Deipylos die Pferde, seinem lieben Kameraden, den er mehr schätzte als alle seine Altersgenossen«, *Il.* 5.325 f.), sie schenken und erhalten Geschenke wie Sappho, sie kränken einander und erneuern Freundschaften mit ebensoviel Gefühl wie Sappho und ihre Geliebten. In einer »sapphischen« Lesart tritt die emotionale Isoliertheit der iliadischen Helden von ihrem heimischen Glück stärker hervor (»seine Kinder werden ihm nicht mehr auf den Schoß springen und ›Papa‹ zu ihm sagen«, 5.408). Wir können die These, daß Sappho Homer dazu benutzt, um ihre Welt zu heroisieren, umkehren und sagen, daß ihre Gedichte, insofern sie eine Lektüre Homers sind (und uns daher zum Wiederlesen von Homer führen), eine weibliche Perspektive auf männliches Handeln eröffnen, die die innere Struktur und die Beweggründe für den Ausschluß des Weiblichen von den Schauplätzen des Männlichen in größerer Klarheit zeigen.

Ich komme zum Bild des doppelten Kreises zurück – Sapphos Bewußtsein ist ein größerer Kreis, der den kleineren Homers umfaßt. Die Lektüre der *Ilias* ist für sie eine Erfahrung von Doppelbewußtsein. Die Bewegung, die damit geschaffen wird, ist eine dreifache: indem sie sich eine Zeitlang auf jenen inneren Kreis beschränkt, kann sie voll und ganz verstehen, was Homer sagt; indem sie *ihre* Gesamterfahrung zum Tragen bringt, sieht sie die Begrenzungen seiner Welt; indem sie ihre Version dieser Erfahrung in einem Gedicht darstellt, zeigt sie die Stärken ihrer Welt und die offensichtliche Unvollständigkeit derjenigen Homers und zeigt gleichzeitig einige der Randaspekte und leicht zu übersehenden Züge Homers in neuem Licht. Diese dreifache Bewegung der Aneignung aus den Händen »des Feindes«, die Zurschaustellung seiner Schwäche und die Anerkennung seines Wertes ähnelt den Handlungen der Homerischen Helden, die bezwingen, plündern und manchmal vergeben. Hinter den Beziehungen der Persona Sapphos zu den Figuren Diomedes und Aphrodite liegen die Beziehungen der Autorin Sappho zu Homer, ein Widerstreit von Leser und Text (Publikum und Überlieferung), von zuhörender Frau und rezitierendem Mann.

# Gedicht 16: Was Männer sich wünschen

Eine Bedeutung dessen, was wir heute das Geschlechtspolitische [»sexual politics«] an der Literatur nennen können, scheint fast explizit in Gedicht 16 ausgedrückt (es handelt sich um ein achtstrophiges Gedicht, von dem nur die ersten drei und die fünfte Strophe nahezu intakt geblieben sind):

> Manche sagen, daß ein Trupp berittener Krieger, manche, daß Fuß-soldaten, manche, daß eine Flotte von Schiffen das Schönste auf der dunklen Erde sei; ich aber behaupte, daß es dasjenige ist, was jemand begehrt. Es ist ganz leicht, dies jedem verständlich zu machen, denn diejenige, die an Schönheit die Vorzüglichste war im ganzen Men-schengeschlecht – Helena –, verließ ihren Gatten, den . . ., segelte nach Troja und dachte weder an Kind noch an die lieben Eltern, sondern täuschte . . . / [sich] . . ., denn . . . leichthin . . . erinnert mich jetzt an Anaktoria, die nicht da ist: deren lieblichen Schritt und deren Strahlen des Gesichts ich lieber sehen würde als lydische Kampfwagen und waffentragende Kämpfer . . . kann nicht (sein) . . . menschlich (sein) . . . der Wunsch, zu teilen . . . unerwartet.

Zur Verdeutlichung des Verszusammenhangs hier die (inhaltlich zum Teil abweichende) metrische Übertragung (Schickel, V):[*]

> Dieser sagt von Reitern und der vom Fußvolk,
> mancher auch von Schiffen: auf schwarzer Erde
> seien sie das Schönste; doch ich nenn so, wo-
> nach einer sehnt sich.

> O wie leicht läßt dies sich verständlich machen
> jedermann. Denn sie, überstrahlend vieler
> Menschen Schönheit, Helena, ihrem Manne,
> einem der besten,

> ging sie fort, nach Troja sich einzuschiffen,
> nicht des Kindes, auch nicht der lieben Eltern
> einmal denkend; nein, es verführte sie, die
> nicht widerstand ihr,

---

[*] *A.d.Ü.:* Einfügung zur deutschen Ausgabe. In der Übertragung durch Schickel fehlen die letzten drei Strophen, von denen nichts als die letzten drei Satzreste geblieben sind, die Winklers Übertragung wiedergibt. Für die Diskussion besonders der fragmentarischen vierten Strophe ist die metrische Anordnung vielleicht hilfreich.

Kypris. Haltlos – – – – – – –
– – – – leichtsinnig – – – –
Ich hab Anaktorias mich erinnert,
daß sie nicht hier ist,

sie, und möcht doch ihre geliebten Schritte
und der Anmut Leuchten sehn im Gesicht ihr,
statt der Lyder Wagen und waffenstarres
Fußvolk im Kampfe.
. . .
. . .

Es ist leicht, dies als einen Kommentar zum System der Werte in der
Heldendichtung zu lesen. Gegen das Spektrum männlicher Meinungen
zur Schönheit (die sich alle auf militärische Organisationsformen konzentrieren, auf reglementierte Ansammlungen anonymer Kämpfer) setzt
Sappho sich selbst – »Ich aber« – und eine sehr abstrakte These über das
Begehren. Die Strophe stellt zunächst eine einzelne Frau einer Masse von
Männern gegenüber und geht dann über diese Gegenüberstellung hinaus,
indem Sappho sagt, »das Schönste« sei, »wonach du oder ich oder irgend-
wer sich sehnen mag«. Dies läuft auf eine Neuinterpretation der Art von
Bedeutung hinaus, die den zuerst genannten Behauptungen zukam, statt
auf einen bloßen Wettbewerb darum, welcher behauptete Anspruch Sie-
ger bliebe in einer Kategorie, über deren Sinn Einvernehmen herrscht
(Wills 1967; duBois 1978). Wenn Männer behaupten, daß ein Trupp
Kavallerie sehr schön sei, dann meinen sie nach Sappho, daß dieser Trupp
Ziel eines intensiven Verlangens für sie ist. Sappho spricht als weibliche
Opponentin, die sich dem Wettstreit mit Männern stellt, aber sie sagt
nicht, daß Männer die Streitkräfte hoch bewerten, während sie selbst das
Begehren hoch bewertet, sondern vielmehr, daß jede Wertschätzung ein
Akt des Begehrens ist. Männer sträuben sich vielleicht dagegen, ihre
Werte als solche von erotischer Natur, ihr Streben nach Sieg und Stärke
als eine Art der Wahl zu betrachten. Aber Sappho ist es allemal klar, daß
Männer in ihre Männlichkeit verliebt sind und epische Dichter in militärische Potenz.
    Wenn wir das Experiment fortsetzen, dieses Gedicht als eines über die
Dichtung zu lesen, dann könnten wir als nächstes versuchen, Helena als
die Figur aus der *Ilias* zu identifizieren. Aber Homers Helena verfluchte
sich selbst dafür, daß sie ihren Mann verlassen hatte und nach Troja
gekommen war; Sapphos Helena andererseits dient als Beleg dafür, daß
es richtig ist, eine Sache mehr als alle anderen zu begehren und der
wahrgenommenen Schönheit zu folgen, wo immer sie einen auch hinfüh-

ren mag. Diese Strophen enthalten eine charmante Parodie argumentativer Auseinandersetzung; die zugrundeliegende, eigentliche Argumentation würde ich folgendermaßen rekonstruieren (wobei ich mir vorübergehend Sapphos Stimme leihe): »Männliche Dichter haben sich lobend über militärische Schönheit geäußert, aber von weiblicher Schönheit (besonders der Schönheit Helenas) als verhängnisvoll und zerstörerisch gesprochen. Wahrscheinlich werden sie das Gesicht ihrer eigenen Wünsche nie so sehen, wie ich das tue, aber ich möchte doch versuchen, einige ihrer Beweismittel gegen sie selbst zu wenden, zumindest, um das Paradoxe an ihrem System aufzudecken. Ich greife mir die Frau heraus, die Männer in höchstem Grade begehren wie verachten. In bestimmtem Lichte betrachtet war das, wofür die Männer sie verdammt haben, ein Akt größten Mutes und Engagements, und an einem Punkt gibt sogar *ihre eigene Dichtung* widerstrebend zu, daß sie sich über jeden moralischen Tadel erhebt, der gegen sie vorgebracht wird – die Teichoskopie (»Mauerschau«, *Ilias* 3.121–244). Dort wird erwähnt, daß Helena ihren Mann, ihr Kind und ihre Eltern im Stich gelassen hat (139, 174), und sie fühlt aufgrund göttlicher Eingriffe, daß ihre Stimmung umschlägt; sie spürt jetzt Verlangen nach ihrem ehemaligen Gatten, ihrer Heimatstadt und ihren Eltern (139) und beschimpft sich selbst als Hündin (180). Aber das sind die Gefühle des Dichters, nicht die ihrigen; er macht sie zu einer Marionette seiner Empfindungen, nicht zu einer Frau, die ihren eigenen Kopf hat. Die wirkliche Helena war stark genug, einen Ehemann, Eltern und Kind zu verlassen, die sie weniger hoch schätzte als den Menschen, in den sie sich verliebt hatte. (Ich brauche und werde hier nicht beim Namen nennen, wen sie liebte; die Person – ob männlich oder weiblich – ist für meinen Gedankengang unwichtig.) Tatsächlich war sie sogar so stark, daß sie *Troja selbst verführen* konnte, in jenem Augenblick nämlich, mitten im schlimmsten Leid der Stadt, als die Ältesten Trojas sie die Stadtmauer entlang gehen sahen und mit ihren munteren Altmännerstimmen sagten, ›Um einer solchen Frau willen ist es keine Schande für Trojaner oder waffenstarrende Achaier, so lange Zeit schon Schmerzen zu erleiden‹ (156–7).«

Bis zu dieser Stelle habe ich mit dem Munde Sapphos die Gedanken ausgesprochen, die ich hinter diesem Gedicht sehe. Ein interessantes Problem gibt es in den Zeilen 12 ff., wo die meisten modernen Herausgeber des sapphischen Textes die Lücken mit gegen Helena gerichteten gefühlsmäßigen Einstellungen gefüllt haben, nach dem Muster »aber [Aphrodite] verführte sie . . . denn (Frauen lassen sich leicht manipulieren,) leicht (-sinnig . . .).« Wir wissen nicht, was fehlt, aber es ist eher in Einklang mit Sapphos Perspektive, wie ich sie sehe, als Subjekt für *paragag'*, »verführte/täuschte«, das gleiche anzunehmen, wie es den vorangehenden Nebensatz regiert – Helena. »Helena täuschte/verführte . . . selbst«, wobei die Auslassung für irgendein weibliches Substantiv steht wie »Stadt« (*polis*), »Schuld« (*nemesis*) oder etwas derartiges. Wer hier leicht zu manipulieren und voller Leichtsinn (*kouphōs*) ist, ist der Ältestenrat Trojas, der überraschenderweise Jahre des Leidens als unerheblich abtut – mit einem romantischen Seufzer, als Helena vorübergeht.

## Gedicht 31: Sappho als Leserin der Odyssee

Das beeindruckendste Fragment Sapphos ist vielleicht das Gedicht 31. Auch hier, trotz inhaltlicher Differenzen, zunächst die metrische Übertragung (Schickel XII), dann die formal freie, aber inhaltlich engere:[13]

Scheinen will mir, er komme gleich den Göttern,
jener Mann, der dir gegenüber nieder-
sitzen darf und nahe den süßen Stimmen-
zauber vernehmen

und des Lachens lockenden Reiz. Das läßt mein
Herz im Innern mutlos zusammenkauern.
Blick ich dich ganz flüchtig nur an, die Stimme
stirbt, eh sie laut ward,

ja, die Zunge liegt wie gelähmt, auf einmal
läuft mir Fieber unter der Haut entlang, und
meine Augen weigern die Sicht, es über-
rauscht meine Ohren,

mir bricht Schweiß aus, rinnt mir herab, es beben
alle Glieder, fahler als trockne Gräser
bin ich, einer Toten beinahe gleich mein
Aussehn – – –

Aber alles trägt sich noch, da – – –
. . .

(Er scheint mir den Göttern gleich, derjenige Mann, der sitzt und dich anschaut und ganz aus der Nähe deiner süßen Rede und deinem begehrenswerten Lachen lauscht – was wirklich das Herz in meiner Brust in Angst und Schrecken versetzt; denn indem ich dich kurz ansehe, kann ich überhaupt nicht mehr sprechen, meine Zunge ist stumm, gebrochen, ein seidenes Feuer hat sich mit einem Mal unter meiner Haut ausgebreitet, mit meinen Augen kann ich nichts sehen, es rauscht mir in den Ohren, ein kalter Schweiß ergreift mich, ein Zittern packt mich ganz, bleicher bin ich als Gras, es scheint mir, ich werde gleich sterben. Aber alles muß ausgehalten werden, denn selbst ein Bettler . . . .)

Die erste Strophe ist ein *makarismos*, eine traditionelle Formel des Preises und guter Wünsche, »Glücklich der Mann zu preisen...«, und wird oft benutzt, um eine glückliche Verheiratung zu feiern (Snell 1931; Koniaris 1968; Saake 1971, 17–38). Zum Beispiel: »Gesegnet mehr als alle anderen in weiter Runde ist der Mann, der dich mit Mitgift überhäuft und dich zu seinem Hause führt; denn niemals habe ich mit meinen eigenen Augen einen Sterblichen [Menschen] gesehen, weder Mann noch Frau, wie du einer bist. Eine heilige Furcht ergreift mich, da ich dich anschaue« (*Odyssee* 6.158–61). In der Tat ist dieser Auszug aus der Rede des Odysseus an Nausikaa von der Struktur her (Makarismus gefolgt von einem Ausdruck tiefer persönlicher Furchtempfindung) dem Gedicht 31 so eng verwandt, daß ich den Versuch wagen möchte, den Beginn von Sapphos Gedicht als Neuschöpfung dieser Szene der *Odyssee* zu interpretieren.

Falls Sappho eine junge Frau wie Nausikaa anspricht (»du/dich«) und selbst die Rolle eines Odysseus übernimmt, dann erscheinen in dieser vorgestellten Szene lediglich zwei Personen (Del Grande 1959). Dies steht sicherlich in Einklang mit der emotionalen Aufladung des Gedichts, in dem die Kräfte und Spannungen zwischen Sappho und der Frau, die sie ansieht und anspricht, zwischen »du« und »ich« fließen. Die wesentliche Aussage des Gedichts ist, wie die Ansprache des Odysseus an Nausikaa, ein Lobpreis der Angesprochenen und eine Erniedrigung der Sprecherin/des Sprechers, was zusammengenommen dazu führt, daß eine funktionierende Beziehung zwischen zwei Personen von wirklicher Stärke aufgebaut wird. Die Rhetorik von Preisung und Unterwerfung ist notwendig, denn tatsächlich sind die Dichterin und der schiffbrüchige Mann sehr bedrohlich. Die meisten Leser empfinden das Paradox der beredten Behauptung der Sprachlosigkeit im Gedicht 31, seiner machtvollen Erklärung von Hilflosigkeit; wie in Gedicht 1 geht die Dichterin souverän mit sich selbst als Opfer um. Die zugrundeliegende Machtbeziehung ist also das Gegenteil ihrer äußerlichen Form: Die Angesprochene ist von einer Zartheit und Zerbrechlichkeit, die von der machtvollen Präsenz der Dichterin zerschmettert würde, wenn sie nicht kunstvolle

Reverenz ausbreitete, die darauf berechnet ist, zu entwaffnen und, durch sorgfältiges Setzen von Hinweisen, zu verführen. Der anonyme »derjenige Mann« (*kēnos ōnēr ottis* bei Sappho, *keinos hos ke* bei Homer) ist ein rhetorisches Klischee, keine Figur in der vorgestellten Szene. Interpretationen, die sich auf »diesen (männlichen) jemand« *zuspitzen* als einen Bräutigam (oder Werbenden oder Freund), der tatsächlich anwesend ist und die Aufmerksamkeit der Angesprochenen besitzt, gehen an der Strategie der Überredung vorbei, nach der sich das Gedicht richtet, und enthüllen, indem sie das tun, ihre eigenen androzentrischen Prämissen. Indem sie »den Mann« als eine konkrete Person darstellen, die eine zentrale Position in der Szene einnimmt und eine gottgleiche Macht besitzt, mißverstehen solche Interpretationen eine Redefigur als Sachaussage und fügen Sapphos frauenzentriertem Bewußtsein das Gewicht ihrer eigenen pro-männlichen Werte hinzu. »Jener Mann« im Gedicht 31 ist wie der militärische Waffenaufmarsch im Gedicht 16 eine einleitend arrangierte Vorgabe, die dann beiseite gelassen wird. Wir stellen uns nicht vor, daß die Sprecherin von Gedicht 16 wirklich eine Flotte oder Infanterie beobachtet, genausowenig brauchen wir zu denken, daß Sappho einen Mann beobachtet, der an der Seite der von ihr Geliebten sitzt. Wen würde Sappho in diesem Fall ansprechen? Eine solche Lektüre verwandelt das Gedicht 31 zu einem modernen Gedicht des gänzlich inneren Monologs, statt es als eine rhetorisch geformte öffentliche Aussage zu lesen, die andere wohlbekannte Anlässe für öffentliches Sprechen zum Vorbild nimmt (Gebet, Erflehen, Mahnung, Beglückwünschung).

Meine Lektüre des Gedichts 31 erklärt, warum »derjenige Mann« zu einer so grotesk herausgehobenen Stellung in der Auseinandersetzung um das Gedicht gekommen ist. Androzentrische Denkgewohnheiten sind zum Teil der Grund dafür, aber noch wichtiger ist Sapphos Absicht, die Idee einer Brautwerbung anklingen zu lassen, ganz wie Odysseus es bei Nausikaa tut. Odysseus, der Fremde, richtet seine Ansprache an die Prinzessin an den Rollen aus, die sie und ihre Familie für akzeptabel halten können – hilfloser Bittsteller, heldenmütiger Abenteurer und möglicher Ehemann (Austin 1975, 191–200). Die üblichen Protokolle des Maklergeschäfts der Verheiratung in der antiken Gesellschaft sind ein System diskreter Angebote und Gegenangebote, bei denen jederzeit die Möglichkeit bestehen muß, sein Gesicht zu wahren, ehrenhaft und im Respekt gegenüber allen beteiligten Parteien abzulehnen. Odysseus' Rede an Nausikaa enthält diese zarten Avancen in Richtung auf ein Eheangebot, die jeder Leser als solche zu verstehen gewußt hätte, genauso wie Alkinoos Nausikaas Heiratsgedanken versteht, als sie darum bittet, die Festgewänder ihrer Brüder waschen gehen zu dürfen: »So sprach sie, denn sie vermied bescheiden das Wort ›Heirat‹ in Gegenwart ihres Vaters; er aber verstand sie vollkommen« (*Odyssee* 6.66 f.).* Ein solches Vermögen des Zu-verstehen-Gebens und der respektvollen Indirektheit in der gewöhnlichen Sprache ist eine der Grundlagen für die verfeinerte Kunst des lyrischen Sprechens. Sapphos Andeutung, daß »jemand« ein gewisses Glück genießt, ist wie die identische Aussage des Odysseus ein höflicher Bezug auf sich selbst und eine Einladung, doch den nächsten Schritt zu tun. Sappho spielt mit der Rolle des Odysseus als des Freiers-mit-Sonderstellung, ein völlig unbekannter Fremder, der Nausikaas Hochzeitsträume erfüllen könnte, wider alle übliche Erwartungen der Gesellschaft, in der sie lebt. Auch sie spielt mit den bescheidenen Förmlichkeiten der Selbstherabsetzung und der Ehrerbietung, all dies eine Erweiterung von *sebas m' echei eisoroōsa*, »eine heilige Furcht ergreift mich, da ich dich anschaue« (*Od.* 6.161).

»Jener ist den Göttern gleich« – der Satz hat auch noch eine andere Bedeutung. Als Leserin der *Odyssee* nimmt Sappho abwechselnd Anteil an allen Figuren; dieser Wechsel der Aufmerksamkeit ist die übliche Erfahrung eines jeden Lesers des Epos und die Grundlage für Sapphos Mehrfachidentifikation mit Aphrodite wie auch Diomedes im 5. Gesang der *Ilias*. Beim Lesen des 6. Gesanges der *Odyssee* übernimmt Sappho die Rollen des Odysseus wie der Nausikaa und steht gleichzeitig außerhalb beider. Ich möchte annehmen, daß »jener ist den Göttern gleich« in einer seiner zahlreichen Bedeutungen eine Neufassung von Homers Beschreibung des von der See hart mitgenommenen Odysseus ist, der von Athene in einen gott-ähnlichen Mann verwandelt wird: *nyn de theoisin eoike toi ouranon euryn echousin*, »jetzt aber ist er wie die Götter, die Macht über die Weite der Himmel haben« (6.243). Das ist Nausikaas Bemerkung zu ihren Mägden, als sie Odysseus beobachtet, der am Strand sitzt, nachdem er aus seinem Bad aufgetaucht ist, und sie fährt mit dem Wunsch fort, daß ihr Ehemann einmal so jemand sein möge.[14] Der Standpunkt, von dem aus Sappho als jemand spricht, der im tiefsten Herzen getroffen ist, ist derjenige einer Sterblichen, der göttliche Macht und Schönheit begegnet sind, und dieser Standpunkt findet sich in der *Odyssee* in den Personae des Odysseus (der von Nausikaa hingerissen ist, zumindest sagt er das), der Nausikaa (die von Odysseus beeindruckt ist), und der homerischen Zuhörerschaft, denn Sappho spricht nicht nur als der fremde Freier und als die schöne

---

\* *A.d.Ü.:* Zur indirekten Sprechweise an dieser Stelle vgl. auch Kap. 4, S. 164.

Prinzessin, sondern auch als Homerrezipientin, die »jenen Mann« (Odysseus) betrachtet, wie er dem liebenswürdig lachenden Mädchen gegenübertritt.[15]

Wenn ich hier das Experiment gemacht habe, Sapphos Gedichte – in Teilen – als Ausdruck ihrer Gedanken bei der Lektüre Homers und ihres Bewußtseins von der öffentlichen Welt der Männer zu lesen, dann scheint es mir, als müsse sie sich ganz natürlich zur Figur der Nausikaa hingezogen gefühlt haben, deren romantische Erwartung (6.27) und zartes Gespür für die Unerreichbarkeit des machtvollen Fremden (244 f., 276–84) zu den gelungensten Darstellungen der Gedanken einer Frau in der männlichen griechischen Literatur gehören.[16] Sappho sieht sich selbst sowohl als Odysseus, der das nymphenhafte junge Mädchen bewundert, als auch als Nausikaa, die ihre eigenen komplizierten Gefühle genießt. Der Augenblick ihrer Trennung hat etwas, was im Rückblick, im normalen Vorgang des Wiederlesens von Literatur im Lichte ihrer eigenen späteren Neuformulierung, als eine »sapphische« Note erscheint: *mnēsēi emei'*, »Lebwohl, Gastfreund, und wenn du in deiner Heimat bist, so erinnere dich an mich, die dich gerettet hat – das schuldest du mir« (*Odyssee* 8.461 f.). Diese Worte sind so tief und treffend wie Sapphos im Gedicht 94.6–8: »Und ich antwortete ihr, ›Lebwohl auf deiner Reise und denk an mich, denn du weißt, wie ich dir half‹« (s. Schadewaldt 1936, 367).

## Gärten der Nymphen

Die idyllische Schönheit Phäakiens findet üppigen Ausdruck in den reichhaltigen Gärten des Alkinoos, die mit ihrer immerwährenden Frucht- und Blütenpracht wie die Gärten sind, die Sappho beschreibt (besonders Gedichte 2, 81b, 94, 96), und sie ruft uns die Worte des Demetrios ins Gedächtnis, »Fast die gesamte Dichtung Sapphos handelt von Gärten der Nymphen, Hochzeitsliedern, Erotik.« Die andere Seite des Gegensatzes öffentlich/privat bei Sappho ist ein absichtsvolles Muster, das sich in dem üppigen Blattwerk und den Blütenkelchen dieser Gärten verbirgt. Das doppelte Bewußtsein hat zwei Seiten: Sappho spielt Szenen der öffentlichen Kultur nach, denen sie ihre private Perspektive der abgeschlossen lebenden Frau hinzufügt, und sie spricht öffentlich von den privatesten, auf Frauen bezogenen Erfahrungen, von denen Männer streng ausgeschlossen sind. Beide Vorhaben stehen nicht auf gleicher Stufe, das letztere ist sehr viel delikater und risikoreicher.

Allein die Formulierung von Geheimnissen »Nur-für-Frauen«, weiblichen *arrhēta*, birgt schon die Gefahr nicht nur der Ungehörigkeit (das Entschleiern der Braut), sondern auch des Verrats durch falsche Darstellung. Daher das Zögern dort, wo Sappho am explizitesten vom doppelten Bewußtsein spricht: *ouk oid' otti theō, dicha moi ta noēmmata*, »Ich bin unsicher, was ich niederschreiben soll, meine Gedanken sind doppelt« [»Weiß nicht, was ich zu tun, denn entzweit ist das Denken mir« – Schickel, XXVII], könnte heißen »Ich bin nicht sicher, welche Dinge ich niederlegen soll und welche unter uns belassen, ich bin da gespalten« (frag. 51).

Unter den Gedanken, die Sappho in ihre Dichtung eingewoben hat, auf eine Weise, die gleichzeitig verbirgt und enthüllt, ohne Verrat zu üben, sind sexuelle Bilder. Diese sind teilweise privat nur Frauen zugehörig, deren Beachtung des eigenen Körpers mit den Männern nicht geteilt wird, und teilweise öffentlich zugänglich, besonders in Hochzeitsliedern und Riten, die einen reichen Fundus an symbolischen Bildern mit sexuellem Bezug liefern (Bourdieu 1979, 105; Abbott 1903, Kap. 11). Die in der Antike übliche Beschäftigung mit Fruchtbarkeit, Gesundheit und Körperfunktionen erzeugte eine große Familie von Naturmetaphern für die menschliche Sexualität und, umgekehrt, von sexuellen Metaphern für Pflanzen und Körperteile. Ein hoher Grad persönlicher Zurückhaltung und Anstand wird in keiner Weise von einer Alltagssprache kompromittiert, die die Welt nach genitalen Analogien oder Hochzeitsbräuchen benennt, deren Funktion die Förderung der Fruchtbarkeit und der Harmonie in einer kooperativen sexuellen Beziehung ist.

Die drei Wörter, an denen ich das veranschaulichen möchte, sind *nymphē, pteryges* und *mēlon*. Die Belege für ihren Gebrauch stammen aus verschiedenen Jahrhunderten und verschiedenen Arten von Schriften bis zu einem runden Jahrtausend nach Sappho; aber in jedem Einzelfall scheinen die Ausdrücke keine Neologismen, sondern eher halb-fachsprachlicher und traditioneller Natur zu sein. Sie bilden die verstreuten Bruchstücke eines hartnäckigen, unter lokalem Aspekt buntscheckigen Symbolsystems, das zu Sapphos Zeiten in Funktion war und das im heutigen Griechenland noch immer erkennbar ist.

*Nymphē* hat viele Bedeutungen: im Zentrum dieser ausgedehnten Bedeutungsfamilie stehen »Klitoris« und »Braut«. *Nymphē* bezeichnet eine junge Frau zum Zeitpunkt des Übergangs von Jungfrau (*parthenos*) zu Ehefrau (oder »Frau«, *gynē*); die zugrundeliegende Idee ist die, daß in gleicher Weise, wie das Haus die Ehefrau einschließt und wie Schleier und Kutsche die Braut von den Hochzeitsgästen getrennt halten, die Frau selbst ein sexuelles Geheimnis in sich einschließt.[*] »Der äußere Teil des weiblichen genitalen Systems, der sichtbar ist, hat den Namen ›Flügel‹ [*pteryges*], die sozusagen die Lippen des Schoßes sind. Sie sind dick und fleischig und erstrecken sich unten bis zu beiden Schenkeln, wobei sie sich voneinander entfernen, und enden oben in dem, was man *nymphē* nennt. Dies ist der Ausgangspunkt [*archē*] der Flügel [Labia], von seiner Art ein kleines fleischiges Ding und auf gewisse Weise muskulös (oder mausartig)« (Soranos, *Gynäkologie* 1.18).

Der gleiche fachsprachliche Gebrauch von *nymphē* in der Bedeutung von Klitoris findet sich bei anderen medizinischen Autoren[17] und Lexikographen[18] und wird in Bedeutungserweiterung auf viele analoge Erscheinungen übertragen: das Grübchen zwischen Lippe und Kinn (Rufus, *Onom.* 42; Pollux, 2.90; Hesychios), eine Kuhle an der Schulter des Pferdes (*Hippiatr.* 26), ein Weichtier (Speusippos ap. Athenaios 3.105B), eine Nische (Kallixinos 2 = Müller *FHG* 3, 55), eine sich öffnende Rosenknospe[**], die Spitze eines Pfluges (Pollux 1.25.2; Proklos *ad Hesi-*

---

[*] »Einer der Männer von Chios, jemand von gewisser Bedeutung, wie es aussieht, verheiratete sich, und als die Braut in der Kutsche zu seinem Haus geleitet wurde, sprang Hippoklos, der König, ein enger Freund des Bräutigams, der sich während des Trinkens und Lachens unter die anderen gemischt hatte, auf die Kutsche auf, nicht in beleidigender Absicht, sondern einfach aus spielerischer Laune, wie sie üblicher Brauch war. Die Freunde des Bräutigams töteten ihn« – Plutarch, *Mul. virt.* 244E.

[**] Photios, *Lexikon* s. v. *nymphai*: »Und man nennt den mittleren Teil der weiblichen Genitalien die *nymphē*; ebenso sind die kaum geöffneten Knospen von Rosen *nymphai*; und frisch verheiratete Jungfrauen sind auch *nymphai*.« – Die Gleichsetzung von Blumen und weiblichen Genitalien ist ebenso antik (Krinagoras, *Anth. Pal.* 6.345; Achilles Tatius 2.1) wie modern (Kunst: Lippard, Dodson, Chicago 1975, 1979; Dichtung: Lorde, »Love Poem« in Bulkin und Larkin 1975). Nach Wirth (1963) scheint Sappho die Gleichsetzung von Braut und Rose explizit gemacht zu haben. Ich würde die Unterstellung nicht ohne weiteres zurückweisen, daß Sapphos Gefühlen für Kleïs, wie sie im Fragment 132 [Schickel LXVII] vorgestellt werden, bewußt eine lesbische Färbung gegeben wurde: »Ich habe ein schönes Kind, an Gestalt wie goldene *Blumen*: die einzig geliebte Kleïs; für sie würde ich nicht das gesamte Lyderland … noch [das?] holde … « In der Tat, um es noch einen Schritt weiterzutreiben, kann dieses »Kind« (*pais*) einfach eine weitere Metapher für Klitoris sein (*Kleis*/*kleitoris*). Die biographische Tradition, die Kleïs als den Namen von Sapphos Tochter und Mutter ansieht, mag hier (wie so oft) auf nicht mehr gegründet sein als auf eine faktenhungrige Lektüre ihrer Gedichte.

od, *Erga* 425) – letzteres ist eine interessante Umkehrung auf der Grundlage des Bildes der in die Erde eindringenden Pflugschar.

Die Beziehung zwischen *nymphē*, Klitoris, und *pteryges*, Flügel/Labia, zeigt sich im Namen einer Art von Adlerfarn, dem *nymphaia pteris*, »Nymphenschwinge«, auch bekannt als *thelypteris*, »weiblicher Flügel«, am Namen der losen Revers an einem sich locker öffnenden Gewand (Pollux 755, 62, 66 = Aristophanes, frag. 325 OCT), und am Gebrauch von *nymphē* als Bezeichnung für Bienen im Larvenstadium, wenn sie sich gerade zu öffnen und die Flügel zu entfalten beginnen (Aristoteles, *Hist. anim.* 551$^{b}$2–4; Photios, *Lexikon* s.v. *nymphai*; Plinius, *Nat. hist.* 11.48).

Diese Bildfamilie erstreckt sich breit über viele Ebenen der griechischen Kultur und dient uns hier dazu, einen wichtigen Bedeutungsaspekt von »Braut«, *nymphē*, zu rekonstruieren, wie er im Altertum empfunden wurde.[19] Demetrios' drei Begriffe für Sapphos Dichtung sind also praktisch identisch: Nymphengärten, Hochzeitslieder, Erotik. Mehrere der erhaltenen Gedichte und Fragmente Sapphos ergeben Sinn als eine frauenbezogene Feier und Revision dieses öffentlichen, aber diskreten Vokabulars für weibliche Sexualität.

Das Bewußtsein dieser Gedichte umgreift ein weites Gebiet von Einstellungen und Haltungen. Die erste, im Fragment 105a, läßt sich als Sapphos Version männlicher Zoten[20] ansehen, aber wenn es um die *nymphē* geht, ist Sapphos weibliche »Ferkelei« von ostentativ anderem Ton:

> Wie der süße Apfel [*glykymēlon*] sich rötet am oberen Aste,
> oben am obersten, doch vergessen von pflückenden Händen –
> nicht vergaßen sie ihn, nein, konnten nicht dahin langen.
> [Schickel XLVIII]

*Mēlon*, gewöhnlich als »Apfel« übersetzt, bezeichnet eigentlich ganz allgemein fleischige Früchte – Aprikosen, Pfirsiche, Äpfel, Zitronen, Quitten, Granatäpfel. Bei Hochzeitsbräuchen bedeutet das Wort wohl am häufigsten Quitten und Granatäpfel, aber der Bequemlichkeit halber will ich bei der traditionellen Übersetzung »Apfel« bleiben. Wie *nymphē* und *pteryges* hat *mēlon* eine große Bedeutungsbreite, und daran läßt sich wiederentdecken, warum »Äpfel« ein bedeutendes Symbol bei der Liebeswerbung und in Hochzeitsriten waren.[21] *Mēlon* bezeichnet verschiedene »klitorale« Objekte: die Samenkapsel der Rose (Theophrast, *Hist.*

---

(Der gleiche Name erscheint in frag. 98b1 [Schickel XLIII].) – Zu Blumen und Früchten vgl. Stehle 1977.

*plant.* 6.6.6), die Mandel oder die Uvula (Zäpfchen)*, eine Schwellung oder ein Gerstenkorn am unteren Lid (Hesychios s.v. *kula*) und eine Corneaschwellung (Alexander Tralles, *Peri ophthalmōn*, ed. Puschmann, 152). Die Druckempfindlichkeit dieser Objekte ist eine der Grundlagen für die Analogie; ich will nur die letzte zitieren:»Und was man mit *mēlon* bezeichnet, ist eine Art fleischiger Beule [*staphylōma*, traubenartige Schwellung], die groß genug ist, um die Augenlider anzuheben, und wenn sie gerieben wird, dann wirkt sie störend auf die gesamte Lidfläche.«

Fragment 105a, im Verlauf eines Hochzeitsliedes von einer Braut gesagt, ist ein sexuelles Bild. Wir können diesen Sinn nicht allein aus der allgemein erotischen Bedeutung von *mēlon* ableiten, sondern auch aus der Position des einzelnen Apfels hoch oben an den leeren Ästen eines Baumes,** und aus seiner Süße und Färbung. Das Verbum *ereuthō*, »rot werden«, und die mit ihm verwandten Wörter werden für die Erscheinung von Blut oder einer anderen roten Flüssigkeit auf der Oberfläche eines Gegenstandes benutzt, der bemalt oder befleckt ist, oder dann, wenn die Haut stark durchblutet wird (Hippokrates, *Epid.* 2.3.1, *Morb. Sacr.* 15, *Morb.* 4.38 als Erröten).

Wortwahl und Formulierung dieses Fragments enthüllen jedoch sehr viel mehr als eine sexuelle Metapher, sie enthalten eine zarte und ehrerbietige Haltung zur flüchtigen Anwesenheit-bei-Abwesenheit von Frauen in der Welt der Männer. Demetrios spricht an anderer Stelle (148) von der anmutigen Naivität, mit der Sappho sich selbst verbessert, als wäre es nicht mehr als ein charmanter Tupfer von Volkssprachlichkeit, wenn sie sich zweimal in diesen Zeilen eines anderen besinnt und damit eine Aussage verändert, die sie bereits gemacht hat. Aber sich selbst zu korrigieren ist Sapphos spielerische Form, sehr viel mehr zu sagen, als ihr Simile sonst ausdrücken könnte. Die Worte sind unzureichend – wie soll ich sagen? – nicht unzureichend, aber sie umkreisen ein Gebiet der Bedeutung, für das es in der phallozentrischen Tradition keine wahrheits-

---

\*    Rufus, *Onom.* 64; Galen, *De usu partium* 15.3: »Der *nympha* genannte Teil schützt die Uteri auf gleiche Weise wie die Uvula den Pharynx [Kehlkopf], denn er verschließt die äußere Öffnung ihres Halses, indem er sich in das weibliche Pudendum senkt und es davor bewahrt, sich zu erkälten.« – Sapphos Fragment 42, über die Wärme, die von zusammengelegten Flügeln (*ptera*) gespendet wird [Schickel XX], läßt sich als Aussage über Labia wie über Vögel lesen.

\*\*   »In anderen Teilen [Makedoniens] [...], besonders bei den Wallachen, wird eine Stange mit einem Apfel an der Spitze und einem weißen Tuch, das davon herabweht, [...] von einem Jüngling im Kilt vor der Hochzeitsprozession hergetragen« – Abbott 1903, 172.

getreuen Worte gegeben hat. Das wirkliche Geheimnis dieses Similes ist nicht das Bild der »Scham«-Teile der Braut[*], sondern das weiblicher Sexualität und weiblichen Bewußtseins überhaupt, das Männer nicht so kennen wie Frauen. Sappho kennt dieses Geheimnis an sich selbst und an anderen Frauen, die sie liebt, und sie feiert es in ihrer Dichtung. Während das Drum und Dran des Mannes ungeschickt zur Schau getragen wird (und am Türsturz anstößt, frag. 111, störend groß wie die Füße eines Bauern, frag. 110), ist das der Frau geschützt und sicher. Das Erstaunliche an diesen Zeilen ist, daß der Apfel nicht »reif für den Pflücker« ist, sondern unerreichbar, als bliebe sogar nach der Hochzeit die *nymphē* noch sicher vor der Aneignung durch den Ehemann.[22]

Revision des Mythos und sexuelles Bild werden in Fragment 166 kombiniert: *phaisi dē pota Lēdan yakinthōi pepykadmenon / eurēn ōion*, »Man sagt tatsächlich, daß eines Tages Leda unter den Hyazinthen versteckt ein Ei fand.« So, wie in Gedicht 16 die traditionelle Verunglimpfung Helenas revidiert wurde, so wird hier die überlieferte Geschichte von Helenas Mutter neu erzählt. Leda war nicht das Opfer der Vergewaltigung durch Zeus und gebar später Helena, indem sie ein Ei legte, sondern sie entdeckte ein geheimnisvolles Ei, das in den krausen Blüten einer Hyazinthendolde versteckt war, oder (besser) in einem Hyazinthenbeet, als sie die Blüten teilte und unter den Blättern nachsah. Das Ei, das sie dort entdeckt, ist

(1) eine Klitoris, die unter Labia versteckt ist,

(2) die schönste aller Frauen, eine winzige Helena, und

(3) eine Geschichte, ein Gegenstand und eine Person, die vor der männlichen Kultur versteckt sind.[**]

Die Metapher, sich tastend seinen Weg durchs Gebüsch zu bahnen, bis man auf ein besonderes Objekt des Begehrens stößt, ist in dem Wort *maiomai* enthalten, »ich taste nach«, »ich suche tastend«. Es wird auf Odysseus angewendet, der Polyphems Bauch nach einer kritischen Stelle abtastet, in die er sein Schwert stoßen kann (*Od.* 9.302); auf Tiere, die im Dickicht nach einem warmen Versteck suchen (Hesiod, *Erga* 529–33); auf

---

[*]  *A.d.Ü.:* Wortspiel mit dem Begriff des Privaten; dt. »Geschlechtsteile«, engl. »private parts«, Winkler setzt das »private« in Anführung.

[**]  Das Verb *pykazo* bezeichnet nicht irgendeine beliebige Art von »verstecken«, sondern das Bedecken eines Objekts mit Kleidung, Blumenkränzen oder Haar, entweder als Schmuck oder Schutz. »Dicke« Blumen (*hyakinthon / pyknon kai malakon*) bedecken die Erde und bilden ein Polster für den Liebesakt von Zeus und Hera (*Ilias* 14.347–50).

feindliche Soldaten, die im üppigen Gebüsch nach dem versteckten Odysseus suchen (*Od.* 14.356); auf Demeter, die überall nach ihrer Tochter sucht (*Hom. Hymn.* 2.44); auf Leute, die nach Poseidons Liebhaber Pelops suchen (Pindar, *Ol.* 1.46). Die Kontexte dieses Verbs gleichen einander nicht zufällig: *maiomai* bedeutet mehr als »nach etwas suchen«, es bedeutet »aufstöbern«, besonders in dichtem Unterholz, wo ein Tier oder eine Person lauern könnte. In Anbetracht der Stimmigkeit der Konnotationen zu diesem Verbum liegt kein Grund vor, einen abweichenden Gebrauch für Sapphos Fragment 36 zu behaupten, wie es das Lexikon von Liddell, Scott und Jones tut. So wie diese Lexikographen es verstehen, stellen Sapphos Worte *kai pothēō kai maiomai* eine Redundanz dar – »ich begehre dich und ich begehre dich«. Statt dessen bedeuten sie »ich begehre und ich finde heraus [spüre auf]«. Ich würde gern den physischen Sinn des sorgfältigen Tastens nach Verborgenem oder nach Verstecken hier eingeschlossen sehen.[23] Das poetische Verbum *maiomai* verleiht dem Ausdruck gegenseitiger Leidenschaft und Erkundung eine physische Dimension. Begehren und Berühren treten gemeinsam auf, als zwei Aspekte ein und derselben Erfahrung: Berühren heißt begehrend berühren, Begehren heißt berührend begehren.

Dasselbe Wörterbuch, das für *maiomai* eine besondere Bedeutung verfügt, wenn Sappho das Wort benutzt, erfindet ein äolisches Wort *matēmi* (B) = *pateō*, »Ich gehe«, um die erotische Bedeutung eines lesbischen Fragments ungeklärter Autorschaft zu reduzieren, Incert. 16: »Die kretischen Fraun, Gleichklang aus leichten Füßen, / umtanzten im Kreis einst den Altar des Eros, / den Schritt auf die weich schwellenden Blumen setzend« [Schickel LXXXIV]. In Prosa, und geändert: »Die Frauen Kretas tanzten einst so – rhythmisch mit bloßen Füßen um den begehrenswerten Altar, erkundend die zarte schwellende Blume des Rasens.« *Matēmi* ist ein anerkanntes äolisches Äquivalent für *mateuō*, das mit *maiomai* verwandt ist. Unter Anrufung einer langen Tradition bemerkt hier Sappho (deren Autorschaft ich unterstelle), daß der sexuelle Tanz von Frauen, das sinnliche Kreisen bewegter Hände und Füße um den erotischen Altar und das Durchkämmen zarter Täler nicht nur geläufige Praxis ist, sondern bereits vor langer Zeit in Kreta bekannt war.

Ich bin nicht in der Lage gewesen, in Sapphos Gedichten irgendwo *einfache* sexuelle Metaphorik aufzufinden. Für sie ist das Sexuelle immer auch noch etwas anderes. Ihre geheiligte Landschaft des Körpers ist gleichzeitig eine Aussage über ein vollständigeres Bewußtsein, sei es des Mythos, der Dichtung, des Rituals oder der persönlichen Beziehungen. Im folgenden Fragment, das eine recht explizite sexuelle Aussage in

Zeile 23 enthält (West 1970, 322), begegnen wir Sappho dabei, wie sie die Ansichten einer Freundin über ihre Beziehung korrigiert (frag. 94 [Schickel XL]):

– – – – – – – –

tot sein, ehrlich, ich wünsch es mir;
vor mir weinte sie, während sie Abschied nahm,

viele Tränen und sagte – :
»Ach, wie Schlimmes erfahren wir,
Sappho, ja, wider Willen verlaß ich dich.«

Aber ich gab zur Antwort ihr:
»Lebe wohl und geh fort, an mich
denkend; weißt doch, wie sehr wir dir zugetan;

und wenn nicht, ist mein Wunsch, daß du
dich erinnerst – – – –
was an – – und Schönem erfuhren wir.

Viele Kränze von Veilchenblau
und von Rosen – – zugleich
und von – – hast du bei mir aufgesetzt,
viele Flechten aus Wohlgeruch
schlangst du dir um den zarten Hals,
die aus Blüten – – – – – gemacht,

viel mit – – – – Essenz,
blumenduftend – – – –
hast gesalbt dich, das steht einem König an,

und auf Betten, die weich bereit,
zarte – – – – – –
hast gestillt deine Sehnsucht – – – –

keinen – – – – – –
heilig, kein – – – – –
gab es je, wo zusammen wir blieben fern,

keinen Hain – – – – –
– – – – – – Geräusch
– – – – – – – – – – «

(. . . Ohne Arg möchte ich sterben. Sie verließ mich unter vielen Tränen und sagte, »Ach, welch furchtbare Dinge haben wir ertragen,

Sappho; wirklich, ich verlasse dich gegen meinen Willen.« Ich aber antwortete ihr, »Leb wohl, sei glücklich wenn du gehst, und behalt mich in Erinnerung, denn du weißt, wie wir dir beistanden. Vielleicht weißt du's nicht – dann möchte ich dich erinnern . . . und wir haben schöne Dinge erlebt. Mit vielen Kränzen von Veilchen und Rosen . . . zusammen, und . . . legtest du dir um, an meiner Seite, und Blumen, gewunden um deinen zarten Hals, mit aufsteigendem Duft, und . . . du strichest das Öl, gewonnen aus königlichen Kirschblüten, und auf weichem Lager erreichtest du das Ziel des Sehnens . . . weicher . . . und es gab kein . . . noch heilige(-s, -r) . . . vor dem wir zurückhielten, noch Hain . . . Geräusch . . . «)

Wie gewöhnlich ist die Gesamtsituation undeutlich, aber wir können einen Gegensatz zwischen Sapphos Ansicht und der ihrer Freundin ausmachen. Die scheidende Frau sagt, *deina peponthamen*, »schreckliche Dinge haben wir erlitten«, und Sappho berichtigt sie, *kal' epaschomen*, »schöne Dinge haben wir dauernd erlebt«. Wie sie an diese schönen Erfahrungen erinnert (die Page eine »Aufzählung mädchenhafter Vergnügungen« nennt – 1955, 83), das ist ein liebevolles Voranschreiten im Intimen, das sich räumlich – nach unten am Körper entlang – und zeitlich auf immer größere sexuelle Nähe zubewegt: vom Blütenkranz auf dem Kopf über Blumen um den Hals über das Einreiben des Körpers mit Ölen zu weichem Bettzeug und der vollen Erfüllung des Begehrens. Ich würde die kärglichen Bruchstücke der folgenden Strophe als eine weitere physische Landschaftsbeschreibung verstehen: wir erkundeten jede geheiligte Stelle des Körpers. In Umschreibung des Gedankengangs: »Als sie sagte, wir hätten eine schlimme Erfahrung durchlebt, das Ende unserer gemeinsamen Liebe, berichtigte ich sie und sagte, daß es eine schöne Erfahrung gewesen sei, eine unsterbliche Erinnerung an sinnliches Glück, das keine Grenzen kannte, opulent wollüstig und ganz und gar sexuell. Ihr Augenmerk auf das Ende war verfehlt; ich sagte ihr, sie solle statt dessen an unsere gegenseitige Lust denken, die selbst kein Ende kannte, keinen Schlußpunkt, keinen unerforschten Hain.«

Gedicht 2 benutzt sakrale Sprache, um einen paradiesischen Ort zu beschreiben, den Aphrodite (Kypris) besucht (Turyn 1942):

Her zu mir aus Kreta, zu diesem Tempel-
heiligtum, worin dich entzückt der Hain von
Apfelbäumen und die Altäre Weihrauch-
wolken verdampfen.

Drinnen Wasser, kühles Gerausch durch Apfelzweige, und die Rosen sind allerorten
schattenreich, von zitternden Blättern kommt der
Schlummer hernieder.
Drinnen Weidegründe der Pferde, blühend
frühlingsbunte Blumen, verweht in Winden
honigsüße Düfte – – – – –
– – – – –

Hier nun sollst du Kränze dir nehmen, Kypris,
und in golden glänzenden Schalen üppig
den zu froher Feier gemischten Nektar
schenke zum Trinken.
[Schickel II]

(Her zu mir aus Kreta, zu diesem heiligen Tempel, einem Ort, wo es
einen lieblichen Apfelhain gibt und einen Altar, auf dem der Weih-
rauch brennt, und hier ist Wasser, das kühl durch Apfelzweige plät-
schert, und der ganze Ort ist beschattet von Rosen, und auf das
Zittern der Blätter folgt eine tiefe Ruhe. Und hier ist eine Wiese, wo
Pferde grasen, Frühlingsblumen blühen, das honig[süße] Lispeln von
Winden.... Dies genau ist der Ort, wo du, Kypris . . . auffangend
in goldene Kelche den Nektar, prächtig gemischt für unsere Feier,
dann schenke ihn aus.)

Der Hain, kommentiert Page, ist »entzückend«, ein Wort, das »sonst in
den Texten der lesbischen Autoren nur für *persönliche* Bezauberung«
verwendet wird (1955, 36). Aber dieser Ort ist, unter anderem, ein persönlicher Ort, eine erweiterte und perspektivisch vielfältige Metapher für
die weibliche Sexualität. Praktisch jedes Wort suggeriert sinnliche Ekstase
im Dienst der Kyprischen Aphrodite (Äpfel, Rosen, Zittern gefolgt von
Ruhe, Weidegründe, Frühlingsblumen, Honig, Fließen von Nektar). Insofern die Sprache sowohl religiös als auch erotisch ist, würde ich sagen,
daß Sappho hier nicht eine öffentliche Zeremonie um ihrer selbst willen
beschreibt, sondern eine Möglichkeit zur Verfügung stellt, solche Zeremonien zu erfahren, in die Teilnahme der Feiernden Erinnerungen an
lesbische Sexualität einfließen zu lassen. Die verschwisterten Schönheiten
des brennenden Weihrauchs auf dem Altar und der brennenden sexuellen
Leidenschaft können im Bewußtsein miteinander verbunden bleiben, so
daß die Erfahrung beider bereichert wird. Die Anhäufung topographi-
scher und sinnlicher Details läßt uns an die Wechselbeziehung aller Teile
des Körpers in einem langen, sich auf alles erstreckenden Liebesakt

denken statt an das genital zentrierte und unnachgiebiger zielorientierte Muster des Geschlechtsakts, wie man es von Männern kennt.

Ich habe versucht, zwei Areale im Bewußtsein Sapphos zu skizzieren, wie sie ihren Niederschlag in ihrer Dichtung finden: ihre Reaktion auf Homer, wie sie emblematisch für die männerzentrierte Welt der öffentlichen griechischen Kultur ist, und ihre komplexen sexuellen Beziehungen zu Frauen in einer Welt neben der der Männer. Stets scheint Sappho mit vielen Stimmen zu sprechen – denen ihrer Freundinnen, Homers, Aphrodites –, sich mehr als einer einzigen Perspektive bewußt und bereit, die vollere Wahrheit über das Begehren in all seinen Aspekten herauszufinden. Aber sie spricht als eine Frau zu Frauen: ihre Erotik ist subjektiv wie objektiv frauenzentriert. Zu häufig haben moderne Interpreten versucht, Sapphos *erōs* in die Zwangsjacke geistiger Freundschaft zu zwängen.

Ein Großteil des sexuellen Reichtums, den ich in Sapphos Gedichten auffinde, verträgt sich mit Interpretationen wie denen von Lasserre (1974) und Hallett (1979),[24] erklärungsbedürftig aber ist die Beharrlichkeit, mit der sie dem emotional Lesbischen in Sapphos Werk jegliche physische Komponente abstreiten. Wir müssen zwischen der physischen Komponente als einer unterstellten Tatsache in Sapphos wirklichem Leben und als einer für ihre Gedichte zentralen Bedeutung unterscheiden. Es ist offenkundig, daß Sappho als Dichterin keine Historikerin ihres eigenen Lebens ist, sondern vielmehr eine kreative Vertreterin der erotisch-lyrischen Tradition.[*] Ich habe argumentiert, daß diese Tradition durchgängig verbreitete Anspielungen auf den physischen *erōs* enthält und daß in Sapphos Gedichten sowohl das Subjekt als auch das Objekt gemeinsamer physischer Liebe Frauen sind. Heute nennen wir das lesbisch.[**] Zuzugeben, daß Sapphos Diskursform lesbisch ist, und darauf zu bestehen, daß sie selbst es nicht war, scheint eine Donquichotterie. Würde irgendwer sich vergleichbare Mühe machen, darauf zu bestehen, daß Anakreon im wirklichen Leben vielleicht weder zu Jünglingen noch zu Frauen irgendeine physische Neigung empfunden habe?

---

[*]   Die spätgriechische Rhetorik hält die Tradition aufrecht, einen öffentlichen Amtsinhaber aus zeremoniellem Anlaß durch eine Liebeserklärung zu preisen. Himerios (48) und Themistios (13) erzählen ihrem Publikum, der geehrte Würdenträger sei ihr *eromenos*, ihr Liebesgespiele.

[**] »Frauen, die Frauen lieben, die sich Frauen aussuchen, um sie zu ernähren, zu unterstützen und eine Lebensumgebung zu gestalten, in der sich kreativ und unabhängig arbeiten läßt, sind Lesbierinnen« – Cook 1979, 738.

Es scheint mir vollkommen klar, daß Sapphos Bewußtsein eine persönliche und subjektive Hingabe an die heilige, physische Kontemplation des Körpers *der Frau* enthielt, in allen Bereichen des Lebens. Ihre Gedichte so zu lesen, bedeutet eine Herausforderung, gleichermaßen innerhalb und außerhalb unserer Zeit zu denken, innerhalb und außerhalb eines phallozentrischen Rahmens, eine Lektüre, die unseren eigenen Sinn für diese frauliche Schönheit *als Subjekt wie als Objekt* fördern kann, indem sie uns hilft, unseren Widerstand gegen sie zu verlernen.

# 7
## Das Gelächter der Unterdrückten: Demeter und die Gärten des Adonis

Unter dem, was uns über griechische Frauen der Antike überliefert ist, finden sich auch recht provozierende Berichte darüber, daß sie mehrere Male im Jahr ohne die Männer zusammenkamen und sich ausgelassenen Obszönitäten hingaben. Bei gewissen Festlichkeiten der Demeter und der Aphrodite erklang das derbe Gelächter der Frauen, in manchen Fällen gemischt mit schwermütiger Trauer, von den Flachdächern Athens, aus dem Hügelbezirk unmittelbar südlich der Pnyx oder dem heiligen Bezirk von Eleusis. Die Texte, in denen von Ritualen und Versammlungen der Frauen die Rede ist (ein paar Schnipsel Aristophanes, Menander, verschiedene Scholiasten und Lexikographen), müssen – so mager sie sind – mit der gewohnten Vorsicht benutzt werden, da ihre *Einstellung* zu unabhängigen Aktivitäten von Frauen recht wahrscheinlich durch Ängste, Argwohn oder Verachtung gefärbt ist. Vor allem ist es wahrscheinlich, daß sie das Bewußtsein verfehlen, das die Frauen selbst von ihren rituellen und festlichen Akten besaßen. Ein gewisses Unbehagen beschleicht männliche Interpreten – antike wie moderne – angesichts eines Spektakels, bei dem Frauen in Gruppen unter hemmungslosem Gelächter mit Gebäck in Genitalienform und anderen Gegenständen mit sexueller Bedeutung hantieren. Aber wenn wir die maskulinistischen Einstellungen der Berichterstatter ausfiltern können und die unbestreitbaren Fakten der Stenia, Thesmophoria, Haloa und Adonia untersuchen, dann kann die Möglichkeit eines alternativen Bewußtseins zum Vorschein kommen, eine weibliche Perspektive auf das Verhalten und Verhältnis der Geschlechter.

Im Fall Sappho haben wir Belege für eine alternative Ansicht gefunden, aber ihr standhaftes Bewußtsein von öffentlichen männlichen Normen könnte sich ihrer außerordentlichen Begabung und starken individuellen Persönlichkeit verdanken. Sie erscheint als ein vereinzelter Lichtstrahl in einer ansonsten dunklen Zeit, und wir sollten uns davor hüten, automatisch anzunehmen, daß ihre Perspektive typisch für griechische Frauen auch nur ihrer eigenen Zeit gewesen wäre, geschweige denn für diejenigen Athens mehr als zwei Jahrhunderte später. Und doch wäre es faszinierend (oder etwa nicht?), herauszubekommen, daß Sapphos kritische Gangart in gewissem Maße und gewisser Weise von griechischen Frauen in größerem Umfang geteilt wurde, daß sie in mancher Hinsicht weniger die Ausnahme und eher die Regel war.

Ziel dieses Kapitels ist der Entwurf einer Möglichkeit, nicht mehr als das, zu einem anderen Bewußtsein von Geschlechtlichkeit und Geschlechterverhältnis bei den griechischen Frauen zu kommen als dem, das von ihren Männern und Vätern proklamiert wird. Der Ort, an dem diese Gegenideologie durch Frauen umgesetzt wird, liegt in den allein Frauen vorbehaltenen Festlichkeiten. Diese werden auf überaus originelle und anregende Weise von Marcel Detienne in seinen *Jardins d'Adonis* (»Die Gärten des Adonis«) von 1972 behandelt – wenn auch seine phallokratische Voreingenommenheit weiter unten kritisiert werden wird. Detienne verfährt nach strukturalistischer Methode: Die Bedeutung eines einzelnen rituellen Gestus oder Gegenstands wird von ihrem Ort in einem größeren System von Oppositionen bestimmt, sowohl im Rahmen eines einzigen Festes als auch im Vergleich ähnlicher Feste. So läßt sich die Bedeutung der Höhlen und Schlangen der Demeter im Frühherbst lokalisieren, wenn man sie in Opposition zu Aphrodites Dachgärten im Hochsommer setzt.

Zusätzlich zu Detiennes struktularer Oppositionsanalyse werde ich Eva Stehles Untersuchung eines Kreises bedeutender Erzählungen über große Göttinnen und ihre jugendlichen Liebhaber berücksichtigen, Geschichten, die in der griechischen Kultur allgemein bekannt waren und besonders gut für Sappho belegt sind.[*] Diese Mythen lassen sich von Männern auf die eine, von Frauen aber auf eine ganz andere Weise lesen. Die Kongruenz dieses Erzählmusters mit der Struktur ritueller Akte von Frauen ist schlagend genug, um zumindest die Möglichkeit zuzulassen, daß Frauen in ihren religiösen Handlungen, bei denen sie mit Korn und Keimlingen umgingen, eine Feier ihrer weiblichen Macht über das Leben und die Sexualität innerhalb der peripheren und ärgerlichen Fesseln männlicher Anmaßung sahen. Was sich ergeben wird, falls diese Lesart richtig ist, ist eine andere Figuration des Phallus, eine andere Wertung von Geschlechtlichkeit wie auch Geschlechterverhältnis in der griechischen Gesellschaft – eine, die von Frauen ausgedrückt und geteilt wurde, wenn sie sich aus der Aufsicht und dem interpretierenden Zugriff von Männern gelöst hatten.

---

[*]    Detienne 1977 [amerikanische Ausgabe, *The Gardens of Adonis*; eine deutsche Ausgabe liegt nicht vor], Stehle [in Vorb.], vgl. Fn. zu S. 295.

# Die Gärten des Adonis

Im späten Juli, wenn der Hundsstern Sirius aufging und die heißeste Zeit des Jahres ankündigte, hielten private Gruppen von Frauen auf den Hausdächern nächtliche Feiern zu Ehren des Adonis ab, Aphrodites unglücklichem jungen Liebhaber.[1] Die Feiernden waren, wie es scheint, nicht nach irgendwelchen für die Stadt gültigen Regularien organisiert, sondern setzten sich einfach aus Nachbarinnen und Freundinnen zusammen, die eben beschlossen hatten, die traditionellen Feierlichkeiten gemeinsam zu begehen.[2] Tatsächlich hatte der offizielle religiöse Kalender der Polis nichts zu den Adonia zu sagen – Absprachen, Ausstattung, Durchführung und Finanzierung lagen ganz in den Händen von informellen Zusammenschlüssen von Frauen, die mindestens eine Nacht lang und möglicherweise auch länger auf den Hausdächern tanzten, sangen und spielten.

Die späten griechischen Lexikographen geben äußerst dürftige Definitionen der Adonia und ihrer interessantesten Eigenart, den *kēpoi Adōnidos*, den »Adonisgärten«. Hesychios, der festhält, daß *adōnēis* der Name einer Schwalbe und einer Salatart ist und *adōnis* ein Fisch und das phönikische Wort für »Herr« sowie die Bezeichnung eines Würfelwurfs, macht daneben den folgenden Eintrag für *Adōnidos kēpoi*: »bei den Adonia tragen sie Abbilder [*eidōla*] hinaus und bepflanzte Terrakottagefäße, und sie legen für ihn [Adonis] Gärten mit allen möglichen Gewächsen wie etwa Fenchel und Salat an, denn sie sagen, daß er von Aphrodite in einem Salatbeet aufgebahrt worden sei.« Die *Suda* wiederholt einiges davon und fügt hinzu, daß die Adonisgärten Gärten hoch in der Luft sind und in übertragener Bedeutung geringfügige und wenig substantielle Dinge bezeichnen – vorzeitig, kurzlebig und nicht verwurzelt. Photios steuert bei, daß die Adonia-Festlichkeiten nach Meinung der einen zu Ehren von Adonis, nach der von anderen zu Ehren Aphrodites gefeiert werden, und von den Phöniziern und den Zyprioten übernommen wurden.[3]

Photios zitiert vier Dichter der Alten Komödie (Pherekrates, Kratinos, Platon Comicus und Aristophanes), und nach anderen Quellen scheint es, daß Adonis und sein Kult populäre Themen auf der komischen Bühne Athens im fünften und vierten Jahrhundert waren.[4] Die Titel *Adonis* und *Adoniazousai* sind für Stücke von sieben verschiedenen Dichtern belegt,[5] und Fragmente anderer Stücke enthalten Erwähnungen des Festes – wie bei Pherekrates (frag. 170 Kock): »wir feiern die Adonia und weinen um Adonis«, was durchaus nicht buchstäblich gemeint von einer Frau, sondern von einem Mann gesprochen sein könnte, der phantasievoll seine

Tränen erklärt, wie Dionysos und Xanthias in den *Fröschen* versuchen, eine Ausrede für ihre Schmerzen zu finden (649–61).

Es gibt überhaupt nur drei wirklich substantielle literarische Texte, die über die Adonia in der klassischen Zeit Auskunft geben, und alle drei sind auf je eigene Weise tendenziös. Zwei stammen aus der Komödie, die stets dafür anfällig ist, ihren Erwähnungen von Frauen einen verächtlichen oder ironischen Dreh zu geben, und eine stammt von Platon. Die früheste kommt aus Aristophanes' *Lysistrata* (411 v. u. Z.). Nachdem die Frauen erfolgreich die Akropolis besetzt haben, betritt ein quirliger, empört losplatzender kleiner Mann die Bühne. Es ist der Proboulos oder Beauftragte für die Öffentliche Sicherheit, der wissen will, was hier vor sich geht:

> Was haben wir denn hier! Einen Ausbruch weiblicher Hemmungs-
> [losigkeit,
>     mit Trommelschlag und unentwegter Litanei »Sabazios, Sabazios«!
> Ist das wieder etwas von diesem Adonisismus auf den Dächern,
> wie ich ihn schon einmal in der Volksversammlung hörte:
> der hundserbärmliche Demostratos beantragte da grade,
> eine Flotte nach Sizilien zu entsenden, während seine Frau schrie:
> »Weh um Adonis!«, tanzend. Dann beantragte Demostratos,
> wir sollten aus Zakynthos Hopliten einziehen zum Dienst, und
> seine Frau, leicht angeschickert auf dem Dach,
> schrie: »Schlagt euch die Brust für Adonis«! [387–96][6]

Im Stück bekommt dieser Wichtigtuer seine Quittung, als die Frauen rechtfertigen, daß sie das Stadtsäckel im Athenetempel in Sicherheit gebracht haben, um so dem endlosen Peloponnesischen Krieg ein Ende zu machen. Am Ende seines Auftritts wird der Beauftragte in Schleier gewickelt und so – drapiert wie ein wandelnder Leichnam – von der Bühne vertrieben. Er ist das, was wir als eine »Naserümpfer-Figur« bezeichnen könnten, ein besserwisserischer Herummäkler, der die Vorbehalte übertreibt, die viele Männer gegenüber den Totenklagen, dem Tanzen und der »Hemmungslosigkeit« von Frauen auf den Hausdächern empfunden haben mögen. Man beachte, daß an dem Schauspiel anscheinend nur Frauen beteiligt sind, daß aber die Vorgänge nicht geheim sind. Sie sind sichtbar und hörbar, wenn auch dem allzu Irdischen durch Entrückung auf die Dächer enthoben.

Ungefähr hundert Jahre später eröffnete Menander seine *Samia* mit dem Bekenntnis eines jungen Mannes namens Moschion, der eines Nachts während der Adonia seine Freundin geschwängert hat (Weill 1970). Sie ist die Tochter eines armen Mannes, eines Nachbarn von

Moschions wohlhabendem Vater, der sich eine Hetäre aus Samos als Geliebte hält. Die Frauen der beiden Häuser haben sich miteinander befreundet und feiern natürlich die Adonia gemeinsam.

Des Mädchens Mutter befreundete sich mit der samischen
Konkubine meines Vaters, und sie besuchte beide häufig, sie
waren oft bei uns zu Haus. Einmal kam ich gerade
vom Land zurück und fand sie zufällig beisammen,
hier in unserem Haus, um die Adonia zu feiern
mit ein paar anderen Frauen. Wie man erwarten konnte, gab es
viel Scherzen auf dem Fest, und ich war sozusagen
als Zuschauer dabei; ihr Lärmen nämlich machte mir
den Schlaf unmöglich. Sie trugen einige Gärtchen
aufs Dach hinauf, tanzend, feiernd, die ganze Nacht hindurch,
nach hie und da verstreut. Ich zögre, weiter zu erzählen.
Vielleicht schäme ich mich grundlos –
aber ich schäme mich wirklich. Das Mädchen wurde schwanger:
daraus kannst du schließen, was ich tat. [35–50][7]

Weil die Teilnehmerinnen aus verschiedenen Häusern von den unterschiedlichen Formen ihres tumultuarischen Betragens in Anspruch genommen sind und sich über das ganze Dach verteilen, können Moschion und seine Freundin offenbar Vorteil aus der Verwirrung ziehen und sich in irgendeinem lauschigen Winkel ein Stelldichein geben.[*] Als sie schwanger wird, gesteht er ihrer Mutter seine Verantwortlichkeit und erklärt sich bereit, das Mädchen zu heiraten. Wie in *Lysistrata* erscheint das Feiern der Frauen mit seinen Ritualen nur lose organisiert und völlig offen zutage liegend. Obwohl Männer nicht teilnehmen, können sie sehen, was vor sich geht und, im fiktiven Fall Moschions, auch ihren Vorteil aus der unüblichen Zugänglichkeit einer gewöhnlich wohlbehüteten Jungfrau ziehen.

Diese Beschreibungen von den Festlichkeiten der Frauen, beide mit komischen Vorzeichen, werden von einer Reihe von Vasendarstellungen aus dem fünften und vierten Jahrhundert illustriert (Metzger 1951, Weill 1966), in denen Frauen zu sehen sind, die mit Leitern auf die Dächer steigen und dabei Körbe und Töpfe mit sprießenden Pflanzen darin und Teller mit Rosinen tragen. In diesem Szenentypus kommen keine Män-

---

[*] Über die nicht beim Namen genannte Freundin wird wenig gesagt, aber sie scheint eine bereitwillige Partnerin zu sein, nicht ein Vergewaltigungsopfer wie in anderen Stücken.

ner vor, wenn man einmal den gelegentlichen schwebenden Eros außer acht läßt. Die Frauen sind herausgeputzt, zeigen aber keinerlei Hang zum Lasziven. Die Verbreitung solcher Vasen zeigt noch einmal, daß es sich bei den Adonia nicht um eine geheime Orgie handelte, sondern um einen akzeptierbaren, wenn auch lauten und tumultuösen Ritus von Frauen.

Der Bedeutung der Gärten selbst nähert man sich am besten auf dem Weg über Platon, der sie im *Phaidros* erwähnt (276B):

> Sag mir aber dieses: wird ein vernünftiger Landmann die Saat, an der ihm liegt und von der er möchte, daß sie Frucht trägt, wohl im Sommer in Adonisgärtchen aussäen und mit Freude sehen, wie sie in acht Tagen hübsch heranwächst – oder würde er so etwas nur zum Spaß tun oder eines Festes wegen, falls er es denn überhaupt täte, und jene Saat, mit der es ihm ernst ist, an angemessener Stelle, gestützt auf seine landwirtschaftlichen Kenntnisse, aussäen und sich freuen, wenn das Gesäte im achten Monat zur Frucht gediehen ist?

Wo die Darstellungen in der Komödie das Verhalten der Frauen beschreiben, erwähnt Sokrates nicht einmal, daß die Adonisgärten Teil eines Frauenkultes sind, sondern konzentriert sich auf den Sachverhalt, daß die Keimlinge in den Adonisgärtchen nicht zur Reife kommen. Die Paroemiographen stellen dies ebenfalls heraus, da das Sprichwort »du bist fruchtloser als die Adonisgärten« vom gesteuerten Wachstum und Welken der Keimlinge abgeleitet war. »Das Sprichwort bezieht sich auf diejenigen, die außerstande sind, irgend etwas Lohnendes hervorzubringen; es wird von Platon im *Phaidros* erwähnt. Diese Adonisgärten werden in Keramikgefäßen angesät und wachsen nur bis zum ersten Grün. Sie werden mit dem sterbenden Gott fortgetragen und in Quellen geworfen« (Zenobios 1.49).[8] »Adonisgärten – bezieht sich auf vorzeitige und nicht verwurzelte Dinge. Adonis, der Geliebte der Aphrodite, starb – so geht die Geschichte – vor seiner Reife [*prohēbēs*]. Diejenigen, die dieses Fest feiern, säen Beete in Gefäßen aus; die Pflanzen welken schnell, da sie keine Wurzeln geschlagen haben; diese nennt man Adonis« (Diogenianos 1.14).[9] Und Kaiser Julianus: »...die Gärtchen, die Frauen in Schalen für den Gemahl der Aphrodite säen, wobei sie ein wenig kompostierte Erde aufschichten; sie ergrünen für eine kurze Zeit und welken dann plötzlich dahin« (*Symposium* 329 C–D).

Diese Reihe von Erwähnungen setzt uns in die Lage, dem Wesen nach das Verfahren festzuhalten, um das Tanz und Gesang sich drehten, nämlich daß Samen unterschiedlicher Art (Salat und Fenchel werden beson-

ders erwähnt*) in angereicherte, kompostierte[10] Erde in tragbaren Gefäßen gepflanzt, gründlich gewässert und der hellen Sommersonne ausgesetzt wurden, bis die Keimlinge erschienen. Dann gab man ihnen kein
Wasser mehr und ließ sie braun werden und verwelken. Danach wurde
die Erde mit dem vertrockneten Bewuchs in einer gespielten Grablegung,
die das Begräbnis des Adonis nachstellte, zu einer Quelle oder zum Meer
getragen und abgeladen. Das Auskeimen muß ein paar Tage gedauert
haben** – Platon spricht von acht –, aber es ist nicht klar, wie viele dieser
Tage der Begehung des eigentlichen Festes in der beschriebenen stürmi-
schen Weise gewidmet waren. Es mag sogar nur ein einziger gewesen sein,
da keine Quelle eine Anzahl von Tagen erwähnt und die Rede von
Menanders Figur den Schluß zuläßt, daß das Hinauftragen der Gefäße auf
das Dach zur gleichen Zeit wie das festliche Begräbnis stattfand. Vielleicht wurden die Triebe um die letzte Woche herum vor der eigentlichen
Feier gezogen und welken gelassen. Aber wir würden wahrscheinlich
einen Fehler machen, wenn wir einen Brauch einer allzu strengen Systematik unterwerfen wollten, der informell organisiert, nicht aber von der
Polis geregelt war. Wir sollten uns eher vorstellen, daß die Zusammenkunft befreundeter Frauen zu den Adonia ungefähr die Regelhaftigkeit,
sagen wir mal, einer modernen Geburtstagsparty oder des gemeinsamen
Schmückens des Weihnachtsbaumes hatte, bei denen der allgemeine Verlauf der Ereignisse im Vorhinein bekannt ist, aber im Detail von Durchführung und Stil zahlreiche Abweichungen zulässig sind.

## Demetrische Riten

Platons Erwähnung von acht Tagen ist vielleicht nicht so sehr eine
exakte Angabe als eine Näherung, die auf seine Gegenüberstellung zu
den acht Monaten gegründet ist, die zum Keimen und langsamen
Wachstum von Getreide erforderlich sind – in der Hauptsache Weizen
und Gerste.*** Jedenfalls gibt uns der implizite Gegensatz zwischen

---

\*     Weizen und Gerste werden vom Scholiasten zu Theokrit 15.112 genannt.
\*\*    Salat braucht vier bis fünf Tage zum Auskeimen (Theophrast, *Hist. plant.*
      7.1.3). Die Wintersaat von Kräutern und Gemüse unter Einschluß von
      Salat wurde regelmäßig nach der Sommersonnenwende ausgebracht
      (Theophrast, *Hist.plant.* 7.1.2).
\*\*\* Weizen und Gerste keimen in einer Woche (Theophrast, *Hist.plant.*
      8.1.5) und werden nach sieben bis acht Monaten geerntet, Weizen eher
      später (Theophrast, *Hist.plant.* 8.2.7).

verwurzelt und nicht verwurzelt, zwischen fruchtbarem und fruchtlosem Wachstum eine strukturale Opposition an die Hand und einen Schlüssel zur Bedeutung der Gärten. Detienne (1977) hat dies weiterentwickelt, indem er es systematisch mit einem anderen Frauenritus verglich, den Thesmophoria, die ebenfalls dem Anbau und der Pflege von Saaten gewidmet sind.

Die Thesmophoria sind eines der ältesten griechischen Feste und wurden in der gesamten griechischen Welt im Herbst begangen, unmittelbar bevor die Regenfälle einsetzen und die Getreidesaat ausgebracht wird. In Athen wurde es dreitägig am elften, zwölften und dreizehnten Tag des Monats Pyanopsion gefeiert. Da der zehnte auch ein regionaler Demeterfeiertag in Halimous an der Küste und der neunte ein weiteres, Stenia genanntes Demeterfest war, gab es insgesamt eine fünftägige Periode religiöser Betätigung von Frauen.

Was die Beteiligung von Männern angeht, so gab es zwei signifikante Unterschiede zwischen den Adonia und den Demeterfesten. Zum einen wurden Männer rigoros von der Teilnahme an den athenischen Demeterfesten ausgeschlossen, die auch als Frauenmysterien bezeichnet wurden. Auch wenn (wie wir sehen werden) diese Mysterien kein sorgsam gehütetes Geheimnis waren, erhielten Männer doch keinen Zugang zu den Zeremonien, wie besonders aus der Handlung von Aristophanes' *Thesmophoriazousai* klar wird, wo ein alter Verwandter des Euripides enthaart und in Frauenkleider gesteckt wird, um in das Frauenfest eingeschleust zu werden. Kleisthenes, eine Figur in diesem Stück, die den Frauen die geheime Identität des Eindringlings aufdeckt, zählt nicht als Mann, da er ein *kinaidos* und damit eine Frau ehrenhalber ist (574–6).[*] Obwohl die Adonia eine Sache für Frauen waren, finden wir keinen Hinweis, daß besonderer Nachdruck auf Geheimhaltung oder Ausschluß von Männern gelegt wurde.

Auf der anderen Seite hatten die Männer ein zwingendes Interesse an der erfolgreichen Durchführung der Demeterriten und trugen die Verantwortung für ihre Finanzierung.[11] Die *polis*, verstanden als eine Kooperative von Haushalten (*oikoi*) auf landwirtschaftlich ausgerichtetem Gebiet, hing in ihrer Versorgung mit den Grundnahrungsmitteln Weizen und Gerste von der Fruchtbarkeit ihrer Region ab. Die Thesmophoria waren

---

[*]     Aelian, frag. 44, erzählt die Geschichte von Battos, dem Gründer von Kyrene, der versuchte, die Mysterien der Thesmophoria zu beobachten: Die Frauen, Gesicht und Hände mit Opferblut bestrichen, gingen mit Schwertern auf ihn los und kastrierten ihn. Pausanias (4.17.1) erzählt eine ähnliche Episode aus der Frühgeschichte Spartas.

eine Zusammenkunft von Bürgerfrauen zu dem Zweck, diese Fruchtbarkeit durch bestimmte überlieferte Verfahren sicherzustellen, bei denen Ferkel und phallische Gebäckstücke eine Rolle spielten, deren Überreste dann unter das in Kürze auszubringende Saatgut gemischt wurden. In gewisser Hinsicht waren die Demeterfeste eine offizielle Angelegenheit der Polis, wurden jedoch in der Praxis weitgehend autonom von Frauen durchgeführt. Da der Ort des Thesmophorion dem Versammlungsplatz der Männer (der Pnyx; Thompson 1936) benachbart lag, war die Parallelität von Frauen- und Männerversammlung offensichtlich. Wenn während der Tage der Thesmophoria eine Vollversammlung abgehalten werden mußte, fand sie nicht in der Pnyx, sondern im Theater statt,[*] die politischen Geschäfte der Männer traten hinter die höheren Pflichten der Frauen gegenüber Demeter und ihrem Getreide zurück.

Die Quellen zu den Stenia, den Thesmophoria und den Haloa berichten uns, daß zotiges Gelächter ein berüchtigter Bestandteil dieser Riten war. »Die Stenia sind ein attisches Fest; [...] sie [die Frauen] sagen abschätzige und unverschämte Dinge« (Hesychios); »Beim Feiern der Stenia lästern Frauen und sagen empörende Sachen« (Hesychios); »die Stenia sind ein attisches Fest an dem Tage, an dem Demeter aus der Erde emporgestiegen ist; dabei werfen die Frauen des Nachts einander freche Reden an den Kopf. So schreibt es Eubulos« (Photios). Die Tatsache, daß es der Komiker Eubulos war, der über die frechen oder unverschämten Reden (*loidoria*) bei diesem Fest spricht, kompromittiert noch nicht die Beweiskraft des Bildes, das sich abzeichnet.

Genaueres über diese Demeter-Spötteleien sagt ein sehr informatives Scholion zu Lukian, in dem die Haloa beschrieben werden, die am 26. Tag des Wintermonats Poseideon abgehalten wurden (*Scholia in Lucianum*, Rabe 1906, 279–81):

Die Haloa sind ein attisches Fest mit Mysterien der Demeter, der Kore und des Dionysos anläßlich des Rebschnitts und der Verkostung des bereits eingelagerten Weines. Eine wichtige Rolle dabei spielen Bilder der männlichen Schamteile, von denen man sagt, daß sie ein Sinnbild der menschlichen Fortpflanzung seien, da Dionysos uns den Wein als ein Tonikum gegeben hat, das den Geschlechtsverkehr fördern würde. Er hatte ihn dem Ikarios gegeben, den tatsächlich einige Schafhirten umbrachten, weil sie nicht erkannten, auf

---

[*]  IG II²1006.50–1. So auch in Theben: »Der Rat traf sich in der Säulenhalle auf der Agora, da die Frauen auf der Kadmeia gerade die Thesmophoria feierten« – Xenophon, *Hellenika* 5.2.29.

welche Weise der Genuß des Weines auf sie wirken würde. Danach verfielen sie dem Wahnsinn, weil sie sich frevelhaft gegen Dionysos selbst gestellt hatten. Zu völligem Wahnsinn getrieben in Verbindung mit eben diesem Bild ihrer Scham und Schande, wurde ihnen ein Orakel zuteil, das ihnen sagte, sie würden ihre Gesundheit zurückerlangen, wenn sie Schamteile aus Ton machten und aufstellten. Nachdem dies getan war, wurden sie ihres Problems ledig. Dieses Fest dient dem Andenken an ihre leidvolle Erfahrung.

An diesem Tag findet auch eine Frauenzeremonie in Eleusis statt, bei der es viele derbe Späße und Spöttereien gibt. Die Frauen ziehen dort allein ein und genießen die Freiheit, alles zu sagen, was ihnen einfällt: und wirklich sagen sie die unanständigsten Dinge zueinander. Die Priesterinnen schleichen sich heimlich an die Frauen heran und flüstern ihnen – als wäre es etwas Geheimes – Ratschläge für den Ehebruch ins Ohr. Alle Frauen sagen die schändlichsten und ungebührlichsten Dinge zueinander. Sie führen unziemliche Bildnisse von männlichen und weiblichen Genitalien mit sich. Der Wein fließt in Strömen und die Tafeln biegen sich unter jeglichen Speisen vom Land und aus dem Meer, außer denen, die nach der mystischen Überlieferung verboten sind, also Granatapfel, Apfel, heimische Vögel, Eier und bei den Meeresfrüchten Rotbarbe, *erythinos* [ein hermaphroditischer Fisch], Kaulbarsch, Languste und Katzenhai. Die Archonten decken die Tische und lassen sie für die Frauen drinnen stehen, gehen aber selbst nach draußen und warten dort, während sie allen Einwohnern zeigen, daß die Arten heimischer Speisen von ihnen [den Eleusiniern] entdeckt und von ihnen mit der gesamten Menschheit geteilt wurden. Auf den Tischen gibt es auch Genitalien beider Geschlechter, die aus Teig geformt sind. Haloa wird es [das Fest] genannt wegen der Frucht des Dionysos, denn *alōai* sind Weintriebe.

Dieser unbekannte Gelehrte hat viel Widerspruch wegen der Begründung des Namens Haloa auf sich gezogen, für den die meisten Modernen eine »demetrischere« Erklärung über *halōs* (Tenne oder kreisförmiger Versammlungsplatz) vorziehen, auch wenn mitten im Winter eigentlich nicht gedroschen wird – genausowenig, allerdings, wie dann Trauben geschnitten werden. Aber die Wendung des Scholiasten von den Haloa, einem Demeterfest nur für Frauen, hin zu Dionysos ist sehr bezeichnend, denn er scheint von den Ländlichen Dionysien mit ihren phallischen Prozessionen zu sprechen, die im selben Monat Poseideon stattfanden.[12]

Es sieht ganz so aus, als hätten sich mitten im regnerischen Winter Männer und Frauen voneinander getrennt, um jeweils für sich ein kultisches Gedenken zu veranstalten, in dem die Themen von Geschlecht und Geschlechtlichkeit in Teilen repräsentiert waren. Die Männer feierten den Wein und seine stimulierenden Kräfte, wobei sie die Geschichte erzählten, wie verblüfft sie zunächst waren zu entdecken, daß er ihnen Erektionen verschaffte. Der Gedanke, sie könnten für immer in dieser peinlichen Lage befangen sein, trieb sie dazu, den Ikarios zu töten und Dionysos selbst anzugreifen, wahrscheinlich sogar zu vergewaltigen. Die Phalloi, die bei den örtlichen Paraden der Ländlichen Dionysien mitgeführt wurden, sind nach dieser Geschichte ein Zeichen der Dankbarkeit für die Erlösung aus einem Zustand des permanenten Priapismus. Man kann sich vorstellen, daß die Gefühle dabei recht gemischt waren: der Wein wird als sexuelles Tonikum geschätzt, jedoch nicht ohne eine Erinnerung an die Rhythmen des Lebens und die Sorge, die Männer tragen müssen, sich nicht von ihren eigenen niederen Gliedern beherrschen zu lassen. Die Verbindung von Ausgelassenheit und Buße ist der Mischung von Trauer und froher Feier bei den Adonia nicht unähnlich.

Warum die Frauen in Eleusis Bildnisse von männlichen und weiblichen Genitalien mit sich trugen, wird uns nicht erklärt. Aber die Phänomenologie des Festes als einer Zeit spielerischer sexueller Befreiung ist deutlich genug. Wenn die Priesterinnen in der Menge umhergingen und geflüsterte Ratschläge zum Ehebruch erteilten, wurde die schärfste den Frauen auferlegte Fessel – die Wurzel der gesamten mediterranen männlichen Befürchtungen über Ehefrauen – gesprengt. Ihr Spielen mit der Vorstellung des Ehebruchs ist immer noch auf gewisse Weise umsichtig – man brüllt es nicht von den Dächern. Wir können uns wissendes Lächeln, leuchtende Augen und das ein oder andere Erröten dabei vorstellen. Faszinierender sind die Backwarengenitalien auf den Tischen. Vermutlich wurden sie aufgegessen, und wenn ja, dann können wir uns nur fragen, welches Lippenlecken, welches Knabbern und kräftiges Zubeißen, welcher gestische Umgang mit dem Essen und welche Angebote, es miteinander zu teilen, dabei auftraten. Irgendein derartiges Benehmen hat, zusätzlich zu den verbalen Ungehörigkeiten, den Scholiasten schockiert, der die ganze Veranstaltung als »schamlos« ansieht.

Die sexuellen Objekte bei den Thesmophoria waren sowohl eigentlicher als auch symbolischer Art. Eine bestimmte Zeit vor dem Fest wurden geopferte Ferkel und phallische Backwaren in unterirdische Gruben im Thesmophorion abgelegt. Solche Gruben sind, mit Schweinsknochen und Votivschweinen, in anderen Demeterheiligtümern gefunden worden, wenn auch in Athen von ihnen keine Spur blieb (Burkert 1985, 243). Es bleibt unklar, wie weit im voraus diese Niederlegungen (*thesmoi*) stattfanden. Vermutungen reichen vom Skirafest der Frauen (vier Monate vorher) bis zu den Stenia, gerade einmal zwei Tage vor den Thesmophoria.[*] Der detaillierteste Bericht stammt wieder einmal von einem Scholiasten zu Lukian (Rabe 1906, 275–6):

Die Thesmophoria sind ein griechisches Fest, das Mysterien beinhaltet. Dieselben [Mysterien?] werden auch unter dem Namen Skirrophoria geführt. Sie werden, nach der mythischeren Version, gefeiert, weil ein Schweinehirt namens Eubuleus gerade dort seine Schweine hütete, wo die blumenpflückende Kore von Pluto geraubt wurde, und sie wurden allesamt von dem Erdspalt zusammen mit Kore verschlungen. Frauen, die als die Schöpfenden [*antlētriai*] bekannt sind und die drei Tage lang rein geblieben sind, bringen die verfaulten Überreste der Gegenstände wieder hoch, die in die Gruben hinunter geworfen worden waren. Sie steigen in die Geheimkammern hinab, holen die Sachen zurück und legen sie auf die Altäre. Sie glauben, daß jeder, der davon nimmt und es zusammen mit seiner Saat ausbringt, eine gute Ernte haben wird. Man sagt auch, daß es unten in den Schlünden Schlangen gibt, die das meiste von dem Hineingeworfenen auffressen, daher klatschen und schreien die Feiernden, wenn die Frauen ausschöpfen und jene Formen wieder ablegen – um die Schlangen zu verscheuchen, die sie als Wächterinnen der Geheimkammern betrachten.
Dieselben [Mysterien] gibt es auch unter dem Namen Arrhetophoria. Sie werden im gleichen Gedanken begangen, in Hinblick auf das Wachstum der Feldfrüchte und die menschliche Fortpflanzung. Auch hier werden unaussprechliche [*arrhēta*] heilige Dinge emporgetragen; sie sind Nachbildungen von Schlangen und männlichen Genitalien, die aus einem Teig von Weizenmehl geformt sind. Man pflückt

---

[*] Deubner (1932) entschied sich für die Skira, aber mit Erika Simon (1983) können wir uns fragen, ob nach vier Monaten eines heißen griechischen Sommers (auch in einer Höhle) von Knochen und Krümeln genug übrig geblieben wäre, daß jede Familie etwas davon bekommen hätte. Simon schlägt die Möglichkeit vor – und ich finde sie sehr plausibel –, daß die Opfergaben kurz vor dem Fest niedergelegt und am Ende des Fastentages wieder geborgen wurden. Man könnte auch eine Abstimmung zwischen der dreitägigen Keuschheitsperiode der »Schöpfenden« (siehe den nächsten zitierten Text) und der Periode sehen, während der die heiligen Brocken unterirdisch vor sich hin rotteten.

Kiefernzapfen wegen des Samenreichtums dieses Baumes. Sie werden zusammen mit den Ferkeln, wie wir oben gesagt haben, deren reichliche Vermehrungsfähigkeit ein Symbol für die Erzeugung von Früchten und Menschen ist, in die Gruben geworfen, die sogenannten Geheimkammern; es ist dies eine Art Dankopfer an Demeter, da ihr Geschenk der Demetrischen Früchte [Zerealien] die menschliche Rasse gezähmt hat. Die vorige Erklärung des Festes ist die eher mythische, diese hier eher in Begriffen der Natur. Es [das Fest] heißt Thesmophoria, weil Demeter *thesmophoros* genannt wird, weil sie die Gebräuche oder Riten [*thesmous*] festgelegt hat, nach denen Menschen Nahrung erzeugen und arbeiten müssen.

Die drei Tage des Festes sind als der Aufstieg (*anhodos*), das Fasten (*nēsteia*) und die Schöne Nachkommenschaft (*kalligeneia*) bekannt. Der Aufstieg ist vermutlich nach dem Schauspiel benannt, das Frauen boten, die sich aus ganz Attika versammelt hatten und in schwer beladener Prozession den Hügel hinaufstiegen.* Sie mußten Essen, Opfertiere, Zelte, Opfergaben der Demen für die Priesterinnen und Farnwedel zum darauf Schlafen mitbringen. Zwei Frauen wurden von den Frauen jedes Demos zu Magistraten (*archousai*) gewählt, offenbar ein beachtliches Ehrenamt (Isaios 8.19). Der Tag des Fastens beinhaltete nicht nur Enthaltsamkeit von Nahrung, sondern auch das Kauern auf dem Boden. Die Düsternis und Traurigkeit dieses Tages stehen in unseren Quellen im Vordergrund, die weniger von der Obszönität und Ausgelassenheit der Thesmophoria als von ihrem mittleren Tag der Zurückhaltung und Beschränkung sprechen.[13] Aber kurze Anspielungen bar jeden Zweifels werden auch auf den verächtlichen Spott und die obszöne Fröhlichkeit gemacht, wie sie andere Festlichkeiten zu Ehren Demeters charakterisierten. »Es heißt, daß die Frauen bei den Thesmophoria höhnisch johlen« (Apollodoros 1.30). Kleomedes, ein stoischer Astronom, rügte die Sprache Epikurs als unanständig: »Man könnte denken, einige seiner Ausdrucksweisen stammten aus dem Bordell, andere sind wie etwas, das bei Demeterfesten von Frauen gesagt wird, die die Thesmophoria feiern« (*De motu circul. corp. cael.* 2.1). Es

---

* So der Scholiast zu Aristophanes' *Thesmophoriazousai* 585, der notiert, »manche nennen diesen Tag auch den Abstieg [*kathodos*] wegen der Niederlegung der Thesmophoria« (bei Deubner 1932, 54 Anm.). Die Blumenwiese Enna, gerade vor Syrakus gelegen, wo der Raub der Kore ursprünglich stattgefunden hat, ist ebenfalls hochgelegen, mit ebener Oberfläche, aber durch geradezu klippenartige Felsstürze abgeschlossen (Diodoros 5.3.2).

scheint natürlich, solches Verhalten mit dem ersten und dritten Tag in Verbindung zu bringen, nicht mit dem zweiten.[*]

Der Symbolismus der Thesmophoria ist leichter zu deuten als der der Haloa, der Stenia oder der Adonia. Da es offensichtlich um die Förderung der Fruchtbarkeit geht, ergibt sich eine strukturelle Opposition der Geschlechter.[**] Frauen führen die Riten allein durch; die Hauptakteure haben drei Tage lang vor ihrem Abstieg sexuell enthaltsam zu leben. Die Kultgegenstände sind gewohnte männliche und weibliche Symbole: Ferkel stehen bekanntermaßen stellvertretend für weibliche Genitalien (Golden 1988) und werden zusammen mit phallischen Gebäckstücken in

---

[*]  Auch Diodoros hält die *aischrologia* (obszöne Rede) bei den Thesmophoria fest, wobei er an Sizilien wie auch an Athen denkt (5.4.7). – Zwei andere obskure Praktiken lassen sich möglicherweise in spielerischer Hinsicht interpretieren: Hesychios definiert das *morotton* als einen »Gegenstand, der aus Bast geflochten ist, mit dem sie einander bei Demeterfesten schlagen«. Läßt man Gedanken an rituelle Züchtigung in primitiven Fruchtbarkeitsriten einmal dahingestellt, so könnte man sich ein solches Ereignis vom Ablauf her wohl wie eine Kissenschlacht in einem Mädchenschlafsaal vorstellen. Die »Verfolgung« oder »chalkidische Verfolgung« wird entweder für ein Opfer gehalten (Hesychios) oder aber für einen »Brauch, der sich vom Gebet der Frauen in einem bestimmten Krieg ableitet, der Feind möge verfolgt werden, und es geschah, daß sie die gesamte Strecke bis hin nach Chalkis flohen; so lautet die Erklärung des Semos«. Je nachdem, wieviel Energie und Ausgelassenheit wir athenischen Frauen bei dieser Gelegenheit zutrauen, ließe sich die Mutmaßung rechtfertigen, daß es tatsächlich zu einer Verfolgung irgendeiner Art kam. Als Euripides' als Frau verkleideter Verwandter demaskiert wird, gibt es eine Art Verfolgung seines Penis, der zwischen seinen Beinen hin- und herrutscht (Aristophanes, *Thesmophoriazousai* 643–8). Ist sein langes Niederkauern zum Wasserlassen (in den Zeilen 611–6) eine Persiflage der Frauen, die am Fastentag auf dem Boden sitzen? – Demetrisches Gelächter in Eleusis wird mit der Figur Baubo oder Iambe in Verbindung gebracht, die sich vor der trauernden Mutter entblößte: Olender 1989.

[**]  Pausanias (7.27.9–10) beschreibt ein Fest der Demeter Mysia vor Pellene, ohne die Jahreszeit besonders zu erwähnen. Es dauert sieben Tage: Am dritten Tag werden Männer (und männliche Hunde) aus dem Heiligtum ausgeschlossen, aber am nächsten Tag kehren die Männer zurück, und beide Geschlechter geben sich unflätigem Ulk übereinander hin. Man vergleiche die Halbchöre alter Männer und alter Weiber in *Lysistrata*. Robertson (1984, 11) setzt dieses Fest von denen des Thesmophoriatyps ab, aber sicherlich weist es die allgemeinen Züge von Demeterkultfesten auf – Obszönität und strukturelle (wenn auch nur teilweise) Geschlechtertrennung.

die Gruben geworfen.* Beide Gegenstände stehen sich auch als roh und gekocht gegenüber, als natürlich und kulturell, so daß die Vermischung ihrer zerfallenen Reste in den Gruben eine noch mächtigere Verschmelzung von Gegensätzen wird. Auch die Verfahren zum Umgang mit ihnen sind von sexueller Opposition strukturiert, wenn wir die Gleichsetzung von Schlangen mit Männlichkeit akzeptieren. Die Frauen sind oben, die Schlangen unten; wenn die Schöpfenden hinabsteigen, um die Fleisch- und Teigreste einzusammeln, klatschen die Frauen oben in die Hände und schreien, um die Schlangen zeitweise zu vertreiben, womit sie die Grenze zwischen weiblich und männlich als eine sichere und wohldefinierte aufrechterhalten.

In einer beeindruckenden Vorstellung der strukturalistischen Methode hat Marcel Detienne in seinen *Jardins d'Adonis* exotische und volkstümliche Überlieferung über Pflanzen und Gewürze, Riten und Mythen zu einem Bezugsrahmen zusammengefügt, mit dessen Hilfe er unter anderem die Thesmophoria interpretiert.[14] Er macht eine Opposition aus (oder stellt sie her) zwischen den Adonia und den Thesmophoria, und zwar dergestalt, daß die Grundbedeutung des Paares (wie in der Passage aus Platons *Phaidros*) der Unterschied zwischen kurzlebigem Vergnügen und langfristiger, fruchttragender Arbeit ist. Die achttägigen Keimlinge werden mit unproduktivem Sex und einem Leben in luxuriöser Verweichlichung identifiziert, das achtmonatige Getreide mit den unverfälschten Gesetzen der Natur und dem Zyklus harter Arbeit, der zur Erzeugung von Weizen und Gerste, den für die menschliche Ernährung grundlegenden Feldfrüchten, nötig ist. Seine Interpretationen gewinnen durch den Gebrauch, den er von unbeachtet gebliebenen Überlieferungen zur Pflanzenkunde macht, die er medizinischen Autoren wie Dioskorides entnimmt, erheblich an Farbe und Fülle. So wird die Verbindung zwischen Adonis und dem Salat beispielsweise in Beziehung zu der Auffassung gebracht, Salat sei ein Antaphrodisiakum.

In zwei Diagrammen (82, 107) entwickelt er die Kontraste zwischen Adonia und Thesmophoria. (Seine Konzentration auf die Thesmophoria,

---

*  Varro hält fest, wie ursprünglich Schweineopfer waren, die in Demeterkulten, bei Vertragsabschlüssen unter Feinden und bei Hochzeiten in Etrurien Anwendung fanden. »Auch die alten Latiner, und die Griechen in Italien ebenfalls, scheinen genauso verfahren zu sein; denn unsere Frauen, besonders Ammen, geben der Natur, die aus Mädchen Frauen macht, den Namen *porcus* [Schwein], und griechische Frauen nennen sie *choiros* [Schwein], womit sie ausdrücken wollen, daß sie reif zur Vermählung ist« – *Res rust.* 2.4.9–10.

unter Ausschluß der anderen Demeterfeste, ist einer der Gründe für die Verzerrung, die sich in seiner Interpretation abzeichnet.) Er charakterisiert die Adonia als eine Zeit der Vergnügungen und der Zerstreuung, die Thesmophoria als dem ernsthaften Landbau gewidmet. Das Pflanzen bei den Adonia ist eine acht Tage lange Periode des Wachstums in Töpfen zum unangemessenen Zeitpunkt, die Veredelung der Saat bei den Thesmophoria eröffnet das eigentliche achtmonatige Wachstum fruchtbringenden Getreides in Mutter Erde. So weit, so gut, aber andere Kontraste, die er zeichnet, sind nicht so treffend, wie etwa der zwischen Festmahl und Fasten. Die Quellen legen kein besonderes Gewicht auf das Essen bei den Adonia, und bei den Thesmophoria gab es nach dem mittleren Fastentag gewiß ein Mahl. Dies ist nur ein winzig kleines Beispiel dafür, wie Detienne das Belegmaterial frisiert. Er erkennt in den Adonia weiter ein Fest der Hetären, im Gegensatz zu den Thesmophoria, bei denen die Feiernden gesetzlich angetraute Ehefrauen sind, und er stellt die Adonia als einen regelmäßigen Anlaß zur Verführung dar, zu dem Männer von ihren Mätressen eingeladen wurden, während Männer von den Thesmophoria strikt ausgeschlossen waren und Wert auf Enthaltsamkeit gelegt wurde.

Ein sorgfältigerer Blick auf die Belege für diese Behauptungen wird zeigen, daß sie unzureichend fundiert sind, aber der Punkt, an dem es mit Detiennes Interpretation absolut nicht mehr weitergeht, ist erreicht, wenn er die Thesmophoria mit Männern identifiziert, die er als die Betreiber rechtmäßigen Ackerbaus ansieht, und die Adonia mit Frauen, die nach der männlichen Tradition als ungewöhnlich lasziv im Hochsommer galten. Hier stimmt etwas nicht. Die Auffassung, daß bei beiden Festen Frauen zusammenkamen, um die Tüchtigkeit männlicher Bauern wie die Geschmacklosigkeit vergnügungssüchtiger Weiber zum Ausdruck zu bringen, scheint jeder Intuition zuwiderzulaufen. Es würde eine völlige Anpassung des weiblichen Bewußtseins, selbst bei Gelegenheiten relativer Autonomie, an die herrschenden Kategorien des männlichen Diskurses implizieren. Wir haben im Ersten Teil gesehen, daß diese Kategorien teilweise Bluff, teilweise Wunschdenken sind, und der Zweite Teil hat bislang nahegelegt, daß das Leben und Denken von Frauen, wenn auch üblicherweise im Verborgenen, klug und selbständig sein konnte. Antike Fruchtbarkeitsriten von Frauen in Begriffen guten männlichen Ackerbaus und böser weiblicher Sexbesessenheit zu interpretieren, ist mit Sicherheit eine patriarchale Aneignung. In Detiennes maskulinistischem Gesichtsfeld gibt es einen blinden Fleck, der ihn dazu veranlaßt hat, bestimmte Zeugnisse zu übersehen und entscheidende Texte falsch zu lesen.

Wie Burkert sagt (1985, 242), ist es nicht ganz klar, wer die Thesmophoria besuchte. Rechtmäßige Ehefrauen von Männern mit Haus- und Grundbesitz standen offenbar im Vordergrund. Verstreute Einzelinformationen legen nahe, daß Sklavinnen ausgeschlossen waren, unverheiratete junge Mädchen und Mätressen möglicherweise aber nicht.* Dennoch mag man einräumen, daß die Riten der Thesmophoria im Prinzip, vielleicht sogar ausschließlich in den Händen von Bürgerfrauen lagen. Aber waren die Adonia im Prinzip oder ausschließlich ein Fest für Hetären? Die beiden oben zitierten Passagen – von Aristophanes und von Menander – beweisen das Gegenteil. In *Lysistrata* ist die Frau, die vom Dach ruft, während Demostratos vor der Versammlung spricht, *hē gynē*, »seine Frau«.** So ist die einzige Feiernde der Adonia, die für das fünfte Jahrhundert belegt ist, eine Bürgerfrau.*** In Menanders *Samia* treffen sich die Frauen aus verschiedenen Haushalten auf Moschions Dach: eine ist die Hetäre aus Samos, die sein Vater aushält, aber die Nachbarinnen sind eine Bürgerfrau und ihre Tochter. Die anderen Frauen werden nicht näher bezeichnet.

Wie kommt Detienne zu der Auffassung, daß die Adonia ein Fest speziell für Hetären waren? Viele der Textstellen, die die Adonia erwähnen, stammen aus der attischen Komödie, wie etwa die aus Diphilos' *Maler* (frag. 42 Kassel-Austin), wo ein Koch erklärt, daß er sich nur wohlhabende und großzügige Kunden für seine Arbeit aussuche: »der Ort, an den ich dich jetzt bringe, ist ein Bordell, wo eine Hetäre und andere Prostituierte die Adonia reich begehen; du kannst dich nach Belieben vollstopfen und noch mit einer Tasche prall gefüllt mit Essen fortgehen.« In Diphilos' *Theseus* (frag. 49 Kassel-Austin) trinken drei Mädchen aus Samos, deren Status nicht spezifiziert wird, während der Adonia miteinander und geben einander Rätsel auf. Eine fragt, was wohl das Stärkste auf der Welt sei, und bekommt die Antworten »Eisen«, das alles andere zerschneiden könne, »ein Schmied«, der Eisen biegen könne,

---

* In Lukians *Hetärengesprächen* sagt eine Hetäre zu ihrem Liebhaber: »Das Mädchen, das du heiraten willst, ist keine Schönheit – ich habe sie kürzlich mit ihrer Mutter bei den Thesmophoria getroffen« (2.1), was darauf schließen läßt, daß sowohl Hetären als auch unverheiratete Jungfrauen teilnehmen durften. Die Beweiskraft Lukians für Athen kann bezweifelt werden. Menanders *Epitrepontes* 749 ist eine weitere fragliche Stelle. Siehe Golden 1988, 6 Anm. 23.
** Und nicht, wie der Scholiast es mißversteht, *tis gynē*, »eine Frau«.
*** »Und doch nahmen, wie Aristophanes uns sagt (*Lys.* 391–7), Ehefrauen teil und nicht nur Hetären, wie Detienne wiederholt glauben machen will« – Eichholz 1974, 235.

und »ein Penis«, da er den Schmied unterwerfen und ihn zum Stöhnen bringen könne. Aber man kann nicht den Schluß ziehen, daß, weil einige Komödien-Hetären die Adonia begingen, nur (oder auch nur in der Hauptsache) Hetären mit dem Fest zu tun hatten. Die attische Komödie im vierten Jahrhundert enthielt zahlreiche Rollen für Hetären, darunter manch starke und witzige Mae-West-Figur, und so ist es nur natürlich, daß sie dabei gezeigt werden, wie sie verschiedenen Frauenangelegenheiten nachgehen, Geselligkeiten eingeschlossen.

Alkiphrons *Hetärenbriefe* beruhen weitgehend auf der Komödie des vierten Jahrhunderts, und die Sammlung enthält einen Brief, in dem die Adonia erwähnt werden (4.14). Aber auch hier gehört dem Frauenkreis zumindest eine augenscheinlich legitime Ehefrau an: »Wir waren alle da – sogar Philoumena, die kürzlich geheiratet hatte und eifersüchtig bewacht wurde, hatte es geschafft, ihren Gatten in süßen Schlummer zu versetzen und erschien – spät, aber sie kam« (2). Der Kreis der namentlich genannten Frauen scheint vorwiegend aus Hetären zu bestehen, was sowohl in Einklang mit der Komödie als auch mit Alkiphrons Entwurf steht. Die fiktive Schreiberin des Briefes ist Megara, die Bacchis dafür tadelt, nicht zu einer bestimmten Opferhandlung von Frauen erschienen zu sein, zu der sie eine lange Zeit im voraus eingeladen war. Bei dem fraglichen Beisammensein handelt es sich nicht um die Adonia, sondern um einen der vielen Dienste, die Frauen aus gesellschaftlichen-plus-religiösen Motiven abhalten konnten.[*] An einem Punkt scheint die Schreiberin alle Frauen als Hetären zu charakterisieren, aber sie bezieht sich ironisch auf die hochnäsige Haltung, die Bacchis einnimmt: »So bist du nun also zu einer tugendhaften Dame geworden, und du liebst und ehrst deinen Geliebten – na, ein Glück für dich und deinen guten Ruf: wir übrigen sind alle bloß Huren und Schlampen. Hm!« (2).

Das Opfer, zu dem Bacchis eingeladen war, wird als eine Geselligkeit beschrieben, die die ganze Nacht dauerte, mit vielen weinseligen Späßen und ohne Anwesenheit von Männern. Eine der sportlichen Veran-

---

[*]  Man beachte die Eröffnungszeilen von *Lysistrata*, die sich auf privat veranstaltete Festlichkeiten für Bacchos, Pan, Aphrodite und eine ansonsten unbekannte Geburtsgöttin beziehen, allesamt offenbar außerhalb des offiziellen Festkalenders und staatlicher Oberaufsicht. In Zeile 700 desselben Stücks singen die Frauen: »erst gestern noch habe ich ein Fest für Hekate abgehalten.« Diese Fülle informeller Treffen ist weitgehend undokumentiert. Eine Graffiti-Liste von Frauennamen auf einem Ziegel, der beim spartanischen Apollotempel gefunden wurde, muß irgendeine rituelle oder anderweitig religiöse Bedeutung besitzen (Edmundsen 1959).

staltungen, denen man sich hingibt, ist ein bis ins Detail beschriebener Wettstreit zwischen zwei Frauen, welche die hübscheren Hinterbacken hat (4–6). Der Brief schließt mit einer Einladung zu den kommenden Adonia ins Haus von Thettales Liebhaber. Da Bacchis dem letzten Beisammensein aus Hingabe an ihren Geliebten ferngeblieben war, lädt Megara sie ein, nicht nur ein Gärtchen und ein Adonisbildnis mitzubringen, sondern auch ihren Adonis in Fleisch und Blut: »wir werden mit unseren Geliebten zechen und schmausen« (8). Dies ist ganz offensichtlich nicht die übliche Praxis, auch nicht für Hetären, sondern ein Zugeständnis, um eine widerstrebende Freundin einzubinden. Und doch hat Detienne es benutzt, um ein Bild der Adonia als eines Festes zu entwerfen, zu dem Männer von lüsternen Frauen niederen Standes eingeladen wurden (Detienne 1977, 82). Detienne hat stellenweise eine herausragende Fähigkeit, das zu diagnostizieren, was er »Ideologien in hermeneutischer Verkleidung« nennt (Detienne 1979, 69), aber wenn es um seine eigene Wahrnehmung geschlechtsspezifischer Bedeutungen und ihrer Umsetzung in die Praxis geht, läßt er sich beim Überstülpen eines maskulinistischen Koordinatensystems ertappen, das nicht nur die tatsächlichen Ereignisse verzerrt, sondern es unmöglich macht zu erkennen, was Frauen selbst mit dem, was sie taten, möglicherweise zu tun glaubten.

Ein wichtiger Aspekt von Detiennes patriarchalischem Vorgehen ist sein Beharren auf der Unterscheidung zwischen Hetären und rechtmäßigen Ehefrauen.[*] Es darf bezweifelt werden, ob athenische Frauen auf diese gesellschaftliche Differenzierung stets so viel Wert legten, wie es ihre Ehemänner taten oder wie Detienne es tut. Die Frauen in den *Samia* sind zum Beispiel Nachbarinnen und miteinander befreundet, obwohl die eine eine Konkubine und Hetäre, die andere eine ordentliche athenische Ehefrau ist. Zum Vergleich kann man die Beobachtungen von Wikan zitieren, die während eines Aufenthalts in einer Stadt in Oman gewonnen

---

[*]   »Und selbst wenn die Botschaft, die Detienne herausarbeitet, die richtige ist, müssen wir fragen, warum wurde sie mitgeteilt? Denn nach der Lehre von Lévi-Strauss ist eine solche Frage nicht nur legitim, sondern entscheidend. Wenn ich Detienne richtig verstehe, lautet die Antwort, daß der Gegensatz zwischen den Thesmophoria und den Adonia dazu dient, die Unterscheidung zwischen Ehe und Konkubinat klarer zu machen, als sie es in der zeitgenössischen griechischen Gesellschaft war (pp. 238–9). Dies kann nicht überzeugen, und sei es nur deshalb, weil die Botschaft, weit davon entfernt, einen gesellschaftlichen Widerspruch aufzulösen, wie Lévi-Strauss es verlangt, diesen eher noch zu betonen scheint« – Eichholz 1974, 235.

wurden, wo die gesellschaftliche Ideologie die üblich scharfe mediterrane Unterscheidung zwischen ehebrecherischen Frauen und keuschen Ehefrauen vorschreibt. In einem nachbarschaftlichen Kreis befreundeter Frauen gab es sieben makellos sittsame verheiratete Frauen und eine ungeniert ehebrecherische Frau von 25 Jahren, verheiratet und Mutter zweier Kinder. »Sie ließ sich mit dem Auto vor ihrer Haustür abholen und wieder absetzen, vor den Augen aller, außer denen ihres Ehemanns« (Wikan 1984, 639). »Sheikha blieb, ihres unverhohlenen Bruchs der geheiligsten Ideale der Gemeinschaft zum Trotz, ein enges Mitglied dieser kleinen nachbarschaftlichen Gruppe. [...] Ich befragte Sheikhas Nachbarinnen zu den Gründen für den offensichtlichen Mangel an Entrüstung über sie, nachdem sie so deutlich gemacht hatten, daß Prostitution schändlich und sündhaft sei. Darauf gaben sie mir dann zur Antwort, ›Ja, es ist eine große Schande. Aber nur allein ihr Ehemann hat das Recht, sich darüber zu beschweren und sie zu bestrafen. Warum sollten wir ihr böse sein? Sie hat uns nichts getan – im Gegenteil. Sie ist immer nett und hilfsbereit und gastfreundlich‹ « (640). Sheikha ist vielleicht eine Sexbombe, aber sie hat ein goldenes Herz, darin den Hetären der Neuen Komödie nicht unähnlich, und ihre Nachbarinnen schätzen ihre Verbindlichkeit und Großzügigkeit im täglichen Umgang. Ihr ehebrecherisches Verhalten ist allein ein Vergehen gegenüber ihrem Ehemann, und ihre Nachbarn fühlen sich nicht verantwortlich dafür, sie zu züchtigen, was ausschließlich sein Vorrecht ist.

Wenn sich Detienne weibliche Riten auf seine Weise angeeignet hat, so ist Baudy (1986) noch ein Stück weiter gegangen. Nach Baudy haben die Adonisgärten ihre Bedeutung in männlichen päderastischen Initiationsriten. Wenn wir schon gewisse Schwierigkeiten hatten zu verstehen, warum Frauen nach Detiennes Interpretation ihre eigene Inferiorität feiern sollten, so muß bei Baudys Lesart jegliches Verständnis auf der Strecke bleiben. Der Argumentationsgang ist eine Mischung aus Fehlern und unlogischen Folgerungen. So führt er beispielsweise das päderastische Thema über ein hellenistisches Gedicht ein, *An den toten Adonis*, das sich bei Gow (1952, 166–7) findet. In dieser recht raffinierten und anmutigen Version ruft Aphrodite den Eber zu sich, der Adonis getötet hat, und dieser gesteht ihr, daß er den schlafenden Adonis gesehen und ihn so schön gefunden habe, daß er versuchte, ihn zu küssen. Da er aber nicht daran dachte, daß er Hauer hatte, spießte er den Knaben versehentlich zu Tode. Baudy kombiniert das mit einer völlig anderen Version, nach der der Eber der eifersüchtige Ares in verwandelter Gestalt war, um zu argumentieren, daß die Adonisgeschichte ihren Kern in einer sexuell-konkurrierend-initiatorischen Beziehung zwischen älteren Kriegern und Epheben habe. Daraufhin bringt er das gesamte geläufige Material über die Jagd und männliche Initiation ins Spiel. Und ein weiteres Mal sind die feiernden Frauen vollständig aus dem Bild wegretouchiert worden.

## Die umschließende Göttin

Um einen eigenen Versuch zur Entzifferung der Bedeutungen zu starten, die Frauen den Thesmophoria und den Adonia gaben, wenden wir uns der Arbeit von Eva Stehle zu. In einem sehr eleganten und erkenntnisreichen Vortrag vor der Berkshire Conference on Women's History[*] stellte Eva Stehle bei Sappho eine gewisse Vorliebe für die Sagen über große Göttinnen fest, die junge sterbliche Liebhaber entführen. Diese Geschichten sind nicht Sapphos alleiniger Besitz, aber ihr Vorkommen in ihremWerk ist vielsagend.

Am besten dokumentiert sind die Geschichten über Eos (die Morgenröte), die einen ausgeprägten Hang dazu hatte, sich gutaussehende junge Männer zu schnappen und zu entführen. Homer und Hesiod erwähnen im Vorübergehen, daß sie irgendwann früher einmal Orion (*Od.* 5.121), Kleitos (*Od.* 15.250), Kephalos (*Theog.* 986) und Tithonos (*Theog.* 984) entführt habe. Die Geschichte des Tithonos wird recht ausführlich im 5. *Homerischen Hymnus* (An Aphrodite, 218–38) erzählt: Nachdem sie Tithonos seiner Schönheit wegen geraubt hatte, bat Eos Zeus, ihm Unsterblichkeit zu verleihen, was er auch tat, aber sie vergaß, auch um ewige Jugend für ihn zu bitten. Eine Zeitlang genoß sie seine Gesellschaft, aber als die ersten grauen Haare auftauchten, schlief sie nicht mehr mit ihm; sie speiste und kleidete ihn weiterhin in ihrer Wohnstatt, aber als er immer älter wurde und sich schließlich überhaupt nicht mehr bewegen konnte, räumte sie ihn in ein Zimmer und machte die Tür hinter ihm zu. Nur seine Stimme lebte weiter. Sapphos Fragment 58 LP [Schickel XXXIV] ist stark verstümmelt, aber es enthält die Zeilen »die rosenarmige Morgenröte … sie trug ans Ende der Erde« zusammen mit der unmittelbar vorangehenden Erwähnung hohen Alters mit welk gewordener Haut, schwarzem Haar, das [weiß] wurde, und zittrigen Knien. Man kann wohl der Schlußfolgerung nicht entgehen, daß sich Sappho

---

[*] *A.d.Ü.:* Eva Stehles Aufsatz »Sappho and the Enclosing Goddess« war zur Zeit der Drucklegung der Originalausgabe noch nicht erschienen, John J. Winkler zitiert daher nicht nach einer veröffentlichten Fassung.

hier auf irgendeine Weise mit dem Raub des Tithonos durch Eos und mit seinem schließlichen Schicksal beschäftigte.[*]

Was Sappho über Selene (den Mond) und den jungen Jäger Endymion gesungen hat, ist weniger klar. Wir wissen einfach nur (von einem Scholiasten zu Apollonios von Rhodos 4.57), daß sie die Geschichte erzählte. Aus anderen Quellen wissen wir, daß Endymion ein junger Jäger war, der mit einer Höhle am Latmos in Karien in Verbindung gebracht wurde: gewöhnlich heißt es, er sei in ewigen Schlaf versenkt worden. Stehle entdeckt hier ein Muster. Der unaufhörlich alternde Tithonos und der niemals alternde Endymion haben eines gemeinsam – nachdem die Göttin sie genossen hat, werden beide weggesperrt an einen umfriedeten Ort und bleiben für immer machtlos, ruhend entweder in vollständigem Schlaf oder in vollständigem Greisentum. Wenn es in Ordnung ist, diese beiden Beispiele parallel nebeneinander zu stellen, dann haben wir ein zugrundeliegendes Erzählmuster, in dem die männliche Figur, nachdem sie von der Göttin geliebt wurde, entweder für immer jung und hilflos oder für immer alt und hilflos ist. In beiden Fällen ist sie den Rhythmen der gewöhnlichen menschlichen Zeit so enthoben worden, wie sie dem üblichen gesellschaftlichen Raum enthoben wurde. Daß die Göttin den Mann mit zu sich nach Hause nimmt, ist eine Umkehrung des patrilokalen oder virilokalen Musters, wie es in griechischen Städten (wenn auch nicht uneingeschränkt) vorherrscht. Die implizierte Permanenz der Vereinigung macht sie zu einer Quasi-Ehe. Das ist ganz etwas anderes als das, was Götter tun, wenn sie sterbliche Frauen begehren. Männliche Gottheiten steigen herab und stillen ihr Begehren auf der Stelle, worauf sie das Mädchen sich selbst und der Aufgabe überlassen, zur Stammutter einer wichtigen Rasse oder edlen Familie zu werden, gewöhnlich nach schweren Leiden und Entehrungen.

Die dritte Sapphische Geschichte dieses Typus verbindet Jugend und Alter miteinander. Ein alter Mann namens Phaon betrieb eine Fähre über eine der Meerengen von Lesbos. Aphrodite nahm die Gestalt einer alten Frau an, und nachdem er sie übergesetzt hatte, verlangte er kein Fährgeld; daher belohnte sie ihn, indem sie ihn in einen jungen und über die Maßen gutaussehenden Mann verwandelte. Nach Plinius (*Nat. hist.* 22.20) hatte die volkstümliche Pflanzenkunde etwas mit der Geschichte zu tun. Die Pflanze *eryngē*, oder »(Meerstrands-)Mannstreu« (*Eryngium maritimum*), besitzt eine Wurzel, die die Form entweder männlicher oder weiblicher Genitalien annimmt; findet ein Mann eine mit der männlich

---

[*]   Ibykos (frag. 8 Page) erwähnte Eos' Raub des Tithonos in Verbindung mit Zeus' Raub des Ganymed.

geformten Wurzel, so wird er sexuell anziehend. Plinius verbindet dieses Stückchen Überlieferung mit Sappho und Phaon. Aber wenn die Natur die Macht hat, einen welken alten in einen attraktiven jungen Mann zu verwandeln, dann hat sie auch die Macht, diese Wirkung umzukehren. Aelian (*Var. hist.* 12.18) berichtet, daß Aphrodite Phaon unter dem Salat verbarg. Der Vergleich mit Tithonos und Endymion läßt uns bereits erwarten, daß die Göttin ihren sterblichen Liebhaber an einen Ort bringen wird, der der gewöhnlichen Zivilisation entrückt ist – aber warum in ein Salatbeet? Die Antwort bedarf eines pflanzenkundlichen Wissens, von dem Gebrauch zu machen nur wenigen von uns vergönnt ist, aber in der griechischen Kultur waren die antaphrodisischen Eigenschaften des Salats wohlbekannt und wurden oft angesprochen (vgl. Detienne 1977, 67 f.).

Darüber hinaus ist der Liebhaber, der im Salatbeet verborgen wird, nicht Phaon, sondern Adonis, der unser viertes Beispiel ist. Sappho hält fest, daß der tote Adonis von Aphrodite in einem Salatbeet aufgebahrt wurde (frag. 211 b iii LP), und die gleiche Assoziation wird von Kallimachos und zwei attischen Komödiendichtern wiedergegeben, Kratinos und Eubulos, vom letzteren in einem Stück mit dem Titel *Die Impotenten* (*Astytoi*), wörtlich, »Die, welche nicht aufrecht sind«. Auf der oberflächlichen Erzählebene weichen die Details ab: Kallimachos und Kratinos sagen, Aphrodite habe Adonis in einem Salatbeet *versteckt*, was den Gedanken nahelegt, daß sie vielleicht versuchte, ihn vor dem Wildschwein zu retten, das ihn tötete. Sappho und Eubulos sagen demgegenüber, daß Aphrodite den toten Adonis in einem Salatbeet aufbahrte, nachdem der Eber ihm den Schenkel aufgeschlitzt hatte. Die Varianten im Detail erfüllen die Aufgabe, uns zu zeigen, welche Züge des Mythos nicht wichtig sind. Frazer und all jenen zum Trotz, die in Adonis einen Vegetationsgeist sahen, spielt es keine Rolle, ob Adonis tot ist oder nicht. Wie bei Tithonos, Endymion und Phaon ist es das Wesentliche an Adonis' Schicksal, daß er nicht länger aufrecht ist, und das endgültig und dauerhaft. Tithonos' dauerndes Altern, Endymions dauernder Schlaf, Phaon und Adonis in einem Salatbeet versteckt – das sind vier Versionen der gleichen exemplarischen Legende. Jener, den die Göttin liebt, hört auf, ein phallischer Mann zu sein und tritt statt dessen in einen Zustand ewiger Abschwellung ein. Die Göttin kümmert sich noch um ihn, aber sie steckt ihn in eine Wiege oder einen Küchenschrank irgendwo in ihrem Haus oder in jenem Teil der Natur, der zu ihrem Territorium gehört – eine Bergeshöhle oder einen Garten.

Es ist nicht klar, wie diese ganze Klasse von Geschichten aufgefaßt wurde. Die gleiche Erzählung läßt sich immer mit äußerst unterschiedlichen Gewichtungen und zur Untermauerung ganz unterschiedlicher Standpunkte erzählen. Griechische Männer erzählten solche Sagen zweifellos als Warnungen davor, was gefährliche weibliche Mächte bei ihnen anrichten könnten. Furcht vor Impotenz und Kastrationsängste hatten in der phallozentrischen Hälfte der griechischen Gesellschaft Hochkonjunktur. Eine mächtige Frau in der Privatheit ihres angestammten Territoriums auch nur zu belauschen, brachte dem Teiresias Blindheit und dem Aktaion plötzlichen Tod; beide waren junge Jäger wie Endymion (Kallimachos, *Hymnus* 5.75, 109). Für Männer dienen solche Geschichten vielleicht als Schreckbilder, die die Rechtfertigung dafür bieten, sich aus den Freiräumen der Frauen herauszuhalten.

Aber eine interessantere Frage ist: Wie verstanden Sappho und die Gemeinschaft der Frauen solche Legenden? Für Sappho selbst bleibt nicht viel zu sagen. Im Fragment 58 hat sie vielleicht eine Analogie zwischen sich und Tithonos gezogen. Obwohl seine physische Stärke in Nichts aufging, überdauerte seine Stimme, endlos vor sich hin murmelnd (*Homerischer Hymnus* 5.237). Ein Mythograph und Historiker auf Lesbos im fünften Jahrhundert, Hellanikos, vermerkt, daß Eos Tithonos in eine Zikade verwandelte, auf daß seine wundervolle Stimme weiter gehört würde. Sapphos fragmentarischen Zeilen über das hohe Alter von jemandem geht unmittelbar eine Erwähnung des süßen, den Gesang liebenden Schildpatts voraus, das heißt, einer Leier. Es besteht der Hauch einer Möglichkeit, daß Sappho die Unsterblichkeit ihrer Verse mit der ewigen Stimme des zirpenden Tithonos vergleicht. Es ist ein vertrautes lyrisches Thema: wenn ich auch sterbe, meine Lieder werden ewig weiterleben. Das Bild einer Sappho, die sagt, sie sei wie Tithonos von den liebenden Armen der Morgenröte davongetragen worden, gefällt mir. Was die anderen Epheben aus unserem Quartett betrifft, so müssen die recht häufigen Berichte, nach denen Sappho selbst in Phaon verliebt war, eine entstellte und vermischte Version von etwas anderem sein. Vielleicht sprach sie im Namen der Aphrodite, wie sie es in Gedicht 1 tut. Andere Varianten der Endymion-Geschichte sagen, er habe versucht, Hera zu vergewaltigen und sei von Zeus bestraft worden – in den Hades verstoßen (Hesiod) oder in ewigen Schlaf versenkt (Epimenides). Stehle mutmaßt, Sappho könne den traditionellen schlafenden Endymion und einen Göttinnen-Liebhaber vielleicht zu einer Person zusammengezogen haben. Über Adonis bei Sappho wissen wir lediglich, daß sie Gebrauch von zwei rituellen Refrains machte, »Weh um Adonis« (frag. 168 LP) und »Der zarte Adonis stirbt, Aphrodite; was sollen wir tun? Schlagt die Brust euch und reißt, Mädchen, entzwei eure Gewänder« (frag. 140a LP [Schickel LXXI]).

Aber wenn wir auch nicht sehr weit gehen können, um Sinn und Tenor festzustellen, den Sappho diesen vier Mythen gab, so können wir doch eine leicht veränderte Frage stellen: Welche Verbindung besteht zwischen diesen Mythen und dem, was wir über Frauenkulte wissen? Adonis liefert uns die direkte Verbindung. Stehle stellt den Interpretationsrahmen zur Verfügung. Wenn wir die aufdringlichen phallischen Elemente aus Detiennes Darstellung entfernen, dann können wir die Adonia vielleicht doch noch so sehen, wie griechische Frauen sie sahen. Es *gibt* einen wirklichen Gegensatz zwischen der achtmonatigen Landarbeit, die nötig ist, um Demeters Getreide zur Frucht zu bringen, und dem achttägigen Sprießen und Vergehen der Adonisgärten. Das Demeterfest, so sagen unsere Quellen, fördert die Erzeugung sowohl von Ernten als auch von Menschen. Die Rolle des Mannes in beiden Fällen ist es, zu pflügen und den Samen auszubringen. Es ist Mutter Erde, die die achtmonatige Arbeit leistet, so wie es menschliche Mütter sind, die die lange Last der menschlichen Vermehrung tragen. Frauen sind es, die Demeters Weizen in die Zivilisation überführen, indem sie ihn erst zu Mehl und dann zu Brot machen; Frauen sind es, die Kinder nähren und erziehen. Wenn es einen Gegensatz in den jeweiligen Rollen der Geschlechter bei der Kultivierung dieser natürlichen Abläufe zu ziehen gibt, dann gehören Männer schlankweg an die Seite des Adonis, des eifrigen, aber nicht allzu ausdauernden Liebhabers der Aphrodite. Was die Gärtchen mit ihren sich schnell aufrichtenden und schnell erschlaffenden Sprossen symbolisieren, ist die marginale oder untergeordnete Rolle, die Männer sowohl in der Landwirtschaft (gegenüber der Erde) als auch bei der menschlichen Fortpflanzung (gegenüber Frauen und Müttern) spielen.[*]

Es scheint mir also, daß wir im Wachsen und Vergehen der Keimlinge, neben vielen anderen Bedeutungen, einen sexuellen Witz jener Art sehen können, wie sie bei anderen Frauenfesten ihren angestammten Platz hatte. Man kann ein winziges Aufscheinen misandrischen Humors darin entdecken, einer Belustigung über die männliche Sexualität als etwas, das so schnell vergeht: »Weh um Adonis!« Der arme kleine Schatz, er hatte einfach kein Stehvermögen. Es gibt eine Vase, die eine derartige Interpretation illustriert, eine rotfigurige Pelike im British Museum. Eine Frau mit einem außerordentlich süßen und wissenden Lächeln um die Lippen

---

[*] »Männlicher Symbolismus fehlt bei [den Thesmophoria] nicht, aber er ist lediglich ein Anhängsel, reduziert aufs Instrumentelle, auf Gegenstände, mit denen die Frauen hantieren und die sie benutzen, um ihre eigene dominante Rolle bei der Fortpflanzung zu unterstreichen« – Zeitlin 1982, 146.

kümmert sich um eine Anpflanzung von Phalloi, die vor ihr wie Spargel emporwachsen. Die Linien weißer Farbe, die von ihrer rechten Hand ausgehen, scheinen anzuzeigen, daß sie sie mit Wasser besprengt. Deubner brachte das Bild mit den Haloa in Verbindung und sah die Phalloi als tatsächliche Objekte an, die in den Boden gesteckt worden sind, aber das hieße, den dokumentarischen Wert der Darstellung zu überschätzen. Ich denke eher, daß es sich um eine humoristische Phantasieszene handelt, nicht unbedingt direkt mit den Adonia verbunden (da die Pflanzen nicht in Töpfen wachsen), aber doch eine Illustration derselben kulturellen Gleichung.

Oberflächlich betrachtet scheinen die Mythen von Eos und Aphrodite einfach vom *erōs* der Frauen zu handeln und dem Begehren, das sie hin und wieder nach hübschen jungen Männern empfinden. Aber in jedem einzelnen Fall gelangt der Liebhaber im Erzählverlauf schon bald in einen Schlafzustand, der nicht nur als eine geschlechtliche, sondern auch als eine gesellschaftliche Allegorie verstanden werden kann, eine Aussage dahingehend, daß Frauen und Göttinnen die Vormacht in den Abläufen der Produktion und der Reproduktion haben, daß Frauen eine relative Unabhängigkeit von männlicher Leistung in den Grundprozessen des Lebens genießen. Und er ist nebenbei auch ein Witz über den *erōs* der Männer. In den Gemeinschaften von Frauen wird solches Wissen geteilt, mitgeteilt und weitergetragen. Die vielen religiös-gesellschaftlichen Zusammenkünfte von Frauen der griechischen Antike, von denen nur so wenige von den Männern zur Kenntnis genommen wurden, sind der Ort, der sich geradezu dafür anbietet, das Wissen um männliche Eignung – oder männliches Versagen – zu teilen.

Die Einschränkungen, denen dieser Essay unterliegt, sollten offensichtlich genug sein, doch vielleicht lohnt es, sie einzeln aufzuführen. Die begrenzte Frage, »Worüber haben die Frauen gelacht?«, ist nur eine winzige Facette des Ensembles von Bedeutungen, die an den Demeterkultfesten beteiligt gewesen sein müssen. Ich habe nicht den Versuch unternommen, eine allgemeine Theorie über Demeter und Kore und ihre Trennung aufzustellen, über die eleusinischen Initiationen, die von Männern und Frauen zugleich begangen wurden, oder über die antike landwirtschaftliche Bedeutung der Kulthandlungen und ihre Einverleibung in das politische Leben Athens. Außerdem liegt auf der Hand, daß es sich bei den Quellen um männliche Autoren handelt, deren Schockiertheit über rituelle Obszönität deren Rolle über das Maß hinaus übertrieben haben mag, wie es sich den Teilnehmerinnen selbst dargestellt hätte. Und schließlich bin ich durch meine parteiische Perspektive und Interessenlage als männlicher amerikanischer Altphilologe eingeschränkt, der danach tastet, mit Hilfe antiker und moderner Texte ein lebendigeres und authentischeres Gefühl für die Beziehungen im Verhältnis und Verhalten der Geschlechter im Mittelmeerraum zu gewinnen. Die Darstellung, die dabei herauskommt, ist vielleicht noch zu sehr mit phallischen Problemen beschäftigt, wie sie für Männer von Interesse sind: statt zu behaupten, »phallische Männer stehen im Zentrum«, wie es Detiennes Darstellung tut, behauptet die meine, »phallische Männer sind Randfiguren und ihre Anmaßung ist erheiternd«. In beiden Fällen liegt der Schwerpunkt auf Männern. Und in gewissem Sinne ist die Energie dieses Essays ebensosehr oder mehr auf Detienne als auf Demeter gerichtet gewesen und mag manchen als unwürdiges männliches Gezänk vorkommen, nicht als die feministische Forschungsarbeit, die wir gerne sähen. Aber jede und jeder Gelehrte muß zu der gemeinsamen Unternehmung beisteuern, was in ihren oder seinen Kräften steht.

Die Frage, wie Frauen in männerdominierten Kulturen die Wirklichkeit definieren und interpretieren, besonders die gesellschaftlichen und erotischen Aspekte ihrer eigenen Sexualität, ist für antike Gesellschaften extrem schwer zu beantworten, leichter, aber immer noch schwer, für zeitgenössische Gesellschaften. Safa-Isfahani zum Beispiel berichtet über die musikalischen Pantomimen und Sketche bei Frauenparties im Iran (1980). Obwohl sie Männern nicht gänzlich unbekannt sind, die die Sketche der Frauen gelegentlich in rüden Liedern parodieren, werden diese kleinen Theaterspiele doch fast ausschließlich von und für Frauen aufgeführt. Sex und die geschlechtsspezifischen Probleme sind in ihnen massiv vertreten: eine Frau, die ohne Unterstützung durch ihren Mann oder ihre Familie ein Kind bekommt, eine Frau, die den Gemüsehändler verführt (der von einer als Mann verkleideten Frau gespielt wird), ein Striptease-Spiel (»Ich habe Ameisen an mir« – »Wo stecken sie?« – »Da und da und und da – was soll ich tun?« – »Zieh das aus! Zieh das aus!«) und die Wahl eines Ehemannes. Die Figur eines jungen Mädchens erklärt, warum jeder der Bewerber um ihre Hand aus Gründen seiner Arbeit ungeeignet ist, wobei mit der Doppelbedeutung von »arbeiten« als »Geschlechtsverkehr haben« gespielt wird: der Händler »arbeitet« mit zu leichten Gewichten, der Fleischer macht Hackfleisch, der Mullah arbeitet gebückt, der Armeeoberst arbeitet mit Gewehr und Kanone.

In dieser Sammlung von Texten ist das Bewußtsein der Frauen von ihrer eigenen Sexualität eingespannt in den Rahmen der Begriffe und Probleme, die ihnen aus normativen Konventionen erwachsen, aber die Frauen sind keine passiven Teilnehmerinnen an ihrer eigenen Beherrschung, sondern »wichtige Protagonistinnen, die mit den Strukturen ihrer Beherrschung interagieren, wobei sie notwendigerweise ein gewisses

Maß an Autonomie üben, indem sie nicht nur definieren und interpretieren, sondern umdefinieren und reinterpretieren, wie die herrschenden Strukturen sie definieren und interpretieren« (Safa-Isfahani 1980, 34). Frauen sind in diesen parodistischen Sketchen aktive sexuelle und gesellschaftliche Subjekte, die den öffentlichen Konventionen, die unterstelltermaßen die Grenzen ihres Verhaltens festlegen, oftmals trotzen oder ihnen eine lange Nase drehen.[*]

Der alternative und untergeordnete Diskurs von Frauen nimmt von Kultur zu Kultur vielfältige verschiedene Formen an, mit unterschiedlichen Verhältnissen von Widerstand und Anpassung an patriarchale Normen (Warren und Bourque 1985). Auf der Grundlage so brüchigen Belegmaterials, wie es uns zur Verfügung steht, wäre es tollkühn, darauf zu beharren, wir hätten die Bedeutung des Gelächters antiker griechischer Frauen nun herausgefunden, aber das Bild, wie es hier gezeichnet ist, stimmt zumindest besser mit den überlieferten Fakten und mit vergleichenden Untersuchungen über Frauen in anderen männerdominierten Gesellschaften überein. Es zwingt die Untersuchung auch in positivere Bahnen, indem es uns dazu auffordert, uns die subjektive Welt antiker griechischer Frauen abseits des männlichen Diskurses von Bluff und Vorschrift in größerer Vollständigkeit vorzustellen. Statt anzunehmen, Frauen akzeptierten »die [patriarchalen] Vorstellungen darüber, wie sie zu empfinden, denken und handeln hätten, weil sie vom Gewicht der moralischen oder mechanischen Sanktionen beeinflußt sind oder weil sie diese Strukturen durch Prozesse der Sozialisation und Enkulturation internalisieren« (Safa-Isfahani 1980, 33), hätten antike Scholiasten und moderne Altphilologen besser daran getan zu fragen, »Warum lachen die Frauen nur?« Es scheint vielleicht paradox, daß das einzige, was Detiennes phallozentrische Untersuchung nicht sehen konnte, die Phalloi waren, aber merkwürdig ist das keineswegs. Was ein maskulinistischer Blick nicht sehen kann, ist, daß die Welt nicht nur aus Männern besteht und Männer in Wirklichkeit nicht ihre herrschende Norm sind, sondern eine distinkte Unterkategorie dieser Welt. Maskulinistische Theorie kann sich, im Gegensatz zu feministischer, nicht selbst als solche erkennen, und ganz gewiß kann sie nie sehen, wie komisch sie manchmal wirkt.

---

[*]    In einem Sketch, in dem eine Frau nach ihrem kranken Geliebten fragt und verspricht, ihn zu pflegen, setzen einige der Behandlungsmethoden, die sie anwenden will, voraus, daß es sich bei der geliebten Person um eine Frau handelt – Lidschatten und Rouge auflegen, die Brüste massieren. Safa-Isfahani (1980, 43) sagt dazu lediglich, daß die Frau gleichzeitig Subjekt des Liedes ist und sich selbst als seinen Gegenstand projiziert.

Um dieses Kapitel und dieses Buch zu schließen, lassen Sie mich noch einmal den Perspektivenwechsel wiederholen, der eintritt, wenn wir versuchen, uns den Blick von Frauen auf kulturell geteilte Bedeutungen vorzustellen. Der herrschende Diskurs stellt sie dar als eingeschlossen, passiv und idealiter unterwürfig, aber das weibliche Bewußtsein (und die Kooperation mit) jener Ideologie ist durch eine Reihe von Praktiken ausbalanciert, die ein anderes Verständnis erzeugen. Das doppelte Bewußtsein von Frauen für ihre eigene Existenz und für deren Darstellung durch Männer ist mit ihren allumfassenden Tätigkeiten verbunden – Geburt, Ernährung und die Sorge um die Toten –, Tätigkeiten, mit denen sie den fundamentalen Lauf des Lebens beeinflussen und kontrollieren.

Nordafrikanische Frauen verbringen sehr viel Zeit und Mühe damit, große Tücher zu weben. Die Rituale um den Webstuhl sind denen um Geburt, Aufzucht der Kinder und Tod parallel (Messick 1987). Eine Frau spreizt über Kette und Baum, bevor sie eingerichtet werden, die Beine, als gebäre sie; wenn die beiden Sätze Kettfäden in den oberen und unteren Schäften einander zu kreuzen beginnen, erlangt das Gewebe eine »Seele«, und Männer müssen den Raum verlassen, wie es bei Geburten der Fall ist; von Nachbarn erwartet man, daß sie dem Werk ihren Segen geben, wie sie es für ein Kind tun würden; die gespannten Kettfäden werden geschlagen, um gleichmäßige Spannung zu gewährleisten und dem künftigen Tuch mehr »Furcht« zu geben, gerade wie ein Kind diszipliniert wird; und wenn das fertiggestellte Tuch vom Webrahmen abgeschnitten wird, besprenkelt die Weberin die Kette mit Wasser und spricht dazu das Glaubensbekenntnis, was beides auch für einen sterbenden Muslim getan wird. Das Bewußtsein, das sich in diesen Arbeitsritualen ausdrückt, ist klar: in ihrer üblichen Rolle als Erzeugerinnen von Produkten des Haushalts umspannen Frauen das Leben von Männern, bringen sie ins Dasein und geben ihnen zuletzt das Geleit ins Jenseits.[*]

Das Tuch, an dem gewebt wird, wird ganz spezifisch mit einem Sohn verglichen, dessen Leben in zwei Phasen zerfällt: Wenn die Kette eingespannt wird, ist es wie ein kleiner Junge; wenn die Schußfäden dazukommen, beginnt das Tuch Zeichen der Widerstandskraft zu zeigen wie ein

---

[*] Froma I. Zeitlin macht mich darauf aufmerksam, daß Artemidor 3.36 dieselbe Gleichung impliziert: »Weben auf einem Webstuhl ist wie das Leben: wer träumt, er beginne gerade zu weben, sagt langes Leben voraus; wer träumt, er stehe im Begriff, abzuschneiden, wird ein kurzes haben; und das abgeschnittene Tuch steht für den Tod.«

Jüngling, der zum Manne heranwächst und eine neue gesellschaftliche Dominanz über seine Mutter erwirbt. So spiegelt der Prozeß des Webens in Miniatur und in symbolischer Form das Verhältnis von Frauen zum Lebenszyklus und besonders zu Männern wider – als Säuglinge, Jungen, Erwachsene und schließlich als Verstorbene. In gewissem Sinne umschließen Frauen das Leben der Männer, indem sie ihre Entwicklung beobachten und leiten. Der kulturelle Diskurs von Frauen »bietet typischerweise einen Kommentar zur Welt, wie sie aus männlicher Perspektive erscheint. Während der Diskurs äußerlich aus vielem besteht, das mit Männern ›geteilt‹ wird, wird all dieses Material umgeformt, erweitert und in einem von Frauen geschaffenen Weltrahmen zusammengefaßt« (Messick 1987, 217).

Wir mögen heute einen extrem begrenzten Zugang zu dem Weltrahmen haben, der von griechischen Frauen der Antike geschaffen wurde, aber wir haben guten Grund zu der Annahme, daß er sich als eine umschließende, nicht eine eingeschlossene Sehweise charakterisieren ließe. Wie dieses Buch versucht hat zu zeigen, sind die Fesseln des Eros gesellschaftlich geschaffene Normen, die ihren Ursprung in einer öffentlichen patriarchalisch organisierten Ordnung haben. Obwohl Frauen zentrales Thema bei der Artikulierung jener Normen sind, hat die Stoßrichtung solcher Verhaltensstandards mehr mit den sozialen Beziehungen unter Männern als mit der Macht über wirkliche Frauen zu tun. Hinter der Fassade öffentlicher Sanftmut führten die Frauen ihr eigenes Leben und dürften wohl ein umfassenderes Verständnis von Männern gehabt haben als Männer es von Frauen hatten.

# Anhang

# Textanhang 1
# Artemidoros von Daldis:
# *Traumdeutung*
### Erstes Buch, Kapitel 78–80 [*]

78. Bei der Deutung des Geschlechtsverkehrs [*synousia*] ist man am besten beraten, wenn man einteilt in, erstens, Geschlechtsverkehr in Einklang mit Natur [*kata physin*], Gesetz und Regel [*nomos*] sowie herrschendem Gebrauch [*ethos*], sodann, Geschlechtsverkehr wider Gesetz und Regel [*para nomon*], und drittens, Geschlechtsverkehr wider die Natur [*para physin*]. [**]

Mit dem Geschlechtsverkehr *para nomon*, als erstem, hat es folgende Bewandtnis. Sex [*migēnai*] mit seiner eigenen Ehefrau [*gynē*] zu haben, wenn sie es wünscht, begehrt und ihm nicht widerstrebt, ist gleich gut für alle [die davon träumen]. Denn die Frau bedeutet entweder das Handwerk [*technē*] des Träumers oder das Geschäft, aus dem er Vergnügen zieht, oder etwas, dem er vorsteht und das er lenkt, wie es mit seiner Ehefrau der Fall ist. Dieser Traum bedeutet den Gewinn, den er aus solchen Quellen schöpft, denn so, wie die Menschen Vergnügen am Sex [*aphrodisia*] haben, so haben sie auch Vergnügen am Profit.

Wenn die Frau sich wehrt oder sich nicht hingibt, bedeutet dies das Gegenteil. Für die Geliebte gelte dieselbe Deutung.

Sex mit Frauen zu haben, die Prostituierte sind und vor Bordellen ihren Platz haben, bedeutet eine gewisse Verlegenheit und eine kleinere Auslage, denn Menschen, die Umgang mit solchen Frauen pflegen, müssen Scham und Geldausgaben gewärtigen. Aber sie bedeuten Gutes für jedes Arbeitsvorhaben, das man unternehmen möchte, denn einige Leute nennen sie »werktätige Mädchen«, und sie geben sich widerstandslos hin.

Gut wäre es wohl, davon zu träumen, daß man ein Hurenhaus betritt und es wieder verlassen kann, denn es nicht mehr verlassen zu können

---

[*]    *A.d.Ü.:* Zur Quellenlage vgl. Fn. S. 43 zu Kapitel 1. (Siehe dort und in der Bibliographie auch die Hinweise zu bestehenden deutschen Übertragungen.) Die hier gegebene deutsche Fassung folgt John J. Winklers Übertragung aus der Edition von Roger A. Pack, Leipzig 1963, und wurde mit dieser verglichen.

[**]    Zur Erläuterung dieser Kategorien vgl. Kapitel 1, S. 59 f.

ist sicherlich von Übel. Ich weiß von jemandem, der sich in ein Hurenhaus gehen und nicht imstande sah, es wieder zu verlassen, und er verstarb nur wenige Tage später, wie es die Logik des Traumes verlangte; denn wie der Friedhof wird das Freudenhaus ein gemeinschaftlicher Ort genannt, und viel menschlicher Samen verdirbt dort. Fraglos ist dieser Ort dem Tod ähnlich. Aber die Frauen selbst haben nichts gemeinsam mit dem Ort: sie bedeuten Gutes, nur der Ort selbst ist nicht gut. Daher ist es günstiger, wenn man im Traum Prostituierte sieht, die als Straßenmädchen arbeiten. Die Frauen, die in Werkstätten und Läden verkaufen und Geld dafür bekommen, bedeuten Gutes, wenn man von ihnen oder dem Geschlechtsverkehr mit ihnen träumt.

Wenn man in einem Traum eine unbekannte Frau beschläft[*], und sie ist schön und anmutig und kostbar und fein gekleidet und mit Goldschmuck geputzt und gibt sich willig hin –, so verheißt das Gutes für den Träumer und zeigt, daß er etwas nicht Unbedeutendes zuwege bringen wird. Aber wenn sie alt, häßlich, ungestalt, schlampig gekleidet ist, wenn ihr Gebaren in jeder Hinsicht das Auge beleidigt, und wenn sie sich nicht hingeben will, so verheißt dies das Gegenteil; denn man muß unbekannte Frauen als Bild dafür verstehen, wie Unternehmungen für den Träumer ausgehen. Wie die Frau also beschaffen ist und wie sie sich beträgt, so wird auch das Ergebnis dessen aussehen, was der Träumer betreibt.

Die eigene Sklavin oder den eigenen Sklaven zu beschlafen, verheißt Gutes, denn Sklaven sind ein Besitz des Träumers; seine Lust an ihnen zu haben bedeutet also, daß der Träumer Vergnügen an seinen eigenen Besitztümern haben wird, und zwar wahrscheinlich deshalb, weil sie an Zahl oder Wert zunehmen.

Von seinem eigenen Haussklaven beschlafen zu werden, ist nicht gut. Es bedeutet, daß man von dem Sklaven verachtet oder verletzt wird. Das gleiche gilt, wenn man von seinem Bruder genommen wird, sei er nun älter oder jünger, oder gar von seinem Feind.

---

[*]   *A.d.Ü.:* Wo der »eindringende Geschlechtsverkehr« von anderen Formen sexueller Betätigung abzugrenzen war, wurde der Terminus technicus »penetrieren« oft beibehalten; aber auch »besitzen« und »beschlafen« werden als Synonyme für den penetrierenden Geschlechtsverkehr verwendet, dessen Merkmal die aktive Besitzergreifung ist und nicht notwendigerweise das physiologische Eindringen (penetrierender Geschlechtsverkehr kommt auch unter Frauen vor). In neutraleren Zusammenhängen wurden Formulierungen wie »geschlechtlich verkehren«, »miteinander schlafen« o. ä. gewählt.

Geschlechtsverkehr mit einer bekannten und vertrauten Frau zu haben, wenn einem in dem Traum nach Sex zumute ist und man sie begehrt, erlaubt wegen der großen Hitze der Begierde gar keine Voraussage. Wenn man sie aber nicht begehrt, so verheißt das Gutes, vorausgesetzt, die Frau ist gut angesehen, denn zweifellos wird der Träumer von der Frau, die er im Traum sieht, oder durch ihre Hilfe einen Gewinn erlangen. Denn diejenige, die ihren Körper hergibt, dürfte aller Wahrscheinlichkeit nach auch etwas hergeben, das mit dem Körper zusammenhängt. Oft ist ein solcher Traum einem Mann günstig, der in die Geheimnisse der Frau eingedrungen ist, denn eine solche Frau gestattet einem den Zugang ins Geheimste.

Eine Frau zu beschlafen, die gesetzlich [*kata nomous*] verheiratet und einem Manne unterworfen ist, ist wegen des Gesetzes von Übel. Es sind die Strafen, die das Gesetz für einen Mann vorsieht, der beim Ehebruch ertappt würde, auf die dieser Traum hindeutet.

Von einem Bekannten, wer immer das auch sei, genommen zu werden, ist nützlich für eine Frau. Für einen Mann ist es gut, von einem reicheren, älteren Mann penetriert zu werden, denn gewöhnlich bekommt man etwas von solchen Männern. Von einem jüngeren, armen Mann beschlafen zu werden, ist schlecht, denn gewöhnlich gibt man solchen etwas ab. Dies gilt auch, wenn der Beschläfer älter ist, aber arm.

Wenn ein Mann davon träumt, sein Glied mit der Hand zu reizen, wird er seinen Sklaven oder seine Sklavin beschlafen, denn die Hände, die er an sein Glied legt, sind ihm zu Diensten. Hat er keine Sklaven, so wird er eine Strafe für das nutzlose Verströmen des Samens hinnehmen müssen. Ich weiß von einem Sklaven, der träumte, daß er seinen Herrn masturbierte, und er wurde der Begleiter und Aufseher seiner Kinder, denn er hielt das Glied seines Herren in den Händen, welches seine Kinder bedeutet. Dann wieder weiß ich von jemandem, der träumte, daß er von seinem Herrn masturbiert wurde: er wurde an eine Säule gebunden und erhielt tüchtig Schläge – so wurde es ihm also von seinem Herrn besorgt.

Was den Geschlechtsverkehr gegen Gesetz und Regel betrifft, so ist er folgendermaßen zu deuten. Einen Sohn unter fünf Jahren zu gebrauchen bedeutet den Tod des Kindes, wie ich oft beobachtet habe. Daß es das bedeutet, ist naheliegend, denn das Kind wird verdorben, und den Tod nennen wir Verderben. Ist der Sohn älter als fünf, aber jünger als zehn, so wird er krank werden, und der Träumer wird sich leichtfertig auf irgendein Geschäft einlassen und dabei Verluste erleiden. Auf die Krankheit weist der Schmerz hin, den das Kind spürt, wenn vor der Reife solcher Verkehr an ihm vollzogen wird, der Verlust des Träumers liegt an seiner Torheit, denn es spricht nicht gerade für gesunden Menschenverstand, seinen eigenen Sohn oder einen anderen Knaben dieses Alters zu beschlafen. Ist der Sohn ein junger Heranwachsender und der Vater arm, so wird er seinen Sohn zu einem Lehrer schicken, und wird sich so, durch das Geld, das er für seine Erziehung bezahlt, an ihn verausgaben. Hat ein reicher Mann diesen Traum, so wird er seinem Sohn viele Geschenke machen und Besitz an ihn überschreiben, und so Substanz an ihn abgeben.

Verkehr mit einem bereits erwachsenen Sohn zu haben, verheißt Gutes für einen Mann, der außer Landes lebt, denn der Traum bedeutet, wie das Wort »Vereinigung« [*synousia*] sagt, daß man zueinander zurückkehrt und zusammen lebt. Aber für jemanden, der zu Hause lebt und schon mit seinem Sohn zusammen ist, bedeutet der Traum Schlechtes, denn es wird notwendigerweise eine Trennung voneinander stattfinden, da der Verkehr zwischen Männern meist so stattfindet, daß der eine dem anderen den Rücken zuwendet.

Von seinem Sohn penetriert zu werden, deutet auf eine schwerwiegende Verletzung durch den Sohn hin, eine Verletzung, die auch der Sohn bedauern wird.

Träumt ein Mann, daß er seinen eigenen Vater beschläft, so wird er aus seiner Heimat vertrieben oder sich mit dem Vater verfeinden. Denn entweder wird sein Vater ihm den Rücken kehren, oder sein Vaterland, das [in Träumen] die gleiche Bedeutung hat wie der Vater.

Eine ganz kleine Tochter unter fünf ...* und eine unter zehn bedeutet dasselbe wie im Fall des Sohnes. Ist die Tochter im heiratsfähigen Alter, so wird sie ins Haus ihres Ehemannes ziehen, und der Mann, der geträumt hat, wird sie mit einer Mitgift versehen und so einen substantiellen Verlust an seinem Vermögen erleiden. Ich kenne einen Mann, der diesen Traum hatte und dann seine Frau verlor; das ergibt nach der Logik des Traumes einen Sinn, denn die überlebende Tochter begann sich dann um den Haushalt zu kümmern und spielte gleichzeitig die Rollen der Ehefrau und der Tochter.

Träumt ein Mann, daß er mit seiner verheirateten Tochter das Lager teilt, so wird die Tochter sich von ihrem Mann trennen und nach Hause zurückkehren, um bei ihm zu sein und mit ihm zu leben. Es ist gut für einen armen Mann mit einer wohlhabenden Tochter, Verkehr mit ihr zu haben; denn er wird zu seinem Vergnügen kommen, indem er vielfältige Wohltaten von ihr empfängt. Wohlhabende Männer, die diesen Traum

---

\* *A.d.Ü.:* Der Originaltext weist an dieser Stelle eine Korruptel auf.

erfuhren, haben oftmals ihren Töchtern etwas geschenkt, sogar gegen ihren Willen, und kranke Männer sind gestorben und hinterließen Töchter als Erbinnen.

Über Schwestern zu reden erübrigt sich, sie bedeuten dasselbe wie Töchter.

Mit seinem Bruder, ob älter oder jünger, aktiven Verkehr zu haben, bedeutet Gutes für den Träumer; denn er wird sich über seinen Bruder erheben und auf ihn herabsehen. Wer einen Freund beschläft, wird sich mit ihm verfeinden, nachdem er ihm vorher eine Verletzung zugefügt hat.

79. Die Deutung der Mutter ist kompliziert, vielgestaltig und von zahlreichen genauen Unterscheidungen abhängig. Das ist vielen Traumdeutern entgangen. Sie wird wie folgt vorgenommen:

Der Verkehr [*mixis*] als solcher genügt noch nicht, um über den Sinn des Traumes Aufschluß zu geben, vielmehr führen unterschiedliche Körperhaltungen und eingenommene Positionen zu unterschiedlichen Ergebnissen. Wir sollten zunächst vom Geschlechtsverkehr mit einander zugewandten Leibern [*synchrōta*, »Fleisch-an-Fleisch«] reden, der mit einer lebenden Mutter vollzogen wird – da es nicht dasselbe bedeutet, ob sie lebt oder tot ist [im Traum]. Wenn also jemand mit der eigenen Mutter von vorn verkehrt – also, wie einige sagen, auf die naturgemäße Weise [*kata physin*] – und sie am Leben ist, so wird er mit seinem Vater, sofern dieser bei guter Gesundheit ist, ein Zerwürfnis haben, und zwar der Eifersucht wegen, wie sie auch bei anderen Menschen auftritt. Sollte der Vater aber krank sein, so wird er sterben, denn der Träumer übernimmt die Führung der Mutter als Sohn wie auch als Ehemann. Der Traum verheißt Gutes für alle Handwerker und Arbeiter, denn im üblichen Sprachgebrauch nennt man sein Handwerk seine »Mutter«, und was sonst könnte geschlechtliche Intimität [*plēsiazein*] mit seinem erlernten Handwerk bedeuten, als nicht müßig zu sein und Produktivität aus ihm zu ziehen? Auch für alle Volksführer und Politiker ist der Traum günstig, denn die Mutter bedeutet das Heimatland. So wie derjenige, der Geschlechtsverkehr [*mignymenos*] nach dem Gesetz der Aphrodite hat [*kata nomon Aphroditēs*], den Körper der Frau, die sich gehorsam und willig zeigt, völlig beherrscht, so wird auch der Träumer allen Geschäften der Stadt vorstehen.

Und wer mit seiner Mutter nicht auf gutem Fuße steht, wird wegen des Verkehrs, den man auch »Freundschaft« [*philotēs*] nennt, wieder freundliche Beziehungen zu ihr aufnehmen. Oft hat dieser Traum auch diejenigen wieder an einen Ort gebracht, die vorher an verschiedenen Orten wohnten, und so ihre Vereinigung [*syneinai*] erwirkt. Deshalb bringt er auch den Reisenden zurück in die Heimat, vorausgesetzt, seine Mutter lebt dort; andernfalls bedeutet er, daß der Träumer zu dem Ort aufbricht, an dem die Mutter sich aufhält.

Und wenn ein armer Mann, dem es an allem Wesentlichen mangelt, eine reiche Mutter hat, so wird er von ihr bekommen, was er wünscht, oder wird es von ihr erben, wenn sie binnen kurzem verstorben sein wird, und auf diese Weise wird er Lust gewinnen an seiner Mutter. Viele haben auch ihre Mütter in Obhut genommen und für sie gesorgt, so daß diese ihrerseits ihr Vergnügen an den Söhnen fanden.

Einem kranken Mann verspricht dieser Traum die Genesung, denn er kündigt seine Rückkehr zum natürlichen Zustand [kata physin] an, da die Natur die gemeinsame Mutter aller Menschen ist und wir die Gesundheit für natürlich, die Krankheit aber für eine Abweichung von der Natur halten. Auch Apollodor aus Telmessos, ein sehr gebildeter Mann, erwähnt dies. Für Kranke ist die Bedeutung aber nicht dieselbe, wenn die Mutter [im Traum] tot ist, denn dann wird der Träumer selbst sehr bald sterben. Denn die Gestalt der [im Traum geschauten] Toten zerfällt in die Stoffe, aus denen sie besteht und zusammengesetzt ist, und die meisten davon sind erdhaft und kehren in diesen Zustand zurück. »Mutter« aber nennen wir auch die Erde. Was sollte die Vereinigung mit einer toten Mutter für einen Kranken anderes bedeuten als eine Vereinigung mit der Erde?

Für jemanden, der einen Rechtsstreit über Grund und Boden führt, oder der Land erwerben will oder Landwirtschaft zu treiben wünscht, ist der Verkehr mit der toten Mutter ein gutes Vorzeichen. Einige behaupten, der Traum verheiße Schlechtes nur für den Bauern, weil er bedeute, daß er seinen Samen auf tote Erde ausstreut, also keinen Ertrag ernten wird. Mir scheint dies aber keineswegs richtig, es sei denn, natürlich, daß einer bei diesem Geschlechtsverkehr Reue oder Kummer empfindet.

Ferner wird einer, der sich in der Fremde befindet, in die Heimat zurückkehren, und jemand, der Streit über den Besitz seiner Mutter führt, den Fall nach diesem Traum erfolgreich zu Ende bringen und sich so nicht am Körper, sondern am Besitz seiner Mutter erfreuen.

Wer diesen Traum in der Heimat schaut, wird das Land verlassen, denn es ist schlechterdings unmöglich, nach einer so schwerwiegenden Verfehlung [hamartēma] noch am mütterlichen Herde zu bleiben. Ist er verstört, oder empfindet er Reue über den Verkehr, wird er aus dem Vaterland verstoßen, andernfalls geht er freiwillig fort.

Dringt jemand von hinten in seine Mutter ein [apestrammenēn], so ist das schlecht. Entweder wird ihm die Mutter selbst den Rücken kehren, oder die Heimat, oder sein Handwerk oder das, was immer er gerade vorhat. Schlecht ist es auch, wenn beide beim Geschlechtsverkehr stehen, denn das tun die Leute gewöhnlich dann, wenn ihnen Lager oder Decken fehlen. Daher ist es ein Vorzeichen von Bedrängnis und verzweifelten Notlagen. Geschlechtsverkehr, bei dem die Mutter auf den Knien liegt, bedeutet ebenfalls nichts Gutes, sondern zeigt wegen der Bewegungsunfähigkeit der Mutter eine große Ausweglosigkeit an.

Befindet sich die Mutter oben und reitet den Träumer, so halten dies einige für ein Vorzeichen seines Todes, denn die Mutter ist wie die Erde, da die Erde Nährerin und Erzeugerin von allem ist, und sie kommt von oben auf Leichen herab, nicht auf die Lebenden. Aber es ist mir aufgefallen, daß Kranke, die diesen Traum haben, immer versterben, daß aber Gesunde den Rest ihres Lebens in großer Behaglichkeit und ganz nach ihren Vorstellungen verbringen – ein richtiges und logisches Resultat, denn in den anderen Positionen fallen körperliche Anstrengung und schweres Atmen zum größten Teil dem männlichen Part zu, während der weibliche Part vergleichsweise mühelos ist; in dieser Position ist es aber gerade umgekehrt – der Mann genießt, ohne sich anzustrengen. Aber sie erlaubt auch, bei heimlichem Treiben vor den Nachbarn verborgen zu bleiben, da das verräterische Keuchen größtenteils wegfällt.

Es ist nicht von Vorteil, viele und unterschiedliche Positionen mit seiner Mutter einzunehmen, denn es gehört sich nicht, anmaßend [*enhybrizein*] mit ihr umzugehen. Daß es sich bei den anderen Stellungen um menschliche Erfindungen handelt, die sich der Anmaßung, der Zerstreuung und der Ausschweifung verdanken, und daß allein die einander zugewandte Position der Leiber es ist, die uns die Natur lehrt, wird an den anderen Lebewesen deutlich. Denn alle Arten nehmen stets eine bestimmte Position ein, ohne sie zu ändern, weil sie der Lehre [*logos*] der Natur folgen. Einige decken von hinten (Pferd, Esel, Ziege, Rind, Hirsch und andere Vierfüßler), andere berühren einander zunächst mit dem Maul (Nattern, Tauben, Wiesel), einige haben es sehr eilig (Sperlinge), einige zwingen durch das Gewicht des Bespringens das Weibchen in eine geduckte Position (alle Vögel), einige berühren einander nicht einmal, sondern die Weibchen sammeln den Samen, der von den Männchen ausgestoßen wird (Fische). Es ist daher nur vernünftig anzunehmen, daß den Menschen die frontale Position [*proschrōta*] die eigentliche ist [*oikeion*] und sie sich die anderen ausgedacht haben, indem sie Anmaßung und Zügellosigkeit nachgaben.

Der schrecklichste Traum von allen ist meiner Beobachtung nach der, sich von seiner Mutter das Unaussprechliche tun zu lassen [*arrētopoieisthai*, d. h. Fellatio]. Er verheißt den Tod von Kindern und Verlust des Vermögens und schwere Krankheit für den Träumer. Ich weiß von jemandem, der diesen Traum hatte und seinen Penis verlor; es ergibt durchaus

Sinn, daß ihn die Strafe an dem Körperteil traf, mit dem er sich vergangen hatte. Wenn man träumt, daß einem seine Ehefrau oder Geliebte das Unsägliche tut, wird es Verstimmungen oder Scheidung in der Ehe oder der Beziehung geben – denn es ist nicht möglich [*enesti*], mit einer solchen Frau seine Küsse und sein Essen zu teilen –, es sei denn, die fragliche Frau wäre schwanger, denn dann würde sie das Kind verlieren, weil sie den Samen auf unnatürliche Weise [*para physin*] empfangen hat. Eine Frau, die wohlhabender als ihr Mann ist, wird für ihn viel Geld zurückzahlen, das er sich geborgt hat, und eine Frau, die mit einem Sklaven zusammenlebt, wird ihn aus ihren eigenen Mitteln freikaufen – und so wird es geschehen, daß »des Mannes Not« – so nennt man nämlich das männliche Glied –, und das heißt, seine Notlage, bereinigt wird.

Wer von Fellatio durch einen Freund, Verwandten oder ein Kind, das kein Kleinkind mehr ist, träumt, wird sich mit demjenigen, der die Fellatio ausübt, verfeinden; wer Fellatio durch ein Kleinkind erfährt, wird es begraben müssen, denn es ist nicht länger möglich, es zu küssen. Geschieht Fellatio durch eine unbekannte Person, so wird er wegen des unnützen Samenausstoßes irgendeine Form von Strafe erleiden.

Wenn jemand davon träumt, an einer anderen Person Mundverkehr [*arrētopoiēsai*] vorzunehmen, und es handelt sich um eine bekannte Person, ob Mann oder Frau, so wird er sich mit ihr verfeinden, denn es ist nicht mehr möglich [*dynasthai*], Gemeinschaft der Münder[*] zu haben. Handelt es sich um eine unbekannte Person, so bedeutet der Traum Schlechtes außer für diejenigen, die ihren Lebensunterhalt mit dem Munde verdienen, ich spreche von Flötenspielern, Trompetern, Rednern, Sophisten und anderen dieser Art.

80. Was nun den widernatürlichen Geschlechtsverkehr betrifft, so wäre folgendes zu sagen: Träumt man von Verkehr mit sich selbst, so ist dies bei einem reichen Mann ein Vorzeichen für Verlust an Vermögen und große Not und Hunger, weil kein anderer Körper [*sōma*, Leib, auch Person] anwesend ist, bei einem armen Mann für schwere Krankheit oder unglaubliche Qualen, denn ohne große Qualen könnte kein Mann Verkehr mit sich selber haben.

Träumt jemand davon, sein eigenes Glied zu küssen, so wird er, wenn er kinderlos sein sollte, Kinder haben, und wenn er Kinder in der Fremde hat, diese zurückkehren sehen und küssen. Viele, die noch ohne Ehefrau waren, verheirateten sich nach diesem Traum.

---

[*] *A.d.Ü.:* Das heißt, zu küssen. Vgl. Kaiser 1965, 120 Fn. 1.

Für einen armen Mann, einen Sklaven oder einen Schuldner ist es gut, von Fellatio an sich selbst zu träumen, denn sie werden der eigenen Not abhelfen. Von Übel ist es für jemanden, der Kinder hat, und für den, der sich Kinder wünscht, denn der eine wird seine Kinder verlieren, der andere nie welche bekommen. Denn der Penis ist Kindern vergleichbar und der Mund dem Grab; was immer der Mund aufnimmt, das zerstört er und bewahrt es nicht etwa. Dieser Traum zeigt auch den Verlust einer Frau oder Geliebten an, denn wer sich selbst Liebesgenuß bereiten kann, braucht keine Frau. Für alle anderen sagt der Traum entweder drückende Armut oder Krankheit voraus, daß sie also zur Ernährung auf das Notwendige* zurückgreifen müssen, also etwas verkaufen, was sie lieber behalten würden, oder daß sie durch Krankheit so mager und ausgezehrt werden, daß sie den Penis mit dem Mund erreichen können.

Wenn eine Frau eine andere Frau beschläft, wird sie ihre Geheimnisse [mystēria] mit ihr teilen. Ist ihr die Frau, die sie beschläft, unbekannt, wird sie sich nutzlosen Vorhaben widmen. Wenn eine Frau von einer anderen Frau beschlafen wird, wird sie von ihrem Gatten getrennt oder Witwe werden; aber dennoch wird sie die Geheimnisse der anderen erfahren.

Verkehr mit einem Gott oder einer Göttin zu haben oder von einem Gott beschlafen zu werden, bedeutet für Kranke den Tod; dann nämlich ahnt die Seele die Verbindung und Gemeinschaft [mixeis] mit den Göttern voraus, wenn sie sich anschickt, den Körper zu verlassen, in dem sie wohnt. Für andere, sofern sie Vergnügen an diesem Verkehr haben, verheißt der Traum, daß sie Nutzen von Höherstehenden haben werden, wenn sie aber kein Vergnügen daran haben, Furcht und Ängste. Allein der Verkehr mit Artemis, Athene, Hestia, Rhea, Hera oder Hekate ist selbst dann ungünstig, wenn man ihn genießt; der Traum sagt dem Träumer baldigen Tod voraus, denn ehrfurchtgebietend sind diese Göttinnen, und wir vermuten, wer Hand an sie legt, wird seinen Lohn bar auf die Hand bekommen. Verkehr mit Selene [dem Mond] ist ein überaus günstiges Zeichen für Schiffsführer und Steuermänner und Handeltreibende und Astronomen und Männer, die gern ins Ausland reisen, und Landstreicher; für alle anderen bedeutet es Wassersucht; für die einen sind die Mondbewegungen selbst oder ihre Bedeutung für Beobachtungen und gültige Ableitungen hilfreich; die anderen verdirbt sie, weil sie feucht ist.

Eine Leiche zu beschlafen, ob Mann oder Frau, außer der eigenen Mutter, Schwester, Gattin oder Geliebten, oder von einer Leiche beschla-

---

\* A.d.Ü.: Das gleiche Wort (anankaîon) wie die Bezeichnung für den Penis; vgl. oben, »des Mannes Not«.

fen zu werden, ist überaus beunruhigend: Die Toten werden ja mit dem Tod zu Erde; in sie einzudringen ist nichts anderes, als in die Erde zu stoßen, von ihnen aber genommen zu werden, heißt Erde in den eigenen Körper aufzunehmen. Beides bedeutet den Tod, es sei denn, man lebt an einem fremden Ort und nicht da, wo die fragliche Leiche bestattet wurde; in diesem Fall sagt der Traum die Heimkehr dorthin voraus. Und er hält alle zurück, die ihr Heimatland zu verlassen beabsichtigen.

Bei Geschlechtsverkehr mit einem beliebigen Tier wird der Träumer, sofern er das Tier besteigt, Nutzen erlangen durch etwas, das diesem Tier entspricht, zu welcher Art es auch gehört. Wir werden dies im Abschnitt über die Jagd und die Tiere im einzelnen erläutern. Wird er selbst bestiegen, kommt eine gewaltsame und schlimme Erfahrung auf ihn zu. Viele sind nach solchen Träumen schon gestorben. Das wäre alles über den Geschlechtsverkehr.

# Textanhang 2
## *Physis* und *natura* in der Bedeutung »Genitalien«

Zum Wichtigsten, was sich über die Wörter *physis* und *natura* sagen läßt, gehört der Umstand, daß sie in gewöhnlicher Alltagssprache die Genitalien bezeichneten.[1] Das ist eine abklopfbar solide Tatsache, über die die Wörterbücher wenig zu sagen haben, da sie die Interessen der redseligeren und »gesetzgebenden« Mitglieder der antiken Gesellschaft teilen.[*] *Physis* in der Bedeutung »Genitalien« ist ein Sprachgebrauch, der uns von den ideologischen Herrenabenden fort und in die Küchen, auf den Marktplatz, die Bauernhöfe führt; er erscheint vornehmlich bei Autoren des quasi technischen Schrifttums: Ärzten, Pharmazeuten, Veterinären, Landwirten, Zeichendeutern, Traumdeutern und ähnlichen.

Die vielleicht frühesten Beispiele finden sich in der *Gynäkologie* (2.37 = 569 Kühn) und den *Aphorismen* (27 = 643 Kühn) des Hippokrates, beide in der Behandlung des Gebärmuttervorfalls:»Wenn die Gebärmutter aus der *physis* hervortritt…« Der Gebrauch ist auch in der Komödie des fünften und vierten Jahrhunderts belegt[2] und in anderen ausgesprochen populären, eben nicht elitebezogenen Kontexten, wie z. B. in der Rezeptur für ein empfängnisverhütendes Mittel, die das Einweichen von Kichererbsen in Menstruationsblut mit nachfolgendem Einführen in die *physis* beinhaltet (PGM XXXVI 323). Die aphrodisische Pflanze *satyrion*, eine Stunde vor dem Verkehr als Salbe auf den Penis eines Mannes aufgetragen, fördert die Empfängnis, da sie eine austrocknende Wirkung

---

[*]   Ein Extremfall ist der Anhang zu Lovejoy und Boas (1935), in dem 66 fein unterschiedene Bedeutungen der Wörter *physis* und *natura* aufgelistet sind, »Genitalien« aber nicht vorkommt. Die ehrwürdige Tradition der klassischen Philologie ist unübertroffen im Aufhäufen von Fakten innerhalb bestimmter Parameter, aber genauso zutreffend ist es, daß man diese Parameter nicht kritisch überprüft hat. Verglichen mit der Ausgereiftheit der modernen Gesellschaftswissenschaften stehen wir Altphilologen alle auf den Schultern von Pygmäen.

auf die *physis* der Frau hat.[*] Ein Zauberhandbuch enthält ein Gedicht in katalektischen iambischen Tetrametern, das Hekate gegen jemanden erzürnen soll, indem es die schrecklichen Dinge wiederholt, die jene Frau über Hekate gesagt hat: »Sie sagte, du habest kaltblütig die folgenden Taten begangen – du habest einen Mann getötet, sein Blut getrunken, sein Fleisch gegessen, seine Eingeweide als Kopfbinde umgelegt, ihm die Haut abgezogen und sie in deine *physis* gesteckt [...]« (PGM IV 2597).[3] Ein attisches Fluchtäfelchen erwähnt verschiedene Extremitäten (*akrōtēria*) eines Feindes – Füße, Hände, Kopf, *physis* (IG III. Pars III.89). Ein Liebeszauber verlangt, daß der Name des Opfers mit Eselsblut geschrieben und Typhon angerufen wird, um ihr Herz und ihre Seele zu entflammen, bis »sie kommt und ihre weibliche *physis* liebend mit meiner männlichen *physis* vereinigt, jetzt, jetzt, schnell, schnell« (PGM XXXVI 81–3, auch Zeilen 113, 150). Für einen sadistischeren sexuellen Zauber (PGM IV 296 ff.) braucht man ein Wachsbildnis einer kauernden Frau, auf dem jeder spezifische Körperteil mit einer Formel beschriftet wird. Auf dieser Liste erscheint *physis* nach *hypogastrion* (Unterleib) und vor *pygē* (Hintern) (Zeile 318). In der zweiten Phase des Rituals müssen 13 Nadeln in das Bild gestochen werden – zwei in die *physeis*, das heißt, Vagina und Anus. Es gibt übrigens genau solch ein Bild, eine Terrakotta in der ägyptischen Antikensammlung des Louvre, zusammen mit einer kleinen Bleirolle, auf der darum gebeten wird, daß die Liebe der Frau an ausschließlich einen Mann gebunden sein möge.[4]

Auf ungefähr dem gleichen populärtechnologischen Niveau gibt es ein veterinärmedizinisches Heilmittel für die *physis* einer Stute (*Hippiatrika* 15.8 = I.88.4 [Teubner]) und ein Aphrodisiakum für Pferde, das auf die *natura* einer Stute gestrichen werden soll, um einen wählerischen Hengst anzuziehen (Varro, *Res rust.* 2.7.8). Wenn Schafe trächtig sind, ist es eine Plage, wenn die Widder sie immer noch bespringen, daher rät Varro dazu, Weidenkörbe *ad naturam* zu binden (2.2.14). Sauen in Hitze sind wild, sagt Plinius, aber ihr Rasen kann gemildert werden, wenn man Essig auf ihre *natura* träufelt (*Nat. hist.* 10.181, s. auch 28.176 zu einem Mittel gegen

---

[*]  *Kyranides* 1.18.15 und 23 (zitiert nach Buch, Kapitel und Zeile in der Edition von Kaimakis). – Das ist starke Medizin: »Bevor du deinen Penis damit einreibst, solltest du ihn mit Honig bestreichen; wenn du das unterläßt, wird er von dem Trocknungsmittel unglaublich anschwellen und sich zu einer Größe überdehnen, die in keinem Verhältnis zu der Frau steht, wegen unaussprechlichen Lustempfindens. Ähnlich wird eine Frau, die ein Stückchen Wolle damit einreibt und es auf ihre Genitalien legt, sehr leicht empfangen und große Erregung und Lust verspüren.«

Ohrenschmerzen, das aus den »natürlichen« Sekreten von Kälbern gewonnen wird).* Noch immer mit Bezug zum Tierreich, aber auf dem Wege vom Praktischen zum Phantastischen, läßt uns Horapollo wissen – bei der Erläuterung der Hieroglyphe für »Geier« –, daß der Geier, wenn er befruchtet werden will, seine *physis* dem Nordwind öffnet (1.11).** Lucius, im *Goldenen Esel* des Apuleius, schildert, wie er in einen Esel verwandelt wird (3.24), wie seine Ohren und seine Nase länger werden, ihm ein haariger Schwanz sprießt, und schließlich (schwacher Trost), seine *natura crescebat* (»wuchs«), so daß nicht einmal die lüsterne Magd Photis ihn mehr zu sich lassen konnte. Später im gleichen Roman planen Bauern, ihn zu kastrieren, seine *natura* abzuschneiden (7.26). Kastration ist auch Thema bei Pseudo-Phokylides 187 (»Schneide einem Jüngling nicht seine kinderzeugende männliche *physis* ab«) und – im nachhinein – in Petronius' *Satyrika* (*quaerit se natura nec invenit*, 119.24).***

Artemidor zeichnete einen Traum auf, in dem eine Frau Weizenhalme aus ihrer Brust wachsen sah, die sich dann nach unten bogen und in ihre *physis* eintraten (5.63). Er identifiziert das als einen Inzesttraum, in dem die Weizenhalme ihren Sohn bedeuten und ihr Eintritt in ihre *physis* den Geschlechtsverkehr mit ihm. *Natura* bedeutet Vagina in Ciceros Beschreibung des sexuellen Traumes einer Frau (*De div.* 2.145; die gleiche Geschichte mit dem gleichen Wort wird von Tertullian in *De anima* 46.5 wiederholt). Augustinus verweist explizit auf diesen Text, wenn er »natürlichen« Sex als Verkehr zum Zweck der Zeugung erklärt: »aus diesem Grunde pflegt man jenen Teil des Körpers richtig *natura* zu nennen« (*Op. imperf. c. Julian.* 5.17 = *Patrologia Latina* 45.1450). Cicero verwendet das Wort *natura* auch zur Charakterisierung des auffälligsten Merkmals von Hermen (*Nat. deor.* 3.56) wie Minucius Felix seinerseits

---

* Der veterinärmedizinische Diskurs, in dem *natura/physis* zu Hause zu sein scheinen, könnte die Wortwahl beeinflußt haben, mit der in einer atellanischen Farce Tiberius als »ein alter Ziegenbock, der die *natura* von Geißen ableckt«, beschrieben wird (Sueton, *Tib.* 45).

** In der Hieroglyphenschrift steht »der Geier [...] für das Wort Natur, weil es in dieser Vogelart keine Männchen gibt« – Ammianus Marcellinus 17.4.11.

*** Theophanes, *Chronographia* I (de Boor 296): »Sie schlachteten Anastasios ab, den großen Patriarchen Antiochias, und steckten ihm seine *physis* in den Mund.«

für den »Bischofsschaft«.[*] Julius Obsequens' Prodigienchronik erwähnt ein Mädchen, das im Jahre 94 v. u. Z. mit zwei Köpfen, vier Beinen, vier Armen und *gemina feminea natura* geboren wurde (51; vgl. 53, *mulier duplici natura inventa*). Als die Hebamme, die sich um Jesus' Mutter kümmert, der Salome mitteilt, sie habe eben einer Jungfrauengeburt beigewohnt, sagt Salome – ungläubiger Thomas, der sie ist –, »ich werde nicht glauben, daß eine Jungfrau niedergekommen ist, solange ich nicht meinen Finger hineinstecke und ihre *physis* untersuche« (*Protoevangelium Jacobi* 20–21 Tischendorf). Diodoros schildert die medizinische Untersuchung eines offenbar spontanen Geschlechtswechsels im Fall einer jungen verheirateten Frau, die einen Penis entwickelte: »die Ärzte kamen überein, daß die *physis* eines Mannes in einem eiförmigen Bereich ihrer weiblichen *physis* verborgen gewesen war« (Diodoros Siculus 32.10.7; vgl. 32.11.1, 12.3). Die junge Frau wechselte anschließend Kleidung und Namen und trat in die königliche Kavallerie ein. Hesychios erläutert das Wort für Herdfeuer (*escharai*) als Bezeichnung für »unter anderen Dingen auch die *physeis* von Frauen«. Eines der lateinisch-griechischen Glossare enthält den Eintrag *rima – gynaikeia physis* (»Spalt – weibliche *physis*«).[5]

All dies scheinen Beispiele für einen ganz gewöhnlichen und unbefangenen Sprachgebrauch sozusagen populär-technischer Art zu sein. Einen gewissen medizinischen Aspekt hat auch die Passage in den *Metamorphosen* des Antoninus Liberalis (41), in der das Problem des König Minos – er ejakulierte Schlangen und Skorpione – von Prokris behoben wird. Sie formt ein Stück Ziegenhaut so, daß es in die *physis* einer Frau paßt, und nachdem Minos dorthinein ejakuliert hat, kann er gefahrlosen Geschlechtsverkehr mit seiner Frau Pasiphae haben. In einem lateinischen Text[6] ist eine Mixtur verschiedener Zutaten auf die *fisis* einer jungen Frau

---

[*]   »Christen beten den Kopf eines Esels an und einige verehren gar die Genitalia ihres Bischofs, *quasi parentis sui adorare naturam*« (9.4). Das Wortspiel stammt von Herman Melville, *Moby Dick*, Kapitel 95, »The Cassock« (»Die Soutane«). – *A.d.Ü.:* Im Original »bishoprick« aus »bishopric«, Bistum oder Bischofsamt, -würde, und »prick«, *vulg.* Pimmel, Schwanz – also Bischofs-Schaft, -Stand(er), oder wie immer man will. Die Verbindung von Bischof und Penis ist in *Moby Dick* kein Kalauer: Es wird als »alter Brauch« geschildert, daß sich der Fleischzerleger auf einem Walfänger in die Penishaut des Wals kleidet, um dann »im Ornat« und »wie von einer Kanzel« die Transtücke zu schneiden, die möglichst dünn sein müssen und dann »Bibelblätter« heißen. Die deutsche Übersetzung von *Moby Dick*, die ich eingesehen habe (Alice und Hans Seiffert), verzichtet auf den Scherz.

aufzutragen, so daß eine Hebamme (*obstetrix*), die sie untersucht, ihre Jungfräulichkeit feststellen wird. Das Überwechseln eines griechischen Wortes ist interessant, und es besteht eine geringe Möglichkeit, daß *natura* in diesem Sinne von griechischen Sprachgepflogenheiten beeinflußt worden ist. Varro benutzt es an vier Stellen für Frauen und weibliche Tiere, aber niemals so, daß es eindeutig als ein idiomatisch lateinischer Ausdruck erscheint und nicht auch eine aufgegriffene Redewendung aus seinen griechischen Quellen sein könnte (2.2.14, 2.4.10, 2.7.8, 3.12.4). Manchmal bezieht sich *physis* auf den Anus (von Männern, Frauen oder Tieren),* aber der ganz und gar vorherrschende Sinn ist der von Genitalien, und fast immer weiblichen Genitalien.

Einige wenige Fälle von *physis* und *natura* in der Bedeutung von Genitalien kommen in den höheren Regionen der Literatur vor, und sie scheinen für die Volkstümlichkeit des Ausdrucks zu sprechen, indem sie neckisch mit ihm umgehen – ein Epigramm, zum Beispiel, lautet: »Ein Mädchen mehrte sein Vermögen an weltlichen Gütern – nicht kraft ihrer *technē*, sondern kraft ihrer *physis*.«[7] Die Raffiniertheit liegt hier nicht allein in der Gegenüberstellung einer primären anständigen Bedeutung (Natur als Gegensatz zu Kunstfertigkeit) und einer sekundären unanständigen Bedeutung (Vagina), sondern auch im unerwarteten Gebrauch eines volkssprachlichen Ausdrucks in der schönen Literatur. Die medizinisch-populären Texte allerdings treiben niemals Scherz mit Doppeldeutigkeiten und zögern keineswegs, die Dinge beim Namen zu nennen: für sie ist eine *physis* einfach eine *physis*.

---

*     Julius Obsequens, 40 (*posteriore natura*); PGM IV 326. Als Lysistrata die »vorder- und hinterwärtige Gespaltenheit« an der Gesandten aus Korinth bewundert, steuert der Scholiast eine Bühnenanweisung bei: »Während sie das sagt, berührt sie ihre beiden *physeis*« – Aristophanes, *Lys.* 92.

# Anmerkungen

## Einleitung

1 »In heutiger Zeit ist die Annahme allgemein verbreitet, gesetzliche Einschränkungen des geschlechtlichen Verhaltens seien eine Erfindung des Christentums und die antike Sexualität sei frei von juristischer Einengung des sexuellen Ausdrucks gewesen« – Brundage 1987, 15.

2 [Dem.] 25.57: Zobia wird nicht einmal mit dem ehrenvolleren Begriff *gynē* (»Frau/Ehefrau«) belegt, sondern statt dessen als *hē anthrōpos* (»weiblicher Mensch«) und *gynaion* (Diminutiv von *gynē*) bezeichnet.

3 Siehe Lacey 1968, 159–61, 167–69. Aischines bezeichnet es als einen regelmäßig auftretenden, wenn auch nicht lobenswerten Zustand, daß Witwen die Herrschaft über ihren Besitz ausüben (1.170–1) – Schaps 1979, de Ste. Croix 1970.

4 Sweet 1966, Cronin 1977, Dubisch 1986a, Herzfeld 1985a.

5 Als passiv gegenüber aktiv – *Gen. anim.* 2.4:738$^b$20–23. Bibliographische Angaben bei Halperin 1989, 193 Anm. 23.

6 Zu Amazonen vgl. duBois 1982, Tyrrell 1984; *Amazonen* war der Titel von mindestens zwei Komödien (von Kephisodoros und Epikrates); über rebellische Ehefrauen im Drama s. Foley 1981a, 1981b, 1982. Zwei Geschichten drücken männliche Ängste vor dem verweiblichenden Einfluß der Hausarbeit aus: Herakles in der Rolle von Omphales Dienstmädchen, und Sardanapallos (Arist. *Pol.* 5.10:1312$^a$1–4).

7 *K' ha dyskolainei pros eme kai brenthyetai / taut' auta dē 'sth' ha ka'm' epitribei tōi pothōi.*

8 Weitere wichtige Arbeiten sind Blum und Blum 1965, 1970; Walcot 1970; Bailey 1971; Dimen 1974; du Boulay 1974, 1976; Loizos 1975; Dionisopoulos-Maas 1976; Danforth und Tsiaras 1982; M. Clark 1983; Doumanis 1983; Handman 1983; Danforth 1983; Piault 1985; Dubisch 1986a und Friedl 1986. Das systematische Hauptwerk über den Mittelmeerraum ist J. Davis (1977), obwohl er geschlechtsbezogenen Fragen wenig Aufmerksamkeit schenkt. Seine Bibliographie wird von Gilmore (1982) ergänzt.

# Teil I: *Andres*
## Kapitel 1: Widernatürliches Verhalten

1 »In jedwedem Ansatz, der die Kategorien der Sexualität als vorherbe-stimmt und allgemeingültig betrachtet, verschwindet die wirkliche Ge-schichte« – Padgug 1979, 5.

2 Sorof 1899, Ehrenberg 1923, Heinimann 1945, Pohlenz 1953, Adkins 1970, Guthrie 1971a, De Romilly 1971, Köster 1974.

3 »[…] ›Natur‹ und ›Kultur‹, als kulturell definierte undnicht naturgegebene Begriffe, sind instabile, historisch relative Annahmen« – Foley 1981a, 147. – Kelly-Gadol 1976, Mathieu 1978, MacCormack und Strathern 1980.

4 Ein Beispiel für diese Tendenz, vordergründig bestechende Genealogien für liebgewordene moderne Wertvorstellungen zu konstruieren, ist die These, die Stoiker hätten das Eheideal entwickelt, das in Plutarchs *Erōti-kos* ausgedrückt ist, nämlich daß Mann und Frau nicht nur zusammenar-beiten, sondern einander auch begehren sollten. Eine Analyse und Wider-legung dazu gibt Babut 1969, 108–13. Eine gute allgemeine Behandlung von Plutarchs Sonderstellung in diesen Fragen ist Goessler 1962.

5 Gute Beispiele sind Lykurg, *Gegen Leokrates* 82–110; Aischines, *Gegen Timarchos* 141–53; Demosthenes 19.243–56.

6 Z. B. Guthrie (1971a), der von zwei falschen Voraussetzungen ausgeht, nämlich daß der *nomos/physis*–Gegensatz von der allgemeinen Öffent-lichkeit ernstgenommen wurde, und daß Philosophen für die Gesellschaft insgesamt von Bedeutung waren.

7 Eigentlich in Ephesos geboren, gab Artemidor an, ein Daldianer zu sein, um die kleine lydische Stadt zu ehren, aus der seine Mutter stammte (3.66/235.13–22). – Eine recht vernünftige Würdigung Artemidors findet sich bei De Becker (1968).

8 Vgl. 5. Prooem./301.10. »Als ich in Kyllene war...« (1.45). Artemidor bezieht sich auf einige Träumer in bestimmten Städten, vermutlich nach einem eigenen Aufenthalt dort: »Ich lernte einen Lyraspieler in Smyrna kennen« (1.64/70.4), »ein Künstler in Korinth« (4. Prooem./240.17), »ein Zimmermann in Kyzikos« (4. Prooem./242.13), »ein Mann in Milet« (4.24/260.19), Magnesia (4.36), Olympia (5.55), Nemea (4.7), Pergamos (4.33/267.19), Rom (5.69). Gemessen an den Maßstäben der Zweiten Sophistik ist Artemidor ein relativ naiver Autor, der sich allen Anzeichen nach der Wahrhaftigkeit seiner Profession und nicht dem Anschein der Gelehrsamkeit verpflichtet fühlt. Es ist völlig glaubhaft, daß er, wie er angibt (1. Prooem./2.10), sogar die seltenen Bücher zu seinem Thema ausfindig machte und daß er alles gelesen hatte, was sich auf Traumdeu-tung bezog; aber weit entfernt davon, stolz auf seine große Belesenheit zu pochen, stuft er alle Handbücher als gerade einmal zweitrangig gegenüber der praktischen Erfahrung ein, Träume anzuhören und ihre Erfüllung zu verfolgen (1.12/4.4).

9 Die Kontroversen werden von Cicero in *De divinatione* besprochen, die Praktiken selbst bei Bouché-Leclercq (1879–82).

10 Vielleicht aus Respekt für die Frömmigkeit mancher Leser sagt Artemidor so wenig zur Ursache von Träumen. Er bestreitet nicht, daß es eine Form von göttlicher Herrschaft gibt, die über das Universum wacht – die Seele, die Träume schickt, inbegriffen (»wer oder was immer es ist, das uns leitet« – 1.2/6.2) –, aber er ist bemüht, sich in der Frage der Rolle der Götter an der Traumübermittlung nicht festzulegen: »Ich werde mich nicht mit der Frage des Aristoteles beschäftigen, ob die Ursache des Träumens außerhalb unserer selbst liegt und von einer Gottheit herrührt, oder etwas in uns ist, das die Seele in einen bestimmten Zustand bringt und auf natürliche Weise mit ihr verbunden tätig wird« (1.6). Der Verweis auf Aristoteles' *Über Prophezeiung im Schlaf*, eine vehemente Zurückweisung des göttlichen Ursprungs von Träumen, deutet zumindest die Akzeptierbarkeit eines gänzlich naturalistischen Verständnisses der Traumverursachung an. (In seiner »romantischen Jugend«, wie Dodds (1951, 120) es nennt, hatte Aristoteles über die der Seele innewohnenden Kräfte zu göttlicher Eingebung geschrieben, »wenn die Seele im Schlaf bei sich selbst ist, dann erlangt sie ihre wahre Natur zurück und prophezeit und sagt kommende Dinge voraus«, *Über Philosophie*, frag. 10 Rose.) – Zur Vehemenz der Haltung des Aristoteles gegenüber Ansprüchen, die Götter hätten Kranken, die in ihren Tempeln schliefen, Träume gesandt, siehe Winkler 1982b. Die Fragen von Skepsis und Frömmigkeit in den *Oneirokritika* verdienen eine ausführlichere Behandlung, die ich an anderer Stelle zu geben hoffe.

11 »Theorematische« Träume genannt, weil sie eine unmittelbare Vision oder Abbildung (*theōrēma*) dessen enthalten, was geschehen wird (*theōroumena*, 1.2/6.12; *hōs theōrountai*, 4.1).

12 »Allegorische« Träume genannt. »Allegorische Träume sind solche, die etwas durch etwas anderes bedeuten: in ihnen gibt die Seele einem natürlichen Hang zum Rätsel nach« (1.2/5.9).

13 Da Menschen, deren individuelle Bräuche sich von den gewöhnlichen unterscheiden, auch die herrschende Norm kennen, können ihre Träume sich entweder der privaten oder der üblichen Bedeutung bedienen. An einer Stelle stellt Artemidor den Grundsatz auf, daß im Konfliktfall die übliche Bedeutung Vorrang genießen solle (4.2/245.13).

14 *A.d.Ü.:* Der Text Winklers ist an dieser Stelle behutsam korrigiert worden. Die wörtliche Übersetzung lautet: »Freud irrte sich in Artemidoros in diesem wesentlichen Punkt, wenn er an ihm kritisiert, daß er Träume ›wie eine Art von Geheimschrift behandelt, in der jedes Zeichen nach einem feststehenden Schlüssel in ein anderes Zeichen von bekannter Bedeutung übersetzt wird‹.« Freud setzt in der *Traumdeutung* (1972 [1899, dat. 1900], 118 f.) die allegorische und ganzheitliche Traumdeutung als populäre Methode in Gegensatz zur Deutung der Traumelemente nach der Methode der Bestimmungsbücher, an denen (und nicht an Artemidor) er die oben zitierte Kritik äußert. Erst dann kommt er auf Artemidor zu sprechen, dessen Rücksichtnahme auf individuelle Lebensumstände und Eigenschaften des Träumers er hervorhebt, dann

aber in seiner Kritik der »Chiffriermethode« fortfährt, der er vorwirft, »daß die Deutungsarbeit nicht auf das Ganze des Traumes gerichtet wird, sondern auf jedes Stück des Trauminhalts für sich« (wie in Fn. zu S. 52 weiterzitiert). Dieser Vorwurf an die Methode der Dechïffrierung bezieht sich auf Artemidor nur insofern, als Freud ihn als eine Variante der kritisierten Methode behandelt. Diese Kritik geht allerdings an Artemidor vorbei, wie auch diejenige im ebenfalls in der Fußnote zitierten Zusatz zur *Traumdeutung* von 1914, in dem Freud Artemidors Prinzip der Deutungskunst unter Berufung auf Gomperz (Traumdeutung und Zauberei, Wien 1866) als identisch mit der Magie bezeichnet und, wie Winkler in der Fn. zu S. 52 weiter ausführt, die Assoziationskraft des Traumdeuters fälschlich als die letzte Instanz der Deutung bezeichnet. (Von Theodor Gomperz ist bekannt, daß er Artemidor ablehnend gegenüberstand und in seiner*Traumdeutung* später nur einen »Beitrag zur Pathologie des menschlichen Geistes« sehen konnte.) – Winkler benutzte *The Interpretation of Dreams* in der nicht datierten englischen Übersetzung von James Strachey.

15 »Die sehr alten Schriftsteller machten den Unterschied, zu sagen, es sei ein guter Traum für Arme, aber ein schlechter Traum für Reiche« (2.9/110.14).

16 Diskussionen um diese Identifizierung werden bei Pack auf S. xxv-xxvi zitiert. Behr (1968, 182 Anm. 23) vertritt die Auffassung, Maximus komme historisch zu spät, um Widmungsempfänger Artemidors sein zu können. Gewiß ist Artemidor älter als Maximus, denn er begann die *Oneirokritika* nach 140 u. Z. zu schreiben (1.26/33.10), einer Zeit, zu der er wahrscheinlich mindestens 50 Jahre alt war (4.24/259.20). Eusebios legt Maximus' Blüte in das Jahr 152, und die *Suda* sagt, er sei unter Commodus in Rom gewesen. Behr unterstreicht das Zeugnis der *Suda*, aber Maximus' Anwesenheit in Rom nach 177 ist kein zwingender Grund für die Annahme, er könnte nicht schon in den 140er Jahren Prestige genug gehabt haben, um Widmungsempfänger der *Oneirokritika* zu sein.

17 *Scribit amatori meretrix, dat adultera munus* (Petronius, *Satyrika* frag. 30.14 Müller). Daphnis und Chloë träumen *oneirata erōtika*, bevor sie genau wissen, was sie tun müssen (Longos, 2.10.1).

18 *Politeia* 9.571B–572B. Die Analogie zu Satyrn ist im Verbum *skirtāi*, »herumhüpfen«, impliziert.

19 *Hēdontai men [gar] hoi anthrōpoi tois aphrodisiois, hēdontai de kai tais ōpheleiais* (1.78/86.27).

20 Henderson 1975, 22, 25, 183–6; Shipp 1977; Jocelyn 1980; antike Quellen werden ausführlich von Krenkel (1980; 1981) zitiert. *Tesserae lusoriae* (Elfenbeintäfelchen für Spiele) tragen Schimpfnamen wie *cun(n)ilinge*, *cinaede* and *patice* als Inschriften (Hülsen 1896; Hallett 1977, bes. 156). Galen erwähnt die Fellatio flüchtig als unnatürlich (in einem Zusammenhang, der schließen läßt, daß es recht schwierig sein kann, dieser Versuchung zur Lust zu widerstehen – 5. 30 Kühn), obwohl er an anderer Stelle anerkennt, daß jemanden einen Fellator zu nennen einfach eine Möglich-

keit ist, beleidigend zu werden – gleichrangig mit der Behauptung, jemand fresse Fäzes (*De simplic. medic.* 10.1, 12.249 Kühn). In der gleichen Passage bemerkt Galen allerdings, daß Cunnilingus widerwärtiger sei als Fellatio.

21 *A.d.Ü.:* Winkler übersetzt *spermatikos logos* hier sehr modern als »generative code«.

22 *Hetairai* werden als die geeigneten Partnerinnen ausgemacht, wenn es um Abwechslungsreichtum und Verlängerung des erotischen Vergnügens geht, wobei Analverkehr manchmal als das Höchste der Gefühle erwähnt wird. Er ist daher ein Vergnügen, das die anständige Ehefrau gewöhnlich verweigern würde: Aesop 109 Perry drückt dies am besten aus, aber auch Aristophanes (*Ploutos*, 149–55; *Frieden*, 876; *Anth. Pal.*, 5.129 – *panta pathainetai*), Catull 110 (*meretricis* [...] *quae sese toto corpore prostituit*),Martial (9.67, 10.81), Apuleius (*Goldener Esel* 3.20).

Die andere Seite der Medaille ist, daß es Ehefrauen verboten ist, in erotischer Lust zu schwelgen oder Sex auch nur zu initiieren. Die klassische Formulierung ist die Plutarchs: die sexuelle Initiative zu ergreifen ist bei einer Ehefrau hurenhaft (*Coniugalia praecepta*, 140D); ein Mann kann Spaß daran haben, mit Prostituierten und mit seinen Dienerinnen Sexspiele zu betreiben und zu trinken, aber er muß stets die Würde seiner Frau dadurch wahren, daß er sie völlig von diesen Aktivitäten fernhält (140B); vgl. *Quest. conviv.* 613A. Wein ist manchmal eine Metonymie für die gleichen Einschränkungen: Plutarch, frag. 157 zum Gegensatz zwischen Hera und Dionysos (um so signifikanter, als Ehefrauen gelegentlich an öffentlichen Mählern teilnehmen konnten, *Quest. conviv.* 7.8.4, 712E); Platon, *Nomoi* 775B–D.

Schwelgerischer Sex mit legitimen Ehefrauen gehört auch zum antispartanischen Bild: Aristophanes, *Lysistratē* 1174; Athenaios 13.602D–E; Photios, *Lexikon* s. v. *kysolakōn.* Es ist schwierig, Texte zu finden, die außerhalb dieser tendenziösen Überlieferungen liegen, aber PGM XIV 351–53 und CIL 10.4483 kommen dem am nächsten: beide sind an Mätressen gerichtet, aber ohne Betonung der Ehefrau/Hure-Dichotomie.

# Kapitel 2: Vorschriften machen

1 McIntosh 1968/9, Weeks 1977, Epstein 1987; ausführlichere bibliografische Angaben bei Halperin 1989, 159 Anm. 21 und 162 Anm. 52.

2 Bevölkerungszahlen sind bestenfalls Schätzungen von der Zuverlässigkeit antiker Schätzungen, die selbst bereits widersprüchlich sind. Der Bürgerschaft (in der Größenordnung 30.000 – 40.000 im fünften, 21.000 im späteren vierten Jahrhundert) entsprach eine ungefähr gleiche Zahl von (Ehe-)Frauen und eine größere sowohl von gemeinsamen Kindern als auch von anderen statutarisch Abhängigen (Prostituierte, Haus- und Arbeitssklaven); soweit man es im Jahre 316 zählen kann, war sie gerade doppelt so groß wie die Zahl der ansässigen Fremden. Vgl. Gomme 1927,

1933, 1959; A. Jones 1957, 161–80; Meiggs 1964; Ruschenbusch 1981a, 1981b; Rhodes 1980; Duncan-Jones 1980; Hansen 1981, 1986; Patterson 1981, 40–81.

3 Bei Deinarchos werden drei Fälle zitiert (1.29), die alle drei sexuelle Übergriffe von Bürgern auf eigentlich-freie-Sklaven beinhalten mögen: ein Jüngling, der in einer Mühle gehalten wurde, eine Frau aus Rhodos, die bei den Eleusinia die Lyra spielte und »entehrt« (*hybrisen* = vergewaltigt) wurde, ein Mädchen aus Olynthos, das in ein Bordell gesteckt wurde.

4 Siehe Aischines 1.43 und [Dem.] 25.57 (Bürger, die Metöken schikanieren) und Aischines 1.195 (Athener, die hinter Knaben her sind, mögen ihre Aufmerksamkeit auf Fremde und Metöken richten, damit Knaben aus dem Bürgerstand keine Verletzungen erleiden, indem sie zu Prostituierten erniedrigt werden).

5 »Diese farbige Rede [d. h. Dem. 54] [...] fördert die Gewalt zutage, die ein vernachlässigtes Charakteristikum des athenischen Lebens ist« – Osborne 1985, 50.

6 IG II$^2$ 1368, 1369; Raubitschek 1981.

7 Lysias 3.20, 47; Dem. 54.44. Zur Bedeutung dieses Kriteriums siehe Davies 1981.

8 *Prohistasthai* + Genetiv (»umgehen«) war keine übliche Redewendung für diesen Sachverhalt, obwohl sie in der klassischen Periode zu finden ist (Herodotos 2.173; Xen., *Mem.* 3.2). Plutarch verwendet sie zufällig in einem Kontext, der hier zum Thema paßt: »Verres hatte einen Sohn im Jünglingsalter, der mit seiner jugendlichen Schönheit nicht in der Weise umzugehen schien, wie es sich für einen freien Menschen geziemte. Als Verres dem Cicero Weichheit [*malakia*] vorwarf, erwiderte dieser, ›Die Söhne bei dir zu Hause sind es, die kritikwürdig sind‹ « – *Leben des Cicero*, 7.864C.

9 Die Natur selbst, so konnte behauptet werden, hatte die Geschlechter nach physischer und psychischer Zähigkeit geschieden: *malakōteron gar to ēthos esti to tōn thēleiōn*, »der weibliche Charakter (in der Regel in allen Spezies) ist weicher«, Aristoteles, *Hist. anim.* 9.1:608$^a$25. – Saïd 1983.

Die Nullsummenlogik, die hier beschrieben wird, scheint ein gemeinsamer Nenner der Geschlechterklischees für die gesamte Familie der mediterranen Kulturen zu sein. Er wird genauso lebendig in lateinischen Texten bezeugt: Ein Koch in Plautus' *Aulularia*, der gerade geschlagen worden ist, beklagt sich, er sei »weicher als ein *cinaedus*« (422); das Verb, das die Verwandlung von Ovids Hermaphroditus in eine Frau beschreibt, lautet *mollescere* (*Met.* 4.386).

Daher gibt es kein Wort für das (anatomische) Geschlecht im Griechischen. »Der Begriff des Geschlechts wird niemals als eine funktionale Identität des Männlichen und des Weiblichen formalisiert, sondern allein durch die Wiedergabe von Asymmetrie und Komplementarität zwischen Männlichem und Weiblichem ausgedrückt«, wobei das Weibliche lediglich das Gegenteil des Männlichen ist. Das Geschlecht als ein abstrakter, homogener, einheitlicher Begriff, als etwas, das jedem der beiden Geschlechter *gemeinsam* ist, findet keinen Platz in diesem asymmetrischen System (Manuli 1983, 201 Anm. 1).

10  Schauenberg 1975; Dover 1978, 105; vgl. Pinney 1984 mit anderer Interpretation.

11  Lipsius 1908, 269–85; MacDowell 1978, 167–9.

12  Rhodes 1981, 617; 1982, 178. Beispiele für routinemäßige Dokimasie ohne Folge eines Verfahrens: Dem. 40.34, 59.3 und 72; Aischines 3.31.

13  Lysias 16, 25, 26, 31; Kratinos *Cheiron* frag. 9 Kock; Xen., *Mem.* 2.2.13; Deinarchos 2.17.

14  Die Anschuldigung des Meidias gegen Demosthenes während seiner *dokimasia* zur Ratsmitgliedschaft war lediglich eine aus einer ganzen Reihe öffentlicher Angriffe; Dem. 21.111.

15  Rhodes (1981, 510 f.) glaubt, daß sich Dein. 1.71 auf einen wirklichen *nomos* bezieht, aber das würde darauf hinauslaufen, daß es eine besitzabhängige Qualifikation für das Rederecht in der Versammlung gegeben hätte. Deinarchos' Formulierung mag zu diesem Punkt absichtlich irreführend sein.

16  Dein. 1.71: *prohestanai tou dēmou*.

17  Timarchos »würgte« nicht nur »wölfisch« sein Erbe hinunter wie eine Speise, er »gurgelte« es hinunter wie Wein; 1.96. Die mythische Erzählung, die solche Ängste einfängt, ist die von Erysichthon, der den Besitz seines Vaters verschlang (Hellanikos, FGrHist 4 F 7; Kallimachos, *Hymne an Demeter* 31–117) und wiederholt seine Tochter verkaufte (Nikandros = Ant. Lib. 17.5, Lykophron 1393–6).

18  Wie in Deinarchos 2.16–8, gegen Rhetoren, die »Empfänger von Geschenken« sind, mit einem ähnlichen Appell an die Qualifikationen zur *dokimasia rhētorōn*.

19  Alkibiades prostituierte sich und beging Inzest mit seiner Schwester (Lysias 14.26–8, 41). »Wenn ich jeden Fall von Ehebruch, Verführung von verheirateten Frauen und allen anderen Arten seines gewalttätigen und rechtlosen Verhaltens einzeln aufzählen sollte, so hätte ich gar nicht genug Zeit dafür« – Andokides, *Gegen Alkibiades*, 10. Eine weitere Andeutung von Inzest bei Isaios 5.39. Andokides wirft Epichares nicht nur vor, sich für billiges Geld jedem Beliebigen prostituiert und daraus seinen Lebensunterhalt bestritten zu haben, sondern zu allem Überfluß auch noch häßlich zu sein (*De myst.* 100 – als Antwort auf ähnliche Anschuldigungen von Epichares). »Was Nikomachos' Vater als junger Mann für Praktiken hatte [...] es wäre nur sehr schwer wiederzugeben« – Lysias 30.2.; Dem. 45.77–9; Dem. 24.126, 181.

20  »Wie lange ist Timarchos schon ein Führer des Volkes gewesen? Eine lange Zeit« – Dem. 19.286. Auf Timarchos gingen im Verlauf seiner langen und berühmten Karriere mehr als hundert Gesetzesinitiativen zurück (Hypothesis zu Aischines 1). Nach Aischines war er auch von Jugend an von auffälliger Schönheit.

21  Perlman 1963; Hansen 1983; 1987, 50–69. »Wenn dies ein neues Thema

wäre, Männer von Athen, so hätte ich gewartet, bis die Mehrheit derer, die ihre Meinung zu äußern gewohnt sind, gesprochen hätte, und wenn ich mich einer dieser Meinungen hätte anschließen können, so hätte ich mein Schweigen bewahrt« – Dem. 4.1 (= Prooem. 1). Natürlich hatte theoretisch jeder Bürger das Recht, das Wort zu ergreifen: Dem. 25.29.

22 Aischines 1.2.»In den forensischen Reden rechtfertigen Ankläger ihre Anklageerhebung durch Hinweis auf persönliche Feindschaft, und ein augenscheinlich unparteilicher Ankläger wurde fast ausnahmslos als Sykophant abgestempelt« (in heutiger Ausdrucksweise, als »Mandantenrücker«) (Hansen 1976, 121). – Roberts 1982, 55–83.

23 *Quid si tandem indice (natura) hanc causam ageremus, quae ita divisit (virilem et) muliebrem personam ut suum cuique opus atque officium distribueret, (et) ego hunc ostenderem muliebri* [codd. *tui liberi*] *ritu esse suo corpore abusum* [codd. *adlusum*]: *nonne vehementissime admiraretur, si quisquam non gratissimum munus arbitraretur virum se natum sed depravato naturae beneficio in mulierem convertere properasset?* (Lateinische Übersetzung in Rutilius Lupus 2.6); Barabino 1967.

24 Jede Art besitzt eine einzige *physis*, aber wir Menschen haben so viele *tropoi* wie es Individuen gibt: Philemon 1.89 Kock; »seit frühester Kindheit hatte ich den Wunsch nach einem gewissen etwas, so wie jeder sonst ihn nach dem ein oder anderen hat – Pferden, Hunden, Geld, öffentlichem Amt« – Platon, *Lysis* 211D; Aristophanes, *Wespen* 67–88. Aus der älteren griechischen Literatur kann man Homer, *Odyssee* 14.228 (*allos gar t'alloisin anēr epiterpetai ergois*) zitieren und, mit dem Gebrauch einer früheren Form von *physis*, Archilochos 25 West. – Dover 1978, 62.

25 Dover 1974, 88–90; Holwerda 1955, 70 f., 112; Thimme 1935. *Orgē* ist ein älterer (vielleicht poetischer?) Ausdruck.

26 Ein junger Mann verteidigt sein Rederecht:»Es ist nicht die Zahl unserer Lebensjahre, die uns in Hinblick darauf voneinander unterscheidet, guten Rat erteilen zu können, sondern vielmehr unsere Natur und unsere Praktiken« – Isokrates 6.4.

27 *Hēgeito gar einai pros hetairian pollōi kreittō physin nomou kai tropon genous kai prohairesin anangēs* – Isokrates 1.10.

28 *Kyr.* 1.1.6. Zu *physis* in der Bedeutung »persönliche Begabung« siehe Shorey 1909.

29 »Er war der erste, der diese menschliche Wissenschaft systematisierte, um so die *physis* jedes Mannes kennenlernen zu können« – Porphyrios, *Vit. Pyth.* 13.

30 Die Quellen zur Physiognomik, Cicero und Pseudo-Plutarch, erzählen von einem gewissen Zopyros, der die Wissenschaft nach Athen gebracht habe; ein *Zōpyros* wird in Diog. Laert. 2.105 als Werk Phaidons aufgeführt. Die Texte und Testimonia wurden von R. Förster (1893) gesammelt und untersucht, die medizinischen und rhetorischen Präzedenzen werden bei Joly (1962) diskutiert; vgl. Lloyd 1983, 18–26.

31 Englische Übersetzung in Barnes 1984, Bd. 1, 1237–50 [auf deutsch in der großen Ausgabe von Grumach/Flashar noch nicht erschienen].

32 Archippos frag. 45 Kock (= Plutarch, *Alkibiades* 1); Com. adesp. 339 Kock; Clem. Alex., *Paid.* 3.69.
33 In Aristophanes' *Wespen* 686–8 ist der Gang eines *katapygōn* beschrieben; vgl. Eupolis 163 Kock; Suet., *Peri blasphēmiōn* s.v. *chalaibasis* (Taillardat 1967, 52).
34 Spätere Beschreibungen des *androgynos* genannten effeminierten Mannes in Adamantios *Physiognōmonika* 1.19, 23; 2.21, 38, 39, 41, 42, 52, 59 Förster und Anon., *De physiognomonia* 98 (Förster II.123); siehe Gleason 1989.
35 Arist., *Physik* 230$^a$18–$^b$10: »Ort« ist die bevorzugte Kategorie zur Unterscheidung natürlich/unnatürlich.
36 *Gen. anim.* 718$^a$2–4, 728$^a$10–7, 738$^b$28–$^a$6.
37 Diese Theorie wurde erneut aufgestellt – oder, sehr leicht möglich, von Aristoteles ohne Quellenangabe entlehnt – von Paolo Mantegazza in seinem Werk *Gli amori degli uomini* von 1885, übersetzt von Samuel Putnam als *The Sexual Relations of Mankind* [»Die Geschlechtsbeziehungen der Menschheit«], hrg. von Victor Robinson, New York 1935 (nach dieser Ausgabe, S. 89 f., hier zitiert): »Anatomen ist jene Anlage der Rückenmarksnerven vertraut, die mit dem lustvollen Begehren zu tun hat, und sie wissen, welch eine enge Beziehung zwischen jenen Nerven besteht, die sich auf den Darmtrakt und den rektalen Trakt verteilen, und jenen, die zu den Geschlechtsorganen hinführen. Ich persönlich glaube, daß aufgrund einer anatomischen Anomalie die sinnlichen Nervenäste zum Rektum umgelenkt werden; dies erklärt, woher es kommt, daß deren Erregung bei den *Patici* einen echten Orgasmus hervorruft, der in gewöhnlichen Fällen nur von den Liebesorganen herrühren kann.«

# Kapitel 3: Die Zwänge des Begehrens

1 Polemon, *De physiognomonia liber* Kap. 69 (Förster).
2 Aune 1980; eine spannende Behandlung der umfasssenderen Interpretationsprobleme findet sich bei Phillips (1986, besonders 2711–32 zu »Zauber«).
3 Siehe Maloney (1976), besonders die Essays von Dionisopoulos-Mass und von Garrison und Arensberg; Herzfeld 1980; Galt 1982. Zu antikem Material, s. Jahn 1855; Moreau 1976/7.
4 Peristiany (1965) zeigt, daß diese Werte kein einheitliches System über die ganze Region hinweg bilden, ein Argument, das von Herzfeld (1980) überzeugend vertreten wird: vgl. Dover 1974, 95–102, 205–13, 226–42; Pitt-Rivers 1977.
5 »Während ein Verständnis stratifizierter Agrargesellschaften eine Erklärung von ›Jungfräulichkeitskomplexen‹ auf erster Ebene ermöglichen kann, muß doch jedes Einzelvorkommen des Komplexes innerhalb seines spezifischen historischen Kontextes verstanden werden. Weibliche Keuschheit mag ein Primäridiom sein, das von Menschen stratifizierter

Agrargesellschaften zur Verhandlung von Ansprüchen auf ungleiche Privilegien benutzt wird, aber es ist nicht das einzige Idiom« – Collier 1986, 102.

6 Zitate aus Dionisopoulos-Mass 1976, 58–60. Ein weiterer moderner Bericht über Liebeszauber: Mrabet 1968.

7 Sullas Erfolg wurde in dem Namen zusammengefaßt, der ihm vom Senat zugestanden wurde – Epaphroditos (Appian, *Bürgerkriege* 1.97). Andere *charitēsia* (Formeln oder Amulette, um sich gewinnende Ausstrahlung – *charis* – zu sichern): VII 215 (»Stele der Aphrodite«, ein Zinnamulett); IV 2226–9 (ein Goldamulett für *philtra*); VII 186–90 (der rechte Vorderfuß eines auf einem Friedhof gefangenen lebenden Geckos, als Amulett getragen, bringt gleichermaßen Sieg und Gunst); XII 182–9 (ein Gebet zum Herrn, der der *charitēsion* des Kosmos ist, die nieversagende Kraft der freien Rede zu gewähren – »und laß jede Zunge und jede Stimme mir lauschen«). Eine koptische Scherbe trägt das Gebet »Fülle mir [diese gravierte Scherbe] mit jedem Wunsch, jeder süßen Liebe, jedem Frieden, jedem Entzücken zugleich!« (*Enchoria* 5 [1975], 115–18, revidiert von G. Browne, *ZPE* 22 [1976], 90 f.)

8 »Gib mir heute Lob und Liebe (vor Soundso, Sohn von) Soundso [...] (Was aber meine Feinde betrifft,) die Sonne soll ihre Herzen behindern und ihre Augen blenden [...]« – PDM xiv 309–34.

9 E. N. O'Neil in PGM-Transl., 146.

10 *Charis / nikē* (Charisma und Sieg, 36); *praxis / charis* (Geschäftserfolg und Anmut, 62); *alkē / morphē* (Stärke und Schönheit, 30); *prosōpou eidos / alkē hapantōn kai pasōn* (ein hübsches Gesicht und Gewalt über alle Männer und Frauen, 5–6). Eine ähnliche Entsprechung von persönlichem Erfolg, Triumph über Feinde und erotischen Ambitionen werden für einen Ring versprochen (PGM XII 271–350): »Wenn du ihn trägst, so wird dir geglaubt werden, was du auch zu irgend jemandem sagst, und du wirst jedermann gefallen« (279–80).

11 Licht 1926/27; Hopfner 1938, 273–305. Das lateinische Wort für »Arzneimittel«, *venenum*, ist offenbar von *Venus* abgeleitet und bedeutete damit im Grunde Aphrodisiakum. Vgl. Afranius frag. 380–1 Ribbeck.

12 »Ein Gefäßorakel, das mir ein Arzt im Bezirk Oxyrynchos gab«, PDM xiv 528.

13 Wenn man nach dem Scholiasten zu Lukian geht (280.3 ff. Rabe), war der ursprüngliche Zweck des Weines der, den Verkehr zu fördern: [...] *hoti ho Dionysos dous ton oinon paroxyntikon pharmakon touto pros tēn mixin pareschen.*

14 *Kyran.* 1.5.15–8; gemahlener Senfkohlsamen mit Pinienzapfen war ein weithin bekanntes Aphrodisiakum – P. Lit. Lond. 171, vgl. Dioskorides, *Mat. med.* 2.140, P. Lond. 121ʳ182–84.

15 Plinius, *Nat. hist.* 26.95, 96; ein Wissen, das von Dioskorides (*Mat. med.* 3.126) den thessalischen Frauen zugeschrieben wurde.

16 Plinius, *Nat. hist.* 27.65; Dioskorides, *Mat. med.* 3.126; vgl. Dioskorides, *Euporista* 2.96.

17 Plutarch, *De tuend. san. praec.* 126A; *Coni. praec.* 139A.
18 Kenney 1970, bes. 380–90; Lowes 1913/4; Ciavolella 1970.
19 Appian, *Bell. Syr.* 59–61; Plutarch, *Demetrios* 38; Lukian, *De dea Syria* 17–8; Val. Max. 5.7.3, Rohde 1974, 55–59; P. M. Frazer 1969; Amundsen 1974. Asmus (1906) untersucht die physiognomonische Tradition, die sich in dieser sehr verbreiteten Geschichte widerspiegelt. Platon (*Lysis* 204C) reflektiert den Topos: Zum Erröten eines jungen Mannes sagt Sokrates, »ich besitze diese gottgesandte Gabe, auf der Stelle unterscheiden zu können, wer *erōs* empfindet und wer das Objekt ist, auf den er sich richtet«. In *Daphnis und Chloë* sieht Dionysophanes, »daß Daphnis bleich war und heimlich weinte«, und »erkannte auf der Stelle [*ephōrase*] seine Leidenschaft« (4.31).
20 Der Herzschlag der kränkelnden Frau des Justus beschleunigte sich, wenn der Name des Tänzers Pylades erwähnt wurde: *Prognosis* 6 (14.630–4 Kühn = CMG V.8.1, ed. V. Nutton, 100–104); der gleiche Vorfall wird in Galens *Kommentar zur Prognostik des Hippokrates* erwähnt I.8 (18B. 40 Kühn = CMG V.9.2, ed. Diels, S. 206).
21 VII 285–9, 619–27, 643–51. VII 969–71 (teilweise verschlüsselt) ist eine schriftliche Entsprechung, mit der die Peinlichkeit langen Murmelns umgangen wird, während jemand darauf wartet, sein Getränk gereicht zu bekommen.
22 XIII 319–20 (Wespen, die sich in einem Spinnennetz verfangen haben!); PDM xiv 376–94, 428–50, 636–69, 772–804.
23 Plinius, *Nat. hist.* 27.57; Dioskorides, *Mat. med.* 4.131.
24 VII 973–80; CXIX. Eine verwandte Form des Berührungszaubers bei Platon, *Menon* 80A, wo Menon sich durch die Hexerei des Sokrates betäubt und hilflos fühlt, als sei er mit einem Zitteraal in Berührung gekommen. CXXVII: Ein Mann, dessen Lenden mit dem Gehirn eines Zitteraals berührt worden sind, wird sich zusammenkrümmen und außerstande sein, sich aufzurichten.
25 »Bringe Matrona herbei, Tochter der Tagenes, deren *ousia* du jetzt hast, Haar von ihrem Kopfe, und belege sie mit einem Bann, auf daß sie keinen Sex habe […] mit irgend einem anderen Mann außer Theodoros, dem Sohn der Techosis«, Wortmann 1968, 60, Zeilen 19–23. – »[…] wickle das Haar der Frau in das Blatt«, PDM xiv 1075. – Preisendanz 1918. – In anderen *agōgai* wird *ousia* mit Kopf oder Hals einer knienden Puppe verbunden (IV 302–3) oder in eine Beschwörung auf Papyrus eingewickelt und in eine Schachtel gelegt oder in einem mit einer Formel beschriebenen Stück Eselshaut zusammen mit Wicken ins Maul eines toten Hundes gesteckt (XXXVI 361–71).
26 Wortmann (1968, 69) führt auch Pap. Harris (Danks Vid. Selsk. 14/2, 1927) und das Kairoer Täfelchen (*SEG* 8 [1937/8], 574) an.
27 *A.d.Ü.*: »Innenhof« ist eine Konjektur, die der Übersetzer allein verantwortet. John J. Winkler übersetzt »Türriegel«, was die Abstände zwischen den letzten drei Schritten auf Null schrumpfen ließe, Preisendanz »Terrasse«, was den Weg vom »Tor« ins »Haus« erklärungsbedürftig macht.

*Pessos* heißt zunächst »Spielstein«, im Plural – wie hier verwendet – poetisch auch »der Ort, an dem man spielt«. So schien die Annahme plausibel, daß die erste Tür das Tor ist, das das Haus zur Straße hin abschließt (*pylos*), die zweite die Tür, die in die Gemächer (*oikos*) des Zaubernden führt. Dazwischen liegt der Innenhof.

28  XXXVI 68–101, 102–34, 295–310; nach dem in VII 285–299 wiedergegebenen Mondkalender ist der Mond im Widder günstig für *empyra* (Feuerzauber) und *agōgima* (Zwangszauber).

29  Bei Mondbetrachtung: IV 2708; »spät in der Nacht, um die fünfte Stunde, in einem reinen Gemach, Selene [dem Mond] zugewandt [...] – wenn du siehst, daß die Göttin sich rötet, so wisse, daß sie [sie] bereits herführt«, VII 874–5, 889–90; LXI 6; »vor Isis, am Abend, wenn der Mond aufgegangen ist«, lxi 118; »bei abnehmendem Mond, wenn die Göttin in ihrem dritten Tage steht«, XII 378–9; der gleiche Tag wird bei Heliodoros, *Aithiopika* 6.14.2, für eine nekromantische Zeremonie gewählt. Falls ein Hausdach nicht zur Verfügung steht, kann man sich auch mit der ebenen Erde zufriedengeben, LXI 6.

30  Schlaflosigkeit ist auch ein Hauptzweck von erotischen Ritualen, für deren Ausführung keine Zeitangabe gemacht wird, wie IV 2943–66; VII 374–6, 376–84. Es wäre plausibel, sie unter unsere nächtlichen Szenen einzureihen.

31  »Nur mich soll sie im Sinn haben [*kata noun*]«, IV 1520, 2960–61; *solum me in mente habeat*, DT 266.19; Maltomini, *Civiltà class. e cris.* 1, 376 (1980) ergänzt CCXXII in diesem Sinne. Ein seltener Beleg für die Obsession des Liebhabers bei Wortmann (1968, 64, Zeile 78): »Matrona [...], die Theodoros im Kopf herumgeht [*en noōi*].«

32  Theokrit 2.161–2 (assyrischer Fremdling; die örtlichen alten Frauen, die Zaubersprüche kannten, konnten nicht helfen, 2.91–2); Vergil, *Ecl.* 8.95–9 (Moeris); Lukian, *Hetärengespräche* 4.4–5 (eine alte syrische Kräuterkundige); Heliodoros, *Aithiopika* 3.17 (vgl. 3.19), 4.5 (ein ägyptischer Priester, der vorgibt, ein Liebeszauberer zu sein).

33  Von Männern auf Frauen gerichtet: XVIIa, XIXa, LXXXIV, CI, CVII, CVIII, CIX, O 2 (PGM Band 2, S. 233); DT 100, 227, 230, 231, 264–71, 304; zwei Täfelchen für denselben Ausführenden und dasselbe Opfer in SB Heidelberg 1910/2; zwei Täfelchen und ein Ostrakon für denselben Ausführenden und dasselbe Opfer bei Wortmann 1968, 57–84; *BIFAO* 76 (1976), 213–30; *ZPE* 24 (1977), 89–90.

Von Frauen auf Männer gerichtet: XV, XVI, XXXIX, LXVIII; DT 270, 271.

Von Frauen auf Frauen gerichtet: XXXII; PSI 28, vgl. F. Maltomini, *Miscellanea Critica* (Papyrologica Florentina 7 [1980]), 176.

Von Männern auf Männer gerichtet: XXXIIa, LXVI; *JEA* 25 (1939), 173–4.

34  Seltene Belege für andere Situationen: I 98 (»holt Frauen und Männer herbei«); IV 2089–92 (»[...] Daimon, der du *ousia* von ihm/ihr hast [...] geh dahin, wo der/die Soundso wohnt, und bring ihn/sie zu mir [...]«) – beide Beispiele könnten gleichermaßen männliche und weibliche Lieben-

de im Auge haben, die den Zauber über einen Mann verhängen; XXXVI 70 ist in diesem Punkt unzweideutig (»führt Männer zu Frauen und Frauen zu Männern«, aber in Zeile 73–4 wird der Anwender angewiesen, »*ousia* von der Frau, die du begehrst« zu nehmen, womit die Norm des Genres wiederhergestellt ist); XII 364–75 ist ein Zauber, der Haß zwischen zwei Männern erzeugt, mit einer Alternativversion für einen Mann und eine Frau.

35 Horaz, *Epode* 5 und 17, *Satire* 1.8; Apuleius, *Der Goldene Esel* 1.5–19, 2.5; Petronius, *Satyrika* 63; Lukan 6.413–830.

36 Im wirklichen Leben (oder was mit einigem Recht Anspruch darauf erheben darf, dies zu sein) wird Frauen eher vorgeworfen, *philtra* in Essen oder Trinken gemischt zu haben, als *agōgai* vollzogen zu haben: Antiphon 1.9, 19; Aristoteles, *Magna Moralia* 1.16; Plutarch, *Coni. praec.* 139A.

37 Eine zweite Version als IV 2643 ff.; beide sind in Versen verfaßt und werden in PGM, Bd. 2, 255–57, miteinander verglichen.

38 IV 1840–59; siehe den hyperboreischen Magus, der oben aus Lukians *Philopseudes* 13 zitiert wurde, *erōtas epipempōn*. Galen stellt fest, daß Eros eine rein menschliche Leidenschaft sei, »es sei denn, natürlich, man hält die Märchen für wahr, daß manche Menschen zu dieser Leidenschaft durch einen winzigen Kindgott geführt [*agesthai*] werden, der brennende Fackeln hält« (*Comm. in Hippoc. Prognost.* I Bd.18/2, 19 Kühn). – Ruheloser Leichnam: IV 2031–2 (*nekydaimōn*), 2088 (*katachthonios daimōn*), vgl. den verwandten Ritus über einem Totenschädel in IV 1928–2005; xiv 1070 (eine Mumie); XXXVI 139 (Dämonen der Dunkelheit). Die Göttin: IV 2486 (Hekate); IV 2730–6 (Hekate in Begleitung einer Meute kreischender vorzeitig Gestorbener); IV 2907–9 (Aphrodite). Bote: In VII 884–5 wird von Selene erbeten, sie möge einen heiligen Engel oder Beihelfer schicken, um dem Liebhaber in dieser Nacht zu dienen.

39 »Schleppe [*helke*] Matrona an Haaren und Eingeweiden, Seele und Herz [...]« – Wortmann 1968, 66. In früherer Zeit diente die *iynx* dazu, widerstrebende Personen ins Bett eines Liebhabers zu schleppen oder zu ziehen: Pindar, *Pyth.* 4.214, *Nem.* 4.35; im Scherz bei Xenophon, *Mem.* 3.11.18 (oben zitiert, S. 117). Auf einer attischen Vase aus dem Umkreis des Meidiasmalers wird Hephaistos gezeigt, wie er eine *iynx* als Folterrad für Ixion anfertigt (Simon 1975); Eros spielt mit einer (Miller 1986, Tafel 14, Abb. 10, 12). In PGM gibt es eine poetische Anspielung auf Ixions Rad (IV 1905–6).

40 IV 2500, 2735. So nimmt auch Cupido die Gestalt von Perdikkas' Mutter an und erscheint ihm in einem Traum (*Aegritudo Perdicae* 77–83).

41 Daß das Opfer vom Anwender träumt, wird in XVIIa 15 explizit: *enhypniazomenēn, oneirōttousan*. Zu den sexuellen Implikationen des letzteren Begriffs, siehe den nächsten Absatz.

42 Zu Wachsfiguren in erotischen Praktiken, siehe unten Anm. 50 zu diesem Kapitel.

43 Du Bourguet 1975; der Text der zugehörigen Bleilamelle ist von Kambitsis ediert worden (= *SEG* 26.1717).

44 *Laikazein*; vgl. Shipp 1977, Jocelyn 1980.

45 Der Text bezeichnet sich selbst als *philtrokatadesmos* (Zeile 8).

46 In seinem Schlagwortregister zu DT unter dem Eintrag *amatoriae* (Index V.C., 472–3).

47 DT 267–71; Boll 1910; Wortmann 1968, 56–84; *ZPE* 24 (1977), 89 f.

48 »Schafft dem Soundso, Sohn der Soundso, Streit, Krieg, und dem Soundso, Sohn der Soundso, Widerwillen, Haß, wie Typhon und Osiris sie hatten«, XII 372–3, 449–52 (= PDM xii 62–75), mit der Zeichnung einer eselsköpfigen Gestalt, die als Seth beschriftet ist.

49 IV 1390–495; XIXa (eine Zaubervorschrift, die in den Mund einer Leiche gelegt werden mußte, Zeilen 15–16); XIXb (Formularzauber, der bei einem getöteten Hund niedergelegt werden mußte). Die Hexenversionen solcher Riten in der Dichtung treiben schwunghaften Handel mit Materialien, die auf Friedhöfen gesammelt werden oder von jenen verstörenden Tieren stammen, die in zwei Kategorien zugleich fallen, wie Frösche und Schlangen (Properz 3.6.27–30). Die Ähnlichkeit von Nekromantie und erotischen Riten ist das Grundprinzip, nach dem Fahz (1904) verfährt.

50 Puppen bei erotischen Operationen: Vergil, *Ecl.* 8.75, 80 (Wachs und Ton); Horaz, *Sat.* 1.8.30–3, 43 f. (Wachs und Wolle), *Epode* 17.76 (Wachs); PDM lxi 112–27 (Osiris aus Wachs); XCV 1–6 (Material und Zweck ungewiß). CI, das in einem Topf gefunden wurde, der offenbar von einem Friedhof stammt (»ihr Dämonen, die ihr hier liegt«), war um etwas gewickelt, was zwei grobgefertigte Wachsfigürchen in Umarmung zu sein scheint, wobei das männliche und das weibliche aus dunklerem respektive hellerem Wachs gemacht war (Wortmann 1968). Mit all diesen sollten die Zauberpuppen verglichen werden, die benutzt wurden, um Feinden Schaden zuzufügen: Wünsch 1902, Trumpf 1958.

51 IV 1531; XII 490 (= PDM xii 155); XVIIa 16; XXXVI 82, 113, 149, 359; DT 230, 265A.

52 In zwei außergewöhnlichen Fällen werden genaue Zeitangaben gemacht: Boll 1910 (*epi e mēnas*); CI 36–7 (*epi chronon mēnōn deka*). Eitrem interpretiert (in seiner Ausgabe von P. Oslo II, S. 33 Anm. 1) *e* in dem ersteren Text als eine fünfmonatige Probeehe. Der zweite Text mag sich auf die Bestätigung einer Eheschließung durch Schwangerschaft beziehen, da zehn Monate als die übliche Dauer einer Schwangerschaft galten (Bergman 1972, 340 f.).

53 *A.d.Ü.: Unser Körper, unser Leben. Ein Handbuch von Frauen für Frauen.* Deutsche Übersetzung des feministischen Klassikers *Our Bodies, Ourselves*, hrg. von The Boston Women's Health Collective.

54 IV 2757–60; XV 4; XIXa 53; LXI 29–30 (= PDM lxi 173); DT 266, 268. Vgl. auch Sappho, Gedicht 16 LP.

# Zwischenspiel:
## Kapitel 4: Chloës Lehrjahre

1 Dieser Aspekt ihrer Berechnungen wird deutlich gemacht an 3.25.3, 26.3, 30.5.

2 An die Bedeutsamkeit dieses Ereignisses wird noch einmal erinnert – 2.8.4.

3 »Es dürfte klar geworden sein, daß die Leichthändigkeit, mit der Longus alle Formen literarischer und intellektueller Prätension aufnimmt und fallen läßt, und die Geschicklichkeit, mit der diese einfache Erzählung Schicht um Schicht an Bedeutung und Resonanzen anklingen läßt, für mich zu den Hauptattraktionen von *D&C* zählt« – Hunter 1983, 57.

4 McCulloh 1970, G. Rohde 1974, Cresci 1981, Effe 1982.

5 Auch Zeitlin (1989) betrachtet *D&C* als ein theorematisches Werk, legt das Gewicht aber auf die implizite Systematisierung der Prämissen griechischer literarischer Genres, die sich mit *erōs* beschäftigten – Romanze, Pastorale und Neue Komödie.

6 In *D&C* (2.9) finden wir auch die griechische Entsprechung für »Hausaufgaben« – *nykterinon paideutērion*, »nächtliche Schule«.

7 Zum griechischen Vokabular für Vergewaltigung und die Verfahren ihrer juristischen Verfolgung s. Cole 1984a.

8 Einen Überblick gibt Reardon (1971). *Leben der Sophisten* von Philostrat liegt in englischer Übersetzung in der Loeb Classical Library vor (1921, Wright 1961).

9 Bowie 1970. Eine Variante dieser an der Vergangenheit ausgerichteten Literatur beschränkte sich mehr oder weniger auf den Wortschatz der klassischen attischen Autoren. Longos' Sprache scheint dem Post-Klassischen mehr Raum zu geben (Valley 1926, 45 ff.), aber man erinnere sich daran, daß attizistische Gelehrte die ländliche Bevölkerung manchmal als repräsentativ für die kulturell-linguistische Überlieferung in ihrer reinsten Form ansahen (Philostrat, *VS* 303 Wright zu Aelian und ausführlicher 154 Wright).

10 *A.d.Ü.:* Hier wiedergegeben nach der Übersetzung von Joachim Schickel (vgl. Fn. auf S. 240 zu Kapitel 6).

11 Alkiphrons *Briefe*, von denen das zweite Buch »Ländliche Briefe« heißt, und Aelians *Ländliche Briefe*. Aelians Brief 2 ist eine Paraphrase von Menanders *Geōrgos* 46–52; Brief 4 = Aristophanes' *Acharner* 695–8; Brief 6 hat ein Streitgespräch unter Bauern bei Demosthenes 55 zum Vorbild usw. Alkiphron muß wahrscheinlich auf keine spätere Zeit als das erste Jahrzehnt des dritten Jahrhunderts datiert werden (B. Baldwin 1982). Aelian, dessen Name lateinisch ist und für den Griechisch Fremdsprache war, kam in der zweiten Hälfte des zweiten Jahrhunderts unserer Zeitrechnung zur Blüte. Andere magere, in ihrer kumulativen Wirkung aber beeindruckende Argumente zur Datierung von Longos werden von Schönberger (1973, 10 f.) und Hunter (1983, 1–15) besprochen.

12 Eine Auseinandersetzung zwischen einigen reichen Jungen aus der Stadt und Daphnis (2.15–17) wird durch Ansprachen nach dem Vorbild eines öffentlichen Gerichtshofes beigelegt. Der literarische Stil der städtischen Disputanten wird beschrieben als »knapp und klar, da ihr Richter ein Rinderhirt war«, was nahelegt, daß die Jünglinge fähig waren, ihr Anliegen in ausgefeiltere Formen nach Art des Demosthenes zu kleiden, hier aber einen bescheidenen, sub-lysianischen Stil wählten.

13 *Antigrapsai tēi graphēi.* Das Verb kann sich sowohl auf Kopieren (eine genaue Transkription anfertigen) als auch auf Wettbewerb (mit einer konkurrierenden Replik beantworten) beziehen. Siehe Zeitlin 1989.

14 Zu diesen Ausdeutern bei Schreinen s. Winkler 1985a, 233–38.

15 Valley 1926; Reeve 1971. Reeve zeigt, daß Meidung des Hiats, »ein brauchbares Maß für literarische Ansprüche« (537), von allen Roman-schriftstellern praktiziert wird – ein Beleg für den hohen Grad ihrer rhetorischen Ausbildung und ihres literarischen Ehrgeizes und gleichzeitig eine Widerlegung der modernen Ansicht, diese Werke seien juvenil, un-wichtig oder »populär« gewesen.

16 Scarcella 1970. Dieser ländliche »Realismus« ist erheblich wichtiger als die knifflige Frage nach der geographischen Genauigkeit bei Longos: Bowie 1985, 86–90.

17 Frühere Ausgaben und Übersetzungen sprechen hier von tyrischen Pira-ten; »pyrrhisch«, aus der lesbischen Stadt Pyrrha, ist die überzeugende Emendation von M. D. Reeve, wo die beiden Haupt-Mss. *pyrrioi* einer-und *tyrioi* andererseits lauten. Es muß sich schon um irgendwelche Grie-chen, nicht Tyrer handeln, denn sie segeln in einem karischen Schiff »damit es so aussieht, als seien sie Barbaren«.

18 Bailey 1971; du Boulay 1976; Walcot 1977.

19 Reeve folgt hier Castiglioni und streicht »als sei sie ermordet worden«, *kathaper pephoneumenē*, allein aus dem Grund, daß die Wendung in 3.20.1 wiederkehrt. Aber die beiden Haupt-Mss. haben es, und es sollte beibe-halten werden.

20 Und ein Mikrokosmos des Romans: Zeitlin 1989.

21 Aischylos, *Sieben* 753–55, *Danaiden* frag. 44; Sophokles, *Trachiniai* 31–3, *Antigone* 569; Aristophanes, *Frieden* 566–600; Platon, *Kratylos* 406B (Ar-temis wird etymologisch auf *aroton misei* zurückgeführt, »sie haßt den Pflug«); [Aristoteles], *Oecon.* 3.2 (eine Ehefrau ist ein Stück Land, das bestellt werden muß); Menander, frag. 720 Kock; Soranos 1.35 ff.; Artemi-doros 1.51, 2.24. In Boccaccios *Dekameron* sagt eine vernachlässigte Frau zu ihrem alten Ehemann: »Wenn Ihr den Arbeitern auf Euren Gütern so viele Feiertage gewährt hättet wie demjenigen, dessen Aufgabe es war, mein kleines Feld zu bestellen, so hättet Ihr niemals auch nur ein einziges Weizenkorn geerntet« (2.10 a).

22 In Athen befand sich der Schrein der Demeter Chloë auf der südwestli-chen Terrasse der Akropolis: Aristophanes, *Lys.* 835; IG II$^2$ 1356.16; Pausianas 1.22.3; s. Farnell 1977, 33 f.

23 Chalk (1960, 46): »Aller oberflächlichen *glykytēs* [Süße] zum Trotz scheut

sich Longos doch nicht davor, als grundlegend für das Leben, und für den Eros, die Elemente der Gewalt, des Schmerzes und der Gegensätzlichkeit zu erkennen« – und dazu zählt er auch die Vergewaltigung.

## Teil 2: Gynaikes
## Kapitel 5: Listenreiche Penelope, listenreicher Homer

1  *Authoress*, S. 208 f. Shaw wird dort nicht namentlich genannt, aber H. F. Jones erzählt dieselbe Geschichte von Shaw in seinem Vorwort zur zweiten Auflage, S. xviii.

2  Arthur Platt rezensierte Butlers *L'Origine Siciliana dell' Odissea* (1893) und sein *Ancora sull' Origine Siciliana dell' Odissea* (1894) in *CR* 9 (1895), 56 f. Einen begeisterten Verteidiger fand Butler in Benjamin Farrington. Farrington legt besonderen Nachdruck auf das Paradox der Penelope: sie sei »so widersprüchlich angelegt, daß sie manchmal als eine Kokette erscheint, manchmal als Vorbild an Gattinnentreue für alle Welt hingestellt wird. Der Autor [bzw. die Autorin] vermag weder den einen Entwurf noch den anderen zu opfern. [...] Aber wer könnte sich zwei solche Gegebenheiten ausdenken, wenn nicht eine Frau, wer würde versuchen, sie in ein und derselben Figur zu vereinen, wenn nicht eine sehr junge Frau?« (1929, 53 f.) – In jüngerer Vergangenheit ist Butlers Theorie, die *Odyssee* beschreibe Trapani, von Pocock (1957) unterstützt worden, seine Theorie weiblicher Autorschaft durch Ruyer (1977).

3  Weitgehend der gleiche Ansatz, ohne Butlers Scharfsinn, läßt sich bei Walter C. Perry finden, *The Women of Homer* (»Die Frauen Homers«; London 1898), das die Widmung trägt »Ihrer Allergnädigsten Majestät Viktoria *diēi gynaikōn* Königin über Großbritannien und Irland Kaiserin von Indien, etcetera.«

4  Die Debatte darüber, welche Art gesellschaftlicher Organisation und politischer Macht in den homerischen Epen dargestellt sei, läßt sich bei Calhoun (1984), Strasburger (1953), Donlan (1970) und Halverson (1985) verfolgen. Millet (1984), der sich auf moderne Komparanda bezieht, bietet eine vorzügliche Studie des vorrangig bäuerlichen Charakters der Gesellschaft Hesiods.

5  Stanford 1939, 104 f.; Podlecki 1961; Austin 1972, bes. 13–17.

6  *A.d.Ü.:* Winkler benutzt hier eine englische Übersetzung von Fitzgerald, die Odysseus' Verhalten deutlicher macht: Er *hielt* die Augen starr in den Höhlen, *machte* sie hart (wie Horn oder Eisen) und vermied *so* die Tränen. Auch beweint Penelope nicht den *nahen* Gemahl, sondern den *Gemahl* – der aber neben ihr sitzt. Der Voßsche »nahe Gemahl« ist also bei Fitzgerald (wie auch in anderen deutschen Übersetzungen) »der Gemahl, der ihr doch so nahe war« bzw. sogar der »Gemahl an ihrer Seite«. Da Winkler die Passage nicht weiter interpretiert, wurde darauf verzichtet, den Voß-Text zu verändern.

7  *A.d.Ü.:* In Zeile 313 f. sagt Voß,»noch wirst du jemals weiter gebracht«; gemeint ist,»zur Heimkehr ausgerüstet«,mit Weggeschenken ausgestattet. In Zeile 315 übersetzt Voß interpretierend »[...] da er [Odysseus] noch lebíe« für *ei pot' eēn ge*,»wenn er denn je war«, und Fitzgerald in der englischen Fassung interpretiert in eine andere Richtung:»Oder habe ich ihn nur geträumt?«

8  *A.d.Ü.:* Winkler bezieht sich hier natürlich wieder auf die englische jambische Übersetzung von Fitzgerald, der an dieser Stelle das Wort »master« verwendet. Der Satz wurde also dem deutschen Kontext angepaßt.

9  Niese (1882, 64) meinte, daß in einem früheren Stadium der Entstehung der *Odyssee* Penelope Odysseus während der Fußwaschung erkannte. Merkelbach (1951) baute diese Theorie detailliert aus. Abweichende Untersuchungen bei Thornton 1970, 84–92, 96–108.

10  Eine völlig andere Auffassung bei Emlyn-Jones (1984):»Penelope [...] tut anscheinend häufig unmotivierte oder schlecht motivierte Dinge« (11).

11  Vgl. Foley (1978), wo Penelopes Tätigkeit als Ersatzkönig sehr gut dargestellt ist – sie tadelt die Freier, hält sie vom Streit ab, erneuert den Reichtum des Hauses, empfängt und verhört Besucher und unterhält »ein Mindestmaß an Gastfreundschaft und ein Netzwerk der Kommunikation in Odysseus' zerrissener Familie« (9 f.). – Marquardt (1985) hat interessante Gedanken zu Penelopes strategischer Klugheit; ich stimme ihren Untersuchungen nicht in vollem Umfang zu, aber ihre Bewertung Penelopes ist dieselbe, wie sie hier verfolgt wird:»[...] wir tun Penelope Unrecht, wenn wir ihre bewußte Beherrschung der Situation geringschätzen« (46).

12  Zur Weberei als weiblicher Hausarbeit, sowohl für den Eigenverbrauch als auch zur Steigerung des Familieneinkommens, siehe Schaps 1979, 18–20; Keuls 1983. »Jene Textilien, die Männer am höchsten schätzen, waren daher – da sie die höchsten Anforderungen stellten und ihre Herstellung die längste Zeit brauchte – diejenigen, die sie am wenigsten verstanden« (Jenkins 1985, 114). Nicht etwa, daß die Freier nur zufällig Penelopes Auftrennen des Gewebes von Laertes' Bahrtuch Nacht für Nacht nicht bemerkt hätten – es wäre unter ihrer Würde gewesen, oder außerhalb ihrer Kompetenz oder Interessenssphäre, ihre Arbeit überhaupt zur Kenntnis zu nehmen.

13  Auch die *Ilias* nimmt im letzten Gesang eine überraschende Wendung, wie Heubeck (1978, 14) feststellt. »Die Ereignisse des letzten Gesanges der *Ilias* enthüllen Charakteristika des Helden, die man nach dem, was im Verlauf des Epos über ihn erzählt wurde, nur sehr vage hätte vermuten können. [...] In dieser Hinsicht ist das, was wir im letzten Gesang erfahren, kein Anhängsel oder nicht organisch Angefügtes: ohne die Beschreibung der Lytra [der »Auslösung« (des Leichnams Hektors)] wäre das Bild des Helden Homers unvollständig; man könnte sogar so weit gehen zu sagen, daß die Darstellung des Achill von Anfang an auf dieses *telos* gerichtet ist.«

14  Rubin (1987) betont, daß Homer Penelope »einander widersprechende Motive und inkonsequentes Verhalten« zuschreibt,»die den Leser im

Unklaren über Penelopes Wünsche bleiben lassen bis zu jenem Augenblick der Klärung [...] in Vers 23.205.« Aber sie betrachtet dies als eine Verwirrung, oder besser, eine Pluralität möglicher Rollen, die Penelopes eigenes Bewußtsein über sich selbst in Mitleidenschaft zieht, während ich Penelope gerne eine im großen und ganzen unerschütterliche Loyalität gegenüber Odysseus' Besitztum zuschreiben würde, solange die Möglichkeit besteht, daß er am Leben ist.

15 Die wechselseitige Abhängigkeit und die Unterschiedenheit zwischen männlicher und weiblicher Sphäre in der *Odyssee* wird von Foley (1978) ausgezeichnet analysiert. – »Es ist wichtig festzustellen, daß die physiologischen und psychologischen Rhythmen von [Odysseus und Penelope] in auffälliger Weise komplementär sind« – Russo 1982, 12.

# Kapitel 6: Doppelbewußtsein in Sapphos Gedichten

1 Englisch unter dem Titel *Lesbian Peoples: Material for a Dictionary* (New York 1976). – Wittigs Darstellung Sapphos in ihrem Essay »Paradigm«, abgedruckt bei Stambolian und Marks 1979, gibt ihrerseits kritiklos einige Mythen wieder.

2 Lefkowitz (1973) und Hallett (1979) untersuchen die Vorurteile und Verzerrungen, die sich von der Antike bis zur Gegenwart in kritischen Kommentaren finden.

3 »Static«, in *Woman Poet, I: The West*, Reno 1980, 34.

4 Calder (1988) untersucht Welckers Abhandlung »Sappho von einem herrschenden Vorurtheil befreyt« von 1816: Danach könne Welckers Entschlossenheit, zu beweisen, daß Sappho nicht lesbisch war, auf die Idealisierung der Muttergestalten in seinem Leben zurückgeführt werden (155 f.).

5 Dies ist für die französische Tradition mittlerweile durch DeJean geschehen (1989).

6 Meine Behauptung, daß dies Sapphos durchgängiges Thema über alle neun Bücher hinweg ist, stützt sich nicht auf die wenigen Fragmente (soviel ist selbstverständlich) allein, sondern auch auf die antiken Zeugnisse, besonders diejenigen des Demetrios, von dem auch der ursprüngliche Titel dieses Essays stammt (»Nymphengärten, Hochzeitslieder, Erotik – kurz, die ganze Dichtung Sapphos«), und des Himerios (»Sappho widmete ihre gesamte Dichtung Aphrodite und den Eroten und ließ die Schönheit und den Zauber eines Mädchens zum Anlaß ihrer Melodien werden«). Diese und die weiteren Zeugnisse sind bei Gallavotti (1947) und D. Campbell (1982) gesammelt.

7 Der Beleg findet sich in Hephaistions *Peri sēmēiōn*, 138, zitiert von Hooker (1977, 11).

8 Wie Boedeker (1979) an Fragment 95 aufweist: »eine bewußt als ›Antiheld‹ angelegte Persona, spezifisch vielleicht ein Anti-Odysseus. [...] Das

Gedicht wird zu einer neuen persönlichen Formulierung von Werten, einer Ablehnung und Neuformung episch-heroischer Ideale« (52).

9  Hesiod, *Werke und Tage*, 578–81. Clay deutet an, daß die Lesart »du bringst das Kind von der Mutter *fort*« zu einem Hochzeitslied passen könnte.

10  Dies würde das Problem lösen, das man bei Theokrit 2.61 empfindet, wo die Herausgeber *passō* zu *massō* emendieren.

11  »Der klassische Brauch, einer Maid den Hof zu machen, indem man ihr einen Apfel in den Schoß wirft, besteht noch immer, obwohl er von der öffentlichen Meinung als ungehörig verurteilt wird und von der Verwandtschaft des Mädchens als impertinent stark verübelt wird« – Abbott 1903, 147 f. Weitere Literatur s.u. in Anm. 21.

12  Zum Beispiel J. B. Bury (»[...]während Sappho ihre Muse in einen engeren Kreis weiblicher Interessen eingeschlossen hielt«), *Cambridge Ancient History*, IV, 1953, 494 f., und ähnlich Werner Jaeger, *Paideia*, Bd. 1, 132 (engl. Übersetzung Oxford 1965).

13  *A.d.Ü.:* Dieser Satz wurde vom Übersetzer eingefügt. Schickels Übertragung gibt den Beginn der letzten fragmentarischen Strophe unvollständig wieder, vgl. Winklers Übertragung.

14  Der Vergleich mit Gottheiten zieht sich durch die Gesamtheit der phäakischen Szenen: Nausikaa (6.16, 105–9), ihre Mägde (6.18), die Phäaken (6.241), Nausikaas Brüder, *athanatois enalinkioi* (7.5).

15  Man könnte auch den Versuch machen, die Symptome der Sprecherin (Fieber, Kälteschauer, Schwindelgefühle) als Resultat eines Liebeszaubers zu verstehen, wie sie in Kap. 3 beschrieben sind. Die Lähmung der Zunge der Sprechenden (zu der natürlich die Beredtsamkeit und Genauigkeit der Dichterin selbst in wundervollem Gegensatz steht) ist ein Leiden, wie es typischerweise von einem *katadesmos* verursacht wird.

16  Die Medea des Apollonios von Rhodos ist sich in Begriffen, die von Sappho stammen, der Liebe bewußt (Privitera 1969); man beachte besonders die charakteristische Darstellung von Medeas mentalen Nachbildern und Träumereien (3.453–8, 811–6, 948–55), die der Technik Sapphos in LP 1, 16 und 96 folgt.

17  Rufinus ap. Oribaisos 3.391.1; Galen 2.370E; Aetios 16.103–4 (Klitoridektomie); Paulus Aigin. 6.70 (Klitoridektomie für Lesbierinnen).

18  Photios, *Lexikon* s. v. *nymphē*; Pollux 2.174, mit dem Anagramm *skairon sarkion*, »pulsierendes kleines Stück Fleisch«.

19  Zur Verbindung der Nymphen mit Hochzeit und Geburt, s. Ballentine 1904.

20  In ihren Fragmenten 110 und 111: Kirk 1963; Kileen 1973; Fragment 121 ist vielleicht »una variazione scherzosa nel nota fr. 105« (Lanata 1966, 66).

21  Foster 1899, McCartney 1925, Trumpf 1960; Lugauer 1967, Littlewood 1968, Kakridis 1972; P. Oxy. 2637, frag. 25.6; Abbott 1903, 147 f., 170, 177. – Siehe auch oben, Anm. 11.

22  Diese Bedeutung von *nymphē* verleiht einem Fragment Praxillas (754 in Page 1962) zusätzlichen Sinn: »Du schaust so schön in die Fenster hinein,

mit einem Kopf wie eine Jungfrau, aber abwärts bist du eine *nymphē*«, *ō dia tōn thuridōn kalon emblepoisa / parthene ta kephalan ta d' enerthe nympha.* Praxilla wendet sich, nach Alys ausgezeichneter Interpretation (RE 22 [1954], 176), an den Mond, der durch ihre Fenster hereinscheint (Page 1962, 747, *selēnaiēs te prosōpon*); sein Geheimnis und seine sich entziehende Anziehungskraft ist ausgedrückt im Bild einer Frau mit einem jugendlichen unschuldigen Gesicht und einem Ausdruck, der tiefere Erfahrung und tieferes Wissen verrät. Der physische Vergleich bezieht sich auf eine Frau, von der nur das Gesicht sichtbar ist: verhüllt von all diesen Kleidern, sagt Praxilla, sei der Körper einer sexuell reifen Frau. Das Extrem nach der anderen Richtung hin vertritt Page (1962, 754 app. crit.), der sich eine Frau vorstellt, die von außen in Fenster hineinlugt, um die Ehemänner anderer Frauen an sich zu ziehen (*quae more meretricio vagabunda per fenestras intueri soles, scilicet ut virum foras unde elicias*). Diese Bedeutungsebene mag auch für Page 1962, 286 (Ibykos) und 929 e–g (anonym) relevant sein.

23  Fragment 48 [vgl. Schickel XXIV; Treu 1958, 50 u. Erläuterung 194 f.] kann in einem ähnlichen Sinne verstanden werden: *ēlthes kai m' epothēsas egō de s' emaioman / on d' ephlexas eman phrena kaiomenan pothōi,* »Du kamst und begehrtest mich; ich suchte dich mit Sorgfalt; du rührtest die Gluten meiner Gefühle auf; schwelend im Begehren.« *Ephlexas* ist Wesselings Konjektur für *phylaxas*; *m' epothēsas* ist die meine für *epoēsas.* Ich stütze diese Konjektur auf den Rückbezug zu Fragment 36, wo *poth/* und *mai/* zusammengefügt sind, und auf die erzielte Symmetrie: du begehrtest mich – ich fühlte dich – du rührtest mich auf – ich begehrte dich, was wir als Sapphische Gegenseitigkeit oder Reziprozität [»Sapphic reciprocity«] bezeichnen könnten. Vgl. Lanata 1966, 79.

24  »Es wäre wünschenswert, daß in den Andeutungen zur sapphischen Liebe die anstößige Definition von ›perverse Liebe‹, die von einem zumindest anachronistischen Moralismus herrührt, aufgegeben würde.« – Gentili 1966, 48 Anm. 55. – Stehle (1979) ist hervorragend.

# Kapitel 7: Das Gelächter der Unterdrückten

1  Das maßgebende Werk über die Feste in Athen ist noch immer Deubners *Attische Feste* von 1932; eine etwas flüchtigere Behandlung liefert Parke (1977); Simon (1983) bleibt knapp, aber berücksichtigt die neueren archäologischen Funde. Bei Atallah (1966) findet sich die ausführlichste Behandlung der Adonia.

2  Zu anderer Zeit und an anderem Ort mag das anders gewesen sein. Pausanias erwähnt einen Tempel Zeus' des Bewahrers in Argos, in dem ein Schrein stehe, an dem die argivischen Frauen Adonis betrauerten (2.20.6), den sie offenbar in ein öffentliches Heiligtum integriert hatten. Zu religiösen Festen außerhalb Athens allgemein siehe Nilsson 1906.

3 »Adonis erscheint in der griechischen Literatur und Kunst seit Beginn des sechsten Jahrhunderts, einer Zeit, für die Kontakte zu Zypern gesichert und zu Syrien zweifelhaft sind, und ein zyprischer Ursprung des athenischen Kults hat alle Wahrscheinlichkeit für sich« – Nock 1934, 291. »Es wurde bereits vor langer Zeit erkannt, daß die Pflanzanlagen des Na'man [...] in Jesaja 17 Vers 10 ›Pflanzungen des Adonis‹ bedeuten, den man in ugaritischen Texten mit diesem Namen bezeichnen kann. Wie dem auch sei, es besteht kein Zweifel daran, daß die Bezeichnung Na'mân – Nu'mân – Na'môn, ›der Bezaubernde‹, bei den Phöniziern für Adonis in Gebrauch war. Die sogenannten Gärten des Adonis erfreuten sich eines langen Lebens in der antiken mediterranen Welt und wurden schließlich zu populären Osterbräuchen der griechischen Kirche, wo sie noch heute stellenweise existieren« – Albright 1968, 162. Pilitsis (1985) beschreibt die modernen griechischen Gärten des Adonis.

4 Offenbar auch einmal in der Tragödie: Euripides, *Melanippe* (frag. 514 Nauck).

5 Alte Komödie: Platon Comicus, Nikophon; Mittlere Komödie: Philetairos, Antiphanes, Araros, Philiskos; Neue Komödie: Philippides. – An die ältere Edition der Fragmente der Komiker durch Kock (1880–88) tritt nach und nach diejenige von Kassel und Austin (1983–).

6 *A.d.Ü.:* Die Übersetzung folgt der englischen Prosaübertragung des Autors, die eine engere Anlehnung an das Original durch größere Breite erkauft; die versgebundenen Übersetzungen ins Deutsche – z. B. Seeger (1845/8, s. Bibliographie), Droysen (1835/8) – sind naturgemäß knapper, aber auch inhaltlich stark verkürzt.

7 *A.d.Ü.:* Nach der nicht versgebundenen englischen Fassung des Autors übersetzt.

8 E. L. Leutsch und F. G. Schneidewin (Hrsg.): *Corpus Paroemiographorum Graecorum*, Göttingen 1839.

9 Diogenianos' Text spricht von denjenigen, die auf zweierlei Art säen, auf männliche und auf weibliche (*phyteuontes ē phyteuousai*). Es kann sein, daß er nur die maskuline Form benutzte und eine spätere Hand *ē phyteuousai* in dem Versuch hinzufügte, den irreführenden Eindruck zu korrigieren, daß Männer diese Gärten anlegten.

10 Johannes Chrysostomos sagt, daß die Gefäße mit »reichlich Dung« gefüllt waren, *In Epist. ad Ephes.* Kap. 4, Homilie 12 = *Patrologia Graeca* 62.91.

11 Natürlich stellten sie auch die notwendigen Utensilien für die Adonia ihrer Ehefrauen zur Verfügung, wenigstens nominell, und dies findet manchmal seinen Niederschlag in Inschriften: IG II$^2$ 1261, 1290.

12 Aristophanes, *Acharner* 237–79; Plutarch, *De cupid. divit.* 527D; Pickard-Cambridge 1968, 42–54. Platons *Politeia* 475D ist als Hinweis darauf verstanden worden, daß die attischen Demen, die die Ländlichen Dionysien feierten, dies an wechselnden Monatstagen taten: »die Liebhaber von Spektakeln [...], als hätten sie ihre Ohren zum Anhören jedes einzelnen Chores vermietet, rennen sie zu den Dionysien, ohne eine einzige auszulassen, ob in den Städten oder in den Dörfern.« Aber der Bezug auf

verschiedene Städte (*poleis*) zeigt, daß Platon hier schlichtweg attische Feste überhaupt im Blick hat, und nichts bindet diesen Seitenhieb spezifisch an die Dionysia im Poseideon. Dennoch ist vor dem Hintergrund, daß das Festprogramm im vierten Jahrhundert mit tragischen, komischen und dithyrambischen Wettbewerben und dem vermuteten Wettstreit für Schauspieler breit ausgestaltet wurde, die Vorstellung vernünftig, daß die Ländlichen Dionysien nicht unbedingt an ein spezifisches Monatsdatum gebunden waren.

13 Die nach Opfergaben ausgehungerten Götter in Aristophanes' *Vögeln* beschweren sich darüber, sie seien zum Fasten gezwungen, als feiere man die Thesmophoria (1519); Plutarch spricht vom »düstersten Tag der Thesmophoria, an dem die Frauen mit der Göttin fasten« (*Leben des Demosthenes* 30.5); Aristophanes' *Thesmophoriazousai* spielt am Fastentag. Der Prolog seines verlorengegangenen Stückes *Thesmophoriazousai II* wurde von Kalligenia gesprochen (frag. 331 Kassel-Austin).

14 Ebenso in »Der parfümierte Panther«, dem zweiten Kapitel von *Dionysos mis à mort* (»Der erschlagene Dionysos«), wo Detienne auf einige seiner Kritiker eingeht. Die englische Übersetzung (1979) gibt an dieser Stelle das französische Original gekürzt wieder.

# Anhang
## Textanhang 2: *Physis* und *natura* in der Bedeutung »Genitalien«

1 Weinreich 1928; Lenaios 1935, 4–5; Henderson 1975, 5.

2 Philemon 4.6, Anaxandrides 33.18, Alexis 240.8, Amphis 20. McLeish hat 20 Beispiele aus Aristophanes zusammengestellt, wo die Bedeutung »Genitalien« möglich wäre und einen guten Witz ergäbe, geht dann aber lieber auf Abstand zu einem »unbewiesenen« double entendre.

3 Das Gedicht, bekannt als *diabolē* (»Anklage«), wird an späterer Stelle im gleichen Handbuch mit einigen Abweichungen wiederholt; *physis* steht in Zeile 2659. Preisendanz (= PGM), Bd. 2, 255–57, druckt beide als Hymne 19 ab. An anderer Stelle der Zauberpapyri kommt *physis* in einer generischen *agōgē* (Liebeszwang) vor (PGM XXXVI 147–150: »Laß N., Tochter der N., überwach sein, flatterhaft, hungrig, durstig, schlaflos, und laß sie mich, N., Sohn von N., mit tiefer innerer Wollust begehren, bis sie kommt und ihre weibliche *physis* an meine männliche preßt«); innerhalb anderer ähnlicher Zaubersprüche des gleichen Handbuchs (XXXVI 83, 114, 324) und im Namen einer aphrodisiakischen Salbe, die auf den Penis aufgetragen wird – *physikleidion*, »*physis*–Schlüssel«, Zeile 283; schließlich in einem Formularfluch, der eine Frau ununterbrochen menstruieren lassen soll (»Öffne die *physis* und den Schoß von N. und laß sie bluten Tag und Nacht« – PGM LXII 103 f.). Ein erotischer Wunschzauber auf

Blei: »Möge sie ihren Schenkel an meinen Schenkel legen, ihre *physis* an meine *physis*« in *Genava* 6 (1928), 56–63.
4 Du Bourguet 1975. Der Text der Bleilamelle ist von Kambitsis ediert worden (= *SEG* 26.1717). – Mehr zu diesem Bildwerk in Kap. 3, S. 142–5).
5 Philoxenus, *Glossarium* (ed. M. Laistner in *Glossaria Latina* vol. 2, [Paris 1926]).
6 6. cent: Codex Vossianus Latinus in Quarto No. 9, Unzial, Pergament, in der Universitäts-Bibliothek Leiden: Piechotta (1886/7), VIII.
7 Killaktor, *Anth. Pal.* 5.45; vgl. *Anth. pal.* 11.7, *Carm. Priap.* 38.2.

# Literatur

Die folgende Bibliographie verzeichnet die verwendete Literatur alphabetisch in der Form, in der sie im Text zitiert wurde – Name und Jahreszahl der Veröffentlichung werden dem bibliographischen Eintrag also vorangestellt. Die Jahreszahl fehlt bei Sammeleditionen (Kassel-Austin, Kühn u. a.), die auch im Text in ihrer geläufigen Kurzform zitiert sind.

Textausgaben antiker Autoren sind in der Regel im Text nach den Kapitel-, Seiten-, Zeilen- oder Verszählungen der eingeführten Editionen zitiert, die sich als Schlüssel zur Auffindbarkeit bewährt haben (fachwissenschaftlich Interessierte finden die genauen Quellenangaben im Stellenregister). Für die weniger geläufigen wird eine Ausgabe unter dem Herausgebernamen aufgelistet; ein Querverweis unter dem Autornamen macht dann auf die Ausgabe aufmerksam. Da sich das Buch aber gerade auch an Neugierige anderer Fachrichtungen wendet, die hier vielleicht nachschlagen, um sich über verläßliche Ausgaben antiker Autoren zu informieren, sind auch die Namen verschiedener ausführlicher behandelter Autoren (leicht erkennbar durch [ ]) in der Bibliographie verzeichnet, wobei an dieser Stelle auf die volle Angabe unter dem Herausgebernamen und/oder auf deutsche Übersetzungen oder zweisprachige Ausgaben verwiesen wird. Es versteht sich, daß deutsche Fassungen für die vorliegende Ausgabe dieses Buches nicht in ihrer Gesamtheit aufgenommen oder gar geprüft werden konnten; daher ist ein solcher Hinweis nur eingeschränkt als Empfehlung zu verstehen: deutschsprachige Ausgaben, von denen die Übersetzung profitieren konnte, sind stets verzeichnet; auf vergleichsweise unergiebige Textausgaben wurde trotz möglicher anderweitiger Verdienste stets verzichtet; manche Ausgaben wurden wegen ihrer Bedeutung (Aristoteles) oder wegen ihrer Seltenheit (Athenaios) aufgeführt, obwohl sie nicht benutzt werden mußten oder konnten (in der Athenaios-Auswahlausgabe fehlen gerade die Stellen, die im Buch diskutiert werden). Generell bedeutet ein * vor einem Eintrag, daß die entsprechende Quelle für die deutsche Ausgabe eingefügt wurde, entweder als leichter erreichbare übersetzte Ausgabe für ein deutsches Publikum, oder weil der Text für die deutsche Ausgabe benutzt oder vergleichend herangezogen wurde.

Nicht alle, aber alle in Zitat oder Verweis im Text inhaltlich herangezogenen wissenschaftlichen Autorinnen und Autoren, die in der Bibliographie verzeichnet sind, können über das »Namensregister zur wissenschaftlichen Literatur« im Text aufgefunden werden. Für antike Autoren verweisen wir auf das »Namen- und Sachregister« sowie auf das »Stellenregister«.

Abbott 1903. Abbott, G. F.: *Macedonian Folklore.* Cambridge 1903.

Abt 1908. Abt, Adam: *Die Apologia des Apuleius von Madaura und die antike Zauberei.* RGVV 4/2, Gießen 1908 (* Reprint 1967).

Abu-Lughod 1986. Abu-Lughod, Lila: *Veiled Sentiments.* Berkeley 1986.

Adkins 1970. Adkins, Arthur W. H.: *From the Many to the One: A Study of Personality and Views of Human Nature in the Context of Ancient Greek Society, Values and Beliefs.* London 1970.

Albright 1968. Albright, W. F.: *Yahweh and the Gods of Canaan.* Garden City, N. Y. 1968.

Allen 1969. Allen, Thomas W.: *Homeri Opera.* Vol. 5., Oxford 1969 [*Hymnen et al.*].

Allione 1963. Allione, Lydia: *Telemaco e Penelope nell' Odissea.* Turin 1963.

Alloula 1986. Alloula, Malek: *The Colonial Harem.* Translated by M. and W. Godzich. (Theory and History of Literature 21) Minneapolis 1986.

Amory 1963. Amory, A.:»The Reunion of Odysseus and Penelope.« In: Charles H. Taylor (Hrg.): *Essays on the Odyssey.* Bloomington 1963, 100–121.

Amundsen 1974. Amundsen, D. W.: »Romanticising the Ancient Medical Profession.« *Bull. Hist. Med.* (Chicago) 48 (1974), 320–337.

Anderson 1982. Anderson, Graham: *Eros Sophistes: Ancient Novelists at Play.* (American Classical Studies 9) Chico, Cal. 1982.

Andrewes 1981. Andrewes, A.: »The Hoplite Katalogos.« In: G. S. Shrimpton und D. J. McCargar (Hrg.): *Classical Contributions: Studies in honour of Malcolm Francis McGregor.* Locust Valley, N. Y. 1981, 1–3.

[Apuleius]. * Apuleius, *Der Goldene Esel.* Lat.-dt. hrg. v. Edward v. Brandt und Wilhelm Ehlers. Zürich, Artemis (Sammlung Tusculum), [4]1989.

[Aristophanes]. * Aristophanes, *Sämtliche Komödien.* Übertr. v. Ludwig Seeger. Einleitungen […] v. Otto Weinreich. 2 Bde, Zürich (Artemis) 1952 und 1953 [und spätere Ausgaben].

[Aristophanes]. —> Dover 1968.

[Aristoteles]. * *Aristoteles' Werke in deutscher Übersetzung.* Begr. v. E. Grumach, hrg. v. H. Flashar. Berlin 1956– [noch nicht abgeschlossen].

[Aristoteles]. —> Barnes 1984.

[Artemidoros]. —> Pack 1963.

[Artemidoros]. * Artemidor von Daldis, *Traumbuch.* Übertragung von F[riedrich] S[alomon] Krauss, bearbeitet und ergänzt von Martin Kaiser. Basel/Stuttgart (Schwabe & Co Verlag) 1965.

[Artemidoros]. * Artemidor, *Traumkunst.* Übersetzung von Friedrich S. Krauss, neubearb. […] v. Gerhard Löwe […]. Leipzig (Reclam) 1991.

Arthur 1973. Arthur, Marilyn B.: »Early Greece: The Origins of the Western Attitude toward Women.« *Arethusa* 6 (1973), 7–58.

Arthur 1977. Arthur, Marilyn B.: »Liberated Women: The Classical Era.« In: Renate Bridenthal und C. Koonz (Hrg.): *Becoming Visible: Women in European History.* Boston 1977.

Asmus 1906. Asmus, R.: »Vergessene Physiognomika.« *Philologus* 65 (1906), 415–421.

Atallah 1966. Atallah, W.: *Adonis dans la littérature et l'art grecs.* Paris 1966.

[Athenaios]. * Athenaios von Naukratis, *Das Gelehrtenmahl*. [Erste deutsche Auswahlausgabe, ausgew., komm. und übers. von Ursula und Kurt Treu.] Leipzig 1985 (Sammlung Dieterich 329).

Atkinson 1982. Atkinson, J. M.: »Review Essay: Anthropology.« *Signs* 8 (1982), 236–258.

Audollent. —> [Defixiorum Tabellae].

Aune 1980. Aune, D. E.: »Magic in Early Christianity.« In: *Aufstieg und Niedergang der Römischen Welt* II. 23.2, Berlin 1980, 1506–1557.

Austin 1972. Austin, Norman: »Name Magic in the Odyssey.« *CSCA* 5 (1972), 1–19.

Austin 1975. Austin, Norman: *Archery at the Dark of the Moon*. Berkeley 1975.

Babut 1969. Babut, D.: *Plutarque et le Stoïcisme*. Paris 1969.

Bailey 1971. Bailey, F. G.: *Gifts and Poison: The Politics of Reputation*. New York 1971.

Baldwin, B. 1982. Baldwin, B.: »The Date of Alciphron.« *Hermes* 110 (1982), 253–254.

Baldwin, K. 1985. Baldwin K.: »›Woof!‹ A Word on Women's Roles in Family Storytelling.« In: Rosan A. Jordan und S. J. Kalcik (Hrg.): *Women's Folklore, Women's Culture*. Philadelphia 1985, 149–162.

Ballentine 1904. Ballentine, F. G.: »Some Phases of the Cult of the Nymphs.« *HSCP* 15 (1904), 97–110.

Barabino 1967. Barabino, G.: *Rutilii Lupi Schemata Dianoeas et Lexeos*. (Istituto di filologia classica e medioevale 27) Genua 1967.

Barnes 1984. Barnes, J.: *The Complete Works of Aristotle*. 2 Bde, Princeton 1984.

Bartsch 1989. Bartsch, S.: *Decoding the Ancient Novel: The Reader and the Role of Description in Heliodorus and Achilles Tatius*. Princeton 1989.

Baudy 1986. Baudy, Gerhard J.: *Adonisgärten: Studien zur antiken Samensymbolik*. (Beiträge zur klassischen Philologie 176) Frankfurt 1986.

Bauer (in Vorb.). Bauer, Janet: *Liberation and the Veil: Women, Family, and Development in Iran*. [Publikationsdaten konnten nicht ermittelt werden.]

Behr 1968. Behr, C. A.: *Aelius Aristides and the Sacred Tales*. Amsterdam 1968.

Benedetto 1973. Benedetto, V. di: »Il volo di Afrodite in Omero e in Saffo.« *QUCC* 16 (1973), 121–123.

Bergman 1972. Bergman, J.: »Decem illis diebus.« In: *Ex Orbe Religionum: Studia Geo Widengren oblata*. (Studies in the History of Religions – Supplements to *Numen* 21) Leiden 1972, 332–346.

Bernal 1987. Bernal, Martin: *Black Athena: The Afro-Asiatic Roots of Greece*. Bd. 1, *The Fabrication of Ancient Greece, 1887–1987*. New Brunswick, N. J. 1987.

Bernikow 1974. Bernikow, Louise: *The World Split Open*. New York 1974.

Berti 1967. Berti, M.: »Sulla interpretazione mistica del romanzo di Longo.« *Studi Classici e Orientali* 16 (1967), 343–358.

Betz 1986. Betz, Hans D. (Hrg.): *The Greek Magical Papyri in Translation including the Demotic Spells*, Bd. 1: Texts. Chicago 1986. (Vgl. auch —> [Zauberpapyri].)

Beye 1974. Beye, C. R.:»Male and Female in the Homeric Poems.« *Ramus* 3 (1974), 87–101.

Blum 1936. Blum, Claes: *Studies in the Dream-Book of Artemidorus.* Uppsala 1936.

Blum und Blum 1965. Blum, Richard und Eva M. Blum: *Health and Healing in Rural Greece.* Stanford, Cal. 1965.

Blum und Blum 1970. Blum, Richard und Eva M. Blum: *The Dangerous Hour: The Lore of Crisis and Mystery in Rural Greece.* London 1970.

Boedeker 1979. Boedeker, D. D.:»Sappho and Acheron.« In: Glen W. Bowersock, W. Burkert und M. Putnam (Hrg.): *Arktouros: Hellenic Studies Presented to Bernhard W. M. Knox on the Occasion of his 65th Birthday.* New York 1979, 40–52.

Boll 1910. Boll, F.: *Griechischer Liebeszauber aus Ägypten.* (Sitzungsberichte der Heidelberger Akademie der Wissenschaften, Philosophisch-Historische Klasse) Heidelberg 1910.

Bolling 1958. Bolling, G.:»POIKILOS and THRONA.«*AJP* 79 (1958), 275–282.

Bolling 1959. Bolling, G.:»Restoration of Sappho, 98a 1–7.« *AJP* 80 (1959), 276–287.

Bonner 1949. Bonner, C.:»KESTOS IMAS and the Saltire of Aphrodite.« *AJP* 70 (1949), 1–6.

Borneman 1979. * Borneman, Ernest: *Das Patriarchat. Ursprung und Zukunft unseres Gesellschaftssystems.* Frankfurt am Main 1975 [um ein Nachwort erw. Ausg. 1979].

Bouché-Leclercq 1879–82. Bouché-Leclercq, A.: *Histoire de la divination dans l'antiquité.* 4 Bde, Paris 1879–1882.

Bourdieu 1965. Bourdieu, Pierre:»The Sentiment of Honour in Kabyle Society.« In: —> Peristiany 1965, 191–241.

Bourdieu 1977. Bourdieu, Pierre: *Outline of a Theory of Practice.* Translated by R. Nice. Cambridge 1977. [* Orig.: *Esquisse d'une théorie de la pratique précédé de trois études d'ethnologie kabyle.* Genf 1972. * Dt.: *Entwurf einer Theorie der Praxis.* Frankfurt am Main 1978. (Die engl. und dt. Ausgabe sind gegenüber dem frz. Original erweitert.)]

Bourdieu 1979. Bourdieu, Pierre: *Algeria 1960.* Cambridge 1979. [* Orig.: *Algérie 60. Structures économiques et structures temporelles.* Paris 1977.]

Bourguet 1975. Bourguet, P. du:»Ensemble magique de la période romaine en Egypte.« *La Revue du Louvre* 25 (1975), 255–257.

Bowie 1970. Bowie, E. L.:»Greeks and their Past in the Second Sophistic.« *Past and present* 46 (1970), 3–41.

Bowie 1985. Bowie, E. L.:»Where Does Longus Set *Daphnis and Chloe?*« (Appendix zu ders.:»Theocritus' Seventh *Idyll*«). *CQ* 35 (1985), 86–90.

Brandes 1981. Brandes S.:»Like Wounded Stags: Male Sexual Ideology in an Andalusian Town.« In: Sherry B. Ortner und Harriet Whitehead (Hrg.): *Sexual Meanings: The Cultural Construction of Gender and Sexuality.* Cambridge 1981, 216–239.

Brashear 1979. Brashear, W.:»Ein Berliner Zauberpapyrus.« *ZPE* 33 (1979), 261–278.

Bremmer 1981. Bremmer, J.: »Plutarch and the Naming of Greek Women.« *AJP* 102 (1981), 425–426.

Brundage 1987. Brundage, James A.: *Law, Sex, and Christian Society in Medieval Europe.* Chicago 1987.

Büchner 1940. Büchner, W.: »Die Penelopeszenen in der Odyssee.« *Hermes* 75 (1940), 146–159.

Bulkin und Larkin 1975. Bulkin, E. und J. Larkin (Hrg.): *Amazon Poetry.* Brooklyn, New York 1975.

Burkert 1985. Burkert, Walter: *Greek Religion.* Translated by J. Raffan. Cambridge, Mass. 1985. [* Orig.: *Griechische Religion der archaischen und klassischen Epoche.* Stuttgart 1977.]

Bushala 1968. Bushala, E. W.: »Torture of Non-Citizens in Homicide Investigations.« *GRBS* 9 (1968), 61–68.

Butler 1897. Butler, Samuel: *The Authoress of the Odyssee: where and when she wrote, who she was, the use she made of the Iliad, & how the poem grew under her hands.* London [zweite, berichtigte und neu gesetzte Auflage] 1922.

Byre 1988. Byre, C. S.: »Penelope and the Suitors Before Odysseus: *Odyssey* 18.158–303.« *AJP* 109 (1988), 159–173.

Calder 1988. Calder, W. M.: »F. G. Welcker's *Sapphobild* and its Reception in Wilamowitz.« In: W. M. Calder u. a. (Hrg.): *Friedrich Gottlieb Welcker, Werk und Wirkung.* (Hermes Einzelschrift 49). Stuttgart 1988, 131–156.

Calhoun 1934. Calhoun, G. M.: »Classes and masses in Homer.« *CP* 29 (1934), 192–208 u. 301–316.

Cameron 1949. Cameron, A.: »Sappho's Prayer to Aphrodite.« *HTR* 32 (1949), 1–17.

Cameron und Kuhrt 1983. Cameron, Averil und A. Kuhrt (Hrg.): *Images of Women in Antiquity.* Detroit 1983.

Campbell, D. A. 1982. Campbell David A.: *Greek Lyric. I. Sappho, Alcaeus.* Cambridge, Mass. 1982.

Campbell, J. K. 1964. Campbell, John K.: *Honour, Family, and Patronage: A Study of Institutions and Moral Values in a Greek Mountain Community.* New York und Oxford 1964.

Campese, Manuli und Sissa 1983. Campese, S., P. Manuli und G. Sissa: *Madre Materia: Sociologia e biologia della donna greca.* Turin 1983.

Cantarella 1987. Cantarella, Eva: *Pandora's Daughters: The Role and Status of Women in Greek and Roman Antiquity.* Translated by M. B. Fant. Baltimore 1987.

Carrière 1979. Carrière, J. C.: *Le Carnaval et le politique.* (Centre de recherches d'histoire ancienne, vol. 26 = Annales littéraires de l'université de Besançon, 212) Paris 1979.

Chalk 1960. Chalk, H. H. O.: »Eros and the Lesbian Pastorals of Longos.« *JHS* 80 (1960), 32–51.

Chantraine 1968–80. Chantraine, Pierre: *Dictionnaire étymologique de la langue grecque.* 4 Bde, Paris 1968–1980.

Chatzis 1914. Chatzis, A.: *Der Philosoph und Grammatiker Ptolemaios Chennos: Leben, Schriftstellerei und Fragmente.* Erster Teil. Einleitung und Text. (Studien zur Geschichte und Kultur des Altertums 7/2) Paderborn 1914.

Chicago 1975. Chicago, Judy: *Through the Flower.* Garden City, N. Y. 1975.

Chicago 1979. Chicago, Judy: *The Dinner Party.* Garden City, N. Y. 1979.

Ciavolella 1970. Ciavolella, M.: »La tradizione dell' *aegritudo amoris* nel Decameron.« *Giornale storico della letteratura italiana* 147 (1970), 496–517.

Clark, M. H. 1983. Clark, Mary H.: »Variations on Themes of Male and Female: Reflections on Gender Bias in Fieldwork in Rural Greece.« *Women's Studies* 102 (1983), 117–133.

Clark, S. R. L. 1982. Clark, S. R. L.: »Aristotle's Woman.« *History of Political Thought* 3 (1982), 177–191.

Clay 1980. Clay, J. S.: »Sappho's Hesperus and Hesiod's Dawn.« *Philologus* 124 (1980), 302–305.

Cole 1984a. Cole, S. G.: »Greek Sanctions Against Sexual Assault.« *CP* 79 (1984), 97–113.

Cole 1984b. Cole, S. G.: »The Social Function of Rituals of Maturation: The Koureion and the Arkteia.« *ZPE* 55 (1984), 233–244.

Collier 1986. Collier, J.: »From Mary to Modern Woman: The Material Basis of Marianismo and its Transformation in a Spanish Village.« *AE* 13 (1986), 100–107.

Combellack 1973. Combellack, F. M.: »Three Odyssean Problems.« *CSCA* 6 (1973), 17–46.

Connor 1988. Connor, W. R.: »Early Greek Land Warfare as Symbolic Expression.« *Past and Present* 119 (1988), 3–29.

Cook 1979. Cook, B. W.: »»Women Alone Stir my Imagination‹: Lesbianism and the Cultural Tradition.« *Signs* 4 (1979), 718–739.

Cornford 1934. Cornford, Francis M.: *The Origins of Attic Comedy.* London 1934.

Corno 1969. Corno, D. del (Hrg.): *Graecorum de re onirocritica scriptorum reliquiae.* (Testi e documenti per lo studio dell'antichità 26) Mailand 1969.

Corno 1975. Corno, D. del (Übers.): *Il libro dei sogni.* Mailand 1975. [Vgl. —> Artemidoros.]

Courtney 1980. Courtney, E.: *A Commentary on the Satires of Juvenal.* London 1980.

Coward 1983. Coward, Rosalind: *Patriarchal Precedents: Sexuality and Social Relations.* London 1983.

Cresci 1981. Cresci L. R.: »Il romanzo di Longo Sofista e la tradizione bucolica.« *Atene e Roma* N. F. 26 (1981), 1–25.

Cronin 1977. Cronin, C.: »Illusion and Reality in Sicily.« In: A. Schlegel (Hrg.): *Sexual Stratification: A Cross-cultural View.* New York 1977, 67–93.

Dalmeyda 1934. Dalmeyda, Georges: *Longus, Pastorales.* Paris 1934.

Danforth 1983. Danforth, L. (Hrg.): »Symbolic Aspects of Male/Female Relations in Greece«. *Journal of Modern Greek Studies* 1 (1983), 157–270.

Danforth und Tsiaras 1982. Danforth, L. und A. Tsiaras: *The Death Rituals of Rural Greece.* Princeton 1982.

Davidson 1987. Davidson, A.:»Sex and the Emergence of Sexuality.« *Critical Inquiry* 14 (1987), 16–48.

Davies 1981. Davies, John K.: *Wealth and the Power of Wealth in Classical Athens.* New York 1981.

Davis, D. L. 1983. Davis D. L.:»Woman the Worrier: Confronting Feminist and Biomedical Archetypes of Stress.« *Women's Studies* 10 (1983), 135–146 (Themenheft zur Voreingenommenheit in der feministischen Anthropologie).

Davis, J. 1977. Davis, J.: *The People of the Mediterranean: An Essay in Comparative Social Anthropology.* London 1977.

De Becker 1968. De Becker, Raymond: *The Understanding of Dreams.* New York 1968.

Decker 1883. Decker, Friedrich: *Über die Stellung der hellenischen Frauen bei Homer.* (Programm-Pädagogium zum Kloster Unser Lieben Frauen in Magdeburg) Magdeburg 1883.

[*Defixiorum Tabellae*]. Audollent, A.: *Defixiorum Tabellae.* Paris 1904

Degani 1962. Degani, E.:»Hipponactea.« *Helikon* 2 (1962), 627–629.

DeJean 1989. DeJean, Joan: *Fictions of Sappho, 1546–1937.* Chicago 1989.

Del Grande 1959. Del Grande, C.:»Saffo, Ode *phainetai moi kēnos isos.*« *Euphrosyne* 2 (1959), 181–188.

Denich 1974. Denich B. S.:»Sex and Power in the Balkans.« In: Michelle Z. Rosaldo und L. Lamphere (Hrg.): *Woman, Culture, & Society.* Stanford 1974, 243–262.

De Romilly 1971. De Romilly, J.: *La Loi dans la pensée grecque des origines à Aristote.* Paris 1971.

de Ste. Croix 1970. de Ste. Croix, G. E. M.:»Some Observations on the Property Rights of Athenian Women.« *CR* N. F. 20 (1970), 273–278.

Detienne 1977. Detienne, Marcel: *The Gardens of Adonis: Spices in Greek Mythology.* Übers. v. Janet Lloyd. Atlantic Highlands, N. J. 1977. [* Orig.: *Les Jardins d'Adonis: La Mythologie des aromates en Grèce.* Paris 1972.]

Detienne 1979. Detienne, Marcel: *Dionysos Slain.* Übers. v. M. und L. Muellner. Baltimore 1979. [* Orig.: *Dionysos mis àmort.* Paris 1977.]

Detienne und Vernant 1978. Detienne, Marcel und J.-P. Vernant: *Cunning Intelligence in Greek Culture and Society.* Übers. v. Janet Lloyd. Atlantic Highlands, N. J. 1978. [* Orig.: *Les Ruses de l'intelligence: La Mètis des Grecs.* Paris 1978.]

Deubner 1932. Deubner, Ludwig: *Attische Feste.* Berlin 1932.

Devereux 1957. Devereux, G.:»Penelope's Character.« *Psycho-analytic Quarterly* 26 (1957), 378–386.

Dihle 1957. Dihle, A.:»Der Platoniker Ptolemaios.« *Hermes* 85 (1957), 314–325.

Dimen 1974. Dimen [Schein], M.:»Social Stratification in a Greek Village.« In: A. L. LaRuffa u. a. (Hrg.): *City and Peasant: A Study in Sociocultural Dynamics.* (Annals of the N. Y. Academy of Sciences, vol. 220, art. 6) New York 1974, 488–495.

Dionisopoulos-Mass 1976. Dionisopoulos-Mass, R.: »The Evil Eye and Bewitchment in a Peasant Village.« In: Maloney 1976, 42–62.

Dodds 1951. Dodds, E. R.: *The Greeks and the Irrational.* Berkeley 1951.

Dodson (o. J.). Dodson, Betty: *Liberating Masturbation.* (B. Dodson, Box 1933, New York 10001).

Donlan 1970. Donlan, W.: »Changes and Shifts in the Meaning of Demos in the Literature of the Archaic Period.« *Parola del Passato* 25 (1970), 351–395.

Dornseiff 1925. Dornseiff, F.: *Das Alphabet in Mystik und Magie.* Leipzig ²1925.

Doumanis 1983. Doumanis, M.: *Mothering in Greece: From Collectivism to Individualism.* London 1983.

Dover 1968. Dover, K. J.: *Aristophanes Clouds.* London 1968.

Dover 1974. Dover, K. J.: *Greek Popular Morality in the Time of Plato and Aristotle.* Oxford 1974.

Dover 1978. Dover, K. J.: *Greek Homosexuality.* Cambridge, Mass. 1978.

du Boulay 1974. du Boulay, J.: *Portrait of a Greek Mountain Village.* Oxford 1974.

du Boulay 1976. du Boulay, J.: »Lies, Mockery and Family Integrity.« In: J. G. Peristiany (Hrg.): *Mediterranean Family Structures.* Cambridge 1976, 389–406.

du Boulay 1983. du Boulay, J.: »The Meaning of Dowry: Changing Values in Rural Greece.« In: Danforth 1983, 243–270.

Dubisch 1983. Dubisch, Jill: »Greek Women: Sacred or Profane.« In: —> Danfor th 1983, 185–202.

Dubisch 1986a. Dubisch, Jill: *Gender and Power in Rural Greece.* Princeton 1986.

Dubisch 1986b. Dubisch, Jill: »Culture Enters Through the Kitchen: Women, Food, and Social Boundaries in Rural Greece.« In: —> Dubisch 1986a, 195–214.

duBois 1978. duBois, Page: »Sappho and Helen.« *Arethusa* 11 (1978), 88–99.

duBois 1982. duBois, Page: *Centaurs and Amazons: Women and the Pre-History of the Great Chain of Being.* Ann Arbor 1982.

duBois 1988. duBois, Page: *Sowing the Body: Psychoanalysis and Ancient Representations of Women.* Chicago 1988.

Duncan-Jones 1980. Duncan-Jones, R. P.: »Metic Numbers in Periclean Athens.« *Chiron* 10 (1980), 101–109.


Edmundsen 1959. Edmundsen, C. N.: »A Graffito from Amyklai.« *Hesperia* 28 (1959), 162–164.

Edwards, A. T. 1985. Edwards, Anthony T.: *Achilles in the Odyssey.* (Beiträge zur klassischen Philologie 171) Meisenheim 1985.

Edwards, M. W. 1987. Edwards, Mark W.: »*Topos* and Transformation in Homer.« In: J.-M. Bremer, I. J. F. de Jong und J. Kalff (Hrg.): *Homer: Beyond Oral Poetry.* Amsterdam 1987, 47–60.

Effe 1982. Effe, B.: »Longos. Zur Funktionsgeschichte der Bukolik in der römischen Kaiserzeit.« *Hermes* 110 (1982), 65–84.

Ehrenberg 1923. Ehrenberg, V.: »Anfänge des griechischen Naturrechts.« *Archiv für Geschichte der Philosophie* 35 (1923), 119–143 (Nachdruck in ders.: *Polis und Imperium.* Zürich/Stuttgart 1965, 359–379).

Eichholz 1974. Eichholz, D. E.: Rezension von Detienne, *Les Jardins d'Adonis. CR* 24 (1974), 232–235.

Eitrem 1991. Eitrem, Samuel: »Dreams and Divination in Magical Ritual.« In: Christopher A. Faraone und Dirk Obbink (Hrg.): *Magika Hiera: Ancient Greek Magic and Religion.* New York 1991, 175–187.

Emlyn-Jones 1984. Emlyn-Jones, C.: »The Reunion of Penelope and Odysseus.« *G&R* 31 (1984), 1–18.

Epstein 1987. Epstein, Steven: »Gay Politics, Ethnic Identity: The Limits of Social Constructionism.« *Socialist Review* 93/94 [= 17.3–4] (1987), 9–54.

[Eunapios (»Leben der Sophisten«)]. —> Wright.


Fahz 1904. Fahz, L.: *De poetarum Romanorum doctrina magica quaestiones selectae.* (RGVV 2/3, Gießen 1904).

Farnell 1977. Farnell, Lewis R.: *The Cults of the Greek States.* Bd. 3. New Rochelle, N. Y. 1977.

Farrington 1929. Farrington, B.: *Samuel Butler and the Odyssey.* (Repr. New York 1974).

Fenik 1972. Fenik, B.: *Studies in the Odyssey.* (Hermes Einzelschrift 30) Wiesbaden 1972.

Feraboli 1980. Feraboli, Simonetta: *Lisia avvocato.* (Proagones 19) Padua 1980.

Festugière 1975. Festugière, A.-J.: *La Clef des songes.* Paris 1975.

Fetterley 1978. Fetterley, J.: *The Resisting Reader: A Feminist Approach to American Fiction.* Bloomington, In. 1978.

Finley, J. A. 1978. Finley, John A.: *Homer's Odyssey.* Cambridge, Mass. 1978.

Finley, M. I. 1975. Finley, Moses I.: »Anthropology and the Classics.« In ders.: *The Use and Abuse of History.* New York 1975, 102–119.

Finley, M. I. 1978. Finley, Moses I.: *The World of Odysseus.* 2., rev. Aufl., New York 1978.

Fisher 1976. Fisher, N. R. E.: »*Hybris* and Dishonour: I.« *G&R* 23 (1976), 177–193.

Fisher 1979. Fisher, N. R. E.: »*Hybris* and Dishonour: II.« *G&R* 26 (1979), 32–47.

Flynn und Schweickart 1986. Flynn, E. A. und P. P. Schweickart (Hrg.): *Gender and Reading: Essays on Readers, Texts, and Contexts.* Baltimore und London 1986.

Foley 1978. Foley, Helene P.: »›Reverse Similes‹ and Sex Roles in the *Odyssey*.« *Arethusa* 11 (1978), 7–26.

Foley 1981a. Foley, Helene P.: »The Conception of Women in Athenian Drama.« In: Foley (1981b), 127–168

Foley 1981b. Foley, Helene P. (Hrg.): *Reflections of Women in Antiquity.* London 1981.

Foley 1982. Foley, Helene P.: »The Female Intruder Reconsidered: Women in Aristophanes' *Lysistrata* and *Ecclesiazusae*.« *CP* 77 (1982), 1–21.

Förster. *Scriptores Physiognomonici Graeci.* Griech.-lat. hrg. R. Förster, Leipzig 1893 (2 Bde).

Förster, B. O. 1899. Förster, B. O.: »Notes on the Symbolism of the Apple in Classical Antiquity.« *HSCP* 10 (1899), 39–55.

Foucault 1985. Foucault, Michel: *The Use of Pleasure (The History of Sexuality,* Bd. 2). Übers. v. R. Hurley. New York 1985. [* Orig.: *Histoire de la sexualité. L'Usage des plaisirs.* Paris 1984. * Dt.: *Sexualität und Wahrheit. Der Gebrauch der Lüste.* Frankfurt am Main 1986.]

Foucault 1986. Foucault, Michel: *The Care of the Self (The History of Sexuality,* Bd. 3). Übers. v. R. Hurley. New York 1986. [* Orig.: *Histoire de la sexualité. Le Souci de soi.* Paris 1984. * Dt.: *Sexualität und Wahrheit. Die Sorge um sich.* Frankfurt am Main 1986.]

Fraenkel 1955. Fraenkel, E.: »Neues Griechisch in Graffiti.« *Glotta* 34 (1955), 42–47.

[Fragmente der Vorsokratiker (FVS)]. —> [Vorsokratiker].

Frazer, J. G. 1931. Frazer, James G. (Hrg.): *Ovid's Fasti.* (Loeb Classical Library) London 1931.

Frazer, P. M. 1969. Frazer, Peter M.: »The Career of Erasistratos of Ceos.« *Istituto Lombardo, Rendiconti Classe di Lettere e Scienze Morali e Storiche* 103 (1969), 518–537.

Freedman 1987. Freedman, E. F.: »»Uncontrolled Desires‹: The Response to the Sexual Psychopath, 1920–1960.« *The Journal of American History* 74 (1987), 83–106.

Freud (o. J.). Freud, Sigmund: *The Interpretation of Dreams.* Translated by James Strachey. New York (Basic Books, Inc.) o. J.

Freud 1972. * Freud, Sigmund: *Traumdeutung.* Frankfurt am Main, Fischer (*Studienausgabe* Bd. 2) 1972 [1899 dat. 1900].

Friedl 1962. Friedl, E.: *Vasilika: A Village in Modern Greece.* New York 1962.

Friedl 1986. Friedl, E.: »Field Work in a Greek Village.« In: Peggy Golde (Hrg.): *Women in the Field: Anthropological Experiences.* Berkeley ²1986, 195–217.

Frischer 1982. Frischer, B.: *The Sculpted Word: Epicureanism and Philosophical Recruitment in Ancient Greece.* Berkeley 1982.


Gailly 1946. Gailly, L.: *Philosophes et philosophie dans la comédie grecque, I: La période antérieure à Platon.* (Nicht publ. Diss., Liège 1946).

[Galen]. —> Kühn.

Gallavotti 1947. Gallavotti, C.: *Saffo e Alceo: Testimonianze e frammenti.* Neapel 1947.

Galt 1982. Galt, A. H.: »The Evil Eye as Synthetic Image and its Meanings on the Island of Pantelleria, Italy.« *AE* 9 (1982), 664–681.

Ganschinietz 1913. Ganschinietz, Richard: *Hippolytos' Capitel gegen die Magier.* (Texte und Untersuchungen zur Geschichte der altchristlichen Literatur 39/2). Leipzig 1913.

Gardiner 1913. Gardiner, Alan H. (Hrg.): *Hieratic Papyri in the British Museum, Third Series.* London 1913.

Geertz 1973. Geertz, Clifford: *The Interpretation of Cultures.* New York 1973.

Gentili 1966. Gentili, B.: »La veneranda Saffo.« *QUCC* 2 (1966), 37–62.

Geyer 1977. Geyer, A.: »Roman und Mysterienritual: Zum Problem eines Bezugs zum dionysischen Mysterienritual im Roman des Longos.« *Würzburger Jahrbücher für Altertumswissenschaft* (N. F. 3) 1977, 179–196.

Giannantoni 1958. Giannantoni, G.: *I Cirenaici.* Florenz 1958.

Gilmore 1982. Gilmore, David D.: »Anthropology of the Mediterranean Area.« *Annual Review of Anthropology* 11 (1982), 175–205.

Gilmore 1987a. Gilmore, David D.: *Aggression and Community: Paradoxes of Andalusian Culture.* New Haven 1987.

Gilmore 1987b. Gilmore, David D. (Hrg.): *Honor and Shame and the Unity of the Mediterranean.* (American Anthropological Association special publication 22) Washington, D. C. 1987.

Gilsenan 1976. Gilsenan, M.: »Lying, Honor, and Contradiction.« In: Bruce Kapferer (Hrg.): *Transaction and Meaning: Directions in the Anthropology of Exchange and Symbolic Behavior.* Philadelphia 1976, 191–219.

Gleason 1989. Gleason, Maud W.: »The Semiotics of Gender: Physiognomy and Self-Fashioning in the Second Century C. E.« In: —> Halperin, Winkler und Zeitlin 1990, 389–416.

Goessler 1962. Goessler, L.: *Plutarchs Gedanken über die Ehe.* (Diss. Univ. Basel). Zürich 1962.

Golden 1985. Golden, M.: »Pais, ›Child‹ and ›Slave‹.« *AC* 54 (1985), 91–104.

Golden 1988. Golden, M.: »Male Chauvinists and Pigs.« *Echos du monde classique/Classical Views* 32 (1988), 1–12.

Gomme 1927. Gomme, A. W.: »The Athenian Hoplite Force in 431.« *CQ* 21 (1927), 142–150.

Gomme 1933. Gomme, A. W.: *The Population of Athens in the Fifth and Fourth Centuries B. C.* Oxford 1933.

Gomme 1959. Gomme, A. W.: »The Population of Athens Again.« *JHS* 79 (1959), 61–68.

Gordon 1972. Gordon, R. L.: »Mithraism and Roman Society.« *Religion* 2 (1972), 92–121.

Gould 1980. Gould, J. P.: »Law, custom and myth: aspects of the social position of women in classical Athens.« In *JHS* 79 (1980), 38–59.

Gouldner 1965. Gouldner, Alvin: *Enter Plato: Classical Greece and the Origins of Social Theory.* New York 1965.

Gow 1952. Gow, A. S. F. (Hrg.): *Bucolici Graeci.* Oxford 1952.

Greenblatt 1986. Greenblatt, S.: »Fiction and Friction.« In: Thomas C. Heller, Morton Sosna und David E. Wellbery (Hrg.): *Reconstructing Individualism: Autonomy, Individuality and the Self in Western Thought.* Stanford 1986, 30–52 u. 329–332.

Guthrie 1971a. Guthrie, W. K. C.: *The Sophists.* Cambridge 1971 (zuerst publiziert als Band III, Teil 1 von ders.: *A History of Greek Philosophy.* Cambridge 1969).

Guthrie 1971b. Guthrie, W. K. C.: *Sokrates*. Cambridge 1971 (zuerst publiziert als Band III, Teil 2 von ders.: *A History of Greek Philosophy*. Cambridge 1969).

Hainsworth 1968. Hainsworth, J. B.: *The Flexibility of the Homeric Formula*. Oxford 1968.

Hallett 1977. Hallett, J. P.: »Perusinae Glandes and the Changing Image of Augustus.« *American Journal of Ancient History* 2 (1977), 151–171.

Hallett 1979. Hallett, J. P.: »Sappho and her Social Context.« *Signs* 4 (1979), 447–464.

Halperin 1983. Halperin, David M.: *Before Pastoral: Theocritus and the Ancient Tradition of Bucolic Poetry*. New Haven und London 1983.

Halperin 1985. Halperin, David M.: »Platonic *Erôs* and What Men Call Love.« *Ancient Philosophy* 5 (1985), 161–204.

Halperin 1989. Halperin, David M.: *One Hundred Years of Homosexuality and Other Essays on Greek Love*. New York 1989.

Halperin, Winkler und Zeitlin 1990. Halperin, David M., John J. Winkler und Fromma I. Zeitlin (Hrg.): *Before Sexuality: The Construction of Erotic Experience in the Ancient Greek World*. Princeton 1989.

Halverson 1985. Halverson, J.: »Social Order in the Odyssey.« *Hermes* 113 (1985), 129–145.

Handman 1983. Handman, M.-E.: *La Violence et la ruse: hommes et femmes dans un village grec*. Paris 1983.

Hansen 1974. Hansen, M. H.: *The Sovereignty of the People's Court in Athens in the Fourth Century B. C. and the Public Action against Unconstitutional Proposals*. (Odense University Classical Studies 4) Odense 1974.

Hansen 1976. Hansen, M. H.: *Apagoge, Endeixis and Ephegesis against Kakourgoi, Atimoi and Pheugontes: A Study in the Athenian Administration of Justice in the Fourth Century B. C.* (Odense University Classical Studies 8) Odense 1976.

Hansen 1981. Hansen, M. H.: »The Number of Athenian Hoplites in 431.« *Symbolae Osloenses* 56 (1981), 19–32.

Hansen 1983. Hansen, M. H.: »The Athenian ›Politicians‹ 403–322.« *GRBS* 24 (1983), 33–55.

Hansen 1986. Hansen, M. H.: *Demography and Democracy. The Number of Athenian Citizens in the Fourth Century B. C.* Herning (Dänemark) 1986.

Hansen (1987. Hansen M. H.: *The Athenian Assembly in the Age of Demosthenes*. Oxford 1987.

Harrison 1903. Harrison, Jane E.: *Prolegomena to the Study of the Greek Religion*. Cambridge 1903.

Harrison 1912. Harrison, Jane E.: *Themis; a Study of the Social Origins of Greek Religion*. Cambridge 1912.

Harsh 1950. Harsh, P. W.: »Penelope and Odysseus in Odysey XIX.« *AJP* 71 (1950), 1–21.

Heim 1892. Heim, Ricardus: *Incantamenta Magica Graeca Latina*. Leipzig 1892.

Heinimann 1945. Heinimann, F.: *Nomos und Physis: Herkunft und Bedeutung einer Antithese im griechischen Denken des 5. Jahrhunderts.* (Schweizerische Beiträge zur Altertumswissenschaft 1) Basel 1945.

Heisermann 1977. Heisermann, Arthur: *The Novel Before the Novel.* Chicago 1977.

Henderson 1975. Henderson, Jeffrey: *The Maculate Muse: Obscene Language in Attic Comedy.* New Haven 1975.

Henderson 1987. Henderson, Jeffrey: »Older Women in Attic Old Comedy.« *TAPA* (117), 105–129.

Henderson 1988. Henderson, Jeffrey: »Greek Attitudes to Sex.« In: Michael Grant und Rachel Kitzinger (Hrg.): *Civilization of the Ancient Mediterranian.* 3 Bände, New York 1988.

Hercher 1855–56. Hercher, R.: »Ueber die Glaubwürdigkeit der Neuen Geschichte des Ptolemaeus Chennus.« In: *Jahrbücher für classische Philologie*, Supplementband 1, 1855–56, 269–293.

Herzfeld 1980. Herzfeld, Michael: »Meaning and Morality: A Semiotic Approach to Evil Eye Accusations in a Greek Village.« *AE* 8 (1980), 560–574.

Herzfeld 1982. Herzfeld, Michael: *Ours Once More: Folklore, Ideology, and the Making of Modern Greece.* Austin 1982.

Herzfeld 1984. Herzfeld, Michael: »The Horns of the Mediterraneanist Dilemma.« *AE* 11 (1984), 439–454.

Herzfeld 1985a. Herzfeld, Michael: *The Poetics of Manhood: Contest and Identity in a Cretan Moutain Village.* Princeton 1985.

Herzfeld 1985b. Herzfeld, Michael: »Gender Pragmatics: Agency, Speech, and Bride-Theft in a Cretan Mountain Village.« *Anthropology* 9 (1985), 25–44.

Herzfeld 1986. Herzfeld, Michael: »Within and Without: The Category of ›Female‹ in the Ethnography of Modern Greece.« In: Jill Dubisch (Hrg.): *Gender and Power in Rural Greece.* Princeton 1986, 215–233.

Herzfeld 1987a. Herzfeld, Michael: »»As in your own house‹: Hospitality, Ethnography, and the Stereotype of Mediterranean Society.« In: —> Gilmore 1987b, 75–89.

Herzfeld 1987b. Herzfeld, Michael: *Anthropology Through the Looking-Glass: Critical Ethnography in the Margins of Europe.* Cambridge 1987.

Heubeck 1978. Heubeck, A.: »Homeric Studies Today: Results and Prospects.« In: Bernard C. Fenik (Hrg.): *Homer, Tradition and Invention.* Leiden 1978, 1–17.

Higgins und Silver 1991. Higgins, Lynn und Brenda Silver (Hrg.): *Rape and Representation.* New York 1991.

Hoffmann 1974. Hoffmann, H.: »Hahnenkampf in Athen: Zur Ikonologie einer attischen Bildformel.« *Revue Archéologique* (1974), 195–220.

Holwerda 1955. Holwerda, D.: *Commentatio de vocis quae est PHYSIS vi atque usu prasertim in Graecitate Aristotele anteriore.* Groningen 1955.

[Homer]. * *Ilias.* [Griechisch und deutsch.] Übertragen von Hans Rupé [in Versen]. Mit Urtext, Anhang und Registern. o. O. (Ernst Heimeran Verlag, Tusculum Bücherei) [5]1974 ([1]1961) [später: Sammlung Tusculum bei Artemis, Zürich].

[Homer]. * *Odyssee.* Griechisch und deutsch. Übertragung [in Versen] von Anton Weiher. Mit Urtext, Anhang und Registern. Einführung von A. Heubeck. München (Heimeran Verlag, Tusculum Bücherei) [6]1980 ([1]1955) [später Sammlung Tusculum bei Artemis, Zürich].

[Homer]. * *Ilias/Odyssee.* In der Übertragung von Johann Heinrich Voß. München (Winkler) o. J. [1957 und öfter].

[Homer]. * *Odyssey.* [Engl.] Übers. v. R. Fitzgerald. London (Everyman's Library), zuletzt 1992.

[Homer]. —> Allen 1969.

Hooker 1977. Hooker, J. T.: *The Language and Text of the Lesbian Poets.* (Innsbrucker Beiträge zur Sprachwissenschaft 26) Innsbruck 1977.

Hopfner 1938. Hopfner, T.: *Das Sexualleben der Griechen und Römer.* Prag 1938.

Hülsen 1896. Hülsen, C.: »Tesserae lusoriae.« *RM* 11 (1896), 227–252.

Hunter 1983. Hunter, R. L.: *A Study of »Daphnis & Cloe«.* Cambridge 1983.

Jahn 1855. Jahn, O.: »Aberglaube des boesen Blicks bei den Alten.« *Sitzungsberichte Leipzig* 7.

Janko 1988. Janko, R.: »Berlin Magical Papyrus 21243: A Conjecture.« *ZPE* 72 (1988), 293.

Jenkins 1985. Jenkins, I. D.: »The Ambiguity of Greek Textiles.« *Arethusa* 18 (1985), 109–132.

Jocelyn 1980. Jocelyn, H. D.: »A Greek Indecency and its Students: LAIKA-ZEIN.« *PCPS* 26 (1980), 12–66.

Joly 1962. Joly, R.: »La Caractérologie antique jusqu'à Aristote.« *Revue Belge de Philologie et d'Histoire* 40 (1962), 5–28.

Jones, A. H. M. 1957. Jones A. H. M.: *Athenian Democracy.* Oxford 1957.

Jones, C. P. 1980. Jones, C. P.: »Apuleius' *Metamorphoses* and Lollianus' *Phoinikika.*« *Phoenix* 34 (1980), 243–254.

Kaimakis 1976. Kaimakis, Dimitris (Hrg.): *Die Kyraniden.* (Beiträge zur klassischen Philologie 76) Meisenheim 1976.

Kaiser 1965. —> [Artemidoros].

Kakridis 1972. Kakridis, Ph. I.: »Une pomme mordue.« *Hellenica* 25 (1972), 189–192.

Kambitsis 1976. Kambitsis, S.: »Une nouvelle tablette magique d'Égypte.« *Bulletin de l'Institut Français de l'Archéologie Orientale* 76 (1976), 213–230.

Kassel-Austin. Kassel, Rudolf et C. Austin (Hrg.): *Poetae Comici Graeci.* Berlin 1983 ff.

Kelly-Gadol 1976. Kelly-Gadol, J.: »The Social Relation of the Sexes: Methodological Implications of Women's History.« *Signs* 1 (1976), 809–823.

Kenny 1970. Kenny, E. J.: »Doctus Lucretius.« *Mnemosyne,* Serie 4, 23 (1970), 366–392.

Kessels 1969. Kessels, A. H. M.: »Ancient Systems of Dream-Classification.« *Mnemosyne,* Serie 4, 22 (1969), 389–424.

Keuls 1983. Keuls Eva C.: »Attic Vase Painting and the Home Textile Industry.« In: Warren G. Moon (Hrg.): *Ancient Greek Art and Iconography.* Madison, Wis. 1983, 209–230.

Keuls 1985. Keuls Eva C.: *The Reign of the Phallus: Sexual Politics in Ancient Athens.* New York 1985.

Kilb 1973. Kilb, Hans: *Strukturen epischen Gestaltens im 7. und 23. Gesang der Odyssee.* München 1973.

Killeen 1973. Killeen, J. F.: »Sappho Fr. 111.« *CQ* 23 (1973), 197.

Kirk 1963. Kirk, Geoffrey S.: »A Fragment of Sappho Reinterpreted.« *CQ* 13 (1963), 51–52.

Kirk 1964. Kirk, Geoffrey S. (Hrg.): *The Language and Background of Homer: Some Recent Studies and Controversies.* Cambridge 1964.

Kirk 1976. Kirk, Geoffrey S.: *Homer and the Oral Tradition.* Cambridge 1976.

Kock. Kock, T. (Hrg.): *Comicorum Atticorum Fragmenta.* 3 Bde, Leipzig 1880–88.

Koniaris 1968. Koniaris, G.: »On Sappho fr. 31 (L-P).« *Philologus* 112 (1968), 173–186.

Köster 1974. Köster, H.: »Physis«. In: G. Kittel und G. Friedrich (Hrg.): *Theological Dictionary of the New Testament.* Übers. und hrg. v. G. W. Bromiley. Bd. 9. Grand Rapids, Mich. 1974, 251–277. [* Orig.: *Theologisches Wörterbuch zum Neuen Testament.* Stuttgart, versch. Aufl. (zuletzt 1990)].

Krenkel 1980. Krenkel, W. A.: »Fellatio and Irrumatio.« *Wissenschaftliche Zeitschrift der Wilhelm-Pieck-Universität* (Rostock) 29/5 (1980), 77–88.

Krenkel 1981. Krenkel, W. A.: »Tonguing.« *Wissenschaftliche Zeitschrift der Wilhelm-Pieck-Universität* (Rostock) 30/5 (1981), 37–54

Kühn. *Claudii Galeni opera omnia.* Hrg. D. C. G. Kühn. Leipzig 1821–30.

Kühner und Blass (1892. Kühner, Raphael und F. Blass: *Ausführliche Grammatik der griechischen Sprache.* Band 1, Teil 2, Hannover ³1892.

Kuhnert 1894. Kuhnert, E.: »Feuerzauber.« *RhM* 49 (1894), 37–58.

[Kyraniden]. —> Kaimakis 1976.

Lacey 1968. Lacey, W. K.: *The Family in Classical Greece.* Ithaca, N. Y. 1968.

Lanata 1966. Lanata, C.: »Sul linguaggio amoroso di Saffo.« *QUCC* 2 (1966), 63–79.

Lasserre 1974. Lasserre, F.: »Ornements érotiques dans la poésie lyrique archaïque.« In: John L. Heller (Hrg.): *Serta Turyniana.* Urbana, Ill. 1974, 5–33.

Laukamm 1928. Laukamm, S.: »Das Sittenbild des Artemidor von Ephesus.« *Angelos* 3 (1928), 32–71.

Lavelle 1986. Lavelle, B. M.: »The Nature of Hipparchos' Insult to Harmodios.« *AJP* 107 (1986), 318–338.

Lawler 1948. Lawler, L. B.: »On Certain Homeric Epithets.« *Philological Quarterly* 27 (1948), 80–84.

Lefkowitz 1973. Lefkowitz, Mary R.: »Critical Stereotypes and the Poetry of Sappho.« *GRBS* 14 (1973), 113–123.

Lefkowitz und Fant 1977. Lefkowitz, Mary R. und M. B. Fant: *Women in Greece and Rome.* Toronto 1977.

Lefkowitz und Fant 1982. Lefkowitz, Mary R. und M. B. Fant: *Women's Life in Greece and Rome*. Baltimore 1982.

Lenaios 1935. Lenaios, Euios [Pseudonym von C. Charitonides]: *APORRHE-TA*. Thessaloniki 1935.

Lerner 1986. Lerner, Gerda: *The Creation of Patriarchy*. New York 1986.

Levine 1983. Levine, D.:»Penelope's Laugh: *Odyssey* 18.163.« *AJP* 104 (1983), 172–177.

Licht 1926/27. Licht, Hans [Peseudonym von Paul Brandt]:»Sexuelle Reizmittel und Verjüngungskuren in Altgriechenland.« *Zeitschrift für sexuelle Zwischenstufen* 13 (1926/27), 134–137.

Liddell, Scott und Jones 1968. Liddell, Henry George, R. Scott und H. S. Jones: *A Greek-English Lexicon* (with Supplement). Oxford 1968.

Lippard 1977. Lippard, L.:»Quite contrary: Body, Nature, Ritual in Women's Art.« *Chrysalis* 2 (1977), 30–47.

Lipsius 1908. Lipsius, J. H.: *Das Attische Recht und Rechtsverfahren*. Band 2/1, Leipzig 1908.

Littlewood 1968. Littlewood, A. R.:»The Symbolism of the Apple in Greek and Roman Literature.« *HSCP* 72 (1968), 147–181.

Lloyd 1966. Lloyd, Geoffrey E. R.: *Polarity and Analogy: Two Types of Argumentation in Early Greek Thought*. Cambridge 1966.

Lloyd 1983. Lloyd, Geoffrey E. R.: *Science, Folklore and Ideology: Studies in the Life Sciences in Ancient Greece*. Cambridge 1983.

Lobel/Page (LP). *Poetarum Lesbiorum Fragmenta*. Hrg. Edgar Lobel und Denys Page. Oxford 1955 [corr. 1963].

[Longos (Longus)]. —> Reeve 1982; Dalmeyda 1934.

[Longos (Longus)]. Schönberger, O.: *Longos: Hirtengeschichten von Daphnis und Chloe, griechisch und deutsch*. Berlin [2]1973.

[Longos (Longus)]. * Longos, *Daphnis und Chloë*. Übers. von Arno Mauersberger [auf der Grundlage des Textes von Rudolf Hercher, *Erotici scriptores Graeci* I]. Leipzig (Reclam) 1982 [und öfter].

Loizos 1975. Loizos, P.: *The Greek Gift: Politics in a Cypriot Village*. New York 1975.

Lovejoy und Boas 1935. Lovejoy, Arthur O. und G. Boas: *A Documentary History of Primitivism and Related Ideas*. Band 1, Baltimore 1935.

Lowes 1913/14. Lowes, J. L.:»The Loveres Maladye of Heroes.« *Modern Philology* 11 (1913/14), 490–547.

Lugauer 1967. Lugauer, M.: *Untersuchungen zur Symbolik des Apfels in der Antike*. (Diss. Erlangen-Nürnberg 1967).

[Lukian]. * *Hetärengespräche*. Deutsch von Christoph Martin Wieland. Leipzig 1788/89. Zuletzt in: Lukian von Samosata, *Lügengeschichten und Dialoge*. Nördlingen (Die Andere Bibliothek, Bd. 1) 1985.

McCartney 1925. McCartney, E. S.:»How the Apple Becomes the Token of Love.« *TAPA* 56 (1925), 70–81.

MacCormack und Strathern 1980. MacCormack, C. P. und M. Strathern (Hrg.): *Nature, Culture and Gender*. Cambridge 1980.

McCulloh 1970. McCulloh, W. E.: *Longus.* (Twayne's World Author Series) New York 1970.

MacDowell 1976. MacDowell, D. M.: »*Hybris* in Athens.« *G&R* 23 (1976), 14–31.

MacDowell 1978. MacDowell, D. M.: *The Law in Classical Athens.* Ithaca, N. Y. 1978.

McIntosh 1968/69. McIntosh, M.: »The Homosexual Role.« *Social Problems* 16 (1968/69), 182–192.

McLeish 1977. McLeish, K.: »PHYSIS: A bawdy joke in Aristophanes.« *QC* N. F. 27 (1977), 76–79.

Mahaffy 1874. Mahaffy, John P.: *Social Life in Greece from Homer to Menander.* London ¹1874, rev. Neuauflagen [hier zitiert nach ³1877].

Maloney 1976. Maloney, Clarence (Hrg.): *The Evil Eye.* New York 1976.

Maltomini 1980. *Miscellanea Critica* (Papyrologica Florentina 7 [1980]).

Maltomini 1988. Maltomini, F.: »P. Berol. 21243 (Formulario Magico): Due Nuove Letture.« *ZPE* 74 (1988), 247–248.

Mannebach 1961. Mannebach, E.: *Aristippi et Cyrenaicorum Fragmenta.* Leiden/Köln 1961.

Manuli 1983. Manuli, P.: »Donne mascoline, femmine sterili, vergini perpetue: La ginecologia greca tra Ippocrate e Sorano.« In: Campese, Manuli und Sissa (1983), 147–92.

Marquardt 1985. Marquardt, P.: »Penelope *POLUTROPOS.*« *AJP* 106 (1985), 32–48.

Marry 1979. Marry, J. D.: »Sappho and the Heroic Ideal.« *Arethusa* 12 (1979), 271–292.

Martin 1928. Martin, V.: »Une tablette magique de la Bibliothèque de Genève.« *Genava* 6 (1928), 56–63.

Mathieu 1978. Mathieu, N.-C.: »Man-Culture and Woman-Nature?« *Women's Studies International Quarterly* 1 (1978), 55–65 (franz. Original in *L'Homme* 13 (1973), 101–141).

Meiggs 1964. Meiggs, R.: »A Note on the Population of Attica.« *CR* n. s. 14 (1964), 2–3.

Merkelbach 1951. Merkelbach, Reinhold: »Eine orphische Unterweltsbeschreibung auf Papyrus.« *Museum Helveticum* 8 (1951), 1–11.

Merkelbach 1957. Merkelbach, Reinhold: »Sappho und ihr Kreis.« *Philologus* 101 (1957), 1–29.

Merkelbach 1960. Merkelbach, Reinhold: »Daphnis und Chloe: Roman und Mysterium.« *Antaios* 1 (1960), 47–60.

Merkelbach 1962. Merkelbach, Reinhold: *Roman und Mysterium.* München 1962.

Merkelbach 1988. Merkelbach, Reinhold: *Die Hirten des Dionysos.* Stuttgart 1988.

Messick 1987. Messick, B.: »Subordinate Discourse: Women, Weaving, and Gender Relations in North Africa.« *AE* 14 (1987), 210–225.

Metzger 1951. Metzger, Henri: *Les Représentations dans la céramique attique du IVe siècle.* Paris 1951.

Michelakis 1968. Michelakis, E. M.: »Das Naturrecht des Aristoteles.« In: E. Berneker (Hrg.): *Zur griechischen Rechtsgeschichte.* (Wege der Forschung 45) Darmstadt 1968. Zuerst in: *Tomos Timêtikos K. Triantaphullopoulou.* Athen 1959, 357–376.

Miller 1986. Miller, S. G.: »Eros and the Arms of Achilles.« *American Journal of Archaeology* 90 (1986), 159–170.

Millett 1984. Millett, Paul: »Hesiod and his World.« *PCPS* n. s. 30 (1984), 84–115.

Milne und von Bothmer 1953. Milne, M. J. und D. von Bothmer: »KATAPUGON, KATAPUGAINA.« *Hesperia* 22 (1953), 215–224 u. Tafel 66.

Moreau 1976/77. Moreau, A.: »L'Oeil maléfique dans l'oeuvre d'Eschyle.« In: *Revue des Études Anciennes* 78/79 (1976/77), 50–64.

Mrabet 1968. Mrabet, Mohammed: *Love with a Few Hairs.* Translated from the Moghrebi and edited by Paul Bowles. New York 1968.

Murnaghan 1987a. Murnaghan, Sheila: »Penelope's *agnoia:* Knowledge, Power and Gender in the *Odyssey.*« In: —> Skinner 1987a, 103–115.

Murnaghan 1987b. Murnaghan, Sheila: *Disguise and Recognition in the Odyssey.* Princeton 1987.

Murray 1912. Murray, Gilbert: *Four Stages of Greek Religion.* New York 1912.

Nagy 1974. Nagy, Gregory: *Comparative Studies in Greek and Indic Meter.* Cambridge, Mass. 1974.

Nauck. Nauck, August (Hrg.): *Tragicorum Graecorum Fragmenta.* Stuttgart ²1964.

Neuberger-Donath 1969. Neuberger-Donath, R.: »Sappho Fr. 1.1: POIKILOTHRON' oder POIKILOPHRON.« *Wiener Studien* 82 (1969), 15–17.

Newton 1984. Newton, R. M.: »The Rebirth of Odysseus.« *GRBS* 25 (1984), 5–20.

Niese 1882. Niese, B.: *Die Entwicklung der homerischen Poesie.* Berlin 1882.

Nilsson 1906. Nilsson, Martin P.: *Griechische Feste von religiöser Bedeutung mit Ausschluss der Attischen.* Leipzig 1906.

Nock 1934. Nock, A. D.: Rezension von L. Deubner, *Attische Feste.* Gnomon 10 (1934), 290–291.

Obbink (in Vorb.). Obbink, Dirk: »Apples and Eros: Hesiod frag. 72–75 M.-W.« *ZPE* [Erscheinungsdatum konnte nicht ermittelt werden].

Olender 1989. Olender, M.: »Aspects of Baubo: Ancient Texts and Contexts.« In: —> Halperin, Winkler und Zeitlin 1990, 83–114. [* Orig.: »Aspects de Baubô: Textes et contextes antiques.« *Revue de l'histoire des religions* 202.1 (1985), 3–55.]

Osborne 1985. Osborne, R.: »Law in Action in Classical Athens.« *JHS* 105 (1985), 40–53.

Padgug 1979. Padgug, R. A.: »Sexual Matters: On Conceptualizing Sexuality in History.« *Radical History Review* 20 (1979), 3–23.

Page 1955. Page, Denys: *Sappho and Alcaeus.* Oxford 1955.

Page 1962. Page, Denys (Hrg.): *Poetae Melici Graeci.* Oxford 1962.

Pandiri 1985. Pandiri, T.: »Daphnis and Chloe: The Art of Pastoral Play.« *Ramus* 14 (1985), 116–141.

Parke 1977. Parke, H. W.: *Festivals of the Athenians.* Ithaca, N. Y. 1977.

Patterson 1981. Patterson, C.: *Pericles' Citizenship Law of 451–50 B. C.* New York 1981.

Peacock 1988. Peacock, Sandra J.: *Jane Ellen Harrison: The Mask of the Self.* New Haven 1988.

Peradotto und Sullivan 1984. Peradotto, John und J. P. Sullivan (Hrg.): *Women in the Ancient World: The Arethusa Papers.* Albany 1984.

Peristiany 1965. Peristiany, J. G. (Hrg.): *Honour and Shame: The Values of Mediterranean Society.* London 1965.

Perlman 1963. Perlman, S.: »The Politicians of the Athenian Democracy of the Fourth Century B. C.« *Athenaeum* 41 (1963), 327–355

Perry 1898. Perry, Walter C.: *The Women of Homer.* London 1898.

[Petronius]. * *Satyrika* [Satiricon]. Lat.-dt. hrg. von Konrad v. Müller und Wilhelm Ehlers. Zürich, Artemis (Sammlung Tusculum), dritte, neubearb. Auflage 1983.

Pfeiffer 1968. Pfeiffer, Rudolf: *History of Classical Scholarship – From the Biginnings to the End of the Hellenistic Age.* Oxford 1968.

Phillips 1986. Phillips, C. R. III.: »The Sociology of Religious Knowledge in the Roman Empire to A. D. 284.« In: *Aufstieg und Niedergang der Römischen Welt* II.16.3, Berlin 1986, 2677–2773.

[Philon von Alexandria]. —> Terian 1981.

[Philostratos (»Leben der Sophisten«)]. —> Wright.

[Physiognomonische Schriften]. —> Förster.

Piault 1985. Piault, C.: *Familles et biens en Grèce et à Chypre.* Paris 1985.

Pickard-Cambridge 1968. Pickard-Cambridge, Arthur W.: *The Dramatic Festivals of Athens.* 2. Aufl. revidiert von J. Gould und D. M. Lewis. Oxford 1968.

Piechotta 1886/87. Piechotta, Johannes: »Ein anectotum Latinum.« In: *Jahres-Bericht des Königlichen Katholischen Gymnasiums zu Leobschütz* 1886/87, S. VIII.

Pilitsis 1985. Pilitsis, G.: »The Gardens of Adonis in Serres Today.« *Journal of Modern Greek Studies* 3 (1985), 145–166.

Pinney 1984. Pinney, G. F.: »For the Heroes Are at Hand.« *JHS* 104 (1984), 181–183 u. Tafel VIIIc-d.

Pitt-Rivers 1977. Pitt-Rivers, Julian: *The Fate of Shechem, or the Politics of Sex: Essays in the Anthropology of the Mediterranean.* Cambridge 1977.

[Platon]. * Werke in acht Bänden, griechisch und deutsch. Hrg. von Gunther Eigler. Übers. Friedrich Schleiermacher u. a., Darmstadt (Wissenschaftliche Buchgemeinschaft) 1977 (Studienausgabe), 1990 (Sonderausgabe).

Pocock 1957. Pocock, L. G.: *The Sicilian Origin of the Odyssey.* Wellington 1957.

Podlecki 1961. Podlecki, A. J.: »Guest-gifts and Nobodies in *Odyssey* 9.« *Phoenix* 15 (1961), 125–133.

Pohlenz 1953. Pohlenz, M.: »Nomos and Physis.« *Hermes* 81 (1953), 418–438.
Pomeroy 1975. Pomeroy, Sarah: *Goddesses, Whores, Wives, and Slaves: Women in Classical Antiquity.* New York 1975. [*Dt: *Frauenleben im klassischen Altertum.* Stuttgart (Kröner) 1985].
Pomeroy 1978. Pomeroy, Sarah: »Supplementary Notes on Erinna.« *ZPE* 32 (1978), 17–22.
Pomeroy 1984. Pomeroy, Sarah: *Women in Hellenistic Egypt: From Alexander to Cleopatra.* New York 1984.
Preisendanz. —> [Zauberpapyri]. Vgl. —> Betz 1986.
Preisendanz 1918. Preisendanz, Karl: »*Ousia.*« *Wiener Studien* 40 (1918), 5–8.
Price 1986. Price, S.: »The Future of Dreams: From Freud to Artemidorus.« *Past & Present* 113, 3–37, nachgedruckt in —> Halperin, Winkler und Zeitlin 1990, 365–388.
Pritchett 1974. Pritchett, W. K.: *The Greek State at War. Part II.* Berkeley 1974.
Privitera 1969. Privitera, G. A.: »Ambiguità antitesi analogia nel fr. 31 L-P di Saffo.« *QUCC* 8 (1969), 37–80.
[Pseudo-Kallisthenes]. —> Wolohojian 1969.
[Ptolemaios Chennos]. —> Chatzis 1914.
Pucci 1987. Pucci, Pietro: *Odysseus Polutropos: Intertextual Readings in the Odyssey and the Iliad.* Ithaca 1987.
Putnam 1960/61. Putnam, M.: »Throna and Sappho 1.1.« *Classical Journal* 56 (1960/61), 79–83.

Rabe 1906. Rabe, H.: *Scholia in Lucianum.* Stuttgart 1971 [= Leipzig 1906].
Rankin 1962. Rankin, A. V.: »Penelope's Dreams in Books XIX and XX of the Odyssey.« *Helikon* 2 (1962), 617–624.
Raubitschek 1981. Raubitschek, A. E.: A New Attic Club (ERANOS).« *J. P. Getty Museum Journal* 9 (1981), 93–98.
Reardon 1971. Reardon, B. P.: *Courants littéraires grecs des IIe et IIIe siècles après J.-C.* Paris 1971.
Reeve 1971. Reeve, M. D.: »Hiatus in the Greek Novelists.« *CQ* n. s. 21 (1971), 514–539.
Reeve 1982. Reeve, M. D. (Hrg.): *Longus, Daphnis et Chloe.* Leipzig 1982.
Rhodes 1980. Rhodes, Peter J.: »Ephebi, bouleutae and the population of Athens.« *ZPE* 38 1980, 191–201.
Rhodes 1981. Rhodes, Peter J.: *A Commentary of the Aristotelian Athenaion Politeia.* Oxford 1981.
Rhodes 1982. Rhodes, Peter J.: »Problems in Athenian *Eisphora* and Liturgies.« *American Journal of Ancient History* 7 (1982), 1–19.
Ridley 1979. Ridley, R. T.: »The Hoplite as Citizen: Athenian Military Institutions in their Social Context.« *AC* 48 (1979), 508–548.
Riess 1894. Riess, E.: »Volksthümliches bei Artemidorus.« *RhM* 49 (1894), 177–93.
Rissman 1983. Rissman, Leah: *Love as War: Homeric Allusion in the Poetry of Sappho.* (Beiträge zur klassischen Wissenschaft 157) Königstein 1983.

Roberts 1982. Roberts, Jennifer T.: *Accountability in Athenian Government.* Madison, Wis. 1982.

Robertson 1984. Robertson, N.: »Poseidon's Festival at the Winter Solstice.« *CQ* 34 (1984), 1–16.

Robinson und Fluck 1937. Robinson, David M. und E. Fluck: *A Study of the Greek Love Names.* Baltimore 1937.

Rogers 1985. Rogers, S. C.: »Gender in Southwestern France: The Myth of Male Dominance Revisited.« *Anthropology* 9 (1985), 65–96.

Rohde, Erwin 1974. Rohde, Erwin: *Der griechische Roman.* Hildesheim ⁵1974.

Rohde, Georg 1937. Rohde, Georg: »Longus und die Bukolik.« *RhM* 86 (1937), 23–49 (= ders.: *Studien und Interpretationen.* Berlin 1963, 91–116).

Rubin 1987. Rubin, N. F.: »Penelope's Perspective: Character from Plot.« In: J. M. Bremer, I. J. F. de Jong und J. Kalff (Hrg.): *Homer: Beyond Oral Poetry.* Amsterdam 1987.

Ruschenbusch 1981a. Ruschenbusch, E.: »Epheben, Bouleuten und die Bürgerzahl von Athen um 330 v. Chr.« *ZPE* 41 (1981), 103–105.

Ruschenbusch 1981b. Ruschenbusch, E.: »Noch einmal die Bürgerzahl Athens um 330 v. Chr.« *ZPE* 44 (1981), 110–112.

Russel und Van de Ven 1976. Russel, Diana E. H. und N. Van de Ven (Hrg.): *Crimes Against Women: Proceedings of the International Tribunal.* Millbrae, Cal. 1976.

Russo 1973–74. Russo, J.: »Reading the Greek Lyric Poets (Monodists).« *Arion* N. F. 1 (1973–74), 707–730.

Russo 1982. Russo, J.: »Interview and Aftermath: Dream, Fantasy, and Intuition in Odyssey 19 and 20.« *AJP* 103 (1982), 4–18.

Ruyer 1977. Ruyer, R.: *Homère au féminin.* Paris 1977.

Saake 1971. Saake, H.: *Zur Kunst Sapphos.* München 1971.

Sacks und Scheper-Hughes 1987. Sacks, K. B. und N. Scheper-Hughes: »Introduction«. In: *As the World Turns: Women, Work, and International Migration. (Women's Studies* special issue 13/3 1987).

Safa-Isfahani 1980. Safa-Isphahani, Kaven: »Female-centered World Views in Iranian Culture: Symbolic Representations of Sexuality in Dramatic Games.« *Signs* 6 (1980), 33–53.

Saïd 1983. Saïd, S.: »Féminin, femme et femelle dans les grands traités biologiques d'Aristote.« In: Edmond Lévy (Hrg.): *La Femme dans les sociétés antiques.* (Université des sciences humaines de Strasbourg, Contributions et travaux de l'Institut d'Histoire Romaine) Strasbourg 1983, 93–123.

Sandy 1979. Sandy G. N.: »Notes on Lollianus' *Phoenicia.« AJP* 100 (1979), 367–376.

[Sappho]. —> Lobel/Page 1955.

[Sappho]. * Sappho. *Lieder.* Griechisch und deutsch herausgegeben von Max Treu. München (Heimeran Verlag, Tusculum Bücherei), 2., durchgesehene Aufl. 1958 [später Artemis (Sammlung Tusculum), Zürich].

[Sappho]. * Sappho. *Strophen und Verse.* Übers. u. hrg. v. Joachim Schickel. Frankfurt am Main (Insel Verlag) 1978 (it 309).

Scarborough 1991. * Scarborough, John: »The Pharmacology of Sacred Plants, Herbs, and Roots.« In: Christopher A. Faraone und Dirk Obbink (Hrg.): *Magika Hiera: Ancient Greek Magic and Religion.* New York 1991, 138–174.

Scarcella 1970. Scarcella, A. M.: »Realtà e letteratura nel paesaggio sociale ed economico del romanzo di Longo Sofista.« *Maia* 22 (1970), 103–131.

Schadewaldt 1936. Schadewaldt, W.: »Zu Sappho.« *Hermes* 71 (1936), 363–373.

Schadewaldt 1959. Schadewaldt, W.: *Neue Kriterien zur Odyssee-Analyse: Die Wiedererkennung des Odysseus und der Penelope.* Heidelberg 1959.

Schaps 1977. Schaps, David: »The Woman Least Mentioned: Etiquette and Women's Names.« *CQ* n. s. 27 (1977), 323–330.

Schaps 1979. Schaps, David: *The Economic Rights of Women in Ancient Greece.* Edinburgh 1979.

Schaps 1982. Schaps, David: »The Women of Greece in Wartime.« *CP* 77 (1982), 193–213.

Schauenberg 1975. Schauenberg, K.: »EURYMEDON EIMI.« *AM* 90 (1975), 97–121 u. Tafeln 25–42.

Schein —> Diemen.

Schneider, J. 1971. Schneider, J.: »Of Vigilance and Virgins: Honor, Shame and Access to Resources in Mediterranean Societies.« *Ethnology* 10 (1971), 1–24.

Schneider, K. 1910. Schneider, K.: »Hahnenkämpfe.« *RE* 7 (1910), 2210–2215.

Schönberger 1973. —> [Longos].

Schwartz 1924. Schwartz, E.: *Die Odyssee.* München 1924.

[Scriptores physiognomonici graeci]. —> Förster.

Sedgwick 1988. Sedgwick, E. K.: »Privilege of Unknowing.« *Genders* 1 (1988), 102–124.

Shipp 1977. Shipp, G. P.: »Linguistic Notes.« *Antichthon* 11 (1977), 1–2.

Shorey 1909. Shorey, P.: »Physis, Meletê, Epistêmê.« *TAPA* 40 (1909), 190–201.

Simon 1975. Simon, Erika: »Kratos und Bia.« *Würzburger Jahrbücher für die Altertumswissenschaft* N. F. 1 (1975), 177–186.

Simon 1983. Simon, Erika: *Festivals of Attica: An Archaeological Commentry.* Madison, Wis. 1983.

Sittl 1890. Sittl, K.: *Die Gebärden der Griechen und Römer.* Leipzig 1890.

Skeat 1936. Skeat, T. C.: »A Greek Mathematical Tablet.« *Mizraim* 3 (1936), 18–25.

Skinner 1987a. Skinner, Marilyn B. (Hrg.): *Rescuing Creusa: New Methodological Approaches to Women in Antiquity.* (= *Helios* N. F. 13, 1987).

Skinner 1987b. Skinner Marilyn B.: »Greek Women and the Metronymic: A note on an epigram by Nossis.« *Ancient History Bulletin* 1 (1987), 39–42.

Smith 1983. Smith, Nicholas D.: »Aristotle's Theory of Natural Slavery.« *Phoenix* 37 (1983), 109–122.

Smither 1939. Smither, P. C.: »A Coptic Love-Charm.« *Journal of Egyptian Archaeology* 25 (1939), 173–174.

Snell 1931. Snell, B.: »Sapphos Gedicht *phainetai moi kēnos.*« *Hermes* 66 (1931), 71–90.

Sommerstein 1980. Sommerstein, A. H.: »The Naming of Women in Greek and Roman Comedy.« *Quaderni di storia* 11 (1980), 393–418.

Sorof 1899. Sorof, G.: »Nomos und Physis in Xenophons Anabasis.« *Hermes* 34 (1899), 568–589.

Spelman 1983. Spelman, E. V.: »Aristotle and the Politicization of the Soul.« In: Sandra Harding und M. B. Hintikka (Hrg.): *Discovering Reality.* Dordrecht, Niederlande 1983, 17–30.

Stambolian und Marks 1979. Stambolian, G. und B. Marks (Hrg.): *Homosexualities and French Literature.* Ithaca, N. Y. und London 1979.

Stanford 1939. Stanford, W. B.: *Ambiguity in Greek Literature.* Oxford 1939.

Stanley 1976. Stanley, K.: »The Role of Aphrodite in Sappho Fr. 1.« *GRBS* 17 (1976), 305–321.

Stehle 1977. Stehle [Stigers], Eva: »Retreat from the Male: Catullus 62 and Sappho's Erotic Flowers.« *Ramus* 6 (1977), 83–102

Stehle 1979. Stehle [Stigers], Eva: »Romantic Sensuality, Poetic Sense: A Response to Hallett on Sappho.« *Signs* 4 (1979), 464–471.

Stehle (in Vorb.). Stehle [Stigers], Eva: »Sappho and the Enclosing Goddess.« [Publikationsdaten konnten nicht ermittelt werden.]

Stephens und Winkler 1993. Stephens, Susan A. und John J. Winkler (Hrg.): *Ancient Greek Novels: The Fragments. Introduction, Text, Translation, and Commentary.* Princeton 1993.

Strasburger 1953. Strasburger, H.: »Der soziologische Aspekt der homerischen Epen.« *Gymnasium* 60 (1953), 97–114.

[Sueton]. —> Taillardat 1967.

Sutton 1984. Sutton, Dana F.: *The Lost Sophocles.* London 1984.

Svenbro 1975. Svenbro, J.: »Sappho and Diomedes.« *Museum Philologum Londiniense* 1 (1975), 37–49.

Sweet 1966. Sweet, L. E. (Hrg.): »Appearance and Reality: Status and Roles of Women in Mediterranean Societies.« *Athropological Quarterly* 40 (1966, special issue), 95–183.


Taillardat 1967. Taillardat, Jean: *Suétone – Peri Blasphêmiôn. Peri Paidiôn.* Paris 1967.

Terian 1981. *Philonis Alexandrini de animalibus.* The Armenian Text with an Introduction, Translation, and Commentary by Abraham Terian. (Studies in Hellenistic Judaism 1) Chico, Cal. 1981.

Thimme 1935. Thimme, Otto: PHYSIS TROPOS ETHOS: *Semasiologische Untersuchung über die Auffassung des menschlichen Wesens (Charakters) in der älteren griechischen Literatur.* (Diss. Univ. Göttingen 1935).

Thompson 1936. Thompson, H. A.: »Pnyx and Thesmophorion.« *Hesperia* 5 (1936), 151–200.

Thomsen 1977. Thomsen, R.: »War Taxes in Classical Athens.« In: André Chastagnol, C. Nicolet und H. van Effenterre (Hrg.): *Armées et fiscalité dans le monde antique.* (Colloques nationaux du centre national de la recherche scientifique, 936) Paris 1977, 135–144.

Thornton 1970. Thornton, Agathe: *People and Themes in Homer's Odyssey*. Dunedin und London 1970.

Tod 1948. Tod, M. N.: *A Selection of Greek Historical Inscriptions*. Band 2, Oxford 1948.

Trumpf 1958. Trumpf, J.: »Fluchtafel und Rachepuppe.« *AM* 73 (1958), 94–102.

Trumpf 1960. Trumpf, J.: »Kydonische Äpfel«. *Hermes* 88 (1960), 14–22.

Turner 1960. Turner, P.: »*Daphnis and Chloe*: An interpretation.« *G&R* n. s. 7 (1960), 117–123.

Turner 1968. Turner, P.: »Novels, Ancient and Modern.« *Novel* 2 (1968), 15–24.

Turyn 1942. Turyn, A.: »The Sapphic Ostracon.« *TAPA* 73 (1942), 308–318.

Tyrrell 1984. Tyrrell, William B.: *Amazons: a Study in Athenian Mythmaking*. Baltimore 1984.

Valley 1926. Valley, G.: *Über den Sprachgebrauch des Longus*. Uppsala 1926.

Van Nortwick 1979. Van Nortwick, T.: »Penelope and Nausicaa.« *TAPA* 109 (1979), 269–276.

Vester 1968. Vester, H.: »Das 19. Buch der Odyssee.« *Gymnasium* 75 (1968), 417–434.

Vlastos 1987. Vlastos, G.: »Socratic Irony.« *CQ* 37 (1987), 79–96.

[Vorsokratiker]. *Fragmente der Vorsokratiker*. Griech.-dt. hrg. v. Hermann Diels. Berlin 1902 (Bde 1 u. 2), 1906 (Bd. 3); hrg. v. Walther Kranz [6]1951 (Bd. 1, repr. 1985), [6]1952 (Bd. 2, repr. 1985; Bd. 3, repr. 1984).

Walcot 1970. Walcot, P.: *Greek Peasants, Ancient and Modern: A Compaison of Social and Moral Values*. New York 1970.

Walcot 1977. Walcot, P.: »Odysseus and the Art of Living.« *Ancient Society* 8 (1977), 1–19.

Wankel 1988. Wankel, H.: »Die Datierung des Prozesses gegen Timarchos (346/5).« *Hermes* 116 (1988), 383–386.

Warren und Bourque 1985. Warren, Kay B. und Susan Bourque: »Gender, Power, and Communication: Women's Responses to Political Muting in the Andes.« In: Susan C. Bourque und Donna R. Divine (Hrg.): *Women Living Change*. Philadelphia 1985, 255–286.

Weeks 1977. Weeks, J.: *Coming Out: Homosexual Politics in Britain, from the Nineteenth Century to the Present*. London 1977.

Weill 1966. Weill, N.: »Adôniazousai ou les femmes sur le toit.« *BCH* 90 (1966), 664–698.

Weill 1970. Weill, N.: »La fête d'Adonis dans la Samienne de Ménandre.« *BCH* 94 (1970), 591–593.

Weinreich 1928. Weinreich, O.: »Martial XI 43, Petron. 140, 5 und Pariser Zauberpapyrus Z. 326.« *RhM* 77 (1928), 112.

Weissenberger 1987. Weissenberger, Michael: *Die Dokimasiereden des Lysias*. (Beiträge zur klassischen Philologie 182) Frankfurt am Main 1987.

Wellmann 1928. Wellmann, Max: *Die Physika des Bolos Demokritos und der Magier Anaxilaos von Larissa*. (Abhandlungen der preussischen Akademie der Wissenschaften, phil.-hist. Klasse) Berlin 1928.

West. *Iambi et elegi graeci ante Alexandrum cantati.* Hrg. M. L. West, Oxford 1971, 1972 (2 Bde).

West 1970. West, M. L.: »Burning Sappho.« *Maia* 22 (1970), 307–330.

White 1975. White, Robert J.: *The Interpretation of Dreams: Oneirocritica by Artemidorus.* Park Ridge, N. J. 1975.

Whitehead 1986. Whitehead, David: *The Demes of Attica 508/7 -ca. 250 B. C.* Princeton 1986.

Wikan 1984. Wikan, U.: »Shame and Honour: a Contestable Pair.« *Man* n. s. 19 (1984), 635–652.

Wills 1967. Wills, G.: »The Sapphic ›Umwertung aller Werte‹.« *AJP* 88 (1967), 434–42.

Winkler 1980. Winkler, John J.: »Lollianos and the Desperadoes.« *JHS* 100 (1980), 155–181.

Winkler 1982a. Winkler, John J.: »The Mendacity of Kalasiris and the Narrative Strategy of Heliodorus' *Aithiopika.*« *Yale Classical Studies* 27 (1982), 93–158.

Winkler 1982b. Winkler, John J.: »Geminus of Tyre and the Patron of Artemidorus.« *CP* 77 (1982), 245–248.

Winkler 1985a. Winkler, John J.: *Auctor & Actor: A Narratological Reading of Apuleius' »Golden Ass«.* Berkeley 1985.

Winkler 1985b. Winkler, John J.: »The Ephebes' Song: *Tragôdia* and *Polis. Representations* 11 (1985), 26–62.

Winkler und Zeitlin 1989. Winkler, John J. und Froma I. Zeitlin (Hrg.): *Nothing to Do with Dionysos? The Social Meanings of Athenian Drama.* Princeton 1989.

Wirth 1963. Wirth, P.: »Neue Spuren eines Sapphobruchstücks.« *Hermes* 91 (1963), 115–117.

Wolohojian 1969. Wolohojian, A. M. (Hrg. u. Übers.): *The Romance of Alexander the Great by Pseudo-Callisthenes.* New York 1969.

Wortmann 1968. Wortmann, D.: »Neue magische Texte.« *Bonner Jahrbücher* 168 (1968), 56–111.

Wright. * *Philostratus and Eunapius: The Lives of the Sophists.* Hrg. W. C. Wright. (Loeb Classical Library) London 1961 [1921].

Wünsch 1902. Wünsch, R.: »Eine antike Rachepuppe.« *Philologus* 61 (1902), 26–31.


[Xenophon]. * *Erinnerungen an Sokrates.* Griechisch-Deutsch. Ed. Peter Jarrisch. München (Heimeran) (Tusculum-Bücherei) 1962 und öfter (Zürich, Artemis, Sammlung Tusculum).


[Zauberpapyri]. Preisendanz, Karl (Hrg. und Übers.): *Die Griechischen Zauberpapyri/Papyri Graecae Magicae.* [1928, 1931 und 1941; hier: 2., verbesserte Aufl., hrg. von Albert Henrichs 1973 und 1974], 2 Bände, Stuttgart 1973, 1974.

[Zauberpapyri]. —> Betz 1986.

Zeitlin 1981. Zeitlin, Froma I.: »Travesties of Gender and Genre in Aristophanes' *Thesmophoriazusae.*« In: Foley (1981b), 169–217.

Zeitlin 1982. Zeitlin, Froma I.: »Cultic Models of the Female: Rites of Dionysus and Demeter.« *Arethusa* 15 (1982), 129–157.

Zeitlin 1985a. Zeitlin, Froma I.: »Playing the Other: Theater, Theatricality, and the Feminine in Greek Drama.« *Representations* 11 (1985), 63–94, nachgedruckt in Winkler und Zeitlin (1989).

Zeitlin 1985b. Zeitlin, Froma I.: »The Power of Aphrodite: Eros and the Boundaries of the Self in the *Hippolytus*.« In: Peter Burian (Hrg.): *Directions in Euripidean Criticism.* Durham, N. C. 1985, 52–111 u. 189–208.

Zeitlin 1989. Zeitlin, Froma I.: »The Poetics of Desire: Nature, Art, and Imitation in Longus' *Daphnis and Chloe.* In: —> Halperin, Winkler und Zeitlin 1990, 417–464.

# Nachwort des Übersetzers

John J. Winkler konnte die deutsche Ausgabe seines Buches nicht mehr kritisch begleiten, er verstarb 1990 im Alter von 46 Jahren an Aids. Sein Vorwort ist für die deutsche Ausgabe unverändert übernommen worden, das Nachwort soll die Entscheidungen durchsichtig machen, die bei der Übertragung getroffen wurden, und die Benutzung dieses Buches erleichtern helfen.

Der kulturanthropologische Blick des amerikanischen Altphilologen John J. Winkler auf die antike griechische Kultur ist selbst kulturell geprägt und widersetzt sich der glatten Übertragung in einen deutschen Sprachgebrauch und eine deutsche Wissenschaftstradition. (Schon der Blick aus dem Englischen auf das Griechische ist eine Übersetzungsleistung. Wer dieses Buch zu Ende gelesen hat, wird diese Bemerkung mit geschärftem Verständnis weiterdenken.) *Anthropologie* ist ein Zweig der Kultur- wie der Gesellschaftswissenschaften, der im deutschen akademischen Betrieb anders definiert ist als vor allem in den USA. Dieses Buch gehört dem an, was seit den frühen siebziger Jahren manchmal als »historische Sexualanthropologie« bezeichnet wird (Borneman 1979), geht aber – nicht nur in Richtung der Altphilologie, sondern auch in Richtung kulturwissenschaftlicher Ansätze seit dem Strukturalismus – über diese heuristische Definition hinaus. Da hier kein Wissenschaftsverständnis übersetzt wird, sondern ein Text, richten wir uns nach John J. Winklers Begriffswahl. Problematischer ist dies bei einem Schlüsselbegriff des ganzen Buches, *sex and gender*. »Gender Studies« lassen sich an amerikanischen Hochschulen als Studiengang belegen und bezeichnen einen interdisziplinären Bereich, in dem sich Kultur- (»Geistes-«) und Gesellschaftswissenschaften treffen, um geschlechtsspezifische Rollenidentität und historisch daraus resultierendes Verhalten und Geschlechtsleben in einer Gesellschaft, also das »Verhalten und Verhältnis der Geschlechter« zu untersuchen. Die Übersetzung dieser Formel geht nie ohne Rest auf (siehe *A.d.Ü.* auf S. 13) und wurde jeweils dem Zusammenhang angepaßt. Man beachte aber, daß die breite Akzeptanz dieser Studienrichtung auch den Hintergrund für Winklers Gebrauch des Wortes »feministisch« abgibt: Männliche Feministen etwa sind in den USA keine schwarzen Schimmel mehr, und Feminismus mag zwar auf dem Feld der »political correctness« im Alltagsleben ein Kampfbegriff sein, mündet aber im Wissenschaftsbetrieb zunehmend in eine friedliche Koexistenz, von der auch dieses Buch Zeugnis ablegt (und von der ein Ernest Borneman beim Erscheinen seines »Patriarchats« in Deutschland nur träumen konnte).

Mit einigen weiteren Begriffen mußte – im Dienst des Originals – flexibel umgegangen werden. »Doppelspiel« oder »Doppelzüngigkeit« (*duplicity*) beschreiben eine beabsichtigte Ambiguität oder »Doppelbödigkeit« im Diskurs und und reichen von glattem Lug und Trug bis zu dem, was Winkler in Kapitel 6 »Doppelbewußtsein« nennt, ein Bewußtsein von der Mehrfachdeterminiertheit des Diskurses als Voraussetzung für Freiheit innerhalb gesellschaftlich enger Grenzen. Die Vokabel wurde von Fall zu Fall unterschiedlich wiedergegeben. Dies gilt auch für *conventional*, das hier weniger konventionell im (eben: konventionellen) Sinne »althergebracht« als vielmehr konventional, konventionsabhängig bedeutet. Winkler betont den Vereinbarungsaspekt von Konventionen und übersetzt daher auch das griechische *nomos* oft entsprechend. Dies wurde beachtet, auf die Gefahr hin, daß *nomos* in manchem von Winkler benutzten Text auch schlichtweg Gesetz bedeutet. Zu den »Protokollen«, den allgemeinsten Konventionen oder »Vorvereinbarungen« einer Gesellschaft, auf die sich auch schriftliche Gesetze nicht mehr ausdrücklich berufen müssen, sei auf Winklers eigene Definition auf S. 173 verwiesen.

Winklers Buch richtet sich an Fachkundige, denen es eine hieb- und stichfeste Grundlage für weiterführende Interpretationen zur Verfügung stellen möchte. Es richtet sich aber auch an Neugierige, die bereit sind, in den Fesseln, die vor runden 2000 Jahren dem Eros angelegt wurden, die Prinzipien zu erkennen, nach denen jegliche Gesellschaft unter Einschluß unserer eigenen ihre Bollwerke der Normalität errichtet und befestigt. Diesen doppelten Anspruch verfolgt die deutsche Ausgabe auch in ihren technischen Entscheidungen.

Die deutsche Ausgabe zitiert im Text angeführte *Quellen* stets mit der Jahreszahl der Veröffentlichung, um größere Transparenz herzustellen; alle fachwissenschaftlichen Zitate sind übersetzt, um die Lektüre jenseits der wissenschaftlichen Gemeinde zu erleichtern. In der *Bibliographie* ist Sekundärliteratur, die bereits vom Autor in Übersetzung verwendet wurde, stets nach der von ihm selbst angegebenen Ausgabe ausgewiesen (und, wenn es sich nicht vermeiden ließ, aus dem Englischen übersetzt; maßgeblich für die Quelle der deutschen Übersetzung ist die im Text gemachte Angabe). Nach Möglichkeit wurden Angaben über die Originalerscheinung und möglichst auch für eine deutsche Übersetzung hinzugefügt. Angaben zu Titeln, die in der Originalausgabe als »in Vorbereitung« ausgewiesen wurden, sind hier, soweit dies möglich war, vervollständigt. Ausgaben antiker Autoren erhielten jetzt auch einen Eintrag unter dem Autornamen.

Alle *Register* wurden für diese Ausgabe neu erstellt. Das Personen- und Sachregister wurde geteilt, es gibt jetzt ein separates Register der zitierten oder behandelten *wissenschaftlichen Autoren*, das alle inhaltlichen Erwähnungen (nicht aber bloße Vergleichsverweise oder Sammelbelegstellen) verzeichnet. Das *Sach- und Namenverzeichnis* wurde erweitert und stärker gegliedert. Auch hier bestand nicht der Ehrgeiz, mechanisch jede Begriffsnennung zu verzeichnen; leitend war das Bestreben, einen Zugang zu den Sachaussagen herzustellen.

Der Zeitraum der Entstehung der in diesem Buch behandelten antiken Texte beträgt mehr als ein Jahrtausend, zur besseren Orientierung wurde daher eine *Chronologische Übersicht* angefügt. Bei der Einrichtung des in altphilologischen Werken üblichen *Stellenregisters* für die antiken Autoren wurde der im Original vorgegebenen Kompromißlösung gefolgt: Die Titel sind in der Form angegeben, in der sie auch im Text auffindbar sind, geläufige Titel also auf deutsch (»Aristophanes' *Wolken*«). Eine konsequente Vereinheitlichung nach wissenschaftlichem Reinheitsgebot hätte den Text stark belastet, ohne Philologen (denen die Standardabbreviaturen im *Thesaurus Lingue Latinae* oder *Liddell-Scott-Jones* ohnedies verfügbar sind) spürbare Vorteile zu verschaffen. Philologen glauben wir umgekehrt dadurch entgegengekommen zu sein, daß die Stellenverweise, namentlich bei Longos und Homer, feiner aufgeschlüsselt wurden und daß auch Stellen aus dem Anmerkungsapparat verzeichnet wurden. Bei griechischen Titeln, auch bei lateinischen Abkürzungen, wurde im übrigen hier, wie auch im Text, der erste Titelbuchstabe im Dienste besserer Lesbarkeit konsequent groß geschrieben. Die Einleitungstexte zu den Anhängen stammen vom Übersetzer.

Wer dieses Buch liest, kann erwarten, die wesentlichen »Randbemerkungen« des Autors am Fuß der Seite vorzufinden, für die vertiefende Lektüre ist allerdings auch der Anmerkungsteil am Schluß des Buches wichtig, der nicht nur Quellenbelege enthält, soweit sie nicht im Text selbst schon gegeben sind, sondern auch weiterführende Diskussionen der Literatur oder der zitierten Quellen. Der Übersetzer hat, durchaus mit Mühe, der Versuchung widerstanden, sich in seinen zusätzlichen Anmerkungen (*A.d.Ü.*) an der Debatte zu beteiligen, zu der dieses Buch nachdrücklich einlädt, und sich darauf beschränkt, auf Begriffe und Probleme aufmerksam zu machen, die sich im angelsächsischen Sprachgebrauch anders darstellen. Hier finden sich auch Verweise auf benutzte deutsche Ausgaben antiker Autoren und Hinweise auf bestimmte Übersetzungsprobleme.

Alle *griechischen Textstellen* oder Vokabeln sind wie im Original in Umschrift wiedergegeben. Dabei benutzen wir die übliche Transkription mit den Vokalauszeichnungen des klassischen Transliterationssystems, die Fachleuten das Nachschlagen in einem Lexikon ebenso erlaubt wie weniger Kundigen das Nachvollziehen der Klanggestalt. Es wurde darauf verzichtet, den oft sehr modernen Ton von Winklers Übersetzungen aus dem Griechischen durch Rückgriff auf bestehende Übersetzungen einzuebnen. Darüber hinaus sind Winklers pointierte Übersetzungen bis in ihre Nuancen hinein Grundlage für seine Schlüsse und Interpretationen. Die Übersetzung aller griechischen Textstellen richtet sich daher zunächst nach der englischen Fassung. Der Rückgriff auf die griechischen Originale als Kontrollmaßstab war damit zwingend geboten. Bis auf wenige Ausnahmen, in denen auch ein Eindruck von der Versgestalt des Originals vermittelt werden sollte (Sappho, Homer), sind eingeführte deutsche Übersetzungen nicht zitiert, wenn sie auch stets vergleichend herangezogen wurden. Angaben zu deutschen Ausgaben sind als Leseanregung für Interessierte zusätzlich in die Bibliographie aufgenommen.

Die Tatsache, daß bei griechischen Textstellen mit besonderer Sorgfalt verfahren wurde, sollte nicht dazu verleiten, die getroffenen Entscheidungen für allzu definitiv zu halten. Der Spielraum bei der Übersetzung aus einer weit entlegenen Sprache ist oft sehr groß. Vorsicht ist vor allem bei Tier- und Pflanzennamen angebracht. Ob es Baldrian oder Wermut, Eidechse oder Gecko heißen muß, ist vielfach umstritten. Einige Namen sind nur aus einer einzigen Quelle überhaupt bekannt (*fascina*), die Bedeutung anderer wurde aus z. T. zeitlich weit auseinander liegenden Quellen nachträglich rekonstruiert. Die inkonsequent ausdifferenzierte Namensgebung in den modernen Sprachen, die sich um biologische Systematik wenig schert, tut ein übriges, was jeder bestätigen kann, der auf einer internationalen Speisekarte Krabben und Garnelen auseinanderzuhalten versucht hat. Einen guten Einblick in diese Problematik gibt ein Aufsatz von Scarborough (1991), in dem auch auf einschlägige Glossare verwiesen ist.

Eine Übersetzung wie die vorliegende wäre ohne altphilologischen Beistand nicht zu leisten gewesen. Dr. Achim Heinrichs von der Philipps-Universität Marburg hat die Zitate aus dem Griechischen mit den Quellen verglichen, die Transliterationen und abweichenden Namensschreibungen überprüft und geduldig zahllose Übersetzungsvarianten mit mir diskutiert. Er hat mich vor vielen Fettnäpfchen bewahrt, die schon vor über 2000 Jahren aufgestellt wurden und in die ich ahnungslos hineingetappt wäre. Ich möchte ihm für die Zusammenarbeit und seine Ratschläge danken und hoffe, daß das Ergebnis bestehen kann. Danken möchte ich auch dem Verlag, namentlich Dr. Wolfgang Ferchl, der dieses ehrgeizige und langwierige Projekt mit großem Einsatz vorbildlich betreut hat. Ich wünsche mir, daß das Resultat den Beifall findet, den John J. Winkler verdient hat.

*Marburg, Juni 1994*                    *Sebastian Wohlfeil*

# Chronologische Übersicht

Die folgende Übersicht dient dazu, die in diesem Buch behandelten Quellen, die von Homer bis zur Überlieferung der Zauberpapyri weit mehr als ein Jahrtausend umspannen, in ihrer chronologischen Abfolge darzustellen und so der Leserschaft der deutschen Ausgabe einen zusätzlichen Orientierungsrahmen zur Verfügung zu stellen. Eine nachträgliche Historisierung des Stoffes (die auch dem Ansatz John J. Winklers nicht entspräche) konnte nicht beabsichtigt sein. So wird, abgesehen von Angaben, die dem Text zu entnehmen sind, lediglich in wenigen Stichworten eine grobe Periodisierung vorgenommen und an einige geschichtliche Rahmendaten erinnert; zusätzliche Namen aus Literatur, Geschichte und Philosophie sind ohne repräsentativen Anspruch aufgenommen. Wem dieses Buch Appetit auf eine nähere Beschäftigung mit der Antike gemacht hat, wird feststellen, daß an geschichtlich orientierten Darstellungen kein Mangel herrscht, und wer vor altphilologischem Hintergrund an dieses Buch herangeht, wird seine Auswahl bereits getroffen haben.

Alle Angaben folgen den Eintragungen in einschlägigen Standardwerken. Einzelnen Datierungsproblemen konnte hier nicht nachgegangen werden; bei den häufig konkurrierenden Namens- und Titelschreibungen (latinisierte Formen!) wurde die im Buchtext anzutreffende Form übernommen.

| ZEITRAUM | SCHRIFTTUM | HISTORISCHE STICHWORTE |
| --- | --- | --- |

## Vorzeit

Um 2870 erste bekannte Siedlung in Troja. Auch Athen und Sparta sind als jungsteinzeitliche Siedlungen belegt. Tontafelfunde, aber keine literarischen Texte. Im 12. Jh. vermutet man die Lebenszeit der homerischen Helden mit der Zerstörung Trojas (?1183). Herausbildung der griechischen Heldensagen, wohl mündliche Überlieferung. Zusammenbruch der kretisch-mykenischen Kultur, Zeit der großen Wanderungsbewegungen im gesamten Mittelmeerraum, Kulturvermischung in Griechenland. Die griechische Buchstabenschrift entsteht vermutlich im 10. bis 9. Jh. aus der phönikischen Schrift.

# Archaische Zeit

| 8. Jh. | Homer. *Ilias* entsteht als frühestes Zeugnis griechischer Dichtung, später die *Odyssee*. | 776 angenommen als Datum für die ersten gezählten Olympischen Spiele (Grundlage der Zeitrechnung). 753 sagenhafte Gründung Roms (Grundlage der varronischen Zeitrechnung). |
|---|---|---|
| | Nach 750, wohl um 700 Zeit des *Hesiod*, des ersten als Persönlichkeit faßbaren Dichters des Abendlandes (*Theogonie, Werke und Tage [Erga]*). | |
| 7. Jh. | *Homerische Hymnen* (anonym). *Margites* (Spottgedicht, Homer zugeschrieben). Archilochos von Paros erster bekannter lyrischer Dichter (die von ihm festgehaltene Sonnenfinsternis 648 ist das erste verifizierbare feste Datum des »Dunklen Zeitalters«). Tyrtaios (*Elegien*) Dichter in Sparta zur Zeit des 2. Messenischen Krieges (640–631). Alkman (nach 650), Chorlyriker. | Um 630 Lykurg Gesetzgeber in Sparta. Um 621 schriftliche Gesetze in Athen (Drakon). |
| 6. Jh. | Um 600 Sappho Dichterin auf Lesbos, geb. wohl nicht nach 630. Um die Jahrhundertwende mehrjähriges Exil auf Sizilien. Gleichzeitig Alkaios Dichter auf Lesbos. | Pittakos Tyrann auf Lesbos. 594 Verfassungsreform Solons in Athen. Tyrannis des Peisistratos in Athen; Polykrates Tyrann auf Samos. Kleisthenes begründet Demokratie in Athen (508/7). |
| | Anakreon. Ibykos. Stesichoros (Chorlyriker). Angebliche Lebenszeit des Aisopos (Aesop), Fabeldichter. 557/6–468/7 Simonides (Chorlyriker). Um 540 Hipponax (Lyriker). Philosophie: Thales von Milet, Parmenides und Heraklit (um 500). Pythagoras (Unteritalien). Beginn der profanen Prosaliteratur. | |

# Klassische Zeit

**5. Jh.**  Tragödien des Aischylos (525/4– 456/5), dann des Sophokles (497/6– 406) und Euripides (um 485–406).

Chorlyrik Pindars (geb. um 520, gest. nach 445; erstes datierbares Gedicht 498, letztes 445).

Um 484: Kratinos geboren. Vor 445: Aristophanes geboren; vor 446: Eupolis geboren. Zeit der Alten Komödie.

Aristophanes: *Acharner* (425), *Ritter* (424), *Wolken* (423), *Wespen* (422), *Frieden* (421), *Vögel* (414), *Lysistrata* und *Thesmophoriazousai* (411), *Frösche* (405).

Herodot (um 484 – nach 430) und Thukydides (um 460 – nach 400), Geschichtswerke.

Hippokrates (geb. 460). Demokrit. Wirken des Sokrates (um 470–399) und der Sophisten.

**4. Jh.**  Blütezeit der Rhetorik. Lysias (um 445 – ca. 380), Isokrates (436/5–338), Hypereides (390–322), Demosthenes (384–322); Deinarchos (um 360– 290), Aischines (geb. um 390).

Sogenannte »Mittlere Komödie« (um 400–320): Aristophanes, *Weibervolksversammlung* (392), *Ploutos* (388); Eubulos.

399 Prozeß und Tod des Sokrates. Xenophon (426 – nach 355), *Memorabilia* (*Erinnerungen an Sokrates*), Dialoge und historische Werke. Aristipp, Sokratesschüler und »Prae-Epikureer« (ca. 425–355).

---

**5. Jh.** — Perserkriege. 494 Zerstörung Milets, 490 Schlacht bei Marathon, 480 bei den Thermopylen und bei Salamis, 466/5 am Eurymedon.

Perikles Staatsmann in Athen (bis 431). Peloponnesischer Krieg 431–404.

**4. Jh.** — 346/5 Dokimasie des Timarchos.

Platon (427–347), *Dialoge* (u. a. *Gorgias*, um 390; *Symposion*, um 380; *Politeia* [*Der Staat*], um 375; *Nomoi* [*Gesetze*], um 350). 386 gründet Platon die »Akademie«.

Aristoteles (384–322); wird 367 Platons Schüler, 343 Lehrer Alexanders des Großen. Entstehungsjahre seines umfangreichen naturwissenschaftlichen und philosophischen Werkes sind nicht im einzelnen bekannt.
Weitere »aristotelische« Schriften aus dem Umkreis (*Problemata, Physiognomik*).

Philipp II. bringt Griechenland 338 unter die Vorherrschaft Makedoniens.

336–323 Herrschaft Alexanders des Großen (geb. 356).
331 Gründung von Alexandria.

# Hellenismus

4./3. Jh.

Neue Komödie (– 262) mit Menander (ca. 342–291); von ihm zwei vollständige und zahlreiche fragmentarische Stücke erhalten, darunter *Samia* (ca. 321–316).

Epikureische Schule in Athen (306). Gründung der Stoa durch Zenon (301). Euklid (um 300).

Theophrast (371–287), Hauptschüler des Aristoteles, naturwissenschaftlich-philosophische Schriften.

Archimedes (287–212) in Syrakus.

Theokrit (um 310–250), *Eidyllien* (»kleine Gedichte«), bukolische Dichtung.
Kallimachos (um 305– 240), Epigramme, Jamben, Hymnen.

Appollonios von Rhodos (um 295– 215), *Argonautika* (Epos).

Ab 323 Zeit der Diadochenkämpfe (bis 281) um Alexanders Erbe. Teilung des Weltreichs.

Machtverfall der griechischen Stadtstaaten.

286 Gründung der Bibliothek von Alexandria (wissenschaftlicher Mittelpunkt der hellenistischen Welt).

# Späthellenistische Zeit

| 200–27 | Aristophanes von Byzanz (ca. 257–180), dann Aristarchos von Samothrake (217–145) als Bibliothekare und Philologen in Alexandria; philologische Grundarbeiten und Editionen (u. a. gereinigter Homer-Text und neunbändige Sappho-Ausgabe) entstehen. | Aufstieg Roms zur Weltmacht: 148 Makedonien römische Provinz, 146 Zerstörung Korinths, Griechenland wird abhängig; Fall Karthagos. |
| | Terentius Varro (116–27), Universalgelehrter (*Res rustica*, 37) begründet die römische Zeitrechnung *a. u. c.* (ab urbe condita). Vergil (70–19); Horaz (65–8); Ovid (43–17 oder 18 u. Z.), *Amores* (23–16), *Ars amatoria* (*Liebeskunst*, 1), *Metamorphosen* (1 v. u. Z. – 10 u. Z.). Polybios (um 200 – nach 129), Historiker des Hellenismus und des römischen Aufstiegs der Jahre 220–146. | 47 Brand der Bibliothek in Alexandria (Cäsar). 31 Octavian wird Alleinherrscher, Ägypten römische Provinz. |

# Griechischer Klassizismus, Römische Kaiserzeit und Spätantike

| -27 bis Ende des 1. Jh. | Seneca (4 v. u. Z. – 65, stoischer Philosoph und Dichter). Philon von Alexandria (ca. 25 v. u. Z. – 40 u. Z., Eklektiker und Kommentator der jüdischen Überlieferung). Dion Chrysostomos (um 40 – nach 122), kynischer Wanderphilosoph und Redner. | 27 Octavian begründet als Augustus die römische Kaiserzeit. |
| | Diktys von Kreta verfaßt (?) die angeblichen »Aufzeichnungen aus dem Trojanischen Krieg«, lateinische Fassung aus dem 4. Jh. überliefert. | |
| | Petronius (gest. 66), *Satyrika*. Plinius (23/4–79), *Naturgeschichte*. Plutarch (46–120), umfangreiche biographische und popularphilosophische Schriften. | |
| | Medizinische Schriften des Dioskorides. | |

| 2. Jh. | Blütezeit der Zweiten Sophistik. Attizismus: Rückwendung zu Themen und Sprache der klassischen Zeit. »Buntschriftstellerei« – anekdotische Sammelwerke (z. B. Ptolemaios Chennos von Alexandria, *Neuartige Geschichte*, 1./2. Jh.). |
|---|---|

Alkiphron, Sammlungen fiktionaler Briefe; Lukian aus Samosata (um 120–185), *Hetärengespräche*, zahlreiche zeitkritische Schriften und Dialoge.

Romane: Apuleius (geb. um 125), *Der Goldene Esel* (nach 175). Longos, *Die Hirtengeschichten von Daphnis und Chloë* (wohl im 2. Jh.). Achilles Tatius, *Leukippe und Kleitophon* (wohl 139). Chariton, *Kallirhoe* (vor 200).

Artemidoros von Daldis verfaßt nach 140, als über 50jähriger, die *Oneirokritika* (*Traumdeutung*).

Athenaios von Naukratis, *Deipnosophisten* (umfangreiches Werk der »Buntschriftstellerei« und bedeutende Quelle für Zitate verloren gegangener Autoren; nicht vor 192 erschienen).
Galen(os), Arzt (129–199), umfangreiches medizinisch-philosophisches Schrifttum.
Pausanias (geb. 111–115), Reiseschrifttum.
Polemon (etwa 90–145), Sophist und Physiognomiker.

Abschriften von magischen Texten (Zauberpapyri) vom Ende 1. Jh.– 4.Jh., aber älteren Inhalts, sind Zeugnis der Verbreitung magischer Vorstellungen bis in die Spätantike.

| 3. Jh. | Um 200: Philostratos, *Vitae sophistarum* (Philosophenbiographien). Mitte d. Jh.: Plotin (Neuplatonismus). | 272 Aurelian brennt das Brucheion in Alexandria nieder, weitgehende Zerstreuung des Bestandes der Bibliothek. |
|---|---|---|

Einflußreicher *Alexanderroman* des sog. Pseudo-Kallisthenes. Aelian (um 170–235), populärwissenschaftliche Werke (*Varia historia, De natura animalium*), Bauernbriefe.

Religiöse Schriften des Origines (185–254).

**4. Jh. –
Spät-
antike**

Eunapios (346 – um 415), Philosophen-
biographien (405).

Das Epos *Dionysiaka* des Nonnos aus
Ponopolis gilt als letzte große Dichtung
der Antike (um 400).

Bekenntnisse des Augustinus (354–430).

Parallelität hellenistisch-römischer und
christlicher Überlieferung.

5./6. Jh.: Hesychios (umfangreichstes über-
liefertes Lexikon).

Ca. 820–891: Photios Patriarch von Konstantinopel, bedeutendster Vertreter der
sog. byzantinischen Renaissance, Lexiko-
graph.

10. Jh.: *Suda*, umfangreichstes erhaltenes
byzantinisches Lexikon.

330 Konstantin
verlegt Hauptstadt
des Römischen
Reiches nach
Konstantinopel
(Byzanz).

390 Christen ver-
brennen die ver-
bliebene Sera-
peion-Bibliothek
in Alexandria.

529 Schließung
der platonischen
Akademie, symbo-
lischer Schluß-
punkt der Antike.

# Stellenregister

Bei Fußnoten (Fn.), die die Seitengrenze überschreiten, wird stets auf die Seitenziffer verwiesen, auf der die Fußnote beginnt. Bei Zitaten im Text, deren Quellen nur aus dem Anmerkungsapparat ersichtlich sind (Anm.), ist die Anmerkung angegeben unter Verweis auf die Seite, auf die sich der Beleg bezieht. Wird eine Seitenangabe durch den Zusatz »und Anm.« bzw. »und Fn.« ergänzt, so finden sich in der Anmerkung ergänzende oder original-sprachliche Textstellen. Namen- und Titelverweise folgen dem Gebrauch der Originalausgabe (siehe die Erläuterung im Nachwort).

# Register zur verwendeten wissenschaftlichen Literatur

# Sach- und Namenregister

Bei Sachstichworten ist stillschweigend vorausgesetzt, daß sie sich auf die Antike beziehen (»Konkurrenz« heißt »Konkurrenz in der antiken Gesellschaft«); Ausnahmen sind, soweit sie sich nicht von selbst verstehen (»Anthropologie«), besonders gekennzeichnet. Auf eine Unterscheidung historischer und fiktionaler Gestalten wurde verzichtet; ausführlicher diskutierte griechische Begriffe sowie Werktitel sind kursiv angegeben, wobei auch die im Text eingeführten Abkürzungen ihre Gültigkeit behalten (*D&C = Daphnis und Chloë*). Spezifische Textstellen antiker Autoren suche man im »Stellenregister«, neuzeitliche Autoren, soweit sie nicht thematisch behandelt sind, im »Register zur verwendeten wissenschaftlichen Literatur«. Bloße Belegstellen sind in der Regel nicht erfaßt (so sind die zahlreichen Quellen für den Gebrauch von *physis* im Textanhang 2, die nur im Zusammenhang einen Sinn ergeben, nicht einzeln verzeichnet). Umgekehrt versteht es sich von selbst, daß Globalstichworte, deren thematische Behandlung aus Überschriften und Unterüberschriften hervorgeht, nicht noch einmal durch ebenso globale Verweise auf die entsprechenden Kapitel erfaßt werden mußten.

Bei Fußnoten, die die Seitengrenze überschreiten, ist stets auf die Seitenzahl verwiesen, auf der die Fußnote beginnt. Querverweise innerhalb des Registers sind im Anschluß an die Unterstichworte jedes Eintrags angegeben.

anthropologische Methode; bei Artemidor 53

anthropologische Untersuchung; im Fall Sappho erschwert 237

Antigone; und Beschwichtigungszauber 119

Apfel; als Brautsymbol 157 Fn.; als Liebessymbol 252, 266, 267 Fn., bis heute 342 Anm. 11, in *D&C* 181; bei Frauenfesten verboten 284; in Hochzeitsbräuchen 266; verengende Übersetzung von *mēlon* 266

Aphrodisiaka und Antaphrodisiaka; 122 f., 122 Fn., 123 f., 124 und Fn.; bei Menschen und Tieren 123 Fn.; in den Händen von Frauen 124 f., 125 Fn.; Salat als Antaphrodisiakum 289, 297

Aphrodite; 27, 41, 197, 247, 255, 280; als Gegenbild zu Penelope 200, 228 f.; beim Ehebruch ertappt 197, 228 f.; Dachgärten im Kult der 276; *Homerischer Hymnus* an 295; ihr Zaubergürtel 251; in *Od.* 5 247; in einem neuen Zauberpapyrus 252; in Sapphos Gedicht 1 243 f., 248 f., 254; in Zauberhandlungen 130, 142; und Ares, beim Ehebruch ertappt 197, 228 f.; und Phaon 296 f.

Apollo; 41

Apollonios von Rhodos: *Argonautika*; 140; Medea folgt Sapphos Begrifflichkeit 342 Anm. 16

Apuleius; Diskussion von Mysterien bei 158 Fn.; *Goldener Esel* 24, 130 f., 319, 327 Anm. 22; schildert Herbeiführungszauber 130 f.; zu Zauberzwang 146

Ares; 41, 197, 229 Fn., 247; im Adonismythos 294; und Aphrodite, beim Ehebruch ertappt 197, 228 f.; und Hephaistos 229 Fn.

*aretē* (Tugend); 103, 236 Fn., 246

Argwohn; des Odysseus 212, 220 Fn.; und Fragen konstitutiv für Interaktion in *D&C* 161; von Außenbeobachtern, muß stets einkalkuliert werden 218 *vgl.* Lügen; Mißtrauen

Aristander; 53

Aristarchos (Leiter der Bibliothek von Alexandria); 242

Aristipp; verweigert Konkurrenzkampf aus Genußsucht 99

Aristophanes; 36 Fn., 291, 327 Anm. 22, 345 Anm. 2 und 13; *Acharner* 84; *Daitalēs* 81 Fn.; *Frieden* 84; *Frösche* 278; *Lysistrata* 21, 278, 288 Fn., 291, 292 Fn., 321 Fn., 327 Anm. 22; *Ritter* 87, 95 f., 97 f.; *Thesmophoriazousai* 282, 287 Fn., 288 Fn.; *Weibervolksversammlung* (*Ekklēsiazousai*) 16 f., 123; *Wespen* 87 Fn., 101, 331 Anm. 33; *Wolken* 36 Fn., 81 Fn., 83, 102

Aristophanes (von Byzanz, Grammatiker); 242

Aristoteles; 18, 20, 41 Fn., 67 Fn., 93 Fn.; *Politica* (*Pol.*) 19 f.; [*Problemata*] 123, 126, Theorie des Begehrens in, 104–7 und Fn. ; über das Geschlechterverhältnis 19, 20; zu frühen sexuellen Erfahrungen 106 Fn.; zu Träumen (*Insomn.*) 139 Fn.; zu unnatürlichen Gelüsten 107; zum Unterschied der Geschlechter 328 Anm. 9; zur Entehrung durch Schläge 78 Fn.; zur Ernsthaftigkeit 83 Fn.; zur göttlichen Herkunft von Träumen 325 Anm. 10; zur Polarität männlich/weiblich 81; zur Verliebtheit 85 Fn.

*vgl. die Nachweise nach Einzelwerken im Stellenregister*

Artemidor; 25, 43 ff., 303 Fn., 319; aufschlußreich für die Semantik

Ehebruch, Untreue; 96 Fn.,
114 Fn.; als Schande 68 und Fn.;
bei Artemidor 47 Fn.; Bewertung in einer mediterranen Gesellschaft 294; bewundert, in der
*Odyssee* 41; Strafe für 96 Fn.;
Thema bei Frauenfesten 284,
285; von Ares und Aphrodite 41,
197, 228 f.; widernatürlich 41
Ehefrau/Hure-Dichotomie;
327 Anm. 22
Ehefrauen –> Frauen
Eheideal; bei Plutarch 324 Anm. 4;
in der *Odyssee* 232–34
Eheschließung; bei Dion humorvoll
geschildert 164 f.; bis heute anfällig für fremde Einflußnahme
116; heutiges Beispiel für heimliche Verabredung 198; Verhandlungen in *D&C* 162–64
–> Hochzeit
Ehre; von Penelope als Argument
für ihre List genutzt 217
Ehre/Schande-Polarität; als grundlegend für das Moralsystem 73;
Dokimasie für Rhetoren Aus-
druck der 95; heute 164; junge
Frauen verwundbarste Stelle im
System der 114 f.; konstitutiv für
ländliche griechische Gesellschaft 196; Leitbegriff für Familienkonkurrenz 114; zugrundeliegende Protokolle von Aristipp
kritisiert 99
Eleusis; 284, 285, 288 Fn.
Endymion; und Selene bei Sappho
296; und Tithonos verglichen
296; Varianten des Mythos 298
Eos; 296 und Fn.; und Tithonos im
Mythos 295
Epheben; 87 und Fn., 88; *Eid der
Epheben* 90
Epikrates; 36 Fn.
Epikur; 287
Epos; männliche Vortragstradition
239 und Fn.; Helena und Penelo-

pe als Zuhörerinnen von
239 Fn.; Vortragskunst mit fe-
stem Formelrepertoire 195
*erōmenos* (Liebesgespiele); 167,
273 Fn.
*eranoi* (Vereinsgesellschaften); 79
*erastēs* (reifer Liebhaber); 39 Fn.
Erfahrung; ihre Rolle in der Traumdeutung Artemidors 55; sexuelle, als Einübung in gesellschaftliche Protokolle –> Longos
(*Daphnis und Chloë*)
Eros; angebliche Rituale in *D&C*
158 Fn.; als Helferfigur in Zauberhandlungen 121, 134, 139; gestaltet den Mythos Chloës in
*D&C* 174; inspiriert *D&C* 159;
Traumerscheinung in *D&C* 153;
von Galen skeptisch betrachtet
335 Anm. 38
*erōs*; als von den Göttern verhängte Zwangslage 127 und Fn.; als
zerstörerische Macht empfunden 128 f.; durch Pharmaka steu-
erbar 123 f.; Männer projizieren
ihre Opferrolle in die Literatur
137 f.; von Polemon physiogno-
misch diagnoziert 109
–> Begehren; Liebeskrankheit
Erziehung,; erotische, von Daphnis
und Chloë 166 *u. passim*
*ethos* (gesellschaftliche Übereinkunft, Gewohnheit, herrschen-
der Brauch); 50, 59 f., 61, 105 f.;
von Artemidor berücksichtigt
50, 53; von Artemidor definiert
59
*ēthos* (Charakter, Eigenart); 101,
328 Anm. 9
*vgl. physis*
Eubulos; 283; *Die Impotenten* 297
Eumaios; 197, 215 f., 232; Parallelität mit Penelope 213
Eunapios (*Leben der Sophisten*);
schildert Liebeszauber 129
Eupolis; 36 Fn., 76 Fn.

Euripides; 36, 79 Fn.; bei Aristophanes 288 Fn.
Eurymedon, Schlacht am; 81 f.
Evolution sexueller Muster; 154 Fn.

Fasten; während der Thesmophoria 287
Feigheit; von Männern 76 Fn., 104 Fn.
*vgl. kinaidos*; Weichheit
Fellatio; 33 Fn., 51, 64, 68, 70, 326 f. Anm. 20
Fest(e); ländliches, in *D&C* beschrieben 176 f.; Literatur 343 Anm. 1 und 2; von Frauen, im heutigen Iran 301 f.; von Frauen, informelle 292 Fn.
–> Adonia; Haloa; Dionysien; Skira; Stenia; Thesmophoria
Feuerzauber; 131, 334 Anm. 28
Formeln, rhapsodische; 195; Homers listiger Gebrauch von 209, 216
Frauen; als Adressatinnen von Zauber (Quellen) 334 Anm. 33; als Dichterinnen in der Antike 241 Fn.; als Opfer von *agōgai* 133, 137, 144 (*vgl. agōgai*); als Zaubernde 137 f., 335 Anm. 36; Aussagen von Männern über, Bewertung 18 f.; Autonomie von 19 Fn., 21, 26 f., 300, 301 f.; Gegensatz zu Männern in *Od.* problematisiert 232 ff.; Geschlechtsverkehr unter 22 Fn., 65 f., 66 Fn.; gesellschaftliche Stellung 13; »heldenhafte« 38, 236 Fn., 246; ihr Doppelbewußtsein in männerdominierten Kulturen 301–4; ihr Selbstverständnis in Frauenfesten ausgedrückt 300; ihr Status für den Ruf der Familie 114; ihre Literatur die umfassendere 253; ihre Opferrolle in Zauberhandlungen Untersuchungsgegenstand 111; ihre Träume bei Artemidor 65 Fn.; ihre Unabhängigkeit in religiösen Festen 19 Fn. (–> Adonia; Thesmophoria); ihre Versklavung in Zauberriten diskutiert 145–48; ihr Status 17, 18 f., 20; im Verdacht, Lebensmittel zu manipulieren 124 f.; im Urteil Agamemnons (*Od.*) 202 f., 216 Fn.; in den Urteilen von Männern 19; Mißtrauen gegenüber ihnen typische Diskursform 202, 229 f.; strukturell in *Il.* und *Od.* eingebunden 239; Textquellen für ihre Festlichkeiten 275; und Gewalt 26, 27 (–> Hochzeit); und Haushalt 20 und Fn.; und sexuelle Initiative 327 Anm. 22; und Wein 327 Anm. 22; wünschen beherrscht zu werden 86; Zurückhaltung als ihre »Natur« 38; »zweisprachig« in der Männerkultur 236 f., 253, 301–4
–> Begehren; Doppelbewußtsein; Eheideal; Ehre/Schande-Polarität; *vgl.* Männer; Penelope; Sappho
Frauenfeste, informelle; 292 Fn.
Frauenmysterien –> Thesmophoria
Frauenparties im Iran; als Ausdruck weiblichen Selbstverständnisses 301 f.
Frazer, James; 22, 297
Freud, Sigmund; 46 Fn., 47, 48; als Kommentator Artemidors 51 f., 52 Fn., 325 f. Anm. 14

Galen; 117 Fn., 128, 267 Fn.; zu Eros 335 Anm. 38; zur Fellatio 326 f. Anm. 20; zur Selbstbeherrschung 67 Fn.
Ganymed; 296 Fn.
Garten; als Simile in *D&C* 181 f.; des Adonis –> Adonisgärten
Gebäck; in Genitalienform, Rolle bei Frauenfesten 283, 285

Gegenseitigkeit; kein Maßstab im
Geschlechtsverkehr 66 f.
*vgl.* Begehren; Eheideal; Liebe
Geheimnisse; ihre Bewahrung
Merkmal des Erwachsenseins
163 Fn.; ihre Bewahrung notwendig im Existenzkampf 196; von
Frauen Sinnbild für Intimität 66
*vgl.* Lügen
Geist; gesammelter, gezügelter
199 f., 213 Fn., 227; (Klugheit)
-> List; *mētis*; (Seele) -> *thymos*
Geistesverwandtschaft (Gleichgesinntheit); als Eheideal in der
*Odyssee* 232–34; zwischen Odysseus und Penelope 205, 215,
233 f.
Gelehrte, alexandrinische 242, 244,
245
Gemeinschaftsidentität, athenische;
in öffentlichen Foren geformt 87
Genitalien; als »Natur« 58, 317–21,
345 Anm. 3; bei Sappho -> Sap-
pho; Blumensymbolik für 265
Fn.; der Frau durch Ferkel sym-
bolisiert 288; des Mannes als
»Not« 58 Fn., 69; Nachbildungen
bei Frauenfesten verwendet 283–
85
Gerüchte und Klatsch; als Argu-
ment in der Dokimasie 91–93
-> soziale Kontrolle
»Gesammeltheit«; als Tugend des
Geistes -> Geist; *vgl.* Selbstbe-
herrschung
Geschenke; im Liebeswerben, von
Chloë falsch interpretiert 176
Geschlecht; kein Wort im Griechi-
schen dafür 328 Anm. 9
Geschlechter, Polarität der; nur
Extreme eines Kontinuums 80 f.
-> Frauen; Männer; Weichheit
Geschlechtsleben; nur indirekt be-
deutsam in Träumen 59
Geschlechtsverhalten -> Do-
minanz; Frauen; Geschlechtsver-

kehr; Männer; Sexualität; Verhalten und Verhältnis der Geschlechter
Geschlechtsverkehr; analer -> Analverkehr; Aussagekraft im Traum
62 und Fn.; Bewertung von Positionen bei Artemidor 70; im
Sinne einer Gewinnberechnung
interpretiert 62; inzestuöser ->
Inzest; Kategorisierung bei Artemidor 61 ff.; mit Göttern 60 Fn.,
64 f.; mit sich selbst im Traum
58 Fn.; mit Sklaven 62; oral-genitaler 63 (-> Cunnilingus; Fellatio); unkonventionaler, bei Artemidor 63 f.; »widernatürlicher«
bei Artemidor 64 ff.; zwischen
Frauen 22 Fn., 65 f., 66 Fn.; zwischen Männern 60, 61 Fn. (-> Päderastie)
Getreide; im Zusammenhang mit
Kulten 280, 281 Fn., 281 f.
*vgl.* Ackerbau; Aussaat
Gewalt(samkeit); als Thema von
*D&C* 155; drohende, während
des Brautzuges -> Hochzeit;
gegen Frauen 26, 27, 144 f. (*vgl.*
*agōgai*); in *D&C* fehlinterpretiert
als bloßes Kontrastmittel 175; in
Zauberhandlungen 142; sexuelle,
als enkulturierend in *D&C* 174;
sexuelle, und ihr Gegenbild der
Sanftheit in *D&C* 182; und *charis*
im Erfolgsstreben verbunden
120 f.; und erotisches Protokoll in
*D&C* 174 ff.; und Familie heute
12; und Rivalität um Knaben 79
und Fn.; zentral in der bukolischen Welt 182
*vgl.* Protokoll(e)
Gleichberechtigung; von Daphnis
und Chloë 170; von Penelope
und Odysseus 233 f.
Gnathon; konventionaler Parasit
166; nicht als Päderast verurteilt
169

modernen Fall 116; verunglückte, von Polemon geschildert 109, 147; von Daphnis und Chloë 183–85
*vgl.* Eheschließung
Hochzeitslied; bei Sappho 157 und Fn., 264, 266, 267 f., 341 Anm. 6, 342 Anm. 9; in *D&C* 183
Homer; 27, 36, 45, 239 und Fn., 240 Fn., 241, 247, 250; bei Sappho –> Sappho; Sappho (Gedicht 1, 16, 31); listiger Sprachgebrauch in der *Odyssee* 210, 216; nach Ptolemaios Chennos Plagiator 210; öffentliche Rezitation 238; seine Bewegungsfreiheit innerhalb starrer Regeln 212; sein Gebrauch literarischer Mittel 233; seine sprachliche List bildet List des Odysseus nach 210 f.; selbst listig 209–11; Sinn für Ironie im Umgang mit den Geschlechtern 203–5, 232; und Vergil als Zornzügler 120 Fn.
– (*Ilias*); 239 und Fn., 243, 251, 254, 268 Fn.; »Diomedia« (*Il.* 5) 243 ff.; ihre Helden leugnen ihre weiblichen Seiten 254 f.; »Lytra« (*Il.* 24) 340 Anm. 13; Physiognomik in der 104; »Teichoskopie« (*Il.* 3) 258; übliche Auslegung von *throna* (in *Il.* 22) 250
– (*Odyssee*); 27, 41, 120 Fn., 239; als Widerspiegelung gesellschaftlicher Werte 230 f.; anthropologische Prämissen ihrer Interpretation 195–209, 211 f.; Bogenwettkampf in 224 f., 224 Fn.; Butlers Theorie von Autorschaft und Schauplatz 189–94; Gespräch zwischen Odysseus und Nausikaa 260, 261 f.; ihr Eheideal 232–34; List des Bahrtuches für Laertes 206; Penelopes Vorsicht im

Gespräch mit Odysseus 216–23; Ränkeschmieden grundlegend für ihre Poetik 226; schildert Gesellschaft als fiktionale Fallstudie 195; Umgang mit der Übersetzung 194 Fn.; Unterredung Nausikaas mit ihrem Vater 164, 192; von Butler unter falschen Prämissen gelesen 190; zeigt *mētis* nicht als geschlechtsspezifisch 233
– (*Hymnen, Homerische*); 269, 295, 298
–> Helena; Odysseus; Penelope; *sowie* Eumaios; Laertes; Telemachos
homophobe Einstellung; gegenüber dem Werk Sapphos 235; Longos von Interpreten unterstellt 167 f.
*homophrosynē* –> Geistesverwandtschaft
Homosexualität –> Geschlechtsverkehr; *kinaidos*; Päderastie
Hoplit; 77 Fn.; Definition 73
Hoplit/*kinaidos*-Gegensatz; 75 f., 80–82, 84–86; ideologisch nur gegen Repräsentanten gewendet 93–95; Waffe im politischen Kampf 93, 96
–> Hoplit; *kinaidos*
Horaz; 129 Fn., 137, 138
Hybris; 78 Fn., 79 Fn.
Hypereides; 88 Fn., 92; bewertet *kinaidoi* als weiblich 96 f. und Text 330 Anm. 23

Ibykos; 296 Fn.
Ideengeschichte; 25
Identität, sexuelle; moderne Begriffskonstruktion 15; peripher für Status der Person 71
Ideologie; des öffentlichen und des privaten Raumes 238
*vgl.* Frauen; Männer; Protokoll(e)
Ikarios, Mythos von; 283, 285

Experiment 153–56, 174; als Hirtenroman 151 f.; als theorematisch angelegter Roman 165 f.; Aussparungen und Brechungen des Schlusses 183–85; Bewertung der sexuellen Ideologie in 186; Demeter in 185; Dionysos in 181 f., 185; formale Techniken in 159; Intrigen in 161 Fn.; jahreszeitlicher Zyklus in 185 Fn.; Lauschen in 197 Fn.; Panflötenklang in 183 Fn.; Prooemium (Vorrede) 158–60; Rhetorik in 338 Anm. 12; Rolle des Erzählers in 158 f.; zu Text und Übersetzung 151 Fn.
*vgl.* Chloë; Daphnis; Daphnis und Chloë; Gnathon; Lykainion

Lügen; als natürliches Pendant zur Hermeneutik in *D&C* 161; des Odysseus 198; erotisch instrumentell in *D&C* 178; notwendige Waffe zur Verteidigung der Familienehre 115 f.; Rolle in der mediterranen Gesellschaft: 196–99, heute 197 f., 198 Fn.

Lukian; 127 Fn., 157; *Hetärengespräche* 66 Fn., 125 Fn., 291 Fn.; zu Liebeszauber 125 Fn., 134 und Fn.

Lukian, Scholion zu; beschreibt Haloa 283; beschreibt Thesmophoria 286 f.

Lust und Dominanz; 67 Fn.
*vgl.* Begehren; Dominanz

Luxus/Schlichtheit; 39 f.

Lykainion; als Lehrerin Daphnis' 178, 180

Lykophron; 114 Fn., 250

Lyrik; möglicherweise älter als Epos 240

Lysias; 79, 91, 101, 102

Mädchen; Status in der Familie 21 Fn.

Mägde; ihre Rolle im 19. Gesang der *Odyssee* 216–19

Magie –> Zauberei; Zauber...

magische Texte –> Zauberpapyri, -texte

*maiomai*; 268 f.

Makarismos; 260

*malakia, malthakia* –> Weichheit

Männer; als Adressaten von Zauber (Quellen) 334 Anm. 33; als Fachleute für Zauberei 136 f.; als Helden bei Homer emotional isoliert 254 f.; enthalten Geschlechtspolarität bereits in sich 80 f.; ihre Beteiligung an Frauenfesten 282; können sich athenischem Bürgerideal verweigern 99 f.; Verantwortung für und Interesse an Demeterriten 282
–> Mannhaftigkeit; Päderastie; Protokoll(e); *vgl.* Frauen; Weichheit

Männlichkeit, Mannhaftigkeit; als Anspruch nur selektiv durchgesetzt 103 (*vgl. aretē*); als Bürgerpflicht 77; im Staatswesen 92 Fn.
–> Dokimasie; Hoplit/*kinaidos*-Gegensatz

Margites (Homer); 180 Fn.

Martial; 327 Anm. 22

Marx, Karl; 238 Fn.

Medizin; 45, 66 Fn., 122, 125 f., 125 Fn., 126 Fn., 128 und Fn., 140, 265 und Fn., 267 Fn., 317–21
*vgl.* Galen

Meeresfrüchte; als Aphrodisiaka 122 Fn.

Melantho (*Od.*); 217 f.

*mēlon*; Sexualsymbolik diskutiert 264, 266–68; Wortbedeutung 266
*vgl.* Apfel

Melville, Herman (*Moby Dick*); 320 Fn.

Menander; 278 f., 281, 291 und Fn., 293

scher Anthropologie 208; Übertragung der Rolle in Zauberhandlungen 133, 135 f.
–> Gewalt(samkeit); Vergewaltigung
Opposition, strukturalistische; 276,
282, 288, 289
Origines; 140
*ousia* (Zauberstoff); 131,
333 Anm. 25, 334 Anm. 34
*Outis* (Name des Odysseus); 210 f.
Ovid; 328 Anm. 9; zu Liebeszaubern 144 Fn.

Päderastie; allgemein gebilligt 85;
als gesellschaftlich unschicklich
mißbilligt in *D&C* 168; als Kor-
rumpierung künftiger Führungs-
persönlichkeiten 40; bei Aristote-
les 107 Fn.; bei Platon 35, 85;
Bewertung der 35; führt nicht zur
Verweiblichung des jüngeren
Partners 85; in der Interpretation
der Adonia 294 f.; in *D&C* 167–
69; Laios und 35; Unterschied
zum Verhalten der *kinaidoi* 85
Page, Denys; 235, 236; zu Sappho
(Gedicht 2) 272; zu Sappho
(frag. 94) 271
Pan; 159; als Retter Chloës 177; als
Vergewaltiger 176; Rolle in
*D&C* 185
Pan und Syrinx; Mythos von, in
*D&C* 176–78
Panflötenklang; in *D&C* 183 Fn.
*Papyri Graecae Magicae* (PGM);
Zitate –> *Stellenregister*; Zitier-
weise und Übersetzung 110 Fn.
*vgl.* Zauber...
Paroemiographen; 280
Partnerschaft; als Ziel von Liebes-
zauber 146 f.
–> Eheideal; Gegenseitigkeit
Patroklos; 240 Fn., 282, 288 Fn.
Pausanias; 157; zu *erōs* als Krank-
heit 128

Peisistratos; 34 Fn.
Peloponnesischer Krieg; 159 Fn.; in
*Lysistrata* 278
Penelope; 27, 239 und Fn.; als Ersatzkönig 340 Anm. 11; Bewertung ihrer Rolle in Ithaka
208 Fn.; ihr Doppelspiel 206; ihr
Doppelspiel aus Loyalität motiviert 214; ihr Erkennen des
Odysseus diskutiert 225,
340 Anm. 9; ihre Geistesverwandtschaft mit Odysseus 205,
215, 233 f.; ihre Heldenhaftigkeit
208 Fn.; ihr Kummer als Irreführung 222 Fn.; ihre List mit Laertes' Bahrtuch 217; ihre List zum
Schutz des Telemachos 214; ihre
Parallelität zu Eumaios 213; ihre
Parallelität zu Helena 205 f.; ihr
Traum vom Tod der Freier
44 Fn., 222 f.; ihr Traum als Botschaft für Odysseus 222; ihr
Traum als Strategem erfunden
223; ihr Traum als Test des Odysseus 223 Fn.; ihre Reaktion auf
die Nachricht von Odysseus
Heimkehr 227 f.; ihre Verzweiflung bewertet 202 Fn., 206
und Fn.; ihre Vorsicht im Gespräch mit Odysseus 216–23;
ihre Zuverlässigkeit garantiert
213 f.; kein bloßes Opfer der
Umstände 209; mit Alkmene
und Tyro verglichen 219 f.; Opferrolle unterstellt 207–9; stellt
Odysseus auf die Probe 218,
228 f.; stets sozialem Druck ausgesetzt 217, 218, 229; täuscht
Treulosigkeit vor 229; und Eumaios, Parallelität und Gegensatz 213, 232; verabredet indirekt den Bogenwettkampf mit
Odysseus 224 f., 224 Fn.; von
Agamemnon gelobt 194, 203;
von Odysseus kritisiert 228; von
Telemachos kritisiert 228; zen-

zur Liebeskrankheit 333 Anm.
19; zur Weichheit 82 f.
*vgl.* Platon; Xenophon
Solon, solonische Gesetzgebung;
36, 94, 96 Fn., 100, 102
Sophisten; 72, 81 Fn.
Sophistik; 34
Sophistik, zweite; 157, 324 Anm. 8
Sophokles; 36, 125; Beschwichtigungszauber bei 119 Fn.
Sosipatra (bei Eunapios); 129, 134
soziale Kontrolle; durch Klatsch
und Beobachtung 103, 213 Fn.,
217 f., 218 Fn., 229 f.; durch Kon-
kurrenz, Klatsch und Neid 113 f.
Sparta; 94 Fn., 282 Fn.
Stadtleben; als verderbt 39
Status; der Familie im ländlichen
Griechenland 161; junger Frauen
im Ehre/Schande-System der
Haushalte 114; legislativer Texte
für Durchsetzung von Protokol-
len 108; männlicher Urteile 18f.,
27; signifikant für die Bewertung
von Geschlechtsakten 66; von
Buchtexten 36; von Mädchen in
der Familie 21 Fn., 160 Fn.; von
Pächtern bei Longos 152 Fn.; von
Philosophen 36 und Fn.; von
Töchtern und Söhnen 160 Fn.
–> Dominanz
Stehle, Eva; erkennt Erzählmuster
in Göttinnenmythen 295–99; zu
Sappho 295–97
Stenia; 282, 286, (Quellen) 283
Stereotypen; in der Anthropologie
23
Stoa; 39, 324 Anm. 4
Strabon; 46
Strafverfahren; in Athen 87 Fn.
–> Dokimasie; Richtergremien
Strukturalismus; 23, 25
»Subjektivität«; von Frauen im
Epos 239
–> Bewußtsein; Doppelbewußt-
sein

*Suda*; 126 Fn, 326 Anm. 16; zu Adonisgärten 277
Sueton; 143 Fn., 319 Fn.
Syrinx (Musikinstrument); 167, 171,
172, 183; Initiationsgeschenk für
Daphnis 177; von Chloë gespielt, rettet Daphnis 172
Syrinx (Nymphe); Mythos von S.
und Pan, in *D&C* 176–78

Tanz, pantomimischer in *D&C*;
177 f.
Tatian; 241 Fn.
Tätowieren (als Trauminhalt); 50
Täuschung; als Vorsichtsmaßnahme
197–99; im heutigen Griechen-
land 23 Fn.
–> Lügen; *mētis*
Teichoskopie (*Il.* 3); 258
Teiresias; 298
Telemachos; 197, 239 Fn.; beweist
»gezügelten Geist« 200; kriti-
siert Penelope 228
Theateraufführungen; als Wettbe-
werbe 79 Fn.
Theben; 283 Fn.
Themistios; 273 Fn.
Themistokles; 102, 117 Fn.
Theokrit; 137, 152 Fn., 250; über
Hilfsmittel gegen *erōs* 128
Theophanes; 319 Fn.
Theophrast; 54 Fn., 281 Fn.; zu
pharmazeutischen Mitteln 123
Thesmophoria; 28, 185, 282; als
Frauenmysterien 282 und Fn.;
Bräuche bei den 288 Fn.; dreitä-
giger Ablauf 287; eines der älte-
sten Feste 282; Fastentag 237,
345 Anm. 13; Gegensatz zu Ado-
nia von Detienne konstruiert
289 f.; ihr Symbolismus 288 f.; in
Scholion zu Lukian beschrieben
286 f.; Parallelität zu Männerver-
sammlungen 283; sichern die
Fruchtbarkeit der Polis 282 f.;
von Detienne interpretiert 289;

von Männern als unanständig
empfunden 287
*throna*; 252; bei Homer 250; bei
Sappho 250; Wortdiskussion
250 f.
Thukydides; 38, 77 Fn.; sein Echo
bei Longos 159 Fn.; und Berufung auf Natur 159 Fn.
*thymos*; 119, 240 Fn., 249
Tiberius; 319 Fn.
Tiere, Tierwelt; als moralisches Vorbild 41 und Fn., 42; in Zauberei
119 Fn.; in Zauberhandlungen
verstümmelt 144; Similes in
*D&C* 175, 178, 183
–> Schlangen; Schwein
Timarchos; 85 Fn., 87 Fn., 95 Fn.,
329 Anm. 17 und 20; als aus-
schweifend gebrandmarkt 89 f.
Tithonos; bei Ibykos 296 Fn.; im
*Homerischen Hymnus* 5 298;
Liebhaber der Eos im Mythos
295; und Endymion verglichen
296; von Sappho vielleicht als
Analogie benutzt 298
Todesstrafe; 87 Fn.
Trapani; möglicher Entstehungsort
und Schauplatz der *Odyssee* 189,
339 Anm. 2
Traum, Träume; als erotische
Wunscherfüllung 140; der Penelope als Gesprächsstrategem
222–24; erotische, in *D&C*
326 Anm. 17; individuell codiert
bei Artemidor 49–52; in Zauberhandlungen personalisiert gedacht 139; praktische Schwierigkeiten ihrer Deutung nach
Artemidor 54 f.; prophetische
(*oneiroi*) 45 und Fn., 56; rationa-
le, bei Platon 56 Fn.; von Frauen
65 Fn.; von Gebildeten 50 Fn.;
zwei Arten bei Artemidor 44
Traumhandbuch; 50 Fn.
Traumsenden; Parallelität zu Liebeszwang 139 f., 140 f.

Traumtheorie –> Artemidor
Typhon; in Schadens- und Herbei-
führungszauber 143
Tyrtaios; 36

Übertreibung, pessimistische; cha-
rakteristische Diskursform 201
Unterwerfung von Frauen; in Zau-
berhandlungen Protokoll, nicht
Praxis 145
–> Dominanz; Gewalt(samkeit);
Vergewaltigung; Zauberpuppen,
-figurinen
Untreue –> Ehebruch

Varro; 289 Fn.
Venus; in Zauberhandlungen 132
Vergewaltigung; in *D&C* 175–77,
182, 184; in den Mythen 184,
295; von Daphnis und Chloë im
Syrinx-Mythos nicht erkannt 177
Vergil; 120 Fn., 139
Verhalten und Verhältnis der Geschlechter; 12, *passim*; bei
Sappho 28 und –> Sappho; Definition 13 Fn.; stets im Spiegel
männlicher Urteile 18 f., 27;
weibliche Perspektive in Frauenfesten zum 275
*vgl. vor allem* Begehren; Doppelbewußtsein; Protokoll(e)
Verhaltensprotokolle –> Proto-
koll(e)
Verweichlichung –> Hoplit/*kinaidos*-Gegensatz; *kinaidos*; Weichheit
Verschlagenheit –> Argwohn; Doppelspiel, -züngigkeit; List; Lügen;
*mētis*
Verschwörungen; in *D&C* 162, 163;
in *Od.* –> Homer (*Odyssee*)
–> Lügen; List
Versdichtung, griechische; beachtet
sprachliche Mikrogenauigkeiten
249
–> Epos; Lyrik; Sappho

Versklavungsmetaphorik; in Zauberhandlungen 144
*vgl.* Gewalt(samkeit)
Vorsicht –> Heimlichkeit; Mißtrauen
Voß, Johann Heinrich; 250 Fn.

Wahrsager; 45, 68 Fn.
Weberei; als Handarbeit Helenas 239 Fn., 251; als List der Penelope 206; als Paradigma weiblicher Aufgaben, in Nordafrika 303 f.; als weibliche Domäne 340 Anm. 12; bei Homer 206, 239 Fn., 250 f.; gleichzeitig Metapher für Ränke und Dichtung 226; und Tod 303 Fn.
Wehrpflicht; 77
weibischer Mann –> *kinaidos*
weiblich/männlich; grundlegende Opposition in Demeterfesten 289; Pole eines inframaskulinen Kontinuums 80 f.
–> Doppelbewußtsein; Frauen; Männer; Männlichkeit; Weichheit
weibliche Eigenschaften; historische Abhängigkeit von Butler übersehen 193
Weichheit; Aphrodites 247, 254; bei Männern 81 und Fn., 83, 101, 107, 328 Anm. 8 und 9; Beleidigung für Männer 82; spezifisch weiblich bei Aristoteles 328 Anm. 9; weibliche Eigenschaft, auch bei Göttinnen 247
*vgl. kinaidos*; Männlichkeit
Wein; und Frauen 327 Anm. 22; und Sexualität 283 f., 332 Anm. 13; von Männern gefeiert 285
Weinen; in der Odyssee 206 Fn.; kulturelle Bedeutung anthropologisch diskutiert 206 Fn.
*vgl.* Weichheit
Welcker, F. G.; 235, 341 Anm. 4
»widernatürlich«, Widernatürliches;

bei Platon 107 Fn.; bei Seneca 39; bei Thukydides 38; im Sinne von gesellschaftlich nicht signifikant 66
–> Natur; Natur/Kultur
Winckelmann, Johann Joachim; 11
Wünsche, sexuelle; irrelevant für Traumbedeutung 58
–> Begehren, *erōs*

Xenophon; 80, 81, 77 Fn., 117 Fn., 283 Fn.; zu Liebeszauber 117; zu Selbstbeherrschung und Regierungsfähigkeit 80, 99; zur Männlichkeit 80, 81, 92 Fn.; zur Rolle der Frau 20 Fn.

Zauberei, Magie; Anwendungen –> *Verweise unter* Zauberhandlungen; ihre Bösartigkeit Untersuchungsgegenstand 110 f.; methodische Vorgaben ihrer Unter- suchung erläutert 112 f.; und Hexen 136–38; von Prämissen abhängiger relativer Begriff 111
–> Zauber...
Zauberhandlungen; als Therapie für den Anwender 133 f.; Fluchzauber (*diabolē*) 136; krankmachende 144 und Fn.; Literatur und Realität widersprüchlich 136–38; Rolle von Frauen und Männern als Fachleute für 136–38; spiegeln gesellschaftliche Protokolle 145
–> *agōgai*; Berührungszauber; Beschwichtigungszauber; Bindezauber; *charis(ma)*; *charitēsia*; Feuerzauber; Liebeszauber
Zauberhelfer; 121, 139, 143, 335 Anm. 39, 336 Anm. 49 und 50
*vgl.* Eros; Zauberpuppen
Zaubermittel; 125 Fn., 129 f.
*vgl.* Aphrodisiaka; *ousia*